O SILÊNCIO ELOQÜENTE

OMISSÃO DO LEGISLADOR
E RESPONSABILIDADE DO ESTADO
NA COMUNIDADE EUROPÉIA E NO MERCOSUL

MARCÍLIO TOSCANO FRANCA FILHO

Calouste Gulbenkian Fellow *no Departamento de Direito do Instituto Universitário Europeu (Florença, Itália). Doutor pela Faculdade de Direito da Universidade de Coimbra (Portugal). Mestre pela Faculdade de Direito da Universidade Federal da Paraíba (Brasil). Procurador do Ministério Público junto ao Tribunal de Contas do Estado da Paraíba (Brasil). Foi aluno (Gasthörer) da Universidade Livre de Berlim (Alemanha), estagiário-visitante do Tribunal de Justiça das Comunidades Européias (Luxemburgo) e Consultor Jurídico (*Legal Advisor*) da Missão da ONU em Timor-Leste (UNOTIL). Membro da International Association of Constitutional Law e do ramo brasileiro da International Law Association.*

O SILÊNCIO ELOQÜENTE

OMISSÃO DO LEGISLADOR
E RESPONSABILIDADE DO ESTADO
NA COMUNIDADE EUROPÉIA E NO MERCOSUL

ALMEDINA

O SILÊNCIO ELOQÜENTE
OMISSÃO DO LEGISLADOR E RESPONSABILIDADE DO ESTADO NA COMUNIDADE EUROPÉIA E NO MERCOSUL

AUTOR
MARCÍLIO TOSCANO FRANCA FILHO

EDITOR
EDIÇÕES ALMEDINA. SA
Av. Fernão Magalhães, n.º 584, 5.º Andar
3000-174 Coimbra
Tel.: 239 851 904
Fax: 239 851 901
www.almedina.net
editora@almedina.net

PRÉ-IMPRESSÃO | IMPRESSÃO | ACABAMENTO
G.C. GRÁFICA DE COIMBRA, LDA.
Palheira – Assafarge
3001-453 Coimbra
producao@graficadecoimbra.pt

Maio, 2008

DEPÓSITO LEGAL
274887/08

Biblioteca Nacional de Portugal – Catalogação na Publicação

FRANCA FILHO, Marcílio Toscano

O silêncio eloquente : omissão do legislador e responsabilidade
do Estado na Comunidade Europeia e no Mercosul. – (Teses de
doutoramento)
ISBN 978-972-40-3498-0

CDU   342
      341
      340
      347

A Alessandra e Davi,
ao lado de quem a minha tarefa tornou-se
mais serena e prazerosa.
Em cada palavra há um pouco do muito que com eles aprendi,
mesmo quando me privei de tê-los ao meu lado.

À minha mãe, Maria das Neves,
a quem devo a disciplina no estudo,
o apreço pelo saber e o respeito pela Academia.

Achillis Bocchii, *Symbolicarum Quaestionum (...).*
Bologna: Novae Academicae Bocchianae, 1555, p. 132.

PREFÁCIO

Quando o Silêncio toma a Palavra

"And no silence exists that is not pregnant with sound."
(John Cage)

Durante muito tempo e em muitas civilizações, o jurisconsulto foi o poeta e o poeta, o único jurisconsulto (ALBUQUERQUE, 2007, p. 11). Direito e poesia gozaram de grande intimidade por séculos. Ainda muito antes de Goethe ter servido um dia como assistente no *Reichs-kammergericht*, já eram escritas em verso, por exemplo, as leis de Ísis; eram em verso também as leis de Esparta, e os atenienses costumavam cantar as suas normas em forma de longos poemas para fixá-las (ALBUQUERQUE, 2007, p. 11; EBERLE E GROSSFELD, 2006, p. 354 e 363). Com essa legitimidade, há de se recorrer mais uma vez aos poetas para se falar do Direito: *"O silêncio fala como todos os mudos"*, declara Lêdo Ivo, poeta alagoano. Carlos Drummond de Andrade, outro nome cimeiro da moderna escrita poética brasileira, remete-nos ao silêncio como mais uma possibilidade constitutiva do discurso, o silêncio como estratégia comunicativa. Em seu *"O Constante Diálogo"*, o poeta das Minas Gerais pondera:

"Escolhe teu diálogo
e tua melhor palavra
ou teu melhor silêncio
Mesmo no silêncio e com o silêncio
Dialogamos"

Já antes, do outro lado do Atlântico, Fernando Pessoa usara a metáfora do *"silêncio expressivo"* para indicar que o silêncio não é simplesmente o calar, mas aquilo que muitas vezes emudece para dizer. E sentenciou:

"*Toda a arte é uma forma de literatura, porque toda a arte é dizer qualquer coisa. Há duas formas de dizer – falar e estar calado. As artes que não são a literatura são as projeções de um silêncio expressivo. Há que procurar em toda a arte que não é a literatura a frase silenciosa que ela contém (...).*"

Foi justamente a procura angustiada dessa "frase silenciosa" que toda arte contém o que teria levado um Donatello enfurecido a ordenar, em dialeto toscano, a uma de suas belas esculturas: "*Favella, favella, che ti venga il cacasangue!*"[1] Muito longe está o silêncio, afinal, de significar apenas lacuna, ausência, vazio, vão, hiato, oco, vácuo ou falta de alguma coisa. Na "arte da política", seio da atividade legislativa do Estado, não poderia ser diferente, e o dizer e o silenciar se entrecruzam, sempre repletos de múltiplos significados, sentidos, inquietudes, poderes e inter-relações. O silêncio também corporifica, muitas vezes, uma estratégia política.

Embora o silêncio seja hoje alvo de muitos investigadores e objeto de importantes estudos nos domínios filosófico, lingüístico, sociológico e artístico, a idéia de uma íntima conexão entre silêncio e linguagem sequer pode ser considerada recente. Na verdade, muito antes e muito longe dos estreitos limites da dogmática jurídica, já os clássicos gregos viam Hermes, o mitológico mensageiro do Olimpo, como o deus da eloqüência, da oratória, da comunicação mas também do silêncio.[2] Sim,

---

[1] Aproximadamente: "*Fala, fala, antes que te caia uma praga!*". O episódio é registrado no clássico Vasari (1986, p. 336).

[2] Conta o mito que Hermes (Mercúrio para os romanos) era filho de Zeus, o senhor do Olimpo, e de sua amante, a ninfa Maia. Seu nome tem origem provavelmente em *herma*, palavra grega que designava os montes de pedra usados para indicar os caminhos. Hermes, tão logo nasceu, fugiu do cesto em que sua mãe o colocara e roubou cinqüenta novilhas do rebanho de Apolo. Após roubar o gado, amarrou ramos folhosos na cauda dos animais para eliminar os seus rastros. Em seguida, com a casca de uma tartaruga e as tripas de uma vaca, construiu a primeira lira, com cujo som aplacou a fúria de Apolo. De tão embevecido com a música, Apolo acabou por deixar ao impúbere Hermes as suas novilhas e ainda deu-lhe uma varinha mágica, o caduceu de ouro, tudo isso em troca da lira – era a primeira transação comercial! Ao ver a agilidade, a esperteza e a habilidade do menino Hermes, Zeus nomeou-lhe mensageiro dos deuses do Olimpo, protetor das estradas contra os ladrões e amparo dos viajantes. A partir de então, Hermes, incansável corredor, torna-se o responsável por tudo o que se relaciona com a velocidade, o movimento, as viagens, as estradas, as informações, as moedas e as transações comerciais. Sob a "jurisdição" do deus estavam peregrinos, comerciantes, oradores, pastores e ladrões. Além disso, guiava as almas pelo caminho até o mundo subterrâneo e conduzia os homens

Hermes, o eloqüente, também se valia do silêncio para se comunicar. Durante o Renascimento italiano, essa associação semiótica (*avant la lettre*) entre falar, calar e dizer restou evidente na iconografia de Hermes feita pelo humanista bolonhês Achilles Bocchius[3] e também pelo pintor ferrarense Dosso Dossi[4] – na obra de ambos se vê o retrato do deus da oratória com o dedo entre os lábios, num paradoxal gesto de pedido de silêncio. Nas duas imagens fica muito claro que a estética (por conta do seu não-dogmatismo, da sua dinâmica complexidade, da sua refinada compreensão do mundo, da sua abertura e da sua criatividade) tem sempre muito a dizer, inclusive ao Direito, mesmo não se valendo da palavra. Não é casual, portanto, que tenha sido justamente um jurista medieval (da Corte de Treviso) o autor do mais antigo e importante livro sobre a eloqüência muda dos gestos na comunicação humana. Intitulado *"L'arte de' cenni con la quale formandosi favella visibile, si tratta della muta eloquenza, che non è altro che un facendo silenzio"*, publicado em 1616, o livro de Giovanni Bonifacio já cuidava, há quatro séculos, de uma verdadeira retórica da comunicação não verbal ao analisar o valor e o significado simbólico dos gestos.

Nas sendas jurídicas, o silêncio também está sempre impregnado de muitos sons, de maneira que é falso imaginar que toda a loquacidade do Direito reside apenas na rica oratória dos seus grandes tribunos ou, por outro lado, que o silêncio, na Ciência Jurídica, é próprio tão-somente dos

---

para o sono e para o sonho. Hermes, porém, tinha um lado desagradável – às vezes era portador de mentiras e falsos relatos, e podia presidir a transações suspeitas, além de negócios ilícitos (FALCÓN MARTÍNEZ, 1996, p. 322-325; GRIMAL, 1990, p. 197-199; HARD, 2004, p. 158-164; HUNGER 1988, p. 222-227). Hoje, não seria exagero imaginar que, dadas as suas conexões com a velocidade e o comércio, talvez fosse Hermes, ainda, o deus responsável pelas infovias da globalização econômica... De todo modo, é sobre o mito grego de Hermes, o sagaz, o astucioso, o que vela e o que desvela, o que mostra e o que esconde, o que diz e o que silencia, que se constrói a ciência da interpretação, a hemenêutica, a indicar um longo e árduo percurso, de muitos caminhos paralelos, que vai do enunciado à compreensão.

[3] BOCCHII, Achillis (1488-1562). *Symbolicarum quaestionum de universo genere: quas serio ludebat, libri quinque.* Bologna: Novae Academicae Bocchianae, 1555, p. 132. O emblema do Hermes silente encontrado na obra de Achilles Bocchius (reproduzido no início deste livro) ficou conhecido como "o silêncio hermético".

[4] Dosso Dossi (1490-1542), *"Giove, Mercurio e la Virtù"* (1523- 24), óleo sobre tela, 112 x 150 cm, atualmente sob a custódia da Coleção Nacional de Arte do Castelo Real de *Wawel* (www.wawel.krakow.pl), em Cracóvia (Polônia). Nesse quadro, enquanto o poderoso Zeus pinta borboletas sentado em um trono de nuvens, Hermes pede à *Virtù* que faça silêncio (CHASTEL, 2003, p. 91; FARINELLA, 2007, *passim*).

despossuídos de voz e de direitos. Tanto quanto em outros lugares, também no Direito, o silêncio não constitui uma simples oposição binária à linguagem. Não por outro motivo, o livro que ora se dá a público procura dialogar com o silêncio. Não o "silêncio expressivo" do poeta ou da poesia, tampouco o provocativo "silêncio musical" de que falava John Cage[5], mas o silêncio eloqüente do legislador, na seara específica do mundo do Direito. Nesse restrito espaço teórico da Ciência Jurídica, é justo reconhecer que não foram poucos os estudos que já trataram de dialogar com outros relevantes silêncios, sobretudo nas esferas da Teoria Geral do Direito (lacunas como silêncios da lei), do Direito Administrativo (silêncios da Administração), do Direito Civil (silêncio e manifestação da vontade) e do Direito Penal (silêncio do réu). Desses silêncios, porém, não cuida este livro. Este texto – cuja base é a tese de doutoramento em Ciências Jurídico-Comparatísticas que defendi perante a Faculdade de Direito da Universidade de Coimbra em 2006 – tem como objeto as conseqüências jurídicas dos silêncios do legislador, nos processos de integração econômica. O presente livro tem como núcleo a omissão do legislador nacional na sua importantíssima tarefa legiferante, na direção do aperfeiçoamento da integração regional. O silêncio eloqüente de que cuido é, portanto, mais uma possibilidade da linguagem jurídica; um silêncio que não fala mas significa, tendo grande densidade reflexiva, ampla relevância para o Direito, inegável peso para a política e muito a dizer aos artífices dos processos de integração, em qualquer das margens do Atlântico.

No bloco econômico sulamericano, o MERCOSUL, hoje, não há ruído maior que o silêncio do legislador nacional – um silêncio repleto de complexidade e tensão. Com o Professor Doutor Rui Moura Ramos, meu orientador, aprendi um dia que tanto mais profunda e segura será a integração regional quanto mais eficaz for a sanção de todo e qualquer comportamento de um Estado-membro que viole os direitos constituídos na esfera jurídica do particular. Partindo desse pressuposto – em que

---

[5] CAGE, 1961, p. 135. Da obra de John Cage, destaca-se a composição intitulada *4'33"*, de 1952, tradicionalmente descrita como quatro minutos e trinta e três segundos de silêncio. A partitura de *4'33"* contém três movimentos (*I.Tacet; II.Tacet; III.Tacet*) em que o(s) músico(s) não deve(m) executar nenhuma nota musical e só os ruídos da platéia são ouvidos. Em Janeiro de 2004, a *BBC Symphony Orchestra* executou a peça. Em 2002, a tradicional Edition Peters (detentora dos direitos daquela obra) acusou Mike Batt, líder do grupo musical inglês *The Planets*, de ter plagiado o silêncio de John Cage, dando origem a uma controvérsia jurídica sem precedentes (KURZON, 2007, *passim*).

razão política e razão jurídica se aproximam –, defendo que as condutas omissivas do legislador brasileiro, que deixam de conferir efetividade a uma obrigação legislativa imposta por uma diretriz mercosulina, implicam na responsabilidade do Estado, desde que, presentes os requisitos específicos da responsabilidade pública e próprios do ordenamento jurídico brasileiro. A conduta do legislador em desobedecer ao dever de legislar imposto por uma diretriz mercosulina, válida, vigente e eficaz, leva a um ilícito que não se confunde com uma inconstitucionalidade, mas, que, ainda assim, é um ilícito legislativo, antijurídico, e, por isso, deve ser sancionado enquanto tal – sobretudo ao causar danos a outrem. O silêncio tem ocupado um lugar de destaque na retórica política da integração sulamericana e refletir sobre as dimensões jurídicas do silêncio legislativo – mormente à luz da já anosa dialética silêncios/discursos no Direito Comunitário europeu – torna-se imprescindível para uma melhor compreensão desse processo de integração sub-continental.

Conforme bem notou a Professora Doutora Maria Lúcia Amaral (2007), a tese contida neste livro é, pois, uma profissão de fé na razão jurídica, num tempo em que uma densa rede de normatividades extra-jurídicas ganha extraordinária força regulatória: é ainda pelo e com o Direito que se constroem os laços mais eficientes e estáveis de integração econômica, na atualidade. Nos processos de integração regional, o Direito continua a exercer um papel fundamental, verdadeiro esteio para qualquer tentativa de soerguimento de sólidos blocos econômicos regionais. Aperfeiçoar os mecanismos jurídicos é, portanto, aperfeiçoar também os mecanismos de integração política e econômica.

Antes de concluir este breve intróito, não devo silenciar sobre algumas notas pessoais importantes: ser admitido a prestar provas de doutoramento na veneranda e multissecular Sala dos Capelos da Universidade de Coimbra, em Junho de 2006, já constituiu, para mim, uma inefável alegria. Chegar à Sala dos Capelos ante um júri tão expressivo, a reunir expoentes da publicística lusófona (os Doutores Avelãs Nunes, Maria Lúcia Amaral, Gomes Canotilho, Rui Moura Ramos, Manuel Porto, Alves Correia, Vieira de Andrade e Casalta Nabais), trouxe-me – ademais de um sentimento de orgulho – o redobrado peso da responsabilidade. Sabia dos riscos que corria, mas guardara comigo a lição imortal de Pessoa: *"Quem quer passar além do Bojador tem que passar além da dor."* Mesmo aprovada a tese de doutoramento com distinção e louvor unânimes, procurei incorporar ao seu texto, agora transformado em livro, muitas das observações, sugestões, indicações e críticas que surgiram durante as provas. Entendi que muitos temas levantados durante a argüição pública enriqueciam e clarificavam o meu trabalho, contribuindo para uma leitura mais profunda, agradável e coerente. Aos membros daquele júri agradeço, mais uma vez, a sua elevada disposição para ler, argüir e ensinar.

MARCÍLIO TOSCANO FRANCA FILHO
San Domenico di Fiesole, março de 2008.

AGRADECIMENTOS

Ao Professor Doutor RUI MOURA RAMOS, exemplo na Academia, magistrado sagaz e pensador fecundo sobre os fundamentos do saber jurídico, pela segurança e firmeza de sua orientação e pela disponibilidade em ouvir. Ao eminente Professor Doutor, cujos ensinamentos – na Cátedra e fora dela – mostraram-se de grande valia para a conclusão deste trabalho, há de ser tributado maiúsculo, público e primeiro agradecimento.

Ao Professor Doutor J. J. GOMES CANOTILHO, condutor dos primeiros Seminários Doutorais da Faculdade de Direito da Universidade de Coimbra, pela fecundidade de nossas conversas, formais e informais, sempre distinguidas pela postura ética configurada pela coragem de ser fiel a si mesmo, em tempos de fidelidades outras, impessoais e decadentes.

Ao Professor Doutor ANTÓNIO AVELÃS NUNES, insigne Vice-Reitor da Universidade de Coimbra, pelo seu constante empenho na aproximação das relações acadêmicas luso-brasileiras, sua distinta amizade e sua cordialidade na acolhida coimbrã.

À respeitada Universidade de Coimbra e, particularmente, à sua honorável Faculdade de Direito, de cuja hospitalidade guardarei indelével, calorosa e inestimável lembrança.

À Fundação para a Ciência e Tecnologia (FCT), cujo apoio concedido ao autor foi indispensável para a feitura mais tranqüila e dedicada da tese.

Ao Tribunal de Justiça das Comunidades Européias e ao Tribunal de Primeira Instância, em cuja rica biblioteca pude encontrar leituras clássicas e incontornáveis graças às condições materiais oferecidas. Os estágios naquela Corte, no Luxemburgo, não teriam tido o mesmo proveito sem a colaboração e a amizade da Dra. Conceição Sá Martins e do Doutor Álvaro Oliveira, ambos do Gabinete do então Juiz Moura Ramos.

Ao Gabinete de Estudos Europeus de Coimbra, ao Centro de Informação Européia de Lisboa (Centro Jacques Delors), ao Instituto Universitário Europeu de Florença, ao *Institut für Öffentliches Recht* da *Johann-Wolfgang-Goethe-Universität* e à *Deutsche Bibliothek* (estes dois últimos, em *Frankfurt am Main* – Alemanha), onde me foi permitido pesquisar sempre com ampla liberdade e gentil comodidade.

Ao Tribunal de Contas do Estado da Paraíba (Brasil) e aos colegas de Ministério Público que atuam junto àquela Corte que permitiram a minha ausência e suportaram a carga adicional de trabalho durante os anos em que me dediquei a Coimbra.

Ao Professor Dr. Waldemir Lopes de Andrade, pela criteriosa crítica lingüística dos originais da tese.

Finalmente, ao meu pai, Marcílio Franca, e aos meus irmãos, Marcelo e Nevita Maria, pelo incentivo contínuo, entusiasmado e orgulhoso, de fundamental importância para a relevação e superação das muitas dificuldades encontradas ao longo do árido percurso do saber acadêmico. Por mais solitário que possa ser a artesania intelectual para a construção de uma tese de doutoramento, esse é um trabalho que nunca prescinde de muitas e indispensáveis (ainda que inconscientes) colaborações.

SUMÁRIO

ABREVIATURAS E SIGLAS

a.	ano
art.	artigo
BGB	*Bürgerliches Gesetzbuch*
BGHZ	*Entscheidungen des Bundesgerichtshofes in Zivilsachen*
BVerfGE	*Sammlung der Entscheidungen des Bundesverfassungs-gericht*
c/	contra
ca.	cerca
CDU	União Democrata Cristã da Alemanha
CE	Comunidade Européia
CECA	Comunidade Européia do Carvão e do Aço
CEE	Comunidade Econômica Européia
CEEA	Comunidade Européia da Energia Atômica
CF ou CF/88	Constituição Federal brasileira de 1988
cf.	conforme
Col.	Coletânea de Jurisprudência do Tribunal de Justiça e do Tribunal de Primeira Instância da Comunidade Européia
Coord(s).	Coordenador(es)
CRP	Constituição da República Portuguesa
CSU	União Social Cristã da Alemanha
Des.	Desembargador
Des. Fed.	Desembargador Federal
EinlPrALR	Introdução (*Einleitung*) ao *Preußische Allgemeine Landrecht*
GG	*Grundgesetz* ou Lei Fundamental Alemã
MERCOSUL	Mercado Comum do Sul
n. ou n.º	número
NAFTA	*North American Free Trade Agreement*
NJW	*Neue Juristische Wochenschrift*
o.	outros
OMC	Organização Mundial do Comércio

p.	página ou páginas
p. ex.	por exemplo
Proc.	Processo
Rel.	Relator
RGZ	*Entscheidungen des Reichsgericht in Zivilsachen*
séc.	século
ss.	seguintes
STF	Supremo Tribunal Federal (Brasil)
TEC	Tarifa Externa Comum
TJCE	Tribunal de Justiça das Comunidades Européias
TPI	Tribunal de Primeira Instância da Comunidade Européia
trad.	tradução
WRV	*Weimarer Reichesverfassung*

MAR PORTUGUÊS

(Fernando Pessoa)

Ó mar salgado, quanto do teu sal
São lágrimas de Portugal!
Por te cruzarmos, quantas mães choraram,
Quantos filhos em vão rezaram!
Quantas noivas ficaram por casar
Para que fosses nosso, ó mar!

Valeu a pena? Tudo vale a pena
Se a alma não é pequena.
Quem quer passar além do Bojador
Tem que passar além da dor.
Deus ao mar o perigo e o abismo deu,
Mas nele é que espelhou o céu.

1. INTRODUÇÃO: QUESTÕES METODOLÓGICAS E JUSTIFICATIVAS

"Só existirá uma integração completa e verdadeira se cada ente jurídico puder provocar a sanção de todo e qualquer comportamento (de um Estado-membro, de qualquer instância da organização ou de simples particulares) que viole os direitos constituídos na sua esfera jurídica pelo ordenamento criado pelo Tratado de Assunção."

(RUI MOURA RAMOS, 1999, p. 391)

O fenômeno contemporâneo da globalização da economia internacional impõe muitos e importantes desafios ao Estado-Nação. Tais desafios, longe de enfraquecer a sua autoridade, demonstram que ele ainda tem vitalidade e virtudes suficientes para se adaptar ao novo cenário econômico, exercendo sua soberania na escolha de políticas capazes de melhor situá-lo no interior de um novo mercado internacional, cada vez mais interdependente. Entre essas políticas nacionais, está a formação dos grandes blocos econômicos regionais, em que pontificam o MERCOSUL e a União Européia. Embora o cenário internacional já não seja mais hoje exclusivamente estatal, a soberania torne-se cada vez mais compartilhada, haja uma certa fluidificação das fronteiras comerciais e uma guerra nos moldes daquela de 1618-1648, a Guerra dos Trinta Anos, pareça cada vez mais remota (aspectos, sem dúvida, pós-vestefalianos), o Estado ainda é um ator indispensável na modulação e na execução do Direito e na compreensão das relações internacionais. A luta da pequenina e heróica nação de Timor-Leste pela sua soberana autodeterminação (com amplo apoio da comunidade internacional), no crepúsculo do século XX, apenas realça essa importância da estatalidade na cena política contemporânea. Embora uma das marcas da contemporaneidade seja uma certa "universalização da história", compreendida esta como o surgimento de novos e importantes atores não-estatais no teatro das relações internacionais, a situação atual está longe da "desestatização" ou da "perda da centralidade do Estado", que ainda mantem papel nuclear no cenário contemporâneo da política e do Direito (FRANCA FILHO, 2006, *passim*).

As repercussões pecuniárias para os respectivos Estados-membros pelas suas violações do Direito Comunitário e do Direito do MERCOSUL, pela via das omissões do legislador, constituem, de modo genérico, o objeto nuclear deste livro. Desde já, tomar-se-á aqui "omissão do legislador" como a abstenção, a inércia ou o silêncio do Poder Legislativo, seja central/nacional ou local/regional, ao deixar de cumprir certa prescrição normativa superior ou anterior de atuação legislativa positiva – conectada, portanto, a um claro dever de ação. Só se pode falar em omissão juridicamente relevante do legislador, pois, se há a demarcação de um dever superior ou anterior de emissão legislativa, que pode ser tanto explícita (quando o legislador descumpre ordens de legislar) como implícita (quando o legislador deixa de adotar as medidas legislativas indispensáveis para a execução de normas sem suficiente densidade normativa). Segundo CANOTILHO (2002, p. 1022), a doutrina mais recente ainda aponta a omissão do legislador que deixa de aprimorar, corrigir ou melhorar as normas de prognose.

Dessas claras demarcações obrigacionais exsurge a distinção entre as omissões legislativas e as lacunas no ordenamento jurídico, tomadas estas últimas como um vazio normativo que não se contrapõe a uma obrigação legislativa anterior (VILLAVERDE, 1996, p. 131). E foi nesse âmbito que se procurou investigar *quid juris* se o legislador nacional permanece inativo, apesar de uma "ordem legiferante" infraconstitucional emanada do Direito Comunitário, na Comunidade Européia, ou do Direito da Integração, no MERCOSUL, em um Estado-membro da União Européia ou no Brasil, integrante do MERCOSUL.

De modo mais específico, procurou-se, sempre numa perspectiva de Direito Comparado, compreender a responsabilidade do Estado-membro da Comunidade Européia e do MERCOSUL pelas omissões do legislador no que toca, especialmente, à transposição de normas jurídicas de Direito derivado bastante peculiares e numericamente relevantes, a saber, as diretivas comunitárias e as diretrizes no MERCOSUL – duas espécies normativas de capital importância para a construção dos espaços de integração econômica e com acentuadas particularidades em relação às demais normas jurídicas conhecidas. Ao contrário do Direito da Integração do MERCOSUL, o Direito Comunitário Europeu já reconhece especial significação ao fenômeno do incumprimento de deveres jurídico-estatais por omissão do legislador nacional e, embora o problema já tenha recebido algumas soluções eficientes no Direito Comunitário, ainda não foi tratado com maior profundidade no MERCOSUL. Bem apontam os grandes comparatistas K. ZWEIGERT e H. KÖTZ (1998, p. 34) que, freqüentemente, é um sentimento de insatisfação (como esse) quanto a certa solução jurídica em um dado sistema o que move alguém a comparar e indagar se outro sistema normativo produz uma solução mais adequada.

Ainda para K. ZWEIGERT e H. KÖTZ, só se pode comparar aquilo que, em Direito, exerce função semelhante: *"in law, the only things which are comparable are those which fulfil the same function"* (ZWEIGERT e H. KÖTZ, 1998, p. 34). É o que os dois doutrinadores chamam de *"functionality"*. Direito Comunitário europeu e Direito da Integração do MERCOSUL, diretivas comunitárias e diretrizes mercosulinas, MERCOSUL e União Européia apresentam, sim, uma proximidade funcional e teleológica indiscutível: todos esses entes dirigem-se – com as suas peculiaridades e idiossincrasias óbvias – à solidificação dos laços de regionalização e, portanto, podem ser crítica, frutífera e legitimamente comparados.

Da complexa relação entre a soberania do ato legislativo, a liberdade de conformação própria dos parlamentos, o dever de legislar, a limitação aos direitos fundamentais, o direito subjetivo à emanação normativa, a reserva de constituição da atividade política, o Direito Comunitário e o Direito do MERCOSUL surgem múltiplas inquietações. Dentre elas, a investigação terá por meta primeira responder à seguinte: Quais os pontos de contato e as divergências entre a proteção conferida ao cidadão da Comunidade Européia e ao cidadão do MERCOSUL, no que tange aos danos decorrentes da não-transposição de diretivas e de diretrizes pelo legislador nacional?

Dessa questão central brotam inúmeras outras que, embora periféricas, não são de modo algum irrelevantes. Como questões secundárias ao tema, a investigação também intentará dar respostas às seguintes indagações:

- Como se configura a "mora legislativa" nos processos de integração?
- Quais as conseqüências do silêncio para o Estado-membro omisso em suas obrigações legislativas?
- Quais as conseqüências para o Estado-membro que, embora tendo legislado, o fez de forma incompleta ou serodiamente?

- Em que condições é aferida a responsabilidade do Estado pela omissão legislativa na União Européia?
- Pode-se falar em mora legislativa no MERCOSUL?
- Há mecanismos de proteção contra a omissão legislativa no MERCOSUL, especialmente no Brasil?
- Pode haver responsabilidade estatal por omissão legislativa no MERCOSUL?
- Em que direção aponta a jurisprudência do Tribunal de Justiça das Comunidades Européias e do Tribunal Arbitral *Ad Hoc* do MERCOSUL?
- Quais os pontos de contato entre a proteção conferia ao particular na Comunidade Européia e no MERCOSUL quanto aos danos decorrentes da não-transposição de diretivas e de diretrizes pelos legisladores nacionais?
- Os Estados-membros cujos regimes de responsabilidade do Poder Público não asseguram uma indenização efetiva do prejuízo sofrido por uma vítima de violação do Direito Comunitário são obrigados a criar uma via de Direito específica para esse fim?
- Há um direito subjetivo à emanação legislativa? E uma obrigação de legislar, ela existe?

Propõe-se a União Européia e o Direito Comunitário como ponto de partida e eixo referencial para as investigações comparatísticas intentadas, por três motivos. Em primeiro lugar, por ela se apresentar como o projeto de integração mais desenvolvido e promissor da atualidade. Nesse sentido, os erros e acertos, as crises e vitórias da cinqüentenária história da integração européia têm muito a dizer ao jovem MERCOSUL. Como bem disse MARISE CREMONA (2004, p. 553), os sucessos da Comunidade e, depois, da União Européia em estabelecer e manter um eficiente mecanismo de integração regional (*"regional integration arrangement"* ou RIA) transformaram-na em modelo e laboratório para o aprofundamento dos processos de integração regional.

Em segundo lugar, toma-se a Europa como referência empírica por ser o modelo integracionista adotado para o MERCOSUL, e muitos dos fins objetivados pelo Tratado de Assunção já terem sido alcançados pela União Européia. Nesse aspecto, as palavras do Professor JORGE FONTOURA (1998, p. 02) soam proféticas:

> *"Embora cada processo de integração guarde um referencial próprio de peculiaridades e circunstâncias, uma das vantagens da*

civilização é a que nos desobriga de inventar duas vezes a mesma coisa. Aliás, como propriamente lembra Estevan Chaves de Rezende Martins, ninguém nasce em um vazio de História. (...) Usufruindo a experiência européia, podemos nos abeberar em uma conspícua e sólida doutrina, que hoje embasa a desde há muito consagrada e corriqueira disciplina jurídica 'Direito Comunitário', presente em todos os programas de formação universitária da União Européia, já desde a graduação."

Por fim, em terceiro lugar, toma-se a União Européia e o Direito Comunitário como ponto de partida da investigação científica no intuito de possibilitar o aprofundamento das perquirições acadêmicas iniciadas na dissertação de mestrado do autor, quando tratou dos limites e possibilidades da jurisdição comunitária européia.

A questão específica acerca da omissão legislativa no Direito Comunitário e no Direito da Integração, por seu turno, possui peculiar relevância acadêmica em razão da própria natureza dos processos de integração europeu e sul-americano, que são, simultaneamente, muito programáticos (contêm farto Direito diretivo) e profundamente pragmáticos (têm muito de Direito operativo), já que se implementam através de mecanismos técnico-jurídicos concretos e muito dinâmicos, visando sempre a maior eficiência quanto a novos fins para o Estado integrar-se. Nesse duplo aspecto de programaticidade e pragmatismo, não se pode olvidar que muitas regras da Comunidade Européia e do MERCOSUL dependem de providências normativas nacionais para que adquiram efetividade nos planos internos de cada Estado-membro. Em razão disso, o silêncio, a omissão e a inércia do Legislativo compreendem um grave óbice ao aprofundamento do processo de integração. O protagonismo dos parlamentos nacionais na construção dos espaços de integração é uma via de mão dupla, que requer deveres e impõe responsabilidades, e, nesse quadro, as omissões do legislador assumem papel relevante. O fato de que determinadas normas do processo de integração requeiram posterior detalhamento não significa que as mesmas careçam de valor jurídico, mas, ao contrário, que os Estados têm a obrigação de não frustrar sua aplicação, comprometendo assim os objetivos dos tratados-quadro.

Quanto a esse ponto, em especial, a investigação é legitimada, ainda, pela demasiada importância que adquirem as diretivas comunitárias e as diretrizes mercosulinas, dentro da arquitetura de fontes do Direito Comunitário e do Direito da Integração – duas espécies normativas que, para a concretização dos fins ditados por elas, envergam um claro "mandado de legislação" aos órgãos legiferantes nacionais. Ora, como já bem apontou a Profa. Doutora MARIA LÚCIA AMARAL alhures, as diretivas – pela sua especial estrutura normativa – mostram-se particularmente adequadas às exigências jurídicas da lógica da integração. E não se pode negar que a diretiva comunitária, particularmente, é, sem dúvida, a mais debatida e melhor documentada das fontes do Direito Comunitário europeu, dadas as grandes controvérsias que envolve.

Ademais, a importância, *de per si*, da responsabilidade pecuniária do Estado no conjunto das garantias em favor dos cidadãos e do Estado de Direito, bem assim a atualidade do tema – objeto de permanente atualização e acabamento pretorianos –, contribuem mais e mais para a legitimação do objeto de estudo do presente texto.

O estudo que aqui se desenvolve foi concebido em quatro grandes blocos. No primeiro deles, lançam-se as bases da comparação: procurou-se demonstrar a natureza gregária, subsidiária e complementar do sistema jurídico comunitário – o que servirá de paradigma para a posterior análise do Direito do MERCOSUL. As diretivas, peças-chave para a construção desse sistema jurídico supranacional europeu, serão objeto de uma "teoria geral" no segundo bloco da investigação. O terceiro bloco será dedicado especificamente à questão da responsabilidade do Estado legislador – em recortes nacionais, internacional e comunitário, de maneira a se demonstrar as especificidades daquela modalidade responsabilizatória em cada um daqueles planos. Finalmente, o quarto bloco cuidará dos limites e possibilidades de uma responsabilidade do Estado legislador (brasileiro) pela transposição da normativa do MERCOSUL.

O trabalho terá como principal abordagem metodológica a análise crítica da doutrina jurídica européia a respeito do não-cumprimento das obrigações comunitárias e da responsabilidade do Estado por atos e omissões legislativas. Do mesmo modo, não prescindirá de uma leitura analítica dos textos normativos constitutivos e norteadores da União Européia que tratem de questões correlatas ao tema, já que a referência ao Direito positivado apresenta a grande valia de trazer para o centro das investigações os aspectos institucionais comunitários. O estudo da aplicação do Direito Comunitário aos casos concretos também será privilegiado, ao longo das investigações, na forma de referências à jurisprudência do Tribunal de Justiça das Comunidades Européias e de relevantes decisões nacionais. Em paralelo, a fim de construir o modelo comparado, a pesquisa analisará aspectos doutrinários, jurídico-positivos e jurisprudenciais do MERCOSUL e, particularmente, de um dos seus Estados-partes – o Brasil. Pretende-se com isso superar a lacuna da doutrina comunitária portuguesa na referência ao MERCOSUL que, por muitos anos, virou suas costas ao Atlântico, a olhar apenas para Buxelas e Luxemburgo. Ora, como bem dizia Fernando Pessoa, *"Deus quis que a Terra fosse toda uma, que o mar unisse, já não separasse".*

O recurso à comparação não é uma ferramenta nova nem nas chamadas ciências sociais, em geral, nem tampouco no Direito, em particular, mas que teve o seu prestígio multiplicado, nos últimos tempos, em virtude da dimensão planetária e interligada que adquiriram alguns fenômenos sociais, políticos e econômicos (SANCHEZ AGESTA, 1974, p. 22). É num mundo em que uma renovada dialética "uno/múltiplo" deu origem ao termo "glocal" que se impõe, também renovada, a necessidade de conhecer o outro para melhor conhecer e aperfeiçoar a si mesmo e melhor desenvolver as relações com os demais. Esse "conhecimento do outro" alcança uma legitimidade especial nas relações entre MERCOSUL e União Européia já que, desde 15 de dezembro de 1995, ambos os blocos mantêm entre si um diálogo institucional, formalizado por um Acordo Quadro de Cooperação Interregional[6]. Tal acordo, sem dúvida, reflete o fato de que as relações comerciais entre o MERCOSUL e a União Européia representam bem mais que todo o comércio da União Européia com o restante da América Latina e também o fato de que, dentro do bloco sulamericano, a União Européia é o primeiro parceiro comercial e sua primeira fonte de investimento direto estrangeiro.

A pesquisa adotará como referencial teórico-metodológico a semiótica (ou semiologia) aplicada ao estudo da experiência jurídica. Essa opção pelo enfoque semiológico na condução das investigações dá-se por duas razões. Primeiro, por ser ele o mais prático e didático para o jurista pesquisador, afinal, sendo a linguagem um dado concreto e intersubjetivo, o estudioso do Direito pode prescindir de experiências ou intuições privilegiadas na condução de suas investigações. Daí, a sua praticidade e o seu didatismo. Segundo, optou-se pela matriz semiológica justamente porque, ao perscrutar o caráter "contextual" do discurso jurídico, ela é capaz de verificar analiticamente a função desempenhada

---

[6] Hoje, as relações entre o MERCOSUL e a União Européia estão baseadas formalmente no Acordo Quadro de Cooperação Interregional (*Interregional Framework Cooperation Agreement*) assinado em 15 de dezembro de 1995, em Madrid, e em vigor desde 01 de julho de 1999. Formalizado como um acordo misto (*mixed agreement*), por conta do seu alargado conteúdo político e econômico, o *Framework Cooperation Agreement* objetiva preparar uma ambiciosa associação interregional entre os dois blocos, a ser, no futuro, constituída sobre três pilares fundamentais: diálogo político, cooperação técnica e liberalização comercial.

pelos fatores extranormativos na produção das significações normativas bem como os efeitos dessas significações nas sociedades. Lembrando LACAN, a semiótica, antes de ler o que a linguagem fala, revela o que ela deixa de dizer, procurando os sentidos silenciosos do discurso.

Na seara específica da teoria jurídica, o recurso à semiologia, ao estudo dos signos e suas relações reveste-se de especial importância por outros dois motivos. Primeiro, porque o Direito pressupõe linguagem, a Ciência Jurídica encontra nela a sua possibilidade de existir. O Direito não poderia produzir seu objeto numa dimensão exterior à linguagem, já que a alteridade é uma de suas principais características e a comunicação entre os seus sujeitos, primordial. Sendo a linguagem um conjunto lógico e sistêmico de signos, regido por regras próprias (a gramática), a semiologia encontra no Direito um vasto campo de prospecção. Segundo, porque só se pode falar em Ciência quando se fala em rigor lingüístico e apuro vocabular. A busca da precisão conceitual, da coerência e da coesão lingüísticas, é basilar para a construção de qualquer conhecimento que se pretenda científico. Um dos papéis do jurista é exatamente submeter a rígido controle o sentido dos termos doutrinários empregados pelo legis-lador, procurando daí organizar um sistema. Será a busca da perspectiva sistêmica e da precisão lingüística que norteará as investigações.

É oportuno registrar também, ainda na seara da linguagem, que, por uma questão de identidade e segurança, optou-se por redigir o presente texto, integralmente, de acordo com a norma culta da gramática brasileira da língua portuguesa. De outra forma, incorrer-se-ia no perigo grosseiro de, ao se tentar utilizar uma gramática com a qual não se tem a neces-sária familiaridade nativa, fabricar-se um monstruoso idioleto, um híbrido que navegaria sem rumo entre as gramáticas brasileira e portu-guesa, o que não faria justiça à língua de Fernando Pessoa e de Machado de Assis. Até mesmo as citações e transcrições foram adaptadas à norma gramatical brasileira da língua portuguesa.

Finalmente, cumpre deixar consignado, desde logo, que o livro que ora se oferece a público deixa o autor em paz com a sua consciência. Fez ele o que a sua mundivivência e as suas circunstâncias autorizaram, ao longo do solitário caminho de pesquisa e redação de uma tese doutoral. Exatamente por ter este livro a mesma dimensão das coisas humanas, lacunas e falhas serão encontradas, contudo, procurou-se não fugir às questões difíceis nem tampouco refugiar-se em dubiedades, termos vagos ou lateralização de problemas. As falhas que remanesceram – e certa-mente não serão poucas – hão de ser apontadas com a justiça e pela experiência dos mais sábios.

2. O Direito Comunitário como Sistema Dialético de Comparticipações

Um sistema é uma ferramenta teórica de grande utilidade para a análise da realidade (não apenas a jurídica) e que, de modo geral, pode ser definido como um conjunto de elementos relacionados funcionalmente entre si, de maneira que cada elemento seu é função de algum outro elemento, inexistindo elemento isolado (Ferrater Mora, 1988, p. 3062). Logo na introdução ao primeiro volume de sua monumental obra dedicada à sistemologia, Mario Losano (2002, p. XV), vê o conceito de sistema como *"pilastro della saggezza occidentale"*. Enquanto unidade epistemológica, todo sistema constitui, portanto, um coletivo de elementos que mantêm algum tipo específico de ordem, organização ou estrutura entre si, o que lhe confere alguma unidade. A respeito deles, os sistemas, observa Ferraz Jr. (1976, p. 09):

> *"A palavra sistema, etimologicamente do grego* systema, *provém de* synistemi *e significa o composto, o construído. Na sua significação mais extensa, o conceito aludia, de modo geral, à idéia de totalidade construída, composta de várias partes. O uso posterior configurou, porém, uma compreensão mais restrita. Conservando a conotação originária de conglomerado, a ela agregou-se o sentido específico de ordem, de organização. Aliada à idéia de cosmos, conceito fundamental da filosofia grega, ela aparece por exemplo entre os estóicos para descrever e esclarecer a idéia de 'totalidade bem ordenada'."*

Se um sistema é um agrupamento de unidades que se relacionam, conclui-se facilmente que três idéias são inerentes à concepção de qualquer sistema: coletividade (o todo), unidade (a parte) e interdependência (a estrutura que une as partes para que componham o todo). Depreende-se, daí, que três também são os componentes basilares para a constituição de qualquer sistema: 1) o repertório, ou seja, os seus elementos (distintos entre si e do próprio sistema); 2) as relações entre esses elementos, ou seja, a sua organização ou estrutura; e 3) a unidade orgânica que aproxima os elementos em suas relações[7-8].

A organização é o que qualifica um sistema como unidade. Com efeito, a unidade dos elementos de um sistema será mantida enquanto se mantiver a sua organização. Isso não significa que não variem os elementos componentes do sistema, muito pelo contrário: os elementos da estrutura podem ser outros e o sistema se manterá enquanto permanecer invariante a sua organização. Um exemplo extraído do quotidiano, citado por FERRAZ JR. (1990, p. 167), comprova a importância da organização para a unidade dos sistemas:

> *"Note-se bem a diferença: uma sala de aula é um conjunto de elementos, as carteiras, a mesa do professor, quadro-negro, o giz, o apagador, a porta etc.; mas estes elementos, todos juntos, não formam uma sala de aula, pois pode tratar-se de um depósito da escola; é a disposição deles, uns em relação aos outros, que nos permite identificar a sala de aula; esta disposição depende de regras de relacionamento; o conjunto destas regras e das relações por elas estabelecidas é a* estrutura."

O que se chama de "sistema jurídico" é apenas a aplicação da noção de sistema à experiência jurídica – tanto do ponto de vista do saber

---

[7] Muito mais do que propor uma simples "teoria geral das notas de rodapé", HÄBERLE E BLANKENAGEL (1988) elaboram verdadeira crítica aos fundamentos da expressão formal do pensamento jurídico-científico. Com justa razão, admitem que a contemporaneidade do trabalho jurídico-científico é impensável sem as notas de rodapé: *"der Alltag der rechtswissenschaftlichen Arbeit ist jedoch ohne Fußnoten nicht denkbar"* (HÄBERLE E BLANKENAGEL, 1988, p. 116). Tal máxima toma renovado fôlego quando se percebe que a lógica das notas de rodapé é a mesma das ligações em hipertexto encontradas nas páginas da *worldwide web*. Aqueles autores, contudo, apontam para o cuidado contra possíveis exageros. A recorrência a esses importantes instrumentos de "sustentação" da escrita científica – não é outra a razão por que se situam no pé da página, sob o texto – será freqüente a partir de agora, mas sempre na linha das observações de parcimônia propostas por HÄBERLE E BLANKENAGEL.

[8] Ao fazer referência aos conceitos de sistema em KANT, EISLER, SAVIGNY, STAMMLER, BINDER, HEGLER, STOLL e COING, o Professor CLAUS-WILHELM CANARIS (1996, p. 10-12) aponta apenas duas características comuns a todas as definições de sistema: a ordenação e a unidade. Embora não o diga explicitamente, a terceira característica dos sistemas, a pluralidade de componentes, fica subentendida quando ele trata da característica da unidade, que, segundo CANARIS, é o elemento que não permite que um sistema se disperse *"numa multitude de singularidades desconexas"*.

jurídico (o "sistema lógico" ou "científico" do Direito) como do ponto de vista do objeto desse saber (o "sistema objetivo" ou "real"). Detendo-se, de maneira cuidadosa, sobre o Direito, pode-se constatar que o sistema jurídico é o resultado de uma atividade que congrega elementos normativos e extranormativos (repertório) que estabelecem relações de adequação e unidade entre si (estrutura), projetando-se numa dinâmica dimensão significativa com o objetivo de decidir conflitos.

Sabendo-se que são inerentes à idéia de sistema a harmonia, a unidade e a coerência entre suas distintas partes, essa compreensão sistêmica da experiência jurídica se justifica, sobretudo, em razão dos imperativos da segurança, da estabilidade e da determinabilidade que se esperam e se exigem do Direito. Esses referenciais, porém, não se confundem com estática – o sistema jurídico é, sim, um sistema multifário e dinâmico. É preciso ressaltar, como bem o faz GOMES CANOTILHO (1999, p. 1070), que, cada vez mais, e com crescente velocidade, os sistemas jurídicos se complexificam, ou seja, os seus elementos interagem de uma forma tão imbricada e intrincada que não se podem prever os resultados dessa interação de modo totalmente rigoroso. Sem dúvida, essa complexidade do sistema jurídico é decorrente das inúmeras possibilidades de experiências e ações de que dispõe a sociedade contemporânea. Há sempre muito mais possibilidades do que se pode realizar ou calcular e, ao optar por uma determinada experiência ou ação, eliminando outras, o homem contemporâneo constrói, simultaneamente, novas possibilidades que pressupõem aquela experiência ou ação escolhida (*"path dependent"*), como um enorme e infinito fractal. Não bastasse o sem-número de possibilidades existentes em cada momento, essas mesmas possibilidades estão em constante mudança, não havendo duas ações ou experiências absolutamente iguais. As possibilidades são sempre contingentes e circunstanciais, podendo ser diferentes das esperadas. O desenvolvimento da "sociedade da informação" tem um papel preponderante no alargamento das possibilidades oferecidas ao homem contemporâneo.

Note-se que a idéia de um "pensamento jurídico sistemático" não é nova – embora, no decorrer da história, tenha assumido distintos matizes (com maior ou menor permeabilidade a elementos extranormativos) e, em certas épocas, dele não se tenha tido sequer consciência (como, por exemplo, nas grandes compilações do Direito Romano[9]). Ora, desde

---

[9] É sintomático o fato de se ter falado em *"corpus juris civile"* e não em *"systema juris civile"*.

quando se pretendeu tratar de modo igual os iguais e de maneira desigual os desiguais, o Direito sempre se sustentou sobre a idéia de relações estáveis, firmadas a partir de fenômenos que se repetiam, e a noção de sistema se ajusta com perfeição à busca da regularidade, previsibilidade, repetição e estabilidade que tão bem distinguem o Direito do arbítrio.[10] Nesse sentido, observa CLAUS-WILHELM CANARIS (1996, p. 20) que a idéia de unidade do Direito decorre do próprio princípio da igualdade – afinal, não deixa de ser ela uma maneira de procurar garantir a ausência de contradições no tratamento conferido aos sujeitos da ordem jurídica.

Assim como nos demais sistemas, os elementos do sistema jurídico – aí incluídos os seus subsistemas civil, penal, administrativo, trabalhista, constitucional etc. – estão vinculados, entre si, por uma relação estrutural, uma harmonização, uma ordem, uma organização, afinal, se fosse desprovido desses elementos de conexão, o sistema jurídico não teria *"virtualidades suficientes para assegurar unidade e coerência àquilo que se apresenta de forma desarticulada e até contraditória"* (CANOTILHO, 1999, p. 1071). Nessa ponto, KARL LARENZ (1997, p. 621) também é bastante enfático:

> *"As normas jurídicas, tal como foi continuamente referido, não estão desligadas umas das outras, mas estão numa conexão multímoda umas com as outras. Assim, por exemplo, as regras de que se compõem o Direito da compra e venda, o Direito locatício e o Direito hipotecário são partes sintonizadas de uma regulamentação a que subjazem determinados pontos de vista diretivos. Por seu lado, tais regulamentações são regulamentações parciais de uma regulação mais ampla – por exemplo, do Direito dos contratos ou do Direito das garantias reais e ambas, por sua vez, do Direito Privado. De acordo com isto, toda interpretação de uma norma tem de tomar em consideração, como vimos, a cadeia de significado, o contexto e a sede sistemática da norma, a sua função no contexto da regulamentação em causa."*

---

[10] CORDEIRO, António Menezes. Introdução à Edição Portuguesa. In: CANARIS, Claus-Wilhelm. *Pensamento Sistemático e Conceito de Sistema na Ciência do Direito.* Lisboa: Fundação Calouste Gulbenkian, *passim,* 1996. Em pouco mais de cem páginas, o Professor MENEZES CORDEIRO faz nessa introdução à tradução portuguesa do clássico de CANARIS uma "teoria evolutiva" da sistematização do Direito, tomando como argumentação nuclear a idéia de que a noção de sistema sempre esteve presente no pensamento jurídico.

Caso se verifique uma ruptura da relação existente entre os vários elementos ou subsistemas do sistema jurídico, tem-se uma "deficiência" no sistema – uma lacuna ou uma antinomia (ENGISH, 1988, p. 275). A lacuna constitui uma incompletude insatisfatória não prevista no sistema normativo; a antinomia, uma contradição entre suas distintas partes. Ambas devem ser evitadas, a fim de se resguardar a unidade que garante segurança e legitimidade ao Direito. Embora as teorizações sobre tais deficiências sejam bastante antigas (DINIZ, 1987, p. 04, FERRAZ JR., 1989, p. 185), é principalmente após a Revolução Francesa e a positivação do Direito que esses problemas sistêmicos chamam especial atenção de teóricos e aplicadores do Direito.

O Direito Comunitário, objeto das presentes reflexões, também dá lugar a um sistema jurídico peculiar, diverso tanto dos sistemas jurídicos nacionais quanto do sistema de Direito Internacional[11]. Por ser majoritariamente produzido por fontes exteriores aos Estados nacionais e carecedor dos tradicionais procedimentos de incorporação ou recepção, o Direito Comunitário não pode ser concebido como qualquer outro ramo do Direito interno. Tampouco comporta ser classificado como um Direito estrangeiro, já que, protegendo interesses nacionais (públicos ou privados), conferindo direitos e obrigações na ordem interna e sendo dotado de imediata aplicabilidade, é também o Direito de cada um dos Estados integrados na Comunidade Européia. Veja-se, quanto a isto, a clara lição de MOURA RAMOS (2003, p. 23):

> *"A disciplina de Direito Comunitário não se refere a um setor da ordem jurídica pátria mas, ao contrário, a um ordenamento jurídico distinto e autônomo que, no entanto, é objeto de tratamento e análise precisamente por os seus comandos serem dotados de eficácia igualmente no plano desta."*

Do mesmo modo que não é nem nacional nem estrangeiro, o Direito Comunitário tampouco é Direito Internacional. Nessa direção aponta a clássica lição de PIERRE PESCATORE, ex-juiz do Tribunal de Luxemburgo:

---

[11] É curioso perceber que a posição inicial do Tribunal de Justiça das Comunidades – mas posteriormente alterada – foi de conceber o Direito Comunitário como ramo do Direito Internacional. O clássico caso Van Gend & Loos (TJCE, acórdão de 05.02.63, Proc. 26/62, Col. 1962-1964, p. 206, n. 3) é claro nesse sentido: *"A Comunidade Econômica Européia constitui uma nova ordem jurídica de direito internacional (...)."*

"Direito Comunitário e Direito Internacional fundam-se em premissas divergentes acerca da concepção que se tem, de uma parte e de outra, acerca da Soberania Nacional."[12]

Por se apresentar como um *corpus* jurídico harmônico, originário de um acordo de vontades específico, dotado de características e finalidades peculiares, destinado a um conjunto autônomo de sujeitos e composto por um plexo singular de elementos normativos e extranormativos que se interrelacionam de uma maneira própria, o Direito Comunitário pode ser compreendido como um sistema jurídico distinto dos demais. De acordo com o magistério de LINDE PANIAGUA ET AL. (1995, p. 206), o Direito Comunitário revela-se como sistema jurídico singular justamente por ser um *"conjunto normativo capaz de integrar-se sem auxílio de outros, através de seus próprios mecanismos, que conta com suas próprias instituições legislativas, executivas e judiciais e que, finalmente, se interpreta a partir de suas próprias normas"*. Também compartilham da idéia de um ordenamento jurídico comunitário coerentemente ordenado e sistemático, entre muitos outros, P. PESCATORE (1975, p. 17 e 20 e ss.), R. MOURA RAMOS (1999, p. 69, e 2003, p. 74), J. BOULOUIS (2000, p. 207), M. HERDEGEN (2001, p. 01, 03 e 60), D. SIMON (2001, p. 299) e T. HARTLEY (2003, p. 89 e ss.).

Com fundamento em SANTI ROMANO e sua teoria do ordenamento jurídico, GOMES CANOTILHO (1999, p. 1071) afirma que três são os componentes básicos de qualquer ordenamento jurídico: pluri-subjetividade (a pluralidade de sujeitos), organização e normação. Com facilidade, constata-se a presença desses três elementos no Direito Comunitário, afinal, o aparato jurídico da Comunidade Européia é composto de normas jurídicas (normação) que se dirigem a uma multiplicidade de sujeitos, quer nacionais, quer comunitários (pluri-subjetividade), de forma a organizar com coercitividade uma comunidade institucional supranacional (organização).

---

[12] *"Droit communautaire et droit international reposent sur des prémisses divergentes en ce qui concerne les conceptions que l'on se fait, de part et d'autre, de la souveraineté nationale"* (PESCATORE, 1970, p. 501, trad. nossa). Num outro texto, o mesmo Juiz PESCATORE (1975, p. 19) explica que, diferentemente da sociedade internacional, centrada na simples coordenação de Estados soberanos – e, por isso, debilmente estruturada –, a Comunidade Européia é fundada sobre uma relação de integração, qualitativamente diferente das relações de Direito Internacional, porque indica uma "separação de poderes" institucionalizada tanto entre ela e seus Estados-membros como entre as suas próprias instituições.

Desde a década de 1960, o Tribunal de Justiça das Comunidades Européias, em repetidas oportunidades, reafirma a singularidade da ordem jurídica construída a partir dos tratados fundamentais da Comunidade. O pronunciamento paradigmático (*"standard case"* ou *"leading case"*) da Corte a esse respeito é o seminal acórdão *Costa/ENEL* (TJCE, acórdão de 15.07.64, Proc. 06/64, *Recueil* 1964, p. 1141 e ss.), a saber:

> *"3. À diferença dos tratados internacionais ordinários, o tratado da CEE instituiu uma ordem jurídica própria, integrada ao sistema jurídico dos Estados-membros no momento da entrada em vigor do tratado e que se impõe à sua jurisdição. Instituindo uma comunidade de duração ilimitada, dotada de instituições próprias, de personalidade, de capacidade jurídica, de uma capacidade de representação internacional e, mais particularmente, de poderes reais decorrentes de uma limitação de competências ou de uma transferência de atribuições dos Estados à Comunidade, os Estados limitaram seus direitos soberanos e criaram assim um corpo de direito aplicável a seus súditos e a eles mesmos"* (p. 1146, n. 3).

Da análise de todos os elementos individualizantes do Direito Comunitário, resta induvidosa a sua singularidade, embora permaneça estreita e constante a sua relação com os sistemas jurídicos de Direito Internacional e de Direito interno dos Estados-membros da Comunidade Européia – seja pela sua origem, alguns tratados de Direito Internacional, seja pelos seus objetivos e campo de aplicação, situados nacionalmente (CAMPOS, 1997, p. 159). Quanto a esse aspecto também é PIERRE PESCATORE (1975, p. 18) quem, mais uma vez, ensina:

> *"O processo de elaboração do Direito Comunitário oferece de fato a imagem de uma dialética constante entre, de um lado, os fatores e interesses nacionais – que encontram sua expressão sobretudo no quadro do órgão intergovernamental, o Conselho – e, de outro, o interesse comum cujos representantes, no plano legislativo, são a Comissão e, em certa medida também, o Parlamento Europeu. Essa complexidade se verifica também na execução do Direito. Aqui (...) a situação é dominada pela polaridade da cooperação e das interferências entre a ordem jurídica comunitária e os diferentes direitos nacionais."*

A respeito dessa dialética constante entre a Comunidade e os seus Estados-membros, é preciso esclarecer que, por ter competências e objetivos restritos, descritos nos seus tratados fundamentais, o Direito Comunitário não tem a vocação de substituir a totalidade dos ordenamentos jurídicos nacionais nem tampouco a pretensão de ser auto--suficiente (MENGOZZI, 2000, p. 290). Antes, a justaposição entre as ordens interna e comunitária é uma necessidade para que, respeitando-se as identidades nacionais[13], alcancem-se os objetivos comunitários. O Direito Comunitário, tanto na seara econômica quanto social, concede extensos direitos aos particulares, mas depende para o seu pleno efeito e implementação, da concorrência dos Estados-membros (STEINER, 1993, p. 21).

A constante interação entre aqueles dois níveis político-jurídicos, o central-comunitário e o descentralizado-nacional, tem como pedra angular o "princípio da subsidiariedade". Originário do doutrina eclesiástica[14] e amplamente desenvolvido pelo constitucionalismo alemão, o princípio da subsidiariedade afirma que, nos domínios que não sejam das suas atribuições exclusivas, a Comunidade Européia só intervém se e à medida que os objetivos da ação encarada não possam ser suficientemente realizados pelos Estados-membros[15]. A subsidiariedade traduz, portanto, um modelo liberal de divisão de tarefas e atribuições, segundo o qual se privilegiam a descentralização e o fortalecimento dos níveis de poder mais próximos do cidadão europeu: as instâncias comunitárias só assumem responsabilidades naquelas matérias em que as instâncias nacionais não sejam capazes de atuar com maior eficácia.

---

[13] O art. 6.º.3 do Tratado da União Européia é peremptório a respeito: *"A União* [da qual a Comunidade Européia é um dos pilares] *respeitará as identidades nacionais dos Estados-membros."*

[14] Por ocasião dos quarenta anos da encíclica papal *"Rerum Novarum"*, de Leão XIII, o Papa Pio XI fez publicar, em 15 de maio de 1931, a encíclica *"Quadragesimo Anno"*, em que menciona um *"principio importantissimo nella filosofia sociale"*: *"è ingiusto rimettere a una maggiore e più alta società quello che dalle minori e inferiori comunità si può fare"* (§ 80). Em destacado artigo sobre o tema, MARIA LUÍSA DUARTE (2000, p. 781) aponta, porém, a presença do princípio da subsidiariedade muito antes disso, em ARISTÓTELES, passando depois por SÃO TOMÁS DE AQUINO, ALTHUSIUS, LOCKE, KANT e STUART MILL.

[15] O art. 5.º CE determina: *"Nos domínios que não sejam das suas atribuições exclusivas, a Comunidade intervém apenas, de acordo com o princípio da subsidiariedade, se e na medida em que os objetivos da ação encarada não possam ser suficientemente realizados pelos Estados-membros, e possam pois, devido à dimensão ou aos efeitos da ação prevista, ser melhor alcançados ao nível comunitário."*

Com o intuito de se tentar demarcar com maior precisão as áreas em que a ação da Comunidade Européia deveria substituir, por imperiosa necessidade, a ação individual dos seus Estados-membros, foi aprovado junto com o Tratado de Amsterdam, em 1997, o *"Protocolo (n.º 30) relativo à aplicação dos princípios da subsidiariedade e da proporcionalidade"*, anexo ao Tratado da Comunidade Européia[16]. O referido protocolo estatui algumas *"guidelines"* para a atuação da Comunidade; *verbis*:

> *"5. Para que seja justificada, uma ação comunitária deve preencher os dois requisitos inerentes ao princípio da subsidiariedade: os objetivos da ação prevista não podem ser suficientemente realizados pela ação dos Estados-membros no quadro dos respectivos sistemas constitucionais e podem por isso ser mais adequadamente realizados por meio de uma ação da Comunidade.*
>
> *Para determinar se aquela condição se encontra preenchida, devem ser utilizados os seguintes critérios:*
>
> – *a questão em apreço reveste-se de aspectos transnacionais que não podem ser regulados de forma satisfatória por meio de uma ação dos Estados-membros,*
>
> – *uma ação empreendida apenas ao nível nacional ou a ausência de ação por parte da Comunidade são contrárias às exigências do Tratado (tais como a necessidade de corrigir as distorções de concorrência, de evitar restrições dissimuladas às trocas comerciais ou de reforçar a coesão econômica e social) ou lesam significativamente, de qualquer outra forma, os interesses dos Estados-membros,*
>
> – *uma ação empreendida ao nível comunitário apresenta vantagens evidentes, devido à sua dimensão ou aos seus efeitos, relativamente a uma ação ao nível dos Estados-membros."*

Tanto REINHOLD ZIPPELIUS (1997, p. 159 e 250) como GOMES CANOTILHO (1999, p. 346) sinalizam uma justa articulação entre o princípio da subsidiariedade e os princípios da descentralização democrática, da autodeterminação e da desburocratização. Para ambos, tornando-se

---

[16] Juridicamente, os protocolos anexos ao Tratado da Comunidade Européia integram e complementam o texto do tratado e possuem a mesma força obrigatória do restante do seu texto, nos termos do art. 311.º CE (*"os protocolos que, de comum acordo entre os Estados-membros, forem anexados ao presente Tratado, fazem dele parte integrante"*).

excepcionais as macrointervenções, haverá uma resposta mais efetiva às "burocracias todopoderosas", sobretudo aquelas pesadas burocracias assentadas na esfera do "Governo Nacional" ou do "Governo Federal", posto que a supranacionalidade aliada à subsidiariedade tem o condão de impingir um duplo enfraquecimento às tradicionais supercompetências estatais: enfraquecimento *"por cima, através do crescendo das competências comunitárias, e por baixo, pelo reforço das autonomias locais"* (MOURA RAMOS, 1995, p. 179).

3. As Diretivas e a Interação entre o Direito Comunitário e o Direito Nacional

3.1. *Noção e Origem das Diretivas*

A noção de "fonte do Direito", fruto do jus-racionalismo iluminista, apresenta uma tríplice função. Primeiro, dá a idéia de uma origem objetiva e impessoal ao Direito que, assim, deixa de se confundir com a pessoa do governante. Segundo, ao assegurar uma origem comum para todo o Direito (unidade), reforça a compreensão de que o ordenamento jurídico constitui um sistema – coeso e coerente. Terceiro, ao determinar quais são as origens do Direito, a idéia de "fonte" confere legitimidade oficial a certas formas de exteriorização de normas e, simultaneamente, afasta as formas normativas indesejadas sob a designação de "ilegítimas" ou "não jurídicas".

A expressão "fontes do Direito", conquanto seja objeto de vastas e fecundas divergências doutrinárias, diz, portanto, da origem, da gênese, do manancial de onde brota o Direito ou, em um aspecto mais realista ou formal, indica as externalidades de que se utiliza o Direito para se corporificar. Nesse segundo sentido, seriam fontes do Direito Comunitário os tratados instituintes da Comunidade Européia e os princípios gerais do Direito Comunitário – o chamado Direito Comunitário originário ou primário – e os atos normativos das instituições comunitárias que, conforme o art. 249.º CE, compreendem os regulamentos, as diretivas, as decisões, os pareceres e as recomendações (componentes do Direito Comunitário derivado ou secundário)[17]. É precisamente o estudo das características, da gênese, dos efeitos e da natureza de uma dessas

---

[17] Para além dessas fontes escritas internas, Simon (2001, p. 301-303) elabora uma extensa lista de outras fontes do Direito Comunitário, cuja existência é constatada em diversos dispositivos dispersos ao longo dos Tratados Fundamentais.

fontes do Direito Comunitário, nomeadamente a diretiva (em alemão, *"die Richtlinie"*), o objetivo do presente capítulo.

Desde logo, é preciso deixar claro que as diretivas não constituem uma figura jurídica recente nem tampouco um achado do Direito Comunitário. Com efeito, desde o princípio do século XX, noções peculiares de diretiva vêm sendo aplicadas pela doutrina do Direito Constitucional, do Direito Administrativo, do Direito Econômico e do Direito Civil, em sistemas jurídicos tão distintos quanto o alemão, o francês ou o italiano. Em qualquer uma dessas ocorrências, porém, a própria origem etimológica do termo "diretiva" já indica, de partida, as possibilidades de seu emprego e utilização: *"a palavra diretiva é um substantivo derivado, segundo o Dicionário Georges-Calonghi, do radical latino 'dis-rego' comum ao verbo 'dirigo' (dirigir, endereçar) e a outros substantivos como 'director', 'directio', de significado evidente"*.[18]

Enquanto categoria juridicamente definida, a diretiva nasce como "diretiva da política" (*"Richtlinie der Politik"*) no seio do Direito Constitucional alemão. É na Constituição de Weimar, de 1919, cujo art. 56[19] atribuía ao chanceler a competência para fixação das diretivas políticas do *Reich*, a serem concretizadas pelos seus ministros, que se encontra a primeira manifestação positiva dessa figura jurídica (CAPELLI, 1983, p. 14; e SCIULLO, 1993, p. 35). Na ordem constitucional inaugurada com a Lei Fundamental de Bonn, em 1949, tanto a "competência diretiva" (*"Richtlinienkompetenz"*) do Chanceler Federal como a margem de

---

[18] Trad. nossa de CAPELLI, 1983, p. 08, *his verbis*: *"L'origine semantica del termine non si presta ad alcun equivoco. La parola 'direttiva' è un sostantivo ricavato, secondo il dizionario Georges-Calonghi, dalla radice latina 'dis-rego' comune al verbo 'dirigo' (dirigere, indirizzare) e ad altri sostantivi come 'director', 'directio', di significato evidente."*

[19] O art. 56 da *Weimarer Reichesverfassung*, de 11 de agosto de 1919, ao mesmo tempo que concedia a chanceler uma "competência diretiva" (*"Richtlinienkompetenz"*) sobre o governo, dividia com todo o colegiado de ministros – o Gabinete – a responsabilidade política perante o parlamento (GUSY, 1997, p. 135; e KRÖGER, 1988, p. 145). O texto constitucional estatuía *verbum ad verbum*: *"(1) Der Reichskanzler bestimmt die Richtlinien der Politik und trägt dafür gegenüber dem Reichstag die Verantwortung. Innerhalb dieser Richtlinien leitet jeder Reichsminister den ihm anvertrauten Geschäftszweig selbständig und unter eigener Verantwortung gegenüber dem Reichstag"* (*"O Chanceler do Reich define as diretivas da política e por elas responde perante o Reichstag. No quadro dessas diretivas, cada Ministro do Reich conduz os negócios a ele confiados de modo independente e sob sua própria responsabilidade perante o Reichstag"*, segundo a nossa tradução).

atuação discricionária dos ministros federais, limitada pelas diretivas políticas dadas pelo *Bundeskanzler*, foram preservadas pelo novo art. 65.º GG[20].

Na seara do Direito Administrativo, conforme assinalam Boulouis (1975, p. 191), Capelli (1983, p. 10) e Sciullo (1993, p. 01), coube ao Professor Maurice Hauriou, no ano de 1925, manifestar uma das primeiras teorizações dogmáticas conhecidas acerca dessas disposições normativas ao se pronunciar sobre o acórdão *Association Amicale du Personnel de la Banque de France* do *Conseil d'État*. Nesses primeiros anos de desenvolvimento e amadurecimento doutrinário, a diretiva representava um ato administrativo interno que continha *"um embrião de regra jurídica"* (Hauriou, 1926, p. 271) com a finalidade de autolimitar um poder discricionário através de uma declaração de intenções – *"une règle que le pouvoir s'impose à lui même"* (Hauriou, 1925, p. 33). Em que pese a inexistência de expressas referências legislativas ou regulamentares ao termo "diretiva", não foram raras, a partir de então, as oportunidades em que se pôde constatar, na Administração Pública ou na jurisprudência administrativa francesa, menções às diretivas nos mais distintos campos de aplicação: ordenação urbanística do território, emanações do Ministro da Defesa aos comandos militares regionais, estabelecimento de medidas sociais relativas a habitações, deliberações da comissão interministerial de tarifas, disciplinamento do pagamento de indenizações por viagens de servidores públicos (Delvolvé, 1974, p. 459 e 461). Na atualidade, as diretivas administrativas continuam a ter uso freqüente na França, sendo expedidas pelos Ministros de Estado a seus subordinados, sempre no intuito de racionalizar, harmonizar e/ou facilitar o exercício de suas atribuições. São classificadas como atos unilaterais não decisórios, que devem ser observadas no processo de elaboração das decisões administrativas, com o fim de se prevenir contradições ou discriminações involuntárias (Cliquennois, 1992, *passim*; Chapus, 2001, p. 511 e 519).

---

[20] *"Der Bundeskanzler bestimmt die Richtlinien der Politik und trägt dafür die Verantwortung. Innerhalb dieser Richtlinien leitet jeder Bundesminister seinen Geschäftsbereich selbständig und unter eigener Verantwortung. (...)"* (*"O Chanceler Federal fixa as diretivas da política e assume a responsabilidade por elas. No âmbito dessas diretivas, cada Ministro Federal dirige o seu ministério de forma independente e sob a própria responsabilidade. (...)"* – trad. nossa).

Para além das diretivas políticas e das diretivas administrativas, também no campo do Direito Privado as diretivas encontraram ampla utilidade e mereceram expressa referência, entre outros, no Código Civil italiano, nos seus arts. 861, 2.147, 2.167 e 2.174, por exemplo (SCIULLO, 1993, p. 35). É, ademais, do Direito Italiano que advêm numerosos exemplos de utilização de diretivas como instrumento da intervenção do Estado na economia, as chamadas *"direttive economiche"* (D'ALBERGO, 1964, p. 609), já agora numa perspectiva de manifestação e instrumento do Poder Hierárquico do órgão ou entidade de onde emana a diretiva em relação ao seu destinatário. Também foi na arena das medidas de direção econômica que CANOTILHO (1974, p. 201-202), há três décadas, indicou a existência das diretivas em um problemático lugar, algures entre a norma jurídica e o ato jurídico.

Em Direito interno, portanto, noções bem próximas de diretivas já eram muito conhecidas nos ordenamentos jurídicos dos três maiores Estados entre os seis membros fundadores da Comunidade Econômica Européia (os outros três foram Bélgica, Holanda e Luxemburgo), criada pelo Tratado de Roma, assinado em 25 de março de 1957. Na maior parte dos casos, aquelas diretivas previstas nos ordenamentos jurídicos nacionais enquadravam-se no modelo que BOBBIO (1989, p. 117) chamou de *"normas diretivas"*, ou seja, *"aquelas normas que impõem ao destinatário a obrigação, não de respeitá-las, mas de as ter presentes, delas se desviando apenas com base numa justificação fundamentada".* É com esse perfil indicativo, finalístico e de grande maleabilidade que as diretivas vão ingressar no ordenamento da Comunidade Européia.

Porém, mesmo no âmbito restrito do Direito Comunitário, as atuais diretivas da Comunidade Européia não são figuras originais. Com efeito, o tratado que instituiu a Comunidade Européia do Carvão e do Aço (CECA), assinado em Paris em 18 de abril de 1951 – portanto, seis anos antes do Tratado que viria a instituir a Comunidade Econômica Européia (1957), antecessora da atual Comunidade Européia –, já previa a edição de "recomendações" (art. 14, n.º 3) semelhantes em muitos aspectos centrais às atuais diretivas da Comunidade. A proximidade conceitual entre as diretivas da Comunidade Européia e as recomendações da CECA fez com que BOULOUIS as agrupasse em um conjunto único de fontes do Direito Comunitário, a que deu o nome de "atos diretivos" (BOULOUIS, 2000, p. 223), que opôs aos seus "atos de caráter geral".

A origem das recomendações da CECA, por seu turno, apresenta um claro liame genético com as recomendações tradicionalmente adotadas pelas organizações internacionais de tipo intergovernamental.

Todavia, ao contrário das recomendações da CECA, essas recomendações adotadas no âmbito do Direito Internacional constituem atos heteronormativos desprovidos de efeitos obrigatórios (entre outros, FUß, 1965, p. 378; OLDEKOP, 1972, p. 58-59; e VIRALLY, 1997, p. 190). A semelhança entre ambos os tipos de recomendações residia no fato de que as recomendações internacionais também propunham aos seus destinatários (os Estados) um determinado comportamento positivo ou negativo, tanto quanto as recomendações comunitárias (DINH, DAILLIER E PELLET, 1999, p. 343-350; e CAPELLI, 1983, p. 30-31).

Nos termos do já mencionado art. 249.º do Tratado da Comunidade Européia, a diretiva comunitária constitui um ato do Parlamento Europeu em conjunto com o Conselho, do Conselho ou da Comissão que *"vincula o Estado-membro destinatário quanto ao resultado a alcançar, deixando, no entanto, às instâncias nacionais a competência quanto à forma e aos meios"*. A diretiva é, portanto, uma modalidade de interação teleológica entre o Direito Comunitário e os sistemas jurídicos nacionais, concretizada num plexo de instruções através da qual a Comunidade obriga o Estado-membro[21] a alcançar determinado resultado, ora mais genérico

---

[21] A doutrina jurídico-comunitária é unânime em reconhecer, com fundamento no esquema teórico proposto pelo art. 249.º CE, que os sujeitos passivos imediatos das diretivas são e sempre foram os Estados-membros da Comunidade Européia – todos eles, alguns deles ou apenas um único, segundo disposição expressa contida ao fim de toda diretiva (por todos, CAPELLI, 1983, p. 07 e 65). Até a entrada em vigor do Tratado de Nice (01 de fevereiro de 2003), a redação do Tratado da Comunidade Européia, em seu art. 133.º, n.º 3, todavia, contemplava uma estranha exceção a essa regra: ao tratar da política comercial comum, previa o Tratado, desde o seu texto original, que o Conselho poderia dirigir diretivas à Comissão (!), relativas à celebração de acordos comerciais com Estados terceiros e organizações internacionais. O antigo art. 111.º do Tratado da Comunidade Econômica Européia (revogado pelo art. G-D, 27, do Tratado da União Européia), que tratava do período de transição para a política comercial comum, também previa que diretivas podiam ser enviadas pelo Conselho à Comissão (!). Conquanto esses dispositivos ignorassem toda a sistemática de utilização das diretivas instituída pelo art. 249.º CE, poucos foram os comentadores do Tratado que captaram essa imprecisão técnica. Com efeito, tanto MEGRET ET AL. (1976, p. 381-382) como CARTOU ET AL. (2000, p. 614) e CONSTANTINESCO ET AL. (1992, p. 643-655), ao tratarem dos artigos da política comercial comunitária, não sublinharam que o sentido do termo "diretivas" contido no art. 133.º (anterior a Nice) refugia àquele empregado em todo o resto do Tratado. Os comentários de HAILBRONNER ET AL. (1998, p. 20) ao art. 133.º, porém, eram expressos: essas diretivas do Conselho não se submetem às regras do art. 249.º. Na mesma direção são os comentários de BLECKMANN (1990, p. 84), OLDEKOP (1972, p. 72) e CAPELLI, (1983, p. 29) ao antigo art. 111.º CEE. PIERRE PESCATORE (1975, p. 120-121) também é dos poucos que sublinha o fato: *"aqui o termo é utilizado não no sentido jurídico, mas no de uma orientação política*

ora mais específico, deixando às autoridades nacionais, porém, a escolha das formas e dos meios mais adequados – do ponto de vista do Direito interno e dos interesses nacionais – ao atendimento dos fins perseguidos. Para a implementação dos seus objetivos, a diretiva atribui aos seus destinatários um prazo determinado de transposição que, normalmente, varia de um a cinco anos, conforme a complexidade da matéria tratada e dos objetivos a serem alcançados (HANLON, 2003, p. 105). O prazo para transposição não precisa ser necessariamente idêntico para todos os Estados-membros destinatários (AYRAL, 1977, p. 412) e deve ser gasto na procura pelos meios mais adequados para concretizar com perfeição os fins estabelecidos no plano comunitário (LECHELER, 2000, p. 130).

Segundo o art. 249.º CE, enquanto que o regulamento e a decisão são obrigatórios em todos os seus elementos (meios, formas, fins) para os seus destinatários, a diretiva constitui, em suma, uma *"norma de resultado"*, como a chamaram LINDE PANIAGUA ET AL. (1995, p. 267). É da própria natureza da diretiva não se destinar a regular diretamente qualquer objeto jurídico de interesse, mas antes incumbir os seus destinatários de tal tarefa, e nos limites por ela indicados (QUINTAS, 2000, p. 30). Tanto assim que BLECKMANN (1997, p. 163) fez questão de frisar que as diretivas valem "para" (*"für"*) os Estados-membros da Comunidade Européia – e não "nos" (*"in"*) Estados-membros da Comunidade Européia[22].

Por ser uma *"norma de resultado"*, a diretiva da Comunidade Européia integra aquele outro conjunto normativo a que BOBBIO (1989, p. 117) chamou de *"normas pragmáticas"*, que, tendo presente uma confiança

---

dada pelo Conselho à Comissão". Melhor teria sido se o Tratado tivesse utilizado o vocábulo "diretrizes" que, por ser mais genérico e menos técnico, atenderia de forma mais eficaz os propósitos políticos do texto e evitaria quaisquer equívocos. Surpreendentemente e com bastante atraso, foi essa a solução adotada pela Conferência Intergovernamental cujos trabalhos resultaram na assinatura, em 26 de fevereiro de 2001, do Tratado de Nice. De acordo com o art. 2.º, n.º 8, do Tratado de Nice – em vigor desde 01 de fevereiro de 2003 –, o texto do art. 133.º 3 CE foi alterado para passar a mencionar "diretrizes" em lugar de "diretivas".

[22] Uma dialética semelhante é descrita por LEONARD (1997, p. 270), para quem o Estado-membro a quem é dirigida uma diretiva comunitária constitui, nesse contexto, um *"Rechtssetzungsorgane"* (um órgão de fixação de regras) e, não, um *"Rechtsanwendungsorgane"* (um órgão de execução). As sentenças de BLECKMANN e LEONARD, porém, não podem ser tomadas em sua extrema literalidade, como será visto adiante, em razão de muitos efeitos diretos produzidos pelas diretivas na ordem jurídica interna dos Estados-membros, desde a sua expedição.

numa certa capacidade de opção por parte do seu destinatário, estabelecem um objetivo a ser alcançado mas deixam ao destinatário a liberdade de escolher os meios mais adequados para a sua consecução – aquilo que HERDEGEN (2001, p. 141) chamou de *"Gestaltungsspielraum"*. Representa, assim, a diretiva uma espécie normativa que assinala, em primeiro lugar, uma linha-guia para a conduta estatal e, em segundo lugar, uma coordenação peculiar entre a Comunidade e os Estados-membros, especialmente utilizada para fins de harmonização, coordenação e aproximação de legislações ou políticas nacionais (art. 94.º CE), em razão de sua extrema flexibilidade. Enfim, a maleabilidade das diretivas lhe confere um papel decisivo na harmonização dos direitos nacionais dentro do espaço comunitário, indispensável para a (re)estruturação e o controle de alguns setores.[23] Justamente por conta dessa flexibilidade, a diretiva é um instrumento jurídico que se amolda muito bem à consecução de complexos fins políticos, já que, discretamente, permite, ao ser graduada quanto ao nível de abstração e generalidade dos fins que descreve, compreender todas as matizes do pensamento político que governa os Estados-membros da Comunidade Européia (ANDRÉ, 1969, p. 201).

Na verdade, cada diretiva concretiza uma manifestação heterônoma de um poder de orientação da Comunidade Européia. Esse poder, a que JEAN BOULOUIS (1975, p. 193) chamou de "poder diretivo" (*"pouvoir directive"*), traduz uma complementaridade de tarefas entre as instâncias comunitária e nacional: à Comunidade Européia cumpre indicar os objetivos, metas, modelos ou *"standards"* (uma "determinante heterônoma", portanto) que ao Estado-membro cabe obrigatoriamente concretizar, mediante as formas e os meios que conceber mais convenientes e oportunos. Daí, ser legítimo o entendimento de DROMI, EKMEKDJIAN E RIVERA (1995, p. 151) quando afirmam que *"as diretivas são normas comunitárias em sua origem e de natureza estatal em seu fim"*. É justamente esse caráter dual ou bifásico não só o mais importante atributo das diretivas como a característica que permite nomear tais normas, como bem já o fez MOURA RAMOS (1999, p. 84), de *"formas de produção legislativa tendencialmente incompletas"*.

---

[23] O importante e crescente papel desempenhado pelas diretivas comunitárias para a eliminação ou redução de discrepâncias entre os sistemas jurídicos nacionais dentro da Comunidade Européia é, de passagem, sublinhado por ZWEIGERT E KÖTZ (1998, p. 24).

Exatamente por prescrever objetivos – jurídicos, econômicos ou sociais – a serem posteriormente concretizados pelos Estados-membros, as diretivas, ao contrário dos regulamentos comunitários[24], apenas de maneira transversa configuram atos normativos de alcance geral. Ordinariamente, somente de forma mediata, as diretivas alcançam os particulares – pessoas físicas e jurídicas –, tanto assim que a Corte de Justiça das Comunidades Européias vê naquelas regras comunitárias uma *"forma legislativa ou de regulamentação indireta"* (acórdão de 29.06.93, Proc. C-298/89, Gibraltar, Coletânea 1993-6, p. I-3654, n. 16). O Estado--membro a quem é dirigida essa espécie de norma comunitária é, a princípio, o sujeito obrigado e, portanto, o responsável primeiro pelo seu (des)cumprimento (DROMI, EKMEKDJIAN E RIVERA, 1995, p. 151).

De acordo com o modelo previsto no Tratado da Comunidade Européia, uma vez adotada uma diretiva, os Estados destinatários obrigam-se a tomar todas as medidas gerais ou especiais necessárias para assegurar o cumprimento daquelas finalidades estabelecidas na esfera comunitária (art. 10.º CE[25]). Freqüentemente, essas medidas estatais consistem numa prática legislativa ou regulamentar – concordante com a engenharia constitucional respectiva –, que visa adequar os objetivos comunitários às formas e aos meios nacionais. Destarte, cada Estado-

---

[24] Embora a sua denominação possa indicar, à primeira vista, uma forma de mero exercício do poder administrativo-regulamentar, o regulamento comunitário expressa, verdadeiramente, a força normativa de uma lei da Comunidade Européia. Explica o Professor FRANCO DA FONSECA (1997, p. 19) que as leis comunitárias foram chamadas de regulamentos em razão do hábito francês de chamá-las de *"reglement"* que se imprimiu à versão francesa do Tratado de Roma. Esse fato também reforça a tese da centralidade do papel desempenhado pela França no impulso do processo integrador europeu. É de se registrar que não se resume ao *"reglement"* a influência francesa na redação dos tratados fundamentais da Comunidade: PÉREZ GONZÁLEZ (2001, p. 303) e GUICHOT (2001, p. 86-87) citam outros exemplos de institutos do Direito Administrativo francês que gozaram de capital influência na construção do sistema jurídico comunitário. Segundo o sistema de fontes referido no Tratado que Estabelece uma Constituição para a Europa, assinado em Roma, em 29 de outubro de 2004, o regulamento dará lugar à "lei européia" (art. I-33.º, n.º 1, segundo parágrafo).

[25] Artigo 10.º CE: *"Os Estados-membros tomarão todas as medidas gerais ou especiais capazes de assegurar o cumprimento das obrigações decorrentes do presente Tratado ou resultantes de atos das instituições da Comunidade. Os Estados-membros facilitarão à Comunidade o cumprimento da sua missão. Os Estados-membros abster-se--ão de tomar quaisquer medidas susceptíveis de pôr em perigo a realização dos objetivos do presente Tratado."*

-membro, sempre observando os fins a serem atendidos, escolhe o instrumento técnico-jurídico constitucionalmente apto à produção do objetivo descrito na diretiva: uma lei, um decreto-lei, um decreto, uma norma central ou regional, um regulamento administrativo, uma portaria ou até mesmo um aviso[26]. Procede-se, dessa maneira, àquilo que, na linguagem técnica jurídico-comunitária, é conhecido como "transposição" (*"Umsetzung"*, em alemão) da diretiva para o Direito interno – procedimento que não se confunde nunca com um ato nacional de "reconhecimento" ou de "confirmação" da norma emanada da Comunidade Européia, o que seria incompatível com a própria natureza monista/ /comunitarista da relação entre o Direito Comunitário e os ordenamentos jurídicos nacionais (KOVAR, 1987, p. 362).

No mais das vezes, a transposição de uma diretiva requer uma intervenção legislativa formal – a feitura de uma lei – que, conquanto seu nascedouro tenha sido provocado por um ato comunitário, não se afasta em forma ou conteúdo da grande maioria de atos legislativos nacionais. Com efeito, essas leis constituem manifestações formais e materiais da atividade legislativa nacional, sobretudo porque aos legisladores caberá a legítima tarefa (eminentemente legislativa) de discutir e votar os melhores e mais eficazes meios de colocar em prática os fins elencados na diretiva comunitária.[27]

Importa destacar que a obrigação de resultado imposta pelas diretivas comunitárias aos Estados-membros não se encerra nesse expediente legislativo (mera "vinculação do legislador"), mas antes se espraia por entre todas as autoridades estatais, não somente as legislativas mas também as executivas e judiciais, de modo que passem a realizar as suas respectivas atribuições constitucionais sempre com o intuito de densificar da melhor maneira possível os fins previstos na regra teleológica comu-

---

[26] Em Portugal, o art. 112.º, inc. 9, da Constituição restringe os atos normativos aptos à transposição de qualquer diretiva a apenas dois: as leis e os decretos-leis – a crítica a tal limitação é feita, com muita pertinência, por MARGARIDA AFONSO (1998, p. 112), que cita exemplos de bom emprego de atos normativos infralegais na transposição de diretivas.

[27] Na oposição, SENKOVIC (2000, p. 51-52) vê um papel totalmente subordinado dos parlamentos nacionais na transposição das diretivas. Esse papel, para ele, é uma simples manifestação de poder administrativo regulamentar, só que excepcionalmente exercido pelo legislador. Tal posição, porém, não merece guarida, já que, como será visto adiante, são muitas as manifestações legislativas em duas etapas, que vinculam e restringem a atuação posterior do órgão legislativo e que, nem por isso, perdem a sua natureza legislativo--normativa.

nitária. As autoridades nacionais ficam obrigadas, face ao estabelecido no art. 10.º CE, a interpretar o ordenamento jurídico nacional de forma a alcançar o resultado definido na diretiva. Esta obrigação quanto aos fins de uma diretiva proíbe até mesmo que o Estado-membro, desde a vigência de uma nova diretiva, adote novas medidas nacionais que venham a dificultar ou impedir os efeitos da posterior transposição da diretiva para o ordenamento nacional e, assim, mantenha pelo menos o *status quo* anterior à edição da diretiva – é a chamada "cláusula de *standstill*" (CONFORTI, 1972, p. 233; e DELVOLVÉ, 1974, p. 465) ou *"blocking effect"* das diretivas comunitárias (TIMMERMANS, 1997, p. 12).

Enfim, uma vez adotada pelas instâncias comunitárias, a diretiva alcança o *status* de diretriz teleológica de toda a atividade de subsunção, integração e correção jurídicas, e as tarefas de executar, adjudicar ou regular a norma nacional passam, pois, a ser norteadas por ela ("vinculação dos órgãos concretizadores").[28] Note-se que, para essa "interpretação conforme a diretiva"[29] do Direito nacional, é desnecessário que a diretiva já esteja transposta para o ordenamento nacional. Tão logo publicada no Jornal Oficial das Comunidades Européias[30] ou notificada ao seu destinatário, a diretiva tem o condão de penetrar na ordem jurídica nacional, servindo de critério hermenêutico, afinal, *"as diretivas dispõem, como, aliás, o conjunto de normas comunitárias de direito derivado, do privilégio da imediação, no sentido de que se integram às ordens jurídicas nacionais pela sua própria natureza, sem nenhuma operação de transmutação em direito interno. [...] A diretiva inscreve-se na legalidade interna sem que nenhuma medida nacional de recepção seja necessária ou mesmo autorizada"* (SIMON, s/d, p. 08).

---

[28] Nesse sentido, há quem defenda (como, p. ex., BRENT, 2001, p. 97 e p. 131 e ss.) a distinção entre a mera "transposição" da diretiva para o ordenamento nacional e a "implementação" da diretiva, que, supostamente, por implicar nesses afazeres legislativos, executivos e judiciais interdependentes, seria um processo bem mais complexo que a simples transposição (legislativa). Essa separação, entretanto, não contribui para a simplificação da aplicação do Direito Comunitário e dá margem a que se possa pensar que nem sempre é necessária uma ampla vinculação de todos os órgãos concretizadores.

[29] TIMMERMANS (1997, p. 11) e QUINTAS (2000, p. 169), entre outros, preferem *"consistent interpretation"* ou *"indirect effect"*. A noção desse "efeito indireto" é uma referência imediata e oposta ao conceito de "efeito direto", cuja compreensão será vista mais adiante.

[30] O Tratado de Nice, em vigor desde 01 de fevereiro de 2003, modificou a denominação do órgão oficial da Comunidade para "Jornal Oficial da União Européia".

O limite para essa *"richtlinienkonforme Auslegung"* (ou "inter-pretação conforme a diretiva") será a barreira intransponível do *"contra legem"*, caso contrário – ao aceitar-se uma interpretação contra o texto positivado da norma nacional, antes mesmo de decorrido o prazo para a regular transposição da diretiva – estar-se-ia admitindo a própria subs-tituição das autoridades nacionais competentes para a transposição e até mesmo o fim (por inutilidade) dos prazos de transposição – o que certa-mente não é o espírito do Tratado Comunitário ao moldar a diretiva. Outra não foi a lição da jurisprudência comunitária no acórdão *Kolpinghuis*:

> *"(...) A obrigação decorrente de uma diretiva, para os Esta-dos-membros, de alcançar o resultado nela previsto, bem como o seu dever, por força do artigo 5.° do Tratado, de adotar todas as medidas gerais ou especiais adequadas para assegurar o cumpri-mento dessa obrigação, é imposta a todas as autoridades dos Esta-dos-membros, inclusivamente, no âmbito da sua competência, às autoridades jurisdicionais. Desta forma, ao aplicar o Direito nacio-nal, e em particular as disposições de uma lei nacional especial-mente aprovada com a finalidade de dar cumprimento à diretiva, o órgão jurisdicional nacional deve interpretar o seu Direito nacional à luz do texto e dos objetivos da diretiva, com vista a alcançar o resultado referido no terceiro parágrafo do artigo 189.° do Tratado. 13. No entanto, esta obrigação de o juiz nacional ter em conta o conteúdo da diretiva ao interpretar as normas pertinentes do seu Direito nacional é limitada pelos princípios gerais de Direito que fazem parte do Direito Comunitário e designadamente os da segu-rança jurídica e da não retroatividade. Assim, o Tribunal declarou, no seu acórdão de 11 de Junho de 1987 ('Pretore' de Salò/X, 14/86, Coletânea, p. 2545), que uma diretiva não pode ter como efeito, por si própria e independentemente de uma lei interna adotada por um Estado-membro para a sua aplicação, determinar ou agravar a responsabilidade penal de quem quer que aja em violação das suas disposições. (...) Quanto (...) aos limites que poderiam ser impostos pelo direito comunitário à obrigação ou à faculdade para o juiz nacional de interpretar as normas do seu direito nacional à luz da diretiva, esse problema não se coloca de maneira diferente con-forme o prazo de transposição tenha ou não decorrido"*[31]

---

[31] TJCE, acórdão de 08.10.87, Proc. 80/86, *Kolpinghuis*, Coletânea 1987, p. 3969-3988, especialmente p. 3986-3987.

Usadas, muitas vezes, para ditar o ritmo da *démarche* comunitária, as diretivas constituem um instrumento normativo privilegiado para a garantia do "princípio da subsidiariedade", segundo o qual, nos domínios que não sejam das suas atribuições exclusivas, a Comunidade Européia só intervém se e à medida que os objetivos da ação encarada não possam ser suficientemente realizados pelos Estados-membros (art. 5.º CE). Não se pode esquecer que a subsidiariedade traduz um modelo de divisão de tarefas, segundo o qual, privilegiam-se a descentralização e o fortalecimento dos níveis de poder mais próximos do cidadão europeu: as instâncias comunitárias só assumem responsabilidades naquelas áreas em que as instâncias nacionais não sejam capazes de atuar com a exigida eficiência. Nesse cenário, as diretivas, por serem menos densas, invasivas ou interventivas que os regulamentos comunitários, merecem gozar, em tese, da preferência dos órgãos comunitários em relação a estes últimos. Além disso, mesmo dentre as diretivas, aquelas mais genéricas (as "diretivas--quadro" ou *"framework directives"*) devem preceder às mais detalhadas (TIMMERMANS, 1997, p. 05)[32].

Esse sempre foi o *Leitmotiv* das diretivas: ao instituir uma zona fronteiriça de atribuições coordenadas – em que o Estado-membro ainda é o titular do poder normativo, mas este passa a ser condicionado pelas exigências de harmonização jurídica comunitária – as diretivas conseguem dividir tarefas e descentralizar competências entre as esferas nacional e comunitária. Quando da introdução das diretivas no Tratado de Roma, em 1957, a presença desse *Leitmotiv* já era percebida. Segundo BLECKMANN (1997, p. 163), a existência, no Tratado, de uma norma com um processo legislativo em duas etapas deveu-se a três razões, quais sejam: primeiro, a proteção da Soberania dos Estados-membros; segundo, a

---

[32] Esses aspectos todos foram objeto do *"Protocolo (n.º 30) relativo à aplicação dos princípios da subsidiariedade e da proporcionalidade"*, cujo texto estatui *his verbis*: *"6. A forma da ação comunitária deve ser tão simples quanto possível e coerente com o objetivo da medida e a necessidade da sua aplicação eficaz. A Comunidade legislará apenas na medida do necessário. Em igualdade de circunstâncias, deve optar-se por diretivas em vez de regulamentos e por diretivas-quadro em vez de medidas pormenorizadas. Embora vinculem qualquer Estado-membro destinatário quanto ao resultado a alcançar, as diretivas a que se refere o artigo 189.º [atual 249.º] do Tratado deixarão às instâncias nacionais a competência quanto à forma e aos meios."* Como bem sublinha BRENT (2001, p. 16), o Protocolo demonstra uma clara opção em favor do assim chamado *"soft law"* – no sentido de uma norma jurídica mais flexível, leve, maleável – em lugar do *"hard law"*, mais denso e casuístico, na construção do Direito Comunitário.

palidez – à época – da idéia de supranacionalidade; e, terceiro, a manutenção de uma margem de decisão própria para os Estados-membros.

O fato de as diretivas representarem *"formas de produção legislativa tendencialmente incompletas"* – com objetivos, metas, modelos ou *"standards"* a serem alcançados e concretizados no futuro –, faz com que essa espécie normativa comporte uma amplitude interpretativa bem maior do que aquela que, ordinariamente, cabe a uma norma jurídica nacional, pronta, completa e definitiva para produzir efeitos imediatos. Essa é uma das chaves para se compreender a origem de grande parte dos problemas de hermenêutica e aplicação relativos às diretivas comunitárias e o importante, todavia difícil, papel do Tribunal de Luxemburgo na harmonização da interpretação dessa espécie normativa. No momento em que uma diretiva é editada, os fins por ela estabelecidos ainda constituem, no mais das vezes, um estágio ideal, cuja descrição não permite exatidões ou precisões definitivas. Será o Tribunal de Justiça das Comunidades Européias que decidirá, com uma palavra final, se os fins declinados pela diretiva foram ou não alcançados no plano nacional através dos mecanismos de transposição adotados. Em outras palavras, caberá ao Tribunal de Justiça a importante tarefa de julgar, em última instância e com caráter definitivo, tanto os meios utilizados como os fins concretamente alcançados dentro do território de cada Estado-membro e, para tanto, haverá de interpretar tanto o texto da diretiva como o próprio texto do Direito nacional que a transpôs.

Embora haja previsão normativa expressa, no texto do art. 249.º CE, de que as diretivas devem facultar certa margem de autonomia aos seus destinatários, quanto à escolha dos meios e das formas de executá-la, casos há em que a regra comunitária é tão precisa, detalhada e casuística que aos Estados-membros não resta qualquer intervalo discricionário ou âmbito de liberdade de conformação para pôr em prática a sua competência normativa. Nesses casos de elevada intensidade normativa, ao Estado incumbe apenas adotar a forma legislativa prevista em seu ordenamento interno para transpor a diretiva ao sistema jurídico nacional, posto que até mesmo os meios de colocá-la em prática já foram delimitados pela própria regra comunitária[33].

---

[33] Por maior que seja o detalhamento de uma diretiva, essa circunstância não dispensa a sua regular transposição para o ordenamento interno (mesmo que, excepcionalissimamente, por mera referência), enquanto que o regulamento comunitário, por mais genérico que seja, não admite uma transposição formal pelo Estado-membro (TIMMERMANS, 1997, p. 02 e 08-09).

Ainda que esse fenômeno constitua, *prima facie*, uma longamente criticada[34] degeneração da noção mais tradicional de diretiva, nos moldes em que é balizada pelo art. 249.º do Tratado da Comunidade Européia (a genérica "diretiva-quadro"), ele é justificado pela doutrina e aceito pelo TJCE, em virtude da necessidade de estreita harmonização demandada por certas áreas altamente complexas da legislação comunitária européia e pela ausência de uma fronteira clara entre a precisão do "resultado a alcançar" e "a competência quanto à forma e aos meios", no seio do Tratado. Entende-se que, em muitas ocasiões, o objetivo perseguido no plano comunitário só é alcançado, no plano nacional, por um único caminho, esvaziando-se em muito, dessa maneira, a liberdade dos Estados-membros quanto aos meios e às formas (RUIZ-JARABO, 1993, p. 128).

A dificuldade que circunda a compreensão de "fins" e "meios" faz destes dois conceitos os *"Kernbegriffe"* (aproximadamente, os "termos nucleares") da noção de diretiva comunitária.

Quanto ao esfumaçamento entre fins e meios, chama a atenção o fato de que muitos "fins", indicados como tais numa diretiva, podem constituir, por sua vez, apenas "meios" para se alcançarem outros "fins", expostos noutros textos comunitários ou na própria diretiva, e, dessa forma, constroem um imenso fractal composto de meios e fins subseqüentes.[35] Isso não significa dizer que fins e meios sejam conceitos inter-

---

[34] Remontam ao início dos anos sessenta as primeiras censuras da doutrina e dos Estados-membros contra o elevado detalhamento e o casuísmo de algumas diretivas comunitárias que, desse modo, tendem a suprimir a discricionariedade dos seus destinatários e desintegrar a fronteira estabelecida no Tratado da Comunidade entre diretivas e regulamentos (FUß, 1965, p. 380; OLDEKOP, 1972, p. 75-76; CAPELLI, 1983, p. 137-138; TIMMERMANS, 1997, p. 01, entre outros). Nesse aspecto, SIMON (1997, p. 19) fala em *"détournement de procédure"*, *"normativisme rampant"* e *"impérialisme juridique"*. Um ponto alto das críticas quanto à elevada intensidade normativa das diretivas comunitárias dá-se, sem dúvida, na crise de 1965-1966 (*"crise da cadeira vazia"*), quando da publicação do célebre *"Décalogue Français"*, em que o governo do Marechal DE GAULLE expunha seu descontentamento quanto à questão (SIMON, 2001, p. 325).

[35] *"In effeti è stato osservato che uno 'scopo', indicato come tale dalla normativa in questione, può costituire, a sua volta, un 'mezzo' per il raggiungimento di un nuovo 'scopo', mentre, d'altro canto, ogni 'mezzo' può costituire uno 'scopo' diverso, da raggiungere com altri mezzi"* (CAPELLI, 1983, p. 146-147). Na mesma direção, ALBERT BLECKMANN (1997, p. 164-165), acompanhando o que já dissera DIETER OLDEKOP, afirma que, no caso concreto, a distinção entre meios, formas e fins é de difícil visualização. Reforça essa afirmação através do exemplo de um marceneiro que, para ganhar dinheiro a fim de sustentar a família, planeja fabricar uma mesa. Para esse fim, o marceneiro compra madeira, cola, pregos e tinta e emprega essa matéria-prima segundo um determinado

cambiáveis entre si. Os termos não são sinônimos, mas, sim, conceitos hetero-relacionais, afinal, estão sempre "em relação" a algo que lhes é exterior – posterior ou anterior.

Por exemplo: em ordem a se alcançar o fim F, adota-se o meio M. M não é nenhum fim para F, nem tampouco F é nenhum meio para M – só isso já demonstra que os conceitos de "meios" e "fins" não são permutáveis ou sinônimos entre si. Essa conclusão não implica, porém, em que o fim F não possa ser também um meio para se alcançar, posteriormente, o fim F' ou que meio M constituiu, na verdade, um fim alcançado pelo meio M', a ele anterior (ANDRÉ, 1969, p. 194). Por todas essas razões, a medida da margem de liberdade (o *"Spielraum"* da doutrina alemã) para escolha de meios e formas que pode ou deve ser concedida ao Estado-membro destinatário, numa diretiva, ainda é uma questão de difícil aferição apriorística no plano jurídico-comunitário. O próprio Tribunal de Justiça das Comunidades Européias contribuiu para a indefinição dessa questão ao entender que *"a competência deixada aos Estados-membros, no que concerne à forma e aos meios das medidas a tomar pelas instâncias nacionais, é função do resultado que o Conselho ou a Comissão pretendem ver atendido"* (TJCE, acórdão de 23.11.77, Proc. 38/77, *Enka, Recueil* 1977-7, p. 2212, n. 11).

A diretiva é, portanto, um instrumento comunitário de intensidade normativa bastante variável. A fim de obter a necessária legitimidade e não contrariar o "princípio da proporcionalidade" inscrito no art. 5.º do Tratado da Comunidade Européia[36], essa elevada *"intensidade normativa"* (SIMON, s/d, p. 04) de algumas diretivas deve, obviamente, respeitar os limites das atribuições e dos objetivos da Comunidade Européia – diante da possibilidade de escolha, deve-se eleger sempre o meio mais simples e menos oneroso possível.

---

projeto. Assim nasce uma cadeia de atos em cujo cimo encontra-se o fim "sustento da família", em cujo centro acham-se os meios concretos "ganhar dinheiro", "fabricar uma mesa", "projeto da mesa", e em cuja base estão as medidas concretas para fabricação daquele móvel. Nessa cadeia de atos, todos os elos intermediários são, simultaneamente, meios para a realização dos fins últimos e fins para as medidas concretas de fabricação. Para BLECKMANN, uma ordenação abstrata e estanque entre os conceitos de fins e meios não é, pois, possível e o mesmo raciocínio pode ser empregado para o Tratado da Comunidade Européia.

[36] Art. 5.º CE: *"A ação da Comunidade não deve exceder o necessário para atingir os objetivos do presente Tratado."*

3.2. *O Processo Legislativo Comunitário para as Diretivas*

O conteúdo – sintético e "recapitulativo" – do art. 249.º do Tratado
da Comunidade Européia não especifica os domínios em que devem ser
utilizados os regulamentos, as diretivas, as decisões, as recomendações
ou os pareceres. Mesmo nos demais artigos do Tratado, são minoritárias
as indicações obrigatórias quanto à adoção de um ou outro ato. É, de
fato, comum nos textos fundamentais da Comunidade a utilização de
referências genéricas quanto ao instrumento normativo a ser empregado,
o que faz com que, na maior parte dos casos, o domínio de cada ato ainda
permaneça *"particularmente vaporoso"* (BLUMANN, 1995, p. 95).

Há casos em que o Tratado confere, explícita e diretamente, ampla
liberdade na escolha dos instrumentos normativos comunitários, como
ocorre, por exemplo, no art. 37.º, n.º 2 (*"o Conselho [...] adotará regulamentos ou diretivas, ou tomará decisões, sem prejuízo das recomendações que possa formular"*); no art. 42.º (*"o Conselho [...] tomará, no
domínio da segurança social, as medidas necessárias[...]"*); e no art.
71.º, n.º 1, letra D (*"[...] o Conselho estabelece [...] quaisquer outras
disposições adequadas"*). A tais dispositivos do Tratado, CAPELLI (1983,
p. 40) dá o nome de "normas com atribuição indeterminada de competência" (*"norme con attribuzione indeterminata di competenza"*).

Há, porém, hipóteses – em menor número, é verdade – em que o
texto do Tratado define desde logo que certas deliberações já deverão
tomar a forma de diretivas, como se vê no seu art. 44.º (*"para realizar
a liberdade de estabelecimento numa determinada atividade, o Conselho
[...] adotará diretivas"*) e no art. 47.º (*"[...] o Conselho [...] adotará
diretivas que visem ao reconhecimento mútuo de diplomas, certificados
e outros títulos"*).[37] Essas normas CAPELLI (1983, p. 40) inclui na classificação de "normas com atribuição determinada de competência"
(*"norme con attribuzione determinata di competenza"*), gênero que

---

[37] Nessas hipóteses em que o texto do Tratado da Comunidade obriga que certas
deliberações só possam tomar a forma de diretivas, CONFORTI (1972, p. 227-228) salienta
que apenas as *"diretivas-quadro"*, menos intensas e mais genéricas, deveriam ser as
expedidas, já que as diretivas detalhadas são, substancialmente, quase que um regulamento
ou uma decisão e essas não foram as opções normativas dadas pelo texto do Tratado. Essa
proposta, todavia, não encontra respaldo na jurisprudência do TJCE ou em boa parte da
doutrina, em virtude, mais uma vez, da imensa dificuldade em se apontar, com clareza,
o marco distintivo onde se separa o estabelecimento de fins do detalhamento quanto a
meios e formas.

também compreende aquele outro grupo de disposições normativas que concede às autoridades comunitárias a faculdade de optar não entre todas as espécies normativas previstas no art. 249.º do Tratado da Comunidade Européia, mas apenas entre as diretivas e os regulamentos ou entre as diretivas e as decisões. É esse o caso, por exemplo, do art. 40.º (*"O Conselho [...] tomará, por meio de diretivas ou de regulamentos, as medidas necessárias à realização da livre circulação dos trabalhadores [...]"*) e do art. 86.º, n.º 3 (*"a Comissão [...] dirigirá aos Estados--Membros [...] as diretivas ou decisões adequadas"*).

Há ainda um outro grupo de dispositivos no Tratado da Comunidade Européia, a que Capelli (1983, p. 50-55) chamou de "normas com atribuição particular de competência" (*"norme con attribuzione particolare di competenza"*), quais sejam, aqueles dispositivos que, por atribuírem diretamente ao Conselho ou à Comissão competências pouco especificadas no próprio texto do Tratado, legitimam uma utilização indiscriminada de quaisquer espécies normativas previstas no art. 249.º do Tratado, inclusive das diretivas. Estão nesse grupo os arts. 211.º, último travessão[38], e 308.º[39] do Tratado. Nessas normas, estabelece-se diretamente quem poderá exercer a competência, mas não se definem exatamente, desde logo, quais competências poderão ser exercidas.

Há uma induvidosa proximidade conceitual entre esse grupo de "normas com atribuição particular de competência", referido logo acima, e o derradeiro grupo de dispositivos competenciais vislumbrado por Capelli (1983, p. 56-62) no Tratado, as *"norme con attribuzione indiretta di competenza"*. Tal conjunto abrange todas as disposições do Tratado que possam dar ensejo às "competências implícitas" (*"implied powers"*) dos órgãos comunitários e que, justamente por definirem competências implícitas, secundárias e indiretas, também legitimam uma utilização indiscriminada de quaisquer espécies normativas previstas no art. 249.º do Tratado, inclusive das diretivas.[40]

---

[38] Artigo 211.º CE: *"A fim de garantir o funcionamento e o desenvolvimento do mercado comum, a Comissão: [...] – exerce a competência que o Conselho lhe atribua para a execução das regras por ele estabelecidas."*

[39] Art. 308.º CE: *"Se uma ação da Comunidade for considerada necessária para atingir, no curso de funcionamento do mercado comum, um dos objetivos da Comunidade, sem que o presente Tratado tenha previsto os poderes de ação necessários para o efeito, o Conselho, deliberando por unanimidade, sob proposta da Comissão, e após consulta do Parlamento Europeu, adotará as disposições adequadas."*

[40] A regra geral sobre as competências comunitárias segue o princípio da enumeração, através dos *"limited or conferred powers"* (Shaw, 2000, p. 213). Isto significa que a

Em resumo, CAPELLI divide as normas competenciais incluídas no Tratado da Comunidade Européia da seguinte maneira:[41]

As Normas de Competência contidas no Tratado CE
Segundo FAUSTO CAPELLI (1983)

Naqueles dispositivos em que é dada a possibilidade de eleição, a opção entre uma diretiva, um regulamento ou uma decisão continua a ser feita, majoritariamente, caso a caso, pelos legisladores comunitários, de acordo com a matéria a ser regulada e os objetivos político-jurídicos pretendidos. Obviamente, a diversidade de situações nacionais, a graduação da intervenção e a valorização de particularismos locais em algumas matérias não recomendam a adoção de medidas rígidas e centralizadas nos gabinetes de Bruxelas. A razoabilidade e a subsidiariedade devem guiar a escolha.

As diretivas tampouco se distinguem dos outros atos normativos comunitários quanto ao seu processo legislativo. À semelhança do que

---

Comunidade Européia apenas atua nos limites das atribuições que lhe são conferidas e dos objetivos que lhe são cometidos pelo Tratado (arts. 5.º e 7.º CE). Excepcionalmente, porém, um órgão comunitário, legitimamente autorizado a exercer uma competência primária que lhe é atribuída de modo expresso pelo Tratado da Comunidade Européia, pode recorrer a competências não expressas (*"competências implícitas"* ou *"implied powers"*) para exercer de modo pleno e eficaz a competência primária que lhe foi explicitamente atribuída no Tratado (CAPELLI, 1983, p. 58; SHAW, 2000, p. 216). Há tempos acatada pela jurisprudência do Tribunal de Justiça da Comunidade, a "teoria dos poderes implícitos" procura reconhecer aos órgãos comunitários as competências que não lhes são expressamente conferidas, mas são necessárias e indispensáveis para a consecução de seus objetivos (MENGOZZI, 2000, p. 132). A natureza implícita ou subliminar dessa competência autoriza a livre escolha de qualquer das espécies normativas do art. 249.º CE.

[41] Uma divisão semelhante, mas com menos detalhes, é dada por BRENT (2001, p. 09).

ocorre com os demais atos, a nomogênese das diretivas varia de acordo com a matéria objeto da sua regulação (*ratione materia*) e, conseqüentemente, o fundamento jurídico que fixa a competência para a adoção do ato a ser editado. Ao contrário das constituições nacionais que descrevem um procedimento legislativo único para cada espécie normativa, o Tratado que institui a Comunidade Européia, em inúmeros e esparsos dispositivos, prevê processos legislativos com pequenas alterações para a adoção de diretivas referentes a conteúdos distintos: ora exige apenas a manifestação da Comissão e do Conselho, ora exige a participação de outras instituições comunitárias, ora o quorum para votação se modifica. À guisa de exemplo, pode-se citar o processo legislativo para diretivas referentes aos seguintes assuntos:

a) Disparidades legislativas nacionais que falseiem as condições de concorrência (art. 96.°) e harmonização de auxílios concedidos pelos Estados-membros às exportações para países-terceiros (art. 132.°, n.° 1) – O Conselho, sob proposta da Comissão[42], deliberando por maioria qualificada[43], adota as diretivas necessárias.

---

[42] Na Comunidade Européia, embora as funções legislativas sejam hoje compartilhadas entre o Conselho, o Parlamento e a Comissão, a prerrogativa da iniciativa legislativa ainda é quase que monopolizada por esta última. A ausência de uma proposta da Comissão, nos casos em que ela seja expressamente exigida no Tratado, impede o Conselho de adotar legitimamente o ato comunitário (CAPELLI, 1983, p. 110). Como forma de atenuar essa circunstância, o art. 208.° CE prevê que o Conselho pode solicitar à Comissão que proceda a estudos para apresentar proposta legislativa de seu interesse. Do mesmo modo, a fim de atenuar a sua incompetência em matéria de iniciativa legislativa, o Parlamento Europeu, por ato próprio, atribuiu-se uma faculdade de adotar "resoluções de iniciativa" que, inobstante não obrigarem juridicamente, têm uma força política considerável (BONO, 1992, p. 18).

[43] O art. 205.°, n.° 2, CE, alterado pelo o art. 3.°, n.° 1, do *"Protocolo (n.° 10) relativo ao alargamento da União Européia"* (adotado em Nice, em 2001), define que, relativamente às deliberações do Conselho sob proposta da Comissão que exigem maioria qualificada, as deliberações são tomadas se obtiverem, no mínimo, 169 votos que exprimam a votação favorável da maioria dos membros, atribuindo-se aos votos dos seus membros a seguinte ponderação: Bélgica – 12; Dinamarca – 7; Alemanha – 29; Grécia – 12; Espanha – 27; França – 29; Irlanda – 7; Itália – 29; Luxemburgo – 4; Países Baixos – 13; Áustria – 10; Portugal – 12; Finlândia – 7; Suécia – 10; Reino Unido da Grã-Bretanha e Irlanda do Norte – 29. Sempre que o Conselho tome uma decisão por maioria qualificada, qualquer dos seus membros pode pedir que se verifique se os Estados-membros que constituem essa maioria qualificada representam, pelo menos, 62% da população total da União. Se essa condição não for preenchida, a decisão em causa não é adotada. Na prática, esse sistema proporciona que o consenso alcançado seja o mais abrangente possível,

Denominado "procedimento de proposta" (BORCHARDT, 1994, p. 44), esse mecanismo de produção normativa, através do qual a Comissão propõe e o Conselho decide, constitui a base para a adoção das diretivas.

b) Política agrícola comum (art. 37.º, n.º 2) e regras de concorrência aplicáveis às empresas (art. 83.º, n.º 1) – O Conselho, deliberando por maioria qualificada, adota diretivas sob proposta da Comissão e após consulta[44] do Parlamento Europeu.

c) Livre prestação de serviços (art. 52.º, n.º 1) – As diretivas são adotadas pelo Conselho, deliberando através de maioria qualificada, sob proposta da Comissão, e após consulta ao Comitê Econômico e Social e ao Parlamento Europeu.

d) Aproximação de disposições normativas dos Estados-membros que tenham incidência direta no estabelecimento ou no funcionamento do mercado comum (art. 94.º) – As diretivas são adotadas pelo Conselho, deliberando por unanimidade, sob proposta da Comissão, e após consulta do Parlamento Europeu e do Comitê Econômico e Social.

e) Segurança (previdência) social dos trabalhadores, proteção dos trabalhadores em caso de rescisão do contrato de trabalho, representação e defesa coletiva dos interesses dos trabalhadores e das entidades patronais (incluindo a co-gestão), condições de emprego dos nacionais de países-terceiros que residam legalmente no território da Comunidade (art. 137, n.º 2) – O Conselho deliberará por unanimidade, sob proposta da Comissão e após consulta ao Parlamento Europeu, ao Comitê Econômico e Social e ao Comitê das Regiões.[45]

---

de modo que, mesmo naquelas diretivas de maior detalhamento, a sua elevada intensidade normativa (*"Regelungsintensität"*) seja compensada pela ampla participação dos Estados--membros na sua discussão e aprovação.

[44] As consultas previstas no texto do Tratado são obrigatórias. A sua ausência constitui vício formal grave que conduz à nulidade do ato em questão.

[45] Excepcionalmente, desde a entrada em vigor do Tratado de Nice (01 de fevereiro de 2003), o Conselho poderá decidir, por unanimidade, sob proposta da Comissão e após consulta do Parlamento Europeu, a aplicação do procedimento previsto no art. 251.º CE (procedimento de co-decisão) àqueles domínios da política social sujeitos à votação por unanimidade. Este procedimento, porém, não poderá ser utilizado para a segurança (previdência) social e proteção social dos trabalhadores.

f) Condições e modalidades de assistência mútua (art. 119.º, n.º 2) – O Conselho, por sua iniciativa, deliberando por maioria qualificada, adota as diretivas. Note-se que, excepcionalmente, o Tratado não confere a iniciativa dessa proposta à Comissão (competência residual do Conselho).

g) Regras de concorrência aplicáveis às empresas públicas e às empresas a que os Estados-membros concedam direitos especiais ou exclusivos (art. 86.º, n.º 3) – Nova exceção: as diretivas são elaboradas e aprovadas apenas pela Comissão, sem a participação de qualquer outra instituição comunitária.

h) Regime jurídico especial para a liberdade de estabelecimento do estrangeiro (art. 46.º, n.º 2), reconhecimento mútuo de diplomas, certificados ou outros títulos e acesso a atividades não assalariadas e ao seu exercício (art. 47, n.º 1 e 2) – As diretivas são adotadas pelo Conselho e pelo Parlamento, em processo de co--decisão[46].

i) Livre circulação de trabalhadores (art. 40.º) e liberdade de estabelecimento (art. 44.º) – As diretivas são adotadas pelo Conselho e pelo Parlamento, em processo de co-decisão previsto no artigo 251.º, e após consulta do Comitê Econômico e Social.

---

[46] O procedimento de co-decisão, previsto no art. 251.º do Tratado da Comunidade Européia, inicia-se com uma proposta de diretiva apresentada pela Comissão ao Parlamento Europeu e ao Conselho. O Conselho, deliberando por maioria qualificada, após parecer do Parlamento Europeu, pode aprovar ou rejeitar as emendas constantes dessa primeira leitura parlamentar ou, inexistindo tais emendas, acatar ou não a proposta da Comissão. Nas hipóteses de o Conselho rejeitar as emendas do Parlamento Europeu ou discordar da proposta legislativa da Comissão, o projeto volta ao Parlamento – devidamente instruído com as razões da Comissão e do Conselho – para um novo pronunciamento: de aprovação, rejeição ou oferecimento de novas emendas – que tornarão a ser apreciadas pela Comissão e pelo Conselho. Caso essas novas emendas não sejam acatadas pelo Conselho, após parecer da Comissão, os presidentes do Conselho e do Parlamento poderão convocar um Comitê de Conciliação para tentar solucionar o diferendo acerca da proposta legislativa. Um procedimento similar a este, chamado de "procedimento de cooperação institucional", previsto no art. 252.º do Tratado, também poderia ser – em tese – aplicado às diretivas. Atualmente, entretanto, o texto do Tratado utiliza tal procedimento em escassas oportunidades (restritas à política econômica e monetária) e não faz referência expressa à sua utilização para a adoção de diretivas. A perspectiva de desenvolvimento da integração européia, ademais, é de reforçar progressivamente, o papel do Parlamento Europeu, abandonando, pouco a pouco, a utilização do procedimento de cooperação. A sua aplicação às diretivas comunitárias, portanto, tornar-se-á cada vez mais escassa.

j) Ambiente de trabalho, saúde e segurança dos trabalhadores, condições de trabalho, informação e consulta dos trabalhadores, integração das pessoas excluídas do mercado de trabalho e igualdade entre homens e mulheres quanto às oportunidades no mercado de trabalho e ao tratamento no trabalho (art. 137, n.º 2) – O Conselho adota as diretivas em co-decisão com o Parlamento, nos termos do artigo 251.º, após consulta ao Comitê Econômico e Social e ao Comitê das Regiões.

k) Alteração dos princípios legislativos dos Estados-membros acerca do regime das profissões, no que respeita à formação e às condições de acesso de pessoas singulares (art. 47, n.º 2) – O Conselho, deliberando por unanimidade em todo o processo previsto no artigo 251.º, co-decidirá sobre as diretivas juntamente com o Parlamento.

Através desses exemplos torna-se fácil perceber que, quanto aos órgãos que têm competência para adotá-las, as diretivas comunitárias podem ser classificadas em três grupos de acordo com as instituições de que se originam. Segundo esse critério, têm-se, em um primeiro grupo, as diretivas do Conselho (indicadas nos exemplos A a F acima); em um segundo agregado, as diretivas da Comissão (exemplo G); e, por fim, as diretivas conjuntas do Parlamento e da Comissão (exemplos H a K).

A fim de que toda essa multiplicidade de procedimentos e fundamentos normativos que uma diretiva pode tomar não prejudique a segurança jurídica do Direito Comunitário, o art. 253.º CE obriga que o texto das diretivas relacione de modo explícito e preciso todas as disposições do Tratado em que ela se baseia, bem assim todas as manifestações dos órgãos intervenientes na sua adoção (propostas, consultas, pareceres etc.). A indicação de uma base legal correta é de vital importância para a própria validade da diretiva, já que uma menção equivocada ou insuficiente poderá dar ensejo à sua anulação judicial (Brent, 2001, p. 31).

Além da referência à fundamentação jurídica e às manifestações intermediárias dos órgãos intervenientes na sua adoção, de acordo com o n.º 4 do *"Protocolo (n.º 30) relativo à aplicação dos princípios da subsidiariedade e da proporcionalidade"*, os motivos em que se baseia qualquer proposta de texto legislativo comunitário (e não apenas as diretivas) também devem ser tornados expressos de modo a demonstrar que obedecem aos princípios da proporcionalidade e da subsidiariedade – a obediência a este último princípio, em particular, deve ser demonstrada por indicadores qualitativos e, sempre que possível, quantitativos. A exigência de motivação das diretivas garante não só mais facilidade ao controle judicial de validade da normativa comunitária como também permite que os Estados-membros visualizem mais claramente os objetivos perseguidos pela Comunidade Européia.

Como regra geral, as diretivas são publicadas no Jornal Oficial, entrando em vigor na data por elas fixada ou, na falta desta, no vigésimo dia seguinte ao da publicação. As diretivas dirigidas a um ou a alguns Estados-membros, porém, são notificadas aos respectivos destinatários, produzindo efeitos a partir dessa notificação (art. 254.º CE). Tal notificação é feita através do representante permanente do Estado-membro destinatário em Bruxelas. O marco inicial para a contagem do prazo para a transposição é dado por uma daquelas três datas.

Quanto ao seu conteúdo, os dispositivos das diretivas adotadas têm seguido repetidamente uma mesma ordenação formal. Contêm, assim, um conjunto de disposições preliminares que descrevem o campo de aplicação da diretiva e fornecem a definição dos termos mais importantes utilizados em seu texto, de modo a garantir, desde logo, uma interpretação minimamente uniforme. A seguir, apresentam o corpo substancial de normas sobre os objetivos a serem concretizados pelos destinatários. As disposições finais apresentam uma plêiade estereotipada de regras sobre a data de entrada em vigor da diretiva, o prazo para a sua transposição pelos destinatários e a imposição aos Estados-membros da obrigação (de transparência) de comunicar à Comissão o estado do Direito nacional e as medidas por eles adotadas na transposição da diretiva (SIMON, 1997, p. 20).

3.3. *Os Requisitos Substantivos de Validade das Diretivas e o* **Judicial Review**

Até o momento, mereceram mais atenção ao longo deste texto, majoritariamente, os requisitos formais de validade de uma diretiva, isto é, os elementos que dizem respeito à sua congruência relativamente ao modo, à forma ou ao processo pelo qual a norma comunitária secundária deve ser produzida, segundo os ditames do Direito Comunitário primário. É preciso deixar claro, porém, que o próprio conteúdo ou a substância da diretiva também devem ser sindicados pela jurisdição comunitária a fim de se aferir a validade de uma diretiva. É essa compatibilidade material ou de fundo da diretiva com o Direito Comunitário originário que compõe os chamados requisitos substantivos de validade das diretivas.

As diretivas, conforme já foi sublinhado, constituem uma manifestação do Direito Comunitário derivado. Isso significa que, para produzirem quaisquer efeitos válidos na ordem jurídica, as diretivas hão de guardar obediência em relação ao Direito Comunitário primário ou originário, entendido este como os tratados fundamentais da Comunidade e os princípios gerais do Direito Comunitário – todos situados num plano hierarquicamente superior ao do Direito Comunitário derivado ou secundário (nele incluídas as diretivas). Esse fato é uma manifestação do "princípio da subordinação" a que está adstrito o Direito derivado.

À superioridade do Direito Comunitário primário sobre o Direito Comunitário secundário começa a se juntar também uma progressiva "sub-hierarquia", dentro do próprio seio do Direito Comunitário secundário. Essa nova escala de normas surge com a possibilidade de diretivas de execução serem expedidas de modo a densificar um anterior regulamento comunitário ou mesmo uma diretiva-quadro (também chamada de "diretiva de base") pré-existente.[47]

Em qualquer um desses dois campos – hierarquia em relação ao Direito Comunitário primário ou em relação ao Direito Comunitário secundário de base –, cabe ao Tribunal de Justiça e ao Tribunal de Primeira Instância aferir se o conteúdo das diretivas editadas observa o interesse público da Comunidade Européia, a proporcionalidade, a subsidiariedade, os direitos fundamentais, a segurança jurídica, a confiança legítima, a igualdade de tratamento, a livre-circulação, o devido processo legal, o contraditório, a subordinação, entre muitos outros aspectos que podem ser extraídos tanto dos tratados fundamentais da Comunidade como dos próprios princípios gerais do Direito Comunitário ou, ainda, de textos anteriores e gerais de Direito Comunitário derivado.

Com efeito, é preciso registrar, porém, que, em cada caso concreto, inexiste uma distinção fácil, radical e absoluta, entre os requisitos formais e os requisitos materiais de validade das diretivas. Uma tal separação tem uma função muito mais didático-pedagógica do que prático-concreta, posto que esses requisitos todos aparecem muitas vezes reciprocamente implicados nos casos submetidos à apreciação judicial,

---

[47] A diretiva de base se fundamenta imediatamente no Direito Comunitário originário, enquanto que a diretiva de execução apóia-se, em primeiro lugar, ou num regulamento ou numa diretiva anteriores (QUINTAS, 2000, p. 100).

como, por exemplo, nas questões relativas à falta de competência de um órgão comunitário para editar uma diretiva em certa matéria (BRENT, 2001, p. 46). O que importa reter é que a interpretação e a validade das diretivas têm sempre por referência um texto de base, hierarquicamente mais relevante.

Na sua missão de fiscalizar a juridicidade das diretivas, a jurisdição comunitária é competente para conhecer, além das ações e recursos pre-judiciais com fundamento em incompetência e violação de formalidades essenciais, outras ações e recursos prejudiciais com base na violação do Tratado ou de qualquer norma jurídica relativa à sua aplicação, ou em desvio de poder, interpostos por um Estado-Membro, pelo Parlamento Europeu, pelo Conselho, pela Comissão ou por um particular (cf. os arts. 230.º e 234.º CE). A jurisdição comunitária deve ser tomada aqui em sentido bastante restrito, dela excluídos, a princípio, os juízes e tribunais nacionais que aplicam o Direito Comunitário, posto que o controle de juridicidade dos atos comunitários relativamente ao Direito primário incumbe, precipuamente, ao Tribunal de Justiça e ao Tribunal de Primeira Instância. Cabe ao Tribunal de Justiça das Comunidades Européias apreciar e julgar as ações de anulação ou as ações por omissão intentadas por um Estado-membro ou por uma instituição comunitária, as ações de incumprimento contra os Estados-membros, os reenvios prejudiciais e os recursos de decisões do Tribunal de Primeira Instância. Ao Tribunal de Primeira Instância, por sua vez, cabe apreciar e julgar, em primeiro grau, as ações e recursos de autoria das pessoas singulares e coletivas contra as instituições comunitárias. O controle difuso do Direito Comunitário, por via de exceção, que compete aos juízes e tribunais nacionais pode ser homogeneizado pelo via do "reenvio prejudicial" julgado pelas instân-cias judiciais supranacionais sediadas no Tribunal de Justiça, em Luxemburgo.

O art. 230.º CE[48] não faz expressa referência ao controle jurisdi-cional sobre a validade das diretivas comunitárias, conquanto esse

---

[48] *"Artigo 230.º: O Tribunal de Justiça fiscaliza a legalidade dos atos adotados em conjunto pelo Parlamento Europeu e pelo Conselho, dos atos do Conselho, da Comissão e do BCE, que não sejam recomendações ou pareceres, e dos atos do Parlamento Europeu destinados a produzir efeitos jurídicos em relação a terceiros. Para o efeito, o Tribunal de Justiça é competente para conhecer dos recursos com fundamento em incompetência, violação de formalidades essenciais, violação do presente Tratado ou de qualquer norma jurídica relativa à sua aplicação, ou em desvio de poder, interpostos por um Estado--membro, pelo Parlamento Europeu, pelo Conselho ou pela Comissão. O Tribunal de*

controle nele também esteja incluído. De modo apenas genérico, estabelece que um Estado-membro, o Parlamento Europeu, o Conselho ou a Comissão têm legitimidade ativa para contestar (formal ou materialmente) a validade de quaisquer atos adotados em conjunto pelo Parlamento Europeu e pelo Conselho, dos atos do Conselho, da Comissão e do Banco Central Europeu, que não sejam recomendações ou pareceres, e dos atos do Parlamento Europeu destinados a produzir efeitos jurídicos em relação a terceiros.

Também nos exatos termos do mencionado art. 230.º CE, a legitimidade processual ativa de um particular (qualquer pessoa singular ou coletiva[49]) para contestar a validade de um ato comunitário restringe-se a poder interpor recurso apenas das decisões de que seja destinatário (o que não é o caso das diretivas, cujos destinatários imediatos são os Estados-membros) e das decisões que, embora tomadas sob a forma de regulamento ou de decisão dirigida a outra pessoa, lhe digam direta e individualmente respeito[50]. Quanto a essa segunda possibilidade (*"decisões que, embora tomadas sob a forma de regulamento ou de decisão dirigida a outra pessoa, lhe digam direta e individualmente respeito"*), a doutrina e a jurisprudência comunitárias já têm dado sinais de abertura a uma linha de interpretação que atribui um significado elastecido àquela expressão, no sentido de autorizar também a possibilidade do particular contestar a legalidade de diretivas de efeitos prejudiciais diretos e parti-

---

Justiça é competente, nas mesmas condições, para conhecer dos recursos interpostos pelo Tribunal de Contas e pelo BCE com o objetivo de salvaguardar as respectivas prerrogativas. Qualquer pessoa singular ou coletiva pode interpor, nas mesmas condições, recurso das decisões de que seja destinatária e das decisões que, embora tomadas sob a forma de regulamento ou de decisão dirigida a outra pessoa, lhe digam direta e individualmente respeito. Os recursos previstos no presente artigo devem ser interpostos no prazo de dois meses a contar, conforme o caso, da publicação do ato, da sua notificação ao recorrente ou, na falta desta, do dia em que o recorrente tenha tomado conhecimento do ato."

[49] Na linguagem jurídica brasileira, utiliza-se o termo "pessoa física" em lugar de "pessoa singular" e a expressão "pessoa jurídica" em substituição a "pessoa coletiva".

[50] O art. 230.º CE não prevê para os particulares, expressamente, nenhum recurso direto para o juiz comunitário contra as diretivas ou contra as decisões adotadas sob a forma de uma diretiva. Para a jurisprudência comunitária, esta exclusão é justificada pelo fato de, no caso das diretivas, a proteção judicial dos particulares se encontrar, em tese, devidamente assegurada pelos tribunais nacionais que controlam a sua transposição nos diferentes direitos internos (Tribunal de Primeira Instância [TPI], Despacho de 20.10.94, Proc. T-99/94, Caso *Asociación Española de Empresas de La Carne (ASOCARNE) / Conselho da União Européia*, Col. 1994, p. II-00871 e ss., n. 17).

cularizados, a fim de se evitar o enfraquecimento da proteção judicial conferida às pessoas físicas e jurídicas (SIMON, 1997, p. 28; BRENT, 2001, p. 62-63; e GORJÃO-HENRIQUES, 2001, p. 259-260). Para a jurisprudência comunitária, a presença ou a ausência de um caráter individual e prejudicial na diretiva impugnada tem pesado até mais do que a mera interpretação gramatical e restritiva do art. 230.º CE[51].

3.4. A Transposição de Diretivas para o Ordenamento Interno

Viu-se acima que as diretivas envolvem um procedimento normativo duplamente articulado – "à deux étages" ou "à double détente", como assinala o Professor DENYS SIMON (s/d, p. 02). Na primeira fase, ocorrida no plano comunitário, há a adoção da diretiva pelas instituições comunitárias e, por conseqüência, a determinação dos fins a alcançar. Sucessivamente, na segunda fase, que se dá no âmbito dos ordenamentos nacionais, ocorre a edição das medidas necessárias à consecução dos objetivos previstos, através dos procedimentos de transposição nacional.

Para que tais medidas possam ser tomadas, as autoridades nacionais precisam avaliar, a princípio, (1.º) a que função corresponde o conteúdo

---

[51] Por todos, veja-se: Tribunal de Primeira Instância (TPI), acórdão de 17.06.98, Proc. T-135/96, Caso UEAPME c/ Conselho, Col. 1998, p. II-02335 e ss.; desse acórdão extrai-se *his verbis*: *"63. Embora o artigo 173.º, quarto parágrafo, do Tratado [atual art. 230.º CE], não se refira expressamente à admissibilidade dos recursos de anulação contra uma diretiva interpostos por uma pessoa coletiva, resulta no entanto da jurisprudência do Tribunal de Justiça que essa única circunstância não basta para declarar inadmissíveis tais recursos"*). Em suma, como bem advertiu o Advogado-Geral CARL OTTO LENZ nas suas conclusões ao Caso Gibraltar c/ Conselho, *"o fato de a disposição em litígio estar contida numa diretiva não se opõe, por si só, à admissibilidade do recurso"* (TJCE, acórdão de 29.06.93, Proc. C-298/89, Caso Gibraltar c/ Conselho, Col. 1993-6, p. I-3605--I-3657, especialmente a p. I-3640, n. 96). Difícil, sim, tem sido convencer o Tribunal de Justiça e o Tribunal de Primeira Instância da referibilidade prejudicial, direta e imediata da diretiva impugnada em relação a um particular e, quanto a isso, é interessante perceber que a jurisprudência comunitária, muitas vezes, tem reconhecido até mesmo *"um alcance normativo geral"* para as diretivas, sob a alegação de que visam, de modo geral e abstrato, diversos agentes econômicos (TPI, Despacho de 20.10.94, Proc. T-99/94, Caso *Asociación Española de Empresas de La Carne [ASOCARNE] / Conselho da União Européia*, Col. 1994, p. II-00871 e ss., n. 18). O mesmo raciocínio sobre a difícil comprovação de um dano direto e imediato contra o particular aplica-se ao exame das possibilidades de um particular intentar uma ação de responsabilidade extracontratual contra a Comunidade Européia, apenas pela edição de uma diretiva, com base no art. 288.º CE.

do ato a transpor (normalmente, se legislativa ou meramente administrativa); (2.º) o órgão constitucionalmente competente para editar o ato de transposição (o Parlamento ou o Governo – nacionais ou regionais); (3.º) a competência específica a que se refere a diretiva (agricultura, consumidor, meio ambiente etc.); e, finalmente, (4.º) o tipo de ato normativo que se deve utilizar (SOUSA, 1992, p. 76, e 1999, p. 69 e ss.). Uma vez esclarecidos os quatro elementos indicados – que, grosso modo, visam responder às questões *"quem transporá?"* e *"como transporá?"* –, poder-se-á, com a segurança e a eficácia exigidas, operar a transposição da diretiva para o Direito interno – o que demandará, simultaneamente, providências positivas (criando algo) e negativas (eliminando contradições pré-existentes).

Como bem sustenta o Professor RUI MOURA RAMOS (1999, p. 242), a transposição implica a elaboração de um diploma normativo claro, preciso, coerente e completo, e não uma remissão genérica ao texto comunitário, a fim de que os particulares possam ter conhecimento, com a necessária segurança, dos seus direitos e obrigações. Tampouco admissível – justamente por incompatibilidade com a segurança jurídica comunitária, ou seja, com a capacidade que o Direito deve proporcionar de previsibilidade e estabilidade de comportamentos e suas conseqüências – é a adoção de meras praxes administrativas que, embora de acordo com a diretiva comunitária, contrariem o Direito Positivo nacional (SIMON, 2001, p. 328). Para o Tribunal de Justiça, as práticas administrativas, além de modificáveis ao sabor da Administração, são desprovidas de adequada publicidade (TJCE, acórdão de 06.05.80, Proc. 102/ /79, Comissão/Bélgica, *Recueil* 1980-4, p. 1473-1494). O direito interno incompatível com a diretiva deve, em nome da estabilidade e certeza jurídicas, ser expressamente revogado e dar lugar a normas harmônicas com os fins comunitários, a fim de que se possa facilmente tomar conhecimento dos novos direitos e deveres impostos e deles se valer perante as jurisdições nacionais. Por fim, é incompatível com as finalidades comunitárias assentadas nos tratados instituintes, a "transposição" de diretivas por meio de *"legislação simbólica"*, entendida esta como *"aquela que serve, primária e hipertroficamente, a finalidades políticas de caráter não especificamente normativo-jurídico"* e *"não é caracterizada pela imediatidade da satisfação das respectivas necessidades e se relaciona com a solução de conflitos de interesses"* (NEVES, 1994, p. 32, e 2000, p. 100-101). Em outras palavras, a operação de transposição de uma diretiva há de preservar totalmente a integridade normativa e o efeito útil daquele ato comunitário, ou seja, deve ser feita de modo a garantir a inteira substância, autoridade, idoneidade e invocabilidade do seu conteúdo na esfera nacional – é o chamado "princípio da eqüipolência" ou "da equivalência" (SIMON, 2001, p. 328).

Na hipótese de a legislação nacional que transpôs a diretiva não concretizar a totalidade dos fins por ela indicados, não há óbice para que o particular eventualmente prejudicado recorra, a qualquer tempo, ao próprio texto da diretiva a fim de exercer a integralidade dos seus direitos.

Na trilha do que defendem – com coerência – MALAQUIAS (1984, p. 349), MARCELO REBELO DE SOUSA (1992, p. 86, e 1999, p. 76), TIMMERMANS (1997, p. 09) e SIMON (2001, p. 327), a inação do Estado estará justificada se o seu ordenamento jurídico já contiver uma legislação plenamente concordante com as finalidades comunitárias aprovadas na diretiva – ressalte-se apenas que o ônus da prova quanto à existência dessa "harmonia preestabelecida" incumbe ao Estado-membro que a alega (SIMON, 2001, p. 327). É necessário apenas que o Estado dê conhecimento das suas regras nacionais às instituições comunitárias competentes. Em caso de se verificar a *"harmonie pré-établie"*, uma ferramenta particularmente importante será a "interpretação conforme a diretiva", que obriga o órgão nacional chamado a interpretar e aplicar as disposições do Direito nacional destinadas a assegurar a aplicação de uma diretiva a fazê-lo, na medida do possível, à luz do texto e da finalidade da referida diretiva.[52]

Caracterizada a total omissão ou a insuficiência (omissão parcial ou relativa) quanto à obrigação de transpor uma diretiva ou ultrapassados os limites da liberdade de conformação jurídica conferidos pela norma comunitária, um Estado-membro pode ser acionado pela Comissão ou por outro Estado-membro, nos termos dos arts. 226.º a 228.º do Tratado da Comunidade Européia, a fim de que dê integral cumprimento aos seus deveres. Da mesma maneira, na trilha de farta jurisprudência comunitária, o Estado-membro causador de dano decorrente de transposição defeituosa de uma diretiva (ou mesmo de ausência de transposição) poderá ser obrigado a indenizar os particulares que tiverem sofrido prejuízo.[53]

---

[52] TJCE, acórdão de 16.12.93, Proc. C-334/92, *Wagner Miret / Fondo de Garantia Salarial*, Coletânea 1993, p. I-6911 e ss.

[53] A responsabilidade dos Estados-membros por violação do Direito Comunitário é obra da evolução da jurisprudência comunitária, não encontrando regulamentação em

A obrigação de transpor integralmente uma diretiva no prazo por ela estipulado é, para os seus destinatários, quase que absoluta, de modo que não comporta temperamentos de natureza subjetiva, excepcional ou circunstancial, por meio de alegações como lentidão do processo legislativo nacional, uma greve nacional, crise governamental, ausência de efeitos prejudiciais pela não-transposição, transposição parcial, inatividade da autoridade regional autônoma, inexistência de aplicação da legislação nacional contrária ao Direito Comunitário ou adversidade da conjuntura financeira nacional. O dever de correta, integral e atempada transposição de cada diretiva incumbe ao Estado-membro como tal, e a responsabilidade desse Estado subsiste independentemente do órgão ou entidade nacionais de cuja ação dependa diretamente a perfeita transposição da norma comunitária[54]. A razão que governa a jurisprudência do TJCE é a de que a participação dos Estados-membros no processo legislativo comunitário já é suficiente para ajustar o prazo para transposição da diretiva a todas as necessidades nacionais[55]. Uma vez adotada uma diretiva pela Comunidade Européia, a superveniência de circunstâncias nacionais excepcionais que possam implicar na sua não-transposição para o ordenamento interno, deve servir apenas para que o Estado-membro negocie, no plano comunitário, a edição de uma nova norma, com um novo prazo (uma prorrogação), e não para que justifique a sua inação[56]. Assim, a questão "até quando transpor?" não comporta quaisquer temperamentos ou nuanças unilaterais nacionais – nem mesmo a alegação de que outros Estados-membros também deixaram de transpor atempadamente a mesma diretiva.[57]

---

qualquer dos tratados fundamentais. Nessa seara, os precedentes mais emblemáticos são, com certeza, os acórdãos *Francovich*, de 1991, e *Brasserie du Pêcheur, British Tele-communications, Hedley Lomas* e *Dillenkofer*, todos de 1996 e referidos com maiores detalhes mais adiante, no Capítulo 4 (item 3) deste livro.

[54] TJCE, acórdão de 05.05.1970, Proc. 77/69, *Comissão / Bélgica, Recueil* 1970, p. 237 e ss.; TJCE, acórdão de 18.11.1970, Proc. 08/70, *Comissão / Itália, Recueil* 1970, p. 961 e ss; TJCE, acórdão de 26.02.1976, Proc. 52/75, *Comissão / Itália, Recueil* 1976, p. 277-290.

[55] Para além da participação dos Estados-membros no Conselho e no Parlamento, as proposições elaboradas pela Comissão Européia, em virtude do seu poder de iniciativa, são formuladas em estreita colaboração com *"experts"* das administrações nacionais e discutidas, em instâncias mais ou menos formais, com as representações permanentes dos Estados-membros em Bruxelas, conforme relata SIMON (1997, p. 15).

[56] Cf. SIMON (2001, p. 329) e RIBEIRO (1996, p. 61) que se fundamentam em diversos acórdãos do TJCE sobre esse ponto.

[57] TJCE, acórdão de 26.02.1976, Proc. 52/75, *Comissão / Itália, Recueil* 1976, p. 277-290.

Além da mencionada hipótese de "harmonia preestabelecida", em que pese a criatividade dos governos nacionais em elaborar novos argumentos, a jurisprudência comunitária tem acatado a legitimidade da ausência de transposição pelos Estados-membros em apenas outras quatro situações e sempre interpretadas pelo TJCE de modo bastante restrito. Conforme bem resumiu BRENT (2001, p. 149 e ss.), são elas:

A primeira escusa a ser admitida dá-se quando a diretiva não transposta era juridicamente inexistente por grosseira e manifesta desobediência (formal ou material) ao Direito Comunitário. Aqui, o vício da diretiva (não transposta) há de ser "particularmente grave e evidente", a ponto de se poder qualificá-la de "ato inexistente", e não qualquer outro tipo de eiva[58]. Em razão da presunção de legitimidade dos atos comunitários, o Estado-membro que acredite estar diante de uma diretiva antijurídica deve, primeiramente, contestá-la perante o TJCE, no prazo de dois meses conferido pelo art. 230.º CE[59], e não permitir que trans-

---

[58] A jurisprudência comunitária é firme no sentido de que as vias processuais relativas ao incumprimento e à anulação só podem se comunicar em casos excepcionalíssimos. Nesse sentido, paradigmático é o acórdão de 30 de junho de 1988 do Tribunal de Justiça das Comunidades Européias, em que a Corte decidiu: *"14. Com efeito, o sistema contencioso estabelecido pelo Tratado distingue as ações dos arts. 169.º e 170.º [atuais arts. 226.º e 227.º CE], que visam obter a declaração de que um Estado-membro não cumpriu as obrigações que lhe incumbem, e os recursos dos artigos 173.º e 175.º [atuais arts. 230.º e 232.º CE], que visam controlar a legalidade dos atos ou omissões das instituições comunitárias. Estes processos prosseguem objetivos distintos e estão submetidos a regras diferentes. Um Estado-membro não pode pois, com sucesso, na ausência de uma disposição que a tal expressamente o autorize, invocar a ilegalidade de uma decisão de que é destinatário, como meio de defesa contra uma ação por incumprimento que se fundamenta no incumprimento dessa decisão. 15 Na audiência, a República Helênica objetou que, no caso sub judice, e para responder a uma exigência fundamental da ordem jurídica comunitária, o Tribunal deveria, não obstante, exercer o seu controle, por via de exceção, da decisão de 24 de abril de 1985. Com efeito, esta viola o princípio fundamental da repartição de competências entre a Comunidade e os Estados-membros, estando portanto desprovido de qualquer fundamento jurídico na ordem comunitária. 16. Esta objeção só poderia ser acolhida se o ato em causa estivesse afetado por vícios particularmente graves e evidentes que fizessem com que fosse qualificado como ato inexistente (...)"* (TJCE, acórdão de 30.06.1988, Proc. 226/87, Comissão / Grécia, Coletânea 1988, p. 3611 e ss., parágrafos 14-16). E mais: *"a gravidade das conseqüências associadas à declaração de inexistência de um ato das instituições comunitárias determina, por razões de segurança jurídica, que tal declaração seja reservada a hipóteses extremas"* (TJCE, acórdão de 15.06.1994, Proc. C-137/92 P, Comissão / BASF AG e outros, Coletânea 1994, p. I-2555 e ss., parágrafo 50).

[59] O quinto parágrafo do art. 230.º CE afirma: *"Os recursos previstos no presente artigo devem ser interpostos no prazo de dois meses a contar, conforme o caso, da*

corra *in albis* o prazo para transposição e só então alegar a ilegalidade da diretiva. Apenas muito excepcionalmente – naqueles casos, repita-se, em que se demonstre que a ilicitude da diretiva é tão grosseira e manifesta a ponto de torná-la inexistente – é que o TJCE pode admitir essa escusa pela ausência de transposição[60].

A segunda escusa admitida, para que a não-transposição se faça legitimamente, dá-se quando a diretiva não implementada conflite com uma obrigação internacional imposta por um outro tratado internacional anterior a 01 de janeiro de 1958, para os seis Estados-membros fundadores, ou anterior à data de ingresso na Comunidade Européia dos demais Estados, nos termos do previsto no art. 307.º CE[61].

A terceira excludente de ilicitude aceita dá-se quando as obrigações firmadas pela diretiva não transposta eram fisicamente impossíveis de ser alcançadas. TIMMERMANS (1997, p. 09) ofereceu um bom exemplo – muito especial – em que a inação do Estado em transpor uma diretiva estará justificada: naqueles casos em que uma circunstância fática excepcional e peculiar (como, por exemplo, a inexistência na geografia local de agricultura em encostas ou de cursos d'água transfronteiriços) leva à falta de interesse nacional para transposição de uma diretiva com esses mesmos objetos. A não-transposição de uma diretiva que se mostre desvinculada de condições fáticas de concretização em um certo Estado-membro tem sua legitimidade reforçada com o ditado latino *"ad impossibilia nemo tenetur"* – *"ninguém está obrigado a coisas impossíveis".*

O quarto e último argumento aceito pelo TJCE, para que a não--transposição de uma diretiva seja legítima, dá-se em casos de força maior, ou seja, através daquelas externalidades extremamente dificultosas que independem da vontade do órgão responsável pela transposição e

---

publicação do ato, da sua notificação ao recorrente ou, na falta desta, do dia em que o recorrente tenha tomado conhecimento do ato."

[60] Uma argumentação no mesmo sentido, relativamente à pouca eficácia em se levantar uma "exceção de ilegalidade" a menos que se trate de um defeito substantivo, é defendida por TRIDIMAS (2000, p. 329-330) e por ISAAC (2000, p. 391).

[61] O art. 307.º CE afirma: *"As disposições do presente Tratado não prejudicam os direitos e obrigações decorrentes de convenções concluídas antes de 1 de Janeiro de 1958 ou, em relação aos Estados que aderem à Comunidade, anteriormente à data da respectiva adesão, entre um ou mais Estados-membros, por um lado, e um ou mais Estados terceiros, por outro. Na medida em que tais convenções não sejam compatíveis com o presente Tratado, o Estado ou os Estados-membros em causa recorrerão a todos os meios adequados para eliminar as incompatibilidades verificadas. (...)"*

que são inevitáveis mesmo se adotadas todas as cautelas necessárias como, por exemplo, guerra, estado de emergência ou comoção interna grave.

Além dessas quatro excludentes referidas acima por BRENT (2001, p. 149 e ss.), TAKIS TRIDIMAS (2000, p. 328) indica outra circunstância especialmente relevante: quando o Estado-membro não pôde transpor uma diretiva em virtude de uma omissão anterior de uma instituição comunitária, que não emitiu a regulamentação necessária para detalhar a diretiva.

Por fim, cumpre destacar que os tratados de adesão entre a Comunidade e os novos Estados-membros prevêem prazos especiais de transposição para o "acervo comunitário" ("*acquis communautaire*"), ou seja, todas aquelas diretivas já vigentes na Comunidade antes do ingresso de um novo Estado-membro e que este se compromete a respeitar quando adere à Comunidade.

3.5. Os Efeitos das Diretivas nas Ordens Jurídicas Internas dos Estados-membros

A parcimoniosa definição de cada uma das fontes do Direito Comunitário no art. 249.º CE não deu margem a poucas controvérsias doutrinárias e jurisprudenciais sobre os efeitos das diretivas nas ordens jurídicas nacionais. O conteúdo daquele artigo deu lugar a muitas leituras, algumas "internacionais" e "políticas", outras "técnicas" e "comunitárias", para utilizar uma nomenclatura proposta por KOVAR (1987, p. 359).

Segundo uma interpretação literal e restritiva do art. 249.º CE e em razão da própria natureza dualista das diretivas (uma "técnica de legislação indireta" ou "*indirekter Rechtsetzung*", cf. FUß, 1965, p. 379), somente os regulamentos comunitários seriam dotados de aplicabilidade direta, ou seja, prescindiriam de quaisquer procedimentos de inclusão no ordenamento nacional para produzir efeitos na ordem jurídica estatal[62].

---

[62] Embora o Tribunal de Justiça das Comunidades Européias tenha sempre utilizado indistintamente as noções de aplicabilidade direta e efeito direto (CAPELLI, 1983, p. 262--263; RIBEIRO, 1996, p. 28; CLAßEN, 1999, p. 39; Quintas, 2000, p. 91), esses termos são empregados no presente texto conforme distinguidos por J. A. WINTER (1972, p. 435 e ss.) em clássico estudo sobre a matéria, a saber: A aplicabilidade direta, como já mencionado,

Tradicionalmente, tinha-se que os regulamentos e as diretivas confeririam expressão a duas tendências opostas e complementares no *modus
operandi* da Comunidade Européia: enquanto que os regulamentos encar-
navam o protótipo da ação direta da Comunidade, que cria, com plenos
poderes, um Direito supranacional sem qualquer interposição dos Estados-membros, as diretivas eram o padrão de uma ação limitada, mais
restrita, que produzia efeitos jurídicos apenas pela interposição da soberania nacional reservada aos Estados-membros no seu importante papel
de conferir conteúdo executivo às diretivas (OPHÜLS, 1966, p. 04; e FUß,
1965, p. 379). Em condições normais, portanto, o único efeito das diretivas nas ordens jurídicas nacionais seria o de condicionar os Estados-
-membros quanto aos fins a atingir (definidos nas diretivas), mediante a
adoção discricionária de expedientes internos de transposição (formas e
meios escolhidos pelos Estados-membros). Enquanto não transposta a
diretiva, qualquer que fosse o seu grau de precisão, não possuía ela o
condão de produzir efeitos particularizados no ordenamento jurídico
nacional, não podendo, portanto, ser invocada pelo particular para fundar
um recurso contra um ato administrativo individual, por exemplo (ALVES,
1983, p. 196). Nessas circunstâncias, um efeito paralelo emprestado às
diretivas, desde o momento de sua publicação, era o de condicionar a
atividade do Estado-membro de modo a evitar que uma conduta nacional
pudesse frustrar, no futuro, a concretização integral dos fins da diretiva
– isso com base na anosa e genérica proibição de frustração (ou

---

refere-se à desnecessidade de as normas comunitárias serem transpostas para o ordenamento
interno do Estado-membro, pois elas adquirem automaticamente, desde a sua publicação,
o *status* de direito positivo na ordem jurídica nacional. O efeito direto, por sua vez, diz
da possibilidade de certas normas comunitárias – se forem claras, precisas e incondicionais,
de Direito primário ou secundário – poderem ser invocadas em juízo pelos particulares,
quer como escudo quer como espada, perante os órgãos jurisdicionais nacionais, tanto
contra o Estado (efeito direto vertical) tanto – até agora com grave divergência jurisprudencial e doutrinária – contra outro particular (efeito direto horizontal). Assim, enquanto
a aplicabilidade direta refere-se à desnecessidade de incorporação nacional de normas
comunitárias (normas *"self executing"*), o efeito direto ajusta-se à possibilidade de normas
comunitárias completas receberem aplicação judicial em um caso concreto (nesse mesmo
sentido, BRENT, 2001, p. 186), conferindo direitos e obrigações, tanto para impedir a
aplicação da norma nacional contrária à norma comunitária como para exigir do Estado
que ele conforme a sua atuação às obrigações impostas pela norma comunitária (KOVAR,
1987, p. 360). A indiferença terminológica do Tribunal de Justiça das Comunidades
Européias quanto às duas categorias padece de graves críticas de importantes doutrinadores.

"Frustrationsverbot"), prevista no art. 18 da Convenção de Viena sobre Direito dos Tratados (LECHELER, 2000, p. 130).

Para os adeptos dessa leitura "internacional" ou "política", a diretiva não era mais que um instrumento de "cooperação legislativa" (KOVAR, 1987, p. 359), cuja normatividade dependia integralmente da interposição mediadora das competências legislativas e executivas nacionais reservadas aos Estados-membros.

A negação de quaisquer outros efeitos às diretivas, além daquele de condicionar a nomogênese nacional, foi, durante muito tempo, a exegese dominante entre os operadores do Direito Comunitário. Além de se salientar que a literalidade do art. 249.º CE não conferiria aplicabilidade direta às diretivas comunitárias, argumentava-se, com boa lógica, que, justamente por ter como destinatários imediatos os Estados-membros, as diretivas não teriam o condão de, *de per si*, criar direitos ou deveres na esfera jurídica dos particulares antes de operada a sua regular transposição para o ordenamento interno (OPHÜLS, 1966, p. 06-07). A efetividade das diretivas só apareceria após a edição das normas nacionais necessárias à consecução dos fins nela previstos, sendo, portanto, uma norma de eficácia apenas mediata. Aceitar o contrário seria minar a própria base do sistema do Tratado, que expressamente distinguira os efeitos dos regulamentos dos das diretivas (CAPELLI, 1983, p. 271-272). O Professor MOTA DE CAMPOS (1997, p. 291) resume bem esse posicionamento inicial da doutrina:

> *"Permitir que a diretiva produzisse – antes que o Estado houvesse observado o comportamento conducente ao resultado prescrito – qualquer efeito imediato na esfera jurídica dos particulares corresponderia a menosprezar a margem de liberdade que, por definição, os autores do Tratado haviam pretendido reservar para os Estados ao contrapor a diretiva ao regulamento diretamente aplicável."*

À luz desse entendimento, apenas a norma jurídica nacional poderia ser invocada perante a autoridade judiciária estatal e conferir direitos e obrigações "justiciáveis"[63] (efeito direto). Esse seria o espírito dos trata-

---

[63] A *"justiciabilidade"* é a qualidade daquilo que é passível de ação em juízo, conforme a definição adotada por MARIA MANUELA FARRAJOTA, MARIA JOÃO SANTOS, VICTOR RICHARD STOCKINGER e PATRÍCIA GALVÃO TELES, tradutores para o português de BROWNLIE (1997, p. 344), que menciona *"justiciability"*.

dos fundamentais da Comunidade Européia e foi o principal argumento utilizado pelo Conselho de Estado da França para rechaçar um recurso, fundado numa diretiva não transposta, do cidadão alemão DANIEL COHN--BENDIT, um dos líderes do movimento estudantil de maio de 1968, em Paris, contra a sua expulsão do território francês (ALVES, 1983, p. 203 e ss.).

A partir do início da década de 1970, entretanto, o Tribunal de Justiça das Comunidades Européias começou a rever, em casos extremos, esse entendimento. Ao decidir o caso *Franz Grad* (TJCE, acórdão de 06.10.70, Proc. 09/70, Coletânea 1969-1970, p. 509-535), o Tribunal afirmou, pela primeira vez, que, em certas circunstâncias, algumas *decisões* – outra espécie normativa entre as fontes jurídicas comunitárias previstas no art. 249.º CE – destinadas aos Estados-membros eram dotadas de aplicabilidade direta. Entendeu a Corte de Luxemburgo que o texto do art. 249.º CE (então art. 189.º) não impedia que outras categorias de atos comunitários, para além dos regulamentos, pudessem produzir efeitos análogos aos produzidos por estes (p. 513, n. 5). *In verbis*:

> *"Contudo, se resulta das disposições do artigo 189.º que os regulamentos são diretamente aplicáveis e, conseqüentemente, por natureza susceptíveis de produzir efeitos diretos, isso não implica que as outras categorias de atos referidos por aquele artigo não possam nunca produzir efeitos análogos. Seria incompatível com o efeito vinculativo que o art. 189.º reconhece à decisão, negar por princípio que a obrigação que ele impõe possa ser invocada pelas pessoas a quem diz respeito."*

O pronunciamento específico acerca das diretivas comunitárias viria logo a seguir, quando do julgamento do caso *SpA SACE* (TJCE, acórdão de 17.12.70, Proc. 33/70, Coletânea 1969-1970, p. 685-697), em cujo sumário o Tribunal de Justiça desde logo assentou:

> *"Uma diretiva, cuja finalidade é fixar a um Estado-membro uma data limite para a execução de uma obrigação comunitária, não diz respeito somente às relações entre a Comissão e esse Estado, mas tem também conseqüências jurídicas de que se podem prevalecer tanto os outros Estados-membros, eles próprios interessados no seu cumprimento, como os particulares quando, pela sua própria natureza, a disposição que estabelece essa obrigação seja diretamente aplicável"* (p. 685, n. 2).

Assentava-se, a partir de então, uma nova leitura para as diretivas que, caracterizando-as como elemento obrigatório do Direito Comunitário, não permitia mais que fossem absolutamente ignoradas pelas jurisdições nacionais, ainda que não transpostas. Um condicionalismo, porém, restou imposto: seria indispensável verificar se, no caso, a natureza, a economia e os termos da disposição em causa seriam suscetíveis de produzir efeitos diretos nas relações entre Estados e particulares. Desde então, à luz da jurisprudência comunitária, para que uma disposição de uma diretiva seja considerada diretamente aplicável e possa produzir efeito direto basta que, uma vez esgotado o prazo para a transposição[64], seja ela clara, completa, precisa e incondicional, ou seja, naqueles casos (mencionados acima) em que a margem de apreciação e liberdade consentida aos Estados-membros destinatários restrinja-se tão somente à escolha da forma jurídica para a sua transposição (uma lei, um decreto-lei, um regulamento etc.), dado que a redação do dispositivo em questão é suficientemente unívoca e a sua aplicação pode prescindir de qualquer outra escolha legislativa posterior. Estas – e não outras – são as diretivas capazes de engendrar o efeito direto na ordem interna dos Estados-membros.

Caso contrário, admitindo-se a aplicação discricionária de uma diretiva que não seja precisa e incondicional por um juiz, sob o argumento da aplicabilidade direta, estar-se-ia a aceitar a substituição da discricionariedade do Executivo ou da liberdade de conformação do Legislativo nacional pela discricionariedade do Judiciário, com evidente ruptura do princípio da separação dos Poderes.

Tal hermenêutica prestigiava a autoridade do Direito Comunitário. Não resta dúvida de que essa posição dos magistrados do *Plateau de Kirchberg* visou fortalecer os laços da integração européia, privilegiando o "princípio do efeito útil" das regras comunitárias (MOURA RAMOS, 1999,

---

[64] O requisito temporal é imprescindível: o transcurso *in albis* do prazo para transposição ou a incorreta/insuficiente transposição são condições indispensáveis para que as diretivas alcancem a excepcional aplicabilidade direta. Apenas as diretivas não ou mal transpostas, decorrido o prazo de transposição, podem ser objeto de aplicabilidade direta e efeito direto. Ademais, antes de decorrido o prazo para a regular transposição, não se pode falar em qualquer violação de obrigações comunitárias pelo Estado-membro. E não se há de confundir a "aplicabilidade direta", que diz respeito às diretivas, com a *"richtlinienkonforme Auslegung"* (a interpretação conforme a diretiva) que é peculiar às normas jurídicas nacionais e pode ser empregada tão logo a norma comunitária for publicada no Jornal Oficial ou notificada ao seu destinatário.

p. 97) e evitando que os Estados-membros descumprissem as respectivas obrigações de incorporação do Direito Comunitário aos ordenamentos nacionais previstas no art. 10.º do Tratado da Comunidade Européia. É inolvidável que a eficácia das normas incondicionais e suficientemente precisas contidas nas diretivas restaria bastante comprometida, caso não pudessem ser diretamente aplicáveis após o transcurso do prazo de transposição.

Do mesmo ponto de vista do Tribunal de Luxemburgo no caso *SpA SACE* compartilhou o Tribunal da Relação de Coimbra, em acórdão de 30 de julho de 1986, ao decidir o Recurso 12 381-36 053[65]:

> "*I – As diretivas podem, em certas condições, produzir efeito direto, de modo a que delas possam resultar direitos para os particulares, suscetíveis de serem invocados nas suas relações com o Estado-membro considerado (efeito direto vertical).*
>
> *II – Para tanto, é necessário que a diretiva enuncie uma obrigação incondicional e precisa e que o Estado-membro não lhe tenha dado a adequada execução (motivo pelo qual a atuação do Estado, recusando direitos a particulares ou impondo-lhes sanções, constituiria um abuso de direito). (...)*"

Em Portugal, contudo, esse entendimento do Tribunal da Relação de Coimbra não encontrava, à época, amparo entre prestigiados constitucionalistas. Com efeito, as importantes vozes dos Professores MARCELO REBELO DE SOUSA, J. J. GOMES CANOTILHO e VITAL MOREIRA advogavam, na altura, um outro argumento contrário à aplicabilidade direta das diretivas comunitárias, agora de ordem constitucional e positiva: para eles, a aplicabilidade direta das diretivas, obra da jurisprudência comunitária e não do texto dos Tratados Fundamentais, feriria a então vigente redação do art. 8.º, n.º 3, *in fine*, da Constituição Portuguesa[66] (ALVES, 1983,

---

[65] Apud *Boletim do Ministério da Justiça*, n. 360, p. 307-319, novembro de 1986. Este acórdão, de julho de 1986, é relevante não apenas pela qualidade da sua fundamentação mas também por constituir, precisamente, uma das primeiras manifestações da jurisdição nacional portuguesa sobre o Direito Comunitário, afinal, o ingresso de Portugal nas Comunidades deu-se em 01 de janeiro daquele mesmo ano.

[66] Pensado sob a perspectiva da integração de Portugal nas Comunidades Européias e introduzido pela Lei Constitucional 01/82, o n.º 3 do Art. 8.º da Constituição da República Portuguesa estatuía originalmente: "*As normas emanadas dos órgãos competentes das organizações internacionais de que Portugal seja parte vigoram diretamente na ordem interna, desde que tal se encontre expressamente estabelecido nos respectivos tratados*

p. 215; Sousa, 1992, p. 72-73; e Sousa, 1999, p. 67). Entretanto, em uma posterior conferência na Universidade de Coimbra, em junho de 1994, o Professor Marcelo Rebelo de Sousa relata que reviu aquela sua opinião inicial, da mesma maneira que o fizeram Gomes Canotilho e Vital Moreira, à luz de uma interpretação extensiva do dispositivo constitucional português, na direção de que alcançasse também a jurisprudência comunitária (Sousa, 1998, p. 67).

Hoje já é pacífico na doutrina e na jurisprudência (publicística interna e comunitária) que, em homenagem ao seu efeito útil, as diretivas podem, sob certas condições, gozar de aplicabilidade direta (por todos, Timmermans, 1997, p. 15). É preciso ressaltar, porém, que o reconhecimento da aplicabilidade direta a algumas disposições das diretivas comunitárias é extraordinário (tanto assim que não exonera o Estado de operar a sua regular transposição). A situação normal e ordinária corresponde à transposição da diretiva pelas autoridades nacionais e apenas quando caracterizado o falhanço do Estado-membro em transpor corretamente a diretiva é que surgem as chamadas "conseqüências patológicas".

---

constitutivos". Através da Lei Constitucional 01/89, esse dispositivo foi alterado com a retirada do advérbio "expressamente" da sua parte final e, hoje, o texto em vigor é: *"As normas emanadas dos órgãos competentes das organizações internacionais de que Portugal seja parte vigoram diretamente na ordem interna, desde que tal se encontre estabelecido nos respectivos tratados constitutivos."* A redação desse dispositivo constitucional é ainda hoje fortemente criticada por Pereira e Quadros (2000, p. 113-115 e 131-135) por três razões: (1.º) o dispositivo confere ao Direito Comunitário derivado um regime de vigência mais favorável do que aquele atribuído aos tratados do Direito Comunitário primário; (2.º) a aplicabilidade direta, constitucionalmente assegurada, é apenas para as "normas" (gerais) do Direito Comunitário derivado e não também para as "decisões" (individuais) emanadas dos órgãos da Comunidade; e, por fim, (3.º) a Constituição deveria ter disposto sobre o tema muito mais geral e profundo da *"legitimação constitucional da limitação dos Poderes soberanos do Estado Português"* e não apenas sobre a *"vigência do Direito Comunitário"* em Portugal. A refutação de tais críticas foi feita – com toda a pertinência – por Jorge Miranda (1997, p. 22), para que (1.º) os tratados internacionais, sejam eles de integração ou de Direito Internacional clássico, justamente por autorizarem e definirem a participação de Portugal em organizações internacionais, requerem um tratamento constitucional distinto e mais rígido do que o atribuído àquelas normas derivadas desses mesmos tratados fundamentais; (2.º) a ausência de referência expressa às decisões não normativas naquele artigo constitucional não implica de imediato que a sua *ratio* não incorpore também as decisões individuais que tenham alguma relevância na ordem interna; e, finalmente, (3.º) a questão da *"legitimação constitucional da limitação dos Poderes soberanos do Estado Português"* é dada não pelo art. 8.º mas, sim, pelo art. 7.º, n. 6, também da Constituição Portuguesa, *verbis: "Portugal pode (...) convencionar o exercício (...) dos poderes necessários à construção e aprofundamento da União Européia".*

A excepcionalidade do reconhecimento da aplicabilidade direta às diretivas faz com que, em última instância, para se saber se uma diretiva contém disposições diretamente aplicáveis ou não, tenha-se que recorrer ao Tribunal de Justiça das Comunidades Européias – o responsável primeiro pela boa hermenêutica e aplicação do Direito Comunitário, curador maior de sua uniformidade em todo o território da União Européia. Apenas a Corte de Luxemburgo poderá, nos termos do art. 234.º, B, do Tratado da Comunidade Européia[67], apreciar definitivamente a natureza, a economia e os termos da diretiva e, dessa maneira, averiguar se alguma de suas disposições pode ou não ter aplicabilidade direta, produzindo conseqüentemente efeitos diretos. De mais a mais, incumbe ao Tribunal de Justiça avaliar se o Estado-membro deu ou não correto e integral cumprimento às disposições da diretiva.

Em homenagem à segurança jurídica, esse excepcional reconhecimento judicial da possibilidade de produzir efeito direto, repita-se, não desonera o Estado-membro de proceder à correta, total e regular transposição da diretiva ao ordenamento nacional através dos meios constitucionalmente indicados (MATA SIERRA, 1994, p. 23; MALAQUIAS, 1984, p. 349; BRENT, 2001, p. 186; e TJCE, acórdão de 06.05.80, Proc. 102/79, Comissão/Bélgica, *Recueil* 1980-4, p. 1473-1494). O efeito direto é, tão somente, uma garantia mínima de proteção jurídica do particular, que há de ser complementada por outras vias e outros instrumentos.

Desde a década de 1970, o Tribunal de Justiça das Comunidades Européias vem produzindo caudalosa jurisprudência no sentido da aplicabilidade direta das diretivas comunitárias, uma vez presentes as duas condições assinaladas: o transcurso do prazo de transposição e a clareza, precisão e incondicionalidade das suas disposições (entre outros, BRENT, 2001, p. 186 e 189). Cumpre destacar que tal aplicabilidade direta excepcional ou patológica, na conformidade dessa mesma jurisprudência comunitária, manifesta-se, basicamente, em três direções:

1) Criando, na esfera jurídica do particular, direitos subjetivos justiciáveis (perante as instâncias nacionais) contra o Estado-membro. Ou seja, conferindo ao particular interesse legítimo para contestar junto ao juiz nacional a conformidade de uma

---

[67] Artigo 234.º CE: *"O Tribunal de Justiça é competente para decidir, a título prejudicial: (...) b) Sobre a validade e a interpretação dos atos adotados pelas instituições da Comunidade e pelo BCE;"*

norma estatal em relação às disposições de uma diretiva, invocando a exclusão ou substituição da norma nacional (TJCE, acórdão de 04.12.74, Proc. 41/74, *van Duyn*, Coletânea 1974, p. 567-585).

2) Proibindo ao Estado-membro, após a expiração do prazo para transposição da diretiva, a invocação do fato de seu direito interno (mesmo o penal) não ter sido adaptado às finalidades comunitárias (TJCE, acórdão de 05.04.79, Proc. 148/78, *Ratti, Recueil* 1979-4, p. 1629-1656; e, igualmente, TJCE, acórdão de 19.01.82, Proc. 08/81, *Ursula Becker, Recueil* 1982-I, p. 53-84), afinal, *"nemo auditur propriam turpitudinem allegans"*[68].

3) Garantindo ao particular a obtenção – contra o Estado – de reparação dos prejuízos resultantes da violação da obrigação estatal de adoção de todas as medidas gerais ou especiais capazes de assegurar o cumprimento de uma diretiva (art. 10.º CE), como será visto adiante.

Duas questões merecem ainda destaque nesta seara dos efeitos das diretivas comunitárias na ordem jurídica interna: o efeito direto invertido (ou descendente) e o efeito direto horizontal. Tem-se por *"efeito direto invertido"* (ou *"descendente"*) a possibilidade de o Estado-membro exigir do particular o cumprimento de uma diretiva ainda não transposta regularmente para a ordem jurídica nacional. O *"efeito direto horizontal"*, por sua vez, diz respeito à possibilidade de um particular exigir

---

[68] A idéia de que ninguém pode se beneficiar de sua própria torpeza equivale, em um sentido restrito, ao abrangente conceito anglo-saxão de *"estoppel"* que, originário do *common law* e fundado na boa fé, na confiança e na eqüidade, é hoje apontado como verdadeiro princípio geral de Direito Internacional (MOSLER, 1984, p. 104; MÜLLER E COTTIER, 1984, p. 78; e BROWNLIE, 1997, p. 664). Mesmo porque ele ainda é um conceito *"in evolution"* (MÜLLER E COTTIER, 1984, p. 78) e possível em, pelo menos, doze *"different shapes and sizes"* (MCKENDRICK, 2003, p. 231), uma outra associação ao *"estoppel"* é legitimamente feita por CAPELLI (1983, p. 379), que o compara ao ditado latino *"non licet venire contra factum proprium"*. A despeito da grande variedade de definições do *"estoppel"* na doutrina e na prática processual, o seu principal e mais genérico efeito é fazer com que certo sujeito fique impedido (*"estopped"* ou *"precluded"*) de adotar uma conduta que contrarie uma palavra ou postura sua, anteriormente assumida perante terceiros, que levara outrem a crer, de boa fé, em um estado de coisas distinto (MCKENDRICK, 2003, p. 232). Para uma história e conceptualização mais precisas do complexo instituto do direito anglo-saxão, consulte-se, por todos: COOKE, Elizabeth. *The Modern Law of Estoppel*. Oxford: Oxford University Press, 2000.

diretamente de outro particular o cumprimento de uma diretiva ainda não regularmente transposta.

Em qualquer um desses casos, o Tribunal de Justiça das Comunidades Européias, fiel ao entendimento de que o efeito direto excepcional das diretivas constitui, na verdade, uma sanção a uma conduta estatal irregular e uma ferramenta para proteção de sujeitos privados, reconhece que, sendo o Estado-membro o destinatário único das diretivas (cf. art. 249.º CE), só ele tem legitimidade passiva para ser diretamente obrigado por essas normas comunitárias. Para o Tribunal de Justiça, os particulares só podem ser obrigados pelas medidas internas adotadas pelos Estados-membros para a implementação de uma diretiva ou, quando muito, pela *"interpretação conforme a diretiva"* (*"richtlinienkonforme Auslegung"*) – cujo limite intransponível é o *contra legem* –, caso contrário, abrir-se-ia caminho para a insegurança e a incerteza jurídicas. Com esses argumentos, a Corte de Luxemburgo tem sistematicamente rechaçado a produção do efeito direto invertido e do efeito direto horizontal às diretivas, preservando, assim, o perfil de "legislação indireta" das diretivas. O único efeito direto garantido às diretivas até o momento é aquele que se configura nos litígios em que o particular demanda contra o Estado (*"efeito direto vertical ascendente"*). O efeito direto constitui um remédio à disposição do particular contra o Estado, nunca do particular contra outro particular ou do Estado contra o particular. As razões do TJCE para denegar o efeito direto invertido e o efeito direto horizontal das diretivas ficam claras com a leitura desse *decisum*:

> *"2. A possibilidade de invocação de diretivas contra entidades estatais assenta no caráter obrigatório que o artigo 189.º lhes reconhece, e que só existe para o Estado-membro destinatário e visa evitar que um Estado possa tirar proveito da sua inobservância do Direito Comunitário. Com efeito, seria inaceitável que o Estado a que o legislador comunitário impôs a adoção de determinadas regras destinadas a reger as suas relações ou as das entidades estatais com os particulares, e a conferir a estes o benefício de certos direitos, possa invocar a inexecução dos seus deveres para privar os particulares do benefício de tais direitos. Alargar este princípio ao domínio das relações entre particulares equivaleria a reconhecer à Comunidade o poder de criar, com efeito imediato, deveres na esfera jurídica dos particulares quando ela só tem essa competência nas áreas em que lhe é atribuído o poder de adotar regulamentos. Daqui resulta que, na falta de medidas de transposição*

nos prazos prescritos, um particular não pode basear-se numa diretiva para pretender invocar um direito contra outro particular e invocar esse direito perante uma jurisdição nacional."[69]

No acórdão *Busseni*, enfim, o Tribunal de Justiça sumariou os marcos essenciais da sua jurisprudência relativa aos efeitos das diretivas comunitárias na ordem jurídica dos Estados-membros. Veja-se:

"22. Segundo a jurisprudência do Tribunal, quando as autoridades comunitárias, por diretiva, obriguem os Estados-membros a adotar um comportamento determinado, o efeito útil de tal ato ficaria enfraquecido se os particulares e os órgãos jurisdicionais nacionais estivessem impedidos de tomá-los em consideração enquanto elemento de Direito Comunitário. Em conseqüência, o Estado-membro que não tenha tomado, no prazo previsto, as medidas de execução impostas pela diretiva não pode opor aos particulares o não-cumprimento, por ele próprio, das obrigações que ela comporta. Assim, em todos os casos em que as disposições de uma diretiva apareçam como sendo, do ponto de vista do seu conteúdo, incondicionais e suficientemente precisas, podem ser invocadas, na falta de medidas de aplicação tomadas nos devidos prazos, contra qualquer disposição nacional não conforme com a diretiva, ou ainda se delas decorrerem direitos que os particulares possam defender face ao Estado (ver, nomeadamente, acórdão de 19 de janeiro de 1982, Ursula Becker, 8/81, Recueil, p. 53)."[70]

Muitas vezes, porém, a distinção entre os efeitos diretos vertical e horizontal não é tão clara ou fácil de identificar. Há determinadas

---

[69] TJCE, acórdão de 14.07.94, Proc. C-91/92, *Paola Faccini Dori / RECREB SRL.*, Coletânea 1994, p. I-3325 e ss. As críticas a tais argumentos do TJCE não são poucas, e a maior parte delas centra-se nas conseqüências discriminatórias resultantes do não reconhecimento do efeito direto horizontal. Ao não aceitar a possibilidade de um particular exigir de outro particular o cumprimento de uma diretiva ainda não regularmente transposta, a jurisprudência comunitária faz uma distinção, p. ex., entre empregados de uma empresa privada nacionalizada (considerada Estado pelo TJCE) e empregados de uma empresa pública privatizada (não mais incluída na acepção de Estado pelo TJCE), conforme bem notou DÁMASO RUIZ-JARABO (1993, p. 148), ou, ainda, entre o particular empresário e o Estado empresário, como também notou PÉREZ GONZÁLEZ (2001, p. 189-190).

[70] TJCE, acórdão de 22.02.90, Proc. 221/88, *Busseni, Recueil* 1990, p. I-495 e ss. A tradução oficial para o português consta das conclusões do Advogado-Geral JEAN MICHO no acórdão *Francovich* (Coletânea 1991, p. I-5372).

situações em que um particular invoca, contra um certo Estado-membro, um dispositivo de uma diretiva o qual afeta reflexamente a situação jurídica de um terceiro – num caso de relação triangular de efeitos quase horizontais. Nessas oportunidades de indissociável ligação entre efeito vertical (particular *vs.* Estado) e um conseqüente efeito horizontal reflexo (particular *vs.* particular), o Tribunal de Justiça não tem restringido a sua jurisprudência sobre o efeito direto vertical (WEATHERILL, 2003, p. 152; BRENT, 2001, p. 203; e RUIZ-JARABO, 1993, p. 153). Não é raro que uma diretiva, ao objetivar apenas disciplinar a conduta de uma autoridade estatal (interna), sem qualquer referência aos particulares, produza alterações significativas nas posições jurídicas destes, daí, esse efeito ser chamado geralmente de "eficácia objetiva" ou "indireta" das diretivas (AMADEO, 2001, p. 103).[71]

Em qualquer das hipóteses acima descritas, "Estado" tem uma acepção muito mais administrativa, funcional ou política do que verdadeiramente jurídica. Diante da inexistência de uma melhor precisão terminológica, quanto ao conceito de Estado nos tratados instituintes da Comunidade Européia, esse conceito é, para o Tribunal de Justiça, bastante amplo nos casos em que se procura assegurar o efeito direto das diretivas. São incluídas nessa noção alargada de Estado até mesmo as pessoas jurídicas de Direito privado que atuam em nome ou por conta do Estado, as associações ou ordens profissionais e as coletividades locais/ /regionais (SIMON, s/d, p. 17; RIBEIRO, 1996, p. 70-71; e PALMA, 1999, p. 16).

Essa amplitude conceitual do termo "Estado" enquanto sujeito passivo das controvérsias sobre o efeito direto das diretivas – cujo objetivo é, sem dúvida, conferir a máxima proteção possível ao particular – não deve levar à conclusão enganosa de que as diretivas também podem ser dirigidas, diretamente, a organismos estatais com personalidade jurídica própria ou a entes públicos territoriais subestatais (regiões autônomas, municípios ou províncias, por exemplo). Nos termos do art. 249.º CE, as diretivas só podem ser dirigidas aos Estados-membros da Comunidade

---

[71] Exemplos da admissibilidade desses efeitos colaterais (*"side effects"*) na jurisprudência comunitária podem ser extraídos dos acórdãos *Linster* e *Unilever*, em que uma norma ou um procedimento internos incompatíveis com o Direito Comunitário não puderam produzir efeitos entre particulares (TJCE, acórdão de 19.09.2000, Proc. C-287/ /98, *Linster, Coletânea* 2000, p. I-6917 e ss.; e TJCE, acórdão de 26.09.2000, Proc. C- -443/98, *Unilever Italia SpA / Central Food SpA, Coletânea* 2000, p. I- 7535 e ss.).

Européia e não importa qual o órgão do Estado-membro será o encarregado pela transposição. Apenas nas hipóteses extraordinárias de transposição incorreta, inexistente ou insuficiente é que um organismo infraestatal, distinto do Estado-membro destinatário da diretiva, pode ser demandado em face do efeito direto de dispositivos claros e suficientemente precisos de uma diretiva comunitária (CAPELLI, 1983, p. 66).

À guisa de sumário e tendo em vista o que se viu ao longo deste item 3.4 e no item anterior, 3.3, as diretivas comunitárias são capazes de produzir as seguintes conseqüências na ordem jurídica interna dos Estados-membros da Comunidade Européia:

CONSEQÜÊNCIAS QUE AS DIRETIVAS PODEM DETERMINAR:					
1. Em Circunstâncias Normais:		2. Em Circunstâncias Patológicas:[72]			
1.1. Transposição atempada, completa e regular do seu conteúdo para o ordenamento nacional	1.2. Interpretação conforme do Direito interno, antes da transposição da diretiva	2.1. Efeito Direto Vertical e Ascendente	2.2. Interpretação conforme do Direito interno, após o fim do prazo para transposição da diretiva	2.3. Ação por Incumprimento perante o TJCE	2.4. Responsabilidade do Estado por violação do Direito Comunitário

3.6. *As Violações Estatais do Direito Comunitário e as suas Formas de Constatação*

Edificada sobre uma base de lealdade e cooperação entre os seus Estados-membros, a Comunidade Européia desde logo se distancia de tentativas anteriores de unificação do Velho Continente (César, Carlos Magno, Napoleão ou Hitler) justamente em razão da permuta da força bélica pela força do Direito na sua instituição e manutenção – o chamado *"rule-based approach"*. A Comunidade Européia é, antes de tudo, uma comunidade de Direito[73]. Em razão do princípio da subsidiariedade, esse

---

[72] Tomam-se como patológicas todas as ocasiões em que não se pode constatar uma transposição atempada, completa e eficaz do inteiro conteúdo de uma diretiva comunitária para o ordenamento jurídico de um Estado-membro.

[73] José Manuel Durão Barroso, Presidente da Comissão Européia, ao proferir a conferência *"Uniting in Peace: the Role of Law in the European Union"*, no Instituto Universitário Europeu de Florença, sublinhou uma passagem importante da obra de Walter

Direito que instaura, constrói e mantém a Comunidade Européia é não apenas o Direito Comunitário (originário ou derivado) mas também o Direito nacional de cada um dos seus Estados-membros que precisa harmonizar-se com o de seus pares e conferir concretização, internamente, àqueles objetivos decididos no plano comunitário. Nesse quadro de elevado prestígio do fator jurídico na estruturação do espaço integrado, também se revela de suma importância a questão oposta das violações do Direito Comunitário levadas a efeitos pelos Estados-membros.

Tem-se uma violação estatal do Direito Comunitário, quando um órgão ou uma autoridade de um Estado-membro, de modo comissivo ou omissivo, integral ou parcialmente, desobedece a algum dispositivo contido em tratado fundamental da Comunidade, regulamento, diretiva, decisão, acórdão comunitário ou mesmo em algum acordo concluído pela Comunidade Européia. Qualquer uma dessas modalidades de violação estatal do Direito Comunitário pode ser levada a efeito de modo consciente e voluntário, negligentemente ou até mesmo de boa-fé, por uma autoridade do Estado-membro e, assim, causar sérios danos a outros Estados-membros, à própria Comunidade, a terceiros Estados ou a particulares, nacionais ou não do Estado violador. É indiferente, para o sistema jurídico comunitário, se a violação é produzida pelo Governo, pela Administração, pelo Legislativo, pelo Judiciário ou por qualquer entidade territorial autônoma ou empresa estatal.

Em relação às obrigações estabelecidas nas diretivas comunitárias, as violações estatais podem ser concretizadas através da pura e simples não-transposição integral, da não-transposição atempada, da transposição atempada mas incorreta, da transposição insuficiente, da adoção de medi-

---

Hallstein: *"In his book Europe in the Making, Hallstein described the European Community as a 'remarkable legal phenomenon', a manifestation of law on three different levels. Firstly, the Community is a creation of law. It is this, at the end of the day, which has allowed the successful and peaceful unification of our continent, when all previous attempts to unite Europe by force have failed. Secondly, the Community is a source of law. This is the spark of fire which brings life and dynamism to what would otherwise be just another association of states. The Commission, with its largely exclusive right of initiation, has a central role to play here. It is the motor of Europe's lawmaking engine. Finally, the Community is a legal system, a coherent order based on treaties and legislation. Unlike international organisations, it is neither a talking shop nor a technical operation set up simply to ensure that single market rules are correctly applied, for example. Like all true legal systems, the Community guarantees the legitimacy of action by its institutions, and offers legal protection to those affected by those actions"* ("Jean Monnet Lecture" pronunciada em Florença, em 31 de março de 2006).

das nacionais contrárias aos fins da diretiva, da omissão em revogar as medidas nacionais contrárias pré-existentes à diretiva e da ausência de medidas de exeqüibilidade. Neste vasto espectro de desvalores jurídico--comunitários, o Poder Legislativo tem papel de relevância mas não atua com exclusividade, posto que condutas administrativas ou judiciais podem alcançar os mesmos efeitos, contudo, para os precisos objetivos desta tese, será a conduta do legislador o tópico que merecerá maior destaque.

Qualquer uma dessas espécies de violação, que certamente prejudicam a aplicabilidade uniforme do Direito Comunitário na Comunidade, pode ser constatada por três mecanismos distintos, quais sejam (RIBEIRO, 1996, p. 89; RIDEAU, 2002, p. 903-904): (1.º) Pela decisão de um juiz nacional, provocado por um particular; (2.º) por um acórdão prejudicial de interpretação do Tribunal de Justiça das Comunidades Européias que evidencie a infração estatal; ou, também, (3.º) diretamente, através de uma ação por incumprimento.

Embora seja o Tribunal de Luxemburgo o supremo guardião da legalidade na Comunidade Européia, está longe de ser ele o único aplicador do Direito Comunitário em território europeu. Para evitar disparidades interpretativas entre tantos operadores jurídicos, o Tratado que institui a Comunidade Européia, em seu art. 234.º, previu instrumento jurídico-processual de suma importância: a "questão prejudicial" ou "reenvio prejudicial". O papel do reenvio prejudicial no processo de homogeneização da hermenêutica e da aplicação do Direito Comunitário é ímpar, visto que tem a missão de evitar conflitos entre interpretações divergentes pelos inúmeros órgãos jurisdicionais nacionais, através de um salutar diálogo entre os juízes nacionais e os magistrados do Tribunal de Justiça das Comunidades Européias.

A questão prejudicial tem um duplo aspecto, quanto à obrigatoriedade de sua formulação: ela é uma mera faculdade para o magistrado nacional de primeira instância, mas verdadeiro dever para o *"órgão jurisdicional nacional cujas decisões não sejam susceptíveis de recurso judicial previsto no direito interno"* (art. 234.º). Diante do inadimplemento da obrigação de formular a questão prejudicial, a parte prejudicada pode valer-se de três remédios: a) tentar interpor, via representação à Comissão, uma ação por descumprimento do Tratado, junto ao TJCE, contra o Estado-membro a que pertence o órgão jurisdicional[74]; b) propor

---

[74] Há, nos escritórios da Comissão, um formulário-padrão gratuito para queixas dos particulares quanto a incumprimentos estatais. Em tese, o oferecimento dessa queixa

recurso à Corte Constitucional nacional, por vulneração ao direito fundamental referente a uma tutela jurisdicional efetiva e prestada pelo juiz natural[75]; ou c) recorrer ao Tribunal Europeu de Direitos Humanos (BACIGALUPO, 1995, p. 52-54). Se nenhum desses caminhos se mostrar exitoso ou suficientemente eficaz, há ainda a possibilidade de, em tese, o Estado-membro ser considerado civilmente responsável pelo dano que tiver causado ao particular ao deixar de formular a questão prejudicial (PÉREZ GONZÁLEZ, 2001, p. 147) – esse aspecto, todavia, merecerá maiores considerações adiante.

A facultatividade na formulação da questão prejudicial para o magistrado nacional de primeira instância traz conseqüências relevantes ao julgamento do processo principal. Nas questões prejudiciais meramente interpretativas, a jurisprudência comunitária garante ao magistrado nacional, cujas decisões ainda comportem recurso, a possibilidade de ele interpretar a norma comunitária livremente – desde que inexista anterior pronunciamento da Corte Comunitária –, sem que seja necessária a formulação do reenvio prejudicial (PALMA, 1999, p. 46). Tal fato não ocorre quando a questão prejudicial diz respeito à validade do Direito Comunitário derivado, pois ao Tribunal de Justiça cabe o *"monopólio de rechaço"* da normativa comunitária (BACIGALUPO, 1995, p. 51). Destarte, os órgãos judiciais nacionais inferiores, ao optarem por não encaminhar a questão prejudicial, restringem sua atuação a apenas realizar um juízo positivo de validez. Caso contrário, sendo o juízo de validez negativo, a jurisprudência do Tribunal de Justiça entende como obrigatória a propositura da questão prejudicial pelo magistrado nacional.

A decisão da Corte de Luxemburgo é, obviamente, vinculante e cinge-se a elidir a questão hermenêutica e/ou de validez, fixando o sentido da norma comunitária. Restará ao órgão jurisdicional nacional, uma vez conhecido o entendimento do Tribunal de Justiça, proferir a sua decisão sobre a lide principal inicialmente proposta.

---

poderá dar início a uma investigação pela Comissão. Na prática, porém, não foram constatados até o momento procedimentos contra Estados-membros pela omissão de um tribunal de última instância em apresentar uma questão prejudicial (MAYER, 2006, p. 284--285).

[75] Essa hipótese também tem poucas chances práticas de prosperar já que, muitas vezes, é o próprio Tribunal Constitucional (o órgão de cúpula na hierarquia jurisdicional no Estado-membro) quem se nega a apresentar a questão prejudicial ao Tribunal de Luxemburgo. Nesse sentido, o caso mais notório é o do Tribunal Constitucional alemão que ainda não apresentou uma única questão prejudicial (MAYER, 2006, p. 284-285 e 287).

Não se há de confundir a posição do Tribunal de Luxemburgo com uma Corte de Apelação, já que, nesta via do reenvio prejudicial, não detém ele qualquer poder para anular decisão inferior, mesmo porque a sua decisão é interlocutória, proferida no curso de um processo, antes da sentença do juiz nacional.

Outro mecanismo com que se pode constatar uma violação estatal do Direito Comunitário é a ação (ou queixa, processo ou recurso) por incumprimento (ou descumprimento ou violação) do Tratado. Este é o meio jurídico previsto nos arts. 226.º a 228.º do Tratado que institui a Comunidade Européia para a tutela da observância e execução das respectivas obrigações comunitárias pelos Estados-membros, podendo ser interposta quando algum Estado houver descumprido obrigação a ele dirigida por força do tratado comunitário. A legitimação para propô-la pertence, precipuamente, à Comissão Européia, mas também a qualquer um dos Estados-membros. Para que seja proposta a ação, é necessária uma providência preliminar, qual seja, a de a Comissão conceder oportunidade (geralmente um prazo de dois meses) ao Estado tido como violador para retificar ou justificar a sua conduta, assegurando-lhe o contraditório. Só será levada adiante a ação, se as elucidações fornecidas não forem satisfatórias, segundo parecer motivado da Comissão. Uma vez decidida a ação, o Tribunal de Justiça emite uma sentença declarando o Estado-membro como infrator, com suficiente força para que este passe a cumprir suas determinações. Se, ainda assim, não for cumprida a determinação, a Corte Comunitária pode cominar sanção pecuniária, fixa ou progressiva.

3.7. *A Natureza Jurídico-Normativa das Diretivas*

Conforme já ressaltado na introdução, a natureza dos processos de integração regional é, a um só tempo, programática, por envolver uma mudança dos próprios fins do Estado contemporâneo, mas também pragmática, já que se implementa através de mecanismos técnico-jurídicos concretos, visando sempre a maior eficiência. Nesse duplo sentido, particularmente, o papel das diretivas comunitárias como instrumento de excelência para a consolidação da harmonização legislativa européia tem sido fundamental. Uma prova disso é o fato de que um *corpus* com mais de duas mil diretivas está hoje em vigor na Comunidade Européia. Esse número, apontado pela própria Comissão Européia[76], corrobora a tese de CLAUDE BLUMANN de que as diretivas constituem uma peça nuclear no sistema de fontes do Direito Comunitário. Para o eminente professor da Universidade de Tours, uma grande parte da legislação européia toma, atualmente, a forma de diretivas e, aos olhos do grande público, essas normas são mesmo assimiladas como as leis comunitárias por excelência (BLUMANN, 1995, p. 93). Anos antes, OPHÜLS (1966, p. 03) já apontava as diretivas como sendo, ao lado dos regulamentos, *"le deux piliers principaux de l'édifice communautaire"*.[77]

Se, por um lado, a referência a um processo legislativo duplamente articulado (em parte comunitário e em parte nacional) é a principal característica que fez das diretivas um valioso e prestigiado instrumento para se alcançarem importantes conquistas na Comunidade Européia, por outro lado, paradoxalmente, a delicada distinção entre a obrigação de resultado ("o resultado a alcançar") e a obrigação de meios ("a forma e os meios") que lhes é peculiar foi o ponto de origem de todas as controvérsias a respeito de sua natureza, seus limites, sua função e seus efeitos jurídicos na ordem interna de cada Estado-membro.

Na Comunidade Européia, a força e o valor adquiridos pelas diretivas comunitárias ao longo da história da integração continental não mais autorizam entendimentos doutrinários na direção de que constituem *"um embrião de regra jurídica"*, *"um não-ser jurídico"*, *"um ato preparatório"*, *"um ato camaleão"* ou mesmo um *"objeto normativo não identificado"*. Apresentam as diretivas uma estrutura proposicional enunciativa de uma forma de conduta precisa, que deve ser seguida de maneira objetiva e obrigatória pelos seus destinatários, sob pena de sofrerem

---

[76] Na seqüência de sucessivas solicitações do Parlamento Europeu e dos Estados--membros, a Comissão Européia divulga anualmente um relatório sobre a aplicação do Direito Comunitário. Segundo o *"Vigésimo Relatório Anual sobre o Controlo da Aplicação do Direito Comunitário (2002)"*, divulgado em 21 de novembro de 2003 [COM(2003) 669 final], a Comissão Européia já contava com 2.240 diretivas aplicáveis no território da Comunidade Européia. Segundo aquele relatório, *"em finais de 1982, estavam em vigor 640 diretivas, com uma taxa média de transposição de 89,58%. Vinte anos mais tarde, estavam em vigor 2.240 diretivas com uma taxa média de transposição de 98,87%"* (p. 07).

[77] Em um artigo recentemente publicado na *European Constitutional Law Review* ("Adieu à la Directive?", publicado no n. 1, p. 481-494, 2005, daquela revista), SACHA PRECHAL trata as diretivas como *"an EC Law superstar"*, de maneira a sublinhar a sua centralidade na compreensão do debate jurídico comunitário.

alguma conseqüência jurídica sancionatória. Além disso, são capazes de conferir, em certas circunstâncias, direitos plenamente justiciáveis aos particulares, mesmo diante da ausência da transposição. Tais circunstâncias fazem das diretivas normas jurídicas tão positivas, válidas e eficazes quanto qualquer outra regra de Direito de origem nacional ou comunitária. Ao contrário de OPHÜLS (1966, p. 06), para quem as diretivas, como tais, não eram nenhum ato normativo, concluiu CAPELLI (1983, p. 458) em texto de referência incontornável sobre o tema, que as diretivas são, *"indubitavelmente, um ato normativo"*.

À primeira vista, poder-se-ia negar a natureza jurídico-normativa das diretivas comunitárias, opondo-se-lhes o argumento de que elas não teriam a generalidade, a impessoalidade e a abstração próprias das normas jurídicas, já que visariam uma conduta específica (a transposição para o Direito nacional de regras que concretizem um objetivo comunitário, normalmente detalhado) de destinatários restritos (um ou mais Estados-membros da Comunidade Européia). Nessa direção, é a crítica levantada por, entre outros, DUMON (1971, p. 185) e MALAQUIAS (1984, p. 340). Tal argumento, todavia, não é suficiente para lhes retirar a condição de norma jurídica, afinal, muitas das normas do Direito Público interno e do Direito Internacional Público também têm como destinatários apenas um ou alguns Estados (ou órgãos estatais) e, nem por isso, deixam de ser normas jurídicas[78]. Ademais, mesmo que dirigida a um único Estado, a diretiva comunitária não se esgota e desaparece após a sua regular transposição ao ordenamento nacional, mas antes continua a existir, servindo de paradigma hermenêutico (através da *"richtlinienkonforme Auslegung"*) para inumeráveis autoridades legislativas, executivas e judiciárias dos Estados-membros e suas coletividades regionais autônomas e autoridades descentralizadas, nas suas respectivas tarefas

---

[78] Ao abordar o tema da generalidade da lei, RUI MEDEIROS (1992, p. 17) ainda faz menção a um argumento *a contrario*: *"(...) Embora o requisito da generalidade da lei possa servir ao princípio da igualdade, a igualdade, no Estado de Direito social, justifica, por vezes, a admissibilidade de leis individuais e, por isso, generalidade não deve ser considerada característica essencial da lei."* A se complementar tal idéia, não se pode esquecer que exigências generalistas da legalidade surgiram como radical oposição a um mundo socialmente compartimentado em rígidas estratificações, em que os poucos direitos existentes eram dirigidos a reduzidíssimo número de sujeitos. Ao Estado de Direito burguês interessava, muito antes de evoluir para o Estado Social de Direito, proliferar uma idéia de homogeneidade social, ratificada por leis gerais e abstratas e fruto de uma vontade unívoca (BIFULCO, 1999, p. 17-18).

diuturnas de concretização da norma comunitária, de toda a norma comunitária e de nada além da norma comunitária (SIMON, 2001, p. 331). Para FERRAZ JR. (1996, p. 122-123), os conceitos de generalidade e abstração sequer são claros o suficiente para, de maneira segura e definitiva, garantir juridicidade a uma norma. E exemplifica: seria impossível deixar de considerar como jurídica uma norma que prescreve a revogação de uma outra apenas porque o seu conteúdo é concreto, ou, ainda, uma norma constitucional cujo destinatário é o Presidente da República, o Presidente do Parlamento ou o Procurador Geral da República, sob alegação de que é individualizada[79]. Sob uma outra perspectiva, mas tanto quanto afinada com aquelas conclusões, CANOTILHO (1995, p. 291) reconheceu que *"uma das maiores dificuldades suscitadas pelas leis individuais reside na demonstração do caráter particular, irrepetível e concreto dos pressupostos de fato a que se refere um determinado ato legislativo"*. Segundo o magistério de FERRAZ JR. (1996, p. 119), constituem, sim, elementos basilares à totalidade das normas jurídicas o cometimento (o seu caráter vinculativo) e o relato de uma hipótese normativa (ou, no latim, *"facti species"*) seguida de uma conseqüência jurídica. Esses também são os elementos das diretivas comunitárias, uma verdadeira norma jurídica, ou seja, uma regra cuja aplicação é garantida por uma sanção externa e institucionalizada. Veja-se:

Em primeiro lugar, à luz do próprio texto do Tratado que institui a Comunidade Européia e da jurisprudência comunitária que o interpreta, já não cabe dúvida a respeito do caráter obrigatório e vinculante – o cometimento – das diretivas comunitárias. Essas normas comunitárias são dotadas de imperatividade suficiente para se fazer impor aos Estados--membros submetidos à sua aplicação. Em segundo lugar, quanto à descrição de uma hipótese normativa, não se pode omitir que a diretiva prescreve um comportamento claro: os seus destinatários, os Estados-

---

[79] Embora com outros fundamentos, o Tribunal de Justiça das Comunidades Européias também repele a ausência de generalidade das diretivas comunitárias: *"[...] o Tribunal de Justiça já teve oportunidade de qualificar a diretiva como um ato com alcance geral [...]. Aliás, resulta da jurisprudência assente do Tribunal de Justiça que o alcance geral e, portanto, a natureza normativa de um ato não é prejudicado pela possibilidade de se determinar com maior ou menor precisão o nome ou até a identidade dos sujeitos jurídicos a que se aplica em determinado momento, desde que se verifique que essa aplicação se efetua em virtude de uma situação objetiva de direito ou de fato definida pelo ato e relacionada com o seu objetivo [...]"* (acórdão de 29.06.93, Proc. C-298/89, Caso Gibraltar c/ Conselho, Col. 1993-6, p. I-3654, n. 16 e 17).

-membros, devem, no prazo fixado, tomar todas as medidas gerais ou especiais necessárias para assegurar o cumprimento daquelas finalidades estabelecidas por ela; demais disso, a ratificação do Tratado da Comunidade Européia implica na obrigação de lhes dar completa e efetiva execução (art. 10.° CE). Em terceiro lugar, finalmente, constatam-se com facilidade as conseqüências jurídicas decorrentes do descumprimento de uma diretiva: a sua patológica aplicabilidade direta, a interpretação do Direito nacional conforme a diretiva, a declaração judicial de incumprimento estatal, a responsabilidade do Estado-membro e a nulidade de todos os atos administrativos, judiciais e legislativos nacionais que forem contrários à norma comunitária.

Ao compartilhar do entendimento de que, de fato, as diretivas comunitárias *"não se distinguem, quanto à sua qualidade jurídica e ao seu alcance, de outras disposições que vinculam os Estados-membros"*, o Professor EBERHARD GRABITZ (1984, p. 89) é enfático: *"[...] a designação de um ato jurídico, como diretiva, ou como recomendação no sentido do Tratado CECA, bem como o emprego da noção de 'objetivo' não diminui em nada a força obrigatória destas formas de ação"*.

Apenas comprovam a juridicidade das diretivas comunitárias as inúmeras espécies normativas nacionais – cujo caráter jurídico também é inegável –, criadas pela engenharia constitucional dos Estados-membros sob a forma de "legislação em duas etapas", tais como as "leis de enquadramento"[80], as "leis de autorização"[81] e as "leis de bases"[82],

---

[80] As "leis-quadro" ou "leis de enquadramento" estabelecem parâmetros jurídico-materiais estruturantes, mais ou menos pormenorizados, de um setor específico da vida econômica, social ou cultural e que devem ser respeitados pelos atos normativos concretizadores desse regime (CANOTILHO, 2002, p. 780).

[81] Também chamadas de *"leis de delegação"* ou *"leis de habilitação"*, as *"leis de autorização"* constituem uma habilitação conferida pelo Poder Legislativo ao Poder Executivo para que este edite, nos termos, limites e fins delimitados pela delegação, atos normativos com força de lei, as chamadas *"leis delegadas"* ou *"leis autorizadas"* (CANOTILHO, 2002, p. 755, e 2001, p. 201). As "leis de autorização" delimitam e condicionam a posterior intervenção legislativa concretizadora do Governo (CANOTILHO, 2002, p. 758).

[82] As *"leis de bases"* também são conhecidas como *"disposições-quadro"* ou *"leis de princípios"* e no Direito Comparado encontram similitude com a *"Rahmenvorschrift"* alemã, a *"legge quadro"* italiana ou a *"loi cadre"* francesa. Tradicionalmente, demarcam-se por consagrar os princípios vetores ou as bases gerais de um regime jurídico que será desenvolvido pelo Poder Executivo mediante "decretos de desenvolvimento" (CANOTILHO, 2002, p. 746-747).

entre outras[83]. Através desses expedientes normativos impulsionadores e modeladores, o legislador nacional endereça ao legislador futuro, ao legislador local ou ao Governo uma linha de comportamento que deve ser seguida ou um fim que deve ser alcançado, sempre dependente da intervenção normatizante, regulatória e concretizadora do destinatário imediato da norma. A intervenção do destinatário da norma no seu preenchimento conteudístico é de capital importância para o perfeito esgotamento da regulamentação normativa, mas nem por isso capaz de denegar ou suprimir a juridicidade de tais normas.

Entre todas as manifestações de normatização em duas etapas, não parece dar margem a dúvidas que o perfil e a força normativa dessas normas jurídicas que fixam diretrizes, intenções ou objetivos no plano comunitário (as diretivas) estão bastante próximos do contorno daquelas outras normas que, no plano nacional-constitucional português, GOMES

---

[83] Em suas alentadas teses de doutoramento, CANOTILHO (2001, p. 309) e FERNANDEZ RODRIGUEZ (1998, p. 149 e 160 e ss.) mencionam diversas classificações de dogmatas alemães (LERCHE, RITTER, WIENHOLTZ, SEUFERT, SCHWENDA) para as muitas imposições constitucionais heterônomas que implicam em posterior *interpositio* legislativa – *"Verfassungsaufträge", "Gesetzgebungsaufträge", "Verfassungsbefehle", "Gesetzgebungspflichten"* etc. BOBBIO (1999, p. 47-48), por sua vez, também faz a sua classificação para as ordens de legislar e inclui no gênero mais amplo das *"normas para a produção de outras normas"* a espécie *"normas imperativas de segunda instância"*, estas, por seu turno, ainda são subdivididas pelo filósofo italiano em diversas categorias, a saber: *"1) normas que mandam ordenar (p. ex.: art. 34, § 2.º da Constituição [italiana], onde o constituinte ordena ao legislador ordinário formular leis que tornem obrigatória a instrução); 2) normas que proíbem ordenar (art. 27, § 4.º, da Constituição, onde se proíbe ao legislador impor a pena de morte); 3) normas que permitem ordenar (em todos os casos em que o constituinte entende não dever intervir a ditar normas sobre certas matérias, pode-se dizer que isso permite ao legislador ordenar. Por exemplo, o art. 32, § 2.º da Constituição, permite ao legislador ordinário estabelecer normas relativas ao tratamento sanitário); 4) normas que mandam proibir (art. 18, § 2.º, da Constituição: o constituinte impõe ao legislador ordinário emanar normas proibitivas contra associações secretas); 5) normas que proíbem proibir (art. 22 da Constituição: ninguém pode ser privado por motivos políticos da capacidade jurídica, da cidadania, do nome); 6) normas que permitem proibir (a propósito do art. 40 da Constituição, que sanciona a liberdade de greve, pode-se observar que nem nele nem em outro se fala em liberdade de suspensão do trabalho; essa lacuna pode ser interpretada como se o constituinte tivesse desejado deixar ao legislador ordinário a faculdade de proibi-la); 7) normas que mandam permitir (este caso coincide com o do número cinco); 8) normas que proíbem permitir (esta caso coincide com o de número quatro); 9) normas que permitem permitir (como a permissão é a negação de uma proibição, este é o caso de uma lei constitucional que negue a proibição de uma lei constitucional anterior)."*

CANOTILHO (2002, p. 1156 e 1160) chamou de *"normas-fim, normas-tarefa, normas-programa"*[84], ou seja, aquelas normas que, assentadas na Constituição do Estado-membro, para além de impor uma obrigação legislativa teleológica específica aos órgãos infraconstitucionais com competência normativa (tanto quanto as "leis de enquadramento", as "leis de autorização", as "leis-marco" e as "leis de bases"), dirigem a atividade discricionária da Administração e o exercício hermenêutico do Judiciário pela realização de fins e tarefas prioritários do Estado, condicionando-os tanto de modo positivo (exigência de concretização legislativa, judicial e administrativa) quanto negativo (imposição de censura). Ou seja, tanto as diretivas comunitárias como as *"normas-fim, normas-tarefa ou normas-programa"* não se resumem a uma instrução endereçada apenas ao legislador, como as "leis de enquadramento", as "leis de autorização" e as "leis de bases", mas antes tendem alcançar todo o Estado e sua atividade, posto que têm um espectro de aplicação que perpassa também as funções do administrador e do julgador. Os destinatários imediatos das diretivas e das normas-tarefa são o ente estatal – em sua inteireza e em seu conjunto –, na exata medida em que ambas concretizam *"determinações dos fins do Estado"* (*"Staatszielbestimmungen"*). E tanto para as diretivas comunitárias como para as normas-programa nacionais aplica-se adequadamente o entendimento do eminente professor beirão de que *"a eventual mediação concretizadora, pela instância legiferante, não significa que este tipo de normas careça de positividade jurídica autônoma, isto é, que a sua normatividade seja apenas gerada pela* interpositio *do legislador; é a positividade das normas-fim e normas-programa (normas programáticas) que justifica a necessidade da intervenção dos órgãos legiferantes"* (CANOTILHO, 2002, p. 1161).[85]

---

[84] Revendo um profícuo entendimento pessoal, o Professor GOMES CANOTILHO (2002, p. 1160) adota essa nomenclatura para diferenciar o que a doutrina constitucional mais ortodoxa chamou de "normas programáticas", cuja morte (senão pelo menos a *"perda progressiva de atratividade política e jurídica"*) ele declara a fim de demarcar a sua ruptura em relação às postulações teóricas que supervalorizam o vigor emancipatório e revolucionário dessa espécie normativa (um certo *"zapatismo constitucional"* da Constituição Dirigente) – essa postura ou "fase" (?) de GOMES CANOTILHO, alguns juristas brasileiros têm chamado de *"Canotilho II"* (por todos, STRECK, Lênio Luís. *Jurisdição Constitucional e Hermenêutica*. Porto Alegre: Livraria do Advogado, 2002; e, mais recentemente, COUTINHO, Jacinto Nelson de Miranda (org.). *Canotilho e a Constituição Dirigente*. Rio de Janeiro: Renovar, 2003).

[85] Em termos bastante factíveis é possível se fazer um paralelo semelhante entre a obra de arte literária, onde se presentifica uma imediação entre o autor e o leitor, e a obra

Do ponto de vista da sua estrutura lógico-formal, essas duas espécies de normas teleológicas heterônomas podem ser assim desenhadas: *"o fim F deve ser alcançado pelo sujeito X"*. Ou ainda: *"a tarefa T deve ser cumprida pelo sujeito X"*. O complemento sancionatório é certo: *"se não F ou não T, uma sanção S deve ser"* (Canotilho, 2001, p. 446-447). Inexistindo previsão normativa específica, as formas, os modos e os meios (M) necessários para que se concretize o fim F ou a tarefa T são deixados à livre escolha do sujeito X. Em outras palavras, *"se deves F, podes M, M^1, M^2... M^n"* (Bobbio, 1989, p. 117).[86]

Um ponto fulcral, porém, na distinção entre as diretivas comunitárias e as normas-fim, normas-tarefa ou normas-programa intra-estatais é a presença obrigatória de uma demarcação temporal clara e precisa naquelas normas comunitárias, ao passo que as normas nacionais usualmente não apresentam, *de per si*, um *timing* pré-definido. Assim, à expressão formal de uma diretiva deve ser incluída sempre a referência *"no prazo P"*. Os efeitos desse indicativo temporal demarcatório (normalmente inexistentes nos textos originários das normas-tarefa nacionais) têm sido alcançados, em alguns ordenamentos jurídicos, pela via extraordinária da injunção judicial ou da inconstitucionalidade por omissão.

Para além desse ponto relativo ao prazo para implementação, outro aspecto marcante e que não passa despercebido na diferenciação entre as diretivas comunitárias e as normas-fim, normas-tarefa ou normas-programa nacionais dá-se quanto à respectiva "topografia": enquanto que as diretivas são uma norma de Direito Comunitário secundário, cuja localização é exterior e posterior aos tratados "constitucionais" fundantes da Comunidade Européia – o que muito as aproxima, nesse aspecto espe-

---

de arte musical, onde a relação entre o compositor e o ouvinte é quase sempre mediada pelo intérprete. Na música, a eventual mediação concretizadora do intérprete da partitura, pelas mãos de um maestro ou de um solista, não pode significar que este tipo de obra intelectual não seja uma obra de arte – o caráter artístico da obra musical não se deteriora pela presença de um mediador maestro ou instrumentista. A necessária *interpositio* concretizante de um maestro como Daniel Barenboim não diminui em nada a grandeza de um *Tannhäuser* wagneriano. Dito de outra maneira, um poema de Goethe não é "mais arte" que uma peça sinfônica porque pode prescindir de um intérprete/maestro/músico para chegar ao seu destinatário leitor.

[86] Um aspecto merece ser sublinhado, todavia: a "geometria variável" da intensidade normativa das diretivas (Simon, 1997, p. 04) e a própria fluidez entre "fins a alcançar" e "escolha de meios e formas" faz com que, muitas vezes, não haja tantas hipóteses quanto M, M^1, M^2... M^n. Há, portanto, graus de generalidade, abstração ou programaticidade nas diretivas e nas normas-tarefa.

cífico, às leis-quadro e outras formas de imposições legiferantes infra-constitucionais –, as normas-fim, normas-tarefa ou normas-programa nacionais têm sede no próprio texto constitucional – são, pois, Direito interno "primário", de cariz supralegal. É justamente essa distinção topo-gráfica que permite que uma diretiva comunitária apresente, com fre-qüência, um detalhamento e uma intensidade normativa bem superior ao de uma norma-fim ou norma-tarefa constitucional/nacional, marcadas pela maior abertura, flexibilidade, extensão e indeterminabilidade do seu texto em razão do caráter prospectivo da Constituição. Não resta dúvida de que uma coisa é formular um programa de objetivos para o Estado; outra coisa é fixar para um Estado uma data limite para o cumprimento de uma obrigação comunitária. Essa maior densidade normativa das diretivas faz delas um alvo mais fácil para a constatação dos silêncios do legislador nacional – ora, quanto mais clara é a obrigação, mais fácil é perceber o seu não cumprimento.

Por outro lado, ambas as espécies normativas voltam a se aproximar quando se sublinha que tanto as diretivas como as normas-programas nacionais podem conferir, diretamente, direitos e obrigações aos parti-culares, em certas circunstâncias, tenha ou não o Estado, o destinatário imediato, adotado as disposições que tem a obrigação de introduzir para densificá-las do melhor modo possível (mandado de otimização).

O forte caráter "normativo-dirigente" do Direito Comunitário em geral, assinalado por CANOTILHO em mais de uma oportunidade[87], encontra assim nas diretivas da Comunidade Européia a instrumenta-lidade e a densidade normativa que a Constituição Dirigente, com o seu autismo nacionalista e patriótico, procurou encontrar um dia nas cha-madas normas constitucionais programáticas nacionais. E justamente em razão disso, a questão da responsabilidade do Estado por atos e omissões do legislador encontra amplo e fértil campo de especulação, ao apro-ximar-se das diretivas comunitárias.

Com os aprofundamentos do processo de integração regional, o eixo principal da soberania tende a deslocar-se mais uma vez. Já tendo um dia se emancipado da lei para dirigir-se à Constituição, quando esta deixou de ser apenas um pacto político desprovido de normatividade, a sobe-rania inclina-se agora da Constituição para os tratados instituintes de

---

[87] Pelo menos em CANOTILHO, 2001, p. XXVII, e 2000, *passim*. Naquele escrito de 2001, CANOTILHO afirma que o Direito Comunitário fornece hoje os exemplos mais "dirigentes" do Direito atual.

blocos econômicos e outros entrelaçamentos normativos supranacionais que, desse modo, assumem para si muito da tarefa – até então da Constituição nacional – de delimitar o lícito do ilícito e de dirigir importantes aspectos da vida local.[88] Com a introdução dos tratados e normas comu-

---

[88] A relação entre Direito Constitucional e Direito Comunitário sempre foi problemática, afinal, tanto um como o outro almejam para si o vértice do ordenamento jurídico, em um sempre revisitado monismo. A complexidade dessa inter-relação exigiu, desde os primórdios do processo de integração européia, grandes esforços intelectuais da doutrina e da jurisprudência para a sua compreensão e aprimoramento. A esse respeito, é emblemático o crescente número de juristas e institutos universitários que se vêm dedicando à disciplina jurídica denominada "Constitucionalismo Europeu", compreendida como o ramo da Ciência Jurídica dedicado às peculiares aproximações entre o Direito Constitucional nacional e o Direito da Comunidade Européia. Nos últimos anos, tem adquirido uma força expressiva a posição que admite o primado radical e incondicional do Direito Comunitário sobre a totalidade dos ordenamentos nacionais. Quanto a isso, a posição institucional da Comunidade Européia pode ser resumida pelo acórdão *Internationale Handelsgesellschaft* (TJCE, acórdão de 17.12.70, Proc. 11/70, *Recueil* 1970, p. 1125 e ss.), em que o Tribunal de Luxemburgo decidiu que a invocação de violações à Constituição nacional não pode afetar a validade de um ato da Comunidade ou o seu efeito no território de um Estado-membro. Posteriormente, no acórdão *Simmenthal II* (TJCE, acórdão de 09.03.78, Proc. 106/77, *Recueil* 1978, p. 629 e ss.), o mesmo Tribunal de Justiça entendeu que todos os juízes nacionais incumbidos de aplicar o Direito Comunitário têm o dever deixar de aplicar, se necessário e por sua própria autoridade, qualquer disposição da legislação nacional, ainda que posterior, contrária à normativa comunitária. A justificativa para essa competência negativa do juiz nacional é dada por PEREIRA E QUADROS (2000, p. 125-126): *"se, num caso de conflito entre uma norma (entenda-se: norma ou ato) de Direito Comunitário e uma norma (entenda-se: norma ou ato) de Direito estadual, a primeira pudesse ser afastada pela segunda, seria a própria subsistência do Direito Comunitário, como Ordem Jurídica comum aos Estados-membros, que viria a ser posta em causa, porque é da sua natureza intrínseca, da sua essência, a sua uniformidade, que tem como principal corolário a sua interpretação e aplicação uniformes em todo o território das Comunidades, isto é, em todos os seus Estados--membros. (...) O primado do Direito Comunitário tem, pois, de ser absoluto e incondicional – sob pena de não haver primado."* A lógica é muito simples: ao ingressar em um clube ou associação, cada novo sócio se compromete a respeitar as regras do clube ou associação, caso contrário é a própria sobrevivência do grupo que é comprometida. Do lado oposto, o Tribunal Constitucional Federal alemão vem, há muito, relutando em acatar esse primado incondicional do Direito Comunitário sobre a ordem jurídica nacional e, em mais de uma oportunidade, fez questão de salientar o primado, sim, da Constituição alemã (ou, pelo menos, dos direitos fundamentais por ela assegurados). Em sua conhecida decisão *Enquanto II (Solange II)*, o *Bundesverfassungsgericht* acolheu uma posição pragmática, mas tendo o cuidado de ressalvar as suas prerrogativas: enquanto as Comunidades Européias, em particular a jurisprudência do Tribunal das Comunidades, garantirem de modo geral uma eficaz proteção aos direitos fundamentais contra o exercício de poder dos órgãos da

nitárias derivadas como paradigmas de condução e aferição da juridicidade interna nos Estados-membros da Comunidade Européia, a lei e, agora, a Constituição passam a poder-dever concretizar e refletir a diretividade das instâncias normativas supranacionais e a poder-dever produzir, ao menos em tese, a responsabilidade do Estado pelo descumprimento (comissivo ou omissivo) dessa diretividade.[89]

No plano normativo nacional, caminha para o consenso o fato de que a abstenção, a inércia ou o silêncio do Poder Legislativo só constituem relevante desvalor jurídico quando um dever constitucional de ação se lhes é contraposto por uma norma superior, ou seja, o desvalor constitucional da omissão do legislador não é um simples "não fazer", mas, antes, pressupõe uma exigência constitucional de atuação legislativa positiva – é um "não fazer" aquilo a que se estava juridicamente obrigado a fazer por um órgão ou entidade com competência regulativa

---

Comunidade, que se iguala, no essencial, àquela oferecida pela Lei Fundamental, o *Bundesverfassungsgericht* não exercerá sua competência para aferir a compatibilidade com os direitos fundamentais dos atos de autoridades alemãs praticados com base no Direito Comunitário secundário (acórdão do Tribunal Constitucional Federal de 22 de outubro de 1986, publicado em BVerfGE 73, 339). Como viria a repetir mais tarde, *"Deutschland ist einer der 'Herren der Verträge'"* – a Alemanha ainda é um dos "Senhores dos Tratados". Ora, essa posição da Corte Constitucional Alemã bem retrata a aproximação entre as razões do Direito e as razões da Política, no complexo campo da Constituição – talvez o *locus* mais privilegiado para a miscigenação entre Direito e Política. Se os Estados querem continuar integrados (e essa é uma questão própria da Política!) hão de adaptar os seus ordenamentos jurídicos à melhor consecução dos fins comunitários (e esse é um requerimento do Direito!). Sendo este um livro dedicado à Ciência Jurídica e não à Ciência Política, cabe aqui repetir a lição recente da Professora Doutora MARIA LUCIA AMARAL, em que procura o fundamento da superioridade comunitária: *"Por que razão obedecemos nós ao Direito Comunitário? A resposta não pode ser apenas de índole jurídica. (...) Para explicar a nossa própria obediência ao Direito da União precisamos de encontrar fundamentos que se situem fora do discurso jurídico, que descreve apenas o sistema de relações entre Direito Comunitário e Direito interno. A razão que explica a existência de um tal sistema – e que explica a nossa adesão a ele – é uma razão política, que se encontra, não já no domínio das relações entre diferentes sistemas jurídicos, mas no domínio das relações entre diferentes comunidades políticas"* (CORREIA, 2005, p. 397--398).

[89] Essa situação – a aferição da juridicidade da Constituição – já fora antevista, em certo sentido, por PODROMOS DAGTOGLOU (1963, p. 07), que incluiu na noção de supralegalidade, capaz, portanto, de implicar em um ilícito legislativo, até mesmo as normas de direito natural, supra-estatais e não positivadas (*"überstaatlicher naturrechtlicher Normen"*).

(CANOTILHO, 1993, p. 354 e 360). Uma tal obrigação constitucional de atuação legislativa positiva pode advir explicitamente da norma constitucional ou também quando a Constituição consagra normas jurídicas fundamentais sem a necessária densidade normativa capaz de garantir exeqüibilidade, o que impede a sua eficaz aplicação durante um período excessivamente largo (CANOTILHO, 1993, p. 355; e FERNANDEZ RODRIGUEZ, 1998, p. 81). Com o aprofundamento do processo de integração, essa "exigência de ação legislativa positiva" ou "falta de desenvolvimento" do órgão legislativo passou a ser imposta por outros quadrantes normativos, para além dos nacionais/constitucionais – sobretudo pelas diretivas comunitárias, cujo conteúdo é, no mais das vezes, um comando de legislação dirigido de maneira clara e imediata ao legislador nacional. Uma vez constituída a obrigação de legislar, quer pela norma constitucional quer pela diretiva comunitária, o reverso da medalha será a possibilidade de responsabilização estatal decorrente da omissão do legislador.

Por fim, há de ser registrado que o (falhado) Tratado que estabelecia uma Constituição para a Europa, assinado em Roma, em 24 de outubro de 2004, adotava um novo *nomen juris* para as diretivas comunitárias que, conquanto passasssem a ser chamadas de *"leis-quadro européias"*, continuariam a ser *"um ato legislativo que vincula todos os Estados-membros destinatários quanto ao resultado a alcançar, deixando, no entanto, às instâncias nacionais a competência quanto à escolha da forma e dos meios"* (art. I-33.º, n.º 1, terceiro parágrafo, do Tratado Constitucional[90]). Apessar do *Etikettenschwindel,* ao redefinir as diretivas com as mesmas palavras que vêm sendo "moldadas" pela jurisprudência

---

[90] Esse novo Tratado de Roma, que estabeleceria uma Constituição Européia, apenas entraria em vigor após a ratificação por cada um dos vinte e sete Estados-membros signatários, de acordo com os procedimentos constitucionais respectivos. Em 2005, o Tratado não obteve a sua ratificação pela França e pelos Países Baixos e a idéia de uma Constituição Européia foi colocada de lado. Na França, o referendo de 29 de maio de 2005 viu a vitória do "não" com 54,7% dos votos; na Holanda, a vitória do "não" no referendo de 01 de junho de 2005 deu-se com 61,6% dos votos (AMATO, Giuliano; BRIBOSIA, Hervé; DE WITTE, Bruno. *Genèse et Destinée de la Constitution Européenne.* Bruxelles: Bruylant, 2007, p. 164). Em 13 de Dezembro de 2007, ano do cinqüentenário do primeiro Tratado de Roma, os Estados-membros assinaram, em Lisboa, um novo (e mais restrito) tratado reformador, abandonando a nomenclatura "Constituição Européia". Desse novo tratado não constam alterações de fundo relativas à forma das diretivas comunitárias.

e pela dogmática comunitárias desde 1957, o novo *nomen juris*, porém, não teria o condão de, por si só, alterar a natureza, a substância ou os efeitos dessa norma comunitária, conforme já bem notou CELOTTO (2004, p. 514).[91]

---

[91] Em 1994, como resultado de uma idéia acalentada desde a década de 1980, o Parlamento Europeu aprovou uma nova resolução que dava a público um anteprojeto de Constituição para a União Européia, desta feita de autoria do professor espanhol MARCELINO OREJA (Resolução A3-0064/94 PE, de 10 de fevereiro de 1994, reproduzido em OREJA, 1994, p. 333 e ss.). No art. 31, n. 2, daquele anteprojeto, já constava a previsão de que algumas leis da União Européia poderiam tomar a forma de "leis-quadro", que se limitariam a definir princípios gerais de certa matéria, fixariam uma obrigação de resultado para os Estados-membros e demais autoridades e encomendariam sua execução às autoridades nacionais e às autoridades da União. Aquele mesmo dispositivo do anteprojeto definia, ainda, que a lei-quadro européia poderia prever disposições que haveriam de ser aplicadas em caso de omissão estatal na execução da lei-quadro. Para uma história do constitucionalismo europeu, consultar sobretudo AMATO, Giuliano; BRIBOSIA, Hervé; DE WITTE, Bruno. *Genèse et Destinée de la Constitution Européenne*. Bruxelles: Bruylant, 2007.

4. A Responsabilidade do Estado Legislador por Violação do Direito Comunitário

Viu-se acima, *en passant*, não só que a execução do Direito Comunitário exige dos Estados-membros uma colaboração normativa efetiva mas também que o Estado-membro pode ser mesmo responsabilizado pelo dano decorrente da não-transposição ou da transposição defeituosa ou extemporânea de uma diretiva comunitária. O escopo do tópico que ora se inicia será, precisamente, discutir os fundamentos jurídicos e os requisitos objetivos e subjetivos dessa responsabilidade estatal à luz da doutrina e da jurisprudência comunitárias e, ainda, a compatibilidade dessa reparação com alguns modelos nacionais de reparação de danos decorrentes da atividade legislativa estatal. Enfim, o presente capítulo pretende trazer a lume a diversidade de soluções nacionais e, simultaneamente, as tentativas de coerência no plano comunitário, dadas as virtudes da harmonização da proteção dos direitos conferidos aos particulares.

A fim de demarcar as diferenças e similitudes da responsabilidade estatal decorrente da função legislativa no plano nacional, no plano internacional e no plano comunitário, iniciar-se-á este segmento com uma breve descrição do estado da questão nos ordenamentos nacionais mais representativos do ponto de vista da singularidade teórico-doutrinária que os fundamenta: o francês, o alemão e, de passagem, o português. Em seguida, a fim de que se possa alcançar o marco jurídico do MERCOSUL, o ordenamento brasileiro merecerá algumas observações no que toca à responsabilidade do Estado por atos legislativos. Ora, a lição epistemológica dos grandes comparatistas K. Zweigert e H. Kötz (1998, p. 15), é sempre atual: *"no study deserves the name of a science if it limits itself to phenomena arising within its national boundaries"*.[92]

---

[92] *"Nenhum estudo merece o nome de Ciência se ele se limita a fenômenos que se realizam no interior de suas fronteiras nacionais"* (trad. nossa).

Uma nota metodológica se impõe: a opção inicial pelos ordenamentos jurídicos francês e alemão deveu-se à diversidade, à precedência e à influência que detêm esses modelos sobre os argumentos utilizados em muitas das jurisdições nacionais de tradição romano-germânica (européias e não só). Ao longo do texto são referidos exemplos da influência dessas culturas jurídicas "irradiantes", como a elas se refere a Prof. Doutora MARIA LÚCIA AMARAL. Uma outra razão motivou a incursão nos ordenamentos jurídicos francês e alemão: a tentativa de estabelecer um diálogo entre aqueles dois modelos de proteção do particular por danos decorrentes da atividade legislativa estatal, posto que é marginal o número de autores, de um ou outro país, que se aventura a compará-los. Portugal, como país que bem acolheu a pesquisa de que resulta a presente tese, merece referência central, dada a originalidade de suas construções teóricas, conquanto o tema já tenha sido aqui objeto de monografias de inegáveis qualidade e abrangência.

4.1. *A Questão da Responsabilidade do Estado legislador no Plano Nacional*

A idéia de responsabilidade é uma idéia central para o Direito. Presente, há muito, no Direito Privado, também passou a ocupar um lugar de destaque no Direito Público. Afirmar que um sujeito de direitos é juridicamente responsável significa dizer, grosso modo, que ele – quer se trate de um indivíduo, de uma empresa ou mesmo de um Estado – se submete a uma sanção jurídica no caso de sua conduta, ou da conduta das pessoas a seu cargo, resultar em conseqüências diversas daquelas previstas em uma norma de Direito. Em última instância, é a densificação do velho princípio ético romano – interpretado e lido de tantas formas – do *"neminen laedere"*. E, nesse sentido, ser responsável, do ponto de vista do Direito, significa suportar as implicações desfavoráveis daquela conduta cujas conseqüências contrariaram um dever jurídico pré-existente. A idéia de responsabilidade que importa reter aqui está, pois, associada às de desvalor e de sanção (CARVALHO, 1999, p. 14). Mesmo na responsabilidade por atos lícitos está presente a associação com as idéias de desvalor e de sanção? Sim, contudo, em hipóteses de responsabilidade por atos lícitos, o desvalor está muito menos na conduta do ente responsável, que deu origem ao dano, do que na contrariedade ao Direito de suas conseqüências (ou seja, está muito mais na violação ilícita de direitos e interesses juridicamente protegidos da vítima do dano).

As noções de desvalor e de sanção cambiarão de acordo com o (sub)sistema normativo violado. Assim, dentro das muitas possibilidades de responsabilidade em sentido jurídico – responsabilidade penal, responsabilidade administrativa, responsabilidade tributária, responsabilidade ambiental, entre outras – merece especial destaque a responsabilidade civil, cujo núcleo é ocupado pela reparação pecuniária de um dano provocado a bem jurídico alheio. Essa idéia de compensação dos prejuízos evoluiu muito, desde quando se abandonou o uso da vingança privada e do talião como formas de se "reparar" alguém por um prejuízo que tenha suportado, até alcançar as práticas modernas de uma reparação meramente pecuniária (a "composição financeira do dano" ou *corrective justice*"). A reparação pecuniária de um dano é o objeto e o objetivo da responsabilidade civil do Estado. A obrigação de ressarcimento que constitui o cerne da responsabilidade civil do Estado deriva, em última instância, do fato danoso provocado a um bem jurídico de um particular e não do caráter lícito ou ilícito da conduta estatal que provocou tal prejuízo. Assim, tanto pode haver ilícito estatal sem dano ao particular como pode haver dano ao particular mesmo sem um ato ilícito estatal, como bem resumiu FLÁVIO OLIVEIRA (2003, p. 69).

A idéia de responsabilidade civil do Estado, portanto, conduz à obrigação que se impõe à Fazenda Pública (ao Tesouro) de compor financeiramente o dano causado ao particular por agentes públicos (*lato sensu*), no desempenho de suas funções estatais ou a pretexto de exercê--las, em decorrência de comportamentos lícitos ou ilícitos, comissivos ou omissivos, materiais ou meramente jurídicos. Tanto nos países adeptos do sistema do contencioso administrativo como naqueles que submetem a fiscalização da Administração Pública ao Poder Judiciário, a idéia de responsabilidade civil do Estado apresenta um marco comum: colocar sob controle jurisdicional as condutas do Estado e fazê-lo assumir as conseqüências danosas a que tiver dado causa (PESCATORE, 1972, p. 03). Sob essa perspectiva de controle e limitação do poder estatal, explicita--se uma firme vinculação entre responsabilidade estatal e regime democrático, de modo que a amplitude de um implica no aprofundamento do outro.

A modalidade pública do instituto da responsabilidade civil surge, efetivamente, a partir do século XIX. Historicamente, a noção de responsabilidade do Estado surge como responsabilidade por atos de Administração Pública, cujo desenvolvimento doutrinário evoluiu de um modelo

de total irresponsabilidade – fundado nas máximas do *"jus eminens"*[93],
da infalibilidade real (*"the King can do no wrong"*[94]) e da identidade do
monarca com o Poder/Estado (*"l'État c'est moi"*[95]) –, passando pela

[93] No medievo, o *"jus eminens"* consistia no poder supremo do príncipe de dispor
sobre os bens dos súditos (CANOTILHO, 1974, p. 29). Essa idéia de superioridade do poder
do príncipe, embora remonte originalmente à época medieval, foi recepcionada e
aperfeiçoada pelos dogmatas do absolutismo monárquico e tornou-se ferramenta
indispensável a um exercício barroco do poder – marcado pelo exagero, o excesso, a
hipérbole, a extravagância, o apego à forma, o constante conflito entre o sagrado e o
profano. Como a ele se referiu ROGÉRIO SOARES (1955, p. 55), o *"jus eminens"* encarnava
a *"razão de Estado perante a qual se dissolviam todos os privilégios"*, ou seja, o meio
de se quebrantar qualquer direito positivo de estamentos ou instâncias privilegiadas (GARCÍA
DE ENTERRÍA, 1994, p. 98).
[94] Segundo SANTAMARÍA PASTOR (1972, p. 62) e WADE (1971, p. 409), a origem dessa
máxima inglesa é muito antiga e controversa; sua primeira formulação cabe, possivelmente,
a HENRY OF BRACTON (ca. 1210-1268), jurista medieval inglês, nascido em Devonshire,
autor da obra *"De Legibus et Consuetudinibus Angliae"* – considerada por POLLOCK E
MAITLAND (1899, p. 206) *"crown and flower of English medieval jurisprudence"*. Para
BRACTON, a lei confere ao Rei a sua posição e todos os seus poderes e prerrogativas, exceto
o poder de equivocar-se porque errar significa atuar sem o amparo dos poderes da lei, tal
qual um súdito qualquer, fato que não é digno de um monarca (WADE, 1971, p. 410). Esse
é o verdadeiro sentido (tautológico, sem dúvida) de conhecida frase do jurista inglês: *"rex
non debet esse sub homine sed sub Deo et sub lege, quia lex facit regem"* (*"o rei não tem
que estar submetido ao homem, mas sim a Deus e à lei, porque a lei faz o Rei"*, cf.
proposto por WADE, 1971, p. 409). Lei e Rei parecem envergar a mesma matéria, destarte
não é enganoso inferir que todo o apego medieval da nobreza às normas e aos rígidos
costumes era, no fundo, um apego ególatra a si mesma. A lei não é mais do que uma
instrução política, incapaz de apoiar uma ação judicial contra o rei – *"politica non sunt
apellabila"* (GARCÍA DE ENTERRÍA E FERNANDEZ, 1991, p. 770). Nessa mesma direção, a
antiga Constituição do Império do Brasil, de 1824, bem sintetizava a irresponsabilidade
do Monarca/Estado, *verbis*: *"Art. 99. A pessoa do Imperador é inviolável, e Sagrada: Ele
não está sujeito a responsabilidade alguma"*.
[95] A frase atribuída ao déspota francês Louis XIV (1638-1715), o Rei Sol, que a
teria pronunciado em 13 de abril de 1655, diante do Parlamento de Paris, resume, com
invulgar precisão, a doutrina do absolutismo monárquico e remete às indagações formuladas
por CANOTILHO (1974, p. 36): *"Mas como submeter a majestas soberana a uma indenização,
solicitada nos tribunais ordinários? Como sujeitar o poder público colocado numa posição
de superioridade e império a ações de responsabilidade?"* Não se pode esquecer, afinal,
que a deificação do rei implicava, como que "por um toque de Midas", na deificação do
próprio Estado, afinal, como bem registra MARTINHO NOBRE DE MELO (1914, p. 21), na
medida em que Estado e monarca constituíam uma unidade, o Direito público do Estado
era o Direito privado do Rei e a prosperidade de um significava a fortuna do outro. Nesse
contexto, todos tinham alguma obrigação para com o Rei-Estado, mas o Rei-Estado não
estava obrigado para com ninguém – *"chacun tient du Roy; le Roy ne tient de personne"*
(GARCÍA DE ENTERRÍA, 1994, p. 101). Muito pelo contrário, o que agrada o príncipe tem
força de lei: *quod principi placuit habet legis vigorem*.

exigência de indenizações por atos ablatórios do príncipe[96] e, a seguir, por um esquema de responsabilidade subjetiva e privatística[97], até se chegar a um modelo de responsabilidade pública objetiva (por risco

---

[96] A partir do momento em que a propriedade passou a ser vista como um direito comum a todos – *"jus gentium"* –, fundado na *"naturalis ratio"* (CANOTILHO, 1974, p. 29), os poderes absolutos de intervenção do príncipe sobre bens privados começaram a decrescer. Se, por um lado, a primazia do interesse público continuava a legitimar a expropriação de bens privados nas hipóteses de *"necessitas"* e *"utilitas publica"*, legítimo passou a ser também, de outro lado, o ressarcimento do dano àquele que viu o seu patrimônio diminuído em nome de um interesse coletivo. Dessa maneira, começou-se a retomar as indenizações por expropriação já previstas no Direito Romano (CANOTILHO, 1974, p. 30). Nesse percurso, a Igreja Católica exerceu papel relevante ao difundir, ainda na Idade Média, a regra do *"justum pretium"* como instrumento de defesa do seu patrimônio ante as investidas do imperador. Pelas mesmas razões de proteção patrimonial, logo essa regra foi absorvida pela nascente burguesia citadina e pelos doutrinadores civilistas, que, unanimemente, advogaram a plena indenizibilidade das intervenções expropriatórias do príncipe contra o particular (SANTAMARÍA PASTOR, 1972, p. 63-64). Segundo ERNST FORSTHOFF (1973, p. 328), repetido por CORREIA (1998, p. 48-49) e CANOTILHO (1974, p. 28), couberam a HUGO GROTIUS, em *"De jure belli ac pacis"* (1625), as primeiras formulações teóricas, de base jusnaturalista, a respeito das limitações do poder ablatório do príncipe, opondo o *"jus eminens"* do soberano (a faculdade de intervir de modo supremo nos direitos dos particulares) aos *"jura quaesita"* dos súditos (os direitos adquiridos em virtude de um título jurídico especial – convenção, prescrição ou concessão imperial –, o que os diferenciava da mera liberdade natural e dos "direitos originários" e, por isso mesmo, protegidos pelos tribunais, cf. REIS, 1987, p. 28). Para GROTIUS, apenas mediante *"utilitas publica"* e *"compensatio"*, os *"jura quaesita"* passariam a ser transponíveis pelo *"jus eminens"* do soberano (GROTIUS, 1625, p. 316, e 1724, p. 467). Os *"jura quaesita"*, portanto, constituiriam uma barreira inicial contra a onipotência dos príncipes. Se, de um lado, era incontestável que *"princeps legibus solutus est"*, é importante destacar, de outro lado, que o príncipe permanecia *"abstrictus"* ao Direito Natural e ao Direito das Gentes, por via dos quais encontrou-se alguma proteção para a propriedade e o contrato (GARCÍA DE ENTERRÍA, 1994, p. 99). Com o advento da modernidade e do Estado de Direito e a passagem do súdito a cidadão, titular da soberania, as limitações à expropriação positivar--se-iam tanto no art. 17 da Declaração dos Direitos do Homem e do Cidadão, de 1789, como nos §§ 74 e 75 da Introdução ao *"Preußische Allgemeine Landrecht"*, de 1794 (CORREIA, 1998, p. 48-49). O contínuo e gradual aperfeiçoamento das garantias do particular contra as expropriações do Poder Público produziu conseqüências relevantes no desen-volvimento da idéia de responsabilidade estatal, afinal, como já salientou MARIA LÚCIA CORREIA (1998, p. 83-86), ao sublinhar as inter-relações entre o expropriar e o responder, se o Direito há muito que já admitia o dever de indenizar do Estado pela produção de um ato intencional de prejuízo (a expropriação), razões também havia para aceitar a obrigação de indenizar por prejuízos não intencionais ou aleatórios (outras formas de prestações estatais compensatórias).

[97] Em um contexto inicial, quando ainda prevaleciam os poderes absolutos do monarca e as relações privadas no âmbito da Administração Pública, as ações de ressarci-

administrativo), mais rígido e garantístico que o tradicional esquema da responsabilidade patrimonial civilística.

Esse percurso de progressiva redução das imunidades do Poder Público – que, ao longo da História, sempre esteve longe dessa redutora linearidade – é explicado por Caupers (1999, p. 80) pelo fato de que a idéia de que o Estado tinha a obrigação de indenizar os prejuízos causados aos particulares colidiu, durante muito tempo, com outras duas idéias, a saber:

> *"a) Por um lado, a que associava a atividade do Estado à soberania; b) por outro, a que via nas relações entre o Estado e um seu agente um mandato civil, com a conseqüente qualificação dos atos ilegais do mandatário como atos contra o mandato, portanto, insuscetíveis de originar outra responsabilidade que não fosse a do próprio agente"* (Caupers, 1999, p. 80).

Contudo, em decorrência do reconhecimento (1.°) de que todas as pessoas, quer singulares ou coletivas, quer de Direito Público ou de Direito Privado, estão igualmente subordinadas à ordem jurídica (princípios da legalidade[98] e da isonomia[99]), (2.°) da ampliação dos afazeres

---

mento davam-se contra os agentes públicos e no campo do Direito Civil, ou seja, a responsabilização dependia da demonstração ou de uma vontade consciente e intencional do agente público (dolo) ou de imprudência, negligência ou imperícia (culpa em sentido estrito). A Administração, quando muito, respondia apenas subsidiariamente – somente em caso de insolvência do funcionário. Pouco a pouco, a culpa civil comum do agente (às vezes, era simplesmente impossível o lesionado identificar o agente!) foi cedendo lugar à responsabilidade *"pour faute"* da própria Administração Pública, numa zona já muito próxima da responsabilidade objetiva. Dava-se, assim, a substituição da *"faute personelle"* pela *"faute de service"* e, posteriormente, pela *"faute du service"*.

[98] Diaz Peluffo (1962, p. 246) observa que o soberano, a princípio reunindo em suas mãos todos os poderes do Estado, ao perder a faculdade de legislar (*"legislatio"*), restringiu-se a uma tarefa meramente executiva (*"executatio"*) e com inarredável submissão à legislação. Nem todo o Direito surgia mais das mãos do soberano, daí, o aparecimento das noções de arbitrariedade e, por via de conseqüência, de responsabilidade. Canotilho (1974, p. 46), por sua vez, aponta como decorrências naturais do desenvolvimento do princípio da legalidade tanto a criação de toda uma tipologia de vícios dos atos administrativos (incompetência, vícios de forma, desvio de poder etc.) como a associação entre as ações de anulação e de responsabilidade.

[99] Para o iluminismo, é insuportável que homens possam submeter-se à dominação de outros homens. Homens livres devem submeter-se apenas ao poder da lei, perante o qual todos são iguais.

estatais[100] e (3.º) do desenvolvimento das teorias orgânicas da Administração Pública[101], tornou-se inquestionável a obrigação de o Estado (Administração Pública) responder (objetivamente) pela violação do direito do particular.

É também nesse contexto de contínua ampliação e complexificação das funções estatais, na passagem do Estado abstencionista liberal ao Estado intervencionista social, sobretudo no que diz respeito à crescente presença do Estado nos domínios econômicos privados, a partir do século XIX, que se começa a discutir o *"upgrading do instituto"* (ANDRADE, 1999, p. 43) na linha de passar a abranger uma responsabilidade decorrente diretamente da função legislativa como espécie do gênero responsabilidade do Estado – ou seja, uma responsabilidade pelo dano decorrente da entrada em vigor de uma nova lei e não derivada do ato administrativo que proporcionou a aplicação da lei ao caso concreto. Ora, desde então, o número crescente de leis aumentou em muito o risco de uma intervenção injustificada nos interesses privados (SENKOVIC, 2000, p. 33).

---

[100] Para VIEIRA DE ANDRADE (1999, p. 40), a irresponsabilidade pública ou uma responsabilidade privada do Poder Público não se coadunam com a *"sociedade técnica de massas, caracterizada pela interpenetração entre Estado e Sociedade, especialmente em virtude da descentralização administrativa e da desmultiplicação dos poderes públicos ('policracia'), associadas às exigências de uma política intervencionista ('providencial') nas relações sociais – uma situação que é levada ao extremo, no final deste século [séc. XX], com os novos fenômenos de 'regulação' e de 'privatização' das funções administrativas e do próprio aparelho organizativo destinado à sua realização."* Muito tempo antes, PAUL DUEZ já havia salientado que *"a responsabilidade do ente público é filha do triunfo das doutrinas intervencionistas"* (DUEZ, 1927, p. XIII, trad. nossa). Sobre o surgimento e o desenvolvimento desse intervencionismo estatal, com óbvias repercussões na ampliação da capacidade estatal de cometer ilícitos (*"Unrechtsfähigkeit des Staates"*, cf. a concisa expressão de DETTERBECK, WINDTHORST E SPROLL, 2000, p. 01), obra de referência é o *"Direito Público e Sociedade Técnica"*, de ROGÉRIO SOARES (1969), sobretudo o seu capítulo IV.

[101] Pouco a pouco, a visão que biparte Estado e agente, como se fossem representado e representante ou mandante e mandatário, cede lugar àquela que os coloca em orgânica unidade. Tal se dá, nomeadamente, a partir das contribuições teóricas do jurista alemão OTTO VON GIERKE (1841-1921) e a sua "teoria do órgão", descrita na sua obra *"Genossenschaftsrecht"* (ou "Direito dos Entes Corporativos", concebida a partir de 1868, mas levada a cabo durante toda a sua vida) e em *"Genossenschaftstheorie und die Rechtsprechung des Reichsgericht"* (ou *"A Teoria dos Entes Corporativos e a Jurisprudência do Reichsgericht"*, de 1887).

Não é novidade que, muito antes de ser global, informacional ou pós-industrial, o mundo contemporâneo é, sobretudo, um mundo de paradoxos. A paradoxia da sociedade contemporânea constitui, sem laivo de dúvida, um dos mais veementes sinais da complexidade que emerge do quotidiano atual. Nos últimos anos, por exemplo, menos guerra não resultou necessariamente mais paz nem tampouco uma produção maior de riqueza implicou numa diminuição da pobreza. Nesse período, quanto maior e mais profundo foi o desenvolvimento da ciência e da técnica, menor tornou-se o número das certezas inabaláveis da sociedade (GIDDENS, 1999). Nessa mesma conjuntura, o fenômeno da inflação legislativa[102] não se traduziu em um proporcional aumento da segurança jurídica para o cidadão, mas, ao contrário, resultou muitas vezes em sistemas normativos sob a forma de "rede", cujas marcas são a multiplicidade, a conflitualidade, o erro de prognósticos e a provisoriedade de suas estruturas normativas. Some-se a isso o fato de que muitas leis apresentam elevada intensidade individualizadora e carga discriminatória. A partir de constatações como estas, doutrina e jurisprudência iniciam um longo diálogo acerca da plausibilidade de uma recomposição financeira e pública dos danos causados pelo fato das leis ao círculo patrimonial privado. O risco, sempre conectado às idéias de incerteza e insegurança, aproxima-se então do conceito de responsabilidade (GIDDENS, 1999, p. 07-08). Essa recomposição pecuniária do patrimônio privado – reflexo, portanto, de uma tentativa de conciliação entre o social e o individual – será tratada aqui, indistintamente, como indenização, reparação, compensação ou ressarcimento[103].

A qualidade argumentativa desse longo debate adquiriu particular desenvolvimento e originalidade entre os juristas franceses e os alemães, donde emerge a legitimidade de sua preeminência nesse estudo.

---

[102] HESPANHA (2007, p. 05), em um livro bastante inovador em forma e conteúdo, refere-se a *"espaço 'industrial' da produção legislativa"*. Merece destaque o fato de que A. Hespanha organizou esta sua introdução ao Direito sob a forma de rede ou hipertexto, de maneira que os capítulos, dadas as suas múltiplas interrelações, podem ser lidos em diferentes ordens – algo que, na literatura, o escritor argentino Júlio Cortázar já havia ousado fazer em 1963, com o seu "O Jogo da Amarelinha" (*Rayuela*, no original).

[103] Essa opção é mais didática do que metodológica. É justo reconhecer, porém, a legitimidade das distinções dogmáticas que diferenciam cada uma daquelas categorias ressarcitórias a partir de sua origem (CANOTILHO, 1974, p. 321).

4.1.1. *França*

Na França, a assimilação dessa nova modalidade de responsabilidade pública – a responsabilidade do Estado por danos causados por suas leis aos particulares – colidiu, de início, com fortes argumentos jus-políticos burgueses que haviam formado a base ideológica da Revolução: a lei constituiria uma regra jurídica geral, abstrata, consensual e de origem parlamentar – um verdadeiro ato de soberania emanado do mais legítimo representante da nação, o parlamento –, e, portanto, limitaria legítima e absolutamente as liberdades do particular, não dando ensejo a qualquer tipo de responsabilidade pública. Responsabilidade e soberania eram termos antitéticos e inconciliáveis. Ademais, *"a lei não é voluntas, mas ratio, regra racional"*[104] – bem resumiu ROGÉRIO SOARES (1969, p. 57) com fundamento, entre outros, em BÖCKENFORDE.

Nesse cenário, é fácil notar que, uma vez superado o teologismo do *"Ancien Régime"* e períodos anteriores, a lei, fruto da razão humana, livre de paixões e símbolo do contrato social rousseauniano, passou a corporificar um padrão soberano, geral, impessoal, seguro, homogêneo e absoluto de justiça – tudo o que não havia no *"Polizeistaat"* –, logo, era paradoxal admitir uma injustiça causada pela lei e, por conseqüência, uma indenização[105]. Na raiz desse pensamento estava uma visão sociológica que, ao apartar com radicalidade o Estado da sociedade, imputava a essa última a função de legiferar (CANOTILHO, 1974, p. 145). SANTAMARÍA PASTOR (1972, p. 73) condensa esse posicionamento através do seguinte apotegma:

> *"A lei, vontade coletiva do povo, não pode causar injustiça alguma, porque é ela mesma que decide o que é justo e o que não é; a lei, vontade geral, não pode causar prejuízo a ninguém porque ninguém causaria um mal a si mesmo."*[106]

---

[104] Nesse sentido, *"ratio, non voluntas, facit legem"* ou *"veritas, non autoritas, facit legem"*.

[105] Além do mais, salienta RUI MEDEIROS (1992, p. 10) que o pensamento individualista subjacente ao ideário liberal desaconselhava o pagamento de novas modalidades de indenizações por implicarem na cobrança de mais impostos.

[106] *"La Ley, voluntad colectiva del pueblo, no puede causar injusticia alguna, porque es ella misma la que decide lo que es justo y lo que no lo es: la Ley, voluntad general, no puede causar perjuicio a nadie, porque nadie se causaría un mal a sí mismo"* (trad. nossa).

Corolário dessa visão de mundo é que a lei geral e abstrata é insuscetível de causar danos discriminatórios ou individuais, juridicamente relevantes a ponto de resultar em um sacrifício indenizável. A lei, por ser geral e abstrata, provocaria, quando muito, vinculações sociais sem qualquer dignidade indenizatória (CANOTILHO, 1974, p. 148). Antes da Revolução Francesa, durante o medievo e o despotismo, *"rex est lex"*, após a Revolução, *"lex est rex"*, de maneira que o absolutismo monárquico foi sucedido por um certo "absolutismo democrático", caracterizado pela identidade inata entre os atos produzidos pelos parlamentos e a vontade popular (BIFULCO, 1999, p. 17). Sob uma ótica distinta, o "império da lei" representou a transposição para o campo da sociedade daquilo que a física newtoniana representou para o campo da natureza: a busca de racionalidade, ordem, previsibilidade e disciplina, a partir da definição das leis gerais inflexíveis que governam a máquina do universo. Se, a partir dos finais do século XVIII, legislar era, essencialmente, inferir racionalmente os princípios universais que deveriam governar a vida em sociedade, apenas espíritos muito elevados estariam preparados para se *"comunicar com as estrelas"*, segundo a bela metáfora de ROGÉRIO SOARES (s/d, p. 436)[107]. Dessa visão de mundo resulta o sublime respeito que se emprestava ao legislador, um homem ilustrado o bastante para, com especial devoção à verdade e rara capacidade de pensar esclarecida e desinteressadamente, alcançar o que era a justiça e o Direito (SOARES, s/d, p. 436-437). Apenas os melhores e mais independentes poderiam ser os legisladores! Desse modo estava justificado o voto censitário e, de maneira tautológica, a supremacia da lei enquanto fonte do Direito, afinal, a lei procedia de um órgão que ostentava uma posição de superioridade moral e intelectual em relação aos demais órgãos do Estado e à própria sociedade. Note-se que a supremacia da lei (o legicentrismo), tal como concebida pelos revolucionários franceses de 1789, não admitia qualquer exceção, nem sequer perante a Constituição, entendida como um documento político carecedor de normatividade (BLANCO VALDES, 1994, p. 78-79).

Durante muitos séculos, a lei, sagrada e perfeita por ser divina, foi imutável (ALBUQUERQUE, 2007, p. 09). A Revolução Francesa inaugura um período em que não apenas se privilegia a lei como principal fonte jurídica mas também se confere ao Direito a idéia de mutabilidade – *"a*

---

[107] LINARES QUINTANA (1947, p. 351), na mesma direção, fala em *"transcendência da função legislativa"*.

idéia de que todo Direito muda é a regra, que algum direito não mude, a exceção" (FERRAZ JR., 1989, p. 77). Nesse contexto, era conservador o discurso que propugnasse pela responsabilização do Estado pelo fato da lei – tanto assim que, nas assembléias parlamentares francesas, os partidos de esquerda sempre se colocavam contra as propostas legislativas indenizatórias e o número de apoiadores das indenizações era sempre muito maior no Senado do que entre os Deputados (DUEZ, 1927, p. 103). Precisamente nessas circunstâncias da soberania, da generalidade e da mutabilidade da lei residia a linha divisória que radicalmente afastava as indenizações expropriatórias (vistas como legítimas em virtude de sua natureza de ato gravoso individual, intencional, singular e excepcional) de quaisquer outras indenizações decorrentes de prejuízos genéricos por fato da lei – os danos não expropriatórios[108].

Ao longo do século XIX, e antes mesmo da construção de uma doutrina mais sólida, o *Conseil d'État* francês[109] subscreveu em vários

---

[108] SANTAMARÍA PASTOR (1972, p. 65-66) explica que, quando a ablação não se referia a uma coisa singular, mas, sim, quando se realizava mediante uma norma geral que afetava, amplamente, a todos os cidadãos, entendia-se que nenhuma razão de justiça distributiva poderia impor, neste caso, a obrigação de indenizar o particular prejudicado – *"as ablações patrimoniais efetuadas por via normativa não determinam em caso algum um direito à indenização"*.

[109] Desde o final do ano de 1789, diversas leis procuraram delimitar rigidamente as competências das autoridades judiciais de modo a impedir que estas viessem a julgar, examinar ou criticar quaisquer atos da Administração Pública (lei de 22 de dezembro de 1789-08 de janeiro de 1790, lei de 17 de julho-08 de gosto de 1790, lei de16-24 de agosto de 1790, entre outras). Procurava-se com isso um equilíbrio entre a jurisdição comum (judiciária) e a jurisdição administrativa (KOECHLIN, 1957, p. 78). Com fundamento em algumas daquelas normas, o Conselho de Estado, rejeitando uma decisão do *Tribunal de 1ʳᵉ Instance du Département de la Seine*, entendeu que pertencia à jurisdição administrativa – e não à judicial – a competência para apreciar uma demanda de indenização contra o Estado francês por encerramento de uma indústria cuja atividade fora proibida pela lei de 12 de fevereiro de 1835. Nesse primeiro pronunciamento a respeito da responsabilidade do Estado por fato da lei – que, todavia, não chegou a examinar o mérito da questão, mas apenas a competência para aprecia-la –, ao tradicional princípio francês, segundo o qual, os tribunais judiciários eram os guardiões da propriedade privada (fundamento último da decisão do *Tribunal de la Seine*, ao tentar igualar o fechamento da indústria a uma expropriação imobiliária e, desse modo, afirmar-se competente), o Conselho de Estado opôs o argumento de que os tribunais judiciais não tinham competência para declarar o Estado devedor – *"les tribunaux ne peuvent connaître d'actions qui tendraient à faire déclarer l'État debiteur"* (*Conseil d'État, affaire Clament-Zuntz*, de 26 de agosto de 1835, *Recueil Général des Lois et des Arrêts – Rec. Sirey*, II parte, p. 539-542, 1835). Como bem salienta CORREIA (1998, p. 63), atribuir aos tribunais comuns uma competência para

dos seus acórdãos o ponto de vista em favor da irresponsabilidade do Estado legislador. O acórdão *Duchatellier*, de 11 de janeiro de 1838, o mais antigo a enfrentar diretamente a matéria, é considerado o paradigma decisório nesse tema da irresponsabilidade do Estado pelos seus atos legislativos:

> "*PROPRIEDADE INDUSTRIAL. SUPRESSÃO. INDENIZA-ÇÃO. O Estado não é responsável pelas conseqüências de uma lei que, em nome de um interesse geral, proibiu o exercício especial de uma indústria. Em conseqüência, não é devida qualquer indenização aos particulares que, precedentemente, foram privados do exercício daquela indústria. Todavia, é devida indenização em razão da apreensão e da destruição dos materiais e utensílios que, por lei, eram empregados no exercício daquela indústria.*"[110]

---

reconhecer um débito público era visto, à época, como uma ingerência judicial no domínio reservado da Administração Pública. Decisões no mesmo sentido, salientando a competência das autoridades administrativas, foram pronunciadas nos conflitos de competência suscitados no *affaire Mathon*, também de 26 de agosto de 1835, e no *affaire Duchatellier*, de 21 de outubro de 1835 (que não se confundem com o *affaire Mathon* de 28 de maio de 1838 nem com o *affaire Duchatellier* de 11 de janeiro de 1838!). Tais precedentes fortaleceram, daí em diante, o entendimento em torno não apenas da competência da jurisdição administrativa para julgar os pedidos de indenização por fato da lei mas também da distinção entre essa responsabilidade por fato da lei e a expropriação. O mecanismo judiciário passou a ser aplicado estritamente às expropriações (KOECHLIN, 1957, p. 84-85). O fundamento jurídico e a competência nos demais pedidos de indenização por danos causados pelo Estado ou seus agentes ao particular, todavia, ainda ensejaram inúmeros conflitos entre a Corte de Cassação e o Conselho de Estado, durante longo período. O *arrêt Blanco*, proferido em 08 de fevereiro de 1873, pelo *Tribunal des Conflits*, veio, simultaneamente, a pôr termo a essa controvérsia e a delinear em definitivo os principais contornos do sistema francês de indenizações públicas, pondo fim ao longo diferendo entre o *Conseil d'État* e a *Cour de Cassation*: (a) os pressupostos da responsabilidade do Estado têm sede própria, com regras especiais e distintas do Direito Civil (ou, de modo mais específico, das prescrições sobre a responsabilidade civil entre os particulares constantes dos arts. 1382 e ss. do "*Code de Napoléon*"), e (b) a competência para decidir as demandas de responsabilidade do Estado é própria dos tribunais administrativos (*Recueil Général des Lois et des Arrêts – Rec. Sirey*, II parte, p. 153-158, 1873).

[110] *Conseil d'État, affaire Duchatellier*, de 11 de janeiro de 1838, *Recueil Général des Lois et des Arrêts (Rec. Sirey)*, II parte, p. 277-279, 1838 (trad. nossa do original francês: "*PROPRIETÉ INDUSTRIELLE. SUPRESSION. INDEMNITÉ. L'État n'est pas responsable des conséquences d'une loi que, dans un intérêt général, a prohibé l'exercice spéciel d'une industrie. En conséquence, il n'est dû aucune indemnité aux individus qui se seraient précédemment livrés á l'exercice de cette industrie. Mais il est dû indemnité*

Na linha da melhor tradição do *"Common Law"*, primeiro decidiu-se o caso, depois se determinaram os princípios. Exatos cinqüenta anos após o acórdão *Duchatellier*, ao analisar o desenvolvimento da jurisprudência francesa na primeira edição do seu *"Traité de la Juridiction Administrative et des Recours Contentieux"*, de 1888, o Vice-Presidente do Conselho de Estado EDOUARD LAFERRIÈRE sintetizou, em passagem que se tornou clássica, a primeira das grandes linhas argumentativas que procurariam justificar a irresponsabilidade do Estado legislador. Conhecida como "irresponsabilidade da soberania", a sua construção teórica apresenta uma linha-mestra claramente identificável:

> *"É de princípio que os danos causados aos particulares por medidas legislativas não lhes concedam qualquer direito à indenização. A lei é, com efeito, um ato de soberania e é próprio da soberania impor-se a todos sem que se possa reclamar dela qualquer compensação. O legislador pode apenas apreciar, conforme a natureza ou a gravidade do dano e segundo as necessidades e recursos do Estado, se ele deve outorgar esta compensação: as jurisdições não poderão a ele substituir-se, podendo tão-só estabelecer o montante devido, conforme as bases e as formas previstas pela lei"* (LAFERRIÈRE, 1896, p. 12-13, trad. nossa).[111]

à raison de la saisie el de la destruction des matières et ustensilles qui avant la loi, étaient employés à l'exercice de cette industrie"). Interessante é perceber o conteúdo econômico – reflexo do progresso experimentado pela França no século XIX – que cercava esse acórdão: em virtude da Lei de 12 de fevereiro de 1835, que reforçava o monopólio estatal de tabacos na França, o Senhor Duchatellier, proprietário de uma fábrica de um sucedâneo do tabaco, viu ser fechada a sua empresa e apreendidas as suas máquinas e mercadorias (16.718 kg de pó fabricado, 26.475 kg de matérias primas e 5.328 cigarros) sem o pagamento de qualquer indenização. O encerramento de suas atividades e a ausência de uma indenização lhe acarretaram óbvios prejuízos. Instado pelo Senhor Duchatellier a fixar a compensação que o legislador omitira, o Conselho de Estado entendeu inexistirem razões para tanto. O Conselho de Estado repetiu a argumentação em favor do "absolutismo da lei", quase com as mesmas palavras, em mais dois casos de relevantes repercussões econômicas: o *arrêt Mathon* (de 28 de maio de 1838, *Recueil Général des Lois et des Arrêts – Rec. Sirey*, II parte, p. 172, 1839), a respeito do fechamento de outra fábrica de tabaco, e o *arrêt Moroge* (de 05 de fevereiro de 1875, *Recueil Général des Lois et des Arrêts – Rec. Sirey*, II parte, p. 309, 1876), que tratava dos prejuízos de uma fábrica de fósforos localizada na Alsácia-Lorena, em decorrência de uma lei monopolista francesa. Em todos esses casos, o Conselho de Estado resolveu a questão da responsabilidade de acordo com a expressa vontade de uma lei geral.

[111] A reforçar o dogma da soberania estava a teoria civilista da responsabilidade, que exigia, para a responsabilização, a violação duma obrigação jurídica anterior, quer legal

MICHOUD (1895, p. 254) complementou essa posição em termos mais pragmáticos: a questão da indenização era sempre uma questão de constatação da vontade (política) do legislador. Ou seja, a lei, enquanto fruto da vontade soberana nacional expressa pelo parlamento, não poderia ser criticada, ignorada ou complementada por qualquer juiz ou tribunal – meros aplicadores da lei ou, segundo a famosa imagem de Montesquieu, *"la bouche que prononce les paroles de la loi"*. Na mesma direção seguiu TESSIER (1906, passim).

Com efeito, o que está subjacente a toda essa compreensão que supervaloriza o legislador e o texto legal é não apenas a salvaguarda do dogma da separação dos Poderes, mas também uma desconfiança (quase jacobina) que ainda perdurava em relação ao estamento judicial[112], acompanhada da proteção ou da inviolabilidade dos representantes parla-

---

quer contratual. Tal exigência era incompatível com a natureza absoluta do Poder soberano – e "absoluto", não se pode esquecer afinal, advém de *"ad legibus solutus"*, "que está livre do Direito". Em 1920, ao publicar a sua *"Contribution à la Théorie Générale de l'État"*, R. CARRÉ DE MALBERG faz questão de salientar a justeza do pensamento de LAFERRIÈRE, reafirmando que não era a generalidade da lei, mas sim o poder ilimitado que ela representava, o que legitimava a irresponsabilidade do legislador (MALBERG, 1920, p. 215).

[112] O desprestígio do Poder Judiciário na França, visto como conservador e tradicionalista por influência das idéias nascidas da Revolução, é assinalado por PAUL DUEZ (1927, p. 81) ao mencionar que, em relação ao parlamento, os órgãos jurisdicionais ocupavam uma posição secundária. Observações semelhantes a respeito do antijudicialismo francês são encontradas em MORANGE (1962, p. 163), SENKOVIC (2000, p. 23) e, principalmente, BLANCO VALDES (1994, *passim*), em cujo texto transcreve elucidativas passagens colhidas dos anais das atividades parlamentares francesas, como, p. ex., o discurso do Deputado BARÈRE aos seus pares, pronunciado na sessão legislativa de 19 de junho de 1793: *"Creio que não deveis conservar em uma Constituição republicana uma instituição tão ridícula e funesta como a dos tribunais, que mantêm ao seu redor uma multidão de homens inimigos natos da sociedade e adversários constantes da liberdade"* (BLANCO VALDES, 1994, p. 107, trad. nossa). Para melhor se compreenderem as razões de tamanho desprezo, não se pode olvidar que, segundo a tradição absolutista, o Rei (infalível) era a fonte de toda Justiça, de cuja delegação os magistrados extraíam o seu poder – não é à toa que *"la cour"* é, ainda hoje, tanto o conjunto dos cortesãos do rei como uma denominação genérica para tribunal. A visão negativa do Poder Judiciário francês, tido como a "nobreza de toga", contrasta com aquela que possivelmente se tinha do mesmo poder na Prússia, onde a confiança popular depositada nos juízes deu origem à conhecida *"anedocte"* da querela entre um humilde moleiro de Potsdam e o rei Frederico II, o Grande, transmitido à posteridade pelos versos de FRANÇOIS ANDRIEUX sob o título de *"Le Meunier de Sans-Souci"* (ANDRIEUX, François. *Œuvres Choisies de Andrieux Précédées d'une Notice sur l'Auteur par Charles Rozan*. Paris: P. Ducrocq, p. 357-360, 1878).

mentares em um tempo em que a responsabilidade (*"pour faute"*) ainda tinha feições marcadamente subjetivas (SANTAMARÍA PASTOR,1972, p. 73). Não fosse assim, MICHOUD (1895, p. 254) não teria tido o cuidado de sublinhar que o legislador não comete *"pas de faute"*, no sentido jurídico do termo, ao ferir interesses privados mesmo de modo arbitrário, posto que a sua atividade legislativa não encontrava qualquer limitação de ordem legal ou constitucional na França – a responsabilidade do legislador seria, no máximo, de ordem puramente moral. A irresponsabilidade pessoal do parlamentar e a irresponsabilidade institucional do parlamento pareciam assim fundir-se de modo que constituíam ambas causa e conseqüência recíprocas.

Com o passar dos anos, sobretudo com o início do século XX, a doutrina absolutista da soberania do ato legislativo vai cedendo lugar a uma outra lógica discursiva: a da generalidade da lei, em que o Estado seria irresponsável não porque o parlamento tudo podia, mas porque a lei atingia a todos igualmente (TIRARD, 1906, p. 150). De fato, sublinhava BARTHÉLEMY (1907, p. 93) que a união entre soberania e irresponsabilidade estatais era um *"écho attardé"* das concepções de Direito Público anteriores à *"Revolution"* e, mais tarde, JÈZE (1945, p. 368) concluiria: *"c'est le droit divin du peuple substitué au droit divin des rois"*. Para BARTHÉLEMY, a lei, sendo geral e abstrata – norma e, não, ordem; *"constitutio"* e, não, *"actio"* –, apenas modificava o Direito objetivo, nunca se constituindo em atentado às relações jurídicas individuais – daí, em princípio, justificar-se a irresponsabilidade do legislador.

Com fundamento nesse raciocínio da generalidade do ato legislativo, BARTHÉLEMY (1907, p. 95-96) afirmaria, contestando MICHOUD, que haveria, sim, um Direito superior ao parlamento e que a ele se impunha; todavia, mesmo que uma lei fosse contrária a esse Direito superior, não haveria razão *a priori* para o pagamento de indenização ao particular lesado, pois a lei, por ser geral, infringiria o direito superior de modo igual para todos os cidadãos. Afora isso, não haveria jurisdição competente para declarar que uma lei seria contrária a esse Direito superior (BARTHÉLEMY, 1907, p. 95; e DUEZ, 1927, p. 81). Tanto MICHOUD (1895, p. 254) quanto BARTHÉLEMY (1907, p. 96-97) concordavam, porém, que era uma decisão do legislador, nunca do juiz, o pagamento de indenizações por danos decorrentes de leis – bastaria que a autoridade legislativa, analisando a qualidade das vítimas e do dano e as conseqüências financeiras da indenização, incluísse ou não, no texto legal, uma previsão expressa de compensação.

Entre as causas da substituição da soberania pela generalidade da lei como fundamento sobre o qual repousava a irresponsabilidade do Estado legislador, JÈZE (1945, p. 368) apontou a queda do prestígio agora do próprio parlamento francês.

As primeiras fraturas no princípio da irresponsabilidade do Estado legislador na França dão-se com o desenvolvimento da teoria distributiva da "igualdade perante os encargos públicos". Se a lei é um ato geral, genéricos também hão de ser os seus efeitos; logo, prejuízos excepcionais, individuais, causados pelas leis deveriam ser indenizados, a fim de se impedir assimetrias na repartição dos custos comuns da vida em sociedade. Seria contrário à solidariedade social que a vantagem de uns fosse alcançada em detrimento do patrimônio de outros, assim, uma vez produzido um dano particularmente oneroso a um concidadão, o patrimônio público teria por função compensá-lo pecuniariamente (SCELLE, 1913, p. 651).

O surgimento do princípio da *"egalité devant les charges publiques"*, na França, remonta ao texto do art. XIII da Declaração dos Direitos do Homem e do Cidadão[113], de 26 de agosto de 1789. De início, o sentido de sua hermenêutica era eminentemente fiscal – *"as 'charges' pensadas pelos revolucionários de 1789 eram sobretudo os impostos"* (CORREIA, 1998, p. 54) –, na direção de garantir uma certa isonomia tributária de acordo com as capacidades contributivas individuais e que se opusesse às injustiças e aos privilégios do sistema fiscal do Antigo Regime (DELVOLVÉ, 1969, p. 08; MEDEIROS, 1992, p. 240). É de salientar que a desigualdade tributária, que favorecia enormemente os fidalgos com vultosas isenções de impostos, era, apesar de disseminada na Europa, particularmente acentuada na França pré-revolucionária, daí se tentar pôr fim a tais privilégios por meio do princípio da *"egalité devant les charges publiques"* incluído no art. XIII da Declaração dos Direitos do Homem e do Cidadão, de 1789. Com o passar dos anos, porém, o princípio da igualdade perante os encargos públicos vai alargando o seu âmbito de aplicação até alcançar a seara do Direito Administrativo e da responsabilidade civil do Estado. A eqüidade – dar a cada um o que é seu – era, segundo BARTHÉLEMY (1907, p. 98), o motivo primeiro e o fundamento último do respeito a esse princípio em todas as suas vertentes – a fiscal e não só.

---

[113] *"XIII – Para manutenção da força pública e para os gastos de administração, uma contribuição comum é indispensável; ela deve ser igualmente repartida entre todos os cidadãos na razão das suas faculdades"* (apud DELVOLVÉ, 1969, p. 10, trad. nossa).

Note-se, no entanto, que a generalidade da lei ainda permaneceu como um dogma intangível, durante largo período: a "verdadeira" lei, a lei em sentido material, não dava ensejo a qualquer indenização, posto que era aplicada a todos indistintamente; apenas uma lei meramente formal e, portanto, carecedora de generalidade, seria capaz de ferir desigualmente situações jurídicas individuais. Dessa circunstância extraordinária e especialíssima poderia advir o direito à indenização. Essa breve mas esclarecedora passagem de Gaston Jèze (1907, p. 453) bem traduz esse posicionamento:

> *"(...) Uma das condições para que haja direito à indenização é que exista um prejuízo excepcional, isto é que um indivíduo determinado seja colocado por um ato fora das condições normais. O legislador não coloca jamais, através de um ato legislativo propriamente dito, um indivíduo determinado fora das condições normais, porque a lei tem por característica essencial ser geral e impessoal."* [114]

Um primeiro reflexo da concepção de responsabilidade do Estado legislador como desequilíbrio das cargas públicas entre os cidadãos foi a sedimentação jurisprudencial, a partir do final do século XIX, da teoria do *"fait du prince"* nas relações contratuais entre a Administração Pública e o particular, ou seja, o Estado deveria indenizar os seus contratados pelos desequilíbrios introduzidos nas suas relações contratuais em virtude da edição de leis novas, mesmo diante do silêncio do legislador. Fora dessa excepcionalidade nas relações contratuais, vigoraria ainda a irresponsabilidade estatal por fato da lei.[115]

---

[114] Trad. nossa do original francês: *"Or, une des conditions pour qu'il y ait droit à indemnité, c'est qu'il y ait un préjudice exceptionnel, c'est qu'un individu déterminé soit mis par un acte hors des conditions normales. Le législateur ne met jamais, par l'acte législatif proprement dit, un individu déterminé hors des conditions normale, puisque la loi a pour caractère essentiel d'être générale et impersonnelle".* Barthélemy (1907, p. 95-97) compartilha dessa mesma distinção entre lei formal e lei material para legitimar, a princípio e em tese, a pretensão ao pagamento de uma indenização. Todavia, com algum realismo, dá a entender que, de acordo com as circunstâncias fáticas do caso concreto, são difíceis de distinguir as hipóteses que merecem ou não indenizações por fato da lei (Barthélemy, 1907, p. 99-100).

[115] Duez, 1927, p. 97; Santamaría Pastor, 1972, p. 77; e Medeiros, 1992, p. 30. Em Portugal, embora Fézas Vital discordasse do princípio da igualdade perante os encargos públicos como fundamento da responsabilidade do Estado legislador (1916, p. 525), ele

Um segundo reflexo da idéia de responsabilidade do Estado legislador como desequilíbrio dos encargos públicos imputados aos cidadãos – agora nas searas doutrinária e extracontratual – viu-se na complexa teoria apresentada por Léon Duguit, em um artigo de 1910, posteriormente publicada no seu *"Traité de Droit Constitutionnel"*, de 1911. Revendo importantes precedentes doutrinários (Barthélemy, Teissier, Michoud, Lafferrière) e jurisprudenciais, Léon Duguit inicia esse percurso intelectual pela desconstrução do argumento da soberania do Poder Legislativo como fundamento da irresponsabilidade do Estado (Duguit, 1910, p. 639-640). A seguir, o ilustre professor da Universidade de Bordeaux estabelece uma dicotomia: o pagamento de indenizações aos particulares que, em virtude de uma situação fático-jurídica anterior, detinham um comércio ou uma indústria que veio a ser prejudicado ou proibido por uma lei nova – suportando um ônus específico e extraordinário –, deveria ser analisado à luz de duas situações distintas. E explicitou: de um lado, estavam aquelas atividades que a lei nova suprimiu ou restringiu por serem contrárias ao Direito ou aos interesses coletivos (passando a considerá-las ilícitas por motivo de saúde ou segurança públicas, por exemplo); de outro, estavam aquelas atividades que o Poder Público apenas interditou à iniciativa privada – monopolizando-as –, a fim de organizar de melhor forma a prestação do serviço público.[116]

Na primeira situação, quando o legislador proíbe, na totalidade, uma atividade antes permitida por considerá-la agora perigosa ou inadequada socialmente, Duguit acreditava ser indevida qualquer indenização ao particular sob os argumentos tanto da evolução do Direito[117] como da

---

reconhecia na cláusula *"rebus sic stantibus"* uma situação especial que validaria o direito à indenização do particular, cujo contrato com o Poder Público teve o seu equilíbrio rompido pela aplicação da lei nova (Vital, 1916, p. 277).

[116] Na verdade, a distinção feita por Duguit, que irá influenciar sobremaneira a doutrina e a jurisprudência francesas no futuro, resgata a que já havia sido estabelecida antes, ainda que de passagem, por Barthélemy (1907, p. 98), na direção de três hipóteses distintas: primeiro, quando o legislador suprime, em caráter geral e absoluto, certa atividade – e nesse caso não se há de falar em dano individual à vista da generalidade da norma –; segundo, quando o legislador apenas interdita certa atividade a uma parte das indústrias – caso em que, diante da desigualdade de situações criadas, pode haver uma compensação; e terceiro, quando o legislador estabelece um monopólio estatal e, nesse quadro, é justo que enriquecimento do patrimônio do Estado promova a compensação dos prejudicados.

[117] *"Com efeito, o Direito não é um conjunto de princípios absolutos e imutáveis, mas ao contrário um agregado de regras mutáveis, variáveis com o tempo. (...) Quando*

falta de um fundamento lícito para o pagamento da pretensa indenização[118]. Hipótese distinta – e, exatamente por isso, geradora de uma obrigação de indenizar os particulares excepcionalmente prejudicados – seria, conforme o professor francês, aquela em que o legislador declara o monopólio estatal de uma atividade econômica, apenas, para que a Administração Pública preste de modo mais eficiente um certo serviço público. Nesse caso, não haveria uma atividade contrária ao Direito, tanto assim que o Estado continuaria a exercê-la monopolisticamente. Assim, seria justo que a *"caisse collective"* suportasse as conseqüências dessa interdição (DUGUIT, 1910, p. 644)[119], mesmo quando o legislador não se tivesse expressamente referido à concessão de indenizações.[120]

Ao inventariar opiniões contrárias à sua, DUGUIT concluiu: *"Malgrado estas autoridades, nós julgamos que uma indenização é devida na*

---

uma lei nova vem a proibir [algo antes permitido], aqueles que se beneficiaram da legislação anterior não poderão queixar-se da mudança, pois a lei nova apenas faz constatar a evolução do Direito" (DUGUIT, 1910, p. 641-642, trad. nossa).

[118] *"Se tal ou tais atos são proibidos porque eles são declarados contrários ao Direito, não é duvidoso, a nosso ver, que nenhuma indenização deva ser reservada. O legislador, ao adotar essa interdição apenas faz formular uma regra de direito, e o patrimônio público não pode ser chamado a suportar as conseqüências de uma responsabilidade que não tem qualquer base"* (DUGUIT, 1910, p. 641, trad. nossa).

[119] Uma criativa argumentação em contrário é encontrada em VITAL (1916, p. 518).

[120] Muitos anos mais tarde, essas idéias de DUGUIT influenciariam sobremaneira MAURICE HAURIOU (1923, p. 41-42), ao comentar o acórdão *Société Premier et Henry*, do Conselho de Estado. Para HAURIOU, seria possível que, em alguns casos, as circunstâncias recomendassem o pagamento de indenizações para se cobrirem prejuízos decorrentes de leis, mesmo diante do silêncio do legislador. Como no caso de uma lei que, p. ex., beneficiasse a Administração com um enriquecimento sem causa, após o estabelecimento de um monopólio. Nenhuma circunstância no acórdão comentado, porém, fazia legitimar uma indenização. No caso, a lei francesa de 16 de março de 1915 proibira a fabricação do absinto, bebida prejudicial à saúde pública, não prescrevendo qualquer indenização aos industriais prejudicados. Uma lei posterior, do dia 29 do mesmo mês, ainda impôs que os fabricantes declarassem às autoridades francesas os seus estoques de absinto para poderem, no futuro, ser indenizados – desde que uma nova lei eventualmente assim dispusesse. Inconformada com a solução legislativa, a *Société Premier et Henry*, fabricante do absinto, pleiteou uma indenização pelos prejuízos decorrentes da proibição. Entre outras razões adotadas pelo Conselho de Estado para negar a indenização, constavam a ofensa à saúde pública pelo absinto, a generalidade da interdição prescrita, a inexistência de qualquer relação contratual entre o Estado e a sociedade demandante e, finalmente, a ausência de uma lei que autorizasse expressamente a compensação (*Conseil d'État, affaire Société Premier et Henry*, de 29 de abril de 1921, *Recueil Général des Lois et des Arrêts – Rec. Sirey*, III parte, p. 41-42, 1923, trad. nossa).

hipótese em que nós nos achamos e que os tribunais serão certamente competentes para decidir esta questão da indenização." E vaticinou o que só viria a acontecer vinte e oito anos mais tarde: *"Com a tendência atual de rejeitar a noção caduca de irresponsabilidade da pessoa pública, nós estamos convencidos de que, num futuro bem próximo, o Conselho de Estado admitirá essa solução"* (DUGUIT, 1910, p. 646-647, trad. nossa).

Esse era, sem dúvida, o ponto mais inovador e polêmico do artigo do professor de Bordeaux: mesmo diante do silêncio do legislador, DUGUIT declarava que os juízes poderiam julgar procedentes as demandas de indenização relacionadas a prejuízo ocasionado pela aplicação individual de uma lei. Advertia, contudo, que a questão a ser apreciada pelos tribunais não era a de saber se a lei violava ou não o Direito superior ao legislador, o Direito Constitucional, mas sim e apenas se a aplicação individualizada da lei ocasionou um prejuízo grave e excepcional a um determinado particular (DUGUIT, 1910, p. 648) – a validade da lei era inquestionável, apenas os seus efeitos poderiam ser discutidos.

Em dois artigos publicados, alguns anos mais tarde, que tratavam das vultosas nacionalizações de seguros na Itália (com o *"Istituto Naziolane de Assicurazioni"*, criado pela Lei de 04 de abril de 1912) e no Uruguai (com o *"Banco de Seguros del Estado"*, criado pela Lei de 26 de dezembro de 1911), o publicista francês GASTON JÈZE retornaria àquela distinção entre atividades ilícitas e lícitas (aqui incluídos os monopólios) encontrada em BARTHÉLEMY e DUGUIT (JÈZE, 1912, p. 444) e, no intuito de restringir as possibilidades de indenização, subdividiria os monopólios estatais em financeiros (cujo objetivo principal era a obtenção de receitas públicas), administrativos (cuja finalidade precípua era a melhora de um serviço de interesse público) e mistos (que uniam ambos os escopos) (JÈZE, 1912, p. 446). Segundo JÈZE, era evidente que as características do monopólio estabelecido teriam influência sobre a possibilidade de reconhecimento ou não – por via legislativa, nunca judicial[121] – de uma responsabilidade pública: apenas na instituição de monopólios financeiros, o legislador poderia conferir indenizações aos particulares. Confrontado com o argumento de que a monopolização estatal de um comércio ou uma indústria, mesmo que pelo bem de uma comu-

---

[121] JÈZE discordaria frontalmente de DUGUIT, quanto à possibilidade de uma decisão judicial *contra legem* ou *praeter legem*, a respeito da concessão de indenizações (JÈZE, 1912, p. 438-439).

nidade (monopólio administrativo), poderia implicar de fato num prejuízo excepcionalmente grave para os que se dedicavam àquele comércio ou àquela atividade – uma desigualdade perante os encargos públicos – GASTON JÈZE aduziu que a lei que criava e organizava um monopólio estatal era uma lei material e, portanto, uma regra geral e impessoal que a todos se impunha sem distinções, logo incapaz de, juridicamente, produzir prejuízos excepcionais (JÈZE, 1912, p. 443-444 e 447). E completou:

> "A verdade é que, se houver situações de fato relevantes, o legislador prescreverá prudentemente os abonos. Mas isso não lhe constitui um dever jurídico; é uma questão deixada à discricionariedade, à generosidade dos governantes."[122]

Fiel a este raciocínio e ao que já expusera no seu mencionado artigo de 1907, JÈZE escreveu que, aos nacionais italianos e uruguaios prejudicados pelas nacionalizações não seria devida qualquer indenização diante da negativa ou do silêncio da lei local (JÈZE, 1912, p. 438-439, e 1913, p. 60). Para os nacionais, a questão resumir-se-ia à vontade soberana do legislador dentro do território nacional, positivada em um texto normativo. Quanto às companhias estrangeiras lesadas pela instituição daqueles monopólios, GASTON JÈZE mencionou que, do ponto de vista estritamente jurídico, os Estados italiano e uruguaio não estavam juridicamente obrigados a lhes reparar os prejuízos causados, a menos que existisse qualquer tratado ou acordo diplomático que estipulasse o pagamento de indenizações (JÈZE, 1912, p. 499-450, e 1913, p. 60).

Ao abordar igualmente a questão da responsabilidade estatal decorrente da instituição do monopólio dos seguros no Uruguai, GEORGES SCELLE reconheceu não apenas a precariedade de dois argumentos clássicos para a irresponsabilidade do legislador (a soberania e a ausência de "faute") como também o fato de que as noções de desigualdade perante os encargos públicos e de desvio de poder legislativo deveriam, com o tempo, aumentar a base de responsabilidade do Estado (SCELLE, 1913, p. 650-651 e 656). Contudo, concluiu que, àquela altura, exceto nos

---

[122] JÈZE (1912, p. 448) trad. nossa: *"La vérité, c'est que, s'il y a des situations de fait intéressantes, le legislateur fera sagement de prescrire des allocations. Mais ce n'est pas pour lui un devoir juridique; c'est une question laissée à la discrétion, à la générosité des gouvernants."*

países que admitissem julgamentos com base na eqüidade, era difícil ao juiz nacional substituir-se ao legislador para conceder ao particular uma indenização não prevista no texto de uma norma positiva (SCELLE, 1913, p. 663 e 665). E lamentou:

> *"Admito que é deplorável que seja assim, que isso reduz a função jurisdicional a uma simples função de registro, constituindo uma 'fase preparatória da execução', e que será infinitamente mais harmonioso e mais proveitoso à segurança e ao equilíbrio da sociedade ver os titulares das diferentes funções sociais em posição de se controlar uns aos outros e de assegurar reciprocamente o respeito às suas respectivas competências."*[123]

Ao contrário de JÈZE, ressalvou todavia o professor da Universidade de Dijon que, do ponto de vista do Direito Internacional, seria legítimo o pagamento de indenizações aos estrangeiros lesados pela instituição do monopólio no Uruguai, mesmo diante da ausência de qualquer tratado ou acordo diplomático que obrigasse à responsabilização pecuniária, afinal, as limitações do juiz nacional não tocavam o Estado uruguaio no plano internacional (SCELLE, 1913, p. 665-666). As suas razões: ao propor uma releitura de DUGUIT, SCELLE estabeleceu uma distinção entre leis normativas (principiológicas) e leis construtivas (executiva dos princípios postos pelas leis normativas) e concluiu que estas últimas, por serem assemelhadas aos regulamentos administrativos, poderiam causar prejuízos excepcionalmente graves a determinados particulares, o que conferiria legitimidade a uma pretensão de responsabilidade do legislador pelos não nacionais (SCELLE, 1913, p. 660-662).

Com a publicação da *"Contribution à la Théorie Générale de l'État"*, de CARRÉ DE MALBERG, a soberania, depois de muitos anos, retornou ao núcleo da argumentação em favor da irresponsabilidade do Estado na França. Para ele, a verdadeira legitimação da irresponsabilidade estatal assentava-se no poder ilimitado atribuído ao parlamento pela Constituição francesa (MALBERG, 1920, p. 215, e 2001, p. 208).

---

[123] SCELLE (1913, p. 664), trad. nossa: *"J'admet qu'il est déplorable qu'il en soit ainsi, que cela réduit la fonction juridictionnelle à une simple fonction d'enregistrement, en fait une 'phase préparatoire de l'exécution', et qu'il serait infiniment plus harmonieux et plus profitable à la sécurité et à l'equilibre de la societé, de voir, les titulaires des différentes fonctions sociales en position de se contrôler les uns les autres et d'assurer réciproquement le respect de leurs compétences respectives."*

Com uma ordem de argumentos distinta, outro crítico da responsabilidade do Estado legislador foi PAUL DUEZ que, ao dar a público uma monografia sobre o tema, em 1927, perfilhou a tese de que uma lei nunca seria capaz de romper o equilíbrio perante as cargas públicas, posto que o possível prejuízo por ela ocasionado não seria anormal, excepcional nem tampouco especial, mas, ao contrário, a mudança da legislação seria, com efeito, um fenômeno jurídico normal, genérico e corrente na vida social; logo, sendo o ato legislativo essencialmente modificável e impessoal, inexistiria direito adquirido a qualquer regime jurídico mais favorável (DUEZ, 1927, p. 105-106). Diversos argumentos em contrário à distinção entre *"lois normatifs"* e *"lois constructifs"* e à possibilidade de qualquer uma delas dar ensejo à responsabilidade estatal também foram levantados por PAUL DUEZ (1927, p. 110-111). Do ponto de vista da política legislativa, porém, concordou DUEZ que o legislador deveria conceder indenização ao particular lesado pela constituição de monopólios estatais sob o argumento de que tais monopólios equivaleriam, de modo muito próximo, a atos expropriatórios (DUEZ, 1927, p. 112).

As linhas argumentativas trazidas à colação até o momento apenas resumem os principais pontos de uma longa e frutífera discussão francófona que resultou, nas duas primeiras décadas do século XX, na publicação de diversas teses sobre a responsabilidade do Estado legislador. Nesse sentido, são bastante enriquecedoras e elucidativas as muitas referências bibliográficas mencionadas por PAUL DUEZ (1927, p. 90) e SANTAMARÍA PASTOR (1972, p. 78) sobre o tema da responsabilidade do Estado por atos legislativos na França daquele período.

Em que pese todo esse profícuo debate doutrinário, durante muito tempo a jurisprudência francesa ainda negou a responsabilidade do Estado legislador diante do silêncio da lei, tanto assim que DUEZ, já no final da década de 1920, via com pessimismo a possibilidade de uma alteração no rumo da jurisprudência do Conselho de Estado: *"não há esperança de se ver desenvolver na jurisprudência a responsabilidade do ente público em razão da emissão de leis materiais"* (DUEZ, 1927, p. 101, trad. nossa). É, apenas, a partir dos últimos anos da década de 1930 que se verifica um ponto de viragem notável na jurisprudência do *Conseil d'État* sobre a irresponsabilidade do Estado legislador, seguindo os passos que a doutrina iniciara nas duas décadas anteriores.

Um século após o *affaire Duchatellier*, de 11 de janeiro de 1838, o *Conseil d'État* editou o célebre *arrêt La Fleurette*, de 14 de janeiro de 1938, em que reconheceu expressamente, pela primeira vez, o direito à indenização do particular em virtude da responsabilidade do Estado legislador, mesmo na hipótese de silêncio da lei sobre a reparação financeira. No recurso que deu origem ao acórdão, a *"Societé Anonyme de Produits Laitiers La Fleurette"* pretendia uma indenização do Estado francês (Ministério da Agricultura), em virtude da Lei de 29 de junho de 1934, que dispunha sobre a proteção da indústria francesa de laticínios, ter proibido a fabricação e o comércio de um creme sucedâneo do similar lácteo, produzido com exclusividade pela demandante sob o nome de *"Gradine"* (sem desobediência a quaisquer exigências de higiene ou saúde pública!), causando-lhe graves prejuízos. Embora a referida lei fosse silente quanto ao pagamento de indenizações, entendeu o Conselho de Estado que nada, nem no texto mesmo da lei ou nos seus trabalhos preparatórios nem no conjunto das circunstâncias do caso, permitia pensar que o legislador pretendia fazer com que a interessada suportasse um encargo que, normalmente, não lhe incumbiria. E, invertendo o entendimento até então dominante e contrariando a expressa opinião do Comissário do Governo constante dos autos, assim ementou o seu acórdão:

> *"RESPONSABILIDADE DO ENTE PÚBLICO, RESPONSA-BILIDADE DO ESTADO LEGISLADOR, LEI, INTERESSE GERAL, PARTICULARES, ENCARGO ANORMAL, RESTRIÇÃO OU SUPRESSÃO DE UMA ATIVIDADE, INDENIZAÇÃO, FABRICA-ÇÃO DE UM PRODUTO LÁCTEO DE FANTASIA (...). Quando uma lei impõe a um particular um encargo que, criado por um interesse geral, não lhe incumbe normalmente, é pela coletividade que aquele encargo deve ser suportado, enquanto nada, nem no texto da lei, nem nos trabalhos preparatórios, nem nas circunstân-cias de fato, não permitir pensar que o legislador tenha entendido fazê-lo assumir pelo particular (...); Assim, uma sociedade que a interdição editada pelo art. 1.º da lei de 29 de junho de 1934, sobre a proteção dos produtos lácteos, obrigou a parar de fabricar o produto que ela explorava anteriormente está legitimada a deman-dar do Estado uma indenização em reparação do prejuízo por ela suportado, enquanto não seja alegado que esse produto representa um perigo à saúde pública; (...)."* [124]

---

[124] *Conseil d'État, affaire La Fleurette*, de 14 de janeiro de 1938, *Recueil Dalloz*, III parte, p. 41-46, 1938 (trad. nossa: *"RESPONSABILITÉ DE LA PUISSANCE PUBLIQUE, RESPONSABILITÉ DE L'ÉTAT LÉGISLATEUR, LOI, INTERÊT GENERAL,*

Através dessa mesma deliberação, o Conselho de Estado denegou a pretensão da *Compagnie Générale de la Grande Pêche* em ser indenizada pelo Estado francês, em razão de o decreto de 09 de abril de 1935 ter dificultado a exportação fraudulenta de bebidas alcoólicas aos Estados Unidos a fim de, a pedido desse mesmo país, evitar o contrabando durante a "Lei Seca". Alegou a *Compagnie Générale de la Grande Pêche* que uma filial sua, a *Societé d'Importation et d'Exportation*, foi impedida, pela nova medida legislativa, de exportar uma quantidade considerável de bebida espirituosa através das ilhas de *Saint-Pierre* e *Miquelon*, trazendo-lhe considerável prejuízo. No corpo do acórdão, porém, o Conselho de Estado fez constar que excepcionavam a responsabilidade do Estado legislador que acabara de reconhecer no *affaire La Fleurette* as noções de interesse superior e de moralidade pública em nome das quais certa medida fora tomada (*Recueil Dalloz*, III parte, p. 44, 1938).

Com essa decisão, o Conselho de Estado resgatou a distinção entre atividades ilícitas e lícitas encontrada em BARTHÉLEMY e DUGUIT, e indicou uma linha teórica de grande estabilidade no futuro: para a indenização, exige-se que o interesse particular afetado seja, pelo menos, tão relevante quanto o bem jurídico visado pela norma que o afetou. Daí, serem excluídas, prontamente, de quaisquer hipóteses indenizatórias as condutas privadas que contrariem a saúde pública, os bons costumes, a moralidade pública ou a defesa nacional.

Por meio das decisões *La Fleurette* e *Compagnie Générale de la Grande Pêche*, o Conselho de Estado pareceu ter rascunhado as linhas de força que passariam a balizar, a partir de então, o sistema francês de indenizações pelo fato da lei, quais sejam (ROLLAND, 1938, passim):

PARTICULIERS, CHARGE ANORMALE, RESTRICTION OU SUPRESSION D'UNE ACTIVITÉ, INDEMNITÉ, FABRICATION D'UN PRODUIT LAITIER DE FANTAISIE [...] Lorsqu'une loi impose à une particulier une charge que, crée dans un intérêt général, ne lui incombe normalement, c'est par la collectivité que cette charge doit être supportée, alors que rien, ni dans le texte de la loi, ni dans les travaux préparatoires, ni dans les circonstances de fait, ne permet de penser que le législateur ait entendu la faire assumer par ce particulier [...]; Ainsi, une société que l'interdiction édictée par l'art. 1er de la loi du 29 juin 1934, sur la protection des produits laitiers, a mise dans l'obligation de cesser de fabriquer le produit qu'elle exploitait antérieurement, est fondée à demander à l'État une indemnité en reparation du préjudice par elle subi, alors qu'il n'est pas allégué que ce produit présentait un danger pour la santé publique"). É de se notar que, tanto quanto no *arrêt Duchatellier*, de 1838, a lei em questão no *affaire La Fleurette* também se tratava de uma norma de intervenção do Estado na economia.

1) O princípio da indenização passava a ser a regra, contudo, admitia exceções (superior interesse ou moralidade pública) que poderiam ser inferidas do texto legal, dos trabalhos legislativos preparatórios ou das circunstâncias do caso. Uma vez mais, caberia ao juiz perquirir a vontade do legislador – a quem incumbia a última palavra sobre a indenização do encargo que caberia ao particular[125].

2) Nas hipóteses de interdição ou restrição de atividades por violações à higiene coletiva, à moralidade pública ou à defesa nacional, o direito à indenização seria atenuado ou mesmo desapareceria (hipótese extraída do julgamento do acórdão *Compagnie Générale de la Grande Pêche*).

3) O silêncio da lei já não bastava para privar do direito à indenização as pessoas que haviam sofrido um prejuízo excepcional com a entrada em vigor da lei nova. Ou melhor, a interpretação a ser emprestada ao silêncio do legislador era agora positiva.

4) Para configurar o direito à indenização, haveria de ser comprovado que o prejuízo sofrido pelo particular fora direto, anormal, especial e excepcional, ou seja, além de não configurada a expressa negativa do legislador quanto à indenização (excludente da responsabilidade), seria necessário demonstrar ainda a desigualdade perante os encargos públicos através de um dano líquido e certo ao patrimônio do particular.

5) O *"principe de l'egalité des individus devant les charges publiques"* foi alçado à condição de pedra angular do sistema francês de responsabilidade do Estado legislador. A lei, escapando a quaisquer espécies de controle de validade pelo juiz francês, obviamente, não poderia dar lugar a uma *"responsabilité pour faute"*[126], ou seja, a uma responsabilidade por ato ilícito. Desse modo, a introdução do *"principe de l'egalité des individus devant les charges publiques"* adequou-se perfeitamente ao fundamento de uma responsabilidade "objetiva" do Estado pelo fato das leis na França[127].

---

[125] Diante desse fato, JÈZE (1945, p. 375) chega a afirmar a inexistência de contradições entre os acórdãos *La Fleurette* e *Duchatellier*. Muitos anos depois, GOHIN (1998, p. 601) também endossaria essa mesma crítica.

[126] Nesse mesmo sentido, CHAUMONT, 1940, p. 205; JÈZE, 1945, p. 370; CORREIA, 1998, p. 159; GOHIN, 1998, p. 597; SENKOVIC, 2000, p. 35; e CHAPUS, 2001, p. 1380, entre outros.

[127] Ora, a tradição político-constitucional pós-revolucionária francesa, que sempre tendeu a emprestar maior destaque ao papel social do parlamento, procurou distinguir

6) Tendo a indenização como fundamento o princípio da igualdade perante os encargos públicos, ela seria devida tanto nas hipóteses de prejuízos decorrentes de uma lei como nos casos de danos advindos de outras espécies normativas (regulamentos, decretos etc.)[128].

O regime jurídico de responsabilidade moldado pelo *affaire La Fleurette*, por conseguinte, encontrava o seu lugar na justaposição da *"voluntas legislatoris"* à igualdade perante as cargas públicas. Aliás, essa recorrente dependência à vontade do parlamento (explícita no texto da lei ou implícita nos trabalhos legislativos preparatórios ou nas circunstâncias do caso) constituía mesmo uma peculiaridade da gramática jurisprudencial adotada pelo Conselho de Estado quanto à responsabilidade do Estado legislador (CHAPUS, 2001, p. 1374).

As censuras a esse regime jurídico de responsabilidade do Estado legislador, em que o autor do dano (o legislador) ainda poderia subtrair-

---

com clareza as ações de responsabilidade do Poder Legislativo, decididas em sede de contencioso administrativo, das ações de controle de constitucionalidade da lei, em que a verificação da compatibilidade supralegal das normas infraconstitucionais só foi admitida sob o modelo do controle concentrado, político e *a priori* do *Conseil Constitutionnel* (criado apenas com a Constituição de 1958). Dessa fratura, entre os exames de (supra)legalidade e responsabilidade, nasceu o *topos* privilegiado ocupado pela *"egalité devant les charges publiques"* na fundamentação da responsabilidade do Estado pelo fato das leis: *"É que* faute *equivale a ilicitude, e o conceito de ilícito legislativo é, em França, inconcebível"* (CORREIA, 1998, p. 159). Na França, inexistindo limites à atividade legislativa, o juiz não pode tratar o legislador como sendo o autor de uma irregularidade, logo, qualquer tentativa de responsabilidade *"pour faute"* restaria ilógica nessa seara. Além do mais, em decorrência da inscrição do princípio da igualdade perante os encargos públicos no art. XIII da Declaração dos Direitos do Homem e do Cidadão de 1789, como já foi dito acima, a responsabilidade do Estado legislador também passou a ser vista como um corolário dos direitos do homem. Essa segunda implicação é inferida dos argumentos oferecidos por BOULET-SAUTEL (1989, p. 90) na linha da aproximação entre responsabilidade do Estado e direitos do homem.

[128] Da mesma opinião comunga CORREIA (1998, p. 160). Especificamente, quanto aos atos normativos infralegais (decretos, regulamentos etc.), LOUIS ROLLAND (1938, p. 43) anotou que, ao contrário do legislador e dos textos legais, a autoridade administrativa e o seu poder de regulamentar não detinham o condão de afastar a aplicação do princípio da igualdade perante os encargos públicos e estipular em um ato administrativo danoso o não-pagamento de indenizações. *His verbis: "L'auteur du règlement peut-il écarter implicitement ou explicitement le droit à indemnité? Au premier abord, la négative semble s'imposer. Le principe de l'égalité devant les charges publiques peut être écarté par le Parlement. Le même pouvoir n'appartient certainement pas à l'auteur d'une décision administrative".*

-se da obrigação da reparação por decisão própria, não foram poucas. Bastante crítico em relação ao caráter "revolucionário" do *arrêt La Fleurette*, CHAUMONT (1940, p. 202) afirmou que o acórdão de 1938 baseava-se em elementos hermenêuticos já encontrados na jurisprudência anterior, nomeadamente, a manifestação de vontade contida na lei (p. 207), a generalidade da norma legal (p. 210) bem como os motivos e fins da lei (p. 217). Ressaltou também CHAUMONT (1940, p. 207) que, com a edição do acórdão *La Fleurette*, houve apenas uma inversão do valor atribuído ao silêncio do legislador – a sua vontade expressamente contida na lei, permitindo ou proibindo indenizações, continuava inquestionável desde 1838. Ademais, salientou que os prejuízos causados pela Lei de 29 de junho de 1934 à *Societé Anonyme de Produits Laitiers La Fleurette* foram apreendidos pelo juiz administrativo, ao contrário do que ocorrera até então, como suficientemente excepcionais e graves para serem suportados individualmente (CHAUMONT, 1940, p. 212). Enfim, manifestou que o acórdão de 1938 representou, simplesmente, o primeiro caso jurisprudencial de inadequação entre a finalidade e os motivos de uma lei (*in casu*, a lei visava proteger os interesses individuais anônimos da indústria de laticínios ao preço da ruína de um interesse particular), daí, a responsabilização do Estado (CHAUMONT, 1940, p. 217). Por tudo isso, ou seja, por ter-se fundamentado em princípios hermenêuticos de uso já corrente nos julgamentos do Conselho de Estado há anos, entendeu CHAUMONT que, menos do que uma revolução, o *arrêt La Fleurette* foi, sim, uma evolução do acervo jurisprudencial anterior.

Numa linha argumentativa semelhante, outro dos grandes críticos do acórdão *La Fleurette* foi G. MORANGE que, em um artigo provocativamente intitulado de *"L'Irresponsabilité de l'État Législateur"*, de 1962, ponderou que o *arrêt* de 1938 havia construído na verdade uma "pseudo-responsabilidade" do Estado legislador, dado que apenas limitou, do ponto de vista prático, a irresponsabilidade – mantida em princípio – através do apelo à noção pouco clara de "ilegitimidade", que motivara a rejeição da indenização no caso *Compagnie Générale de la Grande Pêche* (MORANGE, 1962, p. 163-164).

Se, do ponto de vista doutrinário, as críticas ao regime jurídico da responsabilidade do Estado legislador abundaram, do ponto de vista prático, ou seja, da efetiva reparação financeira dos danos causados pelo Estado pelo fato da lei a particulares, a aproximação entre *"voluntas legislatoris"* e *"egalité devant les charges publiques"* foi incapaz de facilitar o pagamento de indenizações, dado o desvelo com que a alta corte administrativa francesa examinava o texto legal, os trabalhos legislativos preparatórios, as circunstâncias de fato, a importância dos danos alegados e a natureza do prejuízo no intuito de, ao comparar os interesses particulares afetados e os bens jurídicos protegidos pela nova legislação, não conceder as indenizações. Prova disso é que, conquanto tenha julgado inúmeras ações de responsabilidade à luz do *affaire La Fleurette* nos anos que se seguiram, em apenas três[129] casos o Conselho de Estado concedeu a indenização pretendida, nomeadamente no acórdão *Caucheteux et Desmont*[130] (1944), no acórdão *Bovero*[131] (1963) e no acórdão *Ministre de la Culture et de la Communication c/ Compagnie d'Aménagement et de Promotion Imobilière – CAPRI*[132], de dezembro de 1981.[133]

---

[129] Cf. GOHIN, 1998, p. 601. CORREIA (1998, p. 154), ao contrário, fala apenas em duas decisões favoráveis.

[130] *Conseil d'État, affaire Caucheteux et Desmont*, de 21 de janeiro de 1944, *Recueil Dalloz*, p. 65, 1944. Nesse processo, tratava-se de um pedido de indenização contra o Estado decorrente dos graves prejuízos que uma lei de intervenção econômica trouxera a um fabricante de glucose pela redução legal do percentual de uso daquele produto na indústria cervejeira (de 30% para 15%), em nome da proteção dos produtores de cereais (lúpulo e cevada), cujas quantidades deveriam ser majoradas na fabricação de cerveja.

[131] *Conseil d'État, affaire Bovero*, de 25 de janeiro de 1963, *L'Actualité Juridique Droit Administratif*, II parte, p. 124, fevereiro de 1963. Diferentemente dos julgados anteriores sobre a responsabilidade do Estado legislador, as circunstâncias de fato do *arrêt Bovero* não diziam respeito a quaisquer medidas de política econômica governamental. Veja-se: através de uma sentença transitada em julgado, o Senhor Bovero obtivera uma decisão de despejo de um apartamento de sua propriedade contra a família Chabance, cujo pai era um militar francês em serviço na Argélia. A sentença não pôde ser executada, porém, em virtude de uma anterior *ordonnance* com força de lei que proibia a expulsão de seus alojamentos de todos os militares (e suas famílias) que prestassem serviço no norte da África. Considerando que os prejuízos causados pela *ordonnance* constituíam um encargo especial em relação aos encargos normais suportados pelo conjunto dos proprietários de habitações alugadas a terceiros, o Conselho de Estado entendeu, diante do silêncio do texto normativo, ser devida ao Senhor Bovero uma indenização.

[132] *Conseil d'État, affaire Ministre de la Culture et de la Communication c/ Compagnie d'Aménagement et de Promotion Imobilière – CAPRI*, de 18 de dezembro de 1981, *L'Actualité Juridique Droit Administratif*, a. 38, p. 261-263, abril de 1982, *Recueil Dalloz Sirey de Doctrine, de Jurisprudence et de Législation – Sommaires Commentés*, p. 134-135, 1983. Da leitura do precedente colhe-se que a empresa CAPRI fora beneficiada com uma regular "permissão de construir" sobre um grande terreno privado no bairro de *la Balance*, no centro da cidade de *Avignon*. Dois meses após a abertura do canteiro, foram descobertos pela empresa alguns vestígios arqueológicos, cujo achamento foi devidamente comunicado às autoridades culturais francesas. A fim de proceder às necessárias escavações e pesquisas arqueológicas, as autoridades públicas fecharam o canteiro de obras da CAPRI durante quarenta dias, nos termos da Lei de 27 de setembro

À primeira impressão, pareceu que o afinco do julgador na busca da convergência entre a *"voluntas legislatoris"* e a *"egalité devant les charges publiques"* havia chegado ao fim com a edição, em 1963, do *arrêt Bovero*, quando o Conselho de Estado deixou de perscrutar a vontade implícita do legislador enquanto elemento essencial na concessão de indenizações por prejuízos decorrentes da aplicação de uma lei nova. Nesse sentido, acode plena razão a SANTAMARÍA PASTOR (1972, p. 94) quando afirma que a importância do *arrêt Bovero* está muito mais no que deixou de dizer do que naquilo que, de fato, disse, ou seja, *"na omissão de toda referência à vontade do legislador como* ratio decidendi *da reclamação"* (trad. nossa).

No acórdão *Bovero*, o núcleo da responsabilidade do Estado legislador foi ocupado, isoladamente, pelo princípio da igualdade perante os encargos públicos. Desse modo, para o futuro, a tendência jurisprudencial mais plausível apontava na seguinte direção: se, ao abrigo das teses contidas no acórdão *La Fleurette*, o demandante tinha que provar que o legislador não pretendera excluir o seu direito à indenização, a

---

de 1941, então em vigor. Após a reabertura do canteiro, a empresa CAPRI, que voluntariamente aceitara a interrupção dos seus trabalhos e a realização das escavações, demandou, sem sucesso, uma indenização contra o Estado pelo tempo que estivera impossibilitada de dar continuidade às suas obras. Alegou o Ministro da Cultura e das Comunicações que a citada Lei de 27 de setembro de 1941 havia silenciado quanto à previsão de ressarcimento para aquela hipótese e, portanto, a vontade do legislador era de excluir qualquer indenização. Ao apreciar o caso, entendeu o Conselho de Estado, todavia, que o silêncio do legislador não revelava qualquer intenção sua de afastar uma indenização, mas, antes, obrigava o juiz administrativo a aplicar o regime de responsabilidade pública, segundo o qual, se reconhece o direito à indenização a todo aquele que suporta, pelo fato da aplicação de uma lei, um prejuízo anormal e especial.

[133] Destoando do que disseram MORANGE (1962, p. 165), DELVOLVÉ (1969, p. 239), MEDEIROS (1992, p. 34) e CORREIA (1998, p. 152), o professor espanhol SANTAMARÍA PASTOR (1972, p. 96) coloca também o *arrêt Lacombe*, de 1961, como outro dos poucos acórdãos em que o Conselho de Estado reconheceu a um particular um direito de indenização contra o Estado legislador à luz do *affaire La Fleurette*. Ao ler-se o texto do acórdão *Lacombe*, constata-se, porém, que o Conselho de Estado indeferiu a pretensão indenizatória do autor sob o argumento da inexistência de um prejuízo inequívoco. Com efeito, a grande valia do *arrêt Lacombe* centra-se no fato de constar expressamente do seu texto que a responsabilidade do Estado legislador é, em princípio, suscetível de ser reconhecida com fundamento no princípio da igualdade perante os encargos públicos (*Conseil d'État, affaire Lacombe*, de 01 de dezembro de 1961, *Recueil Dalloz*, p. 89-93, 1962). Essa mesma observação acerca do acórdão *Lacombe* é sublinhada por DELVOLVÉ (1969, p. 239).

partir do acórdão *Bovero*, a produção de um dano particular e excepcional por um ato normativo passaria a ter como regra geral a obrigação de indenização, salvo se o legislador houvesse *expressamente* afastado esse direito no texto legal – numa situação exatamente inversa àquela do *affaire Duchatellier*, de 11 de janeiro de 1838, em que o silêncio do legislador era interpretado negativamente (SANTAMARÍA PASTOR, 1972, p. 94). Numa aproximação muito clara entre a teoria do risco e a responsabilidade pelo fato das leis, o acórdão *Bovero* dera sinais de que a vontade implícita do legislador – inferida do conjunto do texto legal, dos trabalhos legislativos preparatórios ou das circunstâncias do caso – não voltaria a ser perquirida.

Todavia, depois de 1963, este não foi o caminho palmilhado na *"démarche"* da jurisprudência do Conselho de Estado. A bem da verdade, pôde-se mesmo constatar, a partir de então, um retorno do *"acquis"* jurisprudencial francês às tentativas de harmonização da *"voluntas legislatoris"* à igualdade perante as cargas públicas, com um notável privilégio em favor da primeira – retomando-se, dessa maneira, o regime jurídico delineado no *arrêt La Fleurette* (1938), em que o autor do dano, o legislador, poderia subtrair-se da "obrigação" (?) da reparação por uma decisão própria, ainda que essa fosse uma decisão não explícita no texto legal. Uma vez mais, caberia ao juiz administrativo revelar a vontade do legislador – a quem incumbia, desde o século XIX, a última palavra sobre a indenização do particular –, a respeito do conflito entre os interesses particulares afetados e os bens jurídicos privilegiados pela nova legislação. Desde então, para que se configurasse a responsabilidade do Estado francês fato da lei era necessária a presença simultânea de duas condições: (1.°) especialidade e gravidade do dano e (2.°) que o legislador não tenha pretendido denegar o pagamento de indenizações (a *"condition négative"* mencionada por ALBERTON, 1997, p. 1020 e 1023). Esta última exigência dá ensejo a três situações distintas: (I) quando a lei expressamente determina o pagamento de indenizações; (II) quando a lei expressamente afasta a responsabilidade pecuniária estatal; e (III) quando a lei é absolutamente silente a respeito da obrigação de compensar o particular – o caso mais problemático, sem dúvida, entre todos os três.

Enfim, a jurisprudência posterior a *Bovero* seguiu um caminho completamente diferente daquele indicado nesse acórdão. A partir de então, na verdade, o juiz francês partiu, diante do silêncio da lei, *"a la recherche du legislateur perdu"* – era a busca da vontade do legislador, no instante da feitura da norma legal, que pesava em favor da concessão de uma indenização ao particular prejudicado pela lei nova.

O material empírico que comprova essa asserção é vasto. Com efeito, depois do acórdão *Bovero*, os tópicos hermenêutico-argumentativos do juiz administrativo francês salientaram diversas vezes a "intenção da lei", os "objetivos da lei", a "razão da lei", a "natureza do interesse público perseguido pela lei", o "interesse geral", as "circunstâncias do caso" ou os "resultados dos trabalhos preparatórios" de modo a sobrepor sempre a vontade do legislador (ou aquilo que o juiz administrativo entendia como sendo a "vontade do legislador") a qualquer outro critério decisional – até mesmo o princípio da igualdade perante as cargas públicas.[134] Para a responsabilização do Estado, o interesse particular afetado haveria de ser juridicamente mais relevante que o interesse preservado na norma lesiva, daí, a busca incessante pela *"voluntas legislatoris"* e a exclusão da reparação em caso de atividades ilícitas, amorais ou contra os bons costumes, o meio ambiente ou a saúde pública.

Em 1984, por exemplo, o *Conseil d'État* recorreu ao *"objeto em vista do qual foi estabelecida a legislação sobre economia de energia"* (no caso, a grave crise gerada pela escassez energética na França) conjugada à *"ausência de disposição legislativa dispondo expressamente o contrário"*[135] para negar a pretensão indenizatória pleiteada pela *Société Claude Publicité*, pelo fato de a Lei de 29 de outubro de 1974 ter interditado, sob certas condições, a publicidade luminosa – principal atividade econômica daquela sociedade. No mesmo ano, o *Conseil d'État* valeu-se do *"objeto em vista do qual foram editados a lei de proteção da natureza e os diversos textos tomados para sua aplicação"* e do *"interesse geral"* para inferir que *"o legislador entendeu"* excluir a indenização pleiteada pelo Senhor Rouillon, um taxidermista, pelas conseqüências danosas que a nova legislação ambiental trouxera à sua atividade profissional ao restringir o empalhamento de animais (*Conseil d'État, affaire Société Claude Publicité* e *affaire Rouillon*, de 24 de outubro e 14 de dezembro de 1984, respectivamente, *Recueil Dalloz Sirey de Doctrine, de Jurisprudence et de Législation – Sommaires Commentés*, p. 249-250, 1986).

---

[134] Nesse sentido, veja-se o *"balanço decepcionante"* da jurisprudência administrativa francesa apontado por MODERNE (1995, p. 964 e ss.).

[135] Com efeito, no princípio dos anos quarenta, CHAUMONT já antevira que o valor atribuído pelo juiz administrativo ao silêncio do legislador poderia nem sempre ser o mesmo: *"Le juge peut au contraire estimer que ce silence lui lasse la porte ouverte pour une recherche quant au fond"* (CHAUMONT, 1940, p. 203).

O recurso a um *"refus implicite"* – todavia, *"explicitado pelo juiz, interpretando a lei"* (CHAPUS, 2001, p.

1375) – também foi utilizado no julgamento do *affaire Consorts Heugel*, em abril 1987, quando o Conselho de Estado afastou a pretensão indenizatória dos autores com o argumento de que a Lei de 23 de junho de 1941, ao estabelecer que a aquisição preferencial de um objeto de arte pelo Estado francês dar-se--ia pelo preço fixado pelo exportador, *"entendeu excluir toda indenização"* ao proprietário contra o qual uma tal aquisição, legalmente decidida, tivesse causado um possível prejuízo (*Conseil d'État, affaire Consorts Heugel*, de 03 de abril de 1987, *L'Actualité Juridique Droit Administratif*, p. 534-536, setembro de 1987).

Recorrendo novamente ao *"objeto em vista do qual foi estabelecida a legislação"* e à *"ausência de disposição legislativa estabelecendo expressamente o contrário"*, o Conselho de Estado, em maio de 1987, indeferiu mais um pedido de indenização (*Conseil d'État, affaire Société Transports et Affrètements Fluviaux*, de 15 de maio de 1987, *Recueil Dalloz Sirey de Doctrine, de Jurisprudence et de Législation – Sommaires Commentés*, p. 167-168, 1988). Na mesma direção, seguiu, em linhas gerais, a decisão do *Conseil d'État* no *affaire Michel Martin et Société Michel Martin*, de 1988 (*Conseil d'État, affaire Michel Martin et Société Michel Martin*, de 23 de dezembro de 1988, *Recueil Dalloz Sirey de Doctrine, de Jurisprudence et de Législation – Jurisprudence*, p. 267--268, 1989). Em ambos os julgados, fica patente que a intervenção do Estado na economia, através de leis de conteúdo econômico que intencionalmente procuram estabelecer discriminações entre particulares, não dá ensejo à responsabilidade *"du fait des lois"*. Salienta, com propriedade, RENÉ CHAPUS que o benefício da *"responsabilité sans faute du fait des lois"* não pode ser invocado contra medidas cuja própria natureza é incompatível com o princípio da igualdade perante os encargos públicos – esse é o caso, por exemplo, dos regimes deliberadamente discriminatórios, necessários à consecução de certos resultados e cuja aplicação se traduz em tratamentos favoráveis a uns e desfavoráveis a outros (CHAPUS, 2001, p. 1378).[136]

---

[136] Na mesma direção, CANOTILHO (1995, p. 292) observa que a dialética *"regra x exceção"* não é paralela à dialética *"justo x injusto"* e lembra que nem sempre *"uma* exceptio *jurídico-normativa é*, ipso facto, *injusta, pois as próprias exigências da justiça apontarão, em alguns casos, para a indispensabilidade de uma norma dotada de 'olhos, coração e alma'"*.

Apelando à gramática do *arrêt Compagnie Générale de la Grande Pêche*, no sentido de que o Estado não poderia transformar-se num grande provedor amoral de indenizações, o Conselho de Estado adotou mais uma vez a *"voluntas legislatoris"* – desta feita, extraída dos *"objetivos da lei"* e dos *"trabalhos preparatórios"* – como *"ratio decidendi"* para indeferir uma indenização, ao julgar o *affaire Société Stambouli Frères*, em 1990. Naquele processo, uma fábrica de aparelhos eletrônicos de jogos de azar pedia uma indenização de 40 milhões de francos contra o Estado francês em razão de a Lei 83-628, de 12 de julho de 1983, ter proibido a exploração, a fabricação e o comércio de máquinas de "jack-pot" e "vídeo-pôquer". Decidiu o Conselho de Estado que resultava dos trabalhos preparatórios daquela lei – cujos objetivos eram a segurança pública e a repressão ao crime organizado – que o legislador entendera excluir toda sorte de indenização em favor das empresas cuja atividade dizia respeito ao comércio ou à fabricação dos aparelhos interditados (*Conseil d'État, affaire Societé Stambouli Frères*, de 11 de julho de 1990, *Recueil Dalloz Sirey de Doctrine, de Jurisprudence et de Législation – Sommaires Commentés*, p. 286-287, 1991).[137]

Em 1998, uma nova questão sobre a possível responsabilidade do Estado pelos prejuízos causados por uma lei ambiental foi submetida ao Conselho de Estado, que a decidiu nos mesmos moldes do já mencionado *affaire Rouillon*, de 14 de dezembro de 1984, ou seja, valeu-se do *"objeto em vista do qual"* foram editados a lei de preservação de espécies animais e os textos para sua aplicação, bem como do *"interesse geral"* nela envolvido, para inferir que *"o legislador entendeu"* excluir a indenização pleiteada pelo Senhor Plan, proprietário rural cujos arrozais foram gravemente prejudicados pela proibição legal de abater os flamingos rosados estabelecida pela Lei de 10 de julho de 1976 (*Conseil d'État, affaire Ministre de l'Environnement c/ M. Plan*, de 21 de janeiro de 1998, *Revue Française de Droit Administratif*, a. 14, n. 2, p. 461, março/abril 1998). Merece destaque, nesse processo, o fato de que, na instância inferior, a *Cour Administrative d'Appel de Lyon* dera provimento ao pedido indenizatório do Senhor Plan, justamente sob o fundamento de que, apesar de a preservação de espécies animais responderem a um interesse geral, *"nada no texto da lei ou nos seus trabalhos preparatórios permite pensar que o legislador tenha entendido excluir a res-*

---

[137] Para outros precedentes, além dos já aqui citados, consulte-se a alentada remissão jurisprudencial trazida por CHAPUS (2001, p. 1374-1382).

ponsabilidade do Estado", numa inédita tentativa de composição entre o interesse público, a igualdade perante as cargas públicas e a responsabilidade do Estado (*Cour Administrative d'Appel de Lyon, arrêt Plan*, de 21 de abril de 1992, *Recueil Dalloz Sirey de Doctrine, de Jurisprudence et de Législation – Jurisprudence*, p. 442-443, 1994, trad. nossa).

Para além de todos esses argumentos de *"refus implicite"* do legislador utilizados pelo Conselho de Estado, não se deve esquecer, ademais, que, ainda hoje, o direito francês admite que a *"responsabilité de l'État du fait des lois"* possa ser afastada diretamente pelo legislador através do texto expresso de um diploma legal – os chamados *"refus explicite"* (CHAPUS, 2001, p. 1375). Tal fato é facilmente constatado em alguns dispositivos legislativos, tais como o art. 1.º da Lei 46-685, de 13 de abril de 1946 (*Recueil Dalloz de Doctrine, de Jurisprudence et de Législation*, p. 177-178, 1946), prescrevendo o fechamento, sem indenização, das casas de tolerância, e o art. 16 da Lei 89-25, de 17 de janeiro de 1989 (*Recueil Dalloz Sirey de Doctrine, de Jurisprudence et de Législation*, p. 96-100, 1989), dispondo que a validação legislativa de certas decisões administrativas, porventura irregulares, não confeririam direito a indenização.

Há que se ressaltar, todavia, que o *Conseil Constitutionnel* – em sede do exame concentrado, preventivo, político e objetivo da constitucionalidade que lhe compete – tem a faculdade de colocar em cheque tais exclusões legais expressas de responsabilidade (*"refus explicite"*), por meio de um controle de conformidade do dispositivo em questão com o princípio da igualdade perante as cargas públicas (GOHIN, 1998, p. 602; TRÉMEAU, 2001, p. 358; e CHAPUS, 2001, p. 1375). Para tanto, não se pode esquecer que a Declaração dos Direitos do Homem e do Cidadão (de 1789), em cujo art. XIII encontra-se o princípio da *"egalité devant les charges publiques"*, é parte integrante da ordem constitucional vigente na França por força de expressa disposição contida no preâmbulo da Constituição francesa de 04 de outubro de 1958[138].

---

[138] O preâmbulo da Carta Magna francesa de 1958 diz que o povo francês proclama solenemente sua vinculação aos direitos do homem e aos princípios da soberania nacional tais como foram definidos pela Declaração de 1789, confirmados e complementados pelo preâmbulo da Constituição de 1946 (conforme a versão publicada em www.legifrance.fr). A unidade do *"bloc de constitutionnalité"* formado pela Constituição Francesa de 1958, acompanhada da Declaração dos Direitos do Homem e do Cidadão de 1789 e do Preâmbulo da Constituição de 1946, é amplamente reconhecida pela publicística francesa e por farta jurisprudência do Conselho de Estado e do Conselho Constitucional (CHAPUS, 2001,

Embora o *Conseil Constitutionnel* nunca tenha tratado exatamente da responsabilidade do Estado por fato da lei, nessa direção já há os precedentes da Lei 82-652, de 29 de julho de 1982, que originalmente restringia o direito à indenização dos particulares pelos prejuízos causados por uma servidão legal, e também da Lei 86-75, de 17 de janeiro de 1986, que majorava os valores da *"contribution de solidarité"* imposta aos trabalhadores que acumulavam salários com aposentadorias. Ambas as leis continham artigos que foram declarados não conformes à Constituição francesa pelo *Conseil Constitutionnel*, justamente por desrespeito ao princípio da igualdade perante as cargas públicas previsto na Declaração dos Direitos do Homem e do Cidadão (*Conseil Constitutionnel, affaire Pasqua et autres* ou *Tour Eiffel*, de 13 de dezembro de 1985, *Recueil Dalloz Sirey de Doctrine, de Jurisprudence et de Législation*, p. 345-346, 1986, e também *Conseil Constitutionnel, Décision* n.º 85-200 DC, de 16 de janeiro de 1986, *Droit Social*, n. 5, p. 376-378, maio de 1986).

No início do ano de 2001, o *Conseil Constitutionnel* recorreu mais uma vez ao exame de uma suposta ruptura da igualdade perante as cargas públicas para apreciar a constitucionalidade dos dispositivos de uma lei que, adaptando o setor de transportes na França às exigências do Direito Comunitário, suprimia os privilégios profissionais dos corretores marítimos (*"courtiers maritimes"*) previstos no Código Comercial francês, mediante o pagamento de indenizações. No caso em questão, o *Conseil Constitutionnel* rejeitou uma demanda subscrita por um grupo de senadores que entendiam insuficientes e injustas, por serem irrisórias, as indenizações previstas na referida lei. Entendeu o Conselho que as modalidades de compensação previstas na nova lei eram satisfatórias e, portanto, não caracterizavam qualquer ruptura da *"égalité devant les charges publiques"*, inexistindo, desse modo, fundamento para que declarasse a inconstitucionalidade da norma (*Conseil Constitutionnel, Décision* n.º 2000-440 DC, de 10 de janeiro de 2001, *Revue Française*

---

p. 43). Essa remissão genérica e principiológica feita pelo Preâmbulo de 1958 à Declaração dos Direitos do Homem e do Cidadão (de 1789), em cujo art. XIII assenta-se a *"egalité devant les charges publiques"*, constitui a única referência constitucional para a regulação da responsabilidade do Estado na França. O tema da responsabilidade pública não encontra outra regulação mais específica, ao longo do próprio texto constitucional de 1958, o que faz com que, diante do silêncio (ou do sussurro) da Constituição francesa, caiba às "leis de ocasião" (FAVRET, 2000, p. 11) e à jurisprudência o importante papel de moldá-la.

de Droit Constitutionnel, n. 46, p. 354-360, abril/junho 2001, e internet: www.conseil-constitutionnel.fr).

Note-se, porém, que, inexistindo um pronunciamento específico do Conselho Constitucional sobre a incompatibilidade de uma determinada lei com o princípio da *"égalité devant les charges publiques"*, o juiz administrativo deverá inclinar-se à firme hierarquia das disposições legais exoneratórias da responsabilidade (CHAPUS, 2001, p. 1375) e à infalibilidade do legislador. Ou seja, conforme sublinha CORREIA (1998, p. 159), *"uma vez promulgado, o ato legislativo transforma-se em ato insindicável e incontestável"* na França. Ressalte-se que, por ser a noção de supralegalidade estranha ao constitucionalismo francês (embora tão cara a outros sistemas jurídicos como o norte-americano, o italiano, o espanhol, o português, o brasileiro ou o alemão), não passa de uma mera faculdade do Conselho Constitucional a invalidação dos *"refus explicites"* do legislador ordinário.

Com tantas excludentes – (a) disposições legislativas expressas; (b) a ilicitude, a imoralidade ou o perigo de determinada conduta; (c) os objetivos de política econômica de certas leis; e (d) o interesse geral em proteção do qual é adotada certa legislação[139] – o regime francês de *"responsabilité du fait des lois"* apresenta-se, ainda hoje, muito mais como *"um produto de luxo"* (CHAPUS, 2001, p. 1380), uma *"exceção"* (GOHIN, 1998, p. 600), uma benesse ou mesmo uma poderosa faculdade do legislador do que, de fato, um sistema de responsabilidade objetiva. Afinal, o autor do dano, o legislador, ainda pode subtrair-se legitimamente da obrigação[140] de reparação por uma decisão própria. Tais constatações, todavia, não impedem que PETRA SENKOVIC (2000, p. 34) afirme que, em comparação com os ordenamentos alemão e inglês da responsabilidade do Estado legislador, o francês é o mais desenvolvido e o mais progressista.[141]

---

[139] Cf. a boa síntese oferecida por MODERNE E BON (1986, 249-250).

[140] Em homenagem à melhor técnica jurídica, não se pode falar aqui de uma verdadeira "obrigação", posto que ela pode ser afastada por mera declaração de vontade do legislador. Nesse sentido, CORREIA (1998, p. 404) bem advertiu: *"Responsabilidade que possa ser afastada por simples expressão de vontade do ente 'responsável' não é 'responsabilidade'; dever de indenizar que possa não ser cumprido se assim o desejar o sujeito de direito sobre o qual impende não é dever. Será poder ou faculdade, que se traduzirá na livre decisão de querer ou não querer indenizar o prejuízo que causou."*

[141] À primeira vista, parece semelhante a opinião de MARIA LÚCIA AMARAL CORREIA (1998, p. 143) a respeito da construção do instituto da responsabilidade no ordenamento francês: *"É que à pergunta –* 'é o Estado civilmente responsável por prejuízos causados

Acrescente-se, finalmente, a tudo o que até aqui foi dito que, como bem distingue OLIVIER GOHIN (1998, p. 598-600), a *"responsabilité du fait des lois"* francesa tem um sentido bastante próprio e peculiar – *"c'est-à-dire du seul fait que le parlement a voté une loi dont l'application engendre des domages"* (SENKOVIC, 2000, p. 01) –, ou seja, aqueles casos em que uma lei, em nome do bem comum e pelo simples fato de ter entrado em vigor, impõe ao particular um encargo especial sem lhe prever a atribuição de qualquer compensação por isso. Tal sentido é bem mais restrito do que o de uma possível *"responsabilité du fait de la fonction législative"*, ainda não cogitada no Direito positivo francês e que abrangeria, além daquela já mencionada responsabilidade pelo fato da lei, a responsabilização estatal por irregularidades procedimentais ocorridas durante o processo legislativo e pelos chamados "atos de governo" próprios da relação entre Executivo e Legislativo, como a decisão de apresentação ou retirada de um projeto de lei pelo Executivo ou a atribuição de poder legislativo excepcional ao Presidente da República etc. Nesse sentido, o acórdão paradigmático é aquele de 29 de novembro de 1968, do Conselho de Estado, segundo o qual a omissão do Governo francês em depositar um projeto de lei, na seqüência dos "Acordos de Evian", é uma questão que se refere às relações entre o Poder Executivo e o Parlamento e não é suscetível, por sua própria natureza, de ser levada à consideração da jurisdição administrativa (*Conseil d'État, affaire Talagrand*, de 29 de novembro de 1968, *Recueil Dalloz Sirey de Doctrine, de Jurisprudence et de Législation – Jurisprudence*, p. 386-387, 1969). Entre as razões que sustentariam entendimentos como esse, JEAN-PIERRE CAMBY (2001, p. 639-640) aponta uma de ordem bastante pragmática: a complexidade do ato de apresentação de uma proposta legislativa, que sequer depende exclusivamente da vontade do Primeiro Ministro. Não é de se estranhar que, se a própria *"responsabilité du fait des lois"* francesa ainda é bastante controvertida, mais ainda seja a aceitação de uma responsabilidade por omissão legislativa.[142]

---

por leis?' – *responde a esmagadora maioria das ordens jurídicas que nos são vizinhas, e que se abrangem na nossa capacidade de compreensão, por um lacônico e simples* não. *Por um* sim, *por um claro e inequívoco* sim, *parece decidir-se apenas um único ordenamento nacional: o francês."* Resposta diferente, porém, oferece argutamente CORREIA (1998, p. 398-399) quando a questão é *"pode uma lei impor a um particular um sacrifício grave e especial sem contemporaneamente lhe atribuir qualquer compensação?"*. As razões dessa distinção serão perscrutadas mais adiante, no tópico referente à Alemanha.

[142] Tal fato é facilmente notado com a leitura do mencionado artigo do Professor CAMBY (2001) e da jurisprudência por ele referida.

4.1.2. *Alemanha*

Na Alemanha, o "princípio da igual repartição dos encargos públicos entre todos os cidadãos" (*"das Prinzip der Lastengleichheit aller Bürger"*) também confere o fundamento mais remoto ao dever público de indenizar os particulares, de maneira a solucionar quaisquer conflitos entre o bem comum e os direitos individuais (CORREIA, 1998, p. 50-52). A teorização do princípio em território germânico antecedeu mesmo a correspondente expressão francesa do mesmo preceito (FALCÃO, 1970, p. 58) – com efeito, uma formulação completa desse princípio pode ser encontrada já na obra *"Jus Naturae"*, de GOTTFRIED ACHENWALL, publicada em 1763 (OSSENBÜHL, 1998, p. 125) – e produziu uma série bem distinta de ramificações, transformações e conseqüências quanto à possibilidade de proteção dos particulares por danos causados pelas leis.

Tanto na Alemanha como na França, todavia, é destacado o papel conferido à jurisprudência – e por via de conseqüência à doutrina que procura ordená-la –, para a conformação e o aperfeiçoamento do instituto da responsabilidade do Estado em geral. *"Das Staatshaftungsrecht ist in wesentlichen Partien case law"* (*"o Direito da Responsabilidade do Estado é, em partes essenciais, jurisprudência"*), já adverte o Professor FRITZ OSSENBÜHL (1998, p. 03) no início de suas lições sobre a matéria. Disso decorre que os muitos critérios decisivos e características essenciais das possibilidades de responsabilidade do Estado na Alemanha devem ser buscados no estudo da jurisprudência de seus tribunais, ou seja, no *"Richterrecht"* – com as muitas dificuldades em que isso implica.

O *"Prinzip der Lastengleichheit aller Bürger"* (ou *"princípio da igualdade perante as cargas públicas"*) acompanhado do *"Aufopferungsgrudsatz"* (ou *"princípio da compensação por imposição de sacrifício especial"*) constitui as origens do complexo delineamento alemão da responsabilização do Estado e, como bem salienta CORREIA (1998, p. 50--51 e 55), os dois lados de uma mesma moeda, afinal, à pergunta *"qual é o sacrifício a ser compensado pelo 'Aufopferungsgrudsatz'?"* a primeira resposta germânica será certamente *"aqueles encargos que, sendo graves, anormais e especiais, não se coadunam com o 'Prinzip der Lastengleichheit aller Bürger'"*. Nessa medida, *"igualdade perante os encargos públicos"* e *"compensação por sacrifícios especiais"* são idéias que se complementam na direção da justiça. A amparar ambos os princípios está a noção de que a ordem jurídica pode e deve prever soluções para o eventual choque entre dois interesses, o público e o privado, ambos valiosos e merecedores de tutela e proteção; caso um interesse público não possa ser satisfeito sem o sacrifício especialmente gravoso de um interesse privado – também tutelado – pode-se operar a conversão do interesse privado gravemente prejudicado em sua equivalente expressão patrimonial a fim de se tentar compatibilizar novamente ambos os interesses.

Um detalhe merece ser trazido a lume desde já: ora, certamente há prejuízos que, em razão da própria vida em sociedade, hão de ser suportados e repartidos entre toda a comunidade; desses, porém, não cuida a *"Aufopferungsgrudsatz"* (o "princípio da compensação por imposição de sacrifício especial"). O ponto de referência para a questão do "sacrifício especial" (*"Sonderopfer"*) é o princípio da igualdade, preservado ou violado (OSSENBÜHL, 1998, p. 136), e para um tal exame há dois pólos sensíveis para simultânea consideração: primeiro, a gravidade do dano e, segundo, o seu alcance ou repercussão. É da confluência entre esses dois aspectos que surgirá a dignidade ressarcitória do prejuízo provocado, ou seja, será com a incidência individualizada ou restrita de uma carga especialmente gravosa que advirá a situação de desigualdade capaz de gerar a indenização. Ausente a situação de efetiva desigualdade, quer pela generalidade do dano, quer pela bagatela do prejuízo, ilegítima será qualquer compensação. Outro não é o sentido do gráfico delineado abaixo:

O *"AUFOPFERUNGSGRUDSATZ"* E O *"PRINZIP DER LASTENGLEICHHEIT ALLER BÜRGER"*:		SACRIFÍCIOS PRODUZIDOS	
		LEVES Encargos Normais	GRAVES Encargos Anormais
ALCANCE SOCIAL	GERAL	Sem Indenização	Sem Indenização
	ESPECIAL Um Indivíduo ou um Grupo	Sem Indenização	Há Dignidade Indenizatória

Em termos gerais, a anormalidade do dano, capaz de engendrar um sacrifício especial indenizável, é aquela que altera ou diminui a própria substância ou o conteúdo essencial (*"Kerngehalt"*) de um direito, que até pode continuar a ser exercido pelo seu titular (privado), mas com seu potencial ou sua destinação fortemente reduzidos ou mesmo aniquilados (CANOTILHO, 1974, p. 278-283). No mais das vezes, tais indicações servem apenas de diretrizes hermenêuticas, já que é na historicidade das circunstâncias fáticas que se perceberá se há ou não dignidade indenizatória em danos que, sendo graves e especiais, provocaram um momento de desigualdade entre os cidadãos. Assim, o Poder Público não precisará, por exemplo, indenizar as perdas de poder aquisitivo da moeda decorrentes de medidas econômicas estatais inflacionárias, dada a imensa generalidade desses efeitos. À vista da bagatela, tampouco será possível obter uma indenização estatal pela simples intensificação da poeira numa via pública objeto de reparos, sob a alegação de que tal fato provocará uma deterioração mais rápida da pintura de paredes e muros das casas adjacentes (*"de minimis non curat praetor"*). Por outro lado, um caso completamente distinto é aquele de um proprietário de um edifício-garagem, devidamente licenciado, cujo negócio se localiza numa região da cidade em que uma lei municipal proibiu a circulação de veículos automotores por motivo de tranqüilidade, salubridade ou desimpedimento do tráfego (MELLO, 1997, p. 608 e 623).

Sendo verdadeiro que a *"Aufopferungsgrudsatz"* (ou *"princípio da compensação por imposição de sacrifício especial"*) não cuida nem do prejuízo generalizado nem do dano de pequena monta, tampouco cuida a *"Aufopferungsgrudsatz"* daquelas condutas ilícitas e culposas (com dolo ou negligência) de um funcionário estatal, que, durante muito tempo, foram excluídas da alçada da responsabilidade "do Estado" por ser objeto de responsabilização exclusivamente pessoal e particular do agente público (a *"Amtshaftung"*, a ser examinada, mais adiante, em um tópico específico desta tese, mas que, desde já, pode ser definida como a responsabilidade do funcionário público delineada e regulada pelo art. 839 do Código Civil alemão, mas, cuja obrigação pecuniária foi, todavia, constitucionalmente transferida ao Estado por foça do art. 34 da Lei Fundamental Alemã de 1949 – OSSENBÜHL, 1998, p. 07). Em outras palavras, a responsabilização do Estado decorrente do ato ilícito não fica condicionada a qualquer indagação a respeito da gravidade e da especialidade do prejuízo causado – mesmo que os lesados sejam muitos e os prejuízos de pequena repercussão financeira.

Aquela solução de justiça distributiva encontrada a partir da justaposição entre *"Aufopferungsgrudsatz"* (ou *"princípio da compensação por imposição de sacrifício especial"*) e *"Prinzip der Lastengleichheit aller Bürger"* (ou *"princípio da igualdade perante as cargas públicas"*) para os conflitos entre o interesse público e os interesses individuais é exatamente o balizamento que se encontra nos §§ 74 e 75 da Introdução (*"Einleitung"*) ao *"Preußische Allgemeine Landrecht"*[143] (abreviadamente EinlPrALR), de 05 de julho de 1794, considerados como a primeira manifestação positiva a tratar das prestações compensatórias estatais teutônicas (OSSENBÜHL, 1998, p. 125). Veja-se o que dizia o texto introdutório daquela codificação prussiana:

"§ 74

Em caso de conflito (colisão), os direitos e privilégios individuais devem subordinar-se aos direitos e deveres destinados a promover o bem comum.

§ 75

Em contrapartida, o Estado deverá indenizar aquele que for obrigado a sacrificar ao bem comum os seus direitos e privilégios especiais."[144]

---

[143] Fruto da aproximação entre jusracionalismo, iluminismo e despotismo, o Código Geral Prussiano de Direito Territorial (também conhecido como *"Allgemeines Landrecht für die Preußischen Staaten"*) resultou de uma história quase centenária cuja iniciativa coube à vontade firme do rei prussiano Frederico Guilherme I em, a um só tempo, pôr fim à multiplicidade de direitos históricos que vigoravam nos territórios de Brandemburgo no início do século XVIII e dotar aqueles territórios de uma organização administrativa unitária, a partir da unificação da legislação de Direito Privado. Desde os trabalhos iniciais (1713-1714), cuja direção fora encomendada a THOMASIUS, até a sua publicação, em 05 de julho de 1794, já sob o reinado de Frederico Guilherme II, os minuciosos textos do *"Preußische Allgemeine Landrecht"* foram objeto de estudo e crítica dos maiores nomes da Ciência do Direito da sua época (WIEACKER, 1980, p. 371 e ss.). A intensa opção analítica do texto resultou num código com cerca de 19.000 artigos (GILISSEN, 2001, p. 451) e uma vocação de tudo prever e dar uma regulamentação. A paixão dos legisladores alemães pela completude, aliada a uma pretensão pedagógica e de popularização, fez com que o estilo da linguagem do código ficasse longe da consistência e do formalismo jurídico-conceitual (ZWEIGERT E KÖTZ, 1998, p. 138). Para uma visão sistematizada do Código e a história da sua formação, consulte-se sobretudo: HATTENHAUER, Hans (edição e notas); BERNERT. Günther (bibliografia). *Allgemeines Landrecht für die Preußischen Staaten von 1794*. Frankfurt a.M.: Metzner, 1970.

[144] Texto original: *"§ 74. Einzelne Rechte und Vortheile der Mitglieder des Staats müssen den Rechten und Pflichten zur Beförderung des gemeinschaftlichen Wohls, wenn zwischen beyden ein wirklicher Widerspruch (Collision) eintritt, nachstehn. § 75. Dagegen ist der Staat denjenigen, welcher seine besondern Rechte und Vortheile dem Wohle des gemeinen Wesens aufzuopfern genöthigt wird, zu entschädigen gehalten."* Apud HATTENHAUER E BERNERT (1970, p. 59); OSSENBÜHL (1998, p. 126); e a tradução já assentada de CORREIA (1998, p. 49).

Aquele superordenamento (*"Überordnung"*) criado na Prússia moderna representou, em suma, a primeira positivação da máxima *"suporta e liqüida"*[145] ainda hoje conhecida e comentada no Direito alemão (*"dulde und liquidiere"*, cf. DETTERBECK, WINDTHORST E SPROLL, 2000, p. 09). Segundo aquele ditado (*"dulde und liquidiere"*) e o dispositivo acima citado, o cidadão deveria tolerar as investidas estatais contra os seus direitos adquiridos, mas poderia exigir do Estado uma compensação pelos sacrifícios especiais que fora obrigado a suportar em nome do bem comum e do interesse público.

O *"Prinzip der Lastengleichheit aller Bürger"* e o *"Aufopferungsgrudsatz"*, descritos na introdução do *"Allgemeines Landrecht für die Preußischen Staaten"*, há mais de duzentos anos, como "princípios gerais do Direito", constituem, pois, o tronco comum de onde brotariam gradualmente, sobretudo a partir do século XIX, as compensações estatais germânicas (*"Entschädigung"*) tanto por imposição de sacrifícios especiais relativamente a bens imateriais (*"Aufopferungsanspruch"*) como por expropriação (*"Enteignung"*) e, bem mais tarde, por intervenções equivalentes à expropriação (*"Enteignungsgleicher Eingriff"* e *"Enteignender Eingriff"*) e por intervenções equivalentes à imposição de sacrifícios especiais a bens imateriais (*"Aufopferungsgleicher Eingriff"*). Apenas de maneira a tornar mais claro e compreensível esse processo de gradual bifurcação e autonomização, a partir de uma origem comum, de parte do complexo modelo germânico de prestações estatais compensatórias (ou *"staatlichen Ersatzleistungen"*, no dizer de FORSTHOFF), pode-se imaginar uma suposta "árvore genealógica" com a seguinte forma:

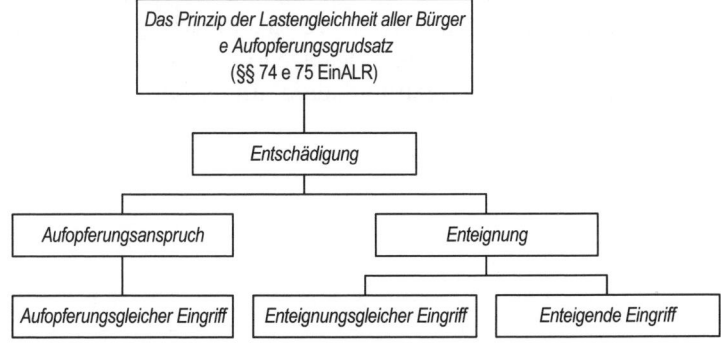

---

[145] VIEIRA DE ANDRADE (1999, p. 40) prefere a versão *"submete-te e apresenta a conta"*.

O esquema gráfico acima reproduzido está longe de esgotar as inúmeras possibilidades de *"staatlichen Ersatzleistungen"* alemãs, que, certamente, dariam uma árvore de copa frondosa, com muitos galhos retorcidos, bifurcados e entrecruzados. O que se pretende sublinhar, contudo, é o fato de que, embora marcante e anosa, a origem comum desse segmento do modelo alemão de garantias indenizatórias estatais não teve o condão de resultar em um tratamento jurídico unitário, sistemático e muito menos codificado da responsabilidade do Estado (OSSENBÜHL, 1998, p. 01-05). Com efeito, é mesmo uma característica peculiar de boa parte do modelo germânico o multidesdobramento que se verifica no desenvolvimento do instituto da *"Entschädigung"*, em que cada um dos ramos dele nascidos seguiu, com alguma autonomia em relação ao ramo paralelo, um caminho próprio na doutrina, na legislação e na jurisprudência germânicas. Será sempre considerando o paralelismo desses múltiplos percursos que se esboçará, a partir de agora, uma breve caracterização da *"Entschädigung"*, nas suas variações de *"Enteignung"* (expropriação), *"Aufopferungsanspruch"* (imposição de sacrifício especial a bem jurídico de natureza imaterial), *"Enteignungsgleicher Eingriff"* (intervenção análoga à expropriação), *"Enteignender Eingriff"* (intervenção de efeito expropriatório) e *"Aufopferungsgleicher Eingriff"* (intervenção análoga à imposição de sacrifício), no intuito de se identificar a repercussão desses institutos na direção da responsabilização do Estado por fatos danosos decorrentes das leis na Alemanha.

Uma vez identificada a caracterização da *"Entschädigung"* e das suas múltiplas variações, será posteriormente examinado um ramo paralelo no esquema das prestações estatais compensatórias alemãs: a *"Amtshaftung"*, que ladeando a *"Entschädigung"* e tendo sofrido grande influência da responsabilidade privada do funcionário público alemão, a *"Beamtenhaftung"*, ocupa um lugar destacado nas linhas argumentativas que tratam da possibilidade, legitimidade e admissibilidade da chamada *"Staatshaftung für legislatives Unrecht"* – a responsabilidade do Estado pelo ilícito legislativo do sistema jurídico germânico.

4.1.2.1. *A Expropriação ("Enteignung"), a Intervenção Análoga à Expropriação ("Enteignungsgleicher Eingriff") e a Intervenção de Efeito Expropriatório ("Enteignende Eingriff")*

A alusão à lei, contida no § 32 do *"Preußische Allgemeine Landrecht"*, do final do séc. XVIII, representou o início da concretização de velhos anseios burgueses de objetividade na conduta estatal – típicas do *"Bürgerliche Rechtsstaat"* –, agora inseridos no seio dos processos de intervenção estatal sobre a propriedade privada. Procurava-se com isso, em última instância, eliminar possível subjetividade nas interferências soberanas sobre a propriedade particular. O texto do *"Preußische Allgemeine Landrecht"* afirmava *his verbis*:

"§ 29

O Estado pode limitar a propriedade privada de seus cidadãos somente quando através disso possa evitar um dano considerável a terceiros ou ao Estado mesmo, ou bem para conseguir aos cidadãos um importante benefício.

§ 31

(...) O Estado ao mesmo tempo proporciona que o proprietário atingido pela restrição seja integralmente ressarcido pelo dano suportado.

§ 32

Em qualquer caso, as limitações à propriedade (...) apenas podem ser fundadas na lei."[146]

Com aquela menção à legalidade constante da parte final no § 32, quaisquer referências aos "direitos adquiridos" (*"jura quaesita"*) de origem jusnaturalista tornavam-se, pouco a pouco, supérfluas e mesmo indesejáveis, de modo que, paulatinamente, o fundamento das indenizações expropriatórias foi-se emancipando dos §§ 74 e 75 EinlPrALR e alcançando normas legais mais específicas. Em pouco tempo, tanto quanto na França, a importância conferida à lei na ideologia do Estado

---

[146] Trad. nossa, a partir do original alemão citado por SANTAMARÍA PASTOR (1972, p. 101).

de Direito resultou numa ampliação – e em certos casos numa abolição mesmo – dos limites da atuação do próprio legislador sobre as situações individuais. Materializava-se, assim, o *"Gesetzabsolutismus"* ou "absolutismo legal".

Quase sete anos antes do acórdão *Duchatellier*, do Conselho de Estado francês (de janeiro de 1838), o *"Allerhöchste Kabinettsordre"* prussiano, de 04 de dezembro de 1831, constituiu o primeiro diploma germânico a tratar, sob essa nova perspectiva de uma legislação genérica, objetiva e onipotente, das ablações patrimoniais produzidas normativamente. Ao restringir aquelas garantias previstas no § 75 da Introdução e no § 31 do corpo do *"Preußische Allgemeine Landrecht"* (sob o pálio de se buscar uma "interpretação autêntica" dessas normas) e com o objetivo de afastar a competência dos tribunais comuns nos pedidos de indenizações por danos de guerra contra o tesouro público (o *"Fiskus"*), o *"Allerhöchste Kabinettsordre"* afirmou a generalidade das leis e distinguiu as intervenções patrimoniais da Administração de caráter singular e especial (cuja indenização correria normalmente à conta do patrimônio do *"Fiskus"*) das intervenções realizadas genericamente pelo soberano por meio de um ato legislativo (cujas indenizações, para serem concedidas, haveriam de ser expressamente previstas na lei). O texto da ordem editada pelo *Kaiser* Friedrich Wilhelm III, em 04 de dezembro de 1831, *"relativo à precisa observação da fronteira entre relações jurídicas de soberania e do fisco"*[147], era bastante claro:

> *"Se o interesse da totalidade dos habitantes do Estado requerer uma ação da Administração que coloque em perigo a propriedade privada de um particular, a indenização correrá a cargo do patrimônio geral. (...) Do contrário, se o soberano achar necessário ordenar uma medida de administração interna diretamente por um ato legislativo e, com isto, existir a necessidade de prover interesses privados, a obrigação de compensar o dano, a cargo do patrimônio do Estado, será expressamente fixada."*[148]

---

[147] Cf. a ementa original citada por SCHEUING (1984, p. 344).

[148] No original, a ordem de Friedrich Wilhelm III dizia: *"Wenn das Interesse der Gesamtheit der Einwohner des Staates eine Einrichtung in der Verwaltung erfordert, die das Privateigentum des Einzelnen gefährdet, die Entschädigung aus dem Gesamtvermögen zu leisten sei. (...) Jederzeit dagegen, wenn der Landesherr erforderlich gefunden hat, eine Maßregel der inneren Verwaltung unmittelbar durch einen Akt der Gesetzgebung*

Após aquele *"Kabinettsordre"* de 04 de dezembro de 1831, a edificação de obras públicas tais como ruas, canais, estradas de ferro e diques se intensificou e não foram poucas as leis que procuraram tanto regular em detalhe o pagamento de indenizações, como peremptoriamente afastá-lo (FORSTHOFF, 1973, p. 327; e OSSENBÜHL, 1998, p. 146). Na prática, enfim, a "responsabilidade" do Estado germânico pela intromissão na propriedade privada dependia de sua própria decisão (através do legislador) e o silêncio da lei, como já se disse, equivalia à denegação da pretensão indenizatória. É fácil constatar, portanto, que se chegou inicialmente a uma solução bastante semelhante àquela que seria encontrada pelo Conselho de Estado francês no acórdão *Duchatellier* (de 11 de janeiro de 1838) e repetida nos acórdãos *Mathon* (de 28 de maio de 1838) e *Moroge* (de 05 de fevereiro de 1875), todos citados no tópico acima, quando do exame da jurisprudência francesa.

Em fins do séc. XIX, ao comentar a irresponsabilidade do legislador no seu *"Deutsches Verwaltungsrecht"*, OTTO MAYER entendeu, à semelhança dos doutrinadores franceses, que a legítima vontade estatal, manifesta através de regular processo legislativo, de se desobrigar da "responsabilidade" por fato da lei não significava dizer que nunca se encontraria, nos territórios alemães, uma indenização onde a lei provocasse um prejuízo econômico. Para o primeiro administrativista alemão moderno, a lei poderia, sim, para tais casos, segundo uma criteriosa valoração das circunstâncias, achar adequada uma indenização e concedê-la através de específica determinação legislativa. Era apenas (mais uma vez) uma questão de cuidadosa ponderação legislativa (apud SCHEUING, 1984, p. 344).

A irresponsabilidade continuava a ser a regra e a indenização, a exceção. E nesse caminho o *Reichsgericht* assentou, em acórdão de 04 de novembro de 1927, que o legislador era senhor de si, soberano, não se submetendo a nenhuma outra barreira, além daquelas que ele tivesse legislado para si próprio.[149]

A sedimentação da distinção teórica entre as intervenções administrativas singulares (regidas pelo *"Preußische Allgemeine Landrecht"*) e

---

anzuordnen, und wenn hierbei ein Bedürfnis vorhanden gewesen ist, dem Privatinteresse vorzusehen, ist die Verpflichtung zum Schadensersatze aus dem Staatsvermögen besonders festgesetzt worden" (*Preußische Gesetzessammlung*, p. 255, *apud* FORSTHOFF, 1973, p. 329, trad. nossa).

[149] *"(...) Der Gesetzgeber selbstherrlich ist und an keine anderen Schranken gebunden, als diejenigen, die er sich selbst gesetzt hat"* (RGZ 118, 325 apud LERSNER, 1959, p. 18).

as regulamentações legislativas genéricas (disciplinadas pelas próprias leis que as criavam), talhada sob medida para a monarquia pré-constitucional prussiana, adquiriu o valor de verdadeiro princípio geral de Direito para a caracterização do ato expropriatório como ato singular, ou *"Einzelakt"*, no seio do pensamento político-jurídico germânico, o que fez com que a idéia de irresponsabilidade do legislador chegasse facilmente até o período da república parlamentar weimariana.

Com efeito, o que amparava teoricamente a restritiva doutrina do *"Einzelakt"* era uma certa hipostasiação da idéia de generalidade da lei, tal qual ocorreu na França com LAFERRIÈRE: como poderia uma lei, genérica por natureza, causar prejuízos particulares? Com esse entendimento, a proteção do particular, fundada numa "interpretação autêntica" do *"Preußische Allgemeine Landrecht"*, restava, obviamente, bastante enfraquecida, posto que não alcançava nem as intervenções estatais contrárias ao Direito[150] nem tampouco as intervenções estatais que, além de legais e legítimas, fossem genéricas. Obviamente, ainda não se concebera a idéia do "ilícito legislativo", e a responsabilidade pelo ato legislativo "lícito" restringia-se sempre à boa vontade do legislador.

A interpretação restritiva de que a lei não poderia ser vista como o próprio instrumento da expropriação mas apenas como o seu fundamento, surgida com o *"Kabinettsordre"* de 1831, chegou até o século XX (SANTAMARÍA PASTOR, 1972, p. 100-102). Não se pode esquecer, ademais, que expropriar consistia, até então, no ato administrativo (*"Verwaltungsakt"*) pelo qual se operava a coativa transferência (*"Übereignung"*) da propriedade privada fundiária (*"Grundeigentum"*) para o Estado, sob o fundamento da realização de uma utilidade pública específica (*"öffentlichrechtlichen Gründen"*), com base numa lei (*"durch gesetzlich zugelassenen Verwaltungsakt"*) e mediante o pagamento de uma indenização (*"entschädigungspflichtig"*). Os tradicionais marcos garantísticos de proteção à propriedade privada, segundo aquele *"klassichen Enteignungsbegriff"*, eram, portanto, a exigência de plena indenização por ato lícito, a existência de um interesse público superior e a concretização mediante ato administrativo que guardasse obediência à legalidade[151].

---

[150] Como anota OSSENBÜHL (1998, p. 127), as intervenções estatais contrárias ao Direito (ilícitas) seriam objeto do *"Deliktrecht"*, muito próximo do que hoje se chama *"Amtshaftung"*, e que será analisada proximamente em tratamento específico.

[151] Essas características do *"klassichen Enteignungsbegriff"* são extraídas do sumário da jurisprudência do *Reichsgericht*, o Tribunal Superior Imperial, sediado em Leipzig e

Influenciada, de um lado, pela longa tradição germânica do *"Prinzip der Lastengleichheit aller Bürger"* e do *"Aufopferungsgrudsatz"* inscritos no *"Preußische Allgemeine Landrecht"* (que já havia deixado de vigorar desde a entrada em vigor do Código Civil alemão, em 01 de janeiro de 1901), e, de outro lado, pela *"Einzelakttheorie"*, a Constituição de Weimar (de 11 de agosto de 1919) estabeleceu em seu art. 153 a moldura jurídico-constitucional para aquele *"klassichen Enteignungsbegriff"*. Veja-se a redação do dispositivo constitucional:

> *"(1) A propriedade privada é garantida pela constituição. Seu conteúdo e seus limites resultam das leis.*
>
> *(2) Uma expropriação apenas pode ser efetuada pelo bem da coletividade e com fundamento numa lei. Ela se realiza mediante uma indenização adequada, a menos que uma lei do Reich decida de outro modo. Em caso de litígio sobre o montante da indenização fica aberta a via jurídica ante os tribunais ordinários, a menos que uma lei do Reich decida de outro modo. As expropriações operadas pelo Reich sobre os Länder, os municípios e as corporações de utilidade pública terão lugar apenas mediante indenização.*
>
> *(3) A propriedade obriga. Seu uso deve servir ao mesmo tempo ao bem comum."* [152]

Apenas na década de 1920 registrou-se uma ampliação, por intervenção doutrinária, a princípio, e jurisprudencial, a seguir, do conceito de expropriação previsto no art. 153 da Constituição de Weimar para que alcançasse também as ablações decorrentes diretamente das leis – expropriações *"unmittelbar durch Gesetz"* e não mais apenas as expro-

---

que existiu de 1879 a 1945 (WIEACKER, 1980, p. 534 e 746), citado em *Entscheidungen des Bundesgerichtshofes in Zivilsachen*, n. 6, p. 276, de 1952 (BGHZ 6, 276), e repetido por FRITZ OSSENBÜHL (1998, p. 146).

[152] Apud FORSTHOFF (1973, p. 330), trad. nossa a partir do texto original do art. 153: *"(1) Das Eigentum wird von der Verfassung gewährleistet. Sein Inhalt und seine Schranken ergeben sich aus den Gesetzen. (2) Eine Enteignung kann nur zum Wohle der Allgemeinheit und auf gesetzlicher Grundlage vorgenommen werden. Sie erfolgt gegen angemessene Entschädigung, soweit nicht ein Reichsgesetz etwas anderes bestimmt. Wegen der Höhe der Entschädigung ist im Streitfalle der Rechtsweg bei den ordentlichen Gerichten offen zu halten, soweit Reichsgesetze nichts anderes bestimmen. Enteignung durch das Reich gegenüber Ländern, Gemeinden und gemeinnützigen Verbänden kann nur gegen Entschädigung erfolgen. (3) Eigentum verpflichtet. Sein Gebrauch soll zugleich Dienst sein für das Gemeine Beste."*

priações *"durch Verwaltungsakt"*, ou seja, através de atos administrativos singulares, fundamentados numa lei. Nesse ponto, constatou a doutrina que algumas leis eram, originária e diretamente, expropriatórias e, a partir daí, endossou a tese de que as limitações constitucionais impostas pela Constituição de Weimar ao Estado quanto à possibilidade de intervir na propriedade privada não se dirigiam apenas ao administrador público, através do ato administrativo, mas também ao próprio legislador de um Estado social cada vez mais intervencionista. Ficava assim admitida a existência das *"Enteignungsgesetzen"* ou leis expropriatórias.

No mesmo período, a expansão conceitual da expropriação clássica alcançou o próprio conteúdo do instituto expropriatório, que deixou de abranger tão somente a transferência de titularidade de um direito real para alcançar também todas as modalidades de intervenções estatais arbitrárias sobre o patrimônio privado, ainda que não houvesse transferência de titularidade do direito para o Estado, como, por exemplo, nas eliminações e nas restrições (CORREIA, 1998, p. 117; e HESSE, 1998, p. 345).

Ladearam aqueles dois movimentos expansivos relativos ao fundamento e ao conteúdo da expropriação, influenciando-os positivamente, a resistência judicial em aplicar as exclusões legais de indenizações, sobretudo aquelas previstas nas leis anteriores à Constituição de Weimar, e a maior abrangência conferida doutrinariamente ao conceito de propriedade, que passou a envolver, para além da tradicional propriedade imobiliária civilística, quaisquer direitos patrimoniais privados, como, por exemplo, os direitos creditícios e as ações. Com a passagem do Estado Liberal ao Estado Social, a expropriação deixou o campo restrito do Direito Real para alcançar também o campo do Direito das Obrigações.

Com riqueza de detalhes, CORREIA (1998, p. 111 e ss.) descreve o papel destacado do jurista MARTIN WOLF, principalmente através do seu célebre ensaio *"Reichsverfassung und Eigentum"*, publicado no *"Berliner Festgabe für Wilhelm Kahl"*, de 1923, no *"alargamento quase infinito"*[153] dos conceitos constitucionais de propriedade e expropriação, de modo a encontrar, nesse período, uma tutela constitucional efetivamente protetora de todo o patrimônio privado, ou seja, formas mais amplas de reparação pecuniária estatal para todas as variantes de sacrifícios graves e especiais de índole patrimonial suportados pelos cidadãos.

---

[153] *"Fast uferlose Ausdehung"*, segundo a expressão de V. PAPIER apud MEDEIROS (1992, p. 40).

A partir das inovadoras contribuições de WOLF, que procurou extrair a noção de expropriação do Direito Administrativo para reposicioná-la no âmbito do Direito Constitucional, outros juristas de escol começaram a dedicar-se ao aprofundamento das novas questões suscitadas por ele, como ANSCHÜTZ, ARNDT, TRIEPEL e LEIBHOLZ (FORSTHOFF, 1973, p. 332). Na linha de todas essas ampliações doutrinárias dos conceitos de propriedade e expropriação e, acima de tudo, a fim de proteger os interesses burgueses contra a vocação socializante e interventiva da Constituição de Weimar, o *Reichsgericht* não hesitou em admitir, em seus conhecidos acórdãos de 18 de novembro de 1921 e de 28 de fevereiro de 1930, tanto a possibilidade de expropriações decorrentes diretamente da lei como a inaplicação da exclusão indenizatória da Lei Prussiana de Alinhamentos Urbanísticos (*"Preußische Fluchtliniengesetz"*), de 02 de julho de 1875[154]. Enfim, para o *Reichsgericht*, aqueles acórdãos representaram o marco inicial de uma exegese constitucional em que a expropriação abandonava o seu conceito clássico e passava ser compreendida como a intervenção estatal, seja na forma de privação ou de subtração de um direito, seja na forma de mera redução de um direito, mas, sempre indenizável; exigida por uma anteposta finalidade pública; realizada por uma lei ou por um ato administrativo legalmente autorizado; cujo objeto era um direito de valor patrimonial de um particular ou de um grupo; e, finalmente, que ofende os sujeitos afetados de modo especial e desigual, obrigando-os a suportar um sacrifício não exigido do restante da comunidade[155].

---

[154] Respectivamente: *Reichsgericht,* acórdão de 18 de novembro de 1921, publicado em *Entscheidungen des Reichsgericht in Zivilsachen,* n. 103, p. 200 (abreviadamente: RGZ 103, 200), e *Reichsgericht,* acórdão de 28 de fevereiro de 1930, publicado em RGZ 128, 18. No mesmo sentido: FORSTHOFF (1973, p. 327) e SANTAMARÍA PASTOR (1972, p. 104).

[155] Segundo a dicção do próprio *Reichsgericht,* referida em diversos precedentes colacionados no seu acórdão publicado em *Entscheidungen des Bundesgerichtshofes in Zivilsachen,* n. 6, p. 276, de 1952 (abreviadamente: RGZ 6, 276), *"Enteignung ist derjenige von einem übergeordneten öffentlichen Zweck geforderte, durch Gesetz oder gesetzlich zugelassenen Verwaltungsakt erfolgende, entschädigungspflichtige Eingriff in vermögenswerte Rechte von Einzelnen oder Gruppen, der, sei es in der Gestalt der Entziehung, sei es in der Gestalt der Belastung der Recht, die betroffenen Rechtsträger ungleich, besonders trifft und sie zu einem besonderen, den übrigen nicht zugemuteten Opfer für die Allgemeinheit zwingt."* É fácil perceber a distância que separa essa noção alargada de expropriação daquela contida no conceito dito clássico do mesmo instituto, o *"klassichen Enteignungsbegriff"*.

As críticas de alguns importantes publicistas, entre os quais CARL SCHMITT[156], àquele alargamento conceitual da expropriação e a avalanche de demandas judiciais sobre indenizações por danos causados diretamente por leis ocasionaram um recrudescimento no posicionamento dos tribunais germânicos no deferimento das indenizações e uma preocupação maior dos legisladores em prever cláusulas legais para exclusão de tais indenizações – com maior freqüência, a partir da consolidação do regime nacional socialista no início dos anos trinta.

Após a II Guerra Mundial, o texto da Lei Fundamental alemã (*"Gundgesetz"* ou GG), de 23 de maio de 1949, não chegou a alterar profundamente a sistemática delineada pela Constituição de Weimar sobre a expropriação, limitando-se a impedir os exageros ocorridos durante o período nazista e a consignar aquelas garantias liberais que a dogmática e a interpretação judicial permitiram na Carta Constitucional de trinta anos antes – principalmente por meio da proibição das cláusulas legais de exclusão de indenização, admitidas em Weimar, e da admissão expressa da figura da expropriação diretamente derivada da lei (*"Legalenteignung"*). Através de tais disposições, porém, desapareceriam, para doutrinadores e magistrados, alguns graves empecilhos positivos à possível aceitação de uma obrigação do Estado de responder amplamente por atos legislativos que impusessem sacrifícios graves e especiais a alguns cidadãos.

A garantia da propriedade e a sua proteção contra a privação e o prejuízo restaram assim delineadas na nova ordem constitucional alemã:

"Artigo 14.º [Propriedade, direito sucessório, expropriação]

(1) A propriedade e o direito sucessório são garantidos. O seu conteúdo e os seus limites são determinados por lei.

(2) A propriedade obriga. O seu uso deve ao mesmo tempo servir para o bem-estar geral.

(3) A expropriação só é lícita se for efetuada no interesse geral. Pode ser efetuada unicamente por lei ou com base numa lei que estabeleça o modo e o montante da indenização. A indenização deve ser determinada através da ponderação justa dos interesses gerais e dos das pessoas afetadas. Em caso de divergência acerca

---

[156] Sobretudo em *"Die Auflösung des Enteignungsbegriffs"* (*"A Dissolução do Conceito de Expropriação"*), publicado originalmente em *Juristische Wochenschrift*, p. 495, 1929, e posteriormente incluído em *Verfassungsrechtliche Aufsätze*, de 1958.

do montante da indenização, admite-se o recurso à via judicial junto aos tribunais comuns.

Artigo 15.º [Socialização]

Para fins de socialização e por meio de uma lei que estabeleça o modo e o montante da indenização, podem ser transferidos para a propriedade coletiva ou para outras formas de economia coletiva, bens imobiliários, recursos naturais e meios de produção. Para efeitos de indenização, aplicam-se analogamente os períodos 3.º e 4.º do n.º 3 do artigo 14."[157]

Ao positivar que uma expropriação também poderia ser efetuada diretamente por ato legislativo (*"Enteignung durch Gesetz"*), a Lei Fundamental garantiu definitivamente que algumas leis operam verdadeiras expropriações diretamente desde o início de sua vigência. Por conseqüência, abriu uma porta à obrigatoriedade de compensação dos particulares por prejuízos graves e especiais causados diretamente por atos legislativos. Ao assim proceder, a Lei Fundamental assentou o valor supralegal da garantia patrimonial.

De outro lado, à luz do n.º 3 do art. 14.º da Lei Fundamental, também passou a ser uma determinação constitucional que as expropriações – quer fossem elas operadas por ato legislativo quer por ato administrativo – só pudessem ocorrer mediante o pagamento simultâneo de uma indenização. *"Keine Enteignung ohne Entschädigung"*, isto é, o mesmo ato que intencionalmente impuser sacrifícios graves e especiais ao particular já deve prever expressamente, como condição de sua vali-

---

[157] Cf. a tradução já assentada por NUNO ROGEIRO (1996, p. 141-143) e segundo o original atualizado divulgado na internet (www.bundesregierung.de): *"Artikel 14: (1) Das Eigentum und das Erbrecht werden gewährleistet. Inhalt und Schranken werden durch die Gesetze bestimmt. (2) Eigentum verpflichtet. Sein Gebrauch soll zugleich dem Wohle der Allgemeinheit dienen. (3) Eine Enteignung ist nur zum Wohle der Allgemeinheit zulässig. Sie darf nur durch Gesetz oder auf Grund eines Gesetzes erfolgen, das Art und Ausmaß der Entschädigung regelt. Die Entschädigung ist unter gerechter Abwägung der Interessen der Allgemeinheit und der Beteiligten zu bestimmen. Wegen der Höhe der Entschädigung steht im Streitfalle der Rechtsweg vor den ordentlichen Gerichten offen. Artikel 15: Grund und Boden, Naturschätze und Produktionsmittel können zum Zwecke der Vergesellschaftung durch ein Gesetz, das Art und Ausmaß der Entschädigung regelt, in Gemeineigentum oder in andere Formen der Gemeinwirtschaft überführt werden. Für die Entschädigung gilt Artikel 14 Absatz 3 Satz 3 und 4 entsprechend."*

dade, o pagamento de uma compensação financeira àquele mesmo particular. A desapropriação, por óbvio, foi constitucionalmente admitida, substituindo-se neste ponto, porém, a garantia do direito de propriedade pela garantia do valor da propriedade, numa aplicação clara de justiça comutativa (HESSE, 1998, p. 344; MIRANDA, 2000, p. 297), ou uma verdadeira *"conversão de direitos"* (CANOTILHO, 1974, p. 81).

Foi denominado pela doutrina alemã, a partir da década de 1950, como *"Junktimklausel"* ou *"Junctimklausel"* esse vínculo ou ligação (do latim *"junctim"*) indissolúvel e simultâneo entre o expropriar e o indenizar. Ao contrário do disposto no art. 153 da *"Weimarer Reichesverfassung"*, como já se pôde perceber, a ausência, a exclusão expressa ou a desproporção da *"Junktimklausel"* (ou "cláusula indenizatória conjunta") em uma lei que mereça a qualificação dogmática de *"Legalenteignung"* (lei expropriatória) é causa certa de sua inconstitucionalidade (HESSE, 1998, 345). Note-se que, segundo a diretriz de política legislativa adotada na Lei Fundamental, a indenização não constitui uma conseqüência (posterior, portanto) à expropriação, mas um requisito (assim, anterior) de validade do próprio ato expropriatório. Com esse aparato de proteção jurídica primária – de função inibitória/impugnatória dos atos que desconheçam a "cláusula indenizatória conjunta" –, o legislador fica obrigado a ser diligente e dar maior atenção ao possível caráter expropriatório de toda nova medida legislativa a ser adotada por ele, sob pena de ver o seu trabalho legislativo invalidado pelo Tribunal Constitucional por meio do julgamento de um "recurso constitucional" de autoria do particular ofendido (*"Beschewerdführer"*)[158].

---

[158] Genericamente, a proteção jurídica primária destina-se à defesa do particular mediante a discussão contenciosa da validade jurídica de certo ato e concretiza-se numa decisão sobre a validez ou a nulidade do ato questionado (CORREIA, 2000, p. 72). A materialização da proteção jurídica primária (*"primäre Rechtsschutz"*), que *in casu* visa garantir o direito fundamental à propriedade privada, toma corpo, em última instância, na utilização de uma "queixa constitucional" (ou "recurso constitucional"; *"Verfassungsbeschwerde"*, em alemão), prevista no art. 93, par. 1, n.º 4 a, da Lei Fundamental Alemã. Veja-se: *"Artigo 93.º [Tribunal Constitucional Federal, competência]: (1) Compete ao Tribunal Constitucional Federal apreciar: (...) 4a. as queixas constitucionais que podem ser interpostas por toda a gente com a alegação de ter sido lesada, pelo Poder Público, num dos seus direitos fundamentais ou num dos seus direitos consagrados no n.º 4 do art. 20.º, assim como nos arts. 33.º, 38.º, 101.º, 103.º e 104.º."* Cf. a tradução consolidada por NUNO ROGEIRO (1996, p. 211) e em conformidade com o original atualizado divulgado na internet (www.bundesregierung.de): *"Artikel 93: (1) Das Bundesverfassungsgericht entscheidet: 4a. über Verfassungsbeschwerden, die von jedermann mit der Behauptung*

De modo a evitar uma declaração de inconstitucionalidade, o legislador alemão incluiu em muitas leis de conformação da propriedade uma cláusula genérica nos seguintes termos: *"se uma medida adotada com base nesta lei provoca uma expropriação, outorgar-se-á uma indenização em dinheiro"* (SANTAMARÍA PASTOR, 1972, p. 122). A dogmática alemã refere-se a essa prescrição genérica de indenização como *"salvatoriche Entschägigungsregelung"* (conforme, entre outros, OSSENBÜHL, 1998, p. 206; e DETTERBEK, WINDTHORST E SPROLL, 2000, p. 291).

Desde a vigência da Lei Fundamental, a doutrina e a jurisprudência também já não discutiam acerca da abrangência do conceito de propriedade constitucionalmente protegido pelo art. 14.º. A partir de uma interpretação sistemática da Lei Fundamental, na linha do que já havia sido iniciado durante a República de Weimar, passou a ser consensual na Alemanha que o texto contido no art. 14.º da Lei Fundamental não se referia apenas ao instituto da propriedade no sentido tradicional do Direito Civil, mas antes a qualquer *"aproveitamento privado de um valor patrimonial"*, como, por exemplo, reivindicações salariais, prestações do seguro social ou quotas sociais que garantiriam o asseguramento da existência individual (HESSE, 1998, p. 341).[159] O Professor FRITZ

---

erhoben werden können, durch die öffentliche Gewalt in einem seiner Grundrechte oder in einem seiner in Artikel 20 Abs. 4, 33, 38, 101, 103 und 104 enthaltenen Rechte verletzt zu sein". A processualística do "recurso constitucional" é dada pelos §§ 90 e ss. da Lei sobre o Tribunal Constitucional Federal alemão, que o define como remédio jurídico extremo, só admitido após esgotados todos os outros recursos judiciais previstos. Antes do *"Verfassungsbeschwerde"*, entre os mecanismos mais comezinhos de proteção jurídica primária, outorgados aos particulares contra os sacrifícios graves e especiais decorrentes de atos estatais ilícitos mas não culposos (em sentido amplo), FRITZ OSSENBÜHL (1995, p. 946, e 1998, p. 285 e ss.) faz especial referência a um "direito à tutela derivado dos direitos fundamentais" (*"der grundrechtliche Schutzanspruch"*), que se caracteriza pelo fato de não objetivar uma compensação pecuniária (proteção jurídica secundária) mas o restabelecimento da situação fática anterior, ou o *status quo ante* (OSSENBÜHL, 1995, p. 948), que pode ser alcançado através de uma ordem judicial de eliminação (*"Beseitigung"*) do gravame, reprodução (*"Herstellung"*) de uma situação anterior ou omissão (*"Unterlassung"*) estatal em relação a novas intervenções danosas (OSSENBÜHL, 1998, p. 286). A proteção jurídica secundária, como se pode inferir, busca assegurar a proteção dos particulares mediante ações de responsabilidade civil, destinadas a condenar a Fazenda Pública ao ressarcimento pecuniário do particular pelos prejuízos resultantes de certo ato estatal (CORREIA, 2000, p. 72).

[159] A expansão dos conceitos de propriedade, património e riqueza contitua, ainda hoje, a prosseguir com bastante velocidade. Em um texto recente, JOÃO CAUPERS (2007,

Ossenbühl (1998, p. 150) esclarece que, sendo a propriedade uma dimensão própria da liberdade humana constitucionalmente protegida[160], complementam a lista de exemplos do conceito constitucional de propriedade as ações, as patentes, as marcas, as obrigações em geral e até mesmo, (segundo o controvertido acórdão constitucional BVerfGE 89, 1) o direito de permanência/ocupação do locatário no imóvel por ele arrendado. À luz da jurisprudência do *Bundesgerichtshof*, Petra Senkovic (2000, p. 313) ainda lembra que uma atividade profissional estabelecida e exercida por um particular, o segredo profissional e o *"know-how"* também são protegidos pela noção de propriedade constitucionalmente amparada pelo art. 14.º GG.

Diante de tamanhas diversidade e abrangência da noção constitucional de propriedade, é legítimo inferir que inexiste um "conceito absoluto" de propriedade na Lei Fundamental ou na dogmática constitucional alemãs (Wunderlich, 1994, p. 08).

Questão particularmente relevante nessa seara, ainda hoje, é a tensão entre o indivíduo e a coletividade emanada da distinção entre aquelas leis que, a troco de alcançarem um interesse público maior, impõem, de fato, sacrifícios graves e especiais aos particulares, que contrariam o *"Prinzip der Lastengleichheit aller Bürger"* e, por isso, constituem sacrifícios indenizáveis, e aquelas outras que apenas impõem um ônus genérico e proporcional[161], que debilitam direitos dos particulares

---

p. 178-179) trata desse fenômeno: *"Não há muito tempo, numa conversa com estudantes, pediram-me que indicasse um momento na década de 90 que eu considerasse especialmente significativo do que poderia vir a ser o futuro. Elegi, com surpresa generalizada dos meus interlocutores, o momento em que a revista Fortune apontou, pela primeira vez, Bill Gates como o homem mais rico do mundo. Perguntaram-me qual a razão de tal escolha. Não tive dificuldade em responder. Até esse momento e durante toda a história, os homens mais ricos do mundo tinham sido sempre proprietários/produtores de bens – terra cultivada, gado, edifícios, poços de petróleo, fábricas de automóveis, minas de ouro ou diamante etc. Pela primeira vez, o homem mais rico do mundo era, no essencial, um produtor e um explorador de idéias".*

[160] Nesse ponto, fica patente nas palavras do Professor Ossenbühl a longa tradição da filosofia iluminista que identifica a mútua e recíproca referência entre liberdade, propriedade e Estado de Direito.

[161] A proporcionalidade, ou proibição do excesso, destina-se exatamente a estabelecer limites concreto-individuais à violação de um direito fundamental – no caso, a propriedade –, através de uma ponderação ajustada entre o interesse público e o interesse privado. Sobre o dever de proporcionalidade na restrição de direitos fundamentais, obra clássica no Direito alemão é o livro de Peter Lerche *"Übermass und Verfassungsrecht – Zur Bindung des Gesetzgebers an die Grundsätze der Verhältnismässigkeit und der Erforderlichkeit"*, de 1961, e resultado de sua *Habilitationsschrift*.

por força da própria convivência em sociedade e, portanto, não são, em princípio, indenizáveis (mera "limitação do conteúdo da propriedade" ou *"Inhaltbegrenzung des Eigentums"*). Nesse ponto, o próprio art. 14.º, n. 1 e 2, da Lei Fundamental já admitiu que o direito de propriedade não era irrestrito nem incondicional e que o seu conteúdo e os seus limites seriam determinados pela lei ("reserva de regulação"), segundo a função social da propriedade (*"Sozialpflichtigkeit des Eigentums"*). A complementar esse comando relativo às vinculações da propriedade, o art. 19.º, n.º 1, da Lei Fundamental[162] admitiu – certamente em homenagem ao princípio da isonomia – a restrição de direitos fundamentais (dentre os quais a propriedade) desde que concretizada através de leis de caráter geral.

Todavia, para contribuir ainda mais para o esfumaçamento da fronteira entre onde começa a expropriação e onde termina a mera limitação social da propriedade, na prática, OSSENBÜHL (1998, p. 181) e MAURER (2000, p. 716) mencionam que, em certas hipóteses de limitação do conteúdo da propriedade (*"Inhaltbegrenzung des Eigentums"*), é possível a atribuição excepcional e atípica ao particular, necessariamente por via legislativa (portanto, com alguma liberdade de conformação), de uma compensação (*"Ausgleich"*) para que se evitem ou mitiguem os encargos desproporcionais por ele suportados em virtude de uma lei de regulação da propriedade ou sua execução. É o que chamam de *"ausgleichs-pflichtige Inhaltsbestimmung"*, encontrada com freqüência no campo da proteção da natureza e dos monumentos. Assim sendo, conforme o caso, poderão ser indenizáveis até mesmo condicionamentos genéricos.

Como uma decorrência do sistema de garantias patrimoniais do art. 14.º da Lei Fundamental e na linha daquela expansão conceitual intentada principalmente por MARTIN WOLF nos anos vinte, parte da doutrina jurídica e da jurisprudência alemãs do pós-guerra continuou a tentar ampliar possibilidade de resposta financeira do Estado para que passasse

---

[162] O citado preceito constitucional afirma: *"Artigo 19.º [Restrição de direitos fundamentais]: (1) Quando, segundo esta Lei Fundamental, um direito fundamental puder ser restringido por lei ou com base numa lei, essa lei deverá ter caráter geral e não ser limitada a um caso particular. (...)"* Cf. a tradução já assentada por NUNO ROGEIRO (1996, p. 146-147) e em conformidade com o original atualizado divulgado na internet (www.bundesregierung.de): *"Artikel 19: (1) Soweit nach diesem Grundgesetz ein Grundrecht durch Gesetz oder auf Grund eines Gesetzes eingeschränkt werden kann, muß das Gesetz allgemein und nicht nur für den Einzelfall gelten. (...)"*

a alcançar também aquelas intervenções que, embora não sendo direta e claramente expropriatórias (lícitas, intencionais e norteadas por uma finalidade pública), apresentassem efeitos – mesmo que imprevisíveis – que se assemelhassem àqueles de uma expropriação, no sentido de uma imposição de um sacrifício especial relativamente a bens de natureza patrimonial de determinado particular. Sobretudo com o ativismo judicial dos anos cinqüenta, adquiriam força, desde então, as figuras do *"Enteignungsgleicher Eingriff"* e do *"Enteignende Eingriff"*. Para chegar a tais institutos, certamente não contribuiu com pouca importância a constatação de que os prognósticos do legislador quanto à evolução dos efeitos de uma nova lei muitas vezes apresentam certo grau de incerteza e imprecisão. O juiz do Tribunal Constitucional alemão, OTTO BACHOF, percebeu esse fenômeno com invulgar realismo:

> *"Diferentemente de um cultor das ciências da natureza, o legislador não pode proceder a experiências antes de realizar o seu projeto, ou só muito limitadamente pode fazê-lo. Nessa medida, corre um certo risco, no tocante à verificação ou não das suas expectativas"* (BACHOF, 1989, p. 142).

Aquela preocupação de juízes e doutrinados a respeito de uma proteção mais efetiva da propriedade surgiu com uma questão de bom senso: se, à luz do art. 14 da Lei Fundamental, o Estado já indenizava pelo dano derivado de ações lícitas e intencionais (através da *"Enteignung"*), e, com base no seu art. 34, pelas condutas antijurídicas e culposas (culpa em sentido amplo, por meio da *"Amtshaftung"*, que será detalhada mais adiante), por que não responder ainda pelas suas ações de conseqüências antijurídicas mas não culposas (nem dolosas nem negligentes, ou seja, *"nichtschuldhafte"*) que causassem gravame ao patrimônio privado? Não seria lógico que permanecessem fora da garantia patrimonial as ações ilícitas e não culposas (nem dolosas nem negligentes) do Estado, que se desviavam da finalidade pública, se até mesmo as ações lícitas eram compensadas (através da *"Enteignung"*). Para a solução dessa questão, papel relevante coube ao *Bundesgerichtshof*, ao delinear inicialmente a figura do *"Enteignungsgleicher Eingriff"* (a "intervenção análoga à expropriação"), cuja hipótese de incidência exige a presença simultânea dos seguintes elementos:[163]

---

[163] Conforme a apertada síntese proposta por FRITZ OSSENBÜHL (2002, p. 178).

1) A ofensa a uma bem jurídico material, uma "propriedade" no sentido do art. 14 GG;

2) a natureza estatal/soberana da intervenção lesiva (*"Hoheitlicher Eingriff"*);

3) o direcionamento da atuação lesiva a uma finalidade pública (*"Gemeinwohlbezogenheit"*); e

4) o sacrifício especial suportado pela vítima do dano.

O Tribunal Federal de Justiça (*Bundesgerichtshof*) decidiu, por meio do seu multicitado acórdão de 10 de junho de 1952 (publicado em *"Entscheidungen des Bundesgerichtshofes in Zivilsachen"*, n. 6, p. 270, abreviadamente: BGHZ 6, 270), que as intervenções análogas à expropriação não se confundiam com as expropriações (constitucionalmente modeladas pelo art. 14.º GG); o principal ponto de diferenciação entre a expropriação (*"Enteignung"*) e a intervenção análoga à expropriação (*"Enteignungsgleicher Eingriff"*) residia no caráter totalmente lícito da primeira e no caráter antijurídico (ilícito), mas sem culpa ou dolo (*"nichtschuldhafte"*), da segunda. Ambos, porém, dariam lugar a uma indenização fundada na garantia patrimonial extraída do art. 14 da Lei Fundamental ou do art. 153 da *"Weimarer Reichesverfassung"*, caso se tratasse de ato ocorrido antes de 1949 (BGHZ 6, 270 e CORREIA, 1998, p. 126). Ora, *"se a expropriação estatal atinge todos os bens dos cidadãos, a garantia e a proteção da propriedade também devem cobrir todos os seus bens"*.[164]

Para chegar a essa conclusão, o Tribunal Federal de Justiça da Alemanha (*Bundesgerichtshof*) ponderou que a atribuição, pela autoridade estatal e segundo os exatos termos do disposto na "lei de habitações" (*"Wohnungsgesetz"*), de uma habitação a um inquilino solvente, que cumpre integralmente com as suas obrigações, não poderia ensejar qualquer indenização (*"Entschädigung"*) ao proprietário do imóvel, à mingua de prejuízos efetivos e de qualquer desobediência à ordem jurídica. A delimitação do conteúdo jurídico da propriedade constitui um ônus a ser suportado pelo proprietário na busca da função social daquela.

---

[164] *Entscheidungen des Bundesgerichtshofes in Zivilsachen*, n. 6, p. 270 e ss. (especificamente p. 278) ou de modo abreviado: BGHZ 6, 270 (278). Conforme o original traduzido por nós: *"Wenn die staatliche Enteignung nach dem ganzen Vermögen des Bürgers greift, muß die Eigentumsgarantie und der Eigentumsschutz auch das ganze Vermögen des Bürgers decken"*.

Hipótese distinta verifica-se, porém, quando, por força de uma equivocada interpretação da mesma *"Wohnungsgesetz"*, ou seja, sem fundamento legal legítimo, a autoridade estatal atribui um imóvel a determinado inquilino com uma perda no aluguel, com evidente prejuízo para o proprietário da habitação. Nesse segundo cenário, justamente porque se verificou afronta ilegal à igualdade perante as cargas públicas, a indenização estatal deveria cobrir a queda no valor do aluguel suportada pelo proprietário, de modo a se preservar a garantia patrimonial (*"Eigentumsgarantie"*) constitucionalmente assentada na *Grundgesetz* e na *Weimarer Reichesverfassung* e cujas raízes remontam à EinlPrALR. Do mesmo modo, a garantia constitucional (supralegal, portanto) de proteção do patrimônio protege o proprietário que foi obrigado a manter vazio o seu imóvel até ser anulada uma atribuição administrativa de aluguel ilegalmente concedida pelo Poder Público. Com a existência de um Estado cada vez mais forte e intervencionista, a teoria clássica da expropriação conduzia a caminhos bastante restritos, daí o *Bundesgerichtshof* enxergar a necessidade de resgatar algumas posições do antigo *Reichsgericht* no sentido da aplicação dos §§ 74 e 75 EinlPrALR para intervenções ilícitas mas não culposas (em sentido amplo).

Ao estabelecer, por meio do *"Enteignungsgleicher Eingriff"*, uma equiparação entre ilicitude não culposa (ou *"nichtschuldhafte"*) e sacrifícios especiais, a jurisprudência alemã instituiu uma original forma de responsabilidade do Estado por atos ilícitos que, para SCHEUING (1984, p. 359), deve ser considerada como verdadeiro costume constitucional.

Acima se disse que o *"Enteignungsgleicher Eingriff"* surgiu com a finalidade de ampliar a responsabilidade do Estado para que passasse a alcançar também aquelas intervenções que, embora não sendo direta e claramente expropriatórias, representassem conseqüências – mesmo imprevisíveis – que se assemelhassem aos efeitos de uma expropriação, no sentido de uma imposição de um sacrifício grave e especial relativamente a bens de natureza patrimonial de determinado particular. Com esse idêntico objetivo, o ativismo judicial alemão dos anos cinqüenta criou também a figura do *"Enteignende Eingriff"* – a intervenção de efeito expropriatório.

Sabe-se que intervenções estatais há que, embora decorrentes de condutas legais e legítimas do Estado, de tão vigorosas que são, apresentam efeitos atípicos e imprevistos na propriedade equivalentes mesmo ao de uma verdadeira expropriação, pois afetam de modo grave e especial a posição jurídica do titular do direito de propriedade. Tais intervenções constituem as chamadas "intervenções de efeito expropriatório" (*"enteignender Eingriff"*), que se diferenciam do *"Enteignungsgleicher Eingriff"* justamente em razão da absoluta legitimidade do ato estatal que deu origem ao efeito expropriatório antijurídico (*"die Rechtsmäßigkeit des Hoheitshandelns"*). Enquanto que na intervenção análoga à expropriação (*"Enteignungsgleicher Eingriff"*) tanto a ação administrativa como as suas conseqüências sobre a propriedade são antijurídicas (porém, nunca culposas), na intervenção de efeito expropriatório (*"enteignender Eingriff"*), apenas as conseqüências do ato (lícito) estatal são antijurídicas (MAURER, 2000, p. 738). Conclui-se, pois, que, sendo expropriatório apenas o efeito ou o resultado do *"enteignender Eingriff"*, a sua antijuridicidade é também *"a posteriori"*[165]. Exemplos recorrentes dessa espécie de intervenção são, primeiro, aquelas obras públicas de infraestrutura urbana que implicam em desvio de tráfego de potenciais consumidores e, por isso, em diminuição do volume de vendas em uma loja ou do número de hóspedes de um hotel, e, segundo, o ruído excessivo de aviões militares que leva à depreciação do valor de um imóvel localizado sob uma rota aérea (OSSENBÜHL, 2002, p. 171; e DETTERBECK, WINDTHORST E SPROLL, 2000, p. 369).

Essa visão ampliada das compensações estatais, a partir da Lei Fundamental, assentada pelo *Bundesgerichtshof*, voltou a ser restringida – ou melhor, foi em certo sentido aprimorada – pela jurisprudência do Tribunal Constitucional Federal alemão, que provocou alterações significativas na compreensão da intervenção análoga à expropriação (*"Enteignungsgleicher Eingriff"*) e da intervenção de efeito expropriatório (*"Enteignender Eingriff"*).

Para o *Bundesverfassungsgericht*, a proteção dos particulares contra uma lei que impusesse um sacrifício grave e especial a direitos patrimoniais particulares sem, simultaneamente, atribuir qualquer compensação foi interpretada da seguinte forma: Por força do n.º 3 do art. 14.º da Lei Fundamental, há leis que impõem sacrifícios graves e especiais a alguns cidadãos; tais leis devem, desde o seu nascedouro, conter uma cláusula indenizatória conjunta, pois, quem escolhe prejudicar escolhe compen-

---

[165] A distinção entre atuação ilegítima da Administração e conseqüência ilegítima do agir administrativo não se restringe à intervenção análoga à expropriação (*"Enteignungsgleicher Eingriff"*) e à intervenção de efeito expropriatório (*enteignender Eingriff*). Com efeito, no "direito policial" alemão (*Polizeirecht*), distinção semelhante constitui marco demarcatório da responsabilidade do agente policial (MAURER, 2000, p. 737-738).

sar; se não houver a tal cláusula indenizatória conjunta, ao particular agravado pela lei cabe pugnar pela inconstitucionalidade da lei expropriatória (proteção jurídica primária), nunca por uma indenização (proteção jurídica secundária), posto que apenas um ato lícito (constitucional, portanto) é capaz de dar origem a uma compensação (*"Entschädigung"*). A lógica que subjaz a tal raciocínio é evidente: o ato legislativo inconstitucional, sendo nulo e desvestido de qualquer valor jurídico, deve deixar de ser cumprido tanto pela Administração quanto pelo particular – que deve estar sempre diligente para não obedecer a preceito que resulte em agressão à Constituição.

No fundo, essa leitura do *Bundesverfassungsgericht* contrapõe-se à lógica do acórdão francês *La Fleurette*, de 14 de janeiro de 1938, na medida em que a proteção jurídica conferida ao cidadão alemão (de ordem primária, atacando a própria validade do ato que deu origem ao prejuízo do particular) é substancialmente diferente daquela oferecida ao cidadão francês (de ordem secundária, meramente pecuniária e que não chega nunca a perscrutar a validade do ato estatal gravoso). Subjacentes a essa diferenciação, estão as concepções próprias a respeito da supralegalidade e do controle de constitucionalidade, ínsitas aos sistemas jurídicos francês e alemão – afinal, a lei escapa a qualquer exame de validade pelo juiz francês. Interessante é perceber, porém, que, por caminhos e razões tão diferentes, chegou-se a um destino muito próximo na França e na Alemanha, no sentido de que tanto a *"responsabilité de l'État du fait des lois"* como a *"Entschädigung"* derivam, primariamente, de um ato lícito[166]. Na França, desconhece-se o ilícito legislativo e, na Alemanha, segundo assentou o *Bundesverfassungsgericht*, o ilícito legislativo deve conduzir primordialmente à invalidação do ato danoso e não à indenização do particular afetado.

De acordo com a hermenêutica imposta pelo Tribunal Constitucional Federal, portanto, *"em caso algum pode o particular aceitar o sacrifício como se de uma imposição lícita se tratasse, sofrendo-o primeiro e recorrendo depois a tribunal para obter a compensação indenizatória que a própria lei não concedeu"* (CORREIA, 1998, p. 409). A norma inconstitucional não obriga. Portanto, no Direito alemão, o parti-

---

[166] Todavia, na Alemanha, como se viu, uma pressão doutrinária e jurisprudencial fez a *Entschädigung* evoluir para alcançar até mesmo o ato ilícito mas não culposo (em sentido amplo, ou seja, *nichtschuldhafte*) através da intervenção análoga à expropriação (*Enteignungsgleicher Eingriff*).

cular não pode intencionalmente suportar um prejuízo almejando pleitear, em seguida, uma indenização não prevista legalmente. O magistrado alemão não é competente para tratar como válida, vigente e eficaz uma lei expropriatória que prescinda da cláusula indenizatória conjunta, colmatando-lhe a importante lacuna referente à indenização (requisito essencial de sua validade). Constatado o hiato quanto à *"Junktimklausel"*, o particular deve lançar mão dos remédios jurídicos legítimos para impedir a violação do seu direito ou interesse constitucionalmente protegido, acenando com a inconstitucionalidade da imposição estatal. Cumpre ao magistrado submeter a questão ao Tribunal Constitucional competente, nos termos do art. 100, n.º 1, da Lei Fundamental[167]. *"Vigilantibus, non dormientibus, jura subveniunt"* – crê o Tribunal Constitucional Federal.

É de se registrar que, à luz do texto constitucional germânico, há mesmo uma dualidade de instâncias judiciais para se discutir a validade de um ato expropriatório e o montante da indenização. Segundo o art. 14.º, n. 3, frase 4, da Lei Fundamental, em caso de divergência acerca do montante da indenização, admite-se o recurso à via judicial comum ou ordinária. Para os litígios acerca da própria validade de um ato expropriatório, a via judicial competente é a Justiça Administrativa (HESSE, 1998, p. 350, com base sobretudo na paradigmática decisão do Tribunal Constitucional Federal de 15 de julho de 1981, publicada em *Neue Juristische Wochenschrift* [ou NJW], n. 14, p. 745-753, 1982, e em BVerfGE 58, 300).

---

[167] Segundo a tradução já assentada por NUNO ROGEIRO (1996, p. 217): *"Art. 100.º (Inconstitucionalidade de leis): (1) Quando um tribunal considerar inconstitucional uma lei de cuja validade dependa a decisão, deverá suspender o processo e pedir a apreciação do tribunal do 'Land' competente para litígios constitucionais, se se tratar da violação da constituição de um 'Land', ou a apreciação do Tribunal Constitucional Federal, se se tratar da violação desta Lei Fundamental. Isso vale igualmente nos casos de violação desta Lei Fundamental pelo direito estadual ou de incompatibilidade de uma lei estadual com uma lei federal."* Na sua versão original, o texto constitucional diz: *"Artikel 100: (1) Hält ein Gericht ein Gesetz, auf dessen Gültigkeit es bei der Entscheidung ankommt, für verfassungswidrig, so ist das Verfahren auszusetzen und, wenn es sich um die Verletzung der Verfassung eines Landes handelt, die Entscheidung des für Verfassungsstreitigkeiten zuständigen Gerichtes des Landes, wenn es sich um die Verletzung dieses Grundgesetzes handelt, die Entscheidung des Bundesverfassungsgerichtes einzuholen. Dies gilt auch, wenn es sich um die Verletzung dieses Grundgesetzes durch Landesrecht oder um die Unvereinbarkeit eines Landesgesetzes mit einem Bundesgesetze handelt."*

Em Direito Alemão, além de não ser possível qualquer opção da
vítima entre requerer judicialmente a declaração de nulidade do ato
inconstitucional ou propor uma ação de ressarcimento pelos danos
sofridos, há uma clara prioridade da primeira (a proteção jurídica primária) sobre a segunda hipótese (SENKOVIC, 2000, p. 266). E o mencionado
acórdão BVerfGE 58, 300 é bastante enfático nesse ponto:

> *"Enxergando o cidadão uma expropriação em uma medida
> dirigida contra si, ele pode demandar uma compensação apenas
> quando exista um fundamento legal para a pretensão indenizatória.
> À falta desse fundamento legal, deve ele empenhar-se na derro-
> gação do ato interventivo perante o Tribunal Administrativo. Ele
> não pode, todavia, sob renúncia da impugnação, exigir uma com-
> pensação não concedida a ele pela lei; por falta de fundamento
> legal também não pode o Tribunal conceder a indenização. O afeta-
> do não tem assim qualquer direito de eleição entre defender-se
> contra uma expropriação ilícita por ausência da regulamentação
> legal da indenização ou exigir diretamente uma indenização."*[168]

Em linhas gerais, mas com menos detalhes, esse entendimento do
Tribunal Constitucional consubstanciado no acórdão BVerfGE 58, 300 –
repetido e subscrito pelo Professor KONRAD HESSE (1998, p. 346) – já
havia sido antecipado pelo Primeiro Senado do *Bundesverfassungsgericht* através do seu acórdão de 21 de julho de 1955 (publicado em
NJW, n. 34-35, p. 1268-1270, 1955, e em BVerfGE 4, 219). Nessa
mesma decisão (*"Beschluß"*), o Tribunal Constitucional Federal fez
questão de ressalvar que tal entendimento só se aplicava às normas
promulgadas após a entrada em vigor da Lei Fundamental, em 1949. As
leis consideradas expropriatórias promulgadas sob a vigência do art. 153
da Constituição de Weimar – e que não contivessem uma cláusula

---

[168] *"Sieht der Bürger in der gegen ihn gerichteten Maßnahme eine Enteignung, so
kann er eine Entschädigung nur einklagen, wenn hierfür eine gesetzliche Anspruchs-
grundlage vorhandenis. Fehlt sie, so muß er sich bei den Vgen um die Aufhebung des
Eingriffsaktes bemühen. Er kann aber nicht unte Verzicht auf die Anfechtung eine ihm
vom Gesetz nicht zugebilligte Entschädigung beanspruchen; mangels gesetzlicher
Grundlage können die Gerichte auch keine Entschädigung zusprechen. Der Betroffene hat
hiernach kein Wahlrecht, ob er sich gegen eine wegen Fehlens der gesetzlichen
Entschädigungsregelung rechtswidrige 'Enteignung' zur Wehr setzen oder unmittelbar
eine Entschädigung verlangen will"* (*Neue Juristische Wochenschrift* [ou NJW], n. 14,
p. 747, 1982, e BVerfGE 58, 300 [324]).

expressa de não-indenização – poderiam ser alvo de fixação, pela autoridade judicial, de uma indenização que atendesse aos termos da Lei Fundamental. Posteriormente, em sua importante decisão de 15 de julho de 1981 (BVerfGE 58, 300), o Primeiro Senado do *Bundesverfassungsgericht* ratificou e clarificou o entendimento de que, em sede de um litígio sobre a legalidade de uma medida expropriatória, a licitude da medida dependerá da constatação de que a lei em que se fundamenta a intervenção estabeleceu o modo e o montante da indenização. Inexistentes esses requisitos, o particular afetado deve requerer a invalidação judicial – por inconstitucionalidade – do ato gravoso, na linha de uma *"primäre Rechtsschutz"*.

Aquele entendimento do *Bundesverfassungsgericht*, consubstanciado no acórdão de 15 de julho de 1981 (BVerfGE 58, 300), obrigou o *Bundesgerichtshof* a uma reorientação da sua jurisprudência mais recente, de modo a harmonizar-se com o pensamento da Corte Constitucional.

Para o *Bundesgerichtshof*, o acórdão constitucional referiu-se apenas à expropriação em sentido estrito (*"Enteignung"*), inexistindo motivo para se abandonar o instituto jurídico da intervenção análoga à expropriação (*"Enteignungsgleicher Eingriff"*)[169]. Entretanto, tendo em conta as razões do *Bundesverfassungsgericht*, o Tribunal Federal de Justiça (*Bundesgerichtshof*) entendeu necessário reposicionar o fundamento das agressões análogas à expropriação, deslocando-o da garantia patrimonial genérica extraída do art. 14 da Lei Fundamental (como dito nas conclusões do acórdão BGHZ 6, 270, mas incompatível com a decisão BVerfGE 58, 300), para centrá-la, a partir de agora, no tradicional princípio do sacrifício especial (*"Aufopferungsgrudsatz"*), já referido entre os fundamentos do acórdão BGHZ 6, 270. Com isso, a competência dos tribunais ordinários sobre essas indenizações deixaria de dar margem a quaisquer dúvidas a respeito da constitucionalidade da pretensão compensatória em relação aos requisitos enumerados no art. 14 da Lei Fundamental alemã.[170]

---

[169] Que continuava a apresentar aqueles mesmos elementos típicos já descritos acima: (1) ofensa a uma bem jurídico material; (2) natureza estatal/soberana da intervenção lesiva (*"hoheitlicher Eingriff"*); (3) o direcionamento da atuação lesiva a uma finalidade pública (*"Gemeinwohlbezogenheit"*); e (4) o sacrifício especial suportado pela vítima do dano.

[170] Consta expressamente do § 40, n. 2, da "Lei dos Tribunais Administrativos" (*"Verwaltungsgerichtsordnung"* ou simplesmente VwGO) da Alemanha, não apenas que

Ao repor o *"Aufopferungsgrudsatz"* na fundamentação das intervenções análogas à expropriação de bens jurídicos de natureza patrimonial, o Tribunal Federal de Justiça (*Bundesgerichtshof*), mesmo após 1981, continuou a perscrutar a existência de um sacrifício especial. Contudo, a compensação (*"Entschädigung"*) pelo sacrifício imposto só seria devida se o ofendido não tivesse podido utilizar-se regularmente de outro meio jurídico para se proteger do ato ilegal, como decorre, por exemplo, nas hipóteses de atos de soberania com objetivo não determinado ou nos casos de conseqüências secundárias da atuação estatal (nesse ponto, em clara convergência com o acórdão BVerfGE 58, 300). No quadro de uma intervenção análoga à expropriação, aos afetados surge, em primeiro lugar, a obrigação de questionar a legalidade da medida prejudicial, através de um procedimento jurídico adequado, evitando, com isso, a ocorrência do dano. O direito à indenização resta assegurado apenas subsidiariamente, ou seja, se os efeitos danosos não puderam ser evitados pela interposição de qualquer outro remédio jurídico adequado.

Segundo a cultura jurídica alemã, a responsabilidade do Estado configura uma forma secundária de proteção jurídica (*"Sekundärrechtschutz"*, nunca uma *"Primärrechtschutz"*). É de se recordar que esse caráter meramente subsidiário da compensação (*"Entschädigung"*) pelo sacrifício imposto constitui uma oposição radical à máxima *"dulde und liquidiere"* – hoje, na Alemanha, se você decide se submeter (*"dulden"*), já não poderá mais apresentar a contar (*"liquidieren"*). Essa é uma das marcas mais características do modelo alemão de prestações estatais compensatórias: a natureza secundária ou subsidiária das indenizações, que, como será visto adiante, influenciará a jurisprudência do Tribunal de Justiça das Comunidades Européias sobre a responsabilidade do Estado por violação do Direito Comunitário.

Em suma, dissera o Tribunal Constitucional Federal, em 1981, que quem escolhe prejudicar também escolhe compensar. Complementando o que afirmara a Corte Constitucional, o Tribunal Federal de Justiça (*Bundesgerichtshof*) emendou: mesmo quem não escolhe prejudicar, mas prejudica, também deve compensar, desde que uma omissão do lesado em adotar um remédio jurídico adequado para afastar o dano não tenha

---

competem aos tribunais ordinários as demandas de direito patrimonial por sacrifícios especiais mas também que competem aos tribunais administrativos as demandas indenizatórias no quadro do art. 14 da Lei Fundamental alemã.

concorrido para a produção dos prejuízos. Essa tendência jurisprudencial mais recente do *Bundesgerichtshof* encontra a sua linha condutora no acórdão de 26 de janeiro de 1984, assim ementado:

> "*a) É certo que, após os princípios desenvolvidos pela jurisprudên-cia para as intervenções equivalentes à expropriação, deve haver uma compensação para as interferências soberanas ilegais na propriedade.*
>
> *b) Omitindo-se o afetado, por culpa sua, em evitar a intervenção com os meios jurídicos admissíveis, não pode ele, à vista de uma aplicação correspondente do § 254 BGB[171], exigir uma compensação pelo prejuízo que ele teria podido evitar através da utilização de meio jurídico regular.*"[172]

A referência à culpa concorrente da vítima que se omite em se beneficiar da proteção jurídica primária, feita no presente acórdão, não se constitui exatamente em uma inovação sua, posto que já havia sido estabelecida pelo mesmo *Bundesgerichtshof* no seu acórdão de 29 de março de 1971 (publicado em NJW, n. 38, p. 1694-1698, 1971, e em BGHZ 56, 57[173]). Em todo caso, o caráter subsidiário da proteção jurídica

---

[171] O mencionado § 254 do Código Civil alemão faz referência à concorrência da culpa da vítima (*Mitverschulden*) para a produção de um dano e os seus óbvios reflexos sobre a quantificação e mitigação da responsabilidade civil do Estado.

[172] Trad. nossa. Na dicção original: "*a) Es wird daran festgehalten, daß für rechtswidrige hoheitliche Eingriffe in das Eigentum nach den von der Rechtsprechung für den enteignungsgleichen Eingriff entwickelten Grundsätzen Entschädigung zu leisten ist. b) Unterläßt es der Betroffene schuldhaft, den Eingriff mit den zulässigen Rechtsmitteln abzuwehren, so kann er in entsprechender Anwendung des § 254 BGB regelmäßig eine Entschädigung für solche Nachteile nicht verlangen, die er durch den Gebrauch der Rechtsmittel hätte vermeiden können*" (*Bundesgerichtshof*, acórdão de 26 de janeiro de 1984, publicado em BGHZ 90, 17 e em NJW, n. 20, p. 1169, 1982). Esse é o caso de compensação, p. ex., pelo prejuízo suportado pelo legítimo requerente de uma licença de construção que, vendo o seu pedido ilegalmente denegado na via administrativa, obtém uma decisão favorável, entretanto mais demorada, na via judicial (BGHZ 90, 17 [p. 33]). O meio jurídico adotado pela vítima, apesar de plenamente adequado, foi insuficiente para afastar o dano suportado por ela.

[173] "*Não deve ser permitido que se deixe nascer um dano ou que nada se faça para limitá-lo a fim de, em seguida, se apresentar ao funcionário público ou ao Estado uma fatura, como uma forma de recompensa por sua própria omissão*" (*trad. nossa do trecho:* "*Es soll nicht erlaubt sein, den Schaden entstehen oder größer werden zu lassen um ihn schließlich, gewissermaßen als Lohn für eigene Untätigkeit, dem Beamten oder dem Staat in Rechnung zu stellen*" – NJW, 1971, p. 1695).

secundária, de natureza ressarcitória ou compensatória, em relação à proteção jurídica primária, de caráter inibitório ou impugnatório, presente no Direito alemão, encontra o seu fundamento jurídico-positivo no § 839, n.º 3, BGB, cujo texto menciona que a obrigação de indenizar desaparece se a vítima se tiver omitido, por intenção ou negligência, em evitar o dano fazendo uso de um remédio jurídico adequado.[174] É o que a doutrina chamou de *"Rechtsmittelversäumung"*, ou "omissão do meio jurídico" (SENKOVIC, 2000, p. 266).

Entre as razões históricas que levaram o ordenamento jurídico alemão a prestigiar a proteção jurídica primária, cuja sede é a jurisdição administrativa, em detrimento da proteção jurídica secundária, cuja sede é a jurisdição civil, aponta-se a salvaguarda financeira do patrimônio dos funcionários públicos e a elevada diferença entre os custos a serem suportados pelo autor da demanda em uma e outra esfera. Ao contrário da jurisdição civil, a jurisdição administrativa sempre apresentou taxas judiciais menores, a representação por advogado era desnecessária e o juiz ainda podia conhecer dos fatos do processo de ofício (SENKOVIC, 2000, p. 265). A fim de evitar qualquer questionamento a respeito do liame de causalidade, cabe à vítima da ação estatal prejudicial o ônus de provar que o meio jurídico adotado por ela, apesar de adequado, foi insuficiente para afastar o dano (SENKOVIC, 2000, p. 268).

Com essa compreensão, nada parecia impedir a iminente adoção de uma responsabilidade estatal decorrente de prejuízos causados por normas inconstitucionais, como, por exemplo, nas hipóteses em que uma lei formal, posteriormente declarada inconstitucional pelo *Bundesverfassungsgericht*, tivesse provocado graves prejuízos aos particulares por ela afetados durante o período de sua vigência – inevitáveis através de meios jurídicos regulares.

Imagine-se, como o fez DAGTOGLOU (1963, p. 26), o caso de uma lei formal inconstitucional sobre o funcionamento do comércio que, ao disciplinar os horários de encerramento e impor severas multas aos desobedientes, tivesse prejudicado uma determinada loja desde a sua entrada em vigor. A firma lesada, mesmo tendo interposto o competente recurso

---

[174] *"§ 839 (...) (3) A obrigação de indenizar não ocorre se a vítima se tiver omitido, por intenção ou negligência, em evitar o dano fazendo uso de um meio jurídico."* Trad. nossa do original alemão: *"§ 839 (...) (3) Die Ersatzpflicht tritt nicht ein, wenn der Verletzte vorsätzlich oder fahrlässig unterlassen hat, den Schaden durch Gebrauch eines Rechtsmittels abzuwenden."*

ao Tribunal Constitucional Federal, estaria obrigada a cumprir o horário prescrito pela norma inconstitucional, até a decisão final do processo de exame da constitucionalidade, sob pena de arcar com as duras penalidades previstas na norma ainda válida. Na linha do acórdão BGHZ 90, 17, o prejuízo suportado pela empresa, durante o período em que teve de submeter-se ao horário de encerramento inconstitucionalmente estabelecido, afigurava-se à primeira vista indenizável.[175]

Interessante é perceber que – conquanto pudesse parecer, em uma primeira leitura, que um caminho contrário seria seguido – o próprio *Bundesgerichtshof* fez questão de afirmar, autolimitando-se, que a sua jurisprudência a respeito da intervenção análoga à expropriação (*"Enteignungsgleicher Eingriff"*) não era aplicável ao legislador e às leis em sentido formal inconstitucionais. O *Bundesgerichtshof*, no seu acórdão de 12 de março de 1987 (publicado em BGHZ 100, 136 e em NJW, n. 31, p. 1875-1878, 1987), foi bastante claro: o Estado não responde, sob o ponto de vista de uma intervenção análoga à expropriação, pelas conseqüências danosas de uma norma legal (lei formal) inconstitucional[176]. Para o Tribunal Federal de Justiça (*Bundesgerichtshof*), não existe uma "intervenção legislativa análoga à expropriação", afinal, o Poder Judiciário não é detentor de legitimidade suficiente para, desconsiderando as repercussões sobre a Fazenda Pública e fragilizando a independência entre os Poderes, impor ao Poder Legislativo e às leis em sentido formal – mas materialmente inconstitucionais – um instituto derivado da mera criação jurisprudencial. Do contrário, estar-se-ia sustentando uma intromissão judicial nas margens de valoração e de criação próprias do Legislativo (BGHZ 100, 136, e, no mesmo sentido, OSSENBÜHL, 1998, p. 233). Entretanto, dispositivos jurídico-normativos infralegais, como regulamentos ou prescrições administrativas, podem ser equiparados a uma "intervenção análoga à expropriação" (OSSENBÜHL, 2002, p. 179).

---

[175] DAGTOGLOU (1963, p. 26-27) cita ainda mais três casos em que a norma inconstitucional produziu, diretamente, prejuízos ao particular afetado, sem a necessidade de qualquer ato administrativo de intermediação. Metodologia semelhante é adotada por FETZER (1994, p. 20-22), que menciona onze casos – parte fictícios, parte reais – em que se manifestam prejuízos decorrentes diretamente de leis formais inconstitucionais.

[176] A crítica dessa decisão foi feita por SCHENKE (1988). No seu mesmo sentido segue o acórdão de 10 de dezembro de 1987, publicado em BGHZ 102, 350 e em NJW, n. 8, p. 478-482, 1988.

Tampouco se pode falar em aplicação a prejuízos decorrentes de normas inconstitucionais do instituto da "intervenção de efeito expropriatório" (*"enteignender Eingriff"*), que se diferencia do *"Enteignungsgleicher Eingriff"* – repita-se – justamente em razão da absoluta legitimidade (constitucionalidade) do ato estatal que deu origem ao efeito expropriatório antijurídico (*"die Rechtsmäßigkeit des Hoheitshandelns"*). Nada impede, entretanto, que uma norma infralegal (um regulamento ou um ato administrativo, por exemplo), dado o seu caráter mais restrito ou individualizável, possa dar ensejo a uma intervenção análoga à expropriação e a uma compensação (OSSENBÜHL, 1995, p. 953). Sem dúvida, a generalidade da atividade legislativa pesou, outra vez, em favor da irresponsabilidade do legislador.

Se a proteção jurídica secundária contra a intervenção legislativa especialmente gravosa na propriedade não vinga, posto estar afastada pela jurisprudência do *Bundesgerichtshof*, não se pode esquecer, porém, que uma maneira de se evitar ou mitigar possíveis conseqüências factuais danosas é, sem dúvida, o pedido de concessão ao Tribunal Constitucional alemão de uma medida cautelar, nos termos do que lhe autoriza o § 32 da Lei sobre o Tribunal Constitucional Federal[177]. Não há dúvidas de que certos fatos consumados produzem danos bem maiores e estáveis do que uma distribuição tardia de justiça pode solucionar (BAUR, 1985, p. 16). A concessão da medida cautelar (*"einstweilige Anordnung"*) ao autor da demanda constitucional (*"Verfassungsbeschwerde"*) não visa à antecipação dos efeitos da decisão final de inconstitucionalidade, mas apenas proteger a parte afetada de uma provável lesão irreparável ou de difícil reparação, sustando provisoriamente os efeitos de um iminente dano causado pela norma impugnada, até a apreciação definitiva da demanda judicial. A finalidade da tutela cautelar, portanto, é, em última instância, preservar a segurança jurídica e a autoridade da decisão final.

---

[177] O § 32 da *"Gesetz über das Bundesverfassungsgericht"* estabelece: *"(1) O Tribunal Constitucional Federal pode regular provisoriamente, por meio de medida cautelar, uma situação no caso litigioso, quando isso é urgente para rechaçar graves prejuízos, para impedir violência iminente ou em virtude de um outro fundamento importante para o bem-estar comum. (...) (6) A medida cautelar caduca após seis meses. Ela pode ser restabelecida por maioria de dois terços (?) dos votos. (...)."* Conforme a trad. nossa do texto legal original: *"(1) Das Bundesverfassungsgericht kann im Streitfall einen Zustand durch einstweilige Anordnung vorläufig regeln, wenn dies zur Abwehr schwerer Nachteile, zur Verhinderung drohender Gewalt oder aus einem anderen wichtigen Grund zum gemeinen Wohl dringend geboten ist. (...) (6) Die einstweilige Anordnung tritt nach sechs Monaten außer Kraft. Sie kann miteiner Mehrheit von zwei Dritteln der Stimmen wiederholt werden."*

No Direito Alemão, a medida cautelar (*"einstweilige Anordnung"*) é, ao lado do arresto, um meio clássico de proteção jurisdicional provisória que visa sobretudo assegurar a plena efetividade da tutela jurisdicional definitiva. O nexo necessário entre efetividade da tutela jurisdicional e a tutela cautelar foi apontado por Giuseppe Tesauro, que sublinhou como um verdadeiro princípio jurídico que *"a duração do processo não deve funcionar contra quem tem razão"*.[178] Autônoma e distinta das tutelas cognitiva e executiva, a tutela cautelar tem por função neutralizar os riscos de que a duração do processo torne irrealizável, inútil ou diminuído o resultado da demanda.

De tal raciocínio decorre que a prestação dessa tutela cautelar exige, em primeiro lugar, a previsão de que a tutela principal com determinado conteúdo será prestada e, em segundo lugar, a ameaça de prestação não efetiva dessa mesma tutela. Estes são os requisitos específicos para a prestação da tutela cautelar, que, tradicionalmente, assumem a denominação de *"fumus boni juris"* e *"periculum in mora"*, respectivamente.[179] Ao tratar das medidas cautelares previstas nos §§ 935 a 945 do Código de Processo Civil alemão (*"Zivilprozeßordnung"* ou ZPO), observa Fritz Baur, professor da Universidade de Tübingen:

---

[178] Conclusões do Advogado-Geral Giuseppe Tesauro ao acórdão *Factortame I* do Tribunal de Justiça das Comunidades Européias (TJCE, acórdão de 19.05.90, Proc. C--213/89, *Factortame I*, Coletânea 1990-I, p. 2457).

[179] O *"periculum in mora"* não se confunde com o risco a direitos subjetivos, diretamente, mas sim à possibilidade de ineficácia total ou parcial da tutela definitiva, se e quando for definitivamente outorgada pelo juízo competente. O *"periculum in mora"* é uma objetiva ameaça à efetividade da tutela jurisdicional principal, não a direitos subjetivos que possam ser eventualmente reconhecidos ou satisfeitos através daquela. Quanto ao *"fumus boni juris"*, é de se ressaltar que, se a tutela cautelar visa garantir a efetividade do processo, deve-se verificar a ocorrência não de um direito subjetivo material, mas o direito da parte a um processo eficaz. Direito de ação e direito material não se confundem. O primeiro é sempre de natureza pública, visto que é dirigido ao Estado, embora também contra algum adversário. É esse direito que se pretende salvaguardar pela via da medida cautelar. Ademais, é estranha à tutela cautelar a indagação sobre o mérito da tutela principal – no caso, a constitucionalidade da lei impugnada. Na via cautelar, *"fumus boni juris"* e *"periculum in mora"* constituem, sim, a questão de fundo a se decidir, o seu próprio mérito e objeto – autônomo e independente do núcleo da tutela principal. É sobre eles que o juiz do Tribunal Constitucional deve debruçar-se ao decidir sobre a prestação jurisdicional cautelar, afinal, a providência a se tomar no processo cautelar não é idêntica à conseqüência jurídica que decorre do direito material. A medida cautelar não se presta à antecipação do resultado do processo, em caráter satisfativo, mas visa tão-só garantir uma discussão estável da lide.

"Toda relação jurídica litigiosa pode ser composta transitoria-
mente por meio de providências que, quanto ao seu conteúdo, são
deixadas à livre apreciação do juízo. (...) Seu âmbito de aplicação
amplia-se constantemente: vai desde a proteção à honra e à per-
sonalidade, da proteção à empresa industrial e aos direitos referen-
tes a bens imateriais, contra a concorrência desleal, desde a impo-
sição de compromissos concernentes aos preços na distribuição de
produtos do mercado, à obstação de mudança anticontratual de
local de trabalho, à 'regulação' de disputas políticas ou científicas,
até a condenação a pagamentos provisionais no direito alimentar
ou no da reparação do dano" (Baur, 1985, p. 12-13).

4.1.2.2. *A Imposição de Sacrifício Especial a Bem Jurídico de Natureza Imaterial ("Aufopferungsanspruch") e a Intervenção Análoga à Imposição de Sacrifício Especial a Bem Jurídico de Natureza Imaterial ("Aufopferungsgleicher Eingriff")*

Paralelamente a esse desenvolvimento que a proteção do patrimônio privado alcançou com figuras como a *"Enteingnung"* ("expropriação"), a *"Legalenteingnung"* ("lei expropriatória"), o *"Enteignungsgleicher Eingriff"* ("intervenção análoga à expropriação") e o *"Enteignende Eingriff"* ("intervenção de efeito expropriatório"), extraídas de um princípio geral de compensação (*"Aufopferungsgrudsatz"*), a jurispru-dência alemã passou a desenvolver, a partir do século XIX mas, sobre-tudo, após a II Guerra Mundial, novos raciocínios que promovessem também uma proteção semelhante aos bens jurídicos de índole pessoal, não patrimonial, tais como a vida, a saúde, a integridade física, a liber-dade e a honra.

Com esse objetivo, concluiu também o *Bundesgerichtshof* que mesmo as noções alargadas de expropriação e de propriedade, extraídas de uma interpretação ampliada do n.º 3 do art. 14 GG, não eram suficientes para alcançar os sacrifícios graves e especiais a bens jurídicos de natureza não patrimonial sofridos pelo particular. Para o *Bundesge-richtshof*, porém, isso não implicava no desaparecimento da obrigação estatal de indenizar o particular – só que agora com fundamento não mais no texto da Lei Fundamental mas, sim, no princípio jurídico do sacrifício especial (*"Aufopferungsgrudsatz"*), aquele mesmo previsto nos §§ 74 e 75 da Introdução ao *"Preußische Allgemeine Landrecht"* (cf.

Bundesgerichtshof, acórdão de 19 de fevereiro de 1953, publicado no BGHZ 9, 83). Ou seja, para os prejuízos causados a bens jurídicos que escapassem da noção constitucional de patrimônio, a jurisprudência do *Bundesgerichtshof* também retornou ao princípio geral de compensação contido no *"Aufopferungsgrundsatz"* consagrado no Código Geral da Prússia, cujo valor jurídico seria de norma costumeira, para alguns; princípio geral de Direito, para outros; ou, ainda, de princípio constitucional (não escrito) do Estado de Direito, para um terceiro grupo[180].

Segundo a jurisprudência do *Bundesgerichtshof*, enquanto as expropriações e as agressões com efeitos expropriatórios têm por objeto a propriedade ou, pelo menos, o aproveitamento privado de um valor patrimonial, as pretensões amparadas pelo princípio da compensação por sacrifícios especiais visam atingir outros bens jurídicos de caráter não patrimonial, como a vida, a saúde, a incolumidade física, a liberdade e a honra. Por tal motivo, especial importância prática detêm, neste campo, os danos produzidos em decorrência de vacinações compulsórias, tratamentos médicos obrigatórios, medidas sanitárias coativas, lesões corporais causadas a terceiros durante uma perseguição policial e lesões corporais causadas a presos, a militares ou a alunos. Fora dessas hipóteses – que, em resumo, traduzem os bens jurídicos protegidos pelo art. 2.º GG – tem sido rara a aplicação do *"Aufopferungsanspruch"* (OSSENBÜHL, 1995, p. 935 e 941, e 1998, p. 132).

Conforme assinalado por OSSENBÜHL (1998, p. 134), para a hipótese de incidência do *"Aufopferungsanspruch"* hão de concorrer os seguintes elementos típicos estruturantes:

1) Que haja uma lesão a bem jurídico imaterial;
2) que a referida lesão se manifeste através de uma medida coercitiva soberana, como, por exemplo, uma lei, uma sentença, um ato administrativo;
3) que a medida soberana tenha sido adotada em nome do bem da coletividade; e
4) que a medida provoque um sacrifício grave e especial ao afetado, desigualando-o dos demais[181].

---

[180] Conforme a síntese oferecida por FRITZ OSSENBÜHL (1998, p. 130).

[181] Aqui, mais uma vez, aflora a importante questão de se distinguir um sacrifício grave e especial, que contraria a dimensão normal e previsível da igualdade perante as cargas públicas e, por isso, é indenizável, daquele ônus genérico e proporcional, que tão-

Algumas leis especiais já começam a conferir positividade às indenizações por imposição de sacrifícios especiais relativamente a bens imateriais (*"Aufopferungsanspruch"*) com esses componentes (OSSENBÜHL, 2002, p. 171).

Assim como a jurisprudência admitiu a figura do *"Enteignungs-gleicher Eingriff"* derivada da *"Enteignung"*, logo a doutrina também passou a acolher a existência no ordenamento jurídico de um *"Aufopferungsgleicher Eingriff"* (ou intervenção análoga à imposição de sacrifício), derivada da *"Aufopferung"*, para indenizar os sacrifícios sofridos pelo particular decorrentes de atos ilícitos mas não culposos (em sentido amplo) a bens jurídicos de natureza não patrimonial (CORREIA, 1998, p. 126). Essa distinção entre *"Aufopferungsgleicher Eingriff"* e *"Aufopferung"*, porém, não foi reconhecida pela jurisprudência germânica, que menciona apenas um dever geral de ressarcimento por sacrifícios especiais a bens jurídicos imateriais (*"Aufopferungs-anspruch"*), indiferenciadamente, sob o argumento de que as conseqüências produzidas ao particular afetado são sempre ilícitas (OSSENBÜHL, 1998, p. 133-134).

A confirmar essa tendência doutrinária e jurisprudencial alemã na linha de proteção não patrimonial do particular, KONRAD HESSE (1998, p. 347) menciona, entre outros exemplos, que o Tribunal de Justiça Federal já havia concedido indenizações por medidas que não se assentavam em base legal e por medidas soberanas que, sem se dirigir diretamente contra os afetados, conduziram a repercussões que, para eles, significaram sacrifícios especiais. Para a configuração desse "direito de compensação geral", completou o eminente professor de Freiburg, o que o *Bundesge-richtshof* tem considerado, ao fim e ao cabo, é tão-só a existência de um sacrifício especial – *"a igualdade violada deve, por isso, ser reparada por indenização"* (HESSE, 1998, p. 348). Essa foi justamente a base da

---

-só debilita pretensões particulares por força da própria convivência em sociedade e, portanto, não é, em princípio, indenizável. Segundo FRITZ OSSENBÜHL (1998, p. 137-138), a jurisprudência alemã tem utilizado os seguintes critérios para tentar apartar com alguma segurança cada uma dessas duas hipóteses: em primeiro lugar, tem buscado "a vontade da lei ou do legislador" (*"Wille des Gesetzes oder des Gesetzgebers"*) para identificar as conseqüências previstas e desejadas pela legislação; em segundo lugar, tem-se referido à própria "natureza da matéria" (*"Natur der Sache"*); em terceiro lugar, finalmente, tem-se valido do "sensato juízo do homem médio" (*"vernünftige Urteil der billig und gerecht Denkenden"*). Cada um daqueles critérios decisionais reporta-se claramente ao *"refus implicite"* utilizado com freqüência pelo Conselho de Estado francês.

decisão do *Bundesgerichtshof*, no seu já mencionado acórdão de 19 de fevereiro de 1953 (BGHZ 9, 83), que declarou a obrigação estatal de indenizar os pais de uma criança de oito anos que sofrera graves efeitos colaterais (não previstos nem tampouco desejados por lei) em seu estado de saúde, decorrentes de uma vacina cuja inoculação tornara-se obrigatória por força de uma lei do *Reich* sobre saúde pública (a *"Impfgesetz"*, de 08 de abril de 1874). Com o intuito de clarificar o que seria um sacrifício especial, o Tribunal afirmou:

> *"(...) Todos aqueles sacrifícios que são exigidos e desejados pela Lei não são capazes de justificar uma pretensão indenizatória e todos aqueles prejuízos que excedem o que, segundo a vontade da lei, os particulares têm que tolerar podem ser considerados como um sacrifício especial fundante de uma pretensão indenizatória."*[182]

Nesse ponto, mais uma vez, restam claros os pontos de convergência e aproximação com a jurisprudência francesa e as justificativas do Conselho de Estado, quanto à identificação da vontade do legislador e da vontade da lei.

À vista de todos esses fatos, o que se pode inferir é que, comparada à proteção constitucional da propriedade – analisada no item 4.1.2.1, acima –, a proteção jurídica secundária (ressarcitória), conferida ao particular, relativamente a intervenções legislativas em bens imateriais, é bem mais fácil de ser alcançada do que a mesma proteção relativa a bens patrimoniais. Como visto no item anterior, a intervenção legislativa especialmente gravosa na propriedade, quando lícita, intencional e dirigida a uma finalidade pública, dá origem apenas à compensação (*"Entschädigung"*) por expropriação (*"Enteignung"*). Do contrário, quando a intervenção legislativa especialmente gravosa na propriedade é ilícita ou não intencional, dá lugar, sim, à proteção jurídica primária (nulidade do ato). O *Bundesgerichtshof* (em BGHZ 100, 136, citado acima) foi enfático: o Estado não responde, sob o ponto de vista de uma intervenção análoga à expropriação (*"Enteignungsgleicher Eingriff"*), pelas conse-

---

[182] Trad. nossa a partir do texto original do acórdão: *"(...) Alle diejenigen Opfer, die vom Gesetz gefordert und gewollt sind, keinen Entschädigungsanspruch zu begründen vermögen und nur diejenigen Nachteile, die über das hinausgehen, was nach Willen des Gesetzes der Einzelne hinzunehmen hat, als ein einen Entschädigungsanspruch begründendes besonderes Opfer angesehen werden können"* (*Bundesgerichtshof*, acórdão de 19 de fevereiro de 1953, publicado no BGHZ 9, 83, especialmente p. 92).

qüências danosas de uma norma legal (lei formal) inconstitucional. Os outros dois institutos dirigidos à proteção do patrimônio, ou seja, a "intervenção de efeito expropriatório" (*"enteignender Eingriff"*) e a expropriação (*"Enteignung"*), tampouco se prestam à compensação de prejuízos decorrentes de normas inconstitucionais sobre o patrimônio, já que têm como pressuposto a absoluta legitimidade (constitucionalidade) do ato estatal que deu origem ao efeito expropriatório (*"die Rechtsmäßigkeit des Hoheitshandelns"*) – o que, obviamente, não é o caso de um "ilícito legislativo".

De outro lado, quando a intervenção legislativa especialmente gravosa recai sobre um bem imaterial, seja ela lícita ou ilícita, o que a jurisprudência tem considerado, de uma vez por todas, é tão-só a existência de um sacrifício especial e a inexistência de uma omissão do lesado em adotar um remédio jurídico adequado para afastar o dano (OSSENBÜHL, 1998, p. 134). É o "direito de compensação geral", derivado do rompimento da igualdade perante as cargas públicas e atenuado pela jurisprudência do Tribunal Constitucional sobre a concorrência da culpa da vítima (*"Mitverschulden"*).

4.1.2.3. *A Responsabilidade Administrativa em Sentido Estrito* (*"Amtshaftung"*)

Até este instante, viu-se apenas a que termo chegou o desenvolvimento da *"Entschädigung"*, nas suas variações de *"Enteignung"*, *"Aufopferung"*, *"Enteignungsgleicher Eingriff"*, *"enteignender Eingriff"* e *"Aufopferungsgleicher Eingriff"*, e a repercussão desses institutos na direção da proteção do particular pelos danos provocados por fato das leis na Alemanha. Ou melhor, a proteção pecuniária do particular contra atos lícitos ou, no máximo, contra os atos ilícitos mas não culposos (em sentido amplo) praticados pelo Poder Público alemão. Entretanto, ao lado de todos esses institutos, uma modalidade distinta de responsabilidade do Estado na Alemanha ainda é possível: a *"Amtshaftung"*, a responsabilidade do Estado em sentido estrito, decorrente de conduta ilícita e dolosa de um funcionário estatal, no exercício de suas funções.

Também conhecida como "responsabilidade funcional", a *"Amtshaftung"* indicará um outro caminho relevante para as tentativas doutrinárias de se proteger o particular alemão contra os danos provocados pela função legislativa do Estado, desta feita, contudo, na seara dos atos ilícitos, ou mais especificamente, do ilícito legislativo (*"legislatives Unrecht"*) – o ato legislativo comissivo (uma lei formal) ou omissivo (uma omissão legislativa) que é contrário à Constituição e capaz de produzir diretamente, até que declarada judicialmente a sua inconstitucionalidade, efeitos prejudiciais ao particular, sem o auxílio de quaisquer atos administrativos de intermediação, concretização ou execução.[183]

É interessante notar, conforme já observou MARIA LÚCIA AMARAL CORREIA (1998, p. 96-97), que a única forma de indenização estatal reconhecida nos territórios germânicos, durante todo o século XIX e até os primeiros anos da década de 1910, restringia-se à genérica *"Entschädigung"* – a compensação patrimonial decorrente de imposição lícita e especialmente gravosa a um particular em benefício da coletividade. Em outras palavras, a presença anosa das idéias de igual repartição dos encargos públicos entre todos os cidadãos e da compensação por imposição de sacrifício especial – assentadas, em última instância, na oposição entre as categorias jusnaturalistas *"jus eminens"* e *"jura quaesita"* – não foi capaz de garantir, nos territórios alemães do final dos anos de 1700 até princípios de 1900, quaisquer outras formas de compensação patrimonial estatal ao particular, além daquela previsão ampla contida no *"Preußische Allgemeine Landrecht"*.

O direito dos particulares a uma indenização por sacrifícios especiais (*"Entschädigung"*) só era admitido em caso de intervenções estatais lícitas (*"rechtmäßige Staatseingriffe"*). Naquelas situações especialmente graves – formadas por um ato ilícito e culposo –, a única solução possível era a deficiente responsabilização exclusiva, privada e pessoal do funcionário público que causara o dano dolosa ou negligentemente, ou seja, a *"Beamtenhaftung"* de base civilística (CORREIA,1998, p. 96-98; e OSSENBÜHL, 1998, p. 127). Tal circunstância devia-se ao fato de que o sistema de responsabilidade pública descrito no *"Preußische Allgemeine Landrecht"* continha dois "centros de gravidade" distintos: um, nos §§ 73 a 81 da sua Introdução, que tratava da reparação estatal por sacrifícios especiais e legais impostos ao patrimônio dos cidadãos (por excelência, a expropriação), e outro, nos §§ 88, 89 e 91 do décimo título da sua segunda parte, onde se regulava a responsabilidade pessoal do ocupante

---

[183] A inclusão da omissão legislativa inconstitucional nas hipóteses de configuração de um "ilícito legislativo" encontra amparo, entre outros, em WUNDERLICH (1994, p. 06) e FETZER (1994, p. 212).

da função pública pelos demais comportamentos danosos causados ao particular, como se a relação entre Administração e funcionário de um contrato de mandato se tratasse – *"si excessit, privatus est"* (DETTERBECK, WINDTHORST E SPROLL, 2000, p. 09-10). Segundo a *"Mandatstheorie"*, todo ato contrário ao Direito imputado a um funcionário público seria de sua direta e pessoal responsabilidade, escapando à esfera ressarcitória estatal (MANGIONE, 1994, p. 938)[184].

Esse regime bipartido de responsabilidade escondia, na verdade, o dogma romanista da incapacidade do ente coletivo para querer e agir: na exata medida em que a pessoa jurídica não podia delinqüir (*"Deliktun-fähigkeit"*), não seria justo que devesse responder pecuniariamente pelos atos ilícitos danosos dos seus representantes (CAVALCANTI, 1957, p. 524). Mas, nas raízes mais profundas de todas essas idéias, achava-se, sem dúvida, a visão de mundo (*"Weltanschauung"*) dominada pelos valores da proximidade, confiança, pessoalidade, patrimonialismo e hereditarie-dade que modelou a fase embrionária da Administração Pública européia, entre os séculos XIV e XVIII, quando os cargos públicos eram vendidos e transmitidos hereditariamente e aqueles que pagaram para se tornar funcionários públicos exigiam depois, da população, um pagamento para prestar algum "serviço público", numa mescla confusa e nebulosa entre espaços público e privado.

É na linha do desenvolvimento que se verifica entre *"Beamtenhaf-tung"* e a *"Amtshaftung"* – a responsabilidade do Estado pelos ilícitos administrativos cometidos pelos seus funcionários no exercício de suas funções –, que, à primeira vista, pareceu ter surgido uma nova possibi-lidade de concretização da responsabilidade do Estado por atos legisla-tivos na Alemanha. Em outras palavras, um novo e distinto caminho para a responsabilidade do Estado legislador pareceu ter-se iniciado com a possibilidade de aplicação aos legisladores alemães das noções de "ilícito" e "funcionário" que subjaziam ao art. 131 da Constituição de Weimar. O mencionado artigo da *"Weimarer Reichesverfassung"* (WRV) estabelecia:

---

[184] No Brasil, em parecer lançado em 1904, antes, portanto, de vir a ser eleito Presidente da República, EPITÁCIO PESSOA (1955, p. 44) explicou que *"enquanto o funcionário se conserva nos limites que lhe marcou a lei, diz Guérin (Responsabilité des Fonctionnaires, 1895, p. 68), enquanto procede de acordo com a lei, ele representa o Estado; é, pois, pessoalmente irresponsável... Desde que o agente sai do mandato que lhe confere a lei, desde que procede ilegalmente, ele não é mais que um simples particular... 'E o agente sai do seu mandato', acrescenta ele (p. 194)."*

"Artigo 131

(1) Se um funcionário viola, no exercício do poder público que lhe é confiado, um dever próprio de seu cargo que lhe obriga frente a um terceiro, a responsabilidade compete em princípio ao Estado ou ao órgão público a cujo serviço se encontra o funcionário. Fica preservado o direito de regresso. Não se pode excluir a via judicial ordinária.

(2) A regulamentação em detalhe incumbe à legislação competente." [185]

Tal dispositivo representou a constitucionalização e a assunção estatal da regra de responsabilização pessoal do funcionário inserida no § 839 do Código Civil Alemão, que entrara em vigor em 01 de janeiro de 1900, *his verbis*:

"§ 839 Responsabilidade por Lesão do Dever Funcional

(1) Se um funcionário infringe, por intenção ou negligência, um dever próprio do seu cargo que lhe obriga frente a um terceiro, ele tem que compensar o terceiro pelo dano que provocou. Se apenas negligência for imputável ao funcionário, ele só pode ser demandado se a vítima não for capaz de obter a indenização de outro modo.

(2) Se um funcionário infringe, segundo uma sentença judicial, um dever próprio de seu cargo, ele é responsável pelos danos daí decorrentes apenas se a infração do seu dever consistir em um crime. Esta prescrição não se aplica a uma recusa ou demora contrários à obrigação do funcionário no cumprimento do serviço.

(3) A obrigação de indenizar não ocorre se a vítima se tiver omitido, por intenção ou negligência, em evitar o dano fazendo uso de um meio jurídico."[186]

---

[185] No original alemão: *"(1) Verletzt ein Beamter in Ausübung der ihm anvertrauten öffentlichen Gewalt die ihm einem Dritten gegenüber obliegende Amtspflicht, so trifft die Verantwortlichkeit grundsätzlich den Staat oder die Körperschaft, in deren Dienste der Beamte steht. Der Rückgriff gegen den Beamten bleibt vorbehalten. Der ordentliche Rechtsweg darf nicht ausgeschlossen werden. (2) Die nähere Regelung liegt der zuständigen Gesetzgebung ob."*

[186] Na versão original alemã, o dispositivo já centenário tem a seguinte dicção: *"§ 839 Haftung bei Amtspflichtverletzung: (1) Verletzt ein Beamter vorsätzlich oder fahrlässig die ihm einem Dritten gegenüber obliegende Amtspflicht, so hat er dem Dritten den*

A substituição da responsabilidade pessoal do funcionário, prevista no § 839 BGB, pela responsabilidade primária e direta do Estado, segundo o art. 131 WRV, resultou de um longo debate que se desenvolveu na Alemanha desde meados do século XIX e que, antes de ser constitucionalizada pela *"Weimarer Reichesverfassung"*, em 1919, encontrou guarida nos textos da Lei de Introdução ao Código Civil alemão, da Lei Prussiana sobre responsabilidade do Estado, de 01 de agosto de 1909, e da Lei de Responsabilidade do Império, de 22 de maio de 1910 (FORSTHOFF, 1973, p. 319; OSSENBÜHL, 1995, p. 935; e MAURER, 2000, p. 633). Segundo FORSTHOFF (1973, p. 321), essa estatização da responsabilidade do funcionário público (*"Haftungsübernahme"*) não apenas procurou dar maior garantia ao cidadão lesado da solvência da obrigação indenizatória como partiu da constatação evidente de que é o Estado quem escolhe, forma e mantém em seus quadros o funcionário, sendo efetivamente o "senhor do serviço" (*"Herr des Dienstbetriebs"*). Por outro lado, se a proteção do particular foi um dos fundamentos jurídico-políticos decisivos para a assunção estatal da responsabilidade funcional, não resta dúvida de que também teve ela o condão de evitar a inatividade ou a ineficiência administrativa do funcionário que, por receio de uma ação de responsabilidade pessoal e ilimitada, deixava de exercer as suas funções de modo rápido, adequado e eficaz (OSSENBÜHL, 1998, p. 09-10, MAURER, 2000, p. 633).

Com o novo texto constitucional alemão, instituído pela Lei Fundamental de 23 de maio de 1949, não se alterou substancialmente o esquema weimariano, posto que o Estado continuava a ser responsável "em lugar" do seu funcionário (MANGIONE, 1994, p. 938). A nova disciplina da *"Amtshaftung"* foi conferida pelo art. 34 da Lei Fundamental alemã, *verbum ad verbum*:

---

daraus entstehenden Schaden zu ersetzen. Fällt dem Beamten nur Fahrlässigkeit zur Last, so kann er nur dann in Anspruch genommen werden, wenn der Verletzte nicht auf andere Weise Ersatz zu erlangen vermag. (2) Verletzt ein Beamter bei dem Urteil in einer Rechtssache seine Amtspflicht, so ist er für den daraus entstehenden Schaden nur dann verantwortlich, wenn die Pflichtverletzung in einer Straftat besteht. Auf eine pflichtwidrige Verweigerung oder Verzögerung der Ausübung des Amts findet diese Vorschrift keine Anwendung. (3) Die Ersatzpflicht tritt nicht ein, wenn der Verletzte vorsätzlich oder fahrlässig unterlassen hat, den Schaden durch Gebrauch eines Rechtsmittels abzuwenden."

"Artigo 34.º [Responsabilidade em caso de violação dos deveres do cargo]

Se alguém, no exercício de uma função pública que lhe foi confiada, infringe os deveres que a função lhe impõe para com terceiros, a responsabilidade recai, em princípio, sobre o Estado ou o órgão público a cujo serviço ele se encontra. Fica reservado o direito de regresso no caso de dolo ou negligência grave. Não deve ser excluída a via judicial ordinária[187], quer para a pretensão de indenização, quer para a ação de regresso."[188]

Note-se que o que se passou a atribuir ao Estado, a partir da *"Weimarer Reichesverfassung"* e com a chancela da *"Bonner Grundgesetz"*, não é nada mais que o dever de indenizar do funcionário, enquanto particular, que atuou ilícita e culposamente, tudo ainda nos termos definidos pelo § 839 BGB. Na linha do que já havia feito a constituição anterior, o atual art. 34 GG apenas transfere ao Estado alemão a responsabilidade pessoal do funcionário que encontra seu fundamento no § 839 BGB. Outra não é a lição da jurisprudência:

1. O art. 34 GG conecta ao Estado a responsabilidade pessoal, fundada no § 839 BGB, do funcionário público: o § 839 BGB é a prescrição fundante da responsabilidade, enquanto que o art. 34 GG simboliza a norma que opera a sua transferência"[189]

Em suma, ambos os dispositivos normativos devem ser lidos e aplicados em conjunto, pois, enquanto o § 839 BGB responde à questão "se" haverá responsabilidade, o art. 34 GG responde à questão "quem"

---

[187] Deve-se atentar para o detalhe de que, ao contrário da França, a Alemanha preferiu incluir as ações de responsabilidade do Estado sob a competência dos tribunais comuns e não na jurisdição administrativa.

[188] Trad. nossa do dispositivo original da Constituição alemã: *"Artikel 34: Verletzt jemand in Ausübung eines ihm anvertrauten öffentlichen Amtes die ihm einem Dritten gegenüber obliegende Amtspflicht, so trifft die Verantwortlichkeit grundsätzlich den Staat oder die Körperschaft, in deren Dienst er steht. Bei Vorsatz oder grober Fahrlässigkeit bleibt der Rückgriff vorbehalten. Für den Anspruch auf Schadensersatz und für den Rückgriff darf der ordentliche Rechtsweg nicht ausgeschlossen werden."*

[189] Na versão original: *"1. Art. 34 GG leitet die durch § 839 BGB begründete persönliche Haftung des Beamten auf den Staat über: § 839 BGB ist die haftungsbegrundende Vorschrift, während Art. 34 GG die haftungsverlagernde Norm darstellt"*, cf. o acórdão do Tribunal Constitucional Federal de 19 de outubro de 1982, publicado em NJW, n. 1/2, p. 25-33, 1983, e em BVerfGE 61, 149.

irá responder (MANGIONE, 1994, p. 938). Desde as prescrições do Código Civil até as da nova norma constitucional, houve tão somente uma mudança ou transferência do destinatário da legitimidade passiva da responsabilidade (FALCÃO, 1970, p. 58), mas é ainda no Código Civil alemão que estão definidos os fundamentos da obrigação estatal de responder (*"Amtshaftunggrundlage"*), de modo que o Estado, ao indenizar, atua como se particular fosse. Dessa reaproximação com a velha "teoria do Fisco" (*"Fiskustheorie"*) decorre que a jurisdição competente para as ações de ressarcimento com base na conduta do funcionário é, na Alemanha, a jurisdição civil ordinária, encimada pelo *Bundesgerichthof*.[190]

Assim como na França, a aplicação aos legisladores alemães daquelas noções de "ilícito" e "funcionário", previstas, inicialmente, nas entrelinhas do art. 131 da Constituição de Weimar, esbarrou nas concepções que se tinham na altura tanto sobre o parlamento e os deputados (os legisladores não seriam "funcionários" no sentido do art. 131 WRV porque eram órgão e representantes da sociedade, detentores de mandatos, dotados de absoluta autonomia e que se contrapunham aos órgãos do Estado, entendidos como o monarca/império e a burocracia[191]) como sobre a lei (ato de soberania, de caráter abstrato e geral, insusceptível de causar direta e individualmente danos aos particulares, a não ser através de um ato administrativo –impugnável – de execução[192]).

---

[190] Com efeito, AMARO CAVALCANTI (1957, p. 505) cita antiga decisão do *Reichsgericht*, de 02 de fevereiro de 1884, segundo a qual *"sempre que se suscitarem questões de direito pecuniário, ainda mesmo se para a sua decisão for mister recorrer às regras do Direito Público, os tribunais ordinários serão considerados competentes"*.

[191] Cf. o resumo apresentado por DAGTOGLOU (1963, p. 11). Nesse mesmo sentido da inadequação do termo "funcionário", contido o art. 131 WRV, aos legisladores, tanto LERSNER (1959, p. 18) quanto DAGTOGLOU (1963, p. 33) mencionam um acórdão do *Reichsgericht*, de 08 de novembro de 1927, que afirma: *"o legislador, ou seja, o Parlamento Federal (art. 68, § 2.º, da Constituição do Reich), não é, porém, nenhum funcionário do Reich"*. No original: *"der Gesetzgeber, d. h. der Reichstag (Art. 68 Abs. 2 R. Verf.) ist jedoch kein Beamter des Reichs"* (trad. nossa do publicado em *Juristische Wochenschrift*, 1928, p. 1036 e ss.).

[192] Cf. DAGTOGLOU (1963, p. 11). Sublinha SENKOVIC (2000, p. 27) que, até mais recentemente, o *Bundesgerichthof* decidiu que, em razão da generalidade, as leis não poderiam dar lugar a uma ação por responsabilidade. Ao pronunciar-se sobre uma demanda indenizatória por danos decorrentes da lei referente à gestão de habitações, o *Bundesgerichthof* expressou que as leis e os regulamentos contêm normas gerais e abstratas, por essa razão dão lugar a obrigações unicamente perante a coletividade e nunca perante

Todavia, essa linha de argumentação tomaria, à primeira vista, impulso renovado após a II Guerra Mundial, sobretudo em decorrência, primeiro, da solidificação da noção de supralegalidade e, segundo, do novo regramento constitucional da responsabilidade estatal dado pelo art. 34 da Lei Fundamental de 1949. É, então, a partir do final dos anos cinqüenta que a doutrina começa a discutir com maior acuidade a possibilidade e a legitimidade da *"Staatshaftung für legislatives Unrecht"*. Ora, no pós-guerra, o tema assumiu grandes proporções na doutrina, em virtude da ilicitude e da ilegitimidade de inúmeras leis editadas durante o regime "legalitário" instituído pelo aparato nacional-socialista, bem como em virtude do caráter diretamente interventivo de muitas leis do Estado Social e Democrático de Direito, estabelecido pela Lei Fundamental de 1949. Não se pode negar, afinal, que o positivismo travestido sob a forma de legalismo sofreu grave depreciação depois de conhecidas as atrocidades sempre "legais" cometidas durante o regime nacional-socialista.

Com efeito, em meio às bases documentais da *Deutsche Bibliothek*, em Frankfurt, a mais antiga referência monográfica dedicada especificamente a esse tema é a tese para a obtenção do título de Doutor pela Faculdade de Direito da *Eberhard-Karls-Universität zu Tübingen* de Heinrich-Ludwig Freiherr von Lersner, intitulada *"Die Staatshaftung bei Legislativem Unrecht"*, defendida em 17 de fevereiro de 1959, perante um júri formado pelos Profs. Doutores Ludwig Raiser (Presidente), Günter Dürig e Adolf Schüle. Nela, Lersner trata de um conceito ampliado de *"legislatives Unrecht"*[193] e, depois de reconhecer que a

---

indivíduos ou grupos personalizados (*Bundesgerichthof*, acórdão de 29 de março de 1971, publicado em NJW, n. 27, p. 1172-1175, 1971, e em BGHZ 56, 40). Como será visto adiante, esse ponto de vista harmoniza-se com outros entendimentos do *Bundesgerichthof*, segundo os quais, à luz do § 839, n. 1, do Código Civil Alemão, o descumprimento dos deveres do cargo por um funcionário só faz nascer a obrigação de responder quando há terceiros imediata e diretamente afetados (Ossenbühl, 1995, p. 937 e conforme os muitos precedentes por ele citados). Essa vinculação do agente público face a terceiros, por força de um dever que a função pública lhes impõe, é o que a doutrina alemã chama de *"Drittbezogenheit"*. Para o *Bundesgerichthof*, apenas a singularidade do interesse protegido pelo dever funcional poderia originar a responsabilidade do Estado por fato das leis na Alemanha – numa referência muito próxima ao argumento usado pelo Conselho de Estado francês.

[193] Para Lersner (1959, p. 09-10), o *"legislatives Unrecht"* tem por objeto qualquer proposição jurídica genérica, aí incluídos os decretos regulamentares e outras proposições infralegais, e não apenas a lei em sentido formal, contrária à ordem jurídico-constitucional.

literatura jurídica alemã anterior à II Guerra Mundial tratou do tema em raras oportunidades e, mesmo assim, com superficialidade (LERSNER, 1959, p. 23), defendeu que o *"Aufopferungsgrudsatz"*, ou princípio da compensação por imposição de sacrifício especial, seria aplicável às intervenções legislativas ilícitas do Estado (LERSNER, 1959, p. 99).

Quanto ao primeiro daqueles fatores, acima referidos, que influenciaram positivamente, no pós-guerra, a doutrina da *"Staatshaftung für legislatives Unrecht"* – a solidificação da noção de supralegalidade ou da vinculação da função legislativa a uma Constituição rígida –, é preciso destacar que, se, por um lado, é certo que um autêntico sistema estatal de proteção jurisdicional da constituição já havia sido previsto na Constituição de Weimar (SCHEUING, 1984, p. 354; WUNDERLICH, 1994, p. 05; e MENDES, 1996, p. 08)[194], por outro lado, também é verdadeiro que é somente após o fim da II Guerra que ele, o controle da constitucionalidade, se consolida, afinal, *"la giustizia costituzionale non si addice alle ditttature"* (CAPPELLETTI, 1969, p. 479). É na Alemanha do pós-guerra, ademais, que os sentimentos patrióticos são substituídos por um orgulho indiscreto na Constituição e na Justiça Constitucional – o *"Verfassungspatriotismus"*. Com a consolidação de uma jurisdição constitucional alemã, os direitos fundamentais adquirem um vigor renovado sobre as situações jurídicas individuais, e o eixo principal da soberania desloca-se da lei para a Constituição que, desse modo, assume para si a tarefa – até então pertencente apenas à lei – de delimitar o lícito do ilícito na edificação do Estado de Direito. A lei passava a ser, assim, subor-

---

Em razão da abrangência do conceito de ilícito legislativo trabalhado por ele, teria sido mais apropriado ter falado em *"normatives Unrecht"*, como precisaram MANGIONE (1994, p. 944), DETTERBECK, WINDTHORST E SPROLL (2000, p. 152) e mesmo OSSENBÜHL (1998, p. 104, e 2002, p. 179). Com rigor, adverte OLDIGES (1976, p. 383) que a caracterização do *"legislatives Unrecht"* em sentido estrito, ou seja, como uma lei formal inconstitucional, capaz de prejudicar o particular direta e imediatamente, desde o início de sua vigência, é um conceito chave para a apreensão e compreensão da responsabilidade do Estado legislador.

[194] Com fundamento em SCHEUNER e BRYDE, GILMAR FERREIRA MENDES (1996, p. 07) menciona que a idéia de uma jurisdição estatal para a defesa da Constituição já se manifestara nos primórdios do século XIX no Sacro Império Romano Germânico (que subsistiu até 1806). Segundo WUNDERLICH (1994, p. 05), a idéia de "incontrolabilidade" (*"Unkontrollierbarkeit"*) e "inatacabilidade" (*"Nichtangreifbarkeit"*) da lei tornou-se antiquada ou *"démodée"* desde quando o *Reichsgericht*, em um acórdão de 04 de novembro de 1925 (RGZ 111, 332), assentou a competência judicial para examinar a constitucionalidade das leis.

dinada ao Direito, tanto que o art. 20, n.º 3, da Lei Fundamental afirmou categoricamente que *"a Legislação (die* Gesetzgebung*) está vinculada à ordem constitucional; o Poder Executivo (die* vollziehende Gewalt*) e a Jurisdição (die* Rechtsprechung*) obedecem à Lei e ao Direito"*[195] – a dedução lógica decorrente desse preceito é que nem todo o Direito se resume à lei, que há um Direito para além da lei e que um estreito "princípio da legalidade" cedera seu lugar a um "princípio da juridicidade" bem mais amplo, a abranger simultaneamente *"Gesetz und Recht"*. Nesse novo cenário, a lei passou a caracterizar uma manifestação de poder limitada, justiciável[196] e capaz de concretizar por si mesmo um ato ilícito (algo impensável em Direito francês) – assim, abriram-se novos horizontes para se rejeitar a irresponsabilidade do legislador. O ato ilícito manifestado através de uma norma formalmente legal mas que não encontrava amparo constitucional, a "norma inconstitucional" ou o "ilícito legislativo" (*"legislatives Unrecht"*), seria o título jurídico que embasaria e justificaria a pretensão indenizatória do particular contra o Estado. Para os defensores da *"Staatshaftung für legislatives Unrecht"*, a legitimidade do instituto seria extraída do próprio postulado do Estado de Direito, que não se coaduna com prejuízos causados por atos antijurídicos, ilícitos, contrários à Constituição (FETZER, 1994, p. 212; BIFULCO, 1999, p. 12). De um ponto de vista puramente lógico e dedutivo, a

---

[195] Trad. nossa do original alemão: *"(3) Die Gesetzgebung ist an die verfassungsmäßige Ordnung, die vollziehende Gewalt und die Rechtsprechung sind an Gesetz und Recht gebunden."* Em sintonia, também a Constituição Espanhola de 1978, no seu art. 103.1, afirma: *"La Administración Pública sirve con objetividad los intereses generales y actúa de acuerdo con los principios de eficacia, jerarquía, descentralización, desconcentración y coordinación, con sometimiento pleno a la ley y al Derecho."*

[196] A frase de LERSNER (1959, p. 98) é bastante esclarecedora: *"Es gibt keine von vornherein justizfreie Sphäre der Legislative"*, ou seja, "não há, de princípio, nenhuma esfera legislativa livre do alcance da Justiça." Na mesma direção, BACHOF (1989, p. 137) ensina que *"entre as razões que levaram a Lei Fundamental a instituir um vasto controle de toda a atividade estatal pelos tribunais constitucionais e pelos tribunais administrativos, a experiência da ditadura nacional-socialista não foi a menor. O desrespeito total pelos direitos de liberdade, o terror e a desumanidade deste regime impuseram o reconhecimento da necessidade de estabelecer de antemão uma barreira a todo e qualquer abuso em que de futuro o Poder Público pudesse vir a incorrer. E entendeu-se que também a atividade legislativa a isso não devia constituir exceção – pois que também o legislador democrático não está livre do perigo de colocar as considerações jurídicas atrás dos objetivos políticos. Os deputados estão politicamente comprometidos – e na verdade devem estar. Mas por isso mesmo acham-se inclinados a desprezar as considerações jurídicas, se elas representam um obstáculo à prossecução dos seus objetivos."*

responsabilidade do Estado pelo ilícito legislativo seria simples corolário da submissão do Poder Público/Poder Legislativo ao Direito, fato que apenas corrobora o princípio de que não há sujeito fora ou acima da ordem jurídica. PODROMOS DAGTOGLOU (1963, p. 07), em um clássico da literatura em favor da responsabilidade do Estado por atos legislativos na Alemanha, inclui na noção de supralegalidade, capaz, portanto, de servir de parâmetro para enredar um ilícito legislativo, até mesmo as normas de direito natural, supra-estatais e não positivadas (*"überstaatlicher naturrechtlicher Normen"*).

Quanto ao segundo fator que contribuiu para a afirmação doutrinária da *"Staatshaftung für legislatives Unrecht"*, o regramento constitucional da responsabilidade dado pelo art. 34 da Lei Fundamental de 1949, é de se ressaltar que, embora o novo disciplinamento não tenha alterado substancialmente o esquema weimariano, produziu notáveis alterações periféricas que pareciam facilitar a adoção da responsabilidade do Estado legislador. Em primeiro lugar, deixou de falar em "funcionário público" e passou a falar em "alguém no exercício de uma função pública que lhe tenha sido confiada", ampliando, pois, as hipóteses de sujeição passiva para muito além do "funcionário" a que se refere a Lei da Função Pública alemã. Em segundo lugar, o direito de regresso do Estado contra o seu funcionário restou assegurado apenas nos casos de dolo ou negligência grave, o que garantiu maior liberdade de ação ao agente público, em geral, e, especificamente, do legislador protegido pela imunidade parlamentar. Em terceiro lugar, preferiu-se "função pública confiada" em lugar de "poder público confiado", de maneira a garantir a responsabilidade estatal mesmo naqueles casos em que não se configurasse um meio coativo soberano. Assim, para os adeptos da *"Staatshaftung für legislatives Unrecht"*, a redação do art. 34 da Lei Fundamental não impedia que aquele artigo fosse tomado como fundamento positivo da responsabilidade do legislador alemão.

Resulta, com efeito, do novo art. 34 GG em conjunção com o § 839 BGB, que são seis os requisitos necessários à concretização do *"Amtshaftungtatbestand"* para a ressarcibilidade de um dano sofrido por um particular, a saber[197]:

---

[197] Cf. a proposta resumidamente esquemática oferecida por FRITZ OSSENBÜHL (1995, p. 936 e ss., e 1998, p. 12 e ss.). Estruturas dogmáticas semelhantes são apresentadas por HARTMUT MAURER (2000, p. 636 e ss.), SENKOVIC (2000, p. 275 e ss.) e DETTERBECK, WINDTHORST E SPROLL (2000, p. 92 e ss.).

1. O exercício de uma função pública, não necessariamente no sentido estrito da Lei da Função Pública alemã, mas com uma conotação bem mais elástica, capaz de alcançar atribuições estatais;
2. a infração aos deveres funcionais impostos pelo cargo, entre os quais, os de fundamentação, de legalidade, de isonomia e de proporcionalidade da atuação, o que a doutrina chamou de *"Amtspflichtverletzung"*;
3. a vinculação direta, individualizada e imediata do terceiro prejudicado aos deveres funcionais infringidos pelo funcionário, ou seja, a constatação de que o interesse jurídico violado deveria ter sido amparado diretamente pelos deveres funcionais infringidos – é a chamada *"Drittbezogenheit"* da doutrina germânica;
4. o nexo de causalidade entre o dano sofrido e a infração aos deveres funcionais a cargo do funcionário, ou seja, a *"Kausalität"*;
5. o dolo ou a culpa do funcionário, ou melhor, o *"Verschulden"*, afinal, a *"Amtshaftung"* é, na Alemanha, de natureza subjetiva, nos termos do § 839 BGB[198]; e, finalmente,
6. a obediência aos limites e às exclusões da responsabilidade[199].

Para os defensores da *"Staatshaftung für legislatives Unrecht"*, esse sexteto de pressupostos estaria perfeitamente configurado na hipótese de os parlamentares aprovarem uma lei inconstitucional danosa ao patrimônio privado, afinal eles ocupam uma relevante função pública (legislativa), têm um dever funcional de zelar pela constitucionalidade dos seus atos, sobretudo, em relação aos direitos fundamentais, abstendo-se de praticar quaisquer inconstitucionalidades, e a sua conduta manteria uma referência direta e imediata com o terceiro prejudicado (DAGTOGLOU, 1963, p. 31-48; FETZER, 1994, p. 213; e OSSENBÜHL, 2002, p. 175).

---

[198] Sublinha OSSENBÜHL (1995, p. 938) que, para se configurar a *"Amtshaftung"*, a infração aos deveres funcionais deverá ter sido produzida por dolo ou culpa do funcionário (*"vorsätzlich oder fahrlässig"*). Não é suficiente a existência de uma ilegalidade, de modo que a incorreta aplicação de uma norma jurídica implicará em responsabilidade funcional apenas na hipótese de contrariedade ao teor literal da regra ou à jurisprudência pacífica.

[199] A *"Amtshaftung"* moldada pelo art. 34 GG em conjunção com o § 839 BGB é mitigada pelo seu caráter subsidiário (*"a obrigação de indenizar não ocorre se a vítima se tiver omitido, por intenção ou negligência, em evitar o dano fazendo uso de um meio jurídico"*) e pela possibilidade de exclusão (se assim o disser uma legislação especial, como, p. ex., a relativa aos serviços postais) ou de repartição da responsabilidade (cf. a concorrência de culpa da vítima – *"Mitverschulden"*).

Todas aquelas soluções teóricas derivadas da caracterização do *"legislatives Unrecht"* e da nova redação constitucional, porém, não foram acolhidas pela jurisprudência alemã do pós-guerra. Nem a aproximação teórica entre Estado e sociedade ou a qualificação do "ato legislativo" como "ato de Estado", nem, tampouco, a caracterização do parlamento e dos deputados como órgão e representantes do Estado[200] ou, ainda, a aceitação, por certa doutrina alemã, de que a aprovação de uma norma inconstitucional pelos legisladores configuraria uma violação de um dever que a função pública lhes impunha de obedecer à Constituição, perante os cidadãos, nada disso conseguiu dirigir a jurisprudência alemã para a aceitação de uma responsabilidade do Estado por atos legislativos ilícitos (MEDEIROS, 1992, p. 49; e CORREIA, 1998, p. 675). Para os adversários da *"Staatshaftung für legislatives Unrecht"*, majoritários, a liberdade de conformação do legislador (*"Gestaltungsfreiheit des Gesetzgebers"*) deve ser preservada como um valor maior no âmbito do *"Rechtsstaat"*. O difícil e criativo labor de concretização da Constituição não autoriza que se compreenda o Estado de Direito como um segurador universal – sobretudo quando se tem em mente que uma enxurrada de ações de responsabilidade (*"flood of litigation"*) pode, mediante uma iminente bancarrota estatal, tolher a livre ação legislativa (HAVERKATE, 1973, p. 441) ou até mesmo a ação da Jurisdição Constitucional, o que contrariaria o próprio princípio do *"Rechtsstaat"* (CORREIA, 1998, p. 673-674). Segundo a corrente preponderante, além disso, seria impossível se falar em *"Drittbezogenheit"* na hipótese de aprovação de uma legislação inconstitucional, afinal, a vinculação referida pelo art. 34 GG entre o Estado e o destinatário da sua ação há de ser *"perfeitamente individualizada"*, o que não se verifica em relação aos difusos sujeitos passivos dos prejuízos causados por uma norma que, embora inconstitucional, era portadora de alguma generalidade e abstração (CORREIA, 1998, p. 675 e 677; OSSENBÜHL, 1998, p. 105; e também o já mencionado acórdão de 29 de março de 1971 do *Bundesgerichthof*, publicado em NJW, n. 27,

---

[200] SANTAMARÍA PASTOR, 1972, p. 125. Esse ponto, porém, não encontrava unanimidade sequer entre os adeptos da responsabilidade do Estado por atos legislativos. O próprio LERSNER (1959, P. 98), embora tenha defendido em sua tese de doutoramento a responsabilidade do Estado por atos legislativos (lato sensu) ilícitos, afirmou que os deputados escapariam à noção de "funcionário" do Direito Alemão da Responsabilidade do Estado, ao contrário do Presidente da Republica, dos Ministros e dos demais participantes do Governo, que bem enquadrar-se-iam naquela categoria e, por isso, as suas intervenções no processo legislativo constituiriam motivo e razão para a responsabilidade estatal.

p. 1172-1175, 1971, e em BGHZ 56, 40). Para a maioria da jurisprudência alemã, denegatória da responsabilidade, as obrigações funcionais do parlamento dirigem-se à generalidade dos cidadãos e não a indivíduos em particular ou a grupos individualizáveis (DOHNOLD, 1991, p. 153, OSSENBÜHL, 2002, p. 175). Aliás, a função desempenhada pela exigência de referência direta ao terceiro prejudicado (a *"Drittbezogenheit"*) é de justamente limitar a responsabilidade do Estado apenas àqueles casos em que as vítimas do dano são simultaneamente destinatárias diretas e vítimas identificáveis da obrigação violada pelo funcionário estatal. Não resta dúvida de que o *"Amtshaftungtatbestand"* foi pensado e construído sobre pressupostos jurídico-históricos civilísticos, quando muito dirigidos para alcançar, com sucesso, as atuações ilegítimas e individualizáveis da Administração Pública e apenas com um enorme esforço poderia ser adaptado às ações do Poder Legislativo (OLDIGES, 1976, p. 386).

As "leis-medida" (*"Maßnahmegesetze"*), espécie das *"Einzelfallgesetze"* e, assim, majoritariamente individuais, concretas e transitórias, não se enquadram, por óbvio, nessa visão jurisprudencial que não enxerga a *"Drittbezogenheit"* na aprovação de uma legislação inconstitucional (DOHNOLD, 1991, p. 153). Esse ponto, em comunhão com doutrinadores adeptos da responsabilidade do Estado pelo ilícito legislativo, foi reconhecido pelo próprio *Bundesgerichthof* em mais de um acórdão: pode-se falar, excepcionalmente, em reparação quando a intervenção prejudicial se dá mediante *"Maßnahmegesetze"* (*Bundesgerichthof*, acórdão de 29 de março de 1971, publicado em NJW, n. 27, p. 1172-1175, 1971, e em BGHZ 56, 40; e também o acórdão de 24 de junho de 1982, publicado em NJW, n. 05, p. 215-217, 1983, e em BGHZ 84, 292). A *"Drittbezogenheit"* também é aceita pelo *Bundesgerichthof* nos casos de planos urbanísticos ilegítimos, já que eles afetam grupos definidos de pessoas (*Bundesgerichthof*, acórdão de 26 de janeiro de 1989, publicado em *Juristen Zeitung,* n. 23, p. 1122-1125, 1989).

Uma doutrina mais recente procurou contrapor ao ponto de vista da jurisprudência dominante – que nega a *"Staatshaftung für legislatives Unrecht"* pela falta de relação direta do parlamento para com terceiros – o argumento de que a *"Drittbezogenheit"* está claramente presente quando o legislador, apesar do seu papel de *"Hüter der Verfassung"*, viola a Constituição e, simultaneamente, restringe a esfera de liberdade garantida por direitos fundamentais dos particulares – que ele tinha obrigação de amparar (HAVERKATE, 1973, p. 444, DOHNOLD, 1991, p. 153). Ou seja, o critério determinante da responsabilidade do Estado legislador passa a ser a natureza fundamental da norma violada pela lei formal inconstitucional (SENKOVIC, 2000, p. 289). Configura um dever de ofício ou um dever funcional concreto (portanto, *"Amtspflicht"*) do órgão legislativo, que o vincula especificamente aos particulares (*"Drittbezug"*), proteger os direitos fundamentais conferidos a estes, já que os direitos fundamentais estabelecem as fronteiras da liberdade de conformação do legislador[201]. O fundamento positivo dessa posição é, em última instância, extraído do art. 1.º, n. 3, da Lei Fundamental alemã: *"Os direitos fundamentais a seguir enunciados vinculam, como direito diretamente aplicável, os poderes legislativo, executivo e judicial"*[202].

Mas esse argumento de que o legislador vincula-se, automática e diretamente, ao particular no exercício de suas funções legiferantes quando toca os direitos fundamentais também ainda não foi acobertado por decisões judiciais que, com efeito, negam de forma peremptória a existência dessa vinculação particularizada. Ao examinar, por exemplo, uma demanda indenizatória por danos causados pela Lei de Auxílio aos Investimentos (*"Investitionshilfgesetz"*), já antes declarada inconstitucional pelo Tribunal Constitucional Federal, o *Bundesgerichtshof* assentou que uma infração aos direitos fundamentais não constitui automaticamente uma violação das obrigações do legislador para com um terceiro especificado, afinal, as obrigações funcionais dos agentes públicos servem, em primeira linha, ao interesse geral. Apenas excepcionalmente, forma-se algum liame relacional específico entre particular ofendido e legislador, e a *"Investitionshilfgesetz"* não se caracterizava como uma *"Einzelfallgesetze"*[203]. Extrai-se dessa decisão que, para o Poder Judiciário alemão, as obrigações funcionais (ou limites) estabelecidos pelos direitos fundamentais circunscrevem-se à obrigatória omissão do legislador em editar normas contrárias a eles ou à invalidação dessas mesmas normas, mas não à obrigação de responder pecuniariamente pelos danos causados (proteção jurídica secundária).[204]

---

[201] Nesse mesmo sentido se pronunciam LERSNER (1959, p. 98), MEDEIROS (1992, p. 51), MANGIONE (1994, p. 950), OSSENBÜHL (1998, p. 105) e SENKOVIC (2000, p. 285).

[202] Cf. a tradução já assentada por ROGEIRO (1996, p. 141-143) e segundo o original divulgado em www.bundesregierung.de: *"Die nachfolgenden Grundrechte binden Gesetzgebung, vollziehende Gewalt und Rechtsprechung als unmittelbar geltendes Recht"*.

[203] *Bundesgerichtshof*, acórdão de 07 de julho de 1988, publicado em NJW, n. 2, p. 101-102, 1989.

[204] No caso, a Lei de Auxílio aos Investimentos (*"Investitionshilfgesetz"*) criara um imposto a ser descontado dos salários dos empregados pelos seus empregadores. Assim, antes de ser declarada inconstitucional pelo Tribunal Constitucional Federal, aquela lei

Assim, a *"Staatshaftung für legislatives Unrecht"*, que tão promissora parece à primeira vista, não passa até o momento de uma corrente doutrinária nunca positivada e sem o respaldo da jurisprudência das Cortes judiciárias alemãs (CORREIA, 1998, p. 401; e OSSENBÜHL, 1998, p. 446), a não ser, muito excepcionalmente, nos casos de *"Einzelfallgesetze"*, onde o legislador estabelece, sem dúvida, vínculos claramente particularizados ou individualizáveis. Apesar das enormes críticas doutrinárias, a regra geral, porém, é a da irresponsabilidade pelos danos diretamente decorrentes do ilícito legislativo[205].

A fim de prevenir, de uma vez por todas, que uma atuação legislativa ilícita venha a implicar em qualquer indenização e, assim, possa tolher a liberdade de conformação do legislador, a doutrina e a jurisprudência alemãs procuraram recorrer a algumas ferramentas decisórias alternativas, que garantiriam alguma proteção ao tesouro estatal, de modo a evitar-lhe a ruína. Entre essas ferramentas, a jurisprudência valeu-se de endereçar ao legislador, em certos casos, uma obrigação de correção legislativa *ex nunc,* em lugar de ditar uma declaração de nulidade *ex tunc* – com isso, desde logo, afastando a possibilidade de se falar em "ilícito legislativo" (SCHEUING, 1984, p. 378). Recorrendo a construções teóricas pouco ortodoxas frente à tradicional Teoria Geral do Direito – que iguala inconstitucionalidade a nulidade *ex tunc*–, a jurisdição constitucional alemã afirma, nessas hipóteses, que, pelo menos até o instante de sua decisão, a norma impugnada ainda era constitucional (*"noch verfassungsgemäss"*) ou detinha um estado de *"constitucionalidade imperfeita"*. Ao lado dessa técnica decisória, com o mesmo objetivo, ainda há decisões que declaram que, apesar de inconstitucional, uma norma incompatível com a Constituição produziu efeitos que foram válidos e eficazes até o momento da decisão da Corte Constitucional – trata-se da *"declaração de inconstitucionalidade sem a pronúncia de nulidade"* (MENDES, 1996, p. 202 e ss.).

Na linha dessas mesmas preocupações de salvaguarda das finanças públicas alemãs, a própria Lei sobre o Tribunal Constitucional Federal

---

obrigara um certo empregador (autor da demanda indenizatória) a modificar o seu sistema informático de pagamento a fim de adaptar-se à nova regra, com um custo superior a dois mil e trezentos marcos (NJW, n. 2, p. 101, 1989).

[205] É de se mencionar que distinta é a hipótese de danos provocados pela execução ou aplicação administrativa, via *"Verwaltungsakt"*, de uma norma inconstitucional, cuja aceitação gira em torno de outros fundamentos dogmáticos (OSSENBÜHL, 1998, p. 108), que refogem aos limites propostos nesta investigação.

(*"Gesetz über das Bundesverfassungsgericht"*) estabelece, em seu § 79, que apenas a coisa julgada penal, fundamentada em norma ou interpretação declarada inconstitucional pelo *Bundesverfassungsgericht*, pode ser rediscutida judicialmente (revisão criminal). Em todos os demais casos, permanecem intactas as decisões baseadas em norma declarada inconstitucional que já não possam mais ser impugnadas (na via administrativa ou judicial). Essas decisões (não penais), baseadas em norma declarada inconstitucional, que ainda não foram executadas têm a sua execução inadmitida e oponível mediante embargos do devedor. Do mesmo modo inadmitida resta qualquer pretensão indenizatória, sob a alegação de enriquecimento sem causa, fundada na lei que teve a sua inconstitucionalidade declarada.[206]

---

[206] O § 79 da Lei sobre o Tribunal Constitucional Federal afirma: *"(1) Contra uma sentença penal transitada em julgado, que está baseada em uma norma declarada incompatível com a Lei Fundamental [sem a pronúncia de nulidade] ou em uma norma declarada nula, consoante o § 78, ou na interpretação de uma norma que foi declarada incompatível com a Lei Fundamental pelo Tribunal Constitucional Federal, é admissível a reabertura do procedimento, de acordo com as prescrições do Código de Processo Penal. (2) De resto, ficam intactas, salvo a prescrição do § 95, alínea 2, ou de uma regulação legal especial, as decisões que não podem mais ser impugnadas, as quais estão baseadas numa norma declarada nula, consoante o § 78. A execução de uma tal decisão é inadmissível. Na medida em que a execução forçada, consoante as prescrições do Código de Processo Civil, deve ser realizada, vale por analogia a prescrição do § 767 do Código de Processo Civil [embargos à execução]. Pretensões em razão do enriquecimento sem justa causa estão excluídas."* O texto original prescreve: *"(1) Gegen ein rechtskräftiges Strafurteil, das auf einer mit dem Grundgesetz für unvereinbar oder nach § 78 für nichtig erklärten Norm oder auf der Auslegung einer Norm beruht, die vom Bundesverfassungsgericht für unvereinbar mit dem Grundgesetz erklärt worden ist, ist die Wiederaufnahme des Verfahrens nach den Vorschriften der Strafprozeßordnung zulässig. (2) Im übrigen bleiben vorbehaltlich der Vorschrift des § 95 Abs. 2 oder einer besonderen gesetzlichen Regelung die nicht mehr anfechtbaren Entscheidungen, die auf einer gemäß § 78 für nichtig erklärten Norm beruhen, unberührt. Die Vollstreckung aus einer solchen Entscheidung ist unzulässig. Soweit die Zwangsvollstreckung nach den Vorschriften der Zivilprozeßordnung durchzuführen ist, gilt die Vorschrift des § 767 der Zivilprozeßordnung entsprechend. Ansprüche aus ungerechtfertigter Bereicherung sind ausgeschlossen."* O exemplo clássico de aplicação desse dispositivo diz respeito à norma que impõe uma exação tributária declarada inconstitucional pelo *Bundesverfassungsgericht*.

4.1.2.4. À *Guisa de Ordenação: A Reforma da Responsabilidade do Estado*

A fim de sistematizar e a simplificar aquilo que a jurisprudência e a doutrina levaram tanto tempo para conceber, construir, ajustar e polir, a partir de casos concretos – com as vicissitudes e inconveniências que isso implica –, o governo alemão ensaiou esforços para uma reforma legislativa sobre a responsabilidade do Estado, a partir do final da década de 1960. Pouco antes do início dos trabalhos governamentais, em 1968, a 47ª reunião da *"Deutsche Juristentag"*, ocorrida em *Nürnberg*, recomendara uma ampla reforma legislativa federal sobre o tema.

Em 1970, os Ministros alemães do Interior e da Justiça criaram uma comissão de especialistas, dentre os quais Otto Bachof, para propor um anteprojeto de legislação ao governo (SCHEUING, 1984, p. 343; e OSSENBÜHL, 1998, p. 438). Concluído o seu trabalho, cujo relatório foi dado a público em outubro de 1973, a Comissão ofereceu ao Governo um anteprojeto de reforma da Lei Fundamental alemã e um anteprojeto de lei sobre a responsabilidade do Estado, onde já constava inicialmente uma referência à responsabilidade do Estado legislador decorrente do ilícito legislativo.

Em maio de 1978, após longos debates e sucessivas comissões, o Governo social-democrata do Chanceler Federal Helmut Schmidt finalmente apresentou dois projetos sobre a matéria ao parlamento. O primeiro, era um projeto de lei de emenda constitucional que reformava o art. 34 GG para, simultaneamente, conferir à Federação a competência para legislar sobre responsabilidade do Estado e transferir a competência jurisdicional em matéria de responsabilidade estatal da justiça comum para a justiça administrativa. O segundo, era um projeto de lei ordinária, de caráter mais substantivo, que disciplinava as hipóteses e condições da responsabilidade do Estado.

Com receio das repercussões financeiras da proposta legislativa, os *"Länder"* posicionaram-se firmemente contra as pretensões do Governo Federal e conseguiram obstar a aprovação do projeto de emenda constitucional, que requeria dois terços (2/3) dos votos, com o auxílio da oposição democrata-cristã (CDU/CSU). Apesar da derrota do projeto de emenda constitucional, o Governo obteve a aprovação, em 12 de fevereiro de 1981, no *Bundestag*, do projeto referente à lei ordinária. Ao promulgar a nova "Lei de Responsabilidade do Estado", em 26 de junho de 1981, o Presidente da República, Karl Carstens (CDU), suscitou suas dúvidas sobre as competências do legislador federal para deliberar sobre aquela matéria. Decidiram, assim, os *"Länder"* então governados pela democracia-cristã (Baden-Württemberg, Bayern, Niedersachsen, Rheinland-Pfalz e Schleswig-Holstein) apresentar ao Tribunal Constitucional uma petição de controle abstrato da constitucionalidade. Acompanhando a majoritária doutrina da época, o *Bundesverfassungsgericht* decidiu, unanimemente, em acórdão de 19 de outubro de 1982, pela inconstitucionalidade da nova lei, sob o argumento de que o Governo Federal invadira competências legislativas estaduais. Para a Corte Constitucional alemã, a Lei Fundamental conferira à Federação apenas uma competência genérica para legislar sobre Direito Civil, e o que o legislador federal fizera foi exatamente destacar a responsabilidade do Estado da seara do Direito Civil para enquadrá-la numa ordenação de Direito Público. Entendeu a Corte Constitucional, portanto, que a Federação carecia de competência para fazer aprovar a *"Staatshaftungsgesetz"*, à mingua de expressa previsão competencial na Carta Magna alemã (acórdão do Tribunal Constitucional Federal de 19 de outubro de 1982, publicado em NJW, n. 1/2, p. 25-33, 1983, e em BVerfGE 61, 149).[207] É de se registrar que o texto final aprovado da natimorta *"Staatshaftungsgesetz"* não continha uma previsão de responsabilidade geral do Estado por atos legislativos, mas, apenas, postergava para uma futura lei especial a disciplina, caso a caso, das reparações por danos causados diretamente por normas legislativas, ou seja, continuaria a ser o próprio legislador o senhor de sua "responsabilidade" por atos legislativos (cf. o *"§ 5 – Haftung bei Rechtsprechung und Gesetzgebung"* da citada "lei", apud OSSENBÜHL, 1998, p. 651-652).

Desde aquele *"trágico caminho da reforma da responsabilidade do Estado"* (*"Leidensgang der Staatshaftungsreform"*), segundo a expressão repetida por SCHEUING (1984, p. 364), o Governo alemão não promoveu qualquer nova iniciativa de alteração ou sistematização dos institutos indenizatórios estatais, persistindo, até hoje, essa lacuna na legislação germânica.[208]

A ausência de uma normatização mais clara e precisa conduz esta tese a uma tarefa pretensiosa: após todas as considerações mencionadas,

---

[207] Ao escrever a crônica da jurisprudência constitucional alemã daquele período, MICHEL FROMONT (1984, p. 1589 e ss.) narra em detalhes o cenário e os bastidores da anulação da lei federal sobre a responsabilidade pública.

[208] Para FRITZ OSSENBÜHL (2002, p. 181), os tribunais têm mais chances de melhor colmatar essa lacuna na legislação do que os atores da política partidária.

até o momento, a respeito do desenvolvimento histórico da responsabilidade estatal alemã, é oportuno tentar uma singela organização das modalidades compensatórias estatais com reflexos na proteção do particular contra medidas legislativas que lhe imponham um dano.

Não se pode deixar de registrar que aquele esboço de "árvore genealógica", rascunhado no início deste tópico (item 4.1.2), cuidava tão somente de uma pequena parte da realidade relativa às prestações estatais compensatórias na Alemanha, já que excluiu, entre outras, a *"Amtshaftung"*. Mas é preciso sublinhar, desde logo, que não se pretende intentar agora uma ampla sistematização do complexo modelo germânico de prestações estatais compensatórias (ou *"staatlichen Ersatzleistungen"* no dizer de FORSTHOFF) – mesmo porque, como bem adverte OSSENBÜHL (2002, p. 180) a situação jurídica da responsabilidade do Estado na Alemanha não permite uma visão geral segura e sistemática – mas apenas esboçar um breve quadro daquelas modalidades compensatórias que têm algum reflexo ou interesse sobre o objeto da presente investigação, a responsabilidade do Estado por atos e omissões do legislador. Como bem assevera LUDWIG RENCK (1977, p. 220), apenas como um eufemismo pode-se falar em "sistema" quando se trata do Direito da responsabilidade do Estado na Alemanha.

Assim, à luz de tudo o que se viu até o momento, pode-se inferir, à guisa de sumário, um marco regulador com os seguintes institutos compensatórios no Direito alemão:

ALGUMAS PRESTAÇÕES ESTATAIS COMPENSATÓRIAS NA ALEMANHA				
Modalidade Compensatória	*Origem*	*Instituto e Fundamento*	*Objeto*	*Implicações para o Particular**
Ausgleich (compensação)	*Atos Lícitos*	*Ausgleichpflichtige Inhaltbestimmung* (Delimitação Compensatória do Conteúdo da Propriedade – Art. 14 GG)	Atribuição excepcional e atípica ao particular, por via legislativa, de uma compensação para que se evitem ou mitiguem os encargos por ele suportados em virtude de uma restrição à propriedade	Como é uma mera liberalidade legislativa, de acordo com a sua margem de apreciação, não constitui um canal firme de proteção do particular contra danos causados por leis

ALGUMAS PRESTAÇÕES ESTATAIS COMPENSATÓRIAS NA ALEMANHA (CONT.)				
Modalidade Compensatória	*Origem*	*Instituto e Fundamento*	*Objeto*	*Implicações para o Particular**
Entschädigung (visa indenizar o lesado pelo dano sofrido)	*Atos Lícitos*	*Enteignung* (Expropriação – Art. 14, III GG)	Indenização por imposição lícita e intencional de sacrifício grave e especial a bem de natureza patrimonial	A sua moldura constitucional é a base para a proteção jurídica primária do particular contra danos especiais causados por leis
		Enteignender Eingriff (Intervenção de Efeito Expropriatório – Art. 14, III GG)	Indenização por imposição lícita mas que resultou inadvertidamente em sacrifí-cio grave e especial (antijurídico) a bem de natureza patrimonial	Não se presta à compensação de prejuízos decorrentes de normas inconstitucionais, posto que tem como origem um ato lícito. Tampouco a jurisprudência aceita sua aplicação a atos legislativos lícitos.
	Atos Lícitos ou Ilícitos	*Aufopferung* (Imposição de sacrifício – §§ 74 e 75 EinlPrALR)	Indenização por imposição de sacrifício grave e especial a bem de natureza não patrimonial	Cria um "direito de compensação geral" derivado do rompimento da igualdade perante as cargas públicas
	Atos Ilícitos mas Não Dolosos nem Negligentes	*Enteignungs-gleicher Eingriff* (Intervenção análoga à expropriação – BGHZ 6, 270)	Indenização por imposição ilícita mas não dolosa nem negligente (*nicht-schuldhafte*) de sacrifício grave e especial a bem de natureza patrimonial	A jurisprudência não aceita sua aplicação a atos legislativos inconstitucionais.
		Aufopferungs-gleicher Eingriff (Intervenção análoga à imposição de sacrifício – §§ 74 e 75 EinlPrALR)	Indenização por imposição ilícita de sacrifício grave e especial a bem de natureza não patrimonial	Não foi reconhecida pela jurisprudência, que men-ciona apenas um dever geral de ressarcimento por sacrifícios especiais a bens jurídicos imateriais
Schadenersatz (visa reconstituir o patrimônio do lesado ao *status quo ante*)	*Atos Ilícitos e Dolosos ou Negligentes*	*Amtshaftung* (Responsabilidade civil da Administração em sentido estrito – Art. 34 GG)	Indenização por imposição danosa de natureza ilícita e dolosa ou negligente (*schuld-hafte*)	É incompatível com qualquer tentativa de responsabilidade do Estado por leis formais inconstitucionais
* Implicações para a proteção do particular contra sacrifícios graves e especiais causados diretamente por leis				

Diante desse quadro referente aos institutos compensatórios estatais, em que a estável presença da proteção jurídica primária (*"primäre Rechtsschutz"*), da *"Enteignung"* (a expropriação constitucional) e da *"Aufopferung"* (a "Imposição de Sacrifício Especial", prevista nos §§ 74 e 75 EinlPrALR) contrabalançam a negação de uma possível *"Schadenersatz"* por "ilícito legislativo" (a *"Staatshaftung für legislatives Unrecht"*), é legítimo falar-se em alguma proteção dos particulares alemães contra uma norma que impõe um sacrifício grave e especial, sem, simultaneamente, atribuir qualquer compensação e, secundariamente, num dever de indenizar do legislador alemão por intervenções gravosas, especiais e lícitas no patrimônio e num dever de indenizar do legislador alemão por intervenções gravosas, especiais, lícitas ou ilícitas em bens jurídicos imateriais – isso tudo apesar de a doutrina germânica não ter popularizado o termo "responsabilidade do Estado alemão por atos legislativos lícitos"[209] nem tampouco ter reconhecido majoritariamente essa proteção para leis formais inconstitucionais.[210]

A responsabilidade do Estado por ilícitos legislativos, ou seja, por normas inconstitucionais, nunca foi aceita pelos tribunais alemães. A jurisprudência germânica tem sido pacífica e firme no sentido da irresponsabilidade do Estado pelos danos provocados ao particular pela norma judicialmente declarada inconstitucional no período que medeou a sua entrada em vigor e a sua anulação. A regra geral é a de que a República Federal da Alemanha não responde, nem com base em infração aos deveres funcionais impostos a seus agentes (*"Amtshaftung"*)

---

[209] Com efeito, não são muitas as referências doutrinárias à *"Staatshaftung für legislatives Recht"*. SCHEUING (1984, p. 377) é dos poucos que, na Alemanha, mencionam essa categoria da responsabilidade do Estado por atos lícitos. Para ele, a *"Staatshaftung für legislatives Recht"* refere-se aos sacrifícios especiais, não desejados ou imprevistos, impostos por uma legislação.

[210] Essas ponderações guardam simetria com aquelas levantadas por MARIA LÚCIA AMARAL CORREIA (1998, p. 399), que chama a atenção do estudioso de outros sistemas jurídicos para o cuidado que deve ter ao perguntar e ao responder sobre institutos do Direito Comparado: *"Entre diferentes ordens jurídicas pode haver falsas semelhanças, traços comuns que não são mais do que aparência, nomes iguais que são empregues para, ao fim e ao cabo, designar coisas que permanecem profundamente desiguais. Quem enceta a comparação tem de estar preparado para descobrir as armadilhas forjadas por estas falsas afinidades; e a descoberta só poderá ser facilitada se soubermos de antemão como abordar, como interrogar corretamente o direito que nos é alheio"* (CORREIA,1998, p. 398).

nem com base em intervenção análoga à expropriação (*"Enteignungs-gleicher Eingriff"*), pelas conseqüências danosas da norma declarada inconstitucional, pois, ao fim e ao cabo, para a jurisprudência dominante, nem o art. 34 da Lei Fundamental alemã, nem a garantia constitucional da inafastabilidade da apreciação judicial (*"Rechtsweggarantie"*), inscrita no art. 19.°, n.° 4, da Lei Fundamental[211], nem tampouco a *"Aufopferung"* (delineada nos §§ 74 e 75 EinlPrALR, mas "interpretada" pelo *"Allerhöchste Kabinettsordre"* prussiano, de 04 de dezembro de 1831) garantiram, de forma clara, uma base de direito positivo suficiente para sustentar as ações de reparação pecuniária por ilícito legislativo. A exigência e a ausência reiteradamente sublinhadas de *"Drittbezogenheit"* entre o legislador e o particular, vítima do dano, têm papel destacado nas denegações judiciais da "responsabilidade do Estado alemão por atos legislativos ilícitos".

No entanto, em todo caso, doutrina e jurisprudência convergem quanto ao reconhecimento da ressarcibilidade dos danos causados pelas leis inconstitucionais de efeitos particularizados, ou seja, *"Maßnahme-gesetze"* e *"Einzelfallgesetze"*. Demais disso, queda sempre preservada ao particular, em qualquer hipótese, a via da proteção jurídica primária, a tutela material de caráter anulatório, contra os efeitos nefastos das normas formalmente legais mas inconstitucionais que lhe causem prejuí-zos.

Aquela lacuna de proteção secundária (pecuniária) do particular quanto à reparação dos danos decorrentes da norma inconstitucional, posto que nem sempre a proteção jurídica primária (anulatória) mostra--se suficientemente eficaz, é grave o bastante para macular o próprio

---

[211] *"Artigo 19.° [Restrição de direitos fundamentais]: (...) (4) Quem for lesado nos seus direitos por ato de autoridade pública, poderá recorrer à via judicial. Segue-se a via ordinária, se não se justificar outra competência. Mantém-se válido o período 2.° do n.° 2 do art. 10.°."* Cf. a tradução já assentada por NUNO ROGEIRO (1996, p. 146-147) e em conformidade com o original atualizado divulgado na internet (www.bundesregierung.de): *"Artikel 19: (...) (4) Wird jemand durch die öffentliche Gewalt in seinen Rechten verletzt, so steht ihm der Rechtsweg offen. Soweit eine andere Zuständigkeit nicht begründet ist, ist der ordentliche Rechtsweg gegeben. Artikel 10 Abs. 2 Satz 2 bleibt unberührt."* O mencionado dispositivo constitucional garante aos indivíduos uma proteção contra todo ato proveniente do Poder Público que viole direitos fundamentais. Para a doutrina dominante, porém, a proteção conferida pelo art. 19.° GG é apenas de ordem primária, com vistas à cassação do ato gravoso, e nunca de ordem secundária, de natureza reparatória ou ressarcitória, daí não se prestar para legitimar a responsabilidade do Estado por atos legislativos (SENKOVIC, 2000, p. 262).

princípio do Estado de Direito (FETZER, 1994, p. 42), na medida em que diz respeito à real possibilidade de o Estado produzir – sem maiores conseqüências – atos ilícitos contra os seus cidadãos. E já começa a ser repensada por influência dos laços do Direito Comunitário, como será visto mais adiante.

Se, de um lado, é verdade que os tribunais alemães não reconhecem a responsabilidade do Estado decorrente do ilícito legislativo, é falso inferir, por outro lado, que qualquer ato legislativo pode impor um sacrifício grave e especial ao particular independentemente de reparação, na Alemanha. Mesmo afastada, regra geral, a possibilidade de responsabilidade estatal pelos danos decorrentes do ilícito legislativo, ou seja, pela norma inconstitucional, restaram ao cidadão alemão os seguintes instrumentos de proteção contra os danos decorrentes do ato legislativo:

1) A proteção jurídica primária contra o ilícito legislativo, de caráter anulatório, consubstanciada em institutos como o *"grundrecht- liche Schutzanspruch"* e o *"Verfassungs-beschwerde"*;

2) a obrigatória e concomitante compensação do particular pela imposição legislativa de um sacrifício grave e especial na propriedade, sob pena de nulidade na medida legislativa (*"Junktimk- lausel"* ou *"Junctimklausel"*); e, por fim,

3) a ressarcibilidade estatal dos danos provocados por atos legislativos lícitos e pelos atos ilícitos mas não culposos (em sentido amplo, ou seja, *"nichtschuldhafte"*) que se dirijam a bens jurídicos imateriais, desde que uma omissão do lesado em adotar um remédio jurídico adequado para afastar o dano não tenha concorrido para a produção dos prejuízos (OSSENBÜHL, 1998, p. 134).

Essa mescla de proteção primária e secundária conferida pelo ordenamento jurídico alemão aos seus súditos, embora esteja longe de alcançar a totalidade de hipóteses de danos causados por leis aos seus cidadãos, é um pouco mais forte e segura do que aquela que se pretende oferecer aos cidadãos franceses por meio da *"responsabilité du fait des lois"*. Constata-se essa segurança pouco maior em face, em primeiro lugar, da impossibilidade de *"refus explicites"* da legislação ordinária alemã – em razão do parâmetro de supralegalidade exercido pela Constituição federal, o legislador alemão não tem o condão de explicitar um desejo seu de não indenizar o particular pelos sacrifícios graves e especiais a ele impostos por uma nova lei. Em segundo lugar, agora em virtude do princípio do controle judicial da constitucionalidade das leis, a perquirição a respeito das conseqüências danosas, graves e especiais, de uma norma legal não é, na Alemanha, monopólio do seu próprio corpo legislador, como na França, mas compartilhada também pelo Poder Judiciário, que, na verdade, detém a última palavra nessa questão. Finalmente, o Direito alemão ainda comporta, diferentemente do que ocorre na França, um "direito de compensação geral" por imposição lícita ou ilícita de sacrifício grave e especial a bem de natureza não patrimonial – desde que uma omissão do lesado em adotar o remédio jurídico adequado para afastar o dano não tenha concorrido para a produção dos prejuízos (omissão quanto à proteção jurídica primária).

Bastante crítico em relação à jurisprudência francesa que se seguiu ao *arrêt La Fleurette*, de 14 de janeiro de 1938, SCHEUING (1984, p. 353) afirma que a jurisprudência alemã não precisa "simular", a cada novo precedente, uma específica vontade legal ou legislativa de responsabilizar o Estado (*"einen spezialgesetzlichen Haftungswillen zu fingieren"*) que equivaleria ao *"refus implicite"* francês. É suficiente que o Poder Judiciário identifique a ocorrência – ainda que não desejada ou não prevista pelo legislador – de uma violação da igualdade perante as cargas públicas para surgir a necessidade de reparação. Esse regime de responsabilidade alemão, portanto, não depende exclusivamente de uma *"voluntas"*, seja ela *"voluntas legislatoris"* ou *"voluntas legis"*. A lei formal que impuser sacrifícios graves e especiais, violadores da igualdade perante as cargas públicas, na Alemanha, há de prever obrigatoriamente uma compensação ao particular atingido.

A inexistência da necessária indenização na lei que impuser sacrifícios graves e especiais terá conseqüências distintas caso a legislação examinada tenha por objeto o patrimônio ou bens imateriais do particular, a saber: caso os sacrifícios graves e especiais, violadores da igualdade perante as cargas públicas, recaiam sobre o patrimônio, o juiz não poderá colmatar a lacuna referente à indenização, mas apenas decidir sobre a inconstitucionalidade da lei (BVerfGE 58, 300); caso os sacrifícios graves e especiais, violadores da igualdade perante as cargas públicas, recaiam sobre bens imateriais, o juiz poderá conceder a indenização, independentemente de previsão legal específica, por força do princípio jurídico do sacrifício especial (*"Aufopferungsgrudsatz"*), aquele mesmo previsto nos §§ 74 e 75 da Introdução ao *"Preußische Allgemeine Landrecht"* (BGHZ 9, 83) – isso, repita-se, apenas se não se configurar uma omissão do lesado em adotar o remédio jurídico adequado para afastar o dano (subsidiariedade da pretensão indenizatória). Fica claro, portanto, que Poder Judiciário alemão, ao contrário do francês, é plenamente competente para identificar e avaliar autonomamente, caso a caso, a ocorrência de uma violação à igualdade perante as cargas públicas e, por via de conseqüência, para sindicar a própria validade de uma norma jurídica.

A complementar esses mecanismos de proteção do particular, tem--se que, na Alemanha, mesmo que uma norma infralegal não pretenda impor sacrifícios graves e especiais, mas, por um erro de prognose do seu autor, mesmo assim venha a prejudicar de modo grave e especial um particular, também deve ele ser compensado, desde que uma omissão do lesado em servir-se de um meio jurídico adequado não tenha concorrido para a ocorrência do dano.

Nesse ponto, uma questão que se mostra particularmente relevante e problemática é, obviamente, a da definição dos limites entre aquelas leis que, de fato, impõe sacrifícios graves e especiais aos particulares, que contrariam o *"Prinzip der Lastengleichheit aller Bürger"* e, por isso, constituem sacrifícios indenizáveis, e aquelas outras que apenas impõem um ônus genérico e proporcional, que debilitam de modo normal os direitos dos particulares por força da própria convivência em sociedade e, portanto, não são, em princípio, indenizáveis (mera *"Inhaltbegrenzung"*, nos termos do art. 14.°, n. 1 e 2, GG) [212]. Em outras palavras: se há consenso de que não há grave e especial sacrifício legal sem indenização, o que é, afinal, um verdadeiro sacrifício grave e especial, indenizável, para o Direito alemão? A resposta a essa questão não é fácil nem muito menos pacífica tanto para a doutrina quanto para a jurisprudência, pois falar em *"Prinzip der Lastengleichheit aller Bürger"* é, antes de mais, falar em um conceito de igualdade, cuja polissemia já foi reconhecida e sublinhada há tempos. Segundo FRITZ OSSENBÜHL (1998,

---

[212] Como já salientado acima, contribui mais e mais para obnubilar a fronteira, entre onde começa a imposição de sacrifícios indenizáveis e onde termina a mera regulação social, o fato de que, em certas hipóteses de limitação do conteúdo da propriedade (*"Inhaltbegrenzung des Eigentums"*), é possível a atribuição excepcional e atípica ao particular, necessariamente por via legislativa (portanto, de acordo com a liberdade de conformação a cargo do legislador), de uma compensação (*"Ausgleich"*) para que se evitem ou mitiguem os encargos por ele suportados em virtude de uma lei de regulação da propriedade ou sua execução (OSSENBÜHL, 1998, p. 181; e MAURER, 2000, p. 716). A *"ausgleichspflichtige Inhaltsbestimmung"*, um instituto de índole legislativa, ainda é fruto da plena liberalidade do legislador, de modo que, na ausência da previsão legal de compensação, a *"Ausgleich"* não pode ser concedida por qualquer outra autoridade administrativa ou judicial (MAURER, 2000, p. 717).

p. 137-138), a jurisprudência alemã tem buscado, a partir do exame de cada caso concreto e sem imunidade a críticas, "a vontade da lei ou do legislador" (*"Wille des Gesetzes oder des Gesetzgebers"*), a própria "natureza da matéria" (*"Natur der Sache"*) ou, até mesmo, o "sensato juízo do homem médio" (*"vernünftige Urteil der billig und gerecht Denkenden"*) como critérios decisionais para identificar o que são sacrifícios graves e especiais, numa clara confluência com os *"refus implicites"* do Conselho de Estado francês.

As conclusões de PETRA SENKOVIC (2000, p. 34), contudo, divergem de todas essas ponderações feitas até o momento. Para ela, em comparação com o ordenamento alemão da responsabilidade do legislador, o ordenamento francês é o mais desenvolvido por não mencionar, como o faz o ordenamento alemão, o caráter subsidiário da pretensão indenizatória. Privilegiando a proteção jurídica secundária em detrimento da proteção primária, PETRA SENKOVIC (2000, p. 169) afirma que aquela exigência alemã de o particular se utilizar precipuamente dos meios de proteção primária (tentando anular o ato gravoso) torna as indenizações dificilmente alcançáveis ou excessivamente difíceis no ordenamento teutônico. Esquece-se, porém, SENKOVIC que uma proteção primária eficaz pode, muitas vezes, ser mais rápida e menos onerosa e alcançar resultados mais positivos do que uma proteção jurídica secundária (mais retardada ou mais onerosa). Uma justiça que custa, é, também, uma justiça que falha.

Registre-se, finalmente, que, tanto quanto no Direito francês, ainda não se reconhece em Direito alemão uma responsabilidade estatal decorrente de omissões de natureza legislativa.[213] Na jurisprudência, há um claro precedente do *Bundesgerichtshof*, que julgou que o Estado legislador alemão não pode ser responsável por ter sido omisso em legislar sobre a proteção das florestas contra a poluição.[214]

---

[213] Cf., entre outros, WILMS, Günter. *Le Droit Allemand*. In: VANDERSANDEN E DONY (1997, p. 80). E também MANGIONE, 1994, p. 951.

[214] *Bundesgerichtshof*, acórdão de 10 de dezembro de 1987, publicado em NJW, n. 8, p. 478-482, 1988, e em BGHZ 102, 350. Conhecida como *"Waldschädenbeschluß"*, a decisão teve como base fática a irresignação do proprietário de uma fazenda na Floresta Negra cuja vegetação fora afetada pela poluição industrial da vizinhança, em virtude da falta de uma legislação local que estabelecesse limites mais rigorosos para a emissão atmosférica de fumaça e outros poluentes. O proprietário-autor tentou, sem sucesso, demonstrar que o legislador local infringira o dever funcional de emissão normativa, a que ele, proprietário, tinha um direito público subjetivo. Para o *Bundesgerichtshof*, mais uma

4.1.3. *Portugal*[215]

Afastando-se da corrente francesa da irresponsabilidade, então dominante, a voz inovadora de Martinho Nobre de Melo, em obra datada de meados da década de 1910, se levantou, em Portugal, não apenas contra o argumento da irresponsabilidade da soberania mas também contra a própria irresponsabilidade do Estado legislador. Primeiro português a defender a responsabilidade do Estado legislador, Martinho Nobre de Melo indagou com fundamento em um argumento isonômico:

> *"Se o detentor da soberania é uma pessoa jurídica, porque motivo será ele excluído da possibilidade jurídica da responsabilização? Pois os outros sujeitos de direito não são responsáveis? Se se reconhece que a soberania é limitada, não temos dúvida em concebê-la também responsável. Se se reconhece que o Estado é um sujeito de direito não vemos por que ele não possa ser, como qualquer sujeito de direito, submetido à responsabilidade"* (Melo, 1914, p. 29-30).

---

vez, inexistia uma vinculação direta, ou seja, *"Drittbezogenheit"*, entre o legislador e o possível beneficiário da norma a ser legislada (o proprietário-autor). Ademais, entendeu o *Bundesgerichtshof* que uma omissão legislativa só se caracterizaria como violação de um dever funcional do legislador quando houvesse um claro dever constitucional de emanação legislativa, o que não ocorrera naquele caso (Ossenbühl, 1998, p. 106). Bem antes, o *Bundesverfassungsgericht* já havia sublinhado que recursos constitucionais contra omissões legislativas reiteradas devem ser vistos de modo excepcional e admissíveis apenas nos casos em que figure na Lei Fundamental uma clara obrigação de legislar (*Bundesverfassungsgericht*, acórdão de 14 de setembro de 1983, publicado em NJW, n. 51, p. 2931-2933, 1983). Para muitos herdeiros da tradição processual ítalo-brasileira, um dos aspectos da jurisprudência alemã sobre a responsabilidade do Estado que mais chamam a atenção é justamente a força que ainda retém a *"Drittbezogenheit"* na dogmática processual alemã. Ora, não se pode deixar de estranhar que um instituto jurídico de forte conteúdo privatista/unicêntrico ainda goze de tanto prestígio em uma sociedade cuja complexidade é capaz de dar origem a conflitos contra uma massa de indivíduos, em simultâneo, prejudicando difusa e rapidamente setores imensos da população, sejam eles pequenos poupadores, consumidores de certo produto, pacientes com uma determinada enfermidade, telespectadores de certo programa televisivo ou habitantes de uma dada região geográfica. A debilidade ou mesmo a pequena eficácia de demandas unipessoais, em casos assim, têm instigado o legislador alemão a realizar algumas alterações na sua processualística que, pouco a pouco, vai admitindo a presença de ações coletivas (*"Verbandsklage"*), sobretudo na área do Direito do Consumidor (Walter, 2001, p. 375, e, principalmente, Koch, 2001, p. 358).

Numa posição ousada para a época, que já então homenageava o princípio da supremacia da constituição, NOBRE DE MELO reconheceu que o Estado era responsável pelas conseqüências danosas decorrentes dos seus atos inconstitucionais (MELO, 1914, p. 119). Ao contrário do que propagava a maior parte da literatura francesa de então, a atividade do legislador era, segundo MARTINHO NOBRE DE MELO (1914, p. 111-112), legitimamente limitada pelo texto constitucional. E, com fundamento em JELLINEK, concluiu: *"O Estado não pode tudo juridicamente, não pode abolir a ordem jurídica; senão, poderia introduzir a anarquia, o que é incompreensível"*. Fez questão de ressaltar, porém, que todas as vezes que o Poder Legislativo exercesse as suas funções dentro dos limites constitucionais seria irresponsável. Ou seja, a responsabilidade do Estado legislador – que, para os franceses, era uma questão quantitativa, de maior ou menor número de interesses prejudicados – era para MARTINHO NOBRE DE MELO uma questão qualitativa – de respeito ou desrespeito à Constituição, independentemente do número de pessoas afetadas. Inadmissível, portanto, era para ele a responsabilidade do Estado pelo ato legislativo lícito[216].

Outra manifestação lusófona a discordar da irresponsabilidade da soberania é encontrada em referencial artigo de FÉSAS VITAL. Porém, mais conservador, ignorando a teoria da igualdade perante os encargos

---

[215] Está longe das pretensões deste texto historiar as implicações doutrinárias e jurisprudenciais que conformam a responsabilização do Estado português por atos legislativos, sobretudo porque isso já foi feito com indiscutíveis qualidade e profundidade por eminentes publicistas lusófonos, aos quais o leitor deve ser encaminhado. Para além de muitas outras obras genéricas que cuidam do tema com singular competência, o leitor deve ser remetido a, entre todos, pelo caráter pontual e profundo das respectivas obras: GOMES CANOTILHO (1974), no âmbito da ordem jurídica portuguesa anterior ao 25 de abril de 1974, e, já sobre a nova Constituição que se seguiu à Revolução dos Cravos, RUI MEDEIROS (1992) e MARIA LÚCIA AMARAL CORREIA (1998), mas com respostas distintas à mesma questão. Muito aquém do proposto naquelas obras monográficas, o objetivo do tópico que ora se inicia é apenas familiarizar, modestamente, o leitor porventura não iniciado, com alguns traços da experiência lusitana na matéria e, simultaneamente, sublinhar alguns aspectos mais recentes, que, por transparentes razões, escaparam às lições daqueles autores.

[216] Registre-se que, para a maior parte da doutrina portuguesa, com inegável influência sobre a respectiva legislação, a expropriação não se confunde com a responsabilidade do Estado por atos lícitos. Na responsabilidade do Estado por atos lícitos, a indenização é uma conseqüência do agir estatal e não o próprio *"momento constitutivo"* da atividade pública, como nas desapropriações e nacionalizações (ANDRADE, 1999, p. 42).

públicos e as contribuições de DUGUIT e aproximando-se de JÈZE e BARTHÉLEMY, advogou que uma lei nunca seria, de direito, particular e especialmente onerosa a ninguém (VITAL, 1916, p. 275) e que ao juiz seria dado decidir apenas conforme o "direito positivo atual" (*sic*) (VITAL, 1916, p. 514). Aí, sim, residiam as "verdadeiras" razões da irresponsabilidade do Estado por fato das leis. Ademais, discordou de GEORGES SCELLE quanto à responsabilidade do legislador pelas leis construtivas: *"A força obrigatória da lei construtiva assenta no caráter imperativo da lei normativa, cuja sanção tem por fim assegurar"* (VITAL, 1916, p. 522). Antes de MARTINHO NOBRE DE MELO e FÉSAS VITAL, tanto CUNHA GONÇALVES (1905, p. 113) quanto PINTO COELHO (1906, p. 140 e ss. e 190 e ss.) já se haviam posicionado contra a possibilidade de um ato legislativo dar lugar a uma reparação pelo Estado português, afinal, *"lex regula est justorum et injustorum"*.

Esses confrontos teóricos iniciais não foram suficientes para instigar muitos outros publicistas a maiores debates sobre o tema da irresponsabilidade do Estado legislador, que, contudo, em 30 de maio de 1930, restou assentada por acórdão do Supremo Tribunal de Justiça[217].

Sob a égide da Constituição portuguesa de 1933, apenas a monografia de GOMES CANOTILHO, publicada em janeiro de 1974, a respeito da responsabilidade do Estado por atos lícitos, dedica-se específica e unicamente ao tema da responsabilidade do Estado legislador – a obra foi fruto, com efeito, de sua dissertação de mestrado em Ciências Jurídico-Políticas na Faculdade de Direito da Universidade de Coimbra. Naquele escrito, CANOTILHO, após esquadrinhar a então Carta Magna lusitana e o Decreto-Lei 48.051, de 21 de novembro de 1967, regulador da responsabilidade extracontratual do Estado, defende a possibilidade e/ou a necessidade de um dever de indenizar do Estado legislador português à

---

[217] Superior Tribunal de Justiça (STJ), acórdão de 30 de maio de 1930, publicado na *Gazeta da Relação de Lisboa*, a. 44, 1930, p. 119 e ss. (apud MEDEIROS, 1992, p. 68). A irresponsabilidade do Estado legislador viria a ser, mais uma vez, afirmada em 1964 pela Relação de Lisboa, desta feita em um caso em que um decreto do Governo português, que proibira a fabricação e a comercialização de refrigerantes como a coca-cola, levara à ruína todo o investimento que a *Sociedade Comercial Corporel* fizera para a construção de fábricas daquele refrigerante. O juízo de primeira instância e a Relação de Lisboa, ao rechaçar a pretensão indenizatória, fizeram uso de argumentos como a inexistência de responsabilidade objetiva para aquela hipótese, inaplicabilidade dos pressupostos da responsabilidade civil baseada na culpa e inexistência de um prejuízo especial (*Jurisprudência das Relações*, a. 10, 1964, p. 709, apud CANOTILHO, 1974, p. 168 e ss.).

luz da constituição então vigente, seja em razão de uma responsabilidade pelo ato legislativo lícito[218], ou em razão de uma responsabilidade pelo ato legislativo ilícito[219], seja, ainda, com grande antevisão, em virtude de uma responsabilidade pela omissão legislativa inconstitucional[220] – tema que viria a aprofundar em sua posterior tese de doutoramento sobre a concretização constitucional.

Com a Constituição da República Portuguesa de 1976 e o posterior ingresso de Portugal nas Comunidades Européias, em 1986, o assunto volta a merecer um olhar mais acurado e detido da doutrina e da jurisprudência portuguesas.

Atualmente, já sob a égide da Constituição Portuguesa de 1976, a maior parte da doutrina já não guarda dúvida a respeito da obrigação do Estado de indenizar o particular por atos legislativos lícitos ou ilícitos, que lhe tenham ocasionado prejuízo. Quanto a isso, JOÃO CAUPERS (1999, p. 79) é muito claro:

> *"A formulação constitucional portuguesa não faz depender a efetivação da responsabilidade civil da prática de ato incluído na função administrativa, nem tampouco da ilicitude do mesmo: aparentemente, cabem no preceito constitucional a responsabilidade por atos legislativos e a responsabilidade por atos jurisdicionais; como parecem caber a responsabilidade por atos lícitos e a responsabilidade pelo risco."*

Algum dissenso há apenas quanto ao lugar onde se encontra a fundamentação constitucional da pretensão indenizatória do particular. Para GOMES CANOTILHO (2002, p. 503), por exemplo, a responsabilidade do Estado decorrente de ato legislativo é inegável em Portugal, entretanto, há uma dualidade de fundamentações para as pretensões indenizatórias por atos lícitos e ilícitos, que ora está inscrita no art. 22.º da Constituição Portuguesa, ora está baseada no Princípio do Estado de Direito ou na garantia patrimonial do art. 62.º. Nesse sentido, afirma o professor beirão:

---

[218] A responsabilidade do Estado pelas "leis constitucionais", em razão da especialidade, gravidade e anormalidade do prejuízo suportado pelo particular (CANOTILHO, 1974, p. 153-156).

[219] A responsabilidade do Estado pelas "leis" formal ou materialmente inconstitucionais (CANOTILHO, 1974, p. 156-163).

[220] CANOTILHO, 1974, p. 163-165.

"A 'responsabilidade do Estado legislador' por atos ilícitos cabe também no âmbito de proteção do art. 22.º[221] da CRP. Embora se costume argumentar a favor da irresponsabilidade do Estado por fato das leis com a idéia de a disciplina da lei ser geral e abstrata, deve ponderar-se que: (1) algumas leis 'declaradas' ou 'julgadas' inconstitucionais podem ter ocasionado violação de direitos, liberdades e garantias ou prejuízos para os cidadãos; (2) algumas leis com as características de lei-medida são leis self executing, *podendo ter gerado prejuízos sérios aos cidadãos; (3) algumas leis, gerais e abstratas, podem vir a impor encargos apenas a alguns particulares (leis fixadoras de vínculos ecológicos, urbanísticos, de nacionalização de bens, etc.), violando quer o direito de propriedade quer o princípio da igualdade (restrições afetadoras do conteúdo essencial de um direito). Tendo em conta o que se acaba de dizer, impõe-se, no plano jurídico-constitucional: (1) reconhecimento de responsabilidade do Estado por atos legislativos ilícitos enquadrável no âmbito normativo do art. 22.º; (2) dever de indenizar por atos legislativos lícitos impositivos de sacrifícios especiais nos cidadãos, de que se pode ver refração no art. 62.º/2[222] (indenização por expropriação). A possível exigência de um regime legal da responsabilidade por fato das leis significa não que o legislador possa afastar os deveres de ressarcibilidade e indenizibilidade que incumbem ao Estado mas que deve concretizar/conformar esse regime através da lei[223]"* (CANOTILHO, 2002, p. 503).

Caminho semelhante – não idêntico – foi trilhado por RUI MEDEIROS, que também admite – sob a forma de um *"consenso muito alargado"*

---

[221] O art. 22.º da Constituição Portuguesa estatui: *"O Estado e as demais entidades públicas são civilmente responsáveis, em forma solidária, com os titulares dos seus órgãos, funcionários e agentes, por ações ou omissões praticadas no exercício das suas funções e por causa desse exercício, de que resulte violação dos direitos, liberdades e garantias ou prejuízo para outrem".*

[222] O art. 62.º, por sua vez, prescreve: *"1. A todos é garantido o direito à propriedade privada e à sua transmissão em vida ou por morte, nos termos da Constituição. 2. A requisição e a expropriação por utilidade pública só podem ser efetuadas com base na lei e mediante o pagamento de justa indenização."*

[223] Essa afirmação final de CANOTILHO é também uma resposta à questão posta por CORREIA (2002, p. 219): *"Como pode a lei obrigar-se a si mesma a compensar os prejuízos que, no futuro, ela própria causará? Como pode ser verdadeira e segura limitação aquela que um poder a si próprio se oferece?"*

entre doutrinadores portugueses – a sustentabilidade constitucional da responsabilidade do Estado decorrente do ato legislativo lícito ou ilícito em Portugal (MEDEIROS, 2002, p. 194-195). Assim ele se manifesta na sua sempre lembrada dissertação de mestrado:

> *"A admissibilidade duma responsabilidade do Estado por leis inconstitucionais resulta claramente do art. 22 CRP. A obrigação de indenizar pressupõe a ilicitude do comportamento do legislador e a existência de culpa. O direito à reparação constitucionalmente garantido cobre todos os danos patrimoniais e, no caso de violação dos direitos, liberdades e garantias, os danos não patrimoniais. Tratando-se de um preceito diretamente aplicável, pode ser invocado pelos titulares lesados para obter uma indenização"* (MEDEIROS, 1992, p. 127).

> *"O princípio do Estado de Direito pode, excepcionalmente, fundamentar uma pretensão autônoma de indenização contra o Estado legislador. Assim, deve admitir-se o direito à reparação dos danos especialmente graves que resultem da violação não culposa de direitos, liberdades e garantias, em especial, se o seu exercício não pode ser suspenso em estado de sítio ou em estado de emergência (...). Dos conceitos de nacionalização, expropriação e requisição do direito de propriedade podem retirar-se os pressupostos da responsabilidade civil do Estado por atos legislativos lícitos"* (MEDEIROS, 1992, p. 331-332).

Essa posição de RUI MEDEIROS – reconhecendo que a ordem constitucional portuguesa acolhe a responsabilidade do Estado por atos legislativos, tanto os lícitos como os ilícitos, mas com fundamentações distintas –, foi por ele reafirmada em alentado parecer que compartilhou com DIOGO FREITAS DO AMARAL sobre a questão de um rumoroso episódio levado a julgamento em Portugal, o caso "Aquaparque" (AMARAL E MEDEIROS, 2000, p. 304-305).

Embora tenha chegado às mesmas conclusões gerais de GOMES CANOTILHO e RUI MEDEIROS quanto a um genérico dever estatal de indenizar os particulares por atos legislativos ilícitos (MIRANDA, 2000, p. 293-294), JORGE MIRANDA não faz uma remissão específica e direta ao art. 62.º/2 (indenização por expropriação) no caso de atos legislativos lícitos, como admitido por CANOTILHO e MEDEIROS, mas, ao contrário, contempla no art. 22.º da Constituição Portuguesa força normativa suficiente para fundamentar as pretensões indenizatórias dos particulares, quer sejam elas decorrentes de atos lícitos quer sejam decorrentes de atos ilícitos (MIRANDA, 2001, p. 930-931). Veja-se:

> *"f) Prima facie dir-se-ia estar aí [no art. 22.º CRP] tão só considerada a responsabilidade por fatos ilícitos, em virtude de, expressamente, se consignar a regra da solidariedade. (...) i) Não é de arredar, entretanto, a responsabilidade por fatos lícitos e objetiva, por força dos princípios do Estado de Direito, para se conferir ao art. 22.º o máximo efeito útil e porque, a par dos direitos patrimoniais salvaguardados pelos artigos 62.º, n.º 2, 83.º[224] e 94.º, n.º 1[225], pode haver direitos de outra natureza susceptíveis de ser afetados por ações lícitas do Estado (v.g. em estado de sítio ou de emergência, em estado de necessidade administrativa ou em caso de inexecução lícita de sentença de tribunal administrativo) e relativamente aos quais não menos se justifica um dever de indenizar"* (MIRANDA, 2002a, p. 187).[226]

Essas abalizadas e representativas manifestações doutrinárias, ao lado de extensa e importante lista, sobre a responsabilidade do Estado por ato legislativo em Portugal destoam da opinião da Professora MARIA LÚCIA AMARAL CORREIA que, muito influenciada pela jurisprudência alemã sobre a garantia patrimonial, afirma que *"não existe em Portugal responsabilidade civil do Estado por prejuízos causados por atos da função legislativa"* (CORREIA, 1998, p. 709). E para melhor explicar o seu ponto de vista prossegue:

---

[224] Artigo 83.º CRP (Requisitos de apropriação pública): *"A lei determina os meios e as formas de intervenção e de apropriação pública dos meios de produção, bem como os critérios de fixação da correspondente indenização."*

[225] O art. 94.º da Constituição Portuguesa refere-se à eliminação dos latifúndios. O seu primeiro parágrafo afirma *verbis: "1. O redimensionamento das unidades de exploração agrícola que tenham dimensão excessiva do ponto de vista dos objetivos da política agrícola será regulado por lei, que deverá prever, em caso de expropriação, o direito do proprietário à correspondente indenização e à reserva de área suficiente para a viabilidade e a racionalidade da sua própria exploração."*

[226] Como bem se nota através dos muitos exemplos citados por AMARAL E MEDEIROS (2000, p. 306-309), essa leitura extensiva que JORGE MIRANDA faz do art. 22.º da Constituição Portuguesa – incluindo nele a possibilidade de fundamentar a responsabilidade por atos lícitos e ilícitos – está longe de alcançar a unanimidade na doutrina.

"O problema só se coloca face a danos sofridos por particulares por efeito da vigência de leis inconstitucionais lesivas de direitos fundamentais, e ocorridos durante o período de tempo compreendido entre o momento da entrada em vigor da lei e o momento da declaração da inconstitucionalidade. No estado atual de desenvolvimento do Direito Constitucional português, tais prejuízos não são indenizáveis porque a inconstitucionalidade se não configura ainda e por si só como uma forma de ilicitude civil" (CORREIA, 1998, p. 709).

Conforme a eminente Professora, enquanto que a ilicitude civil corresponderia à omissão de um comportamento devido, que vincula diretamente o produtor do dano ao particular prejudicado, a ilicitude constitucional não se caracteriza suficientemente por essa exigência de "vinculação direta a terceiros", ou *"Drittbezogenheit"* entre o legislador e o particular prejudicado, assim, *"o fato da não conformidade à Constituição não é nestes casos fonte geradora de um dever estadual de ressarcir"* (CORREIA, 1998, p. 700). Esse posicionamento que aparta a inconstitucionalidade da lei da ilicitude civil, fundamento da responsabilidade, não restou imune a graves críticas[227], sobretudo, em face dos influxos recentes do Direito Comunitário e do enfraquecimento dos direitos fundamentais.

Ainda segundo aquela autora, que reconhece o seu dissenso em relação à maioria da doutrina e à jurisprudência portuguesas dominante (CORREIA, 2002, p. 217), o art. 22.º CRP não chega a abarcar a responsabilidade do Estado pela função legislativa (CORREIA, 1998, p. 709). Apesar de não admitir a "responsabilidade do Estado legislador" português, MARIA LÚCIA AMARAL CORREIA entende existir um "dever de inde-

---

[227] Cf., entre outros, AMARAL E MEDEIROS (2000, p. 317 e ss.), MIRANDA (2000, p. 298) e MEDEIROS (2002, p. 198) – todos na direção da estreiteza da proteção conferida aos direitos fundamentais pela leitura dogmática proposta por CORREIA. É de se registrar, porém, que, em sua dissertação de mestrado, CANOTILHO (1974, p. 156-159) também não viu uma vinculação imediata e inarredável entre ilicitude constitucional e ilicitude civil no tocante às inconstitucionalidades formais ou orgânicas. Para o professor beirão, a norma formalmente inconstitucional haveria de se submeter ao regime idêntico da responsabilidade pelo ato lícito, de modo que só haveria responsabilidade se restasse comprovado o caráter grave e especial do dano sofrido, *ipsis litteris*: *"deverá reconhecer-se uma tutela ressarcitória quando os danos provocados por atos formal ou organicamente inconstitucionais foram de tal modo graves que eles seriam indenizáveis mesmo no caso de serem impostos por atos irrefutavelmente válidos"* (CANOTILHO, 1974, p. 158).

nizar do legislador", concomitante a qualquer decisão estatal de impor sacrifícios graves e especiais ao particular, sob pena de se configurar a inconstitucionalidade da norma produtora do dano. A ausência ou a insuficiência de uma cláusula indenizatória conjunta numa lei portuguesa que impusesse sacrifícios graves e especiais ao particular conduziria ordinária e primeiramente à inconstitucionalidade da norma, não à concessão de indenização ao particular. Excepcionalmente, o Tribunal Constitucional poderia, no quadro de uma decisão de inconstitucionalidade, arbitrar uma compensação ao particular em duas circunstâncias: 1) na hipótese de não se poder declarar a inconstitucionalidade da norma pela ausência ou insuficiência da cláusula indenizatória conjunta devido a erro de prognose do legislador; e 2) na hipótese de que os efeitos da declaração de inconstitucionalidade não se mostrarem suficientes para a eliminação do sacrifício (CORREIA, 1998, p. 709-710; e MIRANDA, 2001, p. 936 e 938-939).

Sem dúvida, MARIA LÚCIA AMARAL CORREIA concebe uma via mais estreita e pessimista que a de outros doutrinadores, posto que reconhece apenas *"uma responsabilidade subsidiária, a ser desencadeada por ações de indenização intentadas por particulares depois de ter sido proferida, pelo Tribunal Constitucional, sentença de inconstitucionalidade da lei com força obrigatória geral; e responsabilidade que se destina ainda a ressarcir apenas aqueles prejuízos que tenham sido sentidos pelos privados durante o período de tempo que medeou entre a entrada em vigor da lei inconstitucional e a declaração da sua inconstitucionalidade e que a eficácia retroativa da mesma declaração não tenha podido, por si só, eliminar"* (CORREIA, 2002, p. 217-218). Para a Professora de Lisboa, o juízo sobre a ilicitude de uma lei (a sua inconstitucionalidade), requisito da discussão sobre a responsabilidade do Estado pelo ilícito legislativo, implica em um controle difuso e "em tese" da constitucionalidade pelo magistrado competente para decidir a demanda indenizatória. Sendo, entretanto, esse controle difuso e "em tese" da constitucionalidade desconhecido em Portugal[228], o exame dos pressupostos de um dever de indenizar do Estado pelo ilícito legislativo

---

[228] Para MARIA LÚCIA AMARAL CORREIA (2002, p. 225), o juiz comarcão, ao analisar a qualificação dos fatos em uma demanda indenizatória contra o Estado, não pode ser transformado em *"juiz comum de Direito Constitucional"* (CORREIA, 2002, p. 225), afinal, a competência para apreciação da constitucionalidade por ação atribuída aos tribunais portugueses pelo art. 204.º CRP – e da qual cabe recurso ao Tribunal Constitucional (art.

só pode ser realizado depois de um pronunciamento seguro do Tribunal Constitucional, através do controle concentrado da constitucionalidade. Além disso, MARIA LÚCIA AMARAL CORREIA não reconhece a "responsabilidade do Estado legislador" português por atos lícitos mas, sim, um "dever de indenizar do legislador", concomitante a qualquer imposição estatal de sacrifícios graves e especiais ao particular, sob pena de se configurar a inconstitucionalidade da norma produtora do dano. Tanto quanto na Alemanha, toda imposição legislativa de sacrifícios graves e especiais desacompanhada de uma indenização é incompatível com os princípios de justiça da Constituição, é um ilícito legislativo – essa é a razão por que inexiste a responsabilidade do Estado pelo ato lícito. A ausência ou a insuficiência de uma cláusula indenizatória conjunta numa lei que impusesse sacrifícios graves e especiais ao particular conduziria ordinária e primeiramente à inconstitucionalidade da norma (um ilícito legislativo), nunca a uma indenização por ato legislativo lícito. Apenas de modo subsidiário, haveria a responsabilidade do Estado (CORREIA, 2002, p. 229). Em seguida a uma decisão de inconstitucionalidade, o Tribunal Constitucional poderia arbitrar uma compensação aos particulares prejudicados, sobretudo na hipótese de erro de prognose do legislador e desde que os efeitos da declaração de inconstitucionalidade não se mostrassem suficientes para a eliminação do sacrifício suportado.

Como é acatado pela própria Professora MARIA LÚCIA AMARAL CORREIA, porém, é quase que um consenso em Portugal o direito do particular lesado por uma atuação legislativa lícita ou ilícita de receber uma compensação estatal – seja essa compensação decorrente do art. 22.º CRP, da garantia patrimonial prevista no art. 62.º CRP ou decorrente dos princípios da isonomia ou do Estado de Direito. A mais ampla liberdade de conformação de que goza o legislador português é o contraponto à responsabilidade por ato legislativo. Nesse ponto, MARIA LUÍSA DUARTE (1996, p. 16) é firme: *"a generalidade da doutrina portuguesa não hesita em ler no art. 22.º o reconhecimento do princípio da responsabilidade por fato das leis".*

280, n.º 1, alínea a, CRP) – não pode ser confundida com a função judicial de certificar, em tese, a pedido da parte demandante, a inconstitucionalidade de lei ou de omissão legislativa como pressuposto da existência de um dever de indenizar do Estado. Não se está cuidando da mesma coisa *"quando se fala do exame judicial da invalidade da lei no caso de controle concreto de constitucionalidade, e quando se fala da função judicial de certificar a invalidade da lei enquanto pressuposto da existência de um dever de indenizar do Estado"* (CORREIA, 2002, p. 225).

Para a maioria da doutrina portuguesa a responsabilidade do Estado legislador por ato omissivo de que resulte ofensa a direitos de particulares também é admitida. Reconhecendo a Constituição portuguesa a figura da inconstitucionalidade por omissão (art. 283), pode-se entender que ao Estado recai a obrigação de indenizar o particular prejudicado pela falta de lei (CAUPERS, 1999, p. 82). De modo geral, os autores são coincidentes quanto ao fato de que a omissão não deriva de um simples "dever geral de legislar" (AHUMADA RUIZ, 1991, p. 192). JORGE MIRANDA, à guisa de exemplo, clarifica as hipóteses possíveis dessa espécie de responsabilidade a partir da existência de uma marcada vinculação do órgão legislativo: essa vinculação do legislador pode ser estipulada por normas constitucionais, normas internacionais, leis de valor reforçado ou mesmo uma decisão referendária (MIRANDA, 2001, p. 934-935)[229].

Viu-se no capítulo referente ao ordenamento jurídico francês que a *"responsabilité du fait des lois"* francesa não se confunde com uma possível *"responsabilité du fait de la fonction législative"* – esta bem mais ampla que aquela outra por envolver a *"função governativa"*, conforme a nomenclatura proposta por JORGE MIRANDA (2001, p. 930). Foi exatamente esse sentido mais alargado da *"responsabilité du fait de la fonction législative"* que foi adotado pelo XIV Governo Constitucional português (A. GUTERRES à frente) na sua Proposta de Lei n.º 95/VIII, aprovada no Conselho de Ministros de 21 de Junho de 2001 e apresentada à Assembléia da República de Portugal, logo a seguir. O objeto daquela proposição legislativa consistia precisamente na primeira ampla regulação da responsabilidade extracontratual do Estado e demais entidades públicas portuguesas após a Constituição Portuguesa de 1976, aí incluída a *"responsabilidade civil por danos decorrentes do exercício da função política e legislativa"*. A Proposta de Lei estabelecia, *in verbis*:

"Artigo 15.º (Responsabilidade no exercício da função política e legislativa)

1 – O Estado e as regiões autônomas são civilmente responsáveis pelos danos anormais causados aos direitos ou interesses

---

[229] Em outra passagem, JORGE MIRANDA (2000, p. 298) ressalta que *"a inexistência de um sistema de fiscalização difusa da inconstitucionalidade por omissão, análogo ao da inconstitucionalidade por ação, não impede o reconhecimento jurisdicional da omissão que seja pressuposto da responsabilidade."*

*legalmente protegidos dos cidadãos por atos que, no exercício da
função política e legislativa, pratiquem em desconformidade com a
Constituição, o direito internacional, o direito comunitário ou ato
legislativo de valor reforçado.*

*2 – O Estado e as regiões autônomas são também civilmente
responsáveis pelos danos anormais que, para os direitos ou interesses legalmente protegidos dos cidadãos, resultem da omissão de
providências legislativas necessárias para tornar exeqüíveis normas
constitucionais, de direito internacional ou de direito comunitário,
ou normas contidas em ato legislativo de valor reforçado, bem
como daqueles que resultem da violação evidente do dever de proteção de direitos fundamentais.*

*3 – A existência e a extensão da responsabilidade prevista nos
números precedentes são determinadas atendendo às circunstâncias
de cada caso e, designadamente, ao grau de clareza e precisão da
norma violada e ao fato de terem sido adotadas ou omitidas diligências susceptíveis de evitar a situação de ilicitude.*

*4 – A constituição em responsabilidade fundada na omissão de
providências legislativas necessárias para tornar exeqüíveis normas
constitucionais depende da prévia declaração de inconstitucionalidade por omissão pelo Tribunal Constitucional.*

*5 – Quando os lesados forem em tal número que, por razões
de interesse público de excepcional relevo, se justifique a limitação
do âmbito da obrigação de indenizar, esta pode ser fixada eqüitativamente em montante inferior ao que corresponderia à reparação
integral dos danos causados."*[230]

---

[230] MINISTÉRIO DA JUSTIÇA / GABINETE DE POLÍTICA LEGISLATIVA E PLANEAMENTO (2002, p. 24-25). Conforme se lê na exposição de motivos (MINISTÉRIO DA JUSTIÇA / GABINETE DE POLÍTICA LEGISLATIVA E PLANEAMENTO, 2002, p. 12) que antecede a Proposta de Lei n.º 95/ VIII, o Governo português assumiu o propósito de elaborar um diploma que, pela primeira vez na ordem jurídica portuguesa, regulasse a matéria da responsabilidade extracontratual do Estado e demais entidades públicas, por danos resultantes do exercício da função política e legislativa, jurisdicional e administrativa. Para esse fim, promoveu a realização de um colóquio na Torre do Tombo, em março de 2001, cujos anais foram publicados no citado livro. Outras contribuições chegaram ao Ministério da Justiça; a mais relevante das quais proveio da Ordem dos Advogados de Portugal, que divulgou uma proposta de anteprojeto, elaborada por uma comissão de reputados especialistas, entre os quais MARIA LÚCIA AMARAL e RUI MEDEIROS (ORDEM DOS ADVOGADOS. *Versão Preliminar do Anteprojeto de Nova Lei de Responsabilidade Civil Extracontratual do Estado e das demais Entidades Públicas Elaborado no Âmbito da Ordem dos Advogados*. Documento Policopiado e dado a público em 03 de julho de 2001).

O texto do artigo foi objeto de juízos negativos na direção de que exigiria pressupostos e condições que reduziriam, de fato, a eficácia do art. 22.º da Constituição Portuguesa e a ocorrência do ressarcimento, tais como a referência à anormalidade do dano (art. 15.º, n.º 1 e 2) e a restrição das indenizações em nome do interesse público de excepcional relevo (art. 15.º, n.º 5) (MEDEIROS, 2003, p. 15-16, e 2002, p. 208-209)[231]. A necessidade de prévia declaração de inconstitucionalidade por omissão pelo Tribunal Constitucional para a constituição em responsabilidade fundada na omissão estatal de providências legislativas seria outra exigência enormemente restritiva e descabida à luz do texto constitucional lusitano (MIRANDA, 2000, p. 298; e AMARAL E MEDEIROS, 2000, p. 354)[232].

---

[231] Muito antes disso, CANOTILHO (1974, p. 321) já asseverava que o "ressarcimento" constituía uma categoria ressarcitória derivada dos atos ilícitos, entre os quais o ilícito legislativo, e que implicava em compensação *in integrum* ao particular.

[232] Depois de muitos anos de discussão até se chegar à aprovação parlamentar, finalmente, o Presidente da República Cavaco Silva promulgou como lei, em 10 de dezembro de 2007, o Decreto n.º 171/X da Assembléia da República, que aprovou um novo Regime da Responsabilidade Civil Extracontratual do Estado e demais Entidades Públicas. No momento em que se escreve esta nota, a norma promulgada pelo Presidente português ainda carece de publicação no Diário da República, não tendo iniciado a sua vigência. O texto final da norma recentemente promulgada em Portugal apenas acrescentou um novo segundo parágrafo (à guisa de esclarecimento) ao texto originalmente proposto pelo Governo. Veja-se a redação final: *"Artigo 15.º (Responsabilidade no exercício da função político-legislativa). 1 – O Estado e as regiões autónomas são civilmente responsáveis pelos danos anormais causados aos direitos ou interesses legalmente protegidos dos cidadãos por actos que, no exercício da função político-legislativa, pratiquem em desconformidade com a Constituição, o direito internacional, o direito comunitário ou acto legislativo de valor reforçado. 2 – A decisão do tribunal que se pronuncie sobre a inconstitucionalidade ou ilegalidade de norma jurídical ou sobre a sua desconformidade com convenção internacional, para efeitos do número anterior, equivale, para os devidos efeitos legais, a decisão de recusa de aplicação ou a decisão de aplicação de norma cuja inconstitucionalidade, ilegalidade ou desconformidade com convenção internacional haja sido suscitada durante o processo, consoante o caso. 3 – O Estado e as regiões autónomas são também civilmente responsáveis pelos danos anormais que, para os direitos ou interesses legalmente protegidos dos cidadãos, resultem da omissão de providências legislativas necessárias para tornar exequíveis normas constitucionais. 4 – A existência e a extensão da responsabilidade prevista nos números anteriores são determinadas atendendo às circunstâncias concretas de cada caso e, designadamente, ao grau de clareza e precisão da norma violada, ao tipo de inconstitucionalidade e ao facto de terem sido adoptadas ou omitidas diligências susceptíveis de evitar a situação de ilicitude. 5 – A constituição em responsabilidade fundada na omissão de providências legislativas necessárias para tornar exequíveis normas constitucionais depende da prévia verificação*

Não se pode deixar de mencionar, por fim, que, apesar da controvérsia doutrinária acima referida e da ausência de regulamentação legislativa, a jurisprudência portuguesa recente é francamente favorável à responsabilidade do Estado por atos e omissões de natureza legislativa, por força de dispositivos constitucionais. Três expressivos exemplos são citados a seguir:

"1. O artigo 22.º da Constituição da República Portuguesa confere aos cidadãos o direito de fazerem valer contra o Estado uma pretensão indenizatória por omissão de oportuno exercício de atividade legislativa. 2. Tal pretensão só pode, porém, fundamentar--se na omissão legislativa ilícita e culposa do Estado. 3. Existe atuação ilícita do legislador sempre que este viole normas a que está vinculado (normas constitucionais, internacionais, comunitárias ou leis de valor reforçado)(...)."[233]

"I – O Estado é civilmente responsável pelos prejuízos causados aos cidadãos através da função legislativa, e a respectiva indenização deve ser aferida nos termos do artigo 562 e seguintes do Código Civil. II – Assim, os oficiais do exército passados injustificada e compulsivamente à reserva, por força de saneamento têm direito a indenização pelos prejuízos sofridos daí resultantes, durante o período temporal em que estiveram naquela situação, constituída pela diferença entre as retribuições que lhes caberiam se tivessem estado no ativo e aquelas que lhes foram efetivamente pagas."[234]

---

de inconstitucionalidade por omissão pelo Tribunal Constitucional. 6 – Quando os lesados forem em tal número que, por razões de interesse público de excepcional relevo, se justifique a limitação do âmbito da obrigação de indemnizar, esta pode ser fixada eqüitativamente em montante inferior ao que corresponderia à reparação integral dos danos causados" (*Diário da Assembléia da República II*, série A, n.16, X Legislatura, 3ª Sessão Legislativa, de 14 de novembro de 2007, p. 2 e ss). Os "juízos negativos" antes referidos continuam pertinentes.

[233] Supremo Tribunal de Justiça, acórdão de 25.09.2003, Processo 03B1944, Rel. Cons. Araújo de Barros, publicado na íntegra em *www.dgsi.pt*. A questão fática dizia respeito à suposta omissão por parte do Estado português na adoção de medidas legislativas necessárias para a proteção da categoria profissional dos despachantes oficiais portugueses, diretamente afetados com a abolição das fronteiras intracomunitárias a partir de 1 de janeiro de 1993, omissão, em conseqüência da qual, a autora sofrera os prejuízos que atingem o montante do valor peticionado.

[234] Supremo Tribunal de Justiça, acórdão de 24.02.1994, Processo 084355, Rel. Cons. Mário Cancela, publicado na íntegra em *www.dgsi.pt*. Os prejuízos que os autores

"*I – O Estado é responsável civilmente, por omissão ilícita e culposa no exercício da função legislativa, assim violando o preceituado no artigo 22.º da Constituição da República. II – Há obrigação de indenizar provando-se o nexo de causalidade entre a referida omissão e os danos causados. III – Aquela norma constitucional pode ser diretamente invocada pelos particulares face à omissão do legislador.*"[235]

Para além desses exemplos, AMARAL E MEDEIROS (2000, p. 335) citam ainda um acórdão do Tribunal da Relação de Lisboa, datado de 14 de janeiro de 1992 (*Boletim do Ministério da Justiça*, n.º 413, p. 603), em que a Corte decidiu que, em virtude do "*disposto no art. 22.º da Constituição da República, o Estado pode ser responsabilizado pelos danos decorrentes do exercício da função legislativa*", desde que os danos provocados pela lei tenham correspondido a sacrifícios graves e especiais, claramente ofensivos ao princípio da igualdade.

4.1.4. *Brasil*

Também no Brasil, a questão da responsabilidade do Estado por danos decorrentes de atos legislativos trilhou um caminho que evoluiu

---

alegaram ter sofrido resultaram da função legislativa exercida pelo Estado português que elaborou e publicou o Decreto-Lei 309/74, de 8 de julho de 1974, ao abrigo do qual foram todos os autores, então oficiais do exército no ativo, mandados passar à reserva sem precedência de qualquer processo disciplinar ou só mesmo de averiguações, com total denegação do direito de defesa, sem prévia audiência, sem invocação de quaisquer razões.

[235] Tribunal da Relação de Lisboa, acórdão de 07.05.2002, Processo 0035211, Rel. Des. ADRIANO MORAIS, publicado na íntegra na internet em *www.dgsi.pt*. A decisão de segunda instância no mediático e controvertido "Caso Aquaparque" é paradigmática na casuística lusitana e já foi objeto de muitos comentários doutrinais. O cerne daquela questão dizia respeito ao fato de que o menor Frederico Duarte, filho dos autores da demanda, falecera em 30 de julho de 1993, aos nove anos de idade, na seqüência de um acidente no "Aquaparque do Restelo", por asfixia por submersão. Nos autos havia notícia de que, já muito antes do acidente, eram públicos e notórios os riscos à segurança dos utilizadores dos parques aquáticos. Para os autores, o acidente ocorreu ante a falta de uma legislação específica para aquele tipo de recinto público de diversões aquáticas. O núcleo do acórdão disse respeito ao dever de legislar do Estado na proteção do direito fundamental à vida e à omissão do Estado português quanto a esse dever. Um acordo extra-judicial entre as partes do litígio, celebrado logo a seguir a esse acórdão, pôs fim ao processo sem que houvesse um novo recurso ao Supremo Tribunal de Justiça.

das negativas iniciais, fundadas na soberania ou na generalidade da lei[236], até chegar a alguma obrigação de ressarcimento do particular, com respaldo nas interpretações doutrinária e jurisprudencial de dispositivos constitucionais, já que ainda não há um regime jurídico-legal mais específico, detalhado, para a responsabilidade do Estado no ordenamento brasileiro. Assim como em tantos outros ordenamentos jurídicos, há uma previsão genérica de responsabilização estatal contida no art. 37, § 6.°, da Constituição Federal, de 05 de outubro de 1988, *verbis*:

> *"§ 6.° – As pessoas jurídicas de direito público e as de direito privado prestadoras de serviços públicos responderão pelos danos que seus agentes, nessa qualidade, causarem a terceiros, assegurado o direito de regresso contra o responsável nos casos de dolo ou culpa".*

---

[236] HELY LOPES MEIRELLES (1991, p. 553-554), célebre administrativista brasileiro, repetia na décima sexta edição de seu afamado *"Direito Administrativo Brasileiro"* esse ponto de vista, fazendo uso de um culto resgate de galicismos oitocentistas: *"O ato legislativo típico, que é a lei, dificilmente poderá causar prejuízo indenizável ao particular, porque, como norma abstrata e geral, atua sobre toda a coletividade, em nome da soberania do Estado, que, internamente, se expressa no domínio eminente sobre todas as pessoas e bens existentes no território nacional. Como a reparação civil do Poder Público visa restabelecer o equilíbrio rompido com o dano causado individualmente a um ou alguns membros da comunidade, não há falar em indenização da coletividade. Só excepcionalmente poderá uma lei inconstitucional atingir o particular uti singuli, causando-lhe um dano injusto e reparável. Se tal ocorrer, necessário se torna a demonstração cabal da culpa do Estado, através da atuação de seus agentes políticos, mas isto se nos afigura indemonstrável, no regime democrático em que o próprio povo escolhe os seus representantes para o Legislativo. Onde, portanto, o fundamento para a responsabilização da Fazenda Pública, se é a própria coletividade que investe os elaboradores da lei na função legislativa, e nenhuma ação disciplinar têm os demais Poderes sobre agentes políticos? Não encontramos, assim, fundamento jurídico para a responsabilização da Fazenda Pública, por danos eventualmente causados por lei, ainda que declarada inconstitucional."* Antes de HELY LOPES MEIRELLES, e na mesma linha de seus argumentos, CARLOS PORTO CARREIRO (1918), NUMA P. DO VALLE (1925), OLIVEIRA SANTOS (1919, todos apud MOTA, 1999, p. 83 e ss.) e A. GONÇALVES DE OLIVEIRA (1943, p. 56-58) já haviam também negado a responsabilidade do Estado por atos legislativos lícitos ou ilícitos. Torna-se despicienda, entretanto, a transcrição das opiniões desses importantes autores em obséquio à objetividade, já que os seus argumentos repetem, com maior ou menor detalhamento, a doutrina francesa em favor da irresponsabilidade do Estado legislador, já esquadrinhada no item 4.1.1 acima. De registrar-se, apenas, a opinião de VENOSA (2003, 279) que, embora contemporâneo, trilha o caminho de que apenas o *"ato materialmente administrativo, mascarado de ato legislativo, e, por isso, de efeito concreto"*, pode, sim, engendrar a responsabilidade do Estado.

Apenas no que toca à prestação de serviços públicos em sentido estrito, longe, portanto, do exercício da função legislativa estatal, esse comando constitucional é coadjuvado pelo art. 22 do Código de Proteção e Defesa do Consumidor, cuja redação determina:

"*Art. 22. Os órgãos públicos, por si ou suas empresas, concessionárias, permissionárias ou sob qualquer outra forma de empreendimento, são obrigados a fornecer serviços adequados, eficientes, seguros e, quanto aos essenciais, contínuos.*

Parágrafo único. Nos casos de descumprimento, total ou parcial, das obrigações referidas neste artigo, serão as pessoas jurídicas compelidas a cumpri-las e a reparar os danos causados, na forma prevista neste código."

O novo Código Civil brasileiro, em vigor desde 12 de janeiro de 2003, trouxe em seu art. 43 uma disposição mais humilde, ignorando desenvolvimentos alcançados com o texto do dispositivo constitucional de 1988. A redação do Código Civil tampouco faz alguma referência específica à responsabilidade do Estado por atos legislativos, mas apenas repete a modalidade objetiva da responsabilidade estatal já inscrita em sede constitucional. Diz o seguinte o atual Código Civil brasileiro:

"*Art. 43. As pessoas jurídicas de direito público interno são civilmente responsáveis por atos dos seus agentes que nessa qualidade causem danos a terceiros, ressalvado o direito regressivo contra os causadores do dano, se houver, por parte destes, culpa ou dolo.*"

Encontrando-se a experiência jurídica brasileira fundada na dicotomia entre responsabilidade por ato legislativo constitucional (lícito) *versus* responsabilidade por ato legislativo inconstitucional (ilícito), as bases argumentativas que sustentam as pretensões indenizatórias em cada uma dessas hipóteses também são distintas. O fundamento da reparação do dano provocado pelo legislador é, no Direito brasileiro contemporâneo, quase consensual quanto ao "ilícito legislativo". De outro lado, embora não se encontrem muitas referências locais explícitas ao "princípio da igualdade perante as cargas públicas", boa parte da doutrina brasileira, já respaldada por alguma jurisprudência, admite também uma responsabilidade do Estado pelo ato legislativo lícito (constitucional) que viola aquela modalidade de isonomia. Sustenta MELLO (1997, p. 608) esse caráter bipartite do fundamento da responsabilidade do Estado legislador no Brasil: no caso de comportamentos ilícitos, inconstitucionais, comissivos ou omissivos, o dever de reparar o dano é a contrapartida do respeito ao próprio princípio da legalidade. Já no caso de comportamentos lícitos, o fundamento da responsabilidade é, em última instância, a garantia de uma equânime repartição dos ônus produzidos pela vida em sociedade, ou seja, a isonomia e o princípio da igual distribuição dos encargos públicos. Em suma, a responsabilidade do Estado legislador derivaria do binômio legalidade-isonomia.

A idéia de um "ilícito legislativo", ao contrário do que ocorrera na Alemanha e na França, não tardou ser aceita no Brasil republicano e, com ela, a responsabilização estatal por prejuízos decorrentes de normas inconstitucionais. Em um sistema de controle da constitucionalidade bastante influenciado pelo modelo americano, AMARO CAVALCANTI, em obra cuja primeira edição remonta a 1904, defendeu de modo pioneiro dever haver uma responsabilidade do Estado legislador nos casos em que houvesse reconhecimento de produção legislativa inconstitucional. Afirmava aquele ex-Ministro do Supremo Tribunal Federal brasileiro:

> *"Cabendo, agora [na República], ao Poder Judiciário a facul-dade do julgar da validade das leis, é manifesto que o indivíduo que se considerar lesado pelos seus dispositivos, pode levar a sua ação ao referido poder e, uma vez obtida a anulação da lei, poderá igualmente, segundo as circunstâncias do caso, exigir e obter uma justa indenização da lesão sofrida. De certo, declarada uma lei inválida ou inconstitucional por decisão judiciária, um dos efeitos da decisão deve ser logicamente o de obrigar a União, Estado ou Município, a reparar o dano causado ao indivíduo, cujo direito fora lesado, quer restituindo-se-lhe aquilo que indevidamente foi exigido do mesmo, como sucede nos casos de impostos, taxas ou multas inconstitucionais, quer satisfazendo-se os prejuízos, provadamente sofridos pelo indivíduo com a execução da lei suposta"*[237]

---

[237] CAVALCANTI, 1956, t. II, p. 623. Para ele, fora dessa hipótese de inconstitu-cionalidade, só haveria indenização por dano decorrente de lei nas hipóteses de expresso reconhecimento legislativo. Interessante é perceber que, na Espanha, GARRIDO FALLA (1989, p. 46) advogou um entendimento semelhante: a inconstitucionalidade de uma lei constituiria o único fundamento, a seu juízo, da chamada "responsabilidade do Estado por atos legis-lativos". Ressalvou, contudo, que os atos estatais lícitos podem dar ensejo a indenizações com fundamento na garantia constitucional do direito de propriedade e no instituto da expropriação – que não se confunde com "responsabilidade do Estado".

Desde então, a doutrina tem sido amplamente majoritária a respeito da responsabilidade do Estado por ilícitos legislativos. FERRARI (2002, p. 105-106), ESTEVES (2003, p. 153 e ss.) e, com excepcional qualidade, MOTA (1999, p. 82 e ss.) inventariaram inúmeras posições doutrinárias no sentido da responsabilidade do Estado por danos decorrentes de normas inconstitucionais, sempre salientando o respeito à legalidade, à igualdade ou à propriedade como corolários do Estado de Direito[238]. A jurisprudência, entretanto, ainda não é conclusivamente a favor sequer da responsabilidade do Estado pelo ilícito legislativo. De um lado, acham-se algumas decisões claramente dissonantes[239] e, de outro lado, a jurisprudência do Supremo Tribunal Federal é apenas majoritária no sentido da responsabilidade do Estado pelos danos causados por ato administrativo fundamentado em ato legislativo declarado inconstitucional pelo Judiciário.

É considerado o *"standard case"* na matéria um julgado do Supremo Tribunal Federal, datado de 19 de julho de 1948, relatado pelo Min. CASTRO NUNES[240]. Cuidou-se nesse processo dos danos suportados por uma empresa de viação, decorrentes de um regulamento estadual declarado inconstitucional pelo Supremo Tribunal Federal. O regulamento estadual exigia, como condição para a circulação dos ônibus (autocarros) da empresa, o pagamento de um tributo que desrespeitava a Constituição.

---

[238] PEDRO LESSA, AGUIAR DIAS, GUIMARÃES MENEGALE, THEMÍSTOCLES BRANDÃO CAVALCANTI (nos casos de estabelecimento de monopólios estatais), CRETELLA JÚNIOR, CAIO MÁRIO DA SILVA PEREIRA, MARIA SYLVIA ZANELLA DI PIETRO, EDMUR FERREIRA DE FARIA, LÚCIA VALLE FIGUEIREDO são referidos entre os muitos doutrinadores que defendem a responsabilidade do Estado por danos decorrentes de normas inconstitucionais no Brasil.

[239] Veja-se, à guisa de exemplo, uma ementa de acórdão do Tribunal Regional Federal da 3ª Região: *"CONSTITUCIONAL. TRIBUTÁRIO. PROCESSUAL CIVIL. AÇÃO DE COBRANÇA. PLANO COLLOR. BLOQUEIO DE CADERNETAS DE POUPANÇA. CORREÇÃO MONETÁRIA INDEVIDA. (...) Inexistente a responsabilidade civil do Estado por danos decorrentes de atos legislativos. O Poder Legislativo, soberano e com atuação dirigida a toda coletividade, tem seus representantes eleitos pelo povo que, em tese, não poderia reclamar a ocorrência de dano. Sendo a lei norma abstrata e geral, exercício da soberania estatal, presume-se legitimamente expedida. Decorrendo, pois, o bloqueio, de ato legislativo geral e impessoal, a abarcar toda a coletividade, não houve dano especial ou anormal, afastando a responsabilidade no caso de perda do poder aquisitivo da moeda em face de medidas econômicas"* (Tribunal Regional Federal da 3ª Região, Apelação Cível 191850-SP, Rel. Des. Fed. THEREZINHA CAZERTA, publicada no *Diário da Justiça da União* de 01 fevereiro de 2002, p. 564).

[240] Em um sentido pouco técnico e bastante amplo, já que, na verdade, tratou-se dos danos decorrentes de um regulamento inconstitucional (portanto, ato normativo infralegal).

Decidiu então a Suprema Corte brasileira que *"o Estado responde civilmente pelo dano causado em virtude de ato praticado com fundamento em lei declarada inconstitucional"*.[241]

O entendimento conduzido pelo Min. Castro Nunes, no Supremo Tribunal Federal, foi reafirmado no Recurso Extraordinário 21504/PE. Nos autos daquele processo, uma empresa concessionária do serviço de transportes públicos da cidade do Recife reivindicava uma indenização pelo fato de uma lei estadual (declarada inconstitucional pelo STF) ter autorizado o Poder Público municipal a rescindir ilegalmente o seu contrato legítimo de concessão. Nessa oportunidade, assentou o Supremo Tribunal Federal que, desde que o *Justice Marshall* consignara o controle judicial da constitucionalidade das leis no caso *Marbury vs. Madison*, em 1803, à norma inconstitucional não deveria ser emprestado qualquer efeito, logo *"uma vez praticado pelo Poder Público um ato prejudicial que se baseou em lei que não é lei, responde ele por suas conseqüências"*.[242]

Em 1992, ao sumariar o posicionamento da doutrina e do próprio Supremo Tribunal Federal sobre a matéria, o Min. CELSO DE MELLO, em decisão monocrática proferida nos autos do Recurso Extraordinário 153.464, também consignou – conquanto não tivesse decidido o mérito do recurso sob julgamento em virtude de algumas questões processuais periféricas – que, em tese, *"o Estado responde civilmente por danos causados aos particulares pelo desempenho inconstitucional da função*

---

[241] Supremo Tribunal Federal, Recurso Extraordinário 8889/SP, Rel. Min. CASTRO NUNES, julgado em 19 de julho de 1948, publicado na *Revista de Direito Administrativo*, v. 20, p. 42-45, abril/junho 1950. Apesar de sempre mencionada, na verdade, esta não foi a primeira decisão do Supremo Tribunal Federal sobre a matéria, apenas é considerada o *"leading case"* em razão da estabilidade jurisprudencial que foi capaz de produzir posteriormente. Segundo AMARO CAVALCANTI (1957, p. 624), as primeiras decisões do Supremo Tribunal acatando a responsabilidade do Estado por ilícitos legislativos remontam a 30 de janeiro, 13 e 23 de fevereiro, 02 de março, 04, 09 e 25 de setembro do ano de 1895. O difícil acesso a tais decisões, o fato de muitas delas terem sido tomadas com votos vencidos além da persistência de uma jurisprudência posterior vacilante, com inúmeras decisões em contrário, relegaram aquelas primeiras decisões do Supremo Tribunal sobre a matéria a um lugar secundário na história do instituto da responsabilidade do Estado legislador no Brasil.

[242] Supremo Tribunal Federal, Recurso Extraordinário 21.504/PE, Rel. Min. CÂNDIDO MOTTA, julgado em 15 de maio de 1957, publicado em *Revista Trimestral de Jurisprudência*, v. 2, p. 121-123, julho/setembro 1957.

de legislar". Para o Ministro, deve ser reconhecido ao indivíduo prejudicado pela ação legislativa danosa do Poder Público o direito de pleitear, em processo próprio, a devida indenização patrimonial.[243]

Vê-se, pois, que o que restou sedimentado jurisprudencialmente até o momento no Brasil foi, claramente, apenas a responsabilidade do Estado pelos danos emergentes do ato administrativo fundamentado em ato legislativo inconstitucional, ou seja, a responsabilidade pelas medidas de aplicação da lei que contraria a Constituição. Ambas as espécies responsabilizatórias não se confundem, a menos que o ato de execução da lei seja imediato e não contemple qualquer viés discricionário do administrador público.

Segundo a mesma jurisprudência, constitui condição indispensável para a responsabilização do Estado o prévio pronunciamento do Poder Judiciário, declarando a inconstitucionalidade da norma[244]. Nessa exata direção, o Superior Tribunal de Justiça brasileiro afirmou:

> *"O Estado só responde (em forma de indenização, ao indivíduo prejudicado) por atos legislativos quando inconstitucionais, assim declarados pelo Supremo Tribunal Federal"* (Superior Tribunal de Justiça, Recurso Especial n.º 201972/RS, Rel. Min. Demócrito Reinaldo, publicado no *Diário da Justiça da União* de 30 de agosto de 1999, p. 41).

O Tribunal Regional Federal da 4ª Região utilizou-se desse mesmo argumento para indeferir uma pretensão indenizatória contra o represamento de ativos financeiros realizado durante o ato estatal de radical intervenção na economia brasileira denominado "Plano Collor", de março de 1990. Veja-se:

> *"ADMINISTRATIVO. (...) SISTEMAS DE POUPANÇA, CAPTAÇÃO E GARANTIA DE POUPANÇA. RESPONSABILIDADE DA UNIÃO FEDERAL POR ATO LEGISLATIVO. REQUI-*

---

[243] Supremo Tribunal Federal, Recurso Extraordinário 153.464, publicado em *Diário da Justiça da União* de 16 de setembro de 1992 e em *Revista de Direito Administrativo*, n. 189, p. 305-306, julho/setembro 1992.

[244] É de se registrar que a declaração judicial de inconstitucionalidade, tendo efeitos *ex tunc*, incide sobre todos os danos ocorridos desde o surgimento da norma ilegítima, conforme expressa dicção do Supremo Tribunal Federal no já mencionado RE 8889/SP (Rel. Min. Castro Nunes, julgado em 19 de julho de 1948, publicado na *Revista de Direito Administrativo*, v. 20, p. 42-45, 1948).

SITOS. ESTADO DE DIREITO. ESTADO DEMOCRÁTICO DE DIREITO. UNICIDADE DO PODER ESTATAL. IMPROVIMENTO AO AGRAVO. 1. É matéria de competência legislativa privativa da União Federal os sistemas de poupança, captação e garantia de poupança (art. 22, XIX da CF de 1988). 2. No âmbito publicista, afirmou-se a responsabilidade do Estado (adaptada a partir do ramo privado) por danos de seus representantes causados a terceiros, mesmo sem culpa. 3. Dita responsabilidade não se restringe ao Poder Executivo mas se estende também aos atos legislativos não ungidos pela Constituição porque ferem a sociedade que a reconhece e por ela se rege, não se compreendendo que o Estado puna aos infratores e se subtraia, impunemente, ao cumprimento de sua Lei Básica, mesmo porque, provindo tais atos de órgãos colegiados, impossível ulterior ação regressiva contra esses servidores públicos ('lato sensu'), ocasionadores culposos de edição de ato inconstitucional (Juary C. Silva), na forma do decidido pelo STF (RE 8.899, primeira turma, votação unânime, em 19.07.48). 4. São requisitos para a verificação da responsabilidade: (a) declaração de inconstitucionalidade; (b) dano concretamente causado ao cidadão e (c) nexo de causalidade. Indemonstrado o primeiro, na espécie. 5. Negado provimento ao agravo" (Tribunal Regional Federal da 4ª Região, Proc. 9104137850/RS, Rel. Des. Fed. Oswaldo Alvarez, publicado no *Diário da Justiça da União* de 01 de julho de 1992, p. 19896).

Em suma, portanto, enquanto a doutrina brasileira é claramente majoritária à responsabilidade do Estado pelo ilícito legislativo (a norma inconstitucional), a jurisprudência nacional ainda titubeia quanto à aceitação e ao perfil dogmático do instituto.

Por outro lado, a doutrina tem entendido que a responsabilidade do Estado legislador por sua omissão inconstitucional em legislar também encontra esteio no sistema jurídico brasileiro (Ferrari, 2002, p. 108), afinal, a teoria do Direito Constitucional, há muito, já reconhece que se pode violar a Constituição tanto de forma ativa, quando se faz aquilo que é proibido, quanto de forma passiva, quando se deixa de fazer o que é obrigatório. Nesse ponto, todavia, a responsabilidade estatal só surge se restar clarificado que o Estado estava inequívoca e constitucionalmente obrigado a agir, ou melhor, se o Estado legislador descumpriu um claro mandamento constitucional de atuar positivamente. Para que se identifique a responsabilidade do Estado em face de uma omissão legislativa, portanto, é preciso que o Estado deixe de agir ou aja insuficiente ou tardiamente quando possua o dever jurídico de legislar. Nesse sentido de violação de um dever jurídico pré-existente, a responsabilidade do Estado por omissão legislativa há de ser sempre uma responsabilidade decorrente de um ilícito.

Uma atitude omissiva, com inegável caráter pragmático, não cuida de simples ausência ou carência da atividade legislativa, uma simples lacuna, mas de um descumprimento efetivo de um mandamento constitucional expresso de atuação legislativa positiva, produzindo, sim, uma lacuna intencional, impeditiva da realização de direitos e obrigações (BARROSO, 1996, p. 164).[245] Equiparam-se a esse eloqüente silêncio legislativo, ainda, tanto a produção normativa extemporânea, fora do tempo útil, como a incompleta, que consiste na omissão relativa a algum de seus aspectos ou de seus destinatários; em todos esses casos é legítima a responsabilização do Estado (PIOVESAN, 1995, p. 83 e 105).

Ao contrário da jurisprudência sobre a responsabilização do Estado pela norma inconstitucional, nesse diapasão já há contundentes e reiteradas decisões do Supremo Tribunal Federal e do Tribunal Regional Federal da 1ª Região, ambos com sede em Brasília (Distrito Federal), dentre as quais se destacam:

"MANDADO DE INJUNÇÃO. OMISSÃO DO CONGRESSO NACIONAL NO TOCANTE À REGULAMENTAÇÃO DO PARÁGRAFO 3.º DO ARTIGO 8.º DO ADCT. (...) O prazo fixado, no julgamento do Mandado de Injunção n. 283, para o cumprimento do dever constitucional de editar essa regulamentação de há muito se escoou sem que a omissão tenha sido suprida. Não há, pois, razão para se conceder novo prazo ao Congresso Nacional para o adimplemento desse seu dever constitucional, impondo-se, desde logo, que se assegure aos impetrantes a possibilidade de ajuizarem, com base no direito comum, ação de perdas e danos para se ressarcirem do prejuízo que tenha sofrido. Mandado de injunção conhe-

---

[245] AHUMADA RUIZ (1991, p. 170) também é dos que colocam o núcleo do conceito de "omissão legislativa" na abstenção de cumprir uma obrigação de dispor normativamente frente ao prescrito na Constituição. É o caso, p. ex., do art. 7.º, inc. XI, da Constituição Federal brasileira, que diz ser direito do trabalhador *"participação nos lucros, ou resultados, desvinculada da remuneração, e excepcionalmente, participação na gestão da empresa, conforme definido em lei"*.

cido em parte, e nela deferido" (Supremo Tribunal Federal, Mandado de Injunção 447/DF, Rel. Min. MOREIRA ALVES, publicado no *Diário da Justiça da União* de 01 de julho de 1994, p. 17495).[246]

"CONSTITUCIONAL. ADMINISTRATIVO. PROCESSUAL CIVIL. MILITARES ATINGIDOS PELAS PORTARIAS RESERVADAS S-50-GM5 E S-285-GM5. RESPONSABILIDADE CIVIL DO ESTADO. ADCT, ART. 8.º, § 3.º. OMISSÃO CONFIGURADA PELA AUSÊNCIA DE ATO LEGISLATIVO TENDENTE A AMPARAR DIREITO RECONHECIDO CONSTITUCIONALMENTE. (...) I – A fluência do prazo prescricional, que se daria a partir da edição da lei disciplinadora, passou a correr após o trânsito em julgado do Mandado de Injunção n.º 287-8/DF, publicado em 13 de dezembro de 1996. Ajuizada a presente ação em 07 de abril de 1997, não há que se falar em prescrição. II – A responsabilidade objetiva do

---

[246] Duas notas merecem registro para melhor compreensão do precedente judicial. Primeiro, é de se sublinhar que o mencionado art. 8.º, § 3.º, do Ato das Disposições Constitucionais Transitórias estabelece: *"Aos cidadãos que foram impedidos de exercer, na vida civil, atividade profissional específica, em decorrência das Portarias Reservadas do Ministério da Aeronáutica n. S-50-GM5, de 19 de junho de 1964, e n. S-285-GM5 será concedida reparação econômica, na forma que dispuser lei de iniciativa do Congresso Nacional e a entrar em vigor no prazo de doze meses a contar da promulgação da Constituição."* Em segundo lugar, deve-se ressaltar que o "mandado de injunção", instituto incluído no ordenamento jurídico brasileiro pela Constituição Federal de 1988 a fim de proteger os particulares contra as omissões normativas do Poder Público, tem dado azo a acirradas discussões acerca do efeito que deve ser emprestado à decisão nele proferida pelo Poder Judiciário. Segundo os termos da Constituição brasileira (art. 5.º, inc. LXXI), *"conceder-se-á mandado de injunção sempre que a falta de norma regulamentadora torne inviável o exercício dos direitos e liberdades constitucionais e das prerrogativas inerentes à nacionalidade, à soberania e à cidadania".* Quanto aos efeitos do mandado de injunção, formaram-se duas correntes opostas, encontradas tanto na doutrina como na jurisprudência brasileiras, a saber: a "concretista" e "não-concretista". Para os que defendem a primeira, cabe ao Judiciário, em sua decisão no mandado de injunção, criar uma norma concreta, individual, excepcional, para vigorar entre as partes do processo, colmatando, assim, a omissão normativa danosa. Essa é a posição amplamente majoritária da doutrina e minoritária entre os ministros do Supremo Tribunal Federal brasileiro. Já os "não--concretistas", minoritários na doutrina e majoritários no Supremo Tribunal Federal, sustentam que cabe ao Judiciário somente declarar a mora do órgão omisso e notificá-lo para que tome as providências necessárias. Têm como pilar mestre de sua tese o fato de que, criar uma norma específica para o caso concreto, a norma de decisão, seria uma forma (imperfeita) de o Judiciário legislar, o que desrespeitaria o multicentenário princípio da separação dos Poderes.

Estado restou plenamente configurada com os elevados gravames sofridos pelos autores a partir da edição das Portarias Reservadas n.º S-50-GM5 e S-285-GM5, uma vez que sequer puderam exercer atividades na aviação civil. Precedentes desta Corte. III – Reparação que não se confunde com aquela decorrente da Lei de Anistia (Lei n.º 6.683/79). Ausente, portanto, o alegado bis in idem. IV – As promoções determinadas na sentença recorrida estão em consonância com os critérios objetivos do caput do art. 8.º do ADCT. (...)" (Tribunal Regional Federal da 1ª Região, AC 34000091710/ /DF, Rel. Des. Fed. SELENE MARIA DE ALMEIDA, publicada no *Diário da Justiça da União* de 28 de fevereiro de 2002, p. 205).

Assim, as dúvidas que persistem na jurisprudência nacional sobre a responsabilidade do Estado brasileiro por atos legislativos inconstitucionais (atos ilícitos legislativos) não têm a mesma ressonância quando os tribunais tratam de responsabilidade do Estado por omissões legislativas (omissões ilícitas ou omissões inconstitucionais). Em comparação com esse cenário jurisprudencial, na dogmática jurídica brasileira são ainda mais reduzidas as críticas quanto à responsabilidade do Estado pelo ilícito legislativo, tanto o omissivo quanto o comissivo (FREITAS, 1995, p. 294-295; FREDIANI, 2002, p. 192).

Há ainda um terceiro ponto a ser analisado: a possibilidade, segundo o Direito brasileiro, de se verificar a responsabilidade estatal decorrente do ato legislativo lícito. Quanto a essa responsabilidade pelo ato legislativo constitucional (lícito), a maioria da doutrina[247] pontifica a necessidade e possibilidade responsabilização do Estado brasileiro por danos graves e especiais com fundamento no princípio da igualdade perante as cargas públicas – ainda que, muitas vezes, os doutrinadores brasileiros não façam expressa referência àquele preceito.

Observa, em meio a muitos outros doutrinadores, MOTA (1999, p. 83) que foi PEDRO LESSA, em seu *"Do Poder Judiciário"* (1915), quem introduziu no Brasil o argumento em favor do princípio da igualdade de todos perante a distribuição dos ônus e encargos públicos[248]. É justo

---

[247] MOTA (1999, p. 110), com apoio em AGUIAR DIAS, FRANCISCO CAMPOS e OTÁVIO DE BARROS, é enfático: *"Embora não haja quanto à responsabilização do Estado consenso doutrinário, a maioria da doutrina inclina-se pela tese da admissão do direito à indenização quando o ato legislativo constitucional atingir direta e imediatamente um particular ou grupo específico de particulares."*

[248] Para PEDRO LESSA, *"desde que um particular sofre um prejuízo, em conseqüência do funcionamento (regular ou irregular, pouco importa) de um serviço organizado no*

registrar, porém, que AMARO CAVALCANTI, em livro, repita-se, cuja primeira edição remonta a 1904 e citado pelo próprio PEDRO LESSA (1915, p. 169), já fizera longas referências à igualdade perante os encargos públicos, sobretudo, ao cuidar das contribuições da doutrina e da jurisprudência alemãs para a responsabilidade do Estado (CAVALCANTI, 1957, p. 501 e ss.).

De todo modo, o princípio é conhecido, há tempos, no Brasil, embora nem sempre explicitamente referido. Todavia, é fácil identificar a erupção do princípio da igualdade perante as cargas públicas quando MARISA FREITAS afirma, por exemplo, que *"[se impõe], para a responsabilização do Estado, a exigência de que o dano proveniente da lei tenha caráter especial e anormal"* (FREITAS, 1995, 286); ou, do mesmo modo, quando REGINA FERRARI observa que *"não cabe falar em responsabilidade do Estado, quando a lei válida, isto é, em conformidade com a Constituição, causar danos a seus destinatários se os prejuízos dela decorrentes repartirem-se entre todos"* (FERRARI, 2002, p. 105). Para a contundente maioria da doutrina brasileira, requisito indispensável para a responsabilização do Estado pelo ato legislativo lícito é, simultaneamente, a anormalidade e a especialidade do dano provocado, atentatórias, pois, da igualdade perante as cargas públicas.[249]

---

interesse de todos, a indenização é devida. Aí temos um corolário lógico do princípio da igualdade dos ônus e encargos sociais" (LESSA, 1915, p. 165). Segundo o jurista, o "princípio da igualdade dos ônus e encargos" havia sido consagrado no ordenamento jurídico brasileiro a partir do momento em que, no art. 72, § 17, da Constituição Brasileira de 24 de fevereiro de 1891, prescreveu-se que todos contribuiriam (através das indenizações expropriatórias suportadas pelo Tesouro público) para os sacrifícios relativos à expropriação da propriedade privada por interesse público (LESSA, 1915, p. 167-168). Embora o autor tenha defendido com ardor o "princípio da igualdade dos ônus e encargos", ele não chegou a defender explicitamente a responsabilidade do Estado pelo ato legislativo lícito, constitucional, preferindo restringir-se à responsabilidade pelo ato legislativo inconstitucional: *"Quais são os atos do Poder Público que podem originar uma indenização? Nos países onde domina o Direito Público europeu, dos atos legislativos não pode derivar uma ação de indenização. Mas onde vigora o direito público federal, tal como foi ideiado pelos norte-americanos, e adotado pelo Brasil, Argentina, México e outras nações, desde que as leis inconstitucionais não são aplicadas pelo Poder Judiciário, e podem causar prejuízos aos particulares, os danos causados por tais atos legislativos são ressarcíveis"* (LESSA, 1915, p. 164).

[249] Menciona FREITAS (1995, 292) que, para a doutrina e a jurisprudência majoritárias, a generalidade do dano legislativo transforma-o em mero encargo social, devendo ser suportado por todos sem qualquer compensação. Todavia, discordando pessoalmente desse posicionamento, a professora paulista ressalta que mesmo aquelas leis (constitucionais)

gravemente danosas que não tenham efeitos particularizados, mas, sim, generalizados, devem também dar origem a indenizações, sobretudo porque afrontaram seriamente um número muito maior de interesses – em que pese não ter criado uma desigualdade. E, nesse sentido, a conduta estatal que prejudica a muitos ou a todos é, para ela, até mesmo mais grave do que aquela de efeitos restritos. Veja-se: *"Sendo o ato legislativo gerador do dano concorde à Constituição, a responsabilização do Estado deriva de uma relação objetiva, afastada da culpa e da ilicitude do ato, baseada no nexo causal entre o dano e o ato que o produziu"* (FREITAS, 1995, 293). Numa questão que se reduz a apenas perspectivas óticas distintas, pode-se entender com a Professora que uma lei que prejudica a muitos é, simultaneamente, uma lei que privilegia a pouquíssimos, já que a totalidade absoluta é muitas vezes impossível de ser alcançada. O jurista argentino MIGUEL MARIENHOFF (1983, p. 12-13 e 15) compartilha da mesma opinião: considera que a obrigação estatal de responder não desaparece porque o prejuízo não alcançou a poucos, mas a muitos ou a todos. E até menciona um exemplo factual: uma reforma do Código Civil argentino, em 1968, declarou de domínio público – sem qualquer menção a pagamento de indenizações – as águas subterrâneas que até então pertenciam ao domínio privado do proprietário da superfície. Segundo o jurista argentino, essa perda generalizada, definitiva e total da propriedade não poderia ser confundida com qualquer "carga pública" suportável, que, por natureza, é parcial e/ou transitória, daí ser certa a obrigação de o Estado argentino responder. Enfim, para ambos, tanto FREITAS como MARIENHOFF, se há prejuízo grave, plural ou individual, há responsabilidade – com um claro viés objetivo na responsabilização do Estado por atos legislativos. Do outro lado do Atlântico, essas críticas quanto à exigência da especialidade do dano indenizável encontram eco em RUI MEDEIROS (1992, p. 323), para quem a responsabilidade civil do Estado por atos lícitos não pressupõe necessariamente a violação do princípio da igualdade. É o sacrifício – geral ou especial – o pressuposto da indenizibilidade e não o seu caráter de maior ou menor generalidade ou mesmo especificidade. Registre-se que essa posição, conquanto garanta maior proteção aos particulares prejudicados, é, contudo, isolada doutrinária e jurisprudencialmente no Brasil e no exterior, e o principal argumento que a ela se opõe é o de que a ninguém é dado o direito de continuar a usufruir eternamente de uma situação legislativa que lhe é favorável (SENKOVIC, 2000, p. 49). Ou seja, ninguém tem direito adquirido à perpetuação de certo regime jurídico. Nesse mesmo aspecto, o Tribunal Constitucional alemão, em seu acórdão de 15 de julho de 1981, salientou: *"[...] quando de uma nova regulamentação de um domínio jurídico, o legislador não se encontra diante da alternativa entre conservar a posição antiga ou eliminá-la mediante uma indenização. Ele pode, no quadro do art. 14, I, 2, da Lei Fundamental [limitações legais ao direito de propriedade], transformar situações jurídicas individuais através de uma adequada e justa regulação de transição, se houver fundamento no bem comum, que merece a prioridade ante a legítima confiança – protegida pela garantia da situação – na perpetuação de direitos adquiridos"* (trad. nossa do original alemão: *"[...] der Gesetzgeber bei der Neuordnung eines Rechtsgebietes nicht vor der Alternative steht, die alten Rechtspositionen zu konservieren oder gegen Entschädigung zu entziehen. Er kann im Rahmen des Art. 14 Abs. 1 Satz 2 GG durch eine angemessene und zumutbare Überleitungsregelung individuelle Rechtspositionen*

Em outras palavras, o limite que preserva a igualdade entre cargas públicas será a não-afetação do conteúdo essencial do direito atingido pela nova norma legal, desnaturando ou sacrificando gravemente o conteúdo essencial de tal direito, ou, por outra via, a sua afetação amplamente generalizada de um direito – incapaz, portanto, de resultar em discriminações, desigualdades ou especialidade do dano.

Desde a sua introdução pela via doutrinária no seio das discussões jurídicas brasileiras, o princípio da igualdade perante as cargas públicas não tardou em ser recepcionado pela jurisprudência na seara do Direito Administrativo. É nessa seara que o Tribunal de Justiça do Estado de Minas Gerais, em acórdão de 19 de agosto de 1943, firma o entendimento:

> *"RESPONSABILIDADE CIVIL DO PODER PÚBLICO. PRINCÍPIO SOLIDARISTA DA REPARTIÇÃO DOS ENCARGOS PÚBLICOS. OBRAS PÚBLICAS. O particular prejudicado pela realização das obras públicas tem direito à indenização por parte da Administração. Não em conseqüência de ato ilícito, matéria de que se não indaga, no caso. Mas em virtude do princípio solidarista da repartição dos encargos públicos entre os indivíduos."*[250]

---

umgestalten, wenn Gründe des Gemeinwohls vorliegen, die den Vorrang vor dem berechtigten – durch die Bestandsgarantie gesicherten – Vertrauen auf den Fortbestand eines wohlerworbenen Rechtes verdienen", publicado em BVerfGE 58, 300 [351], e em NJW, n. 14, p. 753, 1982). A tese da objetividade da responsabilidade do Estado legislador mediante a "irrelevância numérica" dos gravemente prejudicados traz, sem dúvida, o perigo da ruína financeira estatal e do imobilismo da legislação e do legislador ante o justo e pragmático receio da pressão fiscal sobre os orçamentos públicos. Diante de uma iminente bancarrota estatal, esta, sim, com efeitos certa e tragicamente generalizados, o entendimento doutrinário e jurisprudencial que exige, para a responsabilização pecuniária do Estado pelo ato lícito, a quebra do princípio da igualdade entre os cidadãos (pela especialidade e gravidade do dano) é o mais razoável. Relembre-se que se está tratando em tais hipóteses de um ato estatal legítimo, amplamente conforme a Constituição nacional.

[250] Tribunal de Justiça do Estado de Minas Gerais, Apelação n.º 1.657, Rel. Des. VILAS BOAS, de 19 de agosto de 1943, publicado na *Revista Forense*, v. XCVI, a. XL, f. 485, p. 355-356, novembro 1943. Da fundamentação desse acórdão, colhe-se passagem que bem resume o princípio que embasou a decisão: *"Deve-se antes dizer que a Prefeitura é obrigada a indenizar, não porque haja praticado um ato ilícito, mas pelo princípio de que é incompatível com a concepção realista e solidarista do Estado, francamente introduzido no Direito pátrio, que os encargos do serviço público recaiam sobre um ou poucos."*

Com efeito, os princípios da solidariedade social e da justiça distributiva, incrustados no art. 3.º, incs. I e III, da Constituição Federal de 1988[251], não poderiam deixar de moldar os contornos da responsabilidade do Estado dados pela jurisprudência da Suprema Corte brasileira. Assim, o Supremo Tribunal Federal também abraçou o argumento franco-alemão em favor da preservação da igualdade na repartição dos encargos públicos em seus precedentes, a saber:

"CONSTITUCIONAL. CIVIL. RESPONSABILIDADE CIVIL DO ESTADO. CONSTIUIÇÃO FEDERAL DE 1967, art. 107. CONSTIUIÇÃO FEDERAL DE 1988, art. 37, § 6.º. I. A responsabilidade civil do Estado, responsabilidade objetiva, com base no risco administrativo, que admite pesquisa em torno da culpa do particular, para o fim de abrandar ou mesmo excluir a responsabilidade estatal, ocorre, em síntese, diante dos seguintes requisitos: a) do dano; b) da ação administrativa; c) e desde que haja nexo causal entre o dano e a ação administrativa. A consideração no sentido da licitude da ação administrativa é irrelevante, pois o que interessa é isto: sofrendo o particular um prejuízo, em razão da atuação estatal, regular ou irregular, no interesse da coletividade, é devida a indenização, que se assenta no princípio da igualdade dos ônus e encargos sociais. II. Ação de indenização movida por particular contra o Município, em virtude dos prejuízos decorrentes da construção de viaduto. Procedência da ação. III. Recurso Extraordinário conhecido e provido."[252]

Uma vez alcançado o Direito Administrativo, o princípio da igualdade perante as cargas públicas não demorou a chegar ao campo específico da responsabilidade do Estado legislador – embora com alguma parcimônia. É assim que o Tribunal de Alçada Cível do Estado de São

---

[251] *"Art. 3.º Constituem objetivos fundamentais da República Federativa do Brasil: I – construir uma sociedade livre, justa e solidária; (...) III – erradicar a pobreza e a marginalização e reduzir as desigualdades sociais e regionais;"*

[252] Supremo Tribunal Federal, Recurso Extraordinário 113587/SP, Rel. Min. CARLOS VELLOSO, publicado no *Diário da Justiça da União* de 03 de abril de 1992, p. 4292, e em *Revista dos Tribunais*, a. 81, v. 682, p. 239-244, agosto/1992. As circunstâncias fáticas do caso dizem respeito a uma demanda indenizatória contra o município de São Paulo que, em razão da construção de um viaduto pela sua Prefeitura, provocara poluição sonora, visual e ambiental, com a conseqüente desvalorização do imóvel de propriedade dos autores.

Paulo, ao apreciar uma demanda indenizatória cujo núcleo residia na distinção entre os sacrifícios especiais e as meras limitações administrativas genéricas, exarou didático acórdão:

> *"RESPONSABILIDADE CIVIL DO ESTADO. EMPRESA INDUSTRIAL. EXPLORAÇÃO DO COMÉRCIO DE MADEIRAS. DERRUBADA DE MATA. PROIBIÇÃO POR LEI ESTADUAL. CONFIGURAÇÃO DE DESAPROPRIAÇÃO INDIRETA. AÇÃO DE INDENIZAÇÃO. PRELIMINAR DE CARÊNCIA REJEITADA. RECURSO PROVIDO PARA SER JULGADAPELO MÉRITO. Tem direito de ser indenizada a empresa industrial que explora comércio de madeiras, e se vê proibida de derrubar matas, por forçada Lei n. 8.656, de 1965, do Estado e da Carta do Serviço Florestal da Secretaria da Agricultura"*[253]

---

[253] Tribunal de Alçada Cível do Estado de São Paulo, Apelação Cível 157.299, Rel. Des. MÁRCIO SAMPAIO, acórdão de 04 de agosto de 1971, publicado na *Revista dos Tribunais*, a. 60, v. 431, p. 141-144, setembro 1971. Tanto quanto em outros ordenamentos jurídicos, difícil é, no Brasil, estabelecer o limite entre sacrifícios especiais e anormais (indenizáveis) e as restrições (não indenizáveis) de direitos decorrentes de imposição legislativa genérica – como nos casos do Direito Administrativo Ordenador, por exemplo. Sabe-se que um dano é ressarcível quando a pessoa que o sofreu não tinha o dever jurídico de suporta-lo, posto que o sacrifício imposto alterou a substância de um direito do particular, mas o busílis da questão é exatamente definir quando o dever de suportar exsurge. Dada a ineficiência de uma "teoria geral" *a priori*, CANOTILHO (1974, p. 153) aponta a utilidade do *"recurso a critérios materiais"*. Das razões que sustentaram a decisão do Tribunal de Alçada Cível do Estado de São Paulo colhem-se algumas pistas acerca da distinção entre sacrifícios graves e simples condicionamentos de direitos: *"(...) Cumpre lembrar que da noção de generalidade da limitação administrativa é que decorre o [fundamento] da sua gratuidade. É que ambos os conceitos se interligam. Um fundamento jurídico-filosófico de solidariedade estabelece-se através da idéia de que todos os componentes do grupo social, genericamente vistos, têm o dever de suportar um sacrifício gratuito, em favor da coletividade. Não obstante, se esse sacrifício deixa de ser geral para ser particular, passa a sugerir o direito à indenização. (...) Há mais, todavia, com que se argumentar. (...) A limitação condiciona o exercício do direito de propriedade – que não é absoluto – mas não desfigura a sua destinação natural. A propriedade deve ser medida com vistas ao seu aproveitamento econômico – princípio esse fundamental –, e, ainda, constitui ela um dos direitos básicos assegurados na Lei Maior. A sua total interdição pode equivaler ao confisco. (...) A lei estadual, seguida de ato da Administração, subtraiu todo o exercício do direito de propriedade, para o fim a que esta se destinava. Tal equivale ao sacrifício total do Direito e impõe indenização."* É especificamente no respeito à essência do direito de propriedade que se têm baseado algumas decisões judiciais para conceder indenizações pelo ato legislativo lícito.

À luz de precedentes como o citado acima, parece que, no Brasil, caminha-se na direção de que toda vez que o ato legislativo lícito ofenda direitos individuais, surja para o Estado o dever de indenizar o particular afetado. Ainda são insuficientes, todavia, os precedentes judiciais para se caracterizar como majoritária essa corrente nos tribunais brasileiros.

Não se reconhece ao particular, até o momento, qualquer direito à indenização por omissão lícita do legislador – aliás, reconhecer um tal direito seria contrariar a mais ampla liberdade de conformação do Poder Legislativo.

É de se registrar que inexiste, também até o momento, um disciplinamento legislativo específico sobre um regime geral da responsabilidade civil do Estado, no Brasil, o que também transforma em *"case law"* a maior parte desse importante campo do Direito. A fim de conferir certa organização à moldura institucional da responsabilidade estatal, o então Advogado Geral da União, o Professor GILMAR FERREIRA MENDES, em 02 de fevereiro de 2002, instituiu, em parceria com o Ministério da Justiça brasileiro, uma comissão de juristas para propor ao então Governo FERNANDO HENRIQUE CARDOSO um anteprojeto de lei sobre a matéria.

Presidida pelo Professor CAIO TÁCITO e composta ainda por ODETE MEDAUAR, CARLOS ALBERTO MENEZES DIREITO, SÉRGIO D'ANDRÉA FERREIRA, IVETE LUND VIEGAS, JOÃO FRANCISCO AGUIAR DRUOMOND, THEREZA HELENA DE MIRANDA LIMA e YUSSEF SAHID CAHALI[254], a Comissão ofereceu, em 15 de agosto de 2002, um anteprojeto cujo único artigo que tratava da responsabilidade do Estado por atos legislativos não levou em conta a doutrina e a jurisprudência brasileiras, no sentido da afirmação da responsabilidade estatal pelo ato legislativo lícito nem tampouco pela omissão legislativa inconstitucional. Do mesmo modo, não fez referência se tal responsabilidade teria caráter subsidiário ou também simultâneo (complementar ou alternativo), em relação a uma tutela material anulatória individual (por meio de um "mandado de segurança"[255], por exemplo). Demais disso, a proposta legislativa dá a entender que submeteu a

---

[254] Estes dois últimos, por motivos diversos, não chegaram a acompanhar os trabalhos da Comissão até a sua conclusão.

[255] O mandado de segurança é uma ação constitucional de amparo prevista no art. 5.°, incs. LXIX e LXX, da Constituição brasileira de 1988, destinado a *"proteger direito líquido e certo, não amparado por habeas corpus ou habeas data, quando o responsável pela ilegalidade ou abuso de poder for autoridade pública ou agente de pessoa jurídica no exercício de atribuições do Poder Público".*

responsabilidade a uma exigência de prévia e distinta declaração de inconstitucionalidade, fazendo pouco caso do controle difuso da constitucionalidade, há tempos estabelecido no Brasil. Finalmente, a proposta perdeu uma grande oportunidade de registrar a posição brasileira em relação aos compromissos internacionalmente assumidos, vinculando a responsabilidade do Estado legislador também ao desrespeito às normas internacionais, com especial destaque às vinculações emanadas do MERCOSUL. Veja-se a redação do tímido dispositivo daquele anteprojeto de lei:

> "*Art. 16. O Estado responderá por danos causados pela incidência ou aplicação de dispositivo cuja inconstitucionalidade for declarada pelo Poder Judiciário.*"[256]

Não consta que, até o momento, esse anteprojeto tenha sido remetido pelo Governo Federal brasileiro ao Congresso Nacional para as providências iniciais do processo legislativo. O início de um novo governo (Lula da Silva), após as eleições presidenciais e parlamentares de finais de 2002, certamente prejudicou o curso normal e esperado dessa reforma.

4.2. *A Responsabilidade do Estado legislador no Plano do Direito Internacional*

Conquanto constitua ponto controvertido nos planos nacionais analisados[257], a responsabilidade do Estado legislador é um princípio estável no Direito Internacional. Muito antes do Direito Comunitário e

---

[256] COMISSÃO INSTITUÍDA PELA ADVOCACIA GERAL DA UNIÃO E PELO MINISTÉRIO DA JUSTIÇA DO BRASIL. Responsabilidade Civil do Estado: Exposição de Motivos e Ante-Projeto de Lei. *Revista de Direito Administrativo*. v. 229, p. 369-378, julho/setembro 2002.

[257] Na Europa, de modo especial, a falta de um consenso a respeito da responsabilidade do Estado por atos legislativos fez com que a sempre citada Recomendação n.º R (84) 15, relativa à responsabilidade pública, adotada em 18 de setembro de 1984, pelo Comitê de Ministros do Conselho da Europa, apenas fizesse referência à responsabilidade do Estado por ato regulamentar (infralegal) e não ao ato legislativo em sentido estrito, *verbis*: "*4. The acts covered by this Recommendation are the following: a. Normative acts in the exercise of regulatory authority (...).*"

tendo como fundamentos a máxima *"pacta sunt servanda"*[258] e a concepção unitária de Estado, o Direito Internacional clássico de há muito já admite, sem dificuldade, uma responsabilidade do Estado[259] pela violação, por ato comissivo ou omissivo do legislador, de uma norma

---

[258] É princípio fundamental de justiça que se zele pela manutenção dos compromissos assumidos, sobretudo no plano internacional onde a condição soberana dos Estados os coloca no mesmo plano hierárquico – é a *"soberania como responsabilidade"* de que fala MACHADO (2003, p. 154-155). Os arts. 26 e 27 da Convenção de Viena sobre o Direito dos Tratados, de 1969, tratam exatamente da máxima *"pacta sunt servanda"* e da superioridade dos tratados perante as leis. *Ipsis verbis: "Art. 26. Pacta sunt servanda. Todo tratado em vigor obriga as partes e deve ser cumprido por elas de boa fé." "Art. 27. Direito interno e observância de tratados. Uma parte não pode invocar as disposições de seu direito interno para justificar o inadimplemento de um tratado. (...)"*.

[259] A responsabilidade internacional do Estado, seja ela por atos legislativos, administrativos ou judiciais, é, na feliz expressão de CELSO MELLO (1997, p. 485), *"de Estado a Estado"*, isto significa que, mesmo que a vítima direta do ato danoso estatal seja um particular, pessoa física ou jurídica, é necessário que haja o endosso da reclamação, no plano internacional, pelo Estado patrial da vítima (CARTER, TRIMBLE E BRADLEY, 2003, p. 744; e WALLACE, 2002, p. 175). Disso decorre um efeito prático importante, verdadeiro marco distintivo da responsabilidade internacional: para o Direito Internacional, vincula-se a outro Estado, nunca ao particular diretamente prejudicado, a obrigação de um Estado reparar os danos que tenha produzido, ainda que, na realidade, a indenização se destine a compensar aquele sujeito (pessoa física ou jurídica) que, na prática, suportou o dano. Assim, do ponto de vista formal, só se pode falar em Estado infrator/responsável e Estado vítima/indenizado. Na lição de REZEK (2000, p. 269), o endosso, ou seja, a outorga discricionária de proteção diplomática de um Estado a um particular ofendido, implica em que o Estado assuma como sua a reclamação do particular, dispondo-se a tratar da matéria – diplomática ou contenciosamente – junto ao Estado autor do dano. Note-se que falar em responsabilidade internacional do Estado é falar em desrespeito a uma obrigação internacional anteriormente pactuada (em um tratado ou uma convenção, p. ex.), logo, apenas um Estado (ou, excepcionalmente, Organização Internacional) pode decidir se outro Estado desrespeitou ou não normas internacionais que vinculavam a ambos – nisso reside o fundamento da discricionariedade do endosso de uma reclamação (DIXON E MCCORQUODALE, 2003, p. 403). De outra perspectiva, pode-se vislumbrar que um Estado, ao defender os interesses de um seu nacional, está é, na verdade, a reafirmar o seu próprio direito de exigir o cumprimento das normas de Direito Internacional. Pelo fato de a responsabilidade internacional do Estado ser *"de Estado a Estado"* (ou, no máximo, *"de Estado a Organização Internacional"*), ela não se confunde com aquela responsabilidade interna do Estado, perante sujeitos privados, em razão do desrespeito de convenções internacionais e demandada pelos particulares ante a jurisdição nacional. Tampouco se confunde com a responsabilidade interna do Estado, também perante sujeitos privados e demandada ante a jurisdição nacional, em razão da assinatura de convenções internacionais que contrariem interesses de cidadãos nacionais.

jurídica internacional ou de uma obrigação internacional (Vitta, 1956, p. 23-24; Accioly, 1959, p. 374; Gohin, 1998, p. 606; Simon, 2001; p. 430, Pescatore, 1972, p. 04). Tais obrigações (violadas) não resultam tão-somente de tratados ou convenções internacionais, mas também podem derivar do costume internacional ou dos princípios gerais de Direito (Silva e Accioly, 2002, p. 149). Cumpre reter, portanto, que a responsabilidade internacional do Estado é, nesse sentido, sempre uma responsabilidade por ato ilícito – desconforme a uma norma internacional. Nem sequer a norma nacional de natureza constitucional pode isentar um Estado da responsabilidade pela violação de suas obrigações internacionais (Accioly, 1959, p. 374; Silva e Accioly, 2002, p. 154)[260]. Razão para tal deriva do fato de que o Estado, antes de ter-se obrigado internacionalmente, presume-se ter observado as suas regras constitucionais para não levar outrem a erro.

Ao apresentar as suas conclusões sobre o processo *Brasserie du Pêcheur*, cujo núcleo era a responsabilidade do Estado pelo ato legislativo, o Advogado Geral do Tribunal de Justiça das Comunidades Européias, G. Tesauro, foi claro quanto à estabilidade do valor principiológico da responsabilidade do Estado legislador no plano do Direito Internacional. Veja-se:

> *"Vale a pena simplesmente recordar, por conseguinte, que, nas relações reguladas pelo Direito Internacional, a responsabilidade do Estado por ato do legislador é universal e pacificamente admitida. Entre várias ocasiões, vale a pena recordar o princípio afirmado pelo Tribunal Permanente de Justiça Internacional[261], segundo o qual a obrigação de indenizar é a conseqüência direta de um ato que causa um dano, contrário ao Direito Internacional e imputável a um Estado. Mais precisamente: 'é um princípio de direito internacional que a violação de uma obrigação implica a obrigação de indenizar de forma adequada: a indenização é, por con-*

---

[260] Pereira (2000, p. 168), com fundamento em Verdross, também menciona que até mesmo a aprovação de "lei constitucional" (sic) contrária a uma norma de Direito Internacional é capaz de resultar em responsabilidade do Estado. A Convenção de Havana sobre Tratados (1928) era explícita em seu art. 11, *verbis: "Os tratados continuarão a produzir seus efeitos, ainda quando se modifique a Constituição interna dos Estados contratantes (...)".*

[261] O Tribunal Permanente de Justiça Internacional (TPJI) foi criado em 1922 sob a égide da Sociedade das Nações.

seguinte, o complemento indispensável da falta de aplicação de uma convenção, sem que seja necessário que isso venha estabelecido na própria convenção.'"[262]

A lógica para a responsabilidade do Estado legislador no Direito Internacional pode ser extraída de KELSEN (1990, p. 345), para quem, se um dever jurídico do Estado não é cumprido porque qualquer um dos seus órgãos ou entidades competentes não se comportou do modo prescrito pelas normas internacionais, é o próprio Estado ao qual pertence o órgão e que detém a capacidade de auto-organizar-se quem viola o Direito Internacional, daí, ser-lhe atribuída a sanção internacional. De acordo com uma concepção estatal unitária, o chamado "princípio da unidade do Estado" afirma que *"o Estado, e não o seu órgão, é juridicamente responsável por violações do Direito Internacional cometidas por atos de Estado"* (KELSEN, 1990, p. 346). A vontade e a ação do agente ou órgão do Estado são tomadas como a vontade e a ação do próprio Estado que o abriga e por ele atua, de modo que, para o Direito Internacional, o Estado é responsável pelas ações do seu governo, de qualquer uma de suas subdivisões político-administrativas e de qualquer um dos seus órgãos ou agentes oficiais (WALLACE, 2002, p. 179). Já em 1836, o Conselho de Estado francês declarara que *"a execução do tratado está reservada não a um único órgão ou a uma única autoridade, mas a todas as autoridades, legislativa, política e judiciária, na ordem de suas competências"* (*apud* DINH, DAILLIER E PELLET, 1999, p. 209). A técnica jurídica que permite a atribuição causal de um ato ou omissão qualificado como ilícito internacional a um Estado, enquanto sujeito do Direito Internacional, chama-se "imputação" (CASSESE, 2001, p. 187-188; WALLACE, 2002, p. 178). Como assinala PÉREZ GONZÁLEZ (2001, p. 108), a contrapartida à liberdade estatal de auto-organizar-se como bem entender, reconhecida e reafirmada pelo Direito Internacional, é justamente o "princípio da unidade do Estado", segundo o qual será atribuível

---

[262] TJCE, acórdão de 05.03.1996, Procs. C-46/93 e C-48/93, *Brasserie du Pêcheur*, Coletânea 1996, p. I-1029-I-1163, e especificamente a p. I-1090. Comunga de idêntico entendimento quanto à estabilidade da responsabilidade internacional do Estado por atos legislativos – *"princípio bem arraigado desde há muito"* – o Professor JORGE MIRANDA (2002a, p. 188-189), que, com base nele, ainda indaga: *"Ora, como compreender – particularmente, numa época de interpenetração de ordens jurídicas – que o Estado respondesse por violação de obrigações internacionais e não também por violação de obrigações impostas ou por lesão de direitos garantidos pela sua própria Constituição?"*

ao Estado qualquer ato contrário ao Direito Internacional que seja emanado de órgão ou entidade detentor de virtude estatal, segundo o Direito interno.

O reconhecimento da responsabilidade internacional do Estado por ato legislativo implica em uma vedação e uma garantia. Em primeiro lugar, no plano do Direito Internacional, um Estado não pode invocar as suas idiossincrasias político-constitucionais internas para fugir às suas responsabilidades perante terceiros Estados. Não é dado ao Estado invocar a independência ou o mau funcionamento do seu órgão legislativo – essa é a contrapartida mínima da interdição feita aos demais Estados de se imiscuírem nos negócios internos de um Estado soberano (DINH, DAILLIER E PELLET, 1999, p. 687). Em segundo lugar, qualquer Estado prejudicado detém o poder-dever de provar que o dano que com ele aconteceu decorreu de implementação ou de omissão legislativas da parte adversa (BROWNLIE, 1997, p. 473). Assim, a responsabilidade internacional do Estado por ato legislativo pode ser verificada em quatro hipóteses distintas: 1) quando o Poder Legislativo aprova leis contrárias a normas internacionais a que o Estado está vinculado; 2) quando o Poder Legislativo revoga leis indispensáveis para que o Estado cumpra com suas obrigações internacionais; 3) quando o Poder Legislativo for omisso em revogar uma legislação contrária às normas internacionais; e, finalmente, 4) quando o Poder Legislativo for omisso em aprovar legislação indispensável para que o Estado cumpra com suas obrigações internacionais[263]. Em qualquer dessas hipóteses, a responsabilidade internacional do Estado por atos e omissões legislativas é de cariz objetivo (DEL'OLMO, 2002, p. 31), requerendo apenas o nexo causal entre o ilícito e o prejuízo, prescindindo de quaisquer indagações a respeito de vontade ou da intencionalidade do autor do dano.

Não é demais ressaltar que o Instituto de Direito Internacional, em sua reunião de Lausanne, em 1927, definiu a responsabilidade internacional do Estado da seguinte maneira: *"o Estado é responsável por danos que causa aos estrangeiros por toda ação ou omissão contrárias*

---

[263] BROWNLIE (1997, p. 474), por sua vez, também não deixa dúvida: *"Se um tratado criar a obrigação de incorporar certas regras no Direito interno, o não-cumprimento dessa obrigação acarreta uma responsabilidade por violação do tratado (...)"*. Um exemplo de reflexos bastante atuais é dado por MACHADO (2003, p. 421): *"a falta de medidas legislativas e policiais para prevenir ou suprimir o terrorismo é imputável a um Estado para efeitos de responsabilidade."*

a suas obrigações internacionais, qualquer que seja o órgão do Estado do qual proceda o ato: constituinte, legislativo, governamental ou judiciário" (apud PEREIRA, 2000, p. 114). A omissão estatal capaz de conduzir à responsabilização do Estado no plano internacional é aquela que se confronta com tratados que não apresentam um caráter *"self--executing"*, que não são normativamente auto-suficientes, e prescindem de medidas internas de execução pela autoridade competente, o que leva a afrontar direitos concedidos aos cidadãos estrangeiros pela norma convencional inexeqüível (DINH, DAILLIER E PELLET, 1999, p. 213).

Desde a decisão do *Alabama case*, por sentença arbitral de 14 de setembro de 1872, já não há controvérsia, no Direito Internacional, sobre o fato de que a atividade ou a omissão de órgão legislativo estatal – local, regional ou central[264] – importa em responsabilidade do Estado se ignora obrigações internacionais. Os antecedentes fáticos da disputa remontam à Guerra de Secessão americana (1861-1865), quando, a despeito de repetidos protestos do governo federal americano, a Grã-Bretanha permitiu que numerosos navios de guerra, entre os quais o Alabama, fossem fabricados em seu território e vendidos para uso pelas forças das elites algodoeiras sulistas americanas (os Confederados), embora armados e equipados nos arredores da ilha Terceira e da Ilha da Madeira (mas por comerciantes britânicos). Sob a alegação de desrespeito aos deveres de neutralidade bretões, originados de uma Proclamação de Sua Majestade, datada de 13 de maio de 1861[265], os Estados Unidos demandaram, durante e logo após o conflito, providências e vultosas somas indenizatórias contra a Grã-Bretanha. Através do Tratado de Washington, de 8 de maio de 1871, pactuaram os dois Estados submeter a controvérsia a um tribunal arbitral internacional, composto por membros indicados

---

[264] BROWNLIE (1997, p. 473) e CASSESE (2001, p. 188) mencionam farta jurisprudência internacional sobre a responsabilidade do Estado federal por ato de autoridade de ente federado. Da mesma maneira, o projeto de "Código de Direito Internacional Público", concluído em 1911 pelo ex-Presidente da República brasileiro EPITÁCIO PESSOA, afirmava em seu art. 26 que *"o Estado federativo não pode invocar, para se subtrair à responsabilidade, o fato de lhe não conferir a Constituição federal, na espécie, nenhuma autoridade sobre os estados federados"* (PESSOA, 1962, p. 11).

[265] A guerra iniciara em 19 de abril de 1861. Tanto a bandeira do livre-comércio levantada pelo Sul agrário (Confederados) como a bandeira do anti-escravismo sustentada pelo Norte industrializado (Governo Federal) agradavam ao Reino Unido (ávido para desaguar a sua produção resultante da Revolução Industrial), daí a sábia neutralidade bretã (LA PRADELLE E POLITIS, 1957, p. 716).

pelos Estados Unidos, Grã-Bretanha, Itália, Suíça e Brasil. Decidiu o tribunal arbitral, por quatro votos a um, que a insuficiência da legislação da Grã-Bretanha para reprimir a violação de sua neutralidade por seus nacionais – interrompendo, por exemplo, o tráfego daqueles navios de guerra – não a exonerava de suas responsabilidades frente aos Estados Unidos da América. A Grã-Bretanha, portanto, havia falhado, por omissão legislativa, em dar cumprimento a obrigações internacionais (relativas à garantia de sua neutralidade), tendo que indenizar com certa quantia em ouro os americanos.[266]

Entendimento semelhante foi reafirmado pelo Tribunal Permanente de Justiça Internacional, em ditame de 10 de setembro de 1923. Para o TPJI, era contrária aos dispositivos do Tratado de Minorias, subscrito pela Polônia em 1919, a legislação polonesa de 1920 que, não reconhecendo a validade dos contratos de arrendamento agrário perpétuo celebrados entre colonos de origem alemã dos territórios da fronteira oriental do *Reich* e a antiga administração prussiana, expulsou os colonos de nacionalidade alemã daquelas terras. Mesmo a Polônia tendo passado a ser a legítima proprietária daqueles territórios (cf. art. 87 do Tratado de Versalhes[267]), o TPJI decidiu que ela havia adotado leis que desrespeitavam obrigações internacionais estabelecidas no Tratado de Minorias e, portanto, engendravam a responsabilidade internacional do Estado polonês.[268] Tanto SIMON (2001, p. 430) e SENKOVIC (2000, p. 42) como DINH, DAILLIER E PELLET (1999, p. 689) e PEREIRA (2000, p. 168 e ss.) mencionam outros casos em que se declarou, em instâncias de julgamento internacionais, a responsabilidade internacional dos Estados por atos legislativos atentatórios de normas internacionais anteriormente

---

[266] *Affaire Alabama*, Estados Unidos da América *versus* Grã-Bretanha, 14 de setembro de 1872, in: LA PRADELLE E POLITIS, 1957, p. 713-985, 1957, e também in: BISHOP JR., 1954, p. 654-658.

[267] *"A Alemanha reconhece, como já o fizeram as Potências Aliadas e Associadas, a completa independência da Polônia e renuncia, em favor da Polônia a todos os direitos e títulos limitados pelo Mar Báltico, a fronteira Oriental da Alemanha determinada como está no art. 27.º da Parte II (Fronteiras da Alemanha) do presente Tratado [...]. Todavia, as estipulações do presente artigo não se aplicam aos territórios da Prússia Oriental e da Cidade Livre de Dantzig, tais como são delimitados no mencionado art. 28.º da parte II [...]"* (apud LOPES, 1999, p. 247).

[268] Tribunal Permanente de Justiça Internacional, caso dos colonos alemães na Polônia, ditame n.º 6, de 10 de setembro de 1923, in: WILLIAMS E LAUTERPACHT, 1933, p. 71-78, e também in: *Revista de Derecho Internacional*, a. II, t. IV, p. 355-388, julho-dezembro 1923.

existentes – em todas as ocorrências, o fundamento da responsabilidade era um ilícito manifesto por meio de uma ação ou omissão de um órgão ou entidade estatal.

A Comissão de Direito Internacional (*International Law Comission*) da Organização das Nações Unidas (ONU) iniciou estudos sobre a responsabilidade internacional do Estado no ano de 1949, ano da sua primeira sessão, quando incluiu aquele tema em uma lista de quatorze pontos prioritários (SILVA E ACCIOLY, 2002, p. 148). Depois de muitas décadas de estudos e meritórias contribuições, especialmente de GARCIA AMADOR, ROBERTO AGO, WILLEM RIPHAGEN e GAETANO ARANZIO-RUIZ (todos relatores especiais em sessões dedicadas ao tema), o consenso em torno da responsabilidade internacional dos Estados por atos legislativos levou a *International Law Comission* a incluir no seu esboço de convenção internacional sobre a matéria, adotado durante a sua qüinquagésima terceira sessão, realizada em maio de 2001, os seguintes dispositivos:

> *"Artigo 4 – Comportamentos dos Órgãos de um Estado*
> *1. A conduta de qualquer órgão estatal será considerada um ato desse Estado sob o Direito Internacional, quer o órgão exerça funções legislativas, executivas, judiciais ou quaisquer outras, seja qual for a posição que ocupe na organização do Estado, e seja o seu caráter o de um órgão do governo central ou de uma unidade territorial do Estado.*
> *2. Um órgão inclui toda pessoa ou entidade que tenha esse status de acordo com a lei interna do Estado.*
>
> *Artigo 32 – Irrelevância do Direito Interno*
>
> *O Estado responsável não pode invocar as disposições de seu Direito interno como justificação do incumprimento das obrigações que lhe incumbem perante outra parte."*[269]

---

[269] O texto original do esboço da Comissão de Direito Internacional ONU especifica: *"Article 4 – Conduct of organs of a State: 1. The conduct of any State organ shall be considered an act of that State under international law, whether the organ exercises legislative, executive, judicial or any other functions, whatever position it holds in the organization of the State, and whatever its character as an organ of the central government or of a territorial unit of the State. 2. An organ includes any person or entity which has that status in accordance with the internal law of the State. Article 32 – Irrelevance of internal law: The responsible State may not rely on the provisions of its internal law as*

É sabido que a responsabilidade é exatamente proporcional à autonomia e à capacidade volitiva do sujeito de direitos (MACHADO, 2003, p. 413). Assim, em um cenário internacional em que as competências, capacidades, demandas e atribuições estatais ainda são hipertrofiadas, principalmente aquelas relativas ao controle e à regulação, certamente não é pequeno o papel que se pode antever para a responsabilidade internacional do Estado por atos legislativos no futuro.

A estabilidade e a importância da responsabilidade do Estado por atos e omissões legislativas no plano do Direito Internacional, porém, não contribuíram para uma solução fácil do mesmo problema no âmbito do Direito Comunitário – principalmente, em razão das diferenças de fundamentos e sujeitos de cada uma dessas espécies de responsabilidade, como será visto a partir do item que se segue.

4.3. *A responsabilidade do Estado legislador no Plano do Direito Comunitário*

Por força do Tratado da Comunidade Européia, a diretiva vincula o Estado-Membro destinatário quanto ao resultado a alcançar. Em virtude de dispositivos do mesmo tratado, tal vinculação constitui uma obrigação juridicamente exigível aos Estados-membros, sendo, portanto, justiciável tanto pelos particulares como pela Comunidade ou por um de seus Estados-membros.

---

justification for failure to comply with its obligations under this Part" (trad. nossa a partir do original publicado em *Report of the International Law Commission on the work of its Fifty-third session*, cap. IV, 2001, disponível pela internet em www.un.org/law/ilc/index.htm; publicado também na coletânea de normas: BANTEKAS, Ilias [ed.]. *Public International Law 2002/03*. London: Sweet & Maxwell, p. 523-533, 2002). Para chegar à redação daqueles dispositivos, a *International Law Comission* elaborou um profundo relato histórico--doutrinário, em que narra, além de diversos precedentes jurisprudenciais e normas costumeiras internacionais, os esforços da Liga das Nações, desde o início do século XX, e da ONU em empreender uma codificação sobre a responsabilidade internacional do Estado. O esboço elaborado pela Comissão de Direito Internacional da ONU ainda não tem qualquer força obrigatória na ordem internacional, todavia, na exata medida em que resulta de um longo e profundo diálogo entre muitos Estados e um organismo técnico legitimado pela ONU, serve, mesmo nessa fase, como um importante balizador da direção dos princípios gerais de Direito Internacional e do Direito consuetudinário nessa seara (MACHADO, 2003, p. 420, e, na mesma direção, embora, referindo-se a uma manifestação anterior da CDI/ONU, PEREIRA, 2000, p. 36).

Já foi sublinhado anteriormente que as diretivas assumem um papel de destaque para o aprofundamento e o reforço da integração jurídica européia e, por isso, o respeito pela sua efetividade tem sido uma constante preocupação do Tribunal de Justiça. Nesse quadro, viu-se acima também, no item 3.3, que uma vez caracterizada a omissão do Estado--membro da Comunidade Européia, quanto à obrigação de transpor ao ordenamento nacional uma diretiva ou ultrapassados os limites da liberdade de conformação jurídica conferidos a ele pela norma comunitária, o Estado-membro pode ser acionado pela Comissão ou por outro Estado--membro, nos termos dos arts. 226.° a 228.° do Tratado da Comunidade Européia, a fim de que dê integral cumprimento aos seus deveres por meio de uma Ação por Incumprimento.

A fim de tornar ainda mais efetiva a proteção do eurocidadão e ainda mais coercitiva a trama de normas comunitárias, sobretudo porque ao particular não é conferida legitimidade para propor uma ação de incumprimento[270], para gozar de um "mandado de injunção comunitário" ou tampouco para beneficiar-se de um efeito direto horizontal das diretivas não transpostas, o Estado-membro causador de dano decorrente de transposição defeituosa ou mesmo de ausência de transposição de uma diretiva poderá ser obrigado pelo juiz nacional a indenizar os particulares que tiverem sofrido prejuízo, em razão dessas violações ao Direito Comunitário. Com efeito, a garantia de observância do Direito Comunitário oferecida pelo exercício, por parte da Comissão ou de um Estado-membro, de um procedimento judicial de infração perante o TJCE contra o Estado-membro omisso vem a ser completado por força dos meios intra-estatais de tutela jurídica ressarcitória, ou seja, os particulares, conquanto não possam iniciar um processo comunitário para constatação de violação contra Estado-membro, podem intentar, perante o juízo interno, uma ação de responsabilidade que contribui, em um plano bastante concreto, com a garantia da máxima observância do Direito Comunitário

---

[270] À guisa de ilustração, um aspecto processual deve ser sublinhado: a jurisdição comunitária, ao contrário de muitos tribunais de Direito Internacional tradicionais, pode ser provocada diretamente por um particular, pessoa física ou jurídica, para a resolução de litígios cuja parte adversária pode ser a própria Comunidade Européia ou um de seus órgãos. Todavia, ao particular não é conferida legitimidade para demandar diretamente contra um Estado-membro perante o TJCE, através de uma ação de incumprimento por exemplo. Valorizando as jurisdições nacionais, apenas pela via indireta do reenvio prejudicial, o Tribunal de Justiça pode vir a manifestar-se numa contenda entre o particular e um Estado-membro.

e para a construção de um "sistema complessivo de garantias" (FUMAGALLI, 2000, p. 21-22).

Essa modalidade de responsabilidade – objeto central da presente investigação – é aquela a que ALONSO GARCÍA (1997, p. 13) referiu-se como *"responsabilidade* interna *dos Estados-membros frente aos particulares"* por infração ao Direito Comunitário, que não se confunde com a responsabilidade do Estado legislador pelo mero cumprimento do Direito Comunitário (portanto, uma responsabilidade por ato lícito) nem, muito menos, com a responsabilidade dos particulares pelo descumprimento do Direito Comunitário – estas duas últimas espécies de responsabilidade escapam ao objeto desta investigação. Essa *"responsabilidade* interna *dos Estados-membros frente aos particulares"* é aferível apenas na jurisdição interna de cada Estado-membro e não pode ser reivindicada por outro Estado-membro ou pela Comissão Européia, mas apenas por particular (pessoa física ou jurídica).

Por se tratar de uma obrigação decorrente da violação do Direito Comunitário, essa modalidade ressarcitória é, nesse sentido específico, sempre uma responsabilidade por ato ilícito, mais precisamente por "ilícito comunitário", ou seja, sempre uma responsabilidade *"pour faute"*[271]. A concessão de indenização pela má ou não-transposição de

---

[271] Em criticado sentido contrário, o Conselho de Estado francês considerou que a violação do Direito Comunitário nem sempre constituiria uma *"faute"*, principalmente quando autoridades públicas desrespeitavam o Direito Comunitário *"pour des motifs d'intérêt général"* (*Conseil d'État, affaire Ministre du Commerce Extérieur c/ Société Alivar*, de 23 de março de 1984, *Recueil Lebon*, p. 128, 1984, e internet: www.legifrance.gouv.fr). Tal posição é isolada, como bem anota SENKOVIC (2000, p. 225), mas cabe à perfeição na modalidade *"sans faute"* da responsabilidade do Estado por atos legislativos do Direito francês. O ponto de viragem desse entendimento é demarcado com o *arrêt Société Arizona Tobacco*, de 1992, ocasião em que a Corte Administrativa assentou, pela primeira vez na França, que a responsabilidade do Estado pelo ato contrário ao Direito Comunitário situava-se no campo da *"faute"* (*Conseil d'État, affaire Société Arizona Tobacco Products et S. A. Philip Morris France*, de 28 de fevereiro de 1992, publicado na internet: www.legifrance.gouv.fr). Essa posição trouxe, porém, um novo problema: como compatibilizar a responsabilidade do Estado francês pela violação do Direito Comunitário (*"fautive"*) com a *"responsabilité de l'État du fait des lois"*, uma modalidade *"sans faute"*? Poucos meses depois daquele pronunciamento do Conselho de Estado e sob clara influência do acórdão *Francovich*, a *Cour Administrative d'Appel de Paris* forneceria uma resposta híbrida: o fundamento da responsabilidade do Estado francês, seja por ato administrativo seja por ato legislativo, pela violação do Direito Comunitário residiria numa "situação ilícita" genérica e não em uma lei ou ato administrativo ilícitos (*Cour Administrative d'Appel de Paris*, PRÉTOT, *affaire Société Jacques Dangeville*, de 01

uma diretiva comunitária é particularmente útil em três hipóteses: quando não é possível extrair qualquer efeito direto de uma disposição comunitária; quando não há lei nacional que possa ser objeto de interpretação conforme; e, de maneira mais específica na seara do Direito Privado, quando a ainda reinante inadmissibilidade do efeito direto horizontal produz graves danos aos particulares. Essas três, porém, não são as únicas hipóteses em que se pode pleitear uma indenização do Estado por descumprimento do Direito Comunitário, como será visto adiante.

Inexistindo um só dispositivo que trate direta e especificamente da questão nos tratados fundamentais da Comunidade Européia, a responsabilidade dos Estados-membros pela violação do Direito Comunitário é fruto de uma longa e gradual construção puramente pretoriana, ou seja, é daquelas áreas em que a intuição do Tribunal de Justiça das Comunidades Européias e de seus juízes, ao edificar-se em um verdadeiro *"Richterrecht"*, amplia os horizontes do que fora previsto pacticiamente mas sempre de modo a garantir maior respeito e eficácia à ordem jurídico-comunitária.[272] Sensível à necessidade de proteção sempre mais efe-

---

de julho de 1992, publicado em *L'Actualité Juridique Droit Administratif.* p. 768, novembro 1992). Todos esses precedentes apenas demonstram a dificuldade deparada pelas instâncias nacionais para tentar compatibilizar as suas tradições jurídicas com o Direito Comunitário.

[272] Ao contrário da responsabilidade dos Estados-membros pela violação do Direito Comunitário, a responsabilidade extracontratual da própria Comunidade encontra expressa dicção prevista no Tratado que institui a Comunidade Européia, cujo art. 288.º, segundo parágrafo, determina: *"Em matéria de responsabilidade extracontratual, a Comunidade deve indenizar, de acordo com os princípios gerais comuns aos direitos dos Estados-Membros, os danos causados pelas suas instituições ou pelos seus agentes no exercício das suas funções."* Essa referência explícita a *"princípios gerais comuns aos direitos dos Estados-Membros"*, embora seja única ao longo do Tratado, é, na prática, menos eficaz do que parece ser, dada a inexistência de um verdadeiro *"corpus"* de regras comuns que regule com alguma homogeneidade a responsabilidade das autoridades públicas nos diversos sistema jurídicos nacionais dos Estados-membros (TRIDIMAS, 2000, p. 314; e FAVRET, 2000, p. 23 e ss.). É justo reconhecer que os ordenamentos nacionais já não abraçam, há muito, a tese da imunidade absoluta do Poder Público, mas não se pode extrair desse fato a existência de um conjunto monolítico de princípios gerais comuns a todas as formas de responsabilidade pública nos distintos Estados-membros da Comunidade, dada a diversidade de fundamentos e perfis que ela assume – ora puramente pretoriana, ora positivada, ora civilística, ora constitucionalmente objetivada. Em muitas outras áreas, onde nem sequer existe uma previsão normativa no Tratado da Comunidade Européia para o recurso a princípios gerais comuns aos ordenamentos dos Estados-membros, o Tribunal de Justiça tem-se valido com freqüência da aplicação desses princípios gerais comuns para interpretar, colmatar e examinar a validade de normas jurídico-comunitárias (AKEHURST, 1981, p. 29).

tiva do particular e de eliminação das conseqüências negativas resultantes do incumprimento estatal do Direito Comunitário, o Tribunal de Justiça vem assim desenvolvendo há tempos sólida jurisprudência em direção à construção de um "princípio da responsabilidade do Estado por violação do Direito Comunitário" – baseado, essencialmene, nas disposições do ordenamento jurídico comunitário e, não, em disposições de Direito interno de qualquer dos Estados-membros.

Não se deve esquecer que, em comparação com o Conselho ou a Comissão, órgãos comunitários de natureza eminentemente política, o Tribunal de Justiça apresenta a grande vantagem de agir com estável continuidade, capaz de aprofundar a realização dos fins previstos nos Tratados Fundamentais, mesmo em épocas de grande estagnação política do processo de integração – prova maior disso é o acentuado papel construtor do TJCE na década de 1960, mesma época em se suportavam os efeitos paralisantes da "crise da cadeira vazia". O *"telos"* da atividade do Tribunal de Justiça tem sido sempre a busca do *"effet util"* do Direito Comunitário no desenvolvimento do processo de integração. E, na base dessa busca pelo efeito útil do ordenamento europeu levada a cabo pelo Tribunal de Justiça, ocupa um lugar de destaque a lógica decorrente do princípio *"ubi jus, ibi remedium"*, em outras palavras, o valor de um direito é diretamente proporcional às conseqüências jurídicas de sua violação (TRIDIMAS, 2000, p. 323). É justo mencionar, porém, que o protagonismo do Tribunal de Luxemburgo na construção do ordenamento jurídico comunitário foi alvo de muitas e graves críticas – a maior parte, em suma, na direção de um déficit democrático na formação da jurisprudência comunitária. O mesmo Professor TAKIS TRIDIMAS (2001, p. 301) viria a assinalar que a jurisprudência comunitária nessa matéria representa uma *"apoteose da intervenção judicial"*.

Daquela circunstância do excepcional ativismo judicial da Corte européia (SMITH, 1999, p. 287; e SAGGIO, 1999, p. 83 e 87), nessa seara, advém também a necessidade de se percorrer – tanto quanto nos ordenamentos jurídicos já mencionados – toda a evolução da jurisprudência comunitária na matéria, a fim de se constatar o estado atual da questão e a sua moldura jurídico-institucional, principalmente, em relação a três aspectos muito sensíveis: a base jurídica da responsabilidade, as suas condições e a interação entre Direito Comunitário e Direito nacional na definição do direito à reparação.[273]

---

[273] O ativismo do TJCE nessa matéria – que, na verdade, está longe de ser exclusividade sua, como já visto – foi objeto de crítica por alguns Estados-membros que,

4.3.1. *A Afirmação da Responsabilidade do Estado*

Não é nova a idéia, segundo a qual, a violação do Direito Comunitário pelas autoridades nacionais é capaz de ensejar a responsabilidade do Estado-membro. A manifestação inaugural do Tribunal de Justiça sobre a reparação dos danos causados pelo incumprimento estatal de uma norma de Direito Comunitário deu-se mesmo com a decisão do caso *Humblet* (acórdão de 16.12.60, Proc. 6/60, Coletânea 1954-1961, p. 545--549), quando o Estado belga, ainda nos anos iniciais de formação das três Comunidades, foi acusado por um funcionário comunitário, Jean-E. Humblet, de desobedecer ao "Protocolo relativo aos Privilégios e Imunidades da Comunidade Européia do Carvão e do Aço", quanto à isenção de impostos nacionais.[274] Na oportunidade, o TJCE assentou, pela primeira vez, que, caso a Corte verificasse que um *"ato legislativo ou administrativo das autoridades de um Estado-membro"* fosse contrário ao Direito Comunitário, esse Estado, por força do art. 86.º CECA[275], era obrigado a revogar o ato em questão e a *"reparar os efeitos ilícitos que este possa ter produzido"* (p. 546, n.º 7), com isso, fazendo desaparecer, na medida do possível, a "cessação" dos efeitos passados do incumprimento detectado. Para alcançar essa conclusão, o Tribunal de Justiça fez questão de assentar ainda que aquela Corte comunitária não tinha competência para *"imiscuir-se diretamente na legislação ou na Administração dos Estados-membros ou atos administrativos de suas autoridades"* e, por isso, não poderia ela própria anular a norma legal nacional como pretendia o recorrente. Isso não equivalia, porém, a negar ao demandante o seu direito de ser ressarcido pelos prejuízos que ilici-

---

durante a Conferência Intergovernamental que resultou no Tratado de Amsterdam, pretenderam incluir naquele tratado algumas disposições que limitassem os efeitos da jurisprudência comunitária sobre a responsabilidade do Estado por violação do Direito Comunitário (PÉREZ GONZÁLEZ, 2001, p. 27).

[274] Para FAUSTO DE QUADROS (1999, p. 145), VANDERSANDEN E DONY (1997, p. 15) e SIMON (2001, p. 428), essa foi mesmo a primeira vez em que se discutiu o tema no Direito Comunitário.

[275] O TJCE adotou como fundamento do seu acórdão um dispositivo normativo equivalente ao atual art. 10.º CE. O art. 86.º CECA dispõe, basicamente, que os Estados-Membros comprometem-se a tomar todas as medidas gerais ou especiais capazes de assegurar o cumprimento das obrigações resultantes das decisões e recomendações das Instituições da CECA e de facilitar a esta o cumprimento da sua missão. Diz, por outro lado, que os Estados-Membros comprometem-se a não tomar qualquer medida incompatível com a existência do mercado comum de carvão e aço instituído por aquele tratado.

tamente fora obrigado a suportar nem a deixar de dirigir ao Estado-
-membro uma ordem de anulação da legislação nacional incompatível
com o Direito comunitário. A solução do TJCE procurava extrair o
máximo efeito útil da declaração judicial de incumprimento estatal.

A existência de um liame entre o incumprimento (sempre positivo
ou comissivo) do Direito Comunitário e a reparação dos danos sofridos
pelo particular foi, a partir de então, tangenciada em diversos acórdãos
comunitários que, entretanto, não se preocuparam em esclarecer os fundamentos, as condições e as modalidades dessa responsabilidade
(RIBEIRO, 1996, p. 46, VANDERSANDEN E DONY, 1997, p. 15-16). Foi o caso,
por exemplo, do Acórdão de 07.02.1973, em que o TJCE afirmou apenas
que, na presença de uma declaração sua de incumprimento estatal, nas-
ceria para o particular um interesse material para exigir a responsabilização do Estado[276]. Nessa primeira fase, tampouco foi definido se uma
omissão estatal em dar cumprimento à normativa comunitária poderia ou
não dar ensejo à indenização do particular prejudicado e se os atos
legislativos e judiciais estatais também poderiam servir de alvo de uma
reparação.

Na trilha do Tribunal de Justiça, outras instituições comunitárias,
como o parlamento e a Comissão, vão, pouco a pouco, demonstrando
maiores preocupações com o tema da extração de efeitos mais positivos
dos acórdãos comunitários que declaram incumprimentos ou violações
dos Estados-membros às normas do Direito Comunitário (TEZCAN, 1996,
p. 524).

Na doutrina, a responsabilidade dos Estados-membros por violação
do Direito Comunitário não tardou em alcançar apoios de peso. PIERRE
PESCATORE, entre outros[277], já em 1972, defendeu que essa modalidade de
responsabilidade dos Estados-membros estava fundamentada no efeito
direto das normas comunitárias e que uma declaração de incumprimento
pelo Tribunal de Justiça equivaleria a um título jurídico suficiente para
sustentar um pedido de reparação contra o Estado causador de dano,
perante as instâncias nacionais (PESCATORE, 1972, p. 17 e ss.).

Como que complementa a posição inicial do Tribunal de Justiça,
representada no acórdão *Humblet*, a linha de entendimento consubs-

---

[276] TJCE, acórdão de 07.02.1973, Proc. 39/72, *Comissão / República Italiana*, *Recueil*
1973, p. 101 e ss., especialmente o parágrafo 11.

[277] VANDERSANDEN E DONY (1997, p. 09) e SIMON (2001, p. 448-449) mencionam
alguns outros importantes precursores.

tanciada em decisões como os acórdãos *Salgoil*[278], *Bozzetti*[279] e *Factortame I*[280], nos quais decidiu a Corte comunitária européia que os ordenamentos e as jurisdições nacionais devem salvaguardar da melhor maneira possível os interesses dos particulares afetados pelo desrespeito a disposições comunitárias, assegurando-lhes uma proteção efetiva e imediata por meio de procedimentos jurisdicionais nacionais plenamente eficazes (princípio da máxima efetividade da proteção judicial). Com efeito, às obrigações estatais/nacionais de revogar o ato legislativo, administrativo ou judicial incompatível com o Direito Comunitário e de reparar os efeitos que este possa ter produzido (obrigações já mencionadas no *acórdão Humblet*) hão de corresponder remédios jurisdicionais

---

[278] TJCE, acórdão de 19.12.68, Proc. 13/68, *Salgoil*, Coletânea 1965-1968, p. 903--919. Nesse *decisum*, o Tribunal entendeu que a proteção que os juízes nacionais estão obrigados a dar aos particulares quando estes invoquem ante eles um direito conferido por uma norma comunitária deve ser direta, imediata e efetiva (p. 910).

[279] TJCE, acórdão de 09.07.85, Proc. 179/84, *Bozzetti*, *Recueil* 1985-6, p. 2301--2324.

[280] TJCE, acórdão de 19.05.90, Proc. C-213/89, *Factortame I*, Coletânea 1990-I, p. 2433-2475. Dos três acórdãos referidos, o *Factortame I* é o mais emblemático por envolver a concessão, contra as regras do processo civil do Reino Unido, de uma medida cautelar ("medida provisória", nos autos) em desfavor da Coroa. No caso, armadores de pesca espanhóis prejudicados por uma nova lei britânica sobre registros de navios (o *Merchant Shipping Act*, de 1988, discriminatória, segundo os espanhóis), pediram ao juiz inglês a concessão de uma medida provisória (cautelar) em ordem a suspender a validade da legislação nacional incompatível com o Direito Comunitário até que fosse decidida definitivamente a causa, já que estavam ameaçados de sofrer, ao longo do processo, prejuízos graves e de difícil reparação. A medida cautelar foi concedida e dela recorreu a Administração, com o argumento de que, no Direito Inglês, o juiz não detinha competência para outorgar uma medida cautelar contra a Coroa. Após muitos recursos na ordem interna, a discussão alcançou o Tribunal de Justiça das Comunidades Européias, que, em sede de reenvio prejudicial, decidiu que *"seria incompatível com as exigências inerentes à própria natureza do Direito Comunitário qualquer disposição de uma ordem jurídica nacional ou qualquer prática, legislativa, administrativa ou judicial, que tivesse como efeito diminuir a eficácia do Direito Comunitário por recusar ao juiz competente para aplicar esse direito o poder de fazer, no momento exato dessa aplicação, tudo o que fosse necessário para afastar as disposições legislativas nacionais suscetíveis de obstar, ainda que temporariamente, a plena eficácia das normas comunitárias"* (p. 2433-2434). O acórdão *Factortame I* segue, portanto, a linha de que é o próprio Direito Comunitário que concede diretamente às autoridades judiciais nacionais as competências necessárias à efetiva proteção jurídica do particular, redesenhando instrumentos processuais nacionais na direção da ampliação do melhor socorro possível ao particular, numa seara em que o primado e o efeito direto, apenas, já não são capazes de lhe assegurar a máxima proteção do particular.

nacionais eficientes que não deverão ser restringidos por regras nacionais de procedimento ou de competência, caso contrário, a plena eficácia e a própria uniformidade do Direito Comunitário correriam o risco de ser afetadas. Assim, o TJCE, obedecendo à lógica da autonomia processual, remeteu para as disposições nacionais a fixação das modalidades e condições da responsabilidade do Estado, desse modo, permanecem sob competência nacional questões processuais de grande relevo, tais como os marcos temporais para a caducidade do direito à indenização, a definição dos prazos prescricionais, a legitimidade ativa e passiva, a produção da prova e a revisão da sentença (QUINTAS, 2000, p. 173). Entretanto, procurou simultaneamente o TJCE garantir que essa elevada autonomia processual nacional não se desvirtuasse, traduzindo-se em um empecilho para a proteção judicial dada ao particular pela ordem jurídica comunitária (RIBEIRO, 1996, p. 48, VANDERSANDEN E DONY, 1997, p. 12-14). Ora, quando certa norma comunitária confere um direito em favor de um particular e tal direito não pode ser efetivamente garantido, é o próprio processo de integração que está em perigo, daí, a importância de todos os mecanismos – principalmente aqueles relativos aos juízes e procedimentos nacionais – que procuram garantir uniformidade e eficácia do Direito Comunitário no território de cada um dos Estados-membros (PÉREZ GONZÁLEZ, 2001, p. 50).

Através de tais entendimentos, ficava aclarado na jurisprudência comunitária o papel de destaque do juiz e dos remédios jurídicos nacionais no primado da aplicação do Direito Comunitário e na efetiva proteção dos direitos dos cidadãos europeus. Em outras palavras, coube ao Tribunal de Justiça assentar ao longo de todos aqueles precedentes que cabe, em princípio, à ordem jurídica interna de cada Estado-membro determinar os meios jurisdicionais para se atingir a plena eficácia do Direito Comunitário (princípio da autonomia processual); por outro lado, continuou o TJCE, é incompatível com o Direito Comunitário qualquer ato, disposição ou prática nacional que tenda a impedi-lo – o Direito Comunitário – de produzir os seus efeitos mais positivos em relação ao particular (princípio da máxima efetividade da proteção judicial). Com efeito, desde o acórdão *Van Gend & Loos*, é firme a jurisprudência comunitária quanto ao entendimento de que o fato de o Tratado permitir que a Comissão e os Estados-membros acionem perante o TJCE um Estado que não cumpriu suas obrigações não impede os particulares de invocar obrigações estatais perante os tribunais nacionais. Nesse cenário, não é marginal o valor dos sistemas nacionais de responsabilidade do Estado. A vigilância concomitante dos particulares, interessados na proteção dos seus direitos, apenas acresce-se – legitimamente – aos controles já a cargo da Comissão e dos Estados-membros (acórdão de 05.02.63, Proc. 26/62, *Van Gend & Loos*, Col. 1962-1964, p. 211-212).

A aproximação entre essas duas linhas de entendimentos iniciais do TJCE, que, de um lado, mencionavam de maneira apenas periférica uma obrigação de ressarcimento estatal pelo desrespeito ao Direito Comunitário (sem precisar o fundamento dessa obrigação) e, de outro, ressaltavam a autonomia e a máxima efetividade dos meios jurídicos nacionais de modo a melhor proteger os particulares, encontra o seu melhor resultado no acórdão *Russo/AIMA* (TJCE, acórdão de 22.01.76, Proc. 60/75, *Russo/AIMA*, *Recueil* 1976, p. 45). Naquela oportunidade, o Tribunal de Justiça, em meio a um reenvio prejudicial, decidiu que, no caso de ter sido causado um prejuízo ao particular, resultante de uma intervenção do Estado-membro com violação do Direito Comunitário, incumbe a esse Estado-membro assumir, em relação ao lesado, as conseqüências no âmbito das disposições do Direito nacional relativas à responsabilidade do Estado. Conquanto o Tribunal de Justiça tenha registrado, sem dúvida, uma linha decisória muito mais precisa, a respeito do pagamento de uma indenização ao particular, do que aquela adotada no citado acórdão *Humblet*, o seu alcance ainda era restrito, visto que a norma descumprida no acórdão *Russo/AIMA* era dotada de efeito direto (PÉREZ GONZÁLEZ, 2001, p. 75). Em 1982, esse entendimento do TJCE viria a ser ratificado pelo acórdão *Waterkeyn*[281].

Muito tempo depois, com o acórdão *Francovich*[282], o posicionamento do Tribunal de Justiça viria a tomar contornos mais claros e definitivos, na direção de que, se um Estado-membro não cumpre obrigações decorrentes do Direito Comunitário, isso não pode implicar numa proteção apenas parcial dos particulares e no enfraquecimento do ordenamento jurídico da Comunidade. Na década de 1960, a jurisprudência comunitária dita de "primeira geração" estabeleceu as bases da autonomia[283], do primado[284] e do efeito direto[285] do ordenamento jurídico comu-

---

[281] TJCE, acórdão de 14.12.82, Processos apensos 314 a 316/81 e 83/82, *Procureur de la République e Comité National de Défense contre l'Alcoolisme / Alex Waterkeyn e o. e Jean Cayard e o.*, *Recueil* 1982, p. 4337-4370.

[282] TJCE, acórdão de 19.11.91, Processos apensos C-6/90 e C-9/90, *Francovich e Bonifaci / Italie*, Coletânea 1991, p. I-5357-I-5418.

[283] O Tribunal de Justiça, ao proferir o acórdão *Van Gend & Loos* (acórdão de 05.02.63, Proc. 26/62, Col. 1962-1964, p. 206, n. 3), decidiu que "*o Direito Comunitário, independente da legislação dos Estados-membros, do mesmo modo que impõe obrigações*

nitário; com o acórdão *Francovich*, já no raiar da década de 1990, nasce o que a doutrina chamou de "novo capítulo" ou de jurisprudência de "segunda geração", destinada a extrair novas conseqüências e fortificados efeitos, sobre as jurisdições nacionais, da autonomia, do primado e do efeito direto do ordenamento jurídico comunitário (HARTLEY, 2003, p. 235; e RIBEIRO, 1996, p. 23). Na verdade, os anos noventa assistiram ao reconhecimento expresso e inabalável, pelo Tribunal de Justiça, da existência de um "princípio" da responsabilidade do Estado-membro pela violação do Direito Comunitário, de fundamental importância não apenas para a efetividade desse ordenamento jurídico e para a solidificação da cidadania comunitária mas também para o próprio aperfeiçoamento das relações entre a Comunidade Européia e os seus Estados-membros.[286]

---

aos particulares, também lhes atribui direitos que entram na sua esfera jurídica." Com isso, assentou que o sistema jurídico comunitário é autônomo face ao ordenamento interno dos Estados-membros da Comunidade, sendo auto-suficiente para sua eficácia, validade, vigência e desenvolvimento.

[284] O Direito Comunitário, quando aplicado, se sobrepõe aos ordenamentos nacionais. O seu primado traduz a idéia de que suas normas têm primazia sobre as normas de Direito nacional, de maneira que, em hipótese de conflito, serão aquelas as aplicáveis com absoluta precedência. Nessa linha de entendimento, o Tribunal de Justiça decidiu que a ordem jurídica comunitária cria um corpo de Direito aplicável aos Estados e a seus súditos contra o qual não poderá prevalecer um ato unilateral posterior incompatível com a noção de Comunidade (TJCE, acórdão de 15.07.64, Proc. 06/64, *Costa/ENEL, Recueil* 1964, p. 1146, n. 3). O primado do Direito Comunitário (originário ou derivado) impõe-se sobre todo o direito nacional (anterior ou posterior), contudo, não tem o condão de anular o Direito nacional contrário ou incompatível – apenas o torna inaplicável naquela seara onde persiste a competência comunitária, deixando-o aplicável naquelas outras áreas exclusivamente internas ou nacionais.

[285] O efeito direto ajusta-se à possibilidade de normas comunitárias completas, precisas e incondicionais receberem aplicação judicial. Em última análise, a finalidade do efeito direto é permitir que o Direito Comunitário atinja diretamente os destinatários do seu regramento, transformando o juiz nacional em simultâneo juiz comunitário.

[286] A década de 1980, em razão da *"Perestroika"*, do avanço das conversações entre EUA e URSS, do alargamento à "Europa dos Doze" e da relativa tranqüilidade econômica internacional, sinalizou um dos momentos de maior confiança no processo de integração européia. Nenhuma iniciativa, entretanto, foi tão importante, nesse período, quanto a assinatura pelos doze Estados-membros, em fevereiro de 1986, do Ato Único Europeu (AUE), uma grande reforma dos tratados das três Comunidades Européias para adaptá-los à construção da futura União Européia e ao fortalecimento de um mercado interno sem fronteiras. O início dos anos de 1990 marca uma nova e fundamental etapa na trajetória da Europa: é no contexto da nova ordem mundial, da reunificação alemã e do acirramento do processo de globalização das economias que se fortalece sobremaneira a idéia

Naquele acórdão *Francovich*, ditado no marco de algumas questões prejudiciais reunidas, estabilizaram-se a existência e as condições da responsabilidade do Estado (no caso, do Estado italiano) por inatividade do legislador, depois de se constatar a ausência de providências legislativas nacionais para transpor ao Direito interno uma diretiva comunitária desprovida de efeito direto quanto ao ponto controverso. O Tribunal de Justiça baseou o seu entendimento, em suma, em três importantes fundamentos: a autonomia do ordenamento jurídico comunitário, o princípio da efetividade (ou do efeito útil) do Direito Comunitário e o dever de lealdade extraído do art. 10.º CE.

A situação fática relativa ao acórdão *Francovich* dizia respeito às conseqüências da não-transposição pela Itália da Diretiva 80/987/CEE do Conselho, de 20 de outubro de 1980, relativa à aproximação das legislações dos Estados-membros para a proteção dos trabalhadores assalariados em caso de insolvência (falência) do empregador. A referida norma comunitária estabelecia, entre outras coisas, que os trabalhadores assalariados deveriam poder receber de uma instituição de garantia o pagamento dos créditos de natureza trabalhista que lhes eram devidos por uma empresa (empregadora) insolvente. Aos Estados-membros caberia fixar, até a data limite de 23 de outubro de 1983, as modalidades de organização, funcionamento e financiamento dessas instituições de garantia através da adoção de todas as disposições legislativas, regulamentares e administrativas necessárias para dar cumprimento integral aos objetivos da diretiva. O incumprimento da República italiana, quanto à transposição da diretiva, foi declarado pelo TJCE no acórdão Comissão//Itália, de 02 de fevereiro de 1989[287]. Em razão da inexistência de um legislação nacional suficientemente capaz de concretizar todos os objetivos da Diretiva 80/987/CEE, Andrea Francovich (titular do Processo C-

---

comunitária. Não por acaso, é nesse cenário político propício à solidificação dos laços comunitários que o Tribunal de Justiça encontra-se, ao pronunciar o paradigmático acórdão *Francovich*.

[287] TJCE, acórdão de 02.02.89, Proc. 22/87, Comissão/Itália, *Recueil* 1989, p. 143 e ss. Nesse processo, a Itália assegurava que, transcorridos *in albis* os trinta e seis meses de prazo para a transposição da diretiva (findos em 23 de outubro de 1983), não adotara quaisquer disposições legislativas ou regulamentares porque já havia no ordenamento italiano normas suficientes que garantiam um mínimo de proteção a todos os trabalhadores em caso de insolvência do empregador. Todavia, para o Tribunal de Justiça, acatando as razões da Comissão, as normas italianas já existentes eram lacunosas e insuficientes para alcançar a plenitude dos fins indicados na norma comunitária.

-6/90) e Danila Bonifaci e outros (titulares do processo apenso C-9/90), que eram todos credores de obrigações trabalhistas devidas por empresas insolventes na Itália, não puderam receber de instituições garantidoras o que lhes era devido pelos seus antigos empregadores, que se encontravam falidos. Demandaram, então, alternativa e subsidiariamente, o direito de obterem do Estado italiano as garantias previstas na Diretiva 80/987/CEE (em outros termos, pretendiam o efeito direto de certas normas da diretiva) ou uma indenização da República Italiana pelos prejuízos decorrentes da não-transposição, a tempo, da referida norma comunitária. Tendo em vista que uma decisão qualquer naqueles processos pressupunha a interpretação da diretiva em causa, o *pretore*[288] de *Vicenza* e o *pretore* de *Bassano del Grappa* decidiram suspender as respectivas instâncias até que o TJCE decidisse, em sede de dois reenvios prejudiciais, sobre as idênticas questões de direito comunitário levantadas nos dois processos. Em razão da identidade e da importância das questões discutidas, o Tribunal decidiu apensar os dois reenvios prejudiciais e julgá-los em sessão plenária. Além dos recorrentes e da Itália, também ofereceram suas razões no decorrer do processo a Comissão Européia, a Holanda, o Reino Unido da Grã-Bretanha e Irlanda do Norte e a Alemanha.

Ao julgar as questões prejudiciais levantadas naqueles processos, o Tribunal de Justiça assim decidiu em uníssono o que viria a ser reconhecida como uma verdadeira *"landmark decision"*[289]:

> *"1. A faculdade de um Estado-membro destinatário de uma diretiva escolher entre uma multiplicidade de meios possíveis com vista a atingir o resultado estabelecido pela mesma não exclui a possibilidade de os particulares invocarem perante os órgãos jurisdicionais nacionais os direitos cujo conteúdo pode ser determinado com precisão suficiente apenas com base nas disposições da diretiva.*
>
> *2. Embora as disposições da Diretiva 80/987, relativa à proteção dos trabalhadores assalariados em caso de insolvência do*

---

[288] Juiz de primeira instância da jurisdição italiana.

[289] Cf. FUMAGALLI (2000, p. 224). Atesta a importância específica do acórdão *Francovich* o fato de que na edição mais recente das *"Notes de Doctrine relatives aux Arrêts de la Cour de Justice et du Tribunal de Première Instance des Communautés Européennes"* (ou simplesmente *"NOTES"*), publicadas em 2003, pela Direção de Biblioteca, Pesquisa e Documentação do Tribunal de Justiça das Comunidades Européias, já se podia contar 128 textos, entre livros e artigos, dedicados àquele *decisum* (p. 41-44).

empregador, sejam suficientemente precisas e incondicionais no que respeita à determinação dos beneficiários e ao conteúdo da garantia, os interessados não podem, na falta de medidas de aplicação tomadas por um Estado-membro dentro dos prazos, invocar estas disposições perante os órgãos jurisdicionais nacionais em virtude de, por um lado, as disposições da diretiva não precisarem a identidade do devedor desta garantia e, por outro, o Estado não poder ser considerado devedor apenas em virtude de não ter tomado dentro dos prazos as medidas de transposição.

3. *A plena eficácia das normas comunitárias seria posta em causa e a proteção dos direitos que as mesmas reconhecem enfraquecida se os particulares não tivessem a possibilidade de obter reparação quando os seus direitos são lesados pela violação do direito comunitário imputável a um Estado-membro. Esta possibilidade de reparação a cargo do Estado-membro é particularmente indispensável quando o pleno efeito das normas comunitárias esteja condicionado por uma ação por parte do Estado e, por conseguinte, os particulares não possam, na falta dessa ação, invocar perante os órgãos jurisdicionais nacionais os direitos que lhes são reconhecidos pelo direito comunitário. Daí resulta que o princípio da responsabilidade do Estado pelos prejuízos causados aos particulares pelas violações do direito comunitário que lhe são imputáveis é inerente ao sistema do Tratado.*

   A obrigação de estes Estados-membros repararem estes prejuízos tem também o seu fundamento no artigo 5.° do Tratado, nos termos do qual os mesmos são obrigados a tomar todas as medidas gerais ou particulares para assegurar a execução do direito comunitário e, por conseguinte, para eliminar as conseqüências ilícitas da sua violação.

4. *Embora a responsabilidade do Estado-membro de reparar os prejuízos causados aos particulares pelas violações do direito comunitário que lhe são imputáveis seja imposta por este direito, as condições em que um direito à reparação se adquire dependem da natureza da violação do Direito Comunitário que está na origem do prejuízo causado.*

   No caso de um Estado-membro que ignora a obrigação que lhe incumbe, nos termos do artigo 89.°, terceiro parágrafo, do Tratado, de tomar todas as medidas necessárias para atingir o

*resultado estabelecido por uma diretiva, a plena eficácia dessa
norma de direito comunitário impõe o direito à reparação quando se reúnem três condições, a saber: em primeiro lugar, que o
resultado estabelecido pela diretiva inclua a atribuição de direitos aos particulares; em segundo lugar, que o conteúdo desses
direitos possa ser identificado com base nas disposições da
diretiva; e, em terceiro lugar, que exista um nexo de causalidade
entre a violação da obrigação que incumbe ao Estado e o prejuízo sofrido pelas pessoas lesadas.*

*Na falta de regulamentação comunitária, é no âmbito do regime
jurídico nacional da responsabilidade que incumbe ao Estado
reparar as conseqüências do prejuízo causado. Todavia, as condições de fundo e de forma fixadas pelas diferentes legislações
nacionais na matéria não podem ser menos favoráveis do que
as que dizem respeito às reclamações semelhantes de natureza
interna e não podem ser organizadas de forma a tornar excessivamente difícil ou praticamente impossível a obtenção da
reparação"* (TJCE, acórdão de 19 de novembro de 1991, Processos apensos C-6/90 e C-9/90, *Francovich e Bonifaci/Italie*,
Coletânea 1991, p. I-5357-I-5439).

Com essa dicção, ficavam sedimentadas, assim, definitivamente, a
existência e as condições mais genéricas de um direito subjetivo à
reparação do particular, com sede no Direito Comunitário, mas exercido
perante as instâncias nacionais, na impossibilidade de se extrair efeito
direto de uma diretiva não ou insuficientemente transposta para o ordenamento interno, mesmo se esse fato decorresse de uma omissão do legislador nacional. Em outras palavras, com *Francovich*, o TJCE passou a
explorar um novo caminho de possibilidades de "coação indireta"
(BARONE E PARDOLESI, 1992, p. 146) para diretivas desprovidas de efeitos
diretos.

A idéia geral, a princípio, era a de que a responsabilidade do
Estado-membro pelo descumprimento do Direito Comunitário era
complementar e subsidiária à jurisprudência sobre o princípio do efeito
direto das diretivas, ou seja, só haveria responsabilidade do Estado onde
houvesse desrespeito a disposições que não fossem diretamente aplicáveis (isto é, que não reconhecessem de forma clara, precisa e incondicional direitos aos particulares). Do contrário, entendia-se que o efeito
direto das diretivas, ao lado da prevalência de aplicação do Direito
Comunitário, já seria suficiente e bastante para proteger possíveis direi-

tos subjetivos dos particulares. O raciocínio subjacente a esse entendimento era o de que a falha no adimplemento das obrigações de transpor uma diretiva apenas pode ser imputada ao Estado e nem sempre os cidadãos podem beneficiar-se da aplicabilidade direta da normativa comunitária (PONZANELLI, 1992, p. 152).

Esse direito subjetivo à reparação pelos danos decorrentes da violação do Direito Comunitário, que passa a envergar um caráter nuclear e principiológico na teia jurídica da Comunidade[290], funda-se direta e inicialmente no sistema de tratados fundamentais da Comunidade e não em uma outra qualquer norma de Direito interno, daí, a irrelevância das disposições nacionais, ainda que de natureza constitucional, contrárias à responsabilidade do Estado legislador (graças ao já conhecido princípio da plena eficácia do Direito Comunitário). Esse princípio da responsabilidade do Estado é da essência do Direito Comunitário e, não por outro motivo, a dogmática alemã chamou essa manifestação de *"Gemeinschaftliche Staatshaftung"* ou *"responsabilidade comunitária do Estado"*.[291]

Note-se que, conquanto a responsabilidade do Estado-membro pela infração ao Direito Comunitário decorra essencial e fundamentalmente do próprio sistema de tratados internacionais fundamentais da Comunidade Européia, essa modalidade de responsabilidade não é "de Estado a Estado" – como a clássica responsabilidade estatal por ato legislativo no plano do Direito Internacional. Cuida-se aqui, sim, de uma responsabilidade de Estado-membro a particular (sujeito de direitos e obrigações na ordem jurídica comunitária) e que, por isso mesmo, pode prescindir

---

[290] Segundo o texto do acórdão Francovich, *"este problema* [da existência e da extensão da responsabilidade do Estado pelos prejuízos decorrentes da violação do Direito Comunitário] *deve ser analisado à luz do sistema geral do Tratado e dos princípios fundamentais"* (Coletânea 1991, p. I-5413). E mais adiante conclui: *"Daí resulta que o princípio da responsabilidade do Estado pelos prejuízos causados aos particulares por violações do Direito Comunitário que lhe sejam imputáveis é inerente ao sistema do Tratado"* (Coletânea 1991, p. I-5414).

[291] Cf. HIDIEN (1999), SCHERMAIER (1999), GEIGER (1997), entre outros. PÉREZ GONZÁLEZ (2001, p. 160 e 168) fala em um processo de "comunitarização" da responsabilidade do Estado-membro pela violação do Direito Comunitário para referir-se às condições mínimas e requisitos compartilhados, extraídos da jurisprudência do TJCE. Teve o cuidado de ressaltar, porém, que essa comunitarização é parcial (já que não estabelece os procedimentos adequados e os juízos competentes no plano nacional) e subsidiária (posto que estabelece requisitos mínimos e imperativos para gerar o direito à indenização).

de qualquer ato de endosso (ou equivalente) por parte de outro Estado – que, uma vez no Direito Internacional, seria a vítima formal do dano provocado (SENKOVIC, 2000, p. 45-46).

No caso do acórdão *Francovich*, cujo núcleo era ocupado pela controvertida responsabilidade do Estado por uma omissão legislativa, esse ponto representou o de maior reflexo nos ordenamentos jurídicos internos de cada Estado-membro. Isso porque, em homenagem ao princípio da autonomia processual, continuava a ser no âmbito do Direito nacional da responsabilidade que se definiam os órgãos jurisdicionais competentes e as modalidades processuais cabíveis para assegurar a plena proteção dos direitos conferidos aos particulares, restando vedado, porém, o estabelecimento de meios ou condições menos favoráveis do que aquelas extraídas do ordenamento da Comunidade Européia (Coletânea 1991, p. I-5416).[292] Para o TJCE, a fundamentação no próprio Direito Comunitário daquela responsabilidade do Estado deveu-se a três razões, a saber: (I) o caráter autônomo da ordem jurídica comunitária; (II) a necessidade de uma proteção eficaz e de pleno efeito para os direitos concedidos aos particulares pelo Direito Comunitário; e, por fim, (III) o dever de cooperação e lealdade imposto aos Estados-membros pelo art. 10.º do Tratado da Comunidade Européia[293] (Coletânea 1991, p. I-5412-I-5413).

É importante notar também que, segundo as disposições do acórdão *Francovich*, não foi criada uma obrigação automática e integral de indenização do particular quando o Estado viola o Direito Comunitário

---

[292] Conforme bem resumiu o Advogado-Geral PHILIPPE LÉGER, nas suas conclusões ao posterior acórdão *Hedley Lomas*, o *"princípio da autonomia processual"* dos Estados-membros há de ser *"nuancée"* tanto pelo *"princípio da equivalência"* (*"as normas processuais nacionais não devem colocar o particular numa posição mais difícil quando invoca o Direito Comunitário do que quando invoca o Direito nacional"*) quanto pelo *"princípio da efetividade"* (*"as normas nacionais internas não devem tornar impossível na prática o exercício dos direitos que os particulares retiram do Direito Comunitário"*) (Conclusões do Advogado-Geral P. LÉGER ao acórdão TJCE de 23.05.96, Proc. C-5/94, *Hedley Lomas*, Coletânea 1996, p. I-2569).

[293] *"Artigo 10.º – Os Estados-Membros tomarão todas as medidas gerais ou especiais capazes de assegurar o cumprimento das obrigações decorrentes do presente Tratado ou resultantes de atos das instituições da Comunidade. Os Estados-Membros facilitarão à Comunidade o cumprimento da sua missão. Os Estados-Membros abster-se-ão de tomar quaisquer medidas susceptíveis de pôr em perigo a realização dos objetivos do presente Tratado."*

pela não-transposição atempada de uma diretiva. Na verdade, assentou-se, sim, um direito automático do particular à ação de responsabilidade perante as instâncias nacionais e com base nas normas comunitárias. Mas, para a concreta percepção de uma indenização diante da ausência de transposição de uma diretiva, o acórdão *Francovich* (cf. Coletânea 1991, p. I-5415) exigiu a presença simultânea de três condições, quais sejam:

1) Que o resultado prescrito pela diretiva implique a atribuição de direitos aos particulares, ou seja, que haja a identificação de um ou mais possíveis credores (particulares) de um direito conferido pelo ordenamento comunitário;

2) que o conteúdo desses direitos possa ser identificado com base nas disposições da diretiva, ou seja, que também seja possível identificar o que seria devido àqueles hipotéticos credores em caso de regular transposição, e

3) que exista um nexo de causalidade entre a violação da obrigação que incumbe ao Estado e o prejuízo sofrido pelas pessoas lesadas, como, por exemplo, quando o Estado não define claramente quais eram os devedores daquelas obrigações anteriormente identificadas.

Com esses três requisitos ou exigências, por outro lado, o Tribunal de Justiça afastou, de uma vez por todas, qualquer especulação em torno da necessidade de uma prévia declaração judicial de incumprimento estatal, nos termos do art. 226.º CE, para subsidiar uma ação de indenização diante das instâncias judiciais nacionais. E, de fato, aceitar o contrário seria submeter o princípio da responsabilidade do Estado pela violação do Direito Comunitário à vontade da Comissão – dada a elevada discricionariedade de que goza nos processos de incumprimento (PÉREZ GONZÁLEZ, 2001, p. 106).

É justo sublinhar, contudo, que a responsabilidade dos Estados-membros por violação do Direito Comunitário já era um problema que se colocava aos tribunais nacionais, antes mesmo de 1991. E alguns Estados-membros já haviam se antecipado, ainda que de maneira ocasional, ao acórdão *Francovich*, admitindo judicialmente, por variados meios e distintos fundamentos, a responsabilidade estatal pelo incumprimento.[294] Em

---

[294] NICHOLAS GREEN E AMI BARAV (1986, p. 72-114); DENYS SIMON (2001, p. 429); AMI BARAV (1996, p. 99-126); PÉREZ GONZÁLEZ (2001, p. 78); e MARTHA RIBEIRO (1996,

situações onde já estava assegurado esse remédio por decisões locais anteriores a 1991, cabe ressaltar que aquelas três condições mencionadas no acórdão *Francovich* constituíram apenas padrões mínimos (ALONSO GARCÍA, 1997, p. 21) de responsabilização, posto que, se o Estado-membro já contasse com um sistema mais favorável ao cidadão, o acórdão *Francovich* impunha uma proibição de retrocesso e não poderia servir como um empecilho à melhor e mais ampla proteção do particular no gozo de direitos a ele conferidos pelo ordenamento comunitário.

4.3.2. *A Consolidação da Responsabilidade*

Nos cinco anos imediatamente seguintes ao acórdão *Francovich*, o tema da responsabilidade do Estado por violação ao Direito Comunitário não apresentou grandes inovações no plano da jurisprudência comunitária, apesar de terem sido proferidas algumas decisões do TJCE que se relacionavam diretamente com aquela matéria. Com efeito, os acórdãos *Wagner Miret*[295] e *Faccini Dori*[296] apenas repetiram – sem grandes novidades quanto à responsabilidade – o que já havia sido articulado pelo acórdão *Francovich* no lustro anterior.

Na primavera de 1996, contudo, o tema voltou ao centro da discussão publicística européia, em razão de seguidos acórdãos pronunciados pelo Tribunal de Justiça das Comunidades Européias que davam melhor acabamento a algumas arestas que remanesceram no acórdão *Francovich*, tais como: O princípio da responsabilidade do Estado por violação do Direito Comunitário seria aplicado apenas em caso de omissão do legislador nacional? E em casos de medidas administrativas? E se o efeito direto não fosse suficiente para evitar os possíveis prejuízos? A

---

p. 49-56) dão exemplos de decisões de tribunais belgas (1966), franceses (1984), holandeses (1983), luxemburgueses (1988), alemães (1974) e do Reino Unido (1983) que admitiram a responsabilidade do Estado por violação do Direito Comunitário, cometidas por autoridades administrativas, antes mesmo do acórdão *Francovich*. Um relato mais detalhado e realista dos precedentes nacionais anteriores a *Francovich* fica bastante prejudicado em razão do fato de que muitas decisões proferidas em primeira instância não são sequer publicados em coletâneas de jurisprudência.

[295] TJCE, acórdão de 16.12.93, Proc. C-334/92, *Teodoro Wagner Miret / Fondo de Garantia Salarial*, Coletânea 1993-12, p. I-6911-6934.

[296] TJCE, acórdão de 14.07.94, Proc. C-91/92, *Paola Faccini Dori / Recreb Srl.*, Coletânea 1994, p. I-3325-I-3360.

responsabilidade estatal, nesse caso, seria dependente de culpa ou dolo, ou seria uma responsabilidade objetiva? Haveria também responsabilidade em casos de transposição incorreta ou insuficiente de uma diretiva? Quais os limites da responsabilidade? Essas eram algumas das muitas questões que, não respondidas em 1991, mereceram aprofundamentos posteriores ao acórdão *Francovich*.

Com efeito, o acórdão *Francovich* deu origem a algumas ambigüidades e vaguezas interpretativas que só foram contornadas com os acórdãos de 1996.

Cronologicamente, o primeiro daqueles acórdãos primaveris foi o *Brasserie du Pêcheur*[297], através do qual o Tribunal de Justiça amplifica

---

[297] TJCE, acórdão de 05.03.96, Procs. C-46/93 e C-48/93, *Brasserie du Pêcheur*, Coletânea 1996, p. I-1029-I-1163. Esse acórdão resultou do apensamento dos processos *Brasserie du Pêcheur* (C-46/93) e Factortame III (C-48/93). No primeiro caso, tratava-se de um pedido de decisão prejudicial requerido pelo *Bundesgerichtshof* em um processo em que a fabricante de cerveja francesa *Brasserie du Pêcheur*, com sede em *Schiltigheim* (Alsácia), demandava contra a República da Alemanha uma pesada indenização pelos prejuízos que sofrera ao ser impedida de exportar a sua cerveja para a Alemanha, entre 1981 e 1987, em virtude de alegada desobediência aos padrões de fabricação estabelecidos na legislação alemã reguladora da pureza da cerveja (a *"Biersteuergesetz"*, de 14.03.1952, já declarada discriminatória e contrária à livre circulação de mercadorias garantida pelo Direito Comunitário em um pronunciamento anterior do TJCE, datado de 12.03.1987). No cerne da proibição, estava uma velha prescrição bávara, remanescente de 1516, que reservava o nome *"Bier"* ("cerveja", em alemão) para bebidas fermentadas produzidas segundo o processo específico que definia e com os ingredientes por ela prescritos (SENKOVIC, 2000, p. 80). No processo *Factortame III* (C-48/93), que também tratava de um pedido de decisão prejudicial, desta feita advindo do *High Court of Justice*, armadores espanhóis demandavam contra a Coroa britânica uma indenização pelos prejuízos que sofreram em razão da edição de uma lei britânica sobre registros de navios (o *"Merchant Shipping Act"*, de 03 de maio de 1988, discriminatória segundo julgado do TJCE). Os processos apensos receberam o acórdão de 05 de março de 1996 do TJCE cuja ementa, pelo seu didatismo, merece ser largamente citada: *"1. O princípio segundo o qual os Estados--Membros são obrigados a reparar os prejuízos causados aos particulares pelas violações do Direito Comunitário que lhes sejam imputáveis não pode deixar de ser aplicado quando a violação diz respeito a uma disposição de Direito Comunitário diretamente aplicável. Com efeito, a possibilidade que os particulares têm de invocar normas diretamente aplicáveis, perante os órgãos jurisdicionais nacionais, só constitui uma garantia mínima e não chega para assegurar por si só a aplicação plena e completa do Direito Comunitário. Destinada a fazer prevalecer a aplicação de disposições de Direito Comunitário sobre disposições nacionais, esta possibilidade nem sempre consegue garantir ao particular o benefício dos direitos que o Direito Comunitário lhe reconhece e, designadamente, evitar que sofra um prejuízo em virtude de uma violação desse direito, imputável a um Estado-membro. 2. Não existindo, no Tratado, disposições que regulem*

de uma forma expressa e precisa as conseqüências decorrentes das violações do Direito Comunitário pelos Estados-Membros, incumbe ao Tribunal de Justiça, no exercício da missão que o art. 164.° do Tratado lhe confere, garantir o respeito do Direito na interpretação e aplicação do Tratado, responder a essa questão de acordo com os métodos de interpretação geralmente aceites, recorrendo, designadamente, aos princípios fundamentais do sistema jurídico comunitário e, eventualmente, a princípios gerais comuns aos sistemas jurídicos dos Estados-membros. 3. O princípio segundo o qual os Estados- -membros são obrigados a reparar os prejuízos causados aos particulares em virtude das violações do Direito Comunitário que lhes são imputáveis é aplicável quando o incumprimento em causa seja atribuído ao legislador nacional. Com efeito, esse princípio, inerente ao sistema do Tratado, é válido para qualquer hipótese de violação do Direito Comunitário por um Estado-membro, independentemente da entidade do Estado-membro cuja ação ou omissão está na sua origem, e a obrigação de reparar que enuncia não pode, face à exigência fundamental da ordem jurídica comunitária que constitui a uniformidade de aplicação do Direito Comunitário, depender das regras internas da repartição das competências entre os poderes instituídos pela Constituição. 4. Para definir as condições de efetivação da responsabilidade de um Estado-membro por danos causados aos particulares em virtude da violação do Direito Comunitário, há, antes de mais, que tomar em consideração os princípios próprios à ordem jurídica comunitária que servem de base à responsabilidade do Estado, ou seja, a plena eficácia das normas comunitárias e a proteção efetiva dos direitos que atribuem, por um lado, e a obrigação de cooperação que incumbe aos Estados-Membros por força do art. 5.° do Tratado, por outro. Há que referir igualmente o regime definido para a responsabilidade extracontratual da Comunidade, na medida em que, por um lado, nos termos do art. 215.°, segundo parágrafo, do Tratado, foi construído a partir dos princípios gerais comuns aos direitos dos Estados- -Membros e, por outro, na falta de justificação específica, não há, de forma alguma, que submeter a regimes diferentes a responsabilidade da Comunidade e a dos Estados-Membros em circunstâncias comparáveis, pois a proteção dos direitos conferidos aos particulares pelo Direito Comunitário não pode variar em função da natureza nacional ou comunitária da autoridade que está na origem do prejuízo. É por isso que, quando uma violação do Direito Comunitário por um Estado-membro é imputável ao legislador nacional que atua num domínio onde dispõe de um amplo poder de apreciação para efetuar escolhas normativas, os particulares lesados têm direito à reparação desde que a regra de Direito Comunitário tenha por objeto conferir-lhes direitos, que a violação seja suficientemente caracterizada e que exista um nexo de causalidade direto entre essa violação e o prejuízo sofrido pelos particulares. Com esta reserva, é no quadro do direito nacional da res- ponsabilidade que incumbe ao Estado reparar as conseqüências do prejuízo causado pela violação do Direito Comunitário que lhe é imputável, subentendendo-se que as condições fixadas pela legislação nacional aplicável não podem ser menos favoráveis do que as que dizem respeito a reclamações semelhantes de natureza interna, nem estabelecidas de forma a tornar, na prática, impossível ou excessivamente difícil a obtenção da reparação. Em especial, o órgão jurisdicional nacional não pode, no quadro da legislação nacional que aplica, subordinar a reparação à existência de dolo ou negligência por parte do órgão estadual a quem o incumprimento é imputável, que vá além da violação suficientemente caracterizada do Direito Comunitário. Relativamente a essa violação suficientemente caracterizada da regra comunitária, o critério decisivo para considerar que ela se verificou é o da violação manifesta e grave, por um Estado-membro, dos limites que se impõem ao seu poder de apreciação. A este respeito, entre os elementos que o órgão jurisdicional competente pode ser levado a tomar em consideração, figuram o grau de clareza e de precisão da regra violada, o âmbito da margem de apreciação que a regra violada deixa às autoridades nacionais ou comunitárias, o caráter intencional ou involuntário do incumprimento verificado ou do prejuízo causado, o caráter desculpável ou não de um eventual erro de direito, o fato de as atitudes adotadas por uma instituição comunitária terem podido contribuir para a omissão, a adoção ou a manutenção de medidas ou práticas nacionais contrárias ao Direito Comunitário. De qualquer modo, encontramo-nos perante uma violação do Direito Comunitário suficientemente caracterizada, quando esta perdurou, apesar de ter sido proferido um acórdão em que se reconhecia o incumprimento imputado ou um acórdão num reenvio prejudicial, ou apesar de existir uma jurisprudência bem assente do Tribunal de Justiça na matéria, dos quais resulte o caráter ilícito do comportamento em causa. 5. A reparação, pelos Estados-Membros, dos prejuízos que causaram aos particulares em virtude de violações do Direito Comunitário deve ser adequada ao prejuízo sofrido. Não existindo disposições comunitárias nesse domínio, incumbe ao ordenamento jurídico interno de cada Estado-membro fixar os critérios que permitem determinar a extensão da indenização, subentendendo-se que não podem ser menos favoráveis do que os relativos às reclamações ou ações semelhantes baseadas no direito interno e que, de modo algum, podem ser fixados de forma a tornar, na prática, impossível ou excessivamente difícil a reparação. Uma regulamentação nacional que limita, de um modo geral, o prejuízo reparável apenas aos prejuízos causados a determinados bens individuais especialmente protegidos, com exclusão do lucro cessante dos particulares, viola o Direito Comunitário. (...). 6. A obrigação dos Estados-Membros de repararem os prejuízos causados aos particulares pelas violações do Direito Comunitário que lhes são imputáveis não pode ficar limitada apenas aos prejuízos sofridos após a pronúncia de um acórdão do Tribunal de Justiça em que se declara o incumprimento constituído por essas violações. Com efeito, como o direito à reparação existe com base no Direito Comunitário desde que as condições exigidas se encontrem satisfeitas, não se pode, sem pôr em causa o direito à reparação reconhecido pelo ordenamento jurídico comunitário, admitir que a obrigação de reparação que incumbe ao Estado-membro em causa possa ficar limitada apenas aos prejuízos sofridos posteriormente à pronúncia de um acórdão do Tribunal de Justiça em que se reconhece o seu incumprimento. Além disso, subordinar a reparação do prejuízo à exigência de uma declaração prévia pelo Tribunal de um incumprimento ao Direito Comunitário imputável ao Estado-membro em causa, seria contrário ao princípio da efetividade do Direito Comunitário, pois impediria a existência de uma qualquer possibilidade de reparação enquanto o presumido incumprimento não fosse objeto de uma ação intentada pela Comissão nos termos do art. 169.º do Tratado e de uma condenação pelo Tribunal de Justiça. Ora, os direitos em benefício dos particulares, decorrentes das disposições comunitárias com efeito direto na

O Silêncio Eloqüente

os efeitos encontrados no acórdão *Francovich* para assentar que a responsabilidade alcança qualquer hipótese de violação (omissiva ou comissiva), praticada por qualquer órgão estatal (executivo, judiciário ou legislativo), desde que a natureza grave e manifesta do ilícito cometido pelo Estado seja suficientemente caracterizada. No seu acórdão *Francovich*, o TJCE havia acatado a responsabilidade do Estado pela omissão do legislador em dar cumprimento à normativa comunitária, agora, no acórdão *Brasserie du Pêcheur*, o Tribunal declarou a possibilidade de o Estado responder em virtude de um ato legislativo (no caso, um ato legislativo alemão e outro britânico) contrariar o Direito Comunitário, constituindo um ilícito comunitário[298]. A situação, agora, poderia ser vista como uma omissão do legislador nacional em modificar uma lei que contrariava o Direito Comunitário.

O TJCE reconheceu ainda a responsabilidade do Estado (no caso, o Estado legislador) mesmo pela violação de normas dotadas de efeito direto – quanto a esse ponto, concluiu o Tribunal naquele processo, numa clara homenagem ao princípio da máxima efetividade da proteção jurisdicional, que *"a possibilidade que os particulares têm de invocar normas diretamente aplicáveis, perante os órgãos jurisdicionais nacionais, só constitui uma garantia mínima e não chega para assegurar por si só a aplicação plena e completa do Direito Comunitário".*[299]

Outro aspecto importante do acórdão *Brasserie du Pêcheur* foi ter definido melhor as condições para que ocorresse a responsabilidade do Estado por violação do Direito Comunitário, a partir da distinção entre

---

ordem interna dos Estados-Membros, não podem depender do juízo da Comissão sobre a oportunidade de atuar nos termos do art. 169.º do Tratado contra um Estado-membro, nem da pronúncia pelo Tribunal de Justiça de um eventual acórdão de incumprimento." Dois dias depois de ter pronunciado o acórdão *Brasserie du Pêcheur*, o TJCE proferiu o pouco citado acórdão *El Corte Inglés SA / Cristina Blázquez Rivero* (de 07.03.96, Proc. C-192/94, Coletânea 1996, p. I-01281-I-1306), cuja pequena repercussão doutrinária deve--se ao fato de apenas repetir o que já fora amplamente comentado e dissecado na anterior decisão *Francovich*.

[298] Posteriormente, a responsabilidade do Estado legislador pela adoção e/ou manutenção de uma lei contrária ao Direito Comunitário viria a ser tratada mais uma vez no acórdão *Konle* (TJCE, acórdão de 01.06.99, Processo C-302/97, *Klaus Konle / Áustria*, Coletânea 1999, p. I-3099-I-3142).

[299] No mesmo sentido, BRENT (2001, p. 212) afirma que o efeito direto deve ser visto como *"minimum guarantee"* que, ao lado da "interpretação conforme" e da responsabilidade do Estado por violação do Direito Comunitário, formam todos eles o grande sistema dos instrumentos de proteção para a garantia da máxima efetividade do Direito Comunitário.

duas situações bastante comuns na Comunidade Européia: a primeira situação é aquela em que o Estado-membro dispõe de pouco ou nenhum poder de apreciação para balizar a sua conduta quando atua nos domínios regulados pelo Direito Comunitário e, nesse caso, são plenamente válidas aquelas três condições anteriormente mencionadas pelo acórdão *Francovich*[300]; a segunda situação é aquela em que o Estado detém um amplo poder de apreciação na condução de suas políticas públicas (principalmente aquelas opções em matéria de política econômica) e, para esse cenário, o acórdão *Brasserie du Pêcheur* (cf. Coletânea 1996, p. I-1149, n.º 51) indicou a necessidade de três outras condições – com maior maleabilidade –, para a verificação da responsabilidade do Estado, a saber:

1. A primeira condição, idêntica para as duas situações, é que a regra de Direito Comunitário tenha por objeto conferir direitos aos particulares.
2. A segunda condição, própria para essas circunstâncias em que há uma larga margem de apreciação pelo Estado-membro, é que a sua violação do Direito Comunitário seja suficientemente caracterizada, isto é, que exista uma inobservância grave e manifesta dos limites impostos pelo Direito Comunitário, considerando-se o grau de clareza e de precisão da regra violada, o âmbito da

---

[300] *"Em primeiro lugar, que o resultado estabelecido pela diretiva inclua a atribuição de direitos aos particulares; em segundo lugar, que o conteúdo desses direitos possa ser identificado com base nas disposições da diretiva; e, em terceiro lugar, que exista um nexo de causalidade entre a violação da obrigação que incumbe ao Estado e o prejuízo sofrido pelas pessoas lesadas"* (TJCE, acórdão de 19.11.91, Processos apensos C-6/90 e C-9/90, *Francovich e Bonifaci / Italie*, Coletânea 1991, p. I-5359). Para chegar à conclusão de que essas três premissas eram exigíveis apenas nos casos onde se verifica uma margem de apreciação estatal bastante pequena ou mesmo nula, o TJCE ponderou que *"o legislador nacional, como aliás as instituições comunitárias, não dispõe, de forma sistemática, de um amplo poder de apreciação quando atua num domínio regulado pelo direito comunitário. Este pode impor-lhe obrigações de resultado ou obrigações de comportamento ou de abstenção que reduzem, por vezes consideravelmente, a sua margem de apreciação. É isso o que se passa quando, como nas circunstâncias a que se refere o acórdão Francovich e o., já referido, o Estado-membro é obrigado, nos termos do artigo 189.º do Tratado, a tomar, dentro de um certo prazo, todas as medidas necessárias para alcançar o resultado imposto por uma diretiva. Nesse caso, o fato de as medidas a adotar incumbirem ao legislador nacional é irrelevante para a efetivação da responsabilidade do Estado-membro devido à não transposição da diretiva"* (TJCE, acórdão de 05.03.96, Procs. C-46/93 e C--48/93, *Brasserie du Pêcheur*, Coletânea 1996, p. I-1148)

margem de apreciação que a regra violada deixa às autoridades nacionais ou comunitárias, o caráter intencional ou involuntário do incumprimento verificado ou do prejuízo causado, o caráter desculpável ou não de um eventual erro de direito, o fato de as atitudes adotadas por uma instituição comunitária terem podido contribuir para a omissão, a adoção ou a manutenção de medidas ou práticas nacionais contrárias ao Direito Comunitário, apesar de ter sido proferido um acórdão em que se reconhecia o incumprimento imputado ou um acórdão num reenvio prejudicial, ou apesar de existir uma jurisprudência bem assente do Tribunal de Justiça na matéria, dos quais resulte o caráter ilícito do comportamento em causa.

3. Finalmente, a terceira condição, também idêntica para as duas situações, é que exista um nexo de causalidade direto entre a violação e o prejuízo sofrido pelos particulares.

Merece ser sublinhado aqui o fato de aquela segunda condição mencionada pelo acórdão *Brasserie du Pêcheur* (*"a violação do Direito Comunitário deve ser suficientemente caracterizada"*) ter autorizado introduzir certos elementos de viés mais subjetivo na análise da situação nacional de violação ao Direito Comunitário – e a principal razão para isso é, sem dúvida, a ambigüidade e a pouca clareza de que são dotadas freqüentemente algumas normas de Direito Comunitário (STEINER E WOODS, 2001, p. 72). A questão da responsabilização estatal não é integral, automática e sempre presente, como se poderia inferir de uma leitura menos crítica do acórdão *Francovich*, caso contrário, a Comunidade Européia seria transformada em uma imensa companhia seguradora supranacional. De outro lado, contudo, o TJCE não chegou a afirmar que a responsabilidade do Estado pela inobservância do Direito Comunitário exigiria dolo ou culpa – institutos jurídicos com múltiplas conceituações nos diversos ordenamentos jurídicos dos Estados-membros (TRIDIMAS, 2000, p. 332; e HANLON, 2003, p. 126) –, porém, admitiu que certas circunstâncias nacionais excepcionais, sobretudo quando a autoridade nacional dispõe de certa margem de apreciação no exercício de suas competências, poderiam atenuar, mitigar ou até mesmo extinguir a responsabilidade do Estado pela violação do Direito Comunitário naquelas hipóteses em que ao Estado-membro é conferido um grande poder discricionário. Em outras palavras, o caráter intencional de uma infração já implicaria, por si só, em uma infração grave e manifesta, porém, tais gravidade e manifestação não se resumiriam aos casos de intencionalidade da conduta do Estado-membro. Acerca da culpabilidade do ente estatal, pode-se continuar a afirmar que a responsabilidade do Estado por violação do Direito Comunitário é uma responsabilidade objetiva (FUMAGALLI, 2000, p. 85), não se subordinando, à guisa de pré-requisito, a quaisquer componentes subjetivas como dolo, negligência ou *faute*, mas que admitiria alguma flexibilidade de acordo com a gravidade da conduta estatal.[301] Nesse ponto particular e restrito, a responsabilidade do Estado-membro por violação do Direito Comunitário apresenta um ponto de clara convergência com a francesa *"responsabilité de l'État du fait des lois"* – posto ser essa também uma responsabilidade que também independe de qualquer *"faute"*, embora por outros motivos, como visto acima.

Para o Tribunal de Justiça, conforme assentou em seu acórdão *Brasserie du Pêcheur* (Coletânea 1996, p. I-1148, n. 47), as três condições requeridas por sua jurisprudência para fundamentar um direito subjetivo à reparação (em caso de haver uma margem de apreciação na conduta do órgão infrator) devem ser idênticas – a menos que existam razões específicas para uma distinção –, tanto no caso de responsabilidade do Estado pela violação do Direito Comunitário como no caso de responsabilidade da própria Comunidade Européia em hipótese semelhante de violação do Direito Comunitário. De acordo com estável jurisprudência do TJCE[302], para que haja a responsabilidade da Comu-

---

[301] Nessa posição eclética, a ser considerada é a hipótese em que um Estado-membro transpõe integralmente uma diretiva e, a seguir, uma inesperada interpretação do TJCE, que contraria a transposição realizada, coloca o Estado-membro em situação de indenizar os prejuízos porventura causados (QUINTAS, 2000, p. 189). Ou também a situação em que um Estado-membro deixa de transpor uma diretiva com o argumento de já haver, no seu ordenamento jurídico, leis que cuidam do mesmo assunto e da mesma maneira tratados na diretiva (a tal "harmonia preestabelecida") e, a seguir, uma interpretação distinta do TJCE contraria a posição adotada pelo Estado-membro (TRIDIMAS, 2000, p. 328). Outra circunstância especialmente relevante dá-se quando o Estado-membro não pôde transpor uma diretiva em virtude de uma omissão anterior de uma instituição comunitária, que não emitiu o detalhamento necessário para regulamentar a diretiva (TRIDIMAS, 2000, p. 328). Há, ainda, a hipótese de execução irreparavelmente legítima e regular, pelos órgãos nacionais, de uma diretiva inválida ou ilícita, nesse caso os danos, porventura existentes, devem ser imputados apenas à Comunidade Européia (ISAAC, 2000, p. 386, VANDERSANDEN E DONY, 1997, p. 83) – este assunto, relativo à "responsabilidade do Estado pelo cumprimento do Direito Comunitário", porém, refoge aos objetivos desta investigação doutoral, tanto quanto a responsabilidade dos particulares ou das instituições comunitárias pela violação do Direito Comunitário.

[302] Entre outros, TJCE, acórdão de 28.04.71, Proc. 4/69, *Alfons Lütticke GmbH / Comissão, Recueil* 1971, p. 325 e ss., sobretudo o seu parágrafo n. 10.

nidade, é necessária a ocorrência de três pressupostos: 1) ato ilícito da Comunidade; 2) dano ao particular; e 3) nexo de causalidade entre o ilícito e o dano. Àquelas três condições soma-se mais uma quando se tratar de prejuízo decorrente de um ato normativo comunitário (equivalente ao "ato legislativo" do Estado-membro) que implique em escolha de política econômica: que haja uma violação suficientemente caracterizada de uma regra superior de Direito protetora dos particulares[303]. A Corte de Justiça entendeu, portanto, que, quando um Estado-membro dispõe de um poder discricionário tão grande quanto o da Comunidade em um certo domínio, as condições para levar à responsabilidade devem ser semelhantes tanto para o Estado-membro quanto para a Comunidade. Desse modo, o TJCE, em *Brasserie du Pêcheur*, julgou possível aproximar as seguintes condições:

Condições para a Responsabilidade do Estado-Membro por Violação do Direito Comunitário segundo o acórdão *Brasserie du Pêcheur*	Condições para a Responsabilidade da Comunidade por Violação do Direito Comunitário – Fórmula *Schöppenstedt*
Que a violação do Direito Comunitário seja suficientemente caracterizada	Que haja uma violação suficientemente caracterizada de uma regra superior de Direito protetora dos particulares
Que exista um nexo de causalidade direto entre a violação e o prejuízo sofrido pelos particulares	Nexo de causalidade entre o ilícito e o dano
Que a regra de Direito Comunitário tenha por objeto conferir direitos aos particulares	Dano ao particular
	Ato ilícito da Comunidade

A intenção do Tribunal de Justiça, ao submeter tanto a responsabilidade do Estado como a responsabilidade da Comunidade por violações do Direito Comunitários às mesmas condições, foi evitar que a proteção aos direitos concedidos aos particulares pelo sistema jurídico comuni-

---

[303] TJCE, acórdão de 02.12.71, Proc. 5/71, *Aktien-Zuckerfabrik Schöppenstedt / Comissão*, *Recueil* 1971, p. 975 e ss. A reunião daquelas quatro exigências para a responsabilidade extra-contratual da Comunidade é chamada de "fórmula *Schöppenstedt*" (TRIDIMAS, 2000, p. 315 e 330).

tário não variasse em razão do fato de a infração ter sido cometida por um Estado-membro ou por uma instituição comunitária (acórdão *Brasserie du Pêcheur*, Coletânea 1996, p. I-1147, n. 42). A ausência dessa simetria permitiria que a violação de uma mesma norma comunitária tivesse conseqüências distintas, caso o seu infrator fosse um Estado-membro ou a própria Comunidade. De todo modo, não parecem inconciliáveis as duas séries de condições: primeiro, porque a responsabilidade do Estado-Membro por Violação do Direito Comunitário é sempre uma responsabilidade por ato ilícito, que, portanto, implica em uma violação de uma regra superior de Direito Comunitário; segundo, porque para os Estados-membros é idêntica a exigência quanto a uma violação suficientemente caracterizada de uma regra superior de Direito protetora dos particulares; terceiro, porque a primazia do Direito Comunitário faz dele uma norma superior ao Direito interno dos Estados--membros; e, finalmente, quatro, porque em qualquer caso há de haver dano comprovado e nexo de causalidade entre a conduta estatal ou comunitária e o dano suportado[304].

O acórdão seguinte foi o *British Telecommunications* que, por sua vez, declarou a existência, em tese, de uma responsabilidade do Estado pela transposição incorreta de uma diretiva comunitária ao ordenamento jurídico interno. Ao passo que o acórdão *Francovich* tratara da responsabilidade do Estado pela não-transposição total de uma diretiva comunitária, o caso agora era de transposição atempada, mas substantivamente incorreta, de uma diretiva do setor de telecomunicações, ou seja, a normativa nacional, apesar de formalmente transposta, vulnerara materialmente os objetivos elencados na diretiva comunitária.[305]

---

[304] Não são poucos, porém, os estudiosos e operadores do Direito que entendem ser impossível ou, quando muito, apenas aparente ou meramente retórica essa congruência estrutural entre os sistemas responsabilizatórios comunitário e estatal pela violação do Direito Comunitário (é o caso, p. ex., de TRIDIMAS [2000, p. 333] e do Advogado-Geral P. LÉGER, cuja opinião foi expressada nas suas conclusões ao acórdão TJCE de 23.05.96, Proc. C-5/94, *Hedley Lomas*, Coletânea 1996, p. I-2587-I-2589). Por outro lado, há quem veja que tal simetria seja capaz de operar um *"efeito boomerang"*: difícil de ser executada a princípio, pode converter-se em uma excelente oportunidade para, de volta, se flexibilizar e aperfeiçoar o próprio sistema de responsabilidade extra-contratual da Comunidade, amplamente criticado pelo seu elevado grau de restrições (FERNÁNDEZ GARCÍA, 1999, p. 224).

[305] TJCE, acórdão de 26.03.96, Proc. C-392/93, *British Telecommunications*, Coletânea 1996, p. I-1631-I-1671. Nesse caso, cujo relator foi o juiz português MOITINHO DE ALMEIDA, ao transpor erroneamente uma diretiva comunitária sobre contratos de concessão

A seguir, com o acórdão *Hedley Lomas*, o princípio da responsabilidade do Estado por violação do Direito Comunitário foi explicitamente dirigido a compensar uma conduta danosa e ilícita da Administração Pública nacional, e não mais um ato do legislador, como no *acórdão Francovich*. Desta feita, estava em causa uma violação do Direito Comu-

---

de serviço público, o Reino Unido incluiu no seu âmbito de minudente regulação alguns contratos da *British Telecommunications*, excluindo os contratos de outras operadoras de telefonia concorrentes. A empresa, então, demandou uma indenização pelos prejuízos advindos dos custos suplementares que fora obrigada a suportar para adaptar-se à nova, detalhada e errônea regulação das telecomunicações. Uma outra questão importante abordada naquele *decisum* foi a relativa às condições do ressarcimento. Do sumário desse acórdão extrai-se a seguinte passagem: *"(...) 3. Quando uma violação do Direito Comunitário é imputável a um Estado-membro que age num setor em que dispõe de ampla margem de apreciação para proceder a opções normativas, o Direito Comunitário reconhece o direito de indenização a favor dos particulares lesados, desde que estejam reunidas três condições, a saber: que a norma jurídica violada vise atribuir direitos aos particulares, que a violação seja suficientemente caracterizada e que exista um nexo de causalidade direto entre a violação da obrigação que incumbe ao Estado e o prejuízo sofrido pelas pessoas lesadas. Estas condições são aplicáveis no caso de um Estado--membro transpor incorretamente uma diretiva comunitária para o seu direito nacional. (...)"* É de se notar, porém, que, no caso em comento, o Tribunal de Justiça da Comunidade não enxergou que tivesse havido uma violação suficientemente caracterizada do Direito Comunitário para justificar a concessão de uma indenização à *British Telecommunications*. Para a Corte comunitária, o caso fora reprovado no *"teste da violação suficientemente caracterizada"* (ALONSO GARCÍA, 1997, p. 57). Quanto a esse aspecto em especial, lê-se no texto do acórdão: *"(42) Decorre da jurisprudência do Tribunal de Justiça que uma violação é suficientemente caracterizada quando uma instituição ou um Estado-membro viole de forma manifesta e grave, no exercício da sua competência normativa, os limites impostos ao exercício dessa competência (...). A este respeito, o grau de clareza e de precisão da norma violada é, designadamente, um dos elementos que a jurisdição competente pode ser conduzida a tomar em consideração (...). (43) No caso vertente, cabe declarar que o n.º 1 do art. 8.º [da diretiva] é pouco preciso, admitindo razoavelmente, para além da interpretação dada pelo Tribunal de Justiça no presente acórdão, a interpretação que dele foi feita de boa fé pelo Reino Unido com base em argumentos não destituídos de toda e qualquer pertinência (...). Esta interpretação, também partilhada por outros Estados-Membros, não é manifestamente contrária à letra da diretiva, nem ao objetivo por ela prosseguido. (44) Além disso, é de salientar, em especial, que o Reino Unido não dispunha de nenhuma indicação decorrente da jurisprudência do Tribunal de Justiça sobre a interpretação da disposição em causa, sobre a qual a Comissão também não se pronunciara aquando da adoção dos regulamentos de 1992. (45) Nestas condições, o fato de, ao transpor a diretiva, um Estado-membro ter considerado necessário determinar por si próprio os serviços excluídos do seu âmbito de aplicação nos termos do art. 8.º, em violação desta disposição, não pode ser considerado como violação suficientemente caracterizada do Direito Comunitário, na acepção do acórdão Brasserie du Pêcheur e Factortame, já referido"* (p. I-1668-I1669).

nitário pela denegação administrativa de licenças de exportação de gado, e o TJCE elencou, mais uma vez, na oportunidade, aquelas condições específicas para a conformação da responsabilidade dos Estados por violação do Direito Comunitário. Em razão da elevada importância, até mesmo quantitativa, das Administrações Públicas nacionais para a aplicação do Direito Comunitário, o acórdão foi de grande efeito prático.[306]

Finalmente, após as férias de verão, já no outono de 1996, uma nova decisão do TJCE, o acórdão *Dillenkofer*, também disse respeito à responsabilidade do Estado legislador por omitir-se na transposição atempada de uma diretiva comunitária. Tanto quanto no acórdão *Francovich*, desta feita, a demandada também era a República Federal da Alemanha.[307]

---

[306] TJCE, acórdão de 23.05.96, Proc. C-5/94, *Hedley Lomas*, Coletânea 1996, p. I-2553-I-2616. *In casu*, as conseqüências danosas que estão na base do pedido de indenização decorreram da recusa, pela Administração irlandesa, de autorizar exportações de ovinos vivos da Espanha, cujos processos de abate contrariariam uma diretiva comunitária sobre a sedação animal antes do sacrifício. O acórdão foi assim ementado: "*1. A recusa por um Estado-membro de emitir licenças de exportação constitui uma restrição quantitativa à exportação, contrária ao art. 34.º do Tratado. (...) 3. A obrigação, para um Estado--membro, de reparar os prejuízos causados a um particular devido à recusa de emitir uma licença de exportação, em violação do art. 34. do Tratado, existe quando a norma de Direito Comunitário violada tenha por objeto conferir direitos aos particulares, a violação seja suficientemente caracterizada e exista um nexo direto de causalidade entre essa violação e o prejuízo sofrido pelos particulares. Com esta reserva, é no âmbito do direito nacional da responsabilidade que compete ao Estado reparar as conseqüências do prejuízo causado por uma violação do Direito Comunitário que lhe seja imputável, sendo certo que as condições fixadas pela legislação nacional aplicável não podem ser menos favoráveis do que as que dizem respeito a reclamações semelhantes de natureza interna e não podem ser organizadas de forma a tornar impossível na prática ou excessivamente difícil a obtenção da reparação (...).*"

[307] TJCE, acórdão de 08.10.96, Procs. apensos C-178/94, C-179/94, C-188/94 e C--190/94, *Dillenkofer*, Coletânea 1996, p. I-4845-I-4893. A situação fática dizia respeito, em suma, às conseqüências derivadas da ausência de transposição, na Alemanha, de uma diretiva comunitária que determinava que os Estados-membros deveriam garantir aos adquirentes de viagens organizadas o reembolso das prestações adiantadas ou as despesas com o repatriamento no caso de insolvência das agências de viagens que tivessem comercializado o pacote de viagem. Mais concretamente, a questão dizia respeito a uma operadora de turismo específica que, tendo falido, causara prejuízos a diversos consumidores que, diante da não transposição da mencionada diretiva, resolveram então processar o Estado alemão pela omissão legislativa. A fim de aclarar os efeitos daquela diretiva e da omissão estatal, no seio de um processo sobre um pedido de indenização do Senhor *Dillenkofer* e outros contra o Estado alemão, o *Landgericht Bonn* submeteu ao TJCE um reenvio prejudicial. Na ementa do acórdão se lê: "*1. A inexistência de qualquer medida de transposição de uma diretiva para a consecução do resultado nela prescrito no prazo*

Além de reafirmar a responsabilidade comunitária do Estado por total omissão do legislador, o ponto que mais chama a atenção no acórdão *Dillenkofer* é o fato de que ele tratou de aproximar e sistematizar todas aquelas condições necessárias para que se pudesse consumar a responsabilidade do Estado por violação do Direito Comunitário mencionadas em *Francovich, Brasserie du Pêcheur, British Telecommunications* e *Hedley Lomas* – independentemente de se tratar de uma situação com maior ou menor margem de apreciação conferida ao Estado-membro, como, até então, dividia o Tribunal de Justiça. O TJCE afirmou no *decisum Dillenkofer* que eram apenas aparentes as possíveis divergências entre as três condições indicadas no acórdão *Francovich*[308] e aquelas outras três indicadas no acórdão *Brasserie du Pêcheur*[309] (e repetidas em

---

para o efeito estabelecido constitui, por si só, uma violação caracterizada do Direito Comunitário, e, em conseqüência, cria, em favor dos particulares lesados, um direito à reparação se o resultado prescrito na diretiva implicar a atribuição, em benefício dos particulares, de direitos cujo conteúdo possa ser identificado e se existir um nexo de causalidade entre a violação da obrigação que incumbe ao Estado e o prejuízo sofrido. 2. O resultado prescrito pelo art. 7. da Diretiva 90/314 relativa às viagens organizadas, férias organizadas e circuitos organizados, que estabelece que o operador e/ou a agência parte no contrato devem comprovar possuir meios de garantia suficientes, próprios para assegurar, em caso de insolvência ou de falência, o reembolso ao consumidor dos fundos que depositou e o seu repatriamento, implica a atribuição, ao viajante, de direitos cujo conteúdo pode ser suficientemente determinado. 3. Para dar cumprimento ao artigo 9.º da Diretiva 90/314 (...), os Estados-Membros deveriam ter adotado, no prazo estabelecido, todas as medidas necessárias para garantir aos particulares, a partir de 01 de janeiro de 1993, uma efetiva proteção contra os riscos de insolvência e de falência dos operadores."
É de se registrar que, como já se viu em tópico anterior, não se reconhecia tradicionalmente em Direito alemão uma responsabilidade estatal decorrente de omissões de natureza legislativa pela ausência de uma vinculação direta com o particular, ou seja, pela falta de *"Drittbezogenheit"* entre o legislador alemão e o possível beneficiário da norma a ser legislada (BGHZ 102, 350). A decisão do processo *Dillenkofer* viria a instigar, portanto, a muitas reflexões sobre o sistema da *"Staatshaftung"* germânica.

[308] *"Em primeiro lugar, que o resultado estabelecido pela diretiva inclua a atribuição de direitos aos particulares; em segundo lugar, que o conteúdo desses direitos possa ser identificado com base nas disposições da diretiva; e, em terceiro lugar, que exista um nexo de causalidade entre a violação da obrigação que incumbe ao Estado e o prejuízo sofrido pelas pessoas lesadas"* (TJCE, acórdão de 19.11.91, Processos apensos C-6/90 e C-9/90, *Francovich e Bonifaci / Italie*, Coletânea 1991, p. I-5359).

[309] *"[1.º] Que a regra de direito violada tenha por objeto conferir direitos aos particulares, [2.º] que a violação seja suficientemente caracterizada e, por último, [3.º] que exista um nexo de causalidade direto entre a violação da obrigação que incumbe ao Estado e o prejuízo sofrido pelas pessoas lesadas"* (TJCE, acórdão de 05.03.96, Procs. C-46/93 e C-48/93, *Brasserie du Pêcheur*, Coletânea 1996, p. I-1149).

British Telecommunications e *Hedley Lomas*), necessárias para viabilizar a responsabilidade do Estado-membro por violação do Direito Comunitário. Segundo assentou o TJCE no seu acórdão *Dillenkofer* (p. I-4878- -I4879, parágrafos 21 e 22), havia um conjunto único e convergente de condicionantes para a responsabilidade do Estado por toda sorte de violação do Direito Comunitário, composto de quatro requisitos, quais sejam:

1. *Que a regra de Direito Comunitário violada tenha por objeto conferir direitos aos particulares*. Essa circunstância, chamada de *Schutznormverletzung* pela dogmática alemã[310], já fora mencionada explicitamente tanto em *Francovich* como em *Brasserie du Pêcheur* e apenas foi reafirmada em *Dillenkofer*. É dessa condição que se faz aflorar o interesse do particular na direção da obtenção de uma proteção jurisdicional pecuniária e compensatória, quando da violação ativa ou omissiva de uma norma de Direito Comunitário.

2. *Que o conteúdo desses direitos possa ser identificado com base nas disposições da norma comunitária*. Esse requisito, embora estivesse explícito em *Francovich*, ficou implicitamente subentendido em *Brasserie du Pêcheur*, que não o mencionou diretamente conquanto estivesse nas entrelinhas do acórdão. Importa sublinhar que desse requisito não decorre, porém, que a norma infringida deva necessariamente gozar de efeito direto ou que, por si, confira direitos aos particulares. É preciso tão-somente que ela *"tenha por objeto"*, ou seja, por efeito ou meta, conferir direitos aos particulares – direitos que poderiam ser exercidos, se a regular transposição de uma diretiva, por exemplo, tivesse sido operada.[311]

---

[310] Cf. DETTERBECK, WINDTHORST E SPROLL, 2000, p. 56.

[311] É de se recordar que, para engendrar o efeito direto, a norma comunitária há de ser suficientemente precisa e incondicional, ao passo que, para dar origem à responsabilidade do Estado pelo descumprimento do Direito Comunitário, é preciso que a norma comunitária tenha por objeto conferir direitos aos particulares cujo conteúdo possa ser identificado com base em suas disposições – não necessariamente disposições precisas e incondicionais, posto que nem toda norma que confere direitos aos particulares tem esse feitio. Tal situação pode ser muito bem exemplificada pelas Diretivas 81/851 e 81/852 que, ao impor que um pedido de "autorização de colocação no mercado" (ACM) de um medicamento só pode ser indeferido pelas taxativas, precisas e exaustivas razões nelas enumeradas, criaram para os particulares o direito de obter uma autorização, se não estiverem reunidas

3. *Que a violação do Direito Comunitário seja suficientemente caracterizada, isto é, que seja grave e manifesta.* Essa exigência, claramente inspirada nas condições da responsabilidade extra-contratual da Comunidade Européia, restou explícita no acórdão *Brasserie du Pêcheur*, que inclusive deu seis indicações de como o juiz nacional poderia avaliar se uma violação do Direito Comunitário é "suficientemente caracterizada"[312]. De outro lado, contudo, segundo a própria dicção do acórdão *Dillenkofer*, essa exigência ficou apenas implícita em *Francovich*, mas dele pôde ser extraída na medida em que essa exigência *"era inerente às circunstâncias do caso"* – não-transposição pura e simples de uma diretiva comunitária. A partir das conclusões do acórdão

---

aquelas condições para o indeferimento. Portanto, o conteúdo do direito conferido ao requerente de uma ACM pôde ser suficientemente identificado com base no efeito dessas diretivas, embora as suas disposições não sejam diretamente precisas e incondicionais, quanto ao direito dos particulares (TJCE, acórdão de 02.04.98, Proc. C-127/95, *Norbrook Laboratories Ltd. / Ministry of Agriculture, Fisheries and Food*, Coletânea 1998, p. I-1531 e ss., n. 108). A inexigibilidade do efeito direto de uma diretiva como condição *sine qua non* para a responsabilidade do Estado-membro foi também convictamente reafirmada pelo TJCE em acórdão de 04.12.97, *verbis*: *"24. Como, segundo jurisdição constante do Tribunal de Justiça, uma diretiva não pode, por si só, criar obrigações na esfera jurídica de um particular e não pode ser, portanto, invocada, enquanto tal, contra tal pessoa (...), não há que examinar se o artigo 6.º da Primeira Diretiva é susceptível de ter efeito direto na ordem jurídica interna de um Estado-Membro. 25. Tal resultado não prejudica a eventual aplicabilidade do princípio, segundo o qual, o Direito Comunitário impõe aos Estados-Membros a obrigação de reparar os prejuízos causados aos particulares devido à não transposição ou transposição incorreta de uma diretiva (...)"* (TJCE, acórdão de 04.12.1997, Proc. C-97/96, *Verband deutscher Daihatsu-Händler e.V. / Daihatsu Deutschland GmbH, Fisheries and Food*, Coletânea 1997, p. I-06843 e ss., n. 24-25).

[312] Os Estados-membros que não demonstram nenhum esforço em transpor certa diretiva não devem esperar qualquer simpatia da Corte de Luxemburgo; de outro lado, aqueles Estados-membros que transpõem a norma comunitária, ainda que erradamente, são "chamados" a dialogar (TRIDIMAS, 2001, p. 302). Conforme já mencionado, o teste é composto pelas respostas às seguintes indicações: (1.º) o grau de clareza e de precisão da regra violada; (2.º) a medida da margem de apreciação que a regra violada deixa às autoridades nacionais; (3.º) o caráter intencional ou involuntário do incumprimento verificado ou do prejuízo causado; (4.º) o caráter escusável ou não de um eventual erro de direito; (5.º) o fato de as atitudes adotadas por uma instituição comunitária terem podido contribuir para a omissão constatada; e (6.º) a adoção ou a manutenção de medidas ou práticas nacionais contrárias ao Direito Comunitário, apesar de ter sido proferido um acórdão em que se reconhecia o incumprimento imputado ou um acórdão num reenvio prejudicial, ou apesar de existir uma jurisprudência bem assente do Tribunal de Justiça na matéria, dos quais resulte o caráter ilícito do comportamento em causa.

Dillenkofer, portanto, concluiu o TJCE que a falta de transposição de uma diretiva já configura, automaticamente, uma violação grave e manifesta do Direito Comunitário – uma presunção jurídica inelidível[313]. Para outras formas de violação do Direito Comunitário, como a transposição incorreta ou insuficiente, são admitidas provas de que não houve uma infração grave e manifesta e a responsabilização do Estado-membro poderá ser mitigada ou mesmo excluída[314].

4. *Que exista um nexo de causalidade direto entre a violação e o prejuízo sofrido pelos particulares.* Essa última exigência também já fora mencionada diretamente tanto em *Francovich* como em *Brasserie du Pêcheur* e mereceu repetição automática em *Dillenkofer*. Em ambos os casos ficou assentado que o dano suportado pelo particular, para ser ressarcido pelo Estado-membro, deve ter decorrido diretamente do ilícito comunitário imputado a esse último.

Em resumo, portanto, as condições estabelecidas nos diferentes acórdãos comunitários eram as mesmas. A partir da leitura que TJCE fez da responsabilidade do Estado-membro pela violação do Direito Comunitário no acórdão *Dillenkofer*, os requisitos, a serem examinados pelo órgão jurisdicional nacional, necessários para que se tenha direito a uma indenização estatal, são, graficamente, os seguintes:

---

[313] A inação de um Estado-membro em dar cumprimento a uma diretiva é capaz de caracterizar automaticamente uma "violação suficientemente caracterizada" tanto na hipótese de omissão integral quanto no caso de uma omissão parcial (ALONSO GARCÍA, 1997, p. 82). Como bem lembrou SENKOVIC (2000, p. 145), o fato de a omissão estatal já ser capaz de caracterizar automaticamente uma "violação suficientemente caracterizada" não significa dizer que a ausência de transposição de uma diretiva dá, automaticamente, direito a uma indenização ao particular, pois, para configurar tal direito, ainda é preciso que o juiz nacional entenda presentes as outras três condições mencionadas acima.

[314] Ao julgar a questão prejudicial levantada no caso *Denkavit* (TJCE, acórdão de 17.10.96, Procs. apensos C-283/94, C-291/94 e C-292/94, *Denkavit International BV e o. / Bundesamt für Finanzen*, Coletânea 1996, p. I-05063 e ss., n. 3), p. ex., o Tribunal entendeu não estar diante de uma "violação suficientemente grave" em razão, entre outros elementos, do fato de que a interpretação da diretiva adotada pela Alemanha, o Estado demandado, correspondera àquela mesma da quase totalidade dos outros Estados-membros. Tratava-se, ali, de um caso de transposição incorreta de uma diretiva comunitária, como no acórdão *British Telecommunications*.

		Acórdãos Referenciais		
		Francovich	*Brasserie du Pêcheur*	*Dillenkofer*
Condições da Responsabilidade	1. Que a regra de Direito Comunitário tenha por objeto conferir direitos aos particulares	Mencionada explicitamente no acórdão	Mencionada explicitamente no acórdão	Mencionada explicitamente no acórdão
	2. Que o conteúdo desses direitos possa ser identificado com base nas disposições da norma comunitária	Mencionada explicitamente no acórdão	Subentendida do texto e da situação fática do acórdão	Mencionada explicitamente no acórdão
	3. Que a violação do Direito Comunitário seja suficientemente caracterizada, isto é, que seja grave e manifesta	Subentendida do texto e da situação fática do acórdão	Mencionada explicitamente no acórdão	Mencionada explicitamente no acórdão
	4. Que exista um nexo de causalidade direto entre a violação e o prejuízo sofrido pelos particulares	Mencionada explicitamente no acórdão	Mencionada explicitamente no acórdão	Mencionada explicitamente no acórdão

Muitos autores, entre os quais Tridimas (2000, p. 326, e 2001, p. 304), Fumagalli (2000, p. 247 e ss.), Hanlon (2003, p. 124) e Raeppenbusch (2001, p. 394), unem os requisitos descritos nos números 1 e 2 da tabela acima, criando uma única condição. Este requisito "unificado", entretanto, deve ser interpretado sempre no sentido de que, para a responsabilização do Estado, a norma de Direito Comunitário infringida deve ter por objeto conferir aos particulares direitos cujo conteúdo possa ser nela identificável. Essa é a única interpretação possível à luz dos nem sempre lembrados parágrafos n.º 21 e 22 do corpo do acórdão *Dillenkofer* (Coletânea 1996, p. I-4878-I4879). Com algum desprestígio para o segundo daqueles dois parágrafos, o de n.º 22, a jurisprudência posterior ao acórdão *Dillenkofer* fez referência, muitas vezes, a apenas três condições exigíveis para o dever estatal de reparação[315]. Mesmo assim, há de se recordar que o seu sentido é mais amplo do que insinua, à primeira vista, a sua literalidade. Repita-se: para configurar a

---

[315] Entre outros, TJCE, acórdão de 17.10.96, Procs. apensos C-283/94, C-291/94 e C-292/94, *Denkavit International BV e o. / Bundesamt für Finanzen*, Coletânea 1996, p. I-5063 e ss., n. 3; ou ainda TJCE, acórdão de 22.04.97, Proc. C-66/95, *The Queen / Secretary of State for Social Security ex parte Eunice Sutton*, Coletânea 1997, p. I- 2163-I-2193, n. 2, e também TJCE, acórdão de 02.04.98, Proc. C-127/95, *Norbrook Laboratories Ltd / Ministry of Agriculture, Fisheries and Food*, Coletânea 1998, p. I-1531 e ss., n. 8

responsabilidade do Estado-membro, a norma de Direito Comunitário infringida deve ter por objeto conferir aos particulares direitos cujo conteúdo possa ser nela identificável.

Em todo caso, a partir de então quedaram estabilizadas, no todo, as condições da responsabilidade do Estado pela violação do Direito Comunitário que, de qualquer modo, continuavam compatíveis com as condições para a responsabilização da própria Comunidade Européia em hipóteses semelhantes. A jurisprudência do TJCE que se seguiu a *Dillenkofer* apenas cuidou de reafirmar que as hipóteses de "ilícito comunitário" abrangem qualquer ato estatal, até mesmo o ato judicial violador do Direito Comunitário[316]. A jurisprudência comunitária posterior a 1996

---

[316] Paradigmático e explícito quanto a esse aspecto foi o acórdão TJCE de 30.09.2003 (Proc. C-224/01, *Gerhard Köbler / Áustria*, ainda pendente de publicação na Coletânea de Jurisprudência, mas já disponível na internet – www.curia.eu.int). Naquela questão prejudicial, G. Köbler, professor catedrático de uma universidade pública austríaca, havia intentado uma ação de indenização contra a República da Áustria perante o tribunal nacional competente, a fim de ser ressarcido do prejuízo sofrido devido ao não recebimento de certa vantagem salarial, cujo pagamento fora considerado indevido por acórdão do *Verwaltungsgerichtshof*, o que violava disposições do Direito Comunitário diretamente aplicáveis, conforme interpretadas pelo Tribunal de Justiça em reiterados acórdãos anteriores. A ementa do acórdão comunitário mereceu a seguinte dicção: "*1. O princípio segundo o qual os Estados-membros são obrigados a ressarcir os danos causados aos particulares pelas violações do Direito Comunitário que lhes são imputáveis é igualmente aplicável quando a violação em causa resulte de uma decisão de um órgão jurisdicional decidindo em última instância. [...] 2. [...] De qualquer modo, uma violação do Direito Comunitário é suficientemente caracterizada quando a decisão em causa foi tomada violando manifestamente a jurisprudência do Tribunal de Justiça na matéria.*". Da fundamentação do mesmo *decisum* colhe-se interessante passagem a respeito do relacionamento entre a autoridade da coisa julgada e a responsabilidade do Estado pelo ato judicial: "*38. Cabe aqui assinalar que a importância do princípio da autoridade do caso definitivamente julgado não pode ser contestada. [...] 39. [...] Há que considerar que o reconhecimento do princípio da responsabilidade do Estado pela decisão de um órgão jurisdicional nacional decidindo em última instância não tem em si por conseqüência pôr em causa a autoridade do caso definitivamente julgado de tal decisão. Um processo destinado a responsabilizar o Estado não tem o mesmo objeto e não envolve necessariamente as mesmas partes que o processo que deu origem à decisão que adquiriu a autoridade de caso definitivamente julgado. Com efeito, o demandante numa ação de indenização contra o Estado obtém, em caso de êxito, a condenação deste no ressarcimento do dano sofrido, mas não necessariamente que seja posta em causa a autoridade do caso definitivamente julgado da decisão judicial que causou o dano. De qualquer modo, o princípio da responsabilidade do Estado inerente à ordem jurídica comunitária exige tal ressarcimento, mas não a revisão da decisão judicial que causou o dano.*"

em matéria de responsabilidade do Estado pela violação do Direito Comunitário inovou tão somente em aspectos adjetivos, periféricos e processuais da obrigação de composição do dano, posto que, sobre a substância da obrigação de indenizar, sobre o seu fundamento e sobre os seus requisitos, já não mais havia controvérsias, desde então. O jurisprudência mais recente tem-se concentrado em refinar os aspectos condicionais e processuais do remédio compensatório.

Nesse plano adjetivo, a decisão do caso *Brinkmann*, do TJCE, merece ser citada já que veio a acrescentar uma nova nuança à questão das "violações suficientemente caracterizadas" do Direito Comunitário. Nesse processo, a Corte de Luxemburgo entendeu que, embora a inexistência de qualquer medida legislativa de transposição de uma diretiva, no prazo nela estabelecido, constitua, por si só, uma violação caracterizada do Direito Comunitário, o órgão judicial há que apreciar, quando as autoridades administrativas nacionais aplicaram imediata e diretamente as disposições da diretiva, se tais autoridades violaram de um modo suficientemente caracterizado tais disposições, face ao seu grau de clareza e precisão. Julgou, então, a Corte que *"podendo as disposições pertinentes da diretiva ser objeto de diferentes interpretações seriamente defensáveis, as autoridades nacionais não violaram essas disposições de um modo suficientemente caracterizado quando a interpretação que lhes deram não foi manifestamente contrária ao texto da referida diretiva nem, designadamente, ao objetivo que esta prosseguia"*[317]. Mais uma vez, portanto, o TJCE foge da clássica dicotomia válido *vs.* inválido para a fundamentação da responsabilidade.

Em seu conjunto, o grande valor de todas aquelas decisões do TJCE citadas até o momento – além de estabelecer as condições necessárias e suficientes para a responsabilidade do Estado-membro – reside no fato de consolidarem um caráter quadripartite da responsabilidade estatal pela violação do Direito Comunitário, um caráter simultaneamente sancionatório, persuasivo, harmonizante e pragmático. Explica-se: em primeiro lugar, com aqueles acórdãos, diversos incumprimentos estatais foram sancionados, penalizados, reforçando-se, assim, os laços de lealdade e integração entre os Estados-membros da Comunidade Européia (caráter sancionatório da responsabilidade)[318]; em segundo lugar, o TJCE

---

[317] TJCE, acórdão de 24.09.1998, Processo C-319/96, *Brinkmann Tabakfabriken GmbH / Skatteministeriet*, Coletânea 1998, p. I-05255 e ss.

[318] A índole sancionatória da responsabilidade do Estado é vista por HARLOW (1996, p. 9-10) como uma estratégia do TJCE para garantir a máxima efetividade da ordem

demonstrou a necessidade de se evitarem futuras infrações ao Direito Comunitário com a ameaça de o Estado infrator ter de arcar com o peso de largas indenizações para com os particulares prejudicados (caráter persuasivo dos acórdãos)[319]; em terceiro lugar, ao estabilizar um fundamento comum para a responsabilização dos Estados-membros pela violação do Direito Comunitário no próprio sistema de tratados fundamentais da Comunidade – e não em uma das muitas e discrepantes fórmulas de Direito interno sobre a responsabilidade do Estado –, procurou alguma homogeneidade na proteção dos particulares em todo o território comunitário (caráter harmonizante); finalmente, em quarto lugar, os acórdãos conseguiram introduzir maior eficácia em disposições comunitárias cujos efeitos – sem uma transposição adequada ou apesar de dotados de efeito direto[320] – eram nulos ou bastante diminuídos e, com isso, os acórdãos

---

jurídica comunitária – *"what Francovich added to the Court's armoury was the power of sanction"*. Para TRIANTAFYLLOU (1992, p. 571), essa responsabilidade do Estado constitui um eficaz mecanismo sancionatório descentralizado.

[319] Embora concorde com a indiscutível faceta sancionatória da responsabilidade dos Estados-membros pelo descumprimento da normativa comunitária, IAN LEE (1999, p. 36) tem uma visão muito pessimista quanto ao aspecto persuasivo das decisões do TJCE nessa matéria. Para ele, os Estados-membros – que têm o poder de imprimir moeda e conseguir fundos pela majoração dos tributos – não são desencorajados a desrespeitar o Direito Comunitário pela mera imposição de robustas indenizações. Esse seu entendimento, porém, não procede: a liberdade dos Estados-membros para "imprimir moeda e conseguir fundos pela majoração dos tributos" torna-se cada vez menor, ao passo que os danos em massa requerem pagamentos cada vez mais generalizados. Enfim, a prática tem demonstrado o constrangimento estatal pelo receio de novas conseqüências indenizatórias. Os efeitos políticos do acórdão *Francovich*, decorrentes, sem dúvida, do caráter persuasivo do princípio da responsabilidade do Estado por violação do Direito Comunitário, são bastante eloqüentes: a diretiva objeto daquela controvérsia (Diretiva 80/987/CEE do Conselho, de 20 de outubro de 1980) deveria ter sido transposta pela República Italiana até 23 de outubro de 1983, o que não fora feito; o incumprimento da Itália, quanto à transposição da diretiva, foi declarado pelo TJCE em 02 de fevereiro de 1989, data em que a referida diretiva ainda permanecia sem transposição; o acórdão *Francovich* foi proferido em 19 de novembro de 1991 e apenas cerca de dois meses depois dele, o Estado italiano providenciaria a transposição por meio da edição de um Decreto-Lei – já passados mais de dois anos desde a declaração de incumprimento e quase sete anos depois de esgotado o prazo para a regular transposição (ALONSO GARCÍA, 1997, p. 14).

[320] Ao abranger ambas as situações, que, sem dúvida, apresentam inter-relacionamentos, além daquelas hipóteses em que a interpretação conforme resta ineficaz, o sistema de proteção do particular fica mais rico e melhor aparelhado.

colmataram uma importante lacuna no sistema de proteção dos direitos conferidos aos particulares (caráter pragmático das decisões).[321]

Aliás, especialmente quanto a esse último aspecto, merece ser sublinhado o fato de que, segundo a jurisprudência do Tribunal de Justiça das Comunidades Européias, a responsabilidade do Estado-membro pela violação do Direito Comunitário mostra-se como um sucedâneo natural para o (não reconhecido) efeito direto horizontal das diretivas, ou seja, aqueles prejuízos resultantes da ausência de efeito direto horizontal das diretivas mal ou não transpostas podem ser, ao menos parcialmente, compensados pelo fato de que será possível, em certas circunstâncias, demandar a responsabilidade do Estado pela não-transposição da norma comunitária. O Estado, assim, assume o ônus de compensar o particular que não pode exigir de outro particular o cumprimento de uma diretiva não ou mal transposta ao ordenamento interno. Nessa direção, o acórdão *Faccini Dori*[322] é sintomático: *Francovich* representa uma excelente chance para se colmatar a lacuna referente ao efeito direto horizontal dentro do sistema de remédios jurídicos colocados à disposição do particular.[323] Tal posição foi reafirmada no acórdão *El Corte Inglés / Cristina*

---

[321] Essas características todas autorizam relembrar as palavras de Pereira (2000, p. 390) que, embora se referindo à responsabilidade internacional do Estado, podem muito bem ser aplicadas à responsabilidade do Estado pela violação do Direito Comunitário: *"A responsabilidade internacional do Estado é como a força invisível que faz mover a bússola, dando o devido norte e direção, para o cumprimento correto das normas de caráter internacional, com uma função reparadora essencial."*

[322] TJCE, acórdão de 14.07.94, Proc. C-91/92, *Paola Faccini Dori / Recreb Srl.*, Coletânea 1994, p. I-3325-I-3360. Nesse processo, o Advogado-Geral Carl Otto Lenz reitera posições anteriores de outros membros do Tribunal (os Advogados-Gerais van Gerven e Jacobs e o Juiz Schockweiler) e sugere à Corte, em suas conclusões para o processo (Coletânea 1994, p. I-3338-I-3345), a adoção do efeito direto horizontal para as diretivas sob o argumento, antes de tudo, da preservação da igualdade de condições de concorrência em todos os Estados-membros. A Corte rejeitou essa proposta sob a alegação de que o reconhecimento do efeito horizontal equivaleria atribuir à Comunidade Européia um novo poder normativo, apenas conferido a ela pela edição de regulamentos comunitários que, porventura admitido o efeito direto horizontal, deixariam de se diferenciar das diretivas (Coletânea 1994, p. I-3356). Denegando o efeito horizontal, reconheceu, contudo, o TJCE a responsabilidade do Estado pela não transposição da diretiva, na linha do acórdão *Francovich*. Não se pode deixar de sublinhar, todavia, que a maior celeridade dos processos judiciais para reconhecimento de efeitos diretos em diretivas comunitárias, em relação às demandas indenizatórias contra os Estados, é uma clara mais-valia em favor do reconhecimento do efeito direto horizontal.

[323] A importância desse acórdão é ressaltada por Gomes (2003, p. 110-111).

Blázquez Rivero[324], embora com críticas agudas de alguns doutrinadores, para quem ainda rechaçar o efeito direto horizontal significa permitir que o particular prejudicado pela não-transposição de um diretiva (principalmente aquelas relativas a Direito privado) não disponha de um procedimento direto contra aquele outro agente econômico privado que se beneficiou da não-transposição, mas, apenas, de um procedimento indenizatório contra o Estado omisso em seus deveres de transposição regular, o que equivaleria a um *"quase-subsídio estatal"* àquele agente econômico privado (*"Quasi-Beihilfe"*, cf. BALDUS E BECKER, 1999, p. 375 e 393).

É, contudo, uma conclusão lógica que, pelas mesmas razões com que o TJCE tem negado o efeito direto horizontal das diretivas, também desconheça a responsabilidade dos particulares pelo descumprimento do Direito Comunitário derivado não transposto, em litígios horizontais, relacionados à harmonização do Direito privado. É certo reconhecer, porém, que a jurisprudência comunitária dá sinais de que está cada vez mais próxima do reconhecimento do efeito direto horizontal das diretivas.

4.3.3. *Algumas Questões Processuais Específicas*

É de se recordar, mais uma vez, que ainda continua sob o governo das soberanias nacionais a apreciação das condições para a responsabilização e a definição do regime processual, aí incluídos o rito adequado, a delimitação do dano e o juízo competente, aplicável ao julgamento das indenizações por responsabilidade do Estado decorrente de violação do Direito Comunitário (princípio da autonomia processual) – embora a discricionariedade nacional não possa, como já salientado, dificultar excessivamente ou tampouco impedir a completa reparação do dano pela imposição ao particular de meios ou condições menos favoráveis do que aqueles extraídos do ordenamento jurídico da própria Comunidade (princípio da proteção efetiva), nem, muito menos, pela imposição ao particular de meios ou condições distintos daqueles de que se utiliza quando demanda contra uma situação puramente doméstica (princípio da não-discriminação ou da equivalência, tudo cf. TRIDIMAS, 2000, p. 339).

---

[324] TJCE, acórdão de 07.03.96, Proc. C-192/94, *El Corte Inglés / Cristina Blázquez Rivero*, Coletânea 1996, p. I-01281-I-1306.

Enfim, a aplicação do princípio da responsabilidade do Estado por violação do Direito Comunitário é, antes de mais, uma tarefa do juiz nacional – o juiz comunitário de Direito comum –, que, para garantir alguma homogeneidade de efeitos em todo e qualquer recanto da Comunidade, atua numa espécie de "liberdade vigiada", seguindo as linhas mestras, os *"standards"* oferecidos pelo Direito Comunitário interpretado pelo Tribunal de Justiça das Comunidades Européias, sempre de maneira a afastar toda regra de Direito interno que constitua um obstáculo ao efetivo ressarcimento do particular. Disso resulta que a responsabilidade do Estado pela transgressão da norma de Direito Comunitário trilha um caminho híbrido, em parte nacional e em parte comunitário.[325]

4.3.3.1. *Legitimidade Passiva do Estado na Demanda Indenizatória*

Quem é o "Estado" para fins de responsabilização em uma ação de perdas e danos com base na *"doutrina Francovich"*? A noção de Estado necessária para a definição do pólo passivo da responsabilidade estatal por violação do Direito Comunitário deve ser aquela mesma extraída do acórdão *Foster* do Tribunal de Justiça da Comunidade: toma-se "Estado" como *"um organismo que, seja qual for a sua natureza jurídica, foi encarregado, por ato de uma autoridade pública, de prestar, sob controle desta, um serviço de interesse público e que disponha, para esse efeito, de poderes especiais que exorbitam das normas aplicáveis às relações entre particulares"*[326]. Assim como na jurisprudência relativa à legitimidade passiva para fins de efeito direto vertical (ascendente) das diretivas e do princípio do *"estoppel"*, o Estado é visto como uma entidade única

---

[325] A persistência desse hibridismo do regime de responsabilização, sobretudo em aspectos procedimentais inteiramente a cargo do bom senso do juiz nacional, tem dado margem a críticas de alguns autores no sentido de que ele pode levar a desigualdades na proteção de direitos comunitários subjetivos, dada a grande diversidade dos sistemas nacionais de responsabilidade extracontratual dos poderes públicos, muitas vezes construídos pelo casuísmo da jurisprudência (por todos, PÉREZ GONZÁLEZ, 2001, p. 208). Quanto a essas críticas, porém, cabe lembrar que o reenvio prejudicial ao TJCE é, de certeza, uma poderosa ferramenta para se evitarem descompassos gritantes atribuídos à atuação de juízes nacionais (também nesse sentido, VANDERSANDEN E DONY, 1997, p. 61).

[326] TJCE, acórdão de 12.07.90, Proc. C-188/89, *A. Foster e o. / British Gas plc.*, Coletânea 1990, p. I-3313-I-3350, n. 22.

e bastante abrangente – reflexo do chamado "princípio da unidade do Estado" –, de maneira que a sua obrigação de reparar os danos causados aos particulares, pela violação do Direito Comunitário, não está à mercê das regras constitucionais (internas) de repartição de competências entre os poderes constituídos ou de regimes jurídicos específicos para entes personalizados.

À luz daquelas condições sumariadas pelo TJCE na sua jurisprudência mais recente sobre a responsabilidade do Estado-membro, é irrelevante para a responsabilidade comunitária do Estado que órgão ou entidade estatal deu causa ao incumprimento do Direito Comunitário – seja ela executiva, legislativa, judicial, regional, empresarial etc. –, o ente estatal tem o dever de reparar integralmente os danos que provocou.[327] Desse modo, a compreensão de "Estado", segundo a jurisprudência comunitária, apresenta uma dupla extensão, a saber: uma horizontal, que abarca qualquer uma das três funções estatais clássicas de administrar, judicar ou legislar, e outra vertical, que engloba tanto os esferas centrais como as instâncias regionais ou locais da estatalidade (ANAGNOSTARAS, 2001, p. 139).

Por outro lado, o Direito Comunitário não exige que a obrigação de responder seja satisfeita única e diretamente pelo tesouro "central" do Estado causador do dano. Logo, não é contrário ao Direito Comunitário que a ordem jurídica interna de Estados-membros federais autorize, por exemplo, que uma unidade federativa sua responda pecuniariamente pela integralidade dos danos que tiver dado causa a certo particular[328] ou que,

---

[327] QUINTAS (2000, p. 182) e, por todos, TJCE, acórdão de 01.06.99, Processo C-302/
/97, *Klaus Konle / Áustria*, Coletânea 1999, p. I-3099-I-3142. Colhe-se da ementa desse acórdão: "*6. Incumbe a cada um dos Estados-membros assegurar que os particulares obtenham a reparação do prejuízo que lhes causa a violação do Direito Comunitário, qualquer que seja a autoridade pública que tenha cometido essa violação [...]. Um Estado-membro não pode, por conseguinte, invocar a repartição das competências e responsabilidades entre as coletividades que existem na sua ordem jurídica interna para se eximir à sua responsabilidade nesta matéria. [...]*" (p. I-3102).

[328] Mais uma vez, o acórdão *Konle* é direto quanto a esse ponto. Nele, o TJCE disse da incompatibilidade entre a legislação do *Land* austríaco do Tirol para com o Direito Comunitário em matéria de transações imobiliárias. O fato de a legislação incompatível com o Direito Comunitário ter origem em uma unidade federativa não faz desaparecer a obrigação estatal de responder pelos danos causados ao particular, afinal, "*um Estado--membro não pode [...] invocar a repartição das competências e responsabilidades entre as coletividades que existem na sua ordem jurídica interna para se eximir à sua responsabilidade nesta matéria*". Por outro lado, "*desde que as modalidades processuais*

nos Estados-membros em que determinadas tarefas legislativas, judicativas ou administrativas forem assumidas de forma descentralizada por autarquias dotadas de alguma autonomia ou por qualquer outro organismo juridicamente distinto do Estado central, a reparação dos prejuízos causados por tais organismos possam ser por estes realizada[329]. Em qualquer uma dessas hipóteses, repita-se, o Estado não pode eximir-se de indenizar, alegando a autonomia de outro entre público, entretanto, se o Estado-membro assume essa obrigação de responder pecuniariamente em lugar de um ente subestatal personificado, o verdadeiro autor do dano, é justo que demande regressivamente contra ele (um município ou uma região autônoma, por exemplo) para receber o equivalente à indenização que foi obrigado pagar ao particular (PÉREZ GONZÁLEZ, 2001, p. 193).

Toda essa flexibilidade tem a sua utilidade, dado que, muitas vezes, não é tão fácil identificar o órgão ou a entidade estatal causadora do dano ao particular e, assim, estabelecer com segurança o nexo causal entre a conduta estatal e o dano. Com apoio em ANAGNOSTARAS (2001, p. 142), pode-se supor uma hipótese em que um Estado-membro deixa de transpor uma diretiva relativa ao reconhecimento de diplomas universitários, cujas disposições não gozam de efeito direto, e, por conta disso, uma escola pública municipal deixa de contratar alguém como professor, apesar de aprovado em um concurso público legítimo. O particular decide, então, intentar uma ação judicial para anular aquela decisão administrativa, entretanto, o tribunal, em última instância, rejeita as alegações do autor sem quaisquer referências ou recursos ao Tribunal de Justiça das Comunidades Européias, sob a alegação de "ato claro" (o *"acte clair"* da doutrina francesa).

---

existentes na ordem interna permitam uma efetiva proteção dos direitos que a ordem jurídica comunitária confere aos particulares, sem tornar mais difícil invocar estes direitos do que aqueles que lhes advêm da ordem jurídica interna", não é contrário ao Direito Comunitário que, nos Estados-membros com estrutura federal, a reparação dos danos causados aos particulares pelas medidas tomadas pelas unidades federativas com violação do Direito Comunitário possa ser assegurada por elas (unidades federativas) para que se achem cumpridas as obrigações comunitárias do Estado-Membro em questão (TJCE, acórdão de 01.06.99, Processo C-302/97, *Klaus Konle / Áustria*, Coletânea 1999, p. I-3099-I-3142).

[329] TJCE, acórdão de 04.07.2000, Proc. C-424/97, *Salomone Haim / Kassenzahnärztliche Vereinigung Nordrhein*, Coletânea 2000, p. I-5123 e ss.

4.3.3.2. *A Legitimidade Processual Ativa nas Ações de Responsabilidade*

Extrai-se daquelas mesmas condições requeridas pelo TJCE para a concretização da responsabilidade do Estado pela violação do Direito Comunitário que tem legitimidade ativa para propor uma ação indenizatória todo aquele sujeito incluído no grupo de particulares, nacionais de um Estado-membro ou de países-terceiros[330], a quem *"a regra de Direito Comunitário tenha por objeto conferir direitos"*, cujo conteúdo *"possa ser identificado com base nas disposições da norma comunitária"*, mas que não puderam exercê-los em virtude do nexo causal com a ação ou omissão estatal. Para a jurisprudência comunitária, a noção de "particular" é larga e funcional o suficiente para incluir até mesmo uma coletividade local a quem uma diretiva atribui certo direito[331] – o que, apesar de juridicamente admitido em sede de Direito Comunitário, certamente é paradoxal, dado que a mesma edilidade tanto pode ser "Estado", quando for demandada, quanto "particular", quando for demandante (RUIZ-JARABO, 1993, p. 151-152, e conforme visto no item acima).

Qualquer outra exigência, que implique em restrição do número de legitimados para as demandas indenizatórias, pode ser interpretada como ofensa ao *"princípio da equivalência"*[332] ou ao *"princípio da efetividade"*[333] do Direito Comunitário. Assim, não merece acolhida qualquer tentativa de se excluírem as coletividades locais ou as empresas públicas do círculo de "particulares" legitimados para uma ação de responsabilidade[334]. Não por outro motivo, o TJCE considerou exorbitantes as exi-

---

[330] Cf. PÉREZ GONZÁLEZ (2001, p. 30).

[331] TJCE, acórdão de 15.05.90, Proc. C-04/89, *Comune di Carpaneto Piacentino e o. / Ufficio Provinciale Imposta sul Valore Aggiunto di Piacenza*, Coletânea 1990, p. I--01869 e ss.

[332] *"As normas processuais nacionais não devem colocar o particular numa posição mais difícil quando invoca o Direito Comunitário do que quando invoca o Direito nacional"* (Conclusões do Advogado-Geral P. LÉGER ao acórdão TJCE de 23.05.96, Proc. C-5/94, *Hedley Lomas*, Coletânea 1996, p. I-2569).

[333] *"As normas nacionais internas não devem tornar impossível na prática o exercício dos direitos que os particulares retiram do Direito Comunitário"* (Conclusões do Advogado--Geral P. LÉGER ao acórdão TJCE de 23.05.96, Proc. C-5/94, *Hedley Lomas*, Coletânea 1996, p. I-2569).

[334] Em sentido contrário, considerando particulares apenas as pessoas físicas e jurídicas de Direito Privado, PÉREZ GONZÁLEZ (2001, p. 29).

gências do ordenamento jurídico alemão quanto à *"Drittbezogenheit"* (referibilidade direta a terceiros) e também o requisito imposto pelo Direito britânico de que o particular deve provar que houve "abuso de poder no exercício da função pública" (*"misfeasance in public office"*)[335], ambas para fins de responsabilidade do Estado por atos legislativos (TJCE, acórdão de 05 de março de 1996, Procs. C-46/93 e C--48/93, *Brasserie du Pêcheur*, Coletânea 1996, p. I-1154, n. 71).

Nessa mesma seara, em que são corriqueiros os chamados danos em massa (*"mass tort"*), é de se destacar que a jurisprudência do TJCE sobre a responsabilidade do Estado-membro por violação do Direito Comunitário, incluída a jurisprudência específica sobre infração do ordenamento comunitário por meio de atos e omissões legislativas (como *Brasserie du Pêcheur* e *Dillenkofer*), não faz qualquer exigência relativamente à gravidade e especialidade do dano suportado pelo particular para demarcar a sua legitimidade em demandar uma compensação estatal. Assim, é legítimo inferir-se que quaisquer exigências nacionais relativas a *"Sonderopfer"* ou *"inegalité devant les charges publiques"* em oposição a um dano mais generalizado não encontram respaldo no Direito Comunitário para fins de legitimação ativa do particular[336]. É prudente registrar, além do mais, que a responsabilidade do Estado frente aos particulares pela violação do Direito Comunitário é sempre uma responsabilidade decorrente de ato ilícito (um ilícito comunitário), e a questão da gravidade e especialidade do dano é própria da responsabilidade estatal por atos lícitos.

Por não serem "particulares", nem a Comissão Européia nem outro Estado-membro têm legitimidade processual para figurar no pólo ativo de uma demanda indenizatória de responsabilidade do Estado pela violação do Direito Comunitário.

---

[335] O instituto britânico do "abuso de poder no exercício da função pública" (*"misfeasance in public office"*), conforme definido pelo *"leading-case" Henly v. Mayor and Burgesses of Lyme*, de 1828, pressupõe uma vontade deliberada da autoridade administrativa em prejudicar a pessoa afetada – o que é quase impossível de ser comprovado em sede de responsabilidade do Estado legislador (SMITS, Catherine; VALLERY, Anne. *Le Droit Anglais*. In: VANDERSANDEN E DONY, 1997, p. 108-109).

[336] Em relação ao caso português, no mesmo sentido, posiciona-se MARTINS (1995, p. 120).

4.3.3.3. *A Subsidiariedade e a Autonomia da Indenização*

À semelhança da jurisprudência do *Bundesgerichtshof* e do *Bundesverfassungsgericht* a respeito do caráter subsidiário e residual da responsabilidade do Estado (*"Sekundärrechtschutz"*), a pessoa prejudicada deve comprovar que adotou as cautelas razoáveis para limitar a magnitude do dano suportado e nunca eleger livremente entre invocar o efeito direto ou a interpretação conforme ou pleitear a responsabilidade do Estado. Se o particular podia ter evitado ou diminuído o prejuízo atacando, em tempo hábil, a validade dos atos e omissões pelos quais agora demanda uma indenização, inclusive valendo-se eficazmente do efeito direto ou da interpretação conforme, o Tribunal de Justiça das Comunidades Européias entende indevido ou reduzido o pagamento de indenização para suprir a omissão do particular[337]. Em outras palavras, a responsabilidade do Estado-membro por violação do Direito Comunitário (a chamada "tutela patrimonial" ou "tutela ressarcitória"), enquanto *"ultima ratio"* do sistema de remédios jurídicos para a proteção do particular[338], pode ser mitigada ou inteiramente excluída se restar comprovado que o prejudicado não foi suficientemente diligente ou cuidadoso em evitar ou reduzir os danos por ele suportados pelos meios judiciais legalmente admitidos na ordem jurídica interna, inclusive com recurso ao efeito direto e à interpretação conforme, quando possíveis, para garantir a plena efetividade dos seus direitos – a chamada "tutela material".

---

[337] Nesse sentido, a jurisprudência do TJCE indica que, *"(...) para determinar o prejuízo indemnizável, o juiz nacional pode verificar se a pessoa lesada foi razoavelmente diligente para evitar o prejuízo ou limitá-lo e se, designadamente, utilizou em tempo útil todas as vias de direito que estavam à sua disposição"* (TJCE, acórdão de 05.03.96, Procs. C-46/93 e C-48/93, *Brasserie du Pêcheur*, Coletânea 1996, p. I-1157, n. 84). E também: *"De acordo com a jurisprudência do Tribunal de Justiça, para determinar o prejuízo indemnizável, o juiz nacional pode sempre verificar se a pessoa lesada foi razoavelmente diligente para evitar o prejuízo ou limitá-lo"* (TJCE, acórdão de 08.10.96, Procs. apensos C-178/94, C-179/94, C-188/94 e C-190/94, *Dillenkofer*, Coletânea 1996, p. I-4890, n. 72). Muito antes desses dois exemplos, o TJCE já havia reconhecido como *"um princípio geral comum aos sistemas jurídicos dos Estados-membros"* o entendimento, segundo o qual, a pessoa lesada deve provar uma diligência razoável para limitar a extensão do prejuízo sob pena de, não o fazendo, suportar ela própria o prejuízo (TJCE, acórdão de 19.05.92, Procs. apensos C-104/89 e C-37/90, *J. M. Mulder e o. e Otto Heinemann / Conselho e Comissao*, Coletânea 1992, p. I-03061 e ss., especificamente o n. 33).

[338] MENGOZZI (2000, p. 199) fala em *"instrumento residual"*.

Por trás dessa ordem de preferência, encontra-se o fato de que até mesmo a longa duração dos processos judiciais por pedidos de indenização contra o Estado[339] diminui a eficiência protetora desse remédio jurídico que, por isso mesmo, muitas vezes, é antecedido de tentativas de extração de efeitos diretos de dispositivos contidos em diretivas comunitárias. Ademais, não se pode esquecer que a tutela ressarcitória sozinha removeria, quando muito, apenas o dano, mas não seria hábil para remover o próprio ilícito causador do prejuízo suportado pelo particular.

A lógica subjacente a essa posição é a de que aquilo que se suporta voluntariamente se tem como consentido – *"volenti non fit iniuria"* –, mecanismo que não permite transformar uma ação de responsabilidade do Estado sem nexo causal ou com nexo causal enfraquecido em sucedâneo escuso de, por exemplo, uma ação de anulação de ato ilícito não intentada (ALONSO GARCÍA, 1997, p. 47). De outra parte, não é justo que os tributos de toda uma sociedade suportem a omissão descuidada de um sujeito que, se tivesse adotado diligentemente outros remédios jurídicos (que não a reparação financeira) poderia ter obtido um resultado mais célere para si e menos oneroso para os demais contribuintes aos cofres públicos.[340]

---

[339] Muitos dos Estados-membros da Comunidade Européia já foram condenados pela Corte Européia de Direitos Humanos pelo excesso de prazo em ações judiciais relativas à responsabilidade do Estado (HARLOW, 1996, p. 13).

[340] Essa posição, porém, não é consensual para a doutrina. Na direção oposta, VANDERSANDEN E DONY (1997, p. 45) e SENKOVIC (2000, p. 158-159) entendem que é incompatível com a máxima efetividade do Direito Comunitário que contencioso da responsabilidade seja apenas subsidiário relativamente ao contencioso de validade. Do mesmo modo, PÉREZ GONZÁLEZ (2001, p. 138-142) defende que o fato de existir a possibilidade de que os tribunais nacionais remedeiem o incumprimento do Direito Comunitário não constitui óbice para o reconhecimento da responsabilidade do Estado. Entretanto, os exemplos que cita não chegam a sustentar as suas conclusões – todos eles sobre o caso das autoridades de imigração espanholas que, reiteradamente, negam autorizações de permanência a cidadãos não espanhóis possuidores de dupla nacionalidade, sendo uma comunitária e outra de Estados terceiros. Nessas situações, em que a jurisprudência administrativa espanhola é claramente contrária ao Direito Comunitário, conforme já decidiu o próprio TJCE (entre outros, no acórdão de 07.07.92, Proc. 369/90, *Mario Vicente Micheletti e o. / Delegacion del Gobierno en Cantabria*, Coletânea 1992, p. I-04239 e ss.), não se pode dizer que o particular prejudicado tenha deixado de adotar as cautelas necessárias para evitar o prejuízo mesmo quando, diante do ato administrativo ilícito em relação ao Direito Comunitário, intenta diretamente uma ação de responsabilidade do Estado, dada a evidente e iminente improcedência da tutela anulatória. É a avaliação do juiz nacional da situação fática em cada caso concreto que apontará, com a segurança necessária, as hipóteses em que uma ação de responsabilidade constituirá ou não um abusivo *"détournement de procédure"*.

4.3.3.4. *O Objeto e a Extensão da Reparação*

Uma das condições de base para que o particular obtenha a responsabilização do Estado-membro pela violação do Direito Comunitário é, como já se demonstrou, que a regra violada tenha por objeto conferir direitos aos particulares e que o conteúdo desses direitos possa ser identificado com base nas disposições da norma comunitária. O Tribunal de Justiça, porém, não tem dado à expressão "conferir direitos" um significado muito restrito, mas tem admitido a referência genérica a "posições jurídicas individuais protegidas pelo Direito Comunitário" (FUMAGALLI, 2000, p. 247). Assim, tanto os "direitos subjetivos" como os "interesses legítimos" constituem situações jurídicas que podem ser objeto de reparação em uma ação de responsabilidade do Estado por violação do Direito Comunitário. Continuam fora da esfera de indenização, entre outras posições, o mero poder (ou potestade genérica), a prerrogativa ou a expectativa de direito.

O "direito subjetivo", modelo histórico liberal de todos os direitos, é, grosso modo, um poder atribuído à vontade do sujeito, outorgado diretamente pelo ordenamento jurídico (o Direito objetivo), para satisfação dos seus próprios interesses juridicamente protegidos, dando origem a uma posição jurídica de vantagem para esse sujeito e, simultaneamente, uma pretensão garantidamente exigível de terceiros ou diretamente exercível contra terceiros (a tutela processual). Ao direito subjetivo corresponde um reconhecimento de um poder em favor de um sujeito e uma garantia legislativa de utilidade substancial e direta de um interesse para o seu titular frente a outros sujeitos, reconhecimento que implica em deveres ou obrigações de terceiros e em tutela judicial de dita posição (GARCÍA DE ENTERRÍA E FERNANDEZ, 1991, p. 757). Vontade, interesse, exigibilidade e garantia ocupam o núcleo do conceito de "direitos subjetivos", sejam eles públicos ou privados. No caso das diretivas não transpostas, o que é protegido é o direito concedido pelo ordenamento comunitário ao particular, cuja força normativa é erodida pela omissão do legislador, e nunca um suposto e genérico *"direito subjetivo à emanação normativa"* ou *"direito à legislação"*. As fraquezas teóricas desse conceito de *"direito subjetivo à legislação"* são apontadas pela generalidade da doutrina (CANOTILHO, 2002, p. 1024, e 2001, p. 339) e, no mais das vezes, começam na reiterada e difundida ausência de um positivado "direito objetivo à legislação"[341]. O

---

[341] No panorama doutrinário brasileiro, diante da criação do mandado de injunção pela Constituição Federal de 1988, alguns autores têm partido da lógica do *"ubi remedium,*

próprio conceito tradicional de "direito subjetivo", muito imbuído do espírito do liberalismo em que o Estado é apenas um garantidor negativo, faz-se inadequado para uma idéia de um "direito à emanação de lei" (FERNANDEZ RODRIGUEZ, 1998, p. 219; e HAGE, 1999, p. 46).

Tais fraquezas, porém, não chegam a contaminar a existência, aí sim, de um verdadeiro dever jurídico-constitucional ou jurídico-comunitário de legislação, sem dúvida, amparado e sancionado, na Comunidade Européia, pelas ações indenizatórias e pela obrigação de indenizar o particular prejudicado pela omissão legislativa estatal.

O "interesse legítimo", por seu turno, reflexo do direito objetivo, é conexo com o interesse público e protegido pelo ordenamento jurídico apenas por via ocasional e indireta, através da execução do interesse público, único fim visado pela norma jurídica. O "interesse legítimo" confunde-se, assim, como o direito público subjetivo à juridicidade (à legalidade genérica) da atuação estatal (MEDEIROS, 1992, p. 261-262, GARCÍA DE ENTERRÍA E FERNANDEZ, 1991, p. 768), ou seja, um reflexo subjetivado para a garantia geral de juridicidade do agir do Estado. Enquanto que o direito subjetivo é um interesse que o ordenamento jurídico considera como exclusivamente próprio do seu titular, nascido de "normas de relação intersubjetiva", o interesse legítimo será um interesse de um sujeito que coincide com o interesse público geral, em função do qual, certa "norma de ação" foi editada (GARCÍA DE ENTERRÍA E FERNANDEZ, 1991, p. 762). Um interesse legítimo pode advir, por exemplo, de regras dirigidas ao funcionamento da Administração Pública em matéria de aquisição de bens (licitações ou concursos públicos).[342]

Também, nesse tópico, quanto ao objeto da reparação estatal e numa área com muitos reflexos sobre a legitimidade processual ativa, é de se registrar que a jurisprudência do TJCE ainda não deu solução estável à questão de se saber se os direitos conferidos pela norma comunitária violada também podem alcançar, para fins de responsabilização do

---

ibi jus", para argumentar que se há um remédio jurídico previsto no ordenamento é porque há um correlato direito subjetivo a ser amparado, no caso, o direito subjetivo à emissão legislativa. Nessa linha vão GILMAR FERREIRA MENDES (1996, p. 292) e JORGE HAGE (1998, p. 70). A excepcionalidade do cenário e do instituto processual brasileiros ainda não permite, porém, uma generalização da idéia de que é admissível a existência de um genérico "direito subjetivo à legislação" mas já contribui, sem dúvida, para um novo olhar sobre as teses de que não há um direito subjetivo à lei.

[342] Cf. MEROLA, Massimo; BERETTA, Matteo. *Le Droit Italien.* In: VANDERSANDEN E DONY (1997, p. 80)

Estado, os chamados direitos transindividuais – gênero no qual se incluem os "direitos coletivos", aqueles de natureza indivisível, comuns a uma coletividade, grupo, categoria ou classe de pessoas que possuem um vínculo jurídico de base entre si (uma geral *"affectio societatis"*, como, por exemplo, os consorciados, os condôminos de um edifício, os adquirentes de um determinado produto defeituoso de um mesmo fornecedor), e também os "direitos difusos", aqueles que, não se baseando em qualquer vínculo jurídico individualizável, fundam-se em um liame fático, genérico, circunstancial e contingente, como habitar certa região ou consumir um mesmo produto (BARROSO, 1996, p. 99-100). Uma compreensão mais abrangente da responsabilidade do Estado, inclusiva dos direitos transindividuais amparados pelas "ações coletivas", legitimadas pelo instituto da "substituição processual" (as *"class actions"* e *"ações civis públicas"*, por exemplo), seria de se esperar para uma proteção mais ampla e efetiva dos interesses particulares atomizados, agasalhados, entre outras, pelas normas comunitárias de proteção ao meio ambiente, à saúde pública, à segurança do trabalho, à igualdade social, ao patrimônio cultural, à ordem econômica ou ao consumidor. Defender a visão restrita, direcionada aos litígios com a marca exclusiva da singularidade, afastando da responsabilidade do Estado, por conseguinte, os direitos que pertencessem a um grupo, ao público em geral ou a um segmento do público, é, do contrário, enfraquecer a jurisprudência do Tribunal de Justiça das Comunidades Européias e os remédios à disposição da proteção do particular. Mais ainda, quando se sabe que as controvérsias que envolvem esses interesses metaindividuais têm por causa remota, muitas vezes, verdadeiras escolhas políticas de repercussão massiva, cada vez mais comuns e globais.

Quanto à extensão da reparação, a regulamentação nacional que limita o prejuízo reparável apenas a danos causados a certo bens (a propriedade imobiliária, v. g.) ou com exclusão, por exemplo, do lucro cessante (*"lucrum cessans"*) dos particulares, é contrária ao Direito Comunitário porque capaz de impedir a reparação adequada e completa do prejuízo suportado pelo particular (acórdão *Brasserie du Pêcheur*, Coletânea 1996, p. I-1158, n. 90). De outro lado, é legítimo que o ordenamento nacional dê abrigo ao pagamento de uma indenização "exemplar" ou "dissuasiva" pela violação do Direito Comunitário (*"exemplary damages"*, cf. acórdão *Brasserie du Pêcheur*, Coletânea 1996, p. I-1158, n. 89).

4.3.3.5. *Os Prazos Processuais*

Institutos como a prescrição e a decadência[343] são moderadores da ordem jurídica que visam à estabilidade das relações jurídicas com o decurso do tempo, em clara sintonia com o princípio da segurança jurídica. Para o Tribunal de Justiça das Comunidades Européias, é razoável (e conforme o princípio da proteção efetiva) o prazo preclusivo de um ano, contado desde a adoção das medidas nacionais de transposição de uma diretiva, estabelecido pelo ordenamento jurídico nacional em igualdade de condições com outras situações domésticas semelhantes, para a propositura de qualquer ação destinada à reparação do prejuízo sofrido em razão da transposição tardia de uma diretiva comunitária.[344]

4.3.3.6. *A Aplicação Retroativa da Legislação tardiamente Adotada*

Não constitui novidade que a transposição tardia de uma diretiva já perfaz, por si só, uma violação suficientemente caracterizada do Direito Comunitário, pois afronta a simultaneidade na aplicação do Direito Comunitário. Na hipótese de a adaptação do Direito nacional ter sido feita com retardo, após o prazo estabelecido na diretiva, as novas disposições podem ter aplicação retroativa, a fim de remediar (ou mesmo moldar) as conseqüências indenizáveis que a transposição tardia de certa diretiva acarretou. No entanto, compete ao juiz nacional zelar por uma reparação adequada e suficiente do prejuízo sofrido pelos beneficiários, de modo a cobrir todos os danos por eles suportados pelo fato de não

---

[343] No ordenamento jurídico brasileiro, embora tenham finalidade comum – o que, por vezes, leva à confusão entre os próprios doutrinadores –, os institutos da prescrição e da decadência atuam diferentemente sobre as relações jurídicas: a prescrição age pela extinção do direito de ação, enquanto que a decadência manifesta-se pela extinção do próprio direito substantivo a ser exercido pelo sujeito e protegido por uma correspondente ação. Tal distinção é de salutar importância para se perceber que, se o direito de ação não prescreve, o direito substantivo protegido pela ação também não decai. A se pensar de outro modo, estar-se-ia criando uma ação sem um direito a ser protegido por ela, em clara afronta à lógica jurídica e ao preceito jurídico, segundo o qual, *"a todo o direito corresponde uma ação, que o assegura"*.

[344] TJCE, acórdão de 10.07.97, Proc. C-261/95, *Rosalba Palmisani / Istituto Nazionale della Previdenza Sociale (INPS)*, Coletânea 1997, p. I-4025 e ss.

terem podido beneficiar-se, em tempo útil, das vantagens pecuniárias garantidas pela diretiva[345].

4.3.3.7. *O Foro Competente*

"Par in parem non habet jurisditium" – a idêntica dignidade de que gozam todos os Estados-membros da Comunidade constitui o primeiro princípio que define o foro competente das demandas indenizatórias contra um Estado-membro pela violação do Direito Comunitário, quando levadas a efeito por um particular não residente no território do Estado infrator. Em outras palavras, como uma outra decorrência do fato de ainda continuar sob o governo das soberanias nacionais a definição do regime processual aplicável ao julgamento das indenizações por responsabilidade do Estado decorrente de desrespeito do Direito Comunitário (princípio da autonomia processual), a jurisdição adequada para tais demandas seria, como tem sido até o momento, um juiz ou tribunal do Estado-membro demandado e nunca um juiz ou tribunal no local de residência do particular demandante ou, tampouco, uma corte supranacional ou internacional – outro ponto de divergência em relação à responsabilidade internacional do Estado.

À luz da jurisprudência do TJCE emitida até agora, o Direito Comunitário ainda não chegou a derrogar expressamente o "princípio da imunidade de jurisdição" válido também no Direito Internacional. Demais disso, um empecilho adicional à relativização da imunidade absoluta do Estado à jurisdição estrangeira nesta seara diz respeito ao momento processual da execução do julgado, quando se dirigirem aos bens do Estado processado, no foro da demanda, as medidas confiscatórias necessárias ao cumprimento da obrigação de indenizar o particular – no mais das vezes, prejudicado por atos de *"jure imperii"* do demandado.

É certo, porém, que uma tal solução tem forte caráter dissuasivo e é prejudicial ao autor da ação, afinal, ao demandar em um Estado que

---

[345] TJCE, acórdão de 10.07.97, Proc. C-373/95, *Federica Maso e o. e Graziano Gazzetta e o. / Istituto Nazionale della Previdenza Sociale (INPS) e Repubblica italiana*, Coletânea 1997, p. I-04051 e ss. E ainda: TJCE, acórdão de 10.07.97, Procs. apensos C--94/95 e C-95/95, *Danila Bonifaci e o.* (C-94/95) *e Wanda Berto e o.* (C-95/95) / *Istituto Nazionale della Previdenza Sociale (INPS)*, Coletânea 1997, p. I-3969 e ss.

não o de sua própria residência, o particular prejudicado sujeita-se, muitas vezes, a dificuldades práticas (como a distância até seus advogados, as dificuldades lingüísticas ou a insegurança quanto à praxe processual) e custos bem maiores do que aqueles que certamente encontraria ao demandar ante a jurisdição do Estado em que reside. Não está imune a graves e justas críticas, portanto, a aplicação ao Direito Comunitário do "princípio da imunidade de jurisdição" (PÉREZ GONZÁLEZ, 2001, p. 329-331). A busca de uma solução que relativizasse a imunidade de jurisdição, em benefício da parte hipossuficiente – o particular prejudicado pelo ato ou omissão estatais –, certamente contribuiria para uma melhor eficiência do remédio jurídico "responsabilidade do Estado" no território da Comunidade.

4.3.3.8. *A (Im)Possibilidade de Ação Regressiva contra o Parlamentar*

É um traço comum e geral na responsabilidade do Estado por ato de seus agentes que, uma vez compensado o prejuízo do particular pelo Tesouro Público, pode o Estado intentar uma ação regressiva contra o seu agente que deu causa ao dano, a fim de exigir dele que reponha as despesas que causou ao erário. Tradicionalmente, são necessários dois requisitos para legitimar a ação regressiva: 1) que já tenha havido a indenização ao particular prejudicado; e 2) que o agente tenha agido com dolo ou culpa (afinal, para ele, a responsabilidade há de ser comprovadamente subjetiva). Esse modelo, porém, não é compatível, via de regra, com a realidade da responsabilidade do Estado por atos e omissões do legislador. Logo em primeiro lugar, a imunidade parlamentar desencoraja qualquer ação regressiva contra o legislador – até mesmo para a garantia da sua liberdade de consciência. Demais disso, mesmo que não houvesse a imunidade parlamentar, as chances de se verificar culpa ou dolo de um parlamentar são muito restritas, já que a culpa (grave) ou o dolo não se confundem com uma simples interpretação nova ou alternativa da norma jurídica que venha a contrariar interesses estabelecidos. Em todo caso, apenas em hipóteses de nova aprovação de texto legal já declarado inconstitucional, de aprovação de ato legislativo contrário ao resultado de um referendo, de inação após uma decisão plebiscitária ou de persistência de omissão legislativa declarada inconstitucional pelo Tribunal competente, poderia ser verificado o dolo ou a culpa da maioria parlamentar especificada (cf. algumas hipóteses trazidas por MIRANDA, 2001, p. 935).

Registre-se, finalmente, que a responsabilização do parlamentar haverá de ser individualizada e não de matriz "coletiva", decorrente do simples fato de integrar um órgão colegiado (FETZER, 1994, p. 215).

4.3.3.9. *O Momento de Caracterização da Responsabilidade Estatal*

A pretensão à responsabilidade surge com a eclosão do dano, cujo completo ressarcimento constitui o fim processualmente perseguido. Toma-se "dano" como toda desvantagem incidente sobre bens jurídicos (vida, corpo, saúde, honra, patrimônio, bem-estar, capacidade de aquisição etc.). É possível acontecer que, em algumas hipóteses, o instante da violação do Direito Comunitário pelo Estado-membro não coincida com o momento em que surge o direito à reparação do particular, já que nem toda violação do Direito Comunitário é uma afronta danosa a uma norma que *"tenha por objeto conferir direitos"*, cujo conteúdo nela *"possa ser identificado"*. Em outras palavras, nem todo ilícito comunitário provocado por um Estado-membro prejudica direito ou interesse legítimo de um particular. Enfim, não é todo ato comissivo ou omissivo ilícito, praticado em desacordo com o Direito Comunitário, que tem dignidade ressarcitória para o particular, mas, apenas, aqueles que, violando um direito subjetivo ou um interesse legítimo, causam-lhe dano e fazem surgir o dever estatal de reparação.

Naquelas ocasiões em que se verifica a omissão do legislador nacional em transpor uma diretiva comunitária, não se pode falar em dano ao particular antes de transcorrido o regular prazo para a transposição; logo, a pretensão à responsabilidade só poderá ser exercida após o fim do lapso temporal previsto para a transposição.

4.3.4. *A Jurisprudência Comunitária e o seu Impacto sobre a Responsabilidade do Estado legislador no Plano Nacional: Rumo a um Direito Comum Europeu da Responsabilidade Pública Extra-contratual?*

Devido ao elevado grau de desenvolvimento quantitativo e qualitativo alcançado pelas intervenções do legislador nacional no processo de integração europeu, com amplos reflexos na execução de políticas econômicas e sociais e na criação de direitos e obrigações para a esfera do particular, o reconhecimento de uma responsabilidade do Estado por atos e omissões do legislador é de fundamental importância na vida quotidiana de muitos produtores e consumidores. Ora, não é surpresa constatar que a efetividade de um sistema jurídico depende, em muito, das sanções que esse sistema prevê em caso de desrespeito às normas que o compõem, afinal, ordenamento jurídico desprovido de um meio de coerção efetivo seria como *"sino sem badalo"* ou *"um fogo que não queima, uma tocha que não ilumina"*. O Direito Comunitário não é a exceção a tal regra, principalmente nos limites em que procura preservar a sua autonomia, o seu primado, o seu efeito direto e o seu efeito útil diante das ordens jurídicas nacionais. É precisamente nesse sentido sancionatório, persuasivo e pragmático que responsabilidade comunitária e responsabilidade estatal são institutos entre si comparáveis quanto aos fins que perseguem.

Do ponto de vista sancionatório, o reconhecimento de uma responsabilidade estatal pela violação do Direito Comunitário alcança especial destaque na colmatação da lacuna de proteção do eurocidadão resultante de três circunstâncias, a saber: (1.º) a ausência de legitimidade do particular para propor uma ação de incumprimento; (2.º) a inexistência de um "mandado de injunção comunitário" capaz de resultar numa ordem judicial de colmatação lacunar para uma hipótese individual e concreta; e, por fim, (3.º) o não-reconhecimento do efeito direto horizontal das diretivas não transpostas. Sob uma outra perspectiva, a responsabilidade do Estado legislador também representa uma dimensão complementar à ação estatal: poder implica (em proporção direta) em responder – e isso estabelece a distinção entre o despotismo e o Estado de Direito, de maneira que, quanto mais verdadeira for a sentença *"poder Û responder"* mais próxima da perfeição estará a proteção do particular contra a dominação, a prepotência e o arbítrio.

Admitida com relativa facilidade pelo Direito Internacional e em estável jurisprudência do Tribunal de Justiça das Comunidades Européias, como visto acima, a responsabilidade do Estado por atos legislativos no plano nacional ainda encontra algumas reticências legislativo-constitucionais, jurisprudenciais e doutrinárias[346] que, a perpetuarem-se,

---

[346] Embora também seja identificável em outras praças, a continuação do caso *Brasserie do Pêcheur* nas instâncias judiciais alemãs, após o pronunciamento prejudicial do Tribunal de Justiça das Comunidades Européias (em 05 de março de 1996), é bem eloqüente quanto à persistência de entraves nacionais à responsabilidade do Estado: o *Bundesgerichthof*, em acórdão de 24 de outubro de 1996, sublinhou que inexistia naquele caso uma violação suficientemente caracterizada do Direito Comunitário, principalmente

darão origem a uma situação paradoxal: uma discriminação relativa à proteção jurídica do particular, criada pelo fato de que, quando o Estado legislador contraria, omissiva ou comissivamente, normas de Direito Comunitário ou de Direito Internacional, poderá haver responsabilidade; quando viola normas superiores de Direito interno, muitas vezes, omitindo-se em densificar direitos fundamentais de assento constitucional, poderá simplesmente não haver responsabilidade estatal, ainda sob o argumento da generalidade da lei, da separação dos Poderes ou da soberania do legislador. Esse cenário de degradação de algumas situações jurídicas subjetivas não é certamente o melhor para o futuro de um processo de integração, como o europeu, que se sustenta em uma "comunidade de Direito" fundada, entre outros pilares, na livre-circulação, na livre-concorrência, na subsidiariedade, na igualdade, na segurança jurídica e na limitação dos Poderes Públicos – disso decorre a necessidade de uma "europeização" ou uma "comunitarização", mínima que seja, dos seus sistemas locais de responsabilidade pública, em geral, e de responsabilidade do Estado por atos legislativos, em particular[347]. Para HERDEGEN (2001, p. 182), o novo delineamento jurisprudencial da respon-

---

porque, segundo o Direito alemão, a obrigação do legislador alemão de modificar a *"Biersteuergesetz"* não constituía uma obrigação diretamente vinculada a terceiros; além disso, não se configurou qualquer intervenção equivalente à expropriação naquele caso. Entendeu ainda a corte alemã que alguns aditivos químicos usados pela cervejaria demandante na fabricação de sua bebida eram ilícitos para o Direito alemão. Por tudo isso, o tribunal denegou a pretensão indenizatória pleiteada pela firma *Brasserie do Pêcheur* apesar e com o pesar do TJCE (*Bundesgerichthof*, acórdão de 24 de outubro de 1996, publicado em BGHZ 134, 30, *apud* WILMS, Günter. *Le Droit Allemand*. In: VANDERSANDEN E DONY, 1997, p. 85; e SENKOVIC, 2000, p. 331-336). Tal entendimento da corte alemã não deixa de conter alguns pontos de contato com o anteriormente citado acórdão *"Société Premier et Henry"* do Conselho de Estado francês, ocasião em que se reconheceu a legitimidade da lei francesa de 16 de março de 1915 que proibira a fabricação do absinto, sem que prescrevesse qualquer indenização aos industriais prejudicados. Entre outras razões adotadas pelo Conselho de Estado para negar a indenização, constavam a prejudicialidade à saúde pública da bebida denominada absinto e a generalidade da interdição prescrita pela legislação (*Conseil d'État, affaire Société Premier et Henry*, de 29 de abril de 1921, *Recueil Général des Lois et des Arrêts – Rec. Sirey*, III parte, p. 41- -42, 1923). Até mesmo a timidez do magistrado francês em reconhecer a *faute legislative* no muito posterior *arrêt Dangeville* – acima mencionado – é outro bom exemplo das dificuldades nacionais (*Cour Administrative d'Appel de Paris*, PRÉTOT, *affaire Société Jacques Dangeville*, de 01 de julho de 1992, publicado em *L'Actualité Juridique Droit Administratif*, p. 768, novembro 1992).

[347] Alguns comparatistas preferem a expressão *"cross-fertilization"* (HARLOW, 2004, p. 43) entre os diversos sistemas jurídico-administrativos.

sabilidade estatal dado pelo TJCE obriga (*"zwingt"*) mesmo a uma extensa remodelação dos respectivos direitos nacionais. Um cenário de disparidades jurídicas acentuadas, do contrário, daria margem a elevadas desigualdades entre os cidadãos europeus, a distorções concorrenciais e à insegurança jurídica dos operadores econômicos transnacionais.

Toma-se aqui "europeização" ou "comunitarização" como vocábulos sinônimos, traduzindo ambos o processo de aproximação progressiva entre os vários sistemas nacionais a partir de padrões jurídicos principiológicos, desenvolvidos no aprimoramento do ordenamento jurídico da Comunidade Européia, destinado a se obter um aparato normativo *"gleichbedeutend, gleichbleibend und gleichbindend"* – ou seja, de iguais significado, porte e vinculação. Desde o final do século XIX – muito antes, portanto, da formação da Comunidade Européia –, a busca pela aproximação entre os diversos ordenamentos jurídicos nacionais e pela unificação do Direito (a formação de um *"ius commune"*) vem sendo perseguida sistematicamente como uma maneira de se alcançarem maiores facilidades e menos riscos nas transações jurídicas internacionais – quer através de "leis uniformes" quer através de convenções internacionais. Uma prova da agudização desse fenômeno, que extrapola em muito as fronteiras européias, é a anosa e crescente constituição de fóruns multilaterais com a finalidade de discussão, negociação e harmonização de normas jurídicas referentes ao Direito Privado em geral, ao Direito Comercial, Direito Aduaneiro, Direito do Trabalho, Direito Autoral e da Propriedade Intelectual, Direito dos Transportes, Direito Processual, Direito Bancário etc. (ZWEIGERT E KÖTZ, 1998, p. 24-27).

No processo de "europeização" ou "comunitarização" da responsabilidade do Estado, principalmente no campo da responsabilização por atos e omissões legislativas, é demasiado destacado o papel da jurisprudência do Tribunal de Justiça das Comunidades Européias como ferramenta de polimento e acabamento na busca por coerência e estabilidade. Não trata esse processo de uma unificação vertical e autoritária do Direito nacional da responsabilidade, a partir de um Direito supranacional uniforme, mas cuida apenas de garantir aos diversos planos nacionais uma harmonia elementar que impeça "desvantagens comparativas" ou "discriminações jurisdicionais" capazes de colocar em risco o processo de integração. Interessante é perceber que a "europeização" ou a "comunitarização" na seara da responsabilidade do Estado pelo ato legislativo dão nome a um fenômeno que, na verdade, está no sentido oposto ao da formação do Direito Comunitário. Dito de melhor forma, agora é o Direito Comunitário – sem dúvida já influenciado, em tantos outros campos, pelos princípios gerais de Direito comuns aos ordenamentos jurídicos dos Estados-membros no seu florescimento (AKEHURST, 1981, p. 29) – quem passa a iluminar e nortear as construções nacionais de caráter responsabilizatório, articulando-as e aproximando-as. Assim, BIFULCO (1999, p. 69) vê um *"effetto imitativo"* da jurisprudência comunitária sobre os sistemas internos de responsabilidade do Estado, ao passo que AMARAL E MEDEIROS (2000, p. 321 e 333) falam numa *"pressão comunitária"* e de um *"ponto de não-retorno"*.

Tais fenômenos ficam ainda mais claros com a percepção da tentativa de unificação entre os pressupostos da responsabilidade do Estado--membro e os requisitos da responsabilidade da própria Comunidade Européia, conforme desenhada pelo acórdão *Brasserie du Pêcheur* (Coletânea 1996, p. I-1148, n. 47). Nesse acórdão, como bem notou SENKOVIC (2000, p. 125), pode-se sublinhar a existência de um aparente paradoxo: o Direito da responsabilidade civil da Comunidade que, em tese, deveria apoiar-se em "princípios comuns" nacionais (art. 288.º CE), é, diante da ausência ou de um mosaico desses princípios comuns internos, quem se presta ao papel de guia para os sistemas nacionais em direção a alguma homogeneidade. Nesse ponto, porém, é importante sublinhar o fato de que, desde 1974, o Tribunal de Justiça das Comunidades européias já não mais se preocupa em fazer uso apenas de princípios gerais de Direito encontrados em todos os ordenamentos jurídicos dos Estados-partes – o que é verdadeiramente quase impossível em uma Europa com vinte e sete membros –, recorrendo, desde então, e muitas vezes, a princípios encontrados apenas em ordenamentos estatais específicos (LENAERTS, 2003, p. 906). O Professor MICHAEL AKEHURST (1982, p. 35-36), em profunda manifestação doutrinária, menciona vários exemplos de princípios gerais aplicados pelo TJCE, embora não fossem encontrados na totalidade dos sistemas jurídicos dos Estados-membros, e. g., o preceito processual *"audi alteram parte"*.

Aquela tarefa de influência e aproximação dos ordenamentos nacionais é, de certeza, hercúlea e, em muitos aspectos, freudiana, especialmente para o juiz nacional – que é simultaneamente juiz comunitário –, cuja cultura jurídico-política, durante muito tempo, ensinou-lhe outros modos de compreender o papel do Estado, em geral, e do parlamento e da lei, em especial.[348] Um traço característico do processo de "euro-

---

[348] Veja-se, p. ex., a difícil conciliação com a tradição jurídica e política francesas, segundo a qual *"la loi n'est pas fautive par définition"* (ALBERTON, 1997, p. 1036, entre outras passagens).

peização" da responsabilidade pública (principalmente a decorrente do ato legislativo) é implicar na abolição do dogma da "infalibilidade" da lei e do legislador em muitos ordenamentos nacionais – fenômeno que SENKOVIC (2000, p. 429) denominou como *"dessacralização"* da legislação e do Estado/Parlamento, o seu criador.[349] Não resta dúvida de que o fim de tal dogma requer uma leitura renovada das noções de soberania e separação dos Poderes. Por outro lado, não se pense que no Reino Unido da Grã-Bretanha e Irlanda do Norte, onde a tradição jurídica romana da Europa continental cede lugar ao *Common Law*, é mais fácil o trabalho de aproximação entre os sistemas nacional e comunitário de responsabilização do Estado. O tradicional "europessimismo" inglês tende a ver como *"politics through law"* a proativa atuação do TJCE nessa seara, algo que poderia danificar as delicadas estruturas políticas da Comunidade Européia (HARLOW, 1996, p. 8, e, mais recentemente, HARLOW, 2004, p. 42 e ss.).

Como já se disse acima, o aprofundamento do processo de integração faz com que o núcleo do par conceitual licitude/ilicitude tenda a deslocar-se mais uma vez, com grande repercussão sobre as concepções tradicionais de lei e sobre o seu papel na cultura jurídica continental européia. Já tendo um dia se emancipado da vontade do soberano para as palavras da lei e, desta, para dirigir-se à Constituição, quando a Carta Magna deixou de ser apenas um pacto político desprovido de normatividade e passou a limitar a liberdade de conformação do legislador quanto a "direitos, liberdades e garantias", o núcleo do par conceitual licitude/ilicitude inclina-se agora, mais do que nunca, da Constituição também para os tratados instituintes da Comunidade Européia e outros entrelaçamentos normativos supranacionais que, desse modo, assumem para si muito da tarefa de condução e aferição da juridicidade interna dos atos administrativos, legislativos e judiciais em sociedades crescentemente complexas nos Estados-membros da Comunidade Européia. É, nessa visão, cada vez mais plural da cultura jurídica européia, que se legitima uma *"teoria da interconstitucionalidade"*, como bem provocaram LUCAS PIRES (1997, p. 18) e, mais recentemnte, CANOTILHO (2002, p. 1407). Em outras palavras, a liberdade de conformação do legislador

---

[349] É justo reconhecer que o antípoda, a "sacralização da lei", não foi obra exclusiva do iluminismo setecentista, mas antes representou uma retomada de um fenômeno encontrado já na Antigüidade Clássica, quando a lei era incontestável porque, de fato, emanada das divindades (entre outros, FERREIRA FILHO, 1968, p. 20-22).

para decidir se, quando e como legislar – que já foi um dia ampla, geral e irrestrita – passou a ser condicionada por quadrantes constitucionais, comunitários e internacionais. Esse fenômeno de "certa deslocação" é ressaltado pelo Professor GOMES CANOTILHO:

> "*A este propósito, penso que as Constituições nacionais, agra-de-nos ou não esta idéia, estão hoje em rede. Em termos de inter-organizatividade, elas vêm 'conversando' com outras Constituições e com esquemas organizativos supranacionais, vão desbancando algumas normas, alguns princípios das próprias Constituições nacionais. Neste aspecto, pode falar-se de fraqueza das Constitui-ções nacionais: quem passa a mandar, quem passa a ter poder são os textos internacionais. Mas a diretividade programática perma-nece, transferindo-se para estes.*"[350]

De outro lado, para além dessas novas fronteiras entre licitude e ilicitude a reclamar a responsabilidade do Estado legislador, constitui um dos muitos riscos das sociedades pós-industriais (a *beckiana* "*Risikoge-sellschaft*", tão bem abordada nos primeiros seminários doutorais de Coimbra e didaticamente descrita aos juristas em GIDDENS, 1999) o fato de que, diversas vezes, manifesta-se o erro de prognose do legislador – a própria complexidade social contribui para a sua ocorrência. O reco-nhecimento desses erros de prognose e o seu confronto com a respon-sabilidade do Estado pelo ato legislativo é um forma de garantir alguma segurança mínima diante dos inúmeros e incontornáveis riscos próprios das sociedades contemporâneas.

Em qualquer um dos cenários descritos acima – novos padrões de ilicitude e segurança ante os riscos aumentados de erro de prognose do legislador –, a responsabilidade do Estado por atos e omissões do legislador assume uma renovada dimensão de fundamentalidade – quer sob a forma de um "direito subjetivo fundamental à responsabilidade do Estado", uma dimensão material já expressamente reconhecida em alguns ordenamentos nacionais[351], quer sob uma forma mais objetiva,

---

[350] CANOTILHO *in* COUTINHO (2003, p. 15). Na mesma direção, ERNST-ULRICH PETERSMANN e CHRISTIAN JÖRGES vêm falando há tempos em "*multilevel governance*" e em "*multilevel constitutionalism*".

[351] No plano nacional português, p. ex., CANOTILHO (1974, p. 154, sobre a Constituição anterior), MEDEIROS (1992, p. 121), AMARAL E MEDEIROS (2000, p. 314) e MIRANDA (2000, p. 289), observam que o art. 22.º da Constituição Portuguesa, que trata da responsabilidade

institucional ou procedimental-processual representando uma manifestação do "imperativo de proteção" (*"Schutzgebot"*) para a proteção e a garantia dos "verdadeiros" direitos fundamentais pelo Poder Público.[352] Já captada pelo Direito Comunitário e pelo Direito Internacional, essa dimensão de fundamentalidade da responsabilidade do Estado legislador não pode ser negligenciada no plano nacional que, porventura, ainda lhe seja refratária.

---

do Estado, tem uma dimensão subjetiva análoga à dos direitos, liberdades e garantias fundamentais: os cidadãos têm, de fato, um direito subjetivo fundamental às prestações em que se traduz a responsabilidade do Estado e tal direito subjetivo à reparação é de natureza análoga à dos direitos, liberdades e garantias para todos os efeitos art. 17.º CRP. De modo explícito, RUI MEDEIROS (2003, p. 17) fala em *"direito fundamental à reparação dos danos resultantes do exercício da função legislativa"*. Essa visão, porém, choca-se com aquela posição que defende o caráter subsidiário e residual da responsabilidade do Estado (*"Sekundärrechtschutz"* ou *"ultima ratio"*). Na Alemanha, após uma intensa discussão, o Tribunal Constitucional acabou por reconhecer a existência de um *"direito fundamental à proteção"* que, embora pareça, a princípio, mais amplo do que o "direito à responsabilidade" mencionado em Portugal, restringe-se tão somente aos direitos fundamentais à vida, à integridade física e à liberdade (MENDES, 2003, p. 102-103).

[352] MARIA LÚCIA AMARAL CORREIA (1998, p. 429 e ss.) segue essa linha da "garantia processual": ela nega a dimensão mais subjetiva (inexistiria, assim, um "direito subjetivo fundamental à responsabilidade do Estado"), entretanto, sublinha a dimensão objetiva da responsabilidade do Estado, que serviria de garantia de respeito aos "verdadeiros" direitos fundamentais e à ordem jurídica *tout court*. Essa compreensão é particularmente útil naqueles ordenamentos nacionais em que a responsabilidade do Estado ainda não alcançou dignidade constitucional, apesar de a respectiva Constituição já conceber um catálogo de direitos fundamentais que devem ser protegidos, amparados e preservados pelo Estado. E nesse ponto, tal posicionamento é capaz de melhor adaptar-se à jurisprudência do TJCE, no tocante à subsidiariedade da obrigação de indenizar.

5. O Incumprimento Legislativo do Direito da Integração no MERCOSUL

5.1. *MERCOSUL e Direito da Integração*

Com o surgimento da "nova ordem mundial"[353], desde o fim da Guerra Fria, estreitaram-se como nunca as relações econômicas entre as diversas partes do globo, sobretudo, em decorrência da revolução tecnológica. Deu-se origem, assim, ao fenômeno da globalização da economia, que rompia com as fronteiras nacionais do comércio, do consumo e da produção, propiciava a emergência de novos sujeitos econômicos e limitava a liberdade de execução das políticas cambial, tributária e financeira dos Estados, já que aumentava a interdependência entre os agentes

---

[353] Toma-se por *"ordem mundial"* ou *"ordem internacional"* o conjunto formal ou informal de princípios, normas, instituições e procedimentos decisórios que, refletindo a correlação de forças políticas em plano mundial, regulam as relações internacionais. É, portanto, a *"ordem internacional"* o grande sistema mundial de relações de poder constituído por princípios, regras e atores próprios, bem assim por diversos outros subsistemas peculiares. Representa um mapa, por conseguinte, da distribuição do poder pelo mundo, afinal, a sociedade internacional – como qualquer sociedade –, implica numa trama complexa de relações sociais. Importa notar que são internacionais as relações que se referem à interação entre grupos sociais regidos por poderes estatais distintos. A conformação mundial de fatores políticos, econômicos, militares, estratégicos e ideológicos, que, a partir de 1989, se sobrepôs à bipolaridade, à Guerra Fria, às alianças militares regionais e ao conflito ideológico dual, é o meio ambiente que serve de palco para a *"nova ordem mundial"*. Diz-se "nova ordem" porque, desde a sua constituição, com a implosão do Bloco Soviético, há uma nova forma de distribuição do poder no globo, diferente do que vinha predominando, desde o final da Segunda Guerra Mundial, e marcada, entre outros aspectos, pelo aparecimento de novos atores na cena internacional. Outra característica da nova ordem mundial é que, finda a Guerra Fria, a crença inicial em uma paz perpétua foi rapidamente desfeita pela pulverização de conflitos étnicos em várias partes do planeta e pelo ressurgimento de formas perversas de nacionalismos xenófobos e muitas espécies de fundamentalismos.

econômicos estatais[354]. Nesse cenário de abertura econômica, restou claro aos sujeitos da nova ordem que, melhor do que aportar sozinhos no mercado global, suportando os altos riscos da competição econômica predatória, o meio mais eficiente para que novos e velhos atores se

---

[354] Com a decadência do poder militar/nuclear enquanto fonte primeira da hegemonia política, se, antes, a aproximação entre os países encontrava amparo sobretudo na afinidade e no interesse recíproco de seus sistemas político-militares, a partir de então, o interesse no estabelecimento de vínculos passou a ter por suporte mais fundamental as relações econômicas – o comércio internacional. E por que isso? Porque, tendo desaparecido o grande conflito bipolar internacional, surgiu com maior força o fenômeno de os Estados buscarem a ampliação e a consolidação de espaços econômicos como forma de adquirirem relevância no teatro das relações internacionais. Nessa conjuntura, o mercado passa a ser o novo balizador e marco referencial das relações diplomáticas e a competição global deixa de ser estratégico-militar para ser estratégico-econômica. A esta circunstância de extraordinário favorecimento do comércio multilateral, baseada no distanciamento formal entre o político e o econômico e na facilidade de veloz circulação dos fatores produtivos, chama-se "globalização". Processo complexo, não é injustificada a diversidade de metáforas de que se utilizam os estudiosos da globalização na busca de sua compreensão – "aldeia global", "nova babel", "terceira onda", "sociedade amébica", "sociedade líquida" e "sociedade informática" denotam esforços teóricos de apreensão do fenômeno em toda a sua totalidade ou, pelo menos, nas várias faces que o compõem. O atual panorama da globalização é, pois, conseqüência direta do crescimento da economia internacional a partir do fim da II Guerra Mundial (a *"Weltwirtschaft"* da doutrina alemã), da ampliação das facilidades de transporte e comunicação, da alta convertibilidade de todas as moedas européias, da internacionalização dos mercados financeiros, da redução de dinamismo da economia americana a partir do fim da década de 1960, do aumento da produção dos Tigres Asiáticos, da ascensão de teóricos neoliberais para comandar as políticas econômicas de importantes países e do avanço tecnológico. Numa perspectiva financeira, que, sem dúvida, é a de maior notoriedade, o fenômeno da globalização compreende: a) um aumento do volume de recursos na economia global; b) um aumento da velocidade de circulação destes recursos e c) a interação destes dois efeitos sobre as economias nacionais. Tal mobilidade, numa visão otimista, representaria a superação eficiente das barreiras protecionistas internacionais (tarifárias ou não), graças sobretudo às rodadas de negociação do antigo Acordo Geral sobre Tarifas e Comércio (GATT). Entretanto, há de se ressaltar que esta exagerada velocidade de circulação também aumenta consideravelmente os receios de grandes movimentos especulativos internacionais (o *"hot money"*), majorando os riscos de diversos tipos para as economias nacionais. Vê-se, pois, que o mundo atual, ao redimensionar as noções de espaço e tempo através do avanço tecnológico, propiciou que fenômenos globais influenciassem fatos locais (e vice-versa) de uma maneira jamais vista. O interno e o externo já não são duas instâncias distintas, mas sim altamente permeáveis às influências recíprocas. A grande marca que a globalização imprime nas economias nacionais é a de provocá-las para a abertura e para a maior e mais rápida interdependência, rompendo, como nunca, com a idéia de autarquia econômica, sobretudo, em virtude das facilidades de transporte, comunicação e aquisição de insumos econômicos.

tornassem fortes e competitivos globalmente seria através do estreitamento dos laços de parceria com outros atores, o que lhes possibilitaria, entre outras vantagens, a especialização naquilo que melhor produzem e o compartilhamento de processos, tecnologias, mercados, matérias primas, redes viárias etc. Para os Estados, particularmente, o caminho mais seguro, para ingressar na ordem global, dar-se-ia através dos muitos modelos de integração regional.[355] Não foi diferente na América do Sul e, a partir de finais da década de 1980, Brasil e Argentina, a princípio, seguidos depois de Uruguai e Paraguai aprofundaram esforços na direção da formalização de um espaço de integração no Cone Sul das Américas – o chamado Mercado Comum do Sul (MERCOSUL).

Mais do que uma simples Zona de Livre Comércio[356], o MERCOSUL constitui atualmente um processo de União Aduaneira[357]

---

[355] Não seria honesto omitir que, normalmente, as negociações para a instituição de espaços integrados superam o aspecto meramente econômico, financeiro e comercial e se alastram por outras zonas de atuação estatal, favorecendo processos político-decisórios, assegurando reciprocidade de benefícios e, até mesmo, garantindo integração política. A confirmar essa transcendência dos aspectos meramente econômico-comerciais nos processos de integração, há o exemplo, já clássico, da formação da União Aduaneira Alemã (*"Zollverein"*), criada por iniciativa prussiana, no século XIX, e que, além de potencializar a economia dos diversos Estados germânicos que a ela se associaram, influiu decisivamente para a formação do espírito nacional alemão (*"Volksgeist"*) e para a unificação da Alemanha conduzida por Otto von Bismarck. Após o Congresso de Viena, em 1814, o Sacro Império Romano Germânico deu lugar à Confederação Germânica, uma liga com trinta e oito Estados alemães, dentre os quais, a Prússia, dotada de vigorosa economia, e a Áustria, cuja hegemonia política era habilmente conquistada e mantida pelo seu Ministro das Relações Exteriores, Klemens von Metternich. Tendo a Prússia vetado o ingresso da Áustria na novel União Aduaneira – obra das idéias do economista teutônico Friedrich List –, o *"Zollverein"* serviu, dessa forma, como principal instrumento político para a aproximação dos demais Estados alemães à órbita de influência prussiana (GUEDES, 1998, p. 10).

[356] *Zona de Livre Comércio* ou *Zona de Livre Trânsito* é a forma menos complexa de integração econômica por formar os vínculos estatais mais tênues e, por isso, é tida como uma modalidade de integração de baixa intensidade. Conforme o art. XXIV, 8, b, do GATT, ela se restringe tão-só à eliminação das barreiras alfandegárias (tributárias, técnicas, burocráticas etc.) relativas aos produtos originários da área intra-bloco e apenas nos territórios aduaneiros dos seus Estados signatários. A Zona de Livre Comércio é alcançada quando os países que a integram reduzem a zero as tarifas aduaneiras e os obstáculos não-tarifários entre si, mantendo, porém, cada um, tarifas e procedimentos distintos a respeito da importação de países-terceiros. O principal exemplo dessa espécie de integração é, hoje, o Tratado de Livre Comércio da América do Norte (NAFTA ou *"North American Free Trade Agreement"*), a zona de livre comércio criada, desde 01 de

entre os seus quatro Estados-membros e se pretende converter, a longo prazo, em um espaço sem fronteiras interiores caracterizado pela livre circulação de pessoas, bens, serviços e capitais, dotado de políticas econômicas comuns, formando verdadeiro Mercado Comum. Assim como as demais organizações internacionais, o MERCOSUL possui uma pluralidade de órgãos aos quais os seus tratados fundamentais (o Direito originário) atribuem uma plêiade de poderes e competências, no exercício dos quais, os órgãos mercosulinos emanam atos jurídicos que podem ser

---

janeiro de 1994, entre Estados Unidos, México e Canadá, como decorrência natural do Acordo de Livre Comércio assinado pelos EUA e pelo Canadá, em 1989. Em seu início, o MERCOSUL foi estruturado pelo Tratado de Assunção, em 1991, como uma Zona de Livre Comércio.

[357] O art. XXIV, 8, a, do GATT, define a União Aduaneira como o processo de integração em que dois ou mais territórios aduaneiros se unem de forma que (1.º) os direitos aduaneiros e outras regulamentações comerciais restritivas são eliminados das trocas comerciais dos produtos de origem intra-bloco e que (2.º) cada um dos membros da União Aduaneira aplique ao comércio extra-bloco uma tarifa externa comum e regulamentações aduaneiras (sistema de classificação de mercadorias, valoração aduaneira e regras de origem) que, em substância, sejam idênticas. Enfim, a União Aduaneira agrega às características da Zona de Livre Comércio (livre circulação de bens e serviços pela supressão de todos os direitos aduaneiros) a adoção de uma tarifa externa comum (TEC). Adotando-se essa definição assentada pelo GATT, o MERCOSUL é essa União Aduaneira. Para atingir aqueles dois objetivos (tarifa externa comum e livre-circulação comercial intra-bloco), torna-se necessária a adoção de uma política coordenada e harmonizante em matéria de importação e exportação, o que pode levar a que alguns países adotem uma aduana comum encarregada de arrecadar os fundos tributários e distribuí-los entre os Estados-membros da área integrada de acordo com um critério pré-definido. Embora não seja referido pelo GATT, esse último aspecto dá a precisa diferença conceitual entre uma "União Tarifária" (mera adoção de políticas tarifárias comuns) e uma verdadeira "União Aduaneira" (com políticas e arrecadação tarifárias comuns). Nesse segundo sentido – não previsto pelo GATT, repita-se –, o MERCOSUL é de fato apenas uma "União Tarifária", visto que não reparte o produto da arrecadação dos impostos de importação e exportação entre os seus Estados-membros. Com peculiar acuidade, DROMI, EKMEKDJIAN E RIVERA (1995, p. 113-115) fazem a distinção entre União Aduaneira e União Tarifária. Destacam a importância desta separação com o seguinte exemplo de transporte multimodal de mercadorias: suponha-se que todas as importações e exportações da República do Paraguai com origem ou destino europeus sejam feitas através de um porto brasileiro e que o transporte entre esse porto brasileiro e o território paraguaio se faça sobre caminhão. Na hipótese de uma simples União Tarifária, em que há apenas a adoção de uma TEC, os tributos de importação e exportação só beneficiariam o tesouro brasileiro, com evidente prejuízo para a aduana paraguaia, já que as mercadorias entrariam e sairiam do território integrado através de um porto no Brasil. Na hipótese de uma União Aduaneira, a repartição dos tributos aduaneiros certamente beneficiariam também a República do Paraguai.

preparatórios, ter vocação normativa (geral e abstrata), conteúdo concreto e individualizado ou apenas efetuar uma constatação ou uma recomendação. Os efeitos desses atos podem ser apenas internos às instituições e aos órgãos do MERCOSUL, dirigidos a um ou mais Estados-membros (vinculantes ou não) ou a Estados-terceiros, outras Organizações Internacionais e mesmo particulares (MERCOSUL, 2004, p. 35).

O Tratado de Assunção, subscrito entre a República Argentina, a República Federativa do Brasil, a República do Paraguai e a República Oriental do Uruguai, em 26 de março de 1991[358], é o marco inicial e a normativa mais elementar do Mercado Comum do Sul (MERCOSUL). A seguir a ele, em 17 de dezembro de 1991, os mesmos Estados-partes subscreveram o "Protocolo de Brasília para a Solução de Controvérsias"[359], como norma complementar ao Tratado de Assunção, no intuito de estabelecer um mecanismo eficaz de resolução de diferendos relativos à interpretação, à aplicação e ao descumprimento das normas do processo de integração. Em 17 de dezembro de 1994, os Estados-partes assinaram o "Protocolo de Ouro Preto Adicional ao Tratado de Assunção sobre a Estrutura Institucional do MERCOSUL"[360], que veio a complementar e reforçar as disposições do Tratado de Assunção em matéria de estrutura orgânica e funcionamento dos órgãos do MERCOSUL. O sistema de solução de controvérsias do MERCOSUL foi alterado com a assinatura, em 18 de fevereiro de 2002, do Protocolo de Olivos[361].

O Tratado de Assunção e aqueles protocolos são, basicamente, as fontes primárias ou originárias do Direito do MERCOSUL que, ao lado das suas fontes secundárias ou derivadas (as Decisões do Conselho do Mercado Comum, as Resoluções do Grupo Mercado Comum e as Diretrizes da Comissão de Comércio), compõem o chamado Direito da Integração do MERCOSUL, um conjunto de disposições jurídicas de natureza institucional, administrativa, tributária, trabalhista, civil, proces-

---

[358] O tratado foi aprovado no Brasil pelo Decreto Legislativo 197, de 25.09.1991, e promulgado pelo Decreto 350, de 21.11.1991, tendo entrado em vigor no país em 29.11.1991.

[359] Aprovado no Brasil pelo Decreto Legislativo 88, de 01.12.92, e promulgado pelo Decreto 922, de 10.09.1993, tendo entrado em vigor, no país, em 22.04.1993.

[360] Esse protocolo foi aprovado no Brasil pelo Decreto Legislativo 188, de 18.12.1995, e promulgado pelo Decreto 1.901, 09.05.1996.

[361] O tratado foi aprovado no Brasil pelo Decreto Legislativo n.º 712, de 14.10.2003, e promulgado pelo Decreto 4.982, de 09.02.2004, tendo entrado em vigor no país em 10.02.2004.

sual, regulatória e comercial, que, compondo um subsistema específico do Direito Internacional e distinto dos ordenamentos nacionais dos Estados-partes, se aplicam, na imensa maioria dos casos, por mecanismos tradicionais de recepção ao Direito interno dos Estados-partes do processo de integração sul-americano com a finalidade de abolir as discriminações econômicas.

Quanto a esse requisito da recepção aos ordenamentos jurídicos internos, o art. 42 do Protocolo de Ouro Preto é bastante claro:

> *"As normas emanadas dos órgãos do MERCOSUL previstos no Artigo 2*[362] *deste Protocolo terão caráter obrigatório e deverão, quando necessário, ser incorporadas aos ordenamentos jurídicos nacionais mediante os procedimentos previstos pela legislação de cada país".*

A advertência *"quando necessário"* contida no dispositivo acima transcrito não é uma abertura amplamente discricionária às deliberações estatais de incorporar ou não a normativa mercosulina. De logo, vê-se que a faculdade só é adequada ao Direito derivado – os tratados fundamentais sempre necessitam de regular incorporação. Foi a referência *"quando necessário"* clarificada pelo art. 5.º da Decisão CMC n.º 23/00, de 29 de junho de 2000, que cuida da incorporação das normas derivadas do MERCOSUL ao ordenamento jurídico interno dos Estados-partes para a consolidação da União Aduaneira. O referido art. 5.º da Decisão CMC n.º 23/00 estabelece que as normas emanadas dos órgãos do bloco (portanto, apenas o Direito derivado) não necessitarão de medidas internas para a sua incorporação, nos termos do art. 42 do Protocolo de Ouro Preto, em duas hipóteses apenas, a saber: (a) quando os Estados-partes entendam, conjuntamente, que o conteúdo da norma trata de assuntos relacionados ao funcionamento interno do MERCOSUL, ou (b) quando já existe norma nacional que contemple em termos idênticos a norma do MERCOSUL aprovada – é a chamada harmonia pré-estabelecida. Na primeira hipótese, para excluir a incorporação é preciso haver um entendimento conjunto dos Estados-partes formalmente consignado na própria norma mercosulina. Na segunda situação, é necessária a noti-

---

[362] *"Artigo 2 – São órgãos com capacidade decisória, de natureza intergovernamental, o Conselho do Mercado Comum, o Grupo Mercado Comum e a Comissão de Comércio do MERCOSUL."*

ficação do próprio Estado-parte à Secretaria do MERCOSUL de que a norma mercosulina já está contemplada por uma homóloga nacional, dando-se, a seguir, indicação específica da norma em questão.

Afora isso, nos casos opostos e largamente majoritários, ou seja, quando as normas secundárias do MERCOSUL não tiverem aplicabilidade direta (hipóteses "a" e "b", do art. 5.º da Decisão CMC n.º 23/00, acima) e, portanto, necessitarem de medidas internas de incorporação, a sua vigência só será iniciada trinta dias depois que o último Estado-membro comunicar à Secretaria do bloco a incorporação da norma ao seu ordenamento jurídico – esse é o chamado mecanismo de "vigência simultânea" de que trata o art. 40 do Protocolo de Ouro Preto, um procedimento complexo e *sui generis* que procura conciliar as exigências da aplicação uniforme das normas de integração aos agentes privados no interior do espaço econômico com um modelo baseado na intergovernamentalidade e não na supranacionalidade[363].

À luz dos arts. 40 e 42 do Protocolo de Ouro Preto, bem como do art. 5.º da Decisão CMC n.º 23/00, é correto inferir que as fontes jurídicas secundárias do MERCOSUL agrupam-se em três conjuntos distintos, quais sejam: Do primeiro conjunto fazem parte as normas derivadas que necessitam de procedimentos expressos e formais de incorporação ao ordenamento jurídico interno dos Estados-membros e são regidas pelo mecanismo de "vigência simultânea" do Protocolo. Integram o segundo conjunto aquelas normas com alguma "aplicabilidade direta", que, por

---

[363] O mencionado art. 40 do Protocolo de Ouro Preto determina: *"A fim de garantir a vigência simultânea nos Estados-partes das normas emanadas dos órgãos do MERCOSUL previstos no Artigo 2 deste Protocolo, deverá ser observado o seguinte procedimento: i) Uma vez aprovada a norma, os Estados-partes adotarão as medidas necessárias para a sua incorporação ao ordenamento jurídico nacional e comunicarão as mesmas à Secretaria Administrativa do MERCOSUL; ii) Quando todos os Estados-partes tiverem informado sua incorporação aos respectivos ordenamentos jurídicos internos, a Secretaria Administrativa do MERCOSUL comunicará o fato a cada Estado-parte; iii) As normas entrarão em vigor simultaneamente nos Estados-partes, 30 dias após a data da comunicação efetuada pela Secretaria Administrativa do MERCOSUL, nos termos do item anterior. Com esse objetivo, os Estados-partes, dentro do prazo acima, darão publicidade do início da vigência das referidas normas por intermédio de seus respectivos diários oficiais."* A previsão de três etapas diacrônicas, a depender de distintos sujeitos, órgãos e procedimentos – a aprovação das normas no MERCOSUL, sua incorporação aos ordenamentos internos e sua posterior entrada em vigência coletiva e simultânea –, dificulta aos agentes econômicos privados saber com segurança qual a normativa em vigor em dado momento.

terem um conteúdo essencialmente orgânico ou institucional, dispensam os procedimentos de incorporação e "vigência simultânea" e, portanto, têm caráter obrigatório para os Estados-membros a partir de sua publicação no órgão oficial do MERCOSUL, conforme o consenso dos Estados-partes. Há ainda o terceiro e último grupo de normas secundárias que dispensam os tradicionais procedimentos de incorporação e "vigência simultânea" simplesmente porque já são idênticas a uma norma nacional pré-existente e vigente no ordenamento interno. A esses três conjuntos de normas derivadas soma-se ainda o conjunto de normas primárias do MERCOSUL, os tratados e protocolos de base, que começam a produzir efeitos jurídicos desde a sua incorporação ao Direito interno de acordo com os respectivos regimes constitucionais para os atos convencionais internacionais.

Segundo consta do *"Primeiro Informe Semestral da Secretaria do MERCOSUL"*, divulgado em julho de 2004 (MERCOSUL, 2004, p. 32), as fontes jurídicas secundárias do MERCOSUL já somavam 1.112 normas jurídicas, das quais apenas 560 (ou 50,36%) já estavam em pleno vigor nos Estados-membros, àquela altura – entre normas incorporadas e normas que não necessitaram de incorporação.

Justamente em razão da largamente majoritária aplicação por recepção ou incorporação aos ordenamentos internos e, portanto, da ausência de efeito direto, bem como em virtude da inexistência de regras de conflito que privilegiem o Direito da Integração mercosulino – tudo isso aliado ao imperativo do consenso no seio do Conselho Mercado Comum (CMC)[364], do Grupo Mercado Comum (GMC)[365] e da Comissão de Comércio[366] –, o Direito do MERCOSUL ainda não constitui uma estrutura jurídica de tipo supranacional perfeita, com capacidade plena e

---

[364] O CMC é o órgão superior do MERCOSUL para a tomada de decisões e a condução do processo político de integração. Reunindo-se, no mínimo, uma vez por semestre, é composto pelos Ministros das Relações Exteriores e da Economia de cada um dos Estados-membros. A sua presidência, que exerce a titularidade da personalidade jurídica do bloco, é semestral e rotativa entre os Estados-membros.

[365] O GMC é o órgão executivo do MERCOSUL, a quem compete propor e executar as medidas necessárias para a administração do Tratado. Está integrado por quatro membros titulares e quatro suplentes, por país, que representam, pelo menos, o Ministério das Relações Exteriores, o Ministério da Economia e o Banco Central respectivos. A sua atuação é auxiliada por uma Secretária Técnica.

[366] Uma análise mais detalhada da Comissão de Comércio do MERCOSUL será elaborada adiante.

suficiente para ditar atos normativos independente da vontade dos seus Estados-membros, com vigência automática no território de cada um dos seus Estados-membros e hierarquia prevalente sobre os atos estatais de natureza interna. O caráter intergovernamental do MERCOSUL é reforçado quando se percebe que o Grupo Mercado Comum (GMC), o Conselho do Mercado Comum (CMC) e a Comissão de Comércio do MERCOSUL (CCM) são todos compostos por quatro "seções nacionais", cuja orientação é coordenada pelos respectivos Ministérios das Relações Exteriores dos Estados-partes.

Neste ponto, é preciso distinguir dois componentes importantes e já clássicos da sociedade internacional contemporânea: a cooperação internacional e a integração regional. Na verdade, a cooperação é uma das primeiras formas de aproximação entre Estados no plano internacional e, em comparação com o fenômeno da integração, apresenta laços jurídico-institucionais bastante incipientes. Da cooperação internacional resultaram as tradicionais Organizações Internacionais (como a ONU, o GATT, o FMI, entre outras), cujas decisões se dão no plano da coordenação intergovernamental (igualdade entre Estados) e, quando muito, alcançam objetivos de segurança, de mútua ajuda financeira ou de eliminação de protecionismos. Na esfera da integração, por outro lado, os Estados se agrupam não para garimpar vantagens uns nos outros, mas para unir forças e competir melhor, frente a terceiros países, no plano da economia internacional. Assim, fazem surgir, com o seu aprofundamento, as entidades supranacionais ou supra-estatais, órgãos autônomos cuja principal característica é a independência em relação aos Estados-partes do espaço integrado para a adoção de medidas político-jurídicas específicas. A essência da integração está, pois, na criação de estruturas decisórias distintas dos países-membros, às quais se atribuem importantes competências antes privativas dos Estados soberanos. É justamente pela instituição desses órgãos autônomos, com poderes bastante eficazes, que melhor se diferenciam as formas mais profundas de integração da mera cooperação internacional, sobretudo, quando se considera que, nas organizações internacionais de base cooperativa só há espaço para o consenso ou para a inexistência de decisões.

Com auxílio de MOURA RAMOS (1995, p. 179), sabe-se que uma das notas características da supranacionalidade é, precisamente, a capacidade de as instituições supranacionais exprimirem uma vontade autônoma, em cuja formação não participam os Estados-membros, mas, antes, agentes da própria entidade supranacional. Essa ainda não constitui, todavia, uma característica homogênea do MERCOSUL, que, do ponto de vista de sua estrutura jurídico-institucional, ocupa um lugar intermédio entre a cooperação internacional e as formas mais profundas de integração regional. Apenas, naquela pequena e residual parcela de normas de conteúdo institucional "de organização", dotadas de aplicabilidade direta por decisão consensual do órgão que a editou, pode-se enxergar uma tímida permeabilidade do MERCOSUL à supranacionalidade.

Conquanto não perfaça uma estrutura jurídica de tipo supranacional perfeita, as normas jurídicas advindas das instituições do MERCOSUL dão lugar a um ordenamento próprio do bloco regional, reconhecido pela jurisprudência do seu Tribunal Arbitral *Ad Hoc*[367] e de muitos tribunais nacionais, apesar de bastante criticado pela excessiva flexibilidade, notável incipiência e considerável nível de incerteza (CASELLA, 2002, p. 418). Num quadro assim desenhado, o déficit na segurança jurídica e o superávit de lentidão e burocracia constituem um aparatoso óbice para a formação de vínculos de micro-integração entre os agentes econômicos privados, sem o que a almejada trama do longo tecido econômico integrado restará comprometida.

Embora a totalidade das normas primárias e a grande maioria das normas secundárias do Direito da Integração do MERCOSUL necessitem de procedimentos de incorporação ao Direito interno dos Estados-partes, o Protocolo de Ouro Preto estabeleceu, por outro lado, para os Estados-partes uma eloqüente obrigação, de natureza internacional, a respeito das normas emanadas das instituições do MERCOSUL: de acordo com o art. 38 do Protocolo de Ouro Preto, *"os Estados-partes comprometem-se a adotar todas as medidas necessárias para assegurar, em seus respectivos territórios, o cumprimento das normas emanadas dos órgãos do*

---

[367] O parágrafo 63 do IX Laudo Arbitral do Tribunal *Ad Hoc* do MERCOSUL expressou-se a esse respeito: *"(...) certo é que o ordenamento jurídico do MERCOSUL (que não há dúvida de que pode e deve ser qualificado como tal, por muito que possa discutir-se sua plenitude, considerando que estamos, como foi descrito, ante um ordenamento "organizado y estructurado, que posee sus propias fuentes, dotado de órganos y procedimientos aptos para emitirlas, interpretarlas, así como para constatar y sancionar los casos de incumplimiento y las violaciones") previu uma via específica para reagir frente a infrações ao mesmo cometidas pelos Estados-partes, via que não é outra que o sistema de solução de controvérsias do Protocolo de Brasília"* (Tribunal Arbitral *Ad Hoc* do MERCOSUL, IX Laudo Arbitral, de 04.04.2003, Argentina *vs.* Uruguai, sobre o estímulo à industrialização de lã, árbitros: RICARDO ALONSO GARCÍA (Presidente), ENRIQUE BARREIRA e EDUARDO MEZZERA, parágrafo 63, publicado na íntegra em www. mercosur.org.uy).

MERCOSUL". CASELLA (1996, p. 207) salienta que a *"consolidação de espaço economicamente integrado"* implica na criação de uma *"densa rede de relações jurídicas e institucionais, regidas tanto pelo Direito Internacional, através de tratados constitutivos e obrigações de Direito das gentes, podendo incluir mesmo a responsabilidade do Estado por inadimplemento na ordem internacional, quanto pelo ordenamento de Direito derivado, regulador da implementação dos princípios da integração"*. O não-cumprimento do art. 38 do Protocolo de Ouro Preto pode mesmo ensejar a responsabilidade do Estado, no Brasil, frente a particulares (nele residentes) e/ou frente aos demais Estados-membros do MERCOSUL? E que tipo de responsabilidade seria esta – de Direito nacional ou de Direito da Integração? Essa responsabilidade, já amplamente reconhecida na Comunidade Européia, encontra similar no MERCOSUL e seus Estados-membros? Qual a instância competente para apreciar uma demanda ressarcitória nesses termos? CANOTILHO afirmou ter dúvidas quanto ao caráter dirigente dos tratados instituintes do MERCOSUL (CANOTILHO, 2001, p. XXVII); tais dúvidas são procedentes? Antes de responder a tais inquirições é importante, porém, deixar claro algumas questões relacionadas à produção, ao perfil e ao modo de incorporação das diretrizes mercosulinas na ordem jurídica interna dos Estados-partes do MERCOSUL.

5.2. *As Diretivas Comunitárias e as Diretrizes Mercosulinas*

De tão frutífera, a promissora experiência européia com as diretivas comunitárias já serve de referência a outros processos de cooperação e integração regionais. Ainda na Europa, por exemplo, a cooperação policial e judiciária em matéria penal, instituída pelo Título VI do Tratado da União Européia (o chamado Terceiro Pilar da União Européia), prevê que o Conselho, para efeitos de aproximação das disposições legislativas e regulamentares dos Estados-membros, poderá adotar "decisões-quadro" (*"framework decision"*) que *"vinculam os Estados-membros quanto ao resultado a alcançar, deixando, no entanto, às instâncias nacionais a competência quanto à forma e aos meios"* (art. 34.°, 2, B, do Tratado da União Européia). Na África, por outro lado, o Tratado que estabelece a Comunidade Econômica Africana, assinado em Abuja (Nigéria), em 03 de junho de 1991, prescreve em seu art. 8.° que o seu mais elevado órgão, a Assembléia dos Chefes de Estado e de Governo (*"The Assembly of Heads of State and Government"*), responsável por implementar os objetivos da Comunidade, expedirá diretivas para coordenar e harmonizar políticas econômicas, científicas, técnicas, culturais e sociais dos seus Estados-membros.

Também no subcontinente sul-americano, os arts. 20 e 41 do Protocolo de Ouro-Preto, de 17 de dezembro de 1994[368], que dispõe sobre a estrutura institucional do MERCOSUL, mencionam uma espécie normativa denominada "diretriz" (a versão em castelhano do Protocolo de Ouro-Preto utilizou o termo *"directiva"*) como fonte jurídica obrigatória para os Estados-partes do Mercado Comum do Sul (MERCOSUL). Quanto a isso, porém, não chega a impressionar que o MERCOSUL apresente elementos institucionais inspirados na Comunidade Européia, afinal, a proximidade do Brasil com a Comunidade Européia já é longeva e não escapou do olhar arguto de MOURA RAMOS (1999, p. 359 e ss.), para quem a Comunidade Européia é na verdade a *"irmã mais velha"* do MERCOSUL. Com efeito, o Brasil foi o primeiro país latino-americano a estabelecer relações diplomáticas com a então Comunidade Econômica Européia, em 24 de maio de 1960, data em que o Embaixador AUGUSTO FREDERICO SCHMIDT apresentou suas credenciais a JEAN REY, membro da primeira Comissão da Comunidade Econômica Européia, encarregado das relações exteriores, e que viria a ser o primeiro Presidente da Comissão unificada das três Comunidades Européias. Tendo funcionado inicialmente em Paris, como um apêndice da Delegação junto à UNESCO, não tardou, porém, que a representação brasileira junto à CEE passasse a estabelecimento diplomático permanente, com sede em Bruxelas, instituída por Decreto de 23 de janeiro de 1961 do então Presidente da República JUSCELINO KUBITSCHEK – três anos, apenas, após a entrada em vigor do Tratado de Roma.[369] Essa aproximação inicial reforçada entre o Brasil e a CEE fazia parte da estratégia de abertura da economia brasileira ao capital externo denominada "desenvolvimentismo-associado", marca do então Chefe de Estado brasileiro.

O texto do Protocolo de Outro Preto padece de um crônico laconismo, ainda maior do que o já breve art. 249.º do Tratado da Comunidade Européia. Em seu art. 20, o Protocolo de Ouro Preto diz apenas: *"A Comissão de Comércio do MERCOSUL manifestar-se-á mediante Dire-*

---

[368] No Brasil, o Protocolo de Ouro-Preto, de 17 de dezembro de 1994, foi chancelado pelo Congresso Nacional através do Decreto Legislativo n.º 188, de 18 de dezembro de 1995, e promulgado pelo Decreto 1.901, de 09 de maio de 1996.

[369] Conforme informações colhidas em www.braseuropa.be.

trizes ou Propostas. As Diretrizes serão obrigatórias para os Estados--partes." O art. 41 não acrescenta muita coisa sobre as diretrizes mercosulinas: *"As fontes jurídicas do MERCOSUL são: (...) III – As Decisões do Conselho do Mercado Comum, as Resoluções do Grupo Mercado Comum e as Diretrizes da Comissão de Comércio do MERCOSUL, adotadas desde a entrada em vigor do Tratado de Assunção."* Nenhuma palavra há, portanto, sobre quando e como se empregam as diretrizes. Será no Direito derivado do MERCOSUL que se encontrarão algumas normatizações mais detalhadas sobre a formação, o objeto e as características das diretrizes emanadas da Comissão de Comércio.

À luz do que estabelecem os arts. 16 a 21 do Protocolo de Ouro Preto e a Diretriz n.º 05/96 (que instituiu o regulamento interno da CCM), vê-se que a Comissão de Comércio do MERCOSUL, da qual emanam com exclusividade as diretrizes mercosulinas, é um órgão com capacidade decisória (as suas decisões são sempre por consenso), de natureza intergovernamental, encarregado de assistir o Grupo Mercado Comum e de zelar pela aplicação dos instrumentos de política comercial comum acordados pelos Estados-partes para o funcionamento da união aduaneira, bem como acompanhar e revisar os temas e matérias relacionados com as políticas comerciais comuns, com o comércio intra-MERCOSUL e com terceiros países. Não por outra razão, a importância política da Comissão de Comércio é estratégica para o processo integracionista, já que o livre intercâmbio de mercadorias é o ponto de partida para as demais etapas a que se pretende chegar no bloco sul-americano, desde a sua criação em 1991.

A Comissão de Comércio do MERCOSUL é integrada por quatro membros titulares e quatro membros alternos por Estado-parte e coordenada pelos respectivos Ministérios das Relações Exteriores, a partir das respectivas seções nacionais. De acordo com o art. 19 do Protocolo de Ouro Preto, são funções da Comissão de Comércio do MERCOSUL:

1) Velar pela aplicação dos instrumentos comuns de política comercial intra-MERCOSUL e com terceiros países, organismos internacionais e acordos de comércio;
2) considerar e pronunciar-se sobre as solicitações apresentadas pelos Estados-partes com respeito à aplicação e ao cumprimento da Tarifa Externa Comum e dos demais instrumentos de política comercial comum;
3) acompanhar a aplicação dos instrumentos de política comercial comum nos Estados-partes;

4) analisar a evolução dos instrumentos de política comercial comum para o funcionamento da união aduaneira e formular propostas com respeito ao Grupo Mercado Comum;
5) tomar as decisões vinculadas à administração e à aplicação da Tarifa Externa Comum e dos instrumentos de política comercial comum acordados pelos Estados-partes;
6) informar o Grupo Mercado Comum sobre a evolução e a aplicação dos instrumentos de política comercial comum, sobre o trâmite das solicitações recebidas e sobre as decisões adotadas a respeito delas;
7) propor ao Grupo Mercado Comum novas normas ou modificações às normas existentes referentes à matéria comercial e aduaneira do MERCOSUL;
8) propor a revisão das alíquotas tarifárias de itens específicos da tarifa externa comum, inclusive para contemplar casos referentes a novas atividades produtivas no âmbito do MERCOSUL;
9) estabelecer os comitês técnicos necessários ao adequado cumprimento de suas funções, bem como dirigir e supervisionar as atividades desses grupos;
10) desempenhar as tarefas vinculadas à política comercial comum solicitadas pelo Grupo Mercado Comum;
11) adotar o seu Regimento Interno, que submeterá ao Grupo Mercado Comum para sua homologação.

Vê-se, pois, que as principais atribuições da Comissão de Comércio do MERCOSUL têm natureza aduaneira e dizem respeito à administração e à aplicação da Tarifa Externa Comum (TEC) e dos instrumentos de política comercial comum acordados pelos Estados-partes do bloco sul-americano. Em termos concretos, isto significa que o MERCOSUL e a sua Comissão de Comércio, ao intervirem nessa seara, o fazem, geralmente, em três direções muito importantes: a econômica, a administrativa e a fiscal, nas quais se incluem os regimes de quotas, os regimes de licenciamento, outras barreiras não tarifárias, a atuação dos órgãos anuentes no comércio exterior, a operação dos sistemas de controle do comércio exterior, os procedimentos cambiais, regras sobre incentivos fiscais e financiamentos à exportação, regras de origem, regras de classificação aduaneira e os impostos e taxas incidentes sobre os bens e serviços nas operações de comércio exterior. Na execução de todo esse mister e na busca de igualdade no acesso ao mercado interno do bloco, o principal instrumento normativo de ação da Comissão de Comércio do

MERCOSUL são as suas diretrizes, expressamente marcadas pelo caráter vinculante em relação aos Estados-partes destinatários (art. 20 do Protocolo de Ouro Preto) e, como comprova a experiência européia, especialmente aptas para tais fins de harmonização, coordenação e aproximação de legislações ou políticas nacionais. Apenas por meio de mecanismos de conciliação normativa (positiva ou negativa), como as diretrizes e diretivas, *"se logrará que os diferentes sujeitos de Direito se encontrem nos diversos Estados-membros, vinculados às mesmas obrigações e na titularidade efetiva de idênticos direitos"* (RAMOS, 1999, p. 391), o que é indispensável a qualquer Mercado Comum.

À vista das considerações acima, pode-se inferir que as diretrizes mercosulinas têm um campo de atuação material bem mais restrito que os amplos domínios em que podem ser utilizadas as diretivas comunitárias – que, como visto, não se restringem a aspectos meramente aduaneiros e comerciais, mas, antes, disciplinam de condições de concorrência a política agrícola, de segurança (previdência) social dos trabalhadores a saúde e segurança no emprego etc. Tal circunstância explica porque, desde 1994, quando o Protocolo de Ouro Preto criou a Comissão de Comércio do MERCOSUL e as diretrizes mercosulinas, modificando a estrutura institucional do bloco até então delineada pelo Tratado de Assunção (1991)[370], foram expedidas apenas 167 diretrizes até o momento. Veja-se, no gráfico a seguir, um balanço do número anual de diretrizes editadas:[371]

---

[370] Com efeito, a criação da Comissão de Comércio do MERCOSUL já fora instituída pela Decisão MERCOSUR/CMC/DEC n.º 09/94, adotada na VI Reunião do Conselho Mercado Comum, realizada em Buenos Aires (Argentina), em 04 e 05 de agosto de 1994. Entretanto, como havia para alguns autores uma controvérsia se a modificação da estrutura institucional provisória do MERCOSUL pelo seu Direito derivado violava ou não o art. 18 do Tratado de Assunção, o Protocolo de Ouro Preto, de 17.12.1994, é tomado como ponto de partida incontroverso da criação da Comissão de Comércio e de suas diretrizes (ROSA, 1997, p. 86).

[371] Conforme os dados disponíveis no banco de normativas do sítio oficial do MERCOSUL (em www.mercosur.int).

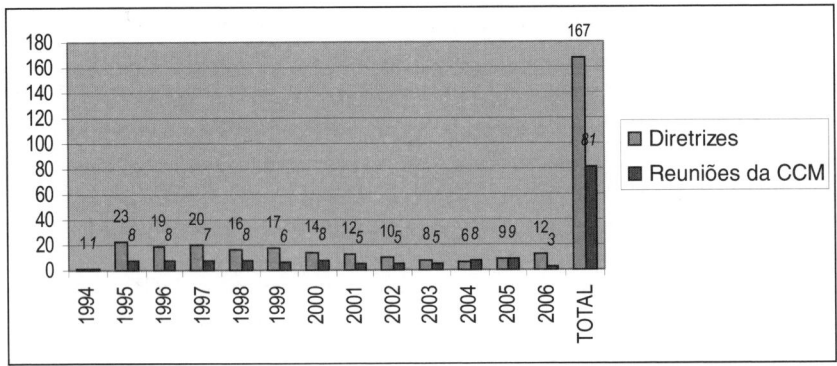

Embora o texto do Protocolo de Ouro Preto seja bastante lacunoso em relação às características e utilidades dessa espécie normativa, pode--se constatar, pela praxe institucional que vem sendo aplicada reiteradamente no MERCOSUL, que a maior parte das diretrizes expedidas até o momento pela Comissão de Comércio tem substantivas semelhanças formais com as diretivas da Comunidade Européia, a saber: indica os Estados a quem é dirigida e, para estes, tem caráter vinculante; define prazos para incorporação ao ordenamento nacional e menciona fins específicos a serem alcançados, mediante a adoção de normas nacionais necessárias. A Diretriz MERCOSUL/LXI CCM/DIR. n.º 04/03, de 09 de maio de 2003, por exemplo, depois de aprovar uma redução tarifária para produtos industrializados brasileiros, determina que ela necessita ser "incorporada" apenas ao ordenamento jurídico interno da Republica Federativa do Brasil e que esta incorporação deverá ser realizada, antes de 01 de julho de 2003. Já a Diretriz MERCOSUL/LXI CCM/DIR. n.º 02/03, que decidira uma nova classificação aduaneira para um produto específico, determinou que todos os quatro Estados-partes deveriam incorporá-la aos respectivos ordenamentos jurídicos nacionais antes do dia 07 de julho de 2003. As Diretrizes MERCOSUL/CCM/DIR. n.º 03/ /04 e MERCOSUL/CCM/DIR n.º 04/04, por seu turno, definiram uma série de procedimentos administrativos e aduaneiros, visando à livre circulação intra-bloco de mercadorias originárias dos quatro Estados-partes e, para tanto, definiram que sua incorporação deveria ocorrer até 01 de outubro de 2004. As Diretrizes MERCOSUL/CCM/DIR. n.º 07/03 e MERCOSUL/CCM/DIR. n.º 08/03 regulamentam, detalhadamente, a administração e a operação de trocas comerciais nas Áreas de Controle

Integrado (ACI) do MERCOSUL, situadas nas cidades de Clorinda (Argentina), Puerto Falcón (Paraguai), Santa Helena (Brasil) e Puerto Indio (Paraguai), devendo ser incorporada aos ordenamentos jurídicos nacionais dos respectivos Estados-partes, no prazo de cento e oitenta dias, a partir de sua aprovação, em 25 e 27 de novembro de 2003. Essas duas últimas diretrizes são ricas em detalhamentos técnicos dirigidos às autoridades administrativas que atuam no controle aduaneiro, fitossanitário, zoossanitário, migratório, de transporte e sanitário do fluxo comercial mercosulino. Esse pragmático caráter fiscal/aduaneiro, ora mais detalhado e analítico ora mais sintético e objetivo, é, aliás, uma tônica comum a todas as diretrizes editadas, até o momento, pela Comissão de Comércio do MERCOSUL.

Como o campo de atuação das diretrizes mercosulinas é bem mais restrito que o das diretivas comunitárias, isso faz com que aquelas apresentem muitas vezes uma densidade normativa ainda maior do que estas últimas. Muitas diretrizes têm cunho quase que meramente administrativo, o que acaba eliminando muito da margem de liberdade quanto à eleição das formas e dos meios, própria da teoria geral das diretivas comunitárias. Uma razão político-decisória contribui para esse aspecto ainda mais pragmático e operativo das diretrizes: como as normas mercosulinas ainda são atos intergovernamentais – ao contrário das diretivas comunitárias, que são atos supraestatais –, as escolhas nacionais relativas a formas e meios muitas vezes já ocorrem durante as fases de preparação e negociações dos atos no interior da Comissão de Comércio do MERCOSUL, em que os Estados-partes têm total acesso, idêntico peso e ampla liberdade de negociação.

Aliás, esse caráter intergovernamental das diretrizes mercosulinas salta aos olhos de quem as compara com as diretivas da Comunidade Européia. Por ser a Comissão de Comércio (e o MERCOSUL como um todo) um órgão intergovernamental, a carência de supranacionalidade dá o preciso tom que distingue a força normativa das diretivas da Comunidade Européia da força normativa das diretrizes do MERCOSUL. A ausência de supranacionalidade, nos tratados fundamentais do MERCOSUL e nas Constituições dos seus Estados-partes, não permite que as instituições mercosulinas tenham poderes para emitir ordens cogentes e automaticamente vinculantes dentro dos sistemas jurídicos nacionais, de modo que as diretrizes mercosulinas, enquanto não incorporadas formalmente pelos Estados-partes, não possuem quaisquer conseqüências intra-estatais para criar direitos e obrigações – antes da sua regular incorporação têm as diretrizes um papel apenas hermenêutico

e teleológico para guiar a atividade estatal e não comprometer definitivamente os fins do bloco sul-americano.

Essa assimetria em comparação às diretivas da Comunidade Européia acentua-se, particularmente, no processo de nomogênese das diretrizes mercosulinas: elas são sempre adotadas por consenso e, ordinariamente, com a presença dos representantes de todos os quatro Estados-
partes na reunião da Comissão de Comércio. Excepcionalmente, na
ausência dos representantes de um Estado-parte, as diretrizes consentidas
pelas delegações presentes serão adotadas *ad referendum* de aprovação
pelo Estado-parte ausente e serão consideradas adotadas se, após o prazo
de trinta (30) dias corridos a partir do término da reunião, o Estado-parte
ausente não apresentar objeções totais ou parciais. Na eventualidade de
que um projeto de diretriz não tenha sido considerado por falta de
quórum ou não tenha alcançado o consenso dos Estados-partes, durante
duas reuniões consecutivas da Comissão de Comércio, ordinárias ou
extraordinárias, esses projetos serão remetidos ao Grupo Mercado
Comum para seu tratamento (conforme os arts. 13 e 14 do Regulamento
Interno da Comissão de Comércio do MERCOSUL, aprovado pela
Diretriz MERCOSUL/CCM/DIR n.º 05/96). A relevante Decisão
MERCOSUL/CMC/DEC. n.º 20/02, cujo objetivo é o *"aperfeiçoamento*
do sistema de incorporação da normativa mercosul ao ordenamento
jurídico dos Estados-partes", ainda estabeleceu em seu art. 3.º que, uma
vez que o órgão decisório competente (no caso das diretrizes, a Comissão
de Comércio do MERCOSUL) tenha "consensuado" (*sic*) o texto de um
novo projeto de norma que necessite ser incorporada aos ordenamentos
jurídicos nacionais, o projeto de norma permanecerá nesse órgão decisório e só poderá ser formalmente adotado como norma, depois que os
quatro Estados-partes comuniquem ao órgão decisório pertinente que
estão em condições de proceder à incorporação da norma por meio de
atos do Poder Executivo ou de enviá-la à aprovação parlamentar[372].
Infere-se daí, desde logo, que, à luz da Decisão MERCOSUL/CMC/
/DEC. n.º 20/02, uma diretriz mercosulina pode ser "incorporada" ao
ordenamento interno, tanto por atos legislativos como por atos adminis-

---

[372] A finalidade da prévia concertação com os órgãos nacionais competentes é
permitir que se leve em consideração todo o importante acervo técnico de que dispõem
os Estados-membros e evitar a futura não incorporação da regra mercosulina por incompatibilidade com o ordenamento interno, tornando sem efeito todo o trabalho de aprovação
da nova norma.

trativos. Estes últimos, porém, têm gozado da absoluta preferência do Governo brasileiro, até o momento, como meio para a completa "internalização" de diretrizes, de sorte que se tem visto a utilização numerosa de instrumentos infra-legais e executivos para a sua internalização ao ordenamento jurídico brasileiro, tais como decretos presidenciais, portarias ministeriais, interministeriais e de autarquias federais, atos declaratórios da Secretaria da Receita Federal (SRF) e resoluções da Câmara de Comércio Exterior (CAMEX)[373].

O fato de os procedimentos nacionais de internalização de diretrizes assumirem, até o momento, um perfil infralegal, executivo e disperso, dado que o ciclo de incorporação tem-se efetivado na imensa maioria dos casos com atos administrativos, originários de diversas entidades e órgãos da Administração Pública e de hierarquia inferior à lei, não impede que, a qualquer momento, normas legais (leis formais) tenham de vir a ser editadas para dar cumprimento a uma normativa mercosulina. Segundo VENTURA E PEROTTI (2004, p. 114), por exemplo, nos primeiros treze anos de existência do bloco, entre 1991 e 2004, oitenta normas de Direito secundário do MERCOSUL necessitaram de trâmite legislativo formal pelos parlamentos nacionais dos Estados-partes.

A circunstância de se procurar escapar do tratamento legislativo nacional e de se optar pelo emprego maciço de atos normativos infra-legais faz parte da estratégia brasileira de tentar conferir maior agilidade à incorporação das normas ao ordenamento interno diante da ausência de supranacionalidade, primazia e aplicabilidade direta no bloco econômico sul-americano. É certo, porém, que, com isso, o que se ganha em velocidade perde-se em segurança jurídica, afinal, os atos administrativos normativos são modificáveis ou derrogáveis a qualquer momento, além de muito permeáveis às alterações da conjuntura política interna. Quanto a esse ponto, compare-se, como visto acima, que a transposição de diretivas comunitárias implica na elaboração de um diploma normativo claro, preciso, coerente e completo e não numa remissão genérica ao

---

[373] À guisa de exemplo, pode-se referir que a Diretriz 04/2003 foi incorporada ao ordenamento brasileiro pela Resolução da Câmara de Comércio Exterior (CAMEX) n.º 15, de 05/06/03, publicada no Diário Oficial da União de 09/06/03; a Diretriz 03/2000, pela Portaria do Ministério da Fazenda (MF) n.º 146/00, publicada no Diário Oficial da União de 03/05/00; a Diretriz 04/2000, pelo Decreto presidencial n.º 4.104/02, de 28/01/02, publicado no Diário Oficial da União de 29/01/02; e a Diretriz 03/97, pelo Ato Declaratório do Conselho Nacional de Meio Ambiente (CONAMA) n.º 18/98, de 05/03/98, publicado no Diário Oficial da União de 09/03/98.

texto comunitário, a fim de que os particulares possam ter conhecimento, com a necessária segurança, dos seus direitos e obrigações. Tampouco admissível – justamente por incompatibilidade com a segurança jurídica na Comunidade Européia – é a adoção de meras praxes administrativas que, embora de acordo com a diretiva comunitária, contrariem o Direito Positivo nacional. Para CASELLA (2002, p. 429), é *"questionável, sob o ponto de vista de técnica jurídica"*, a costumeira prática brasileira de trazer ao ordenamento interno as normas do MERCOSUL mediante decretos presidenciais, portarias ministeriais, interministeriais e de autarquias federais, atos declaratórios da Secretaria da Receita Federal (SRF) e resoluções da Câmara de Comércio Exterior (CAMEX) ou da Agência Nacional de Vigilância Sanitária (ANVISA). Essa realidade mutável e insegura não é amistosa aos agentes econômicos privados, que precisam de maior tranqüilidade ao decidirem os seus investimentos.

Além dessa insegurança jurídica, pode-se fazer uma segunda – e grave – crítica à prática governamental, até o momento adotada pelo Brasil: por ser a Comissão de Comércio (e o MERCOSUL como um todo) uma instância internacional de caráter intergovernamental, desprovido, segundo os seus tratados instituintes, de poder para editar atos com efeito imediato e aplicabilidade direta nas ordens internas dos Estados-membros, as diretrizes mercosulinas precisam, a fim de produzir efeitos jurídicos internos positivos e alcançarem justiciabilidade, de um procedimento formal de incorporação ao Direito brasileiro e não de mera transposição – como ocorre com as diretivas comunitárias. O vácuo de supranacionalidade dos órgãos do MERCOSUL, carentes de competências constitucionais nunca transferidas ou emprestadas, não autoriza que os mesmos tenham poderes para emitir ordens cogentes e automaticamente vinculantes dentro do sistema jurídico brasileiro, de modo que as diretrizes mercosulinas, enquanto não incorporadas pelo Estado brasileiro, não têm o condão de produzir quaisquer efeitos jurídicos intra-estatais geradores de direitos e obrigações. Uma diretriz regularmente adotada na Comissão de Comércio do MERCOSUL, mas não transposta ao Direito interno, poderá engendrar, no máximo, o efeito próprio das cláusulas de *"standstill"* ou *"blocking effect"* ou, ainda, uma interpretação conforme do vigente ordenamento interno – isso em homenagem ao princípio internacional da boa-fé e da interpretação finalística na execução dos tratados internacionais.[374]

---

[374] Segundo os arts. 18 e 26 da Convenção de Viena sobre o Direito dos Tratados (1969), todo tratado internacional deve ser executado de boa-fé, de maneira que o Estado

Em face do caráter eminentemente intergovernamental do MERCOSUL, a atividade do Poder Legislativo brasileiro – enquanto ativo participante do *"treaty-making power"*, nos termos da Constituição Federal de 1988 – ainda é de basilar importância para o aprofundamento do bloco de integração econômica, em geral, e para a incorporação da normativa primária e secundária mercosulina, em particular. Alijar o Poder Legislativo desse processo significa retirar legitimidade do próprio processo de integração sul-americano, aumentando o tão criticado déficit democrático peculiar a tais empreendimentos. De outro lado, ao afastar--se o parlamento das questões relativas às decisões regionais, dá-se vez às concepções pré-modernas de que o *"the king can do no wrong"*, aqui entendido *"the king"* como sendo, agora, o Poder Executivo federal.[375]

No duro embate entre o dualismo de base *triepeliana* e o monismo normativista de inspiração *kelseniana*[376], a Constituição Federal brasileira

---

é obrigado a abster-se da prática de quaisquer atos que frustrem o objetivo e a finalidade do ato convencional, afinal, a sua introdução no ordenamento interno é uma obrigação de resultado e não de meio (DINH, DAILLIER E PELLET, 1999, p. 210). Desde o seu primeiro laudo, o Tribunal Arbitral *Ad Hoc* do MERCOSUL vem salientando a necessidade de se extrair a plenitude dos efeitos buscados nos tratados de integração e fazer derivar dos textos todas as conseqüências razoáveis para a concretização da integração (princípio do "efeito útil"): *"Os fins e objetivos não são um adorno dos instrumentos de integração mas um guia concreto para a interpretação e para a ação. Mesmo sem alcançar uma aplicação absoluta da regra que [Fausto de] Quadros define como 'in dubio pro communitate', e desde que não haja contradição com textos expressos, a interpretação das disposições em um conjunto normativo, cujo fim é a integração, deve guiar-se por este propósito e torná-lo possível. Este critério resulta especialmente pertinente quando se apresentam situações duvidosas ou quando existem lacunas ou vazios em parte da estrutura jurídica e faz-se necessário suprir as insuficiências"* (Tribunal Arbitral *Ad Hoc* do MERCOSUL, I Laudo Arbitral, pronunciado em 28.04.1999, República Argentina vs. Brasil, sobre a aplicação de medidas restritivas ao comércio recíproco, árbitros: JUAN CARLOS BLANCO [Presidente], GUILLERMO MICHELSON IRUSTA e JOÃO GRANDINO RODAS, parágrafos n.º 58-61, divulgado na íntegra em www.mercosur.org.uy).

[375] Em termos políticos, esse fenômeno não é mais do que uma reprodução do *"centralismo presidencial"* característico dos regimes latino-americanos, que concentram poder nas esferas do Executivo (BARRAL, 2003, p. 136).

[376] Não vale a pena rememorar aqui, inteiramente, a longa querela acadêmica entre monismo e dualismo, de cujos argumentos o leitor pode inteirar-se, com fidelidade, a partir das indicações bibliográficas a seguir mencionadas. As concepções doutrinárias de CARL HEINRICH TRIEPEL, a respeito das relações de dualidade entre a ordem jurídica internacional e ordem jurídica interna, têm sua síntese em: TRIEPEL, H. Les Rapports entre le Droit Interne et le Droit International. *Recueil des Cours / Académie de Droit International de la Haye.* v. 1, t. I, p. 77-121, 1923. À orientação dualista, segundo a qual,

de 1988 ficou com este último, um monismo moderado de acento nacionalista (Steiner, 2000, p. 69). É na Constituição brasileira que se assenta também o poder estatal de manifestar a sua vontade e de celebrar tratados, convenções e atos internacionais (o *"treaty-making power"*), que, uma vez em vigor, obrigam não só o Estado brasileiro mas também os seus súditos, criando-lhes direitos e obrigações (art. 21, inc. I, CF/88[377]). No Brasil, os tratados, convenções e atos internacionais são, portanto, fruto do Poder Constituído, logo, de hierarquia normativa infraconstitucional. É a soberania reconhecida também no Direito Internacional ao Estado de Direito brasileiro que faz com que seja a Constituição Federal quem determine o lugar dos tratados e outros atos internacionais na ordem jurídica interna (Rezek, 2000, p. 96). Resultando o tratado internacional do Poder Constituído brasileiro, é correto inferir que não poderia ser o tratado superior à própria Constituição, fruto do Poder Constituinte originário. A pensar-se de outro modo, estar-se-ia autorizando a mutação constitucional pela via oblíqua da simples celebração de pactos internacionais, o que não é admitido, no caso brasileiro, dada a sua marcada *"rigidez constitucional"*.[378] A Constituição Federal brasi-

---

Direito Internacional e Direito interno regulam relações jurídicas distintas, com sujeitos diferentes e fontes jurídicas diversas, também se filiaram os italianos Anzilotti e Cavaglieri, o ingês Oppenheim e o alemão Strupp. As ponderações doutrinárias do austríaco Hans Kelsen, quanto a uma "teoria total" do Direito, especialmente quanto às relações entre Direito interno e Direito internacional, podem ser extraídas com melhor propriedade dos seguintes textos: Kelsen, Hans. Staat und Völkerrecht. *Zeitschrift für Öffentliches Recht*. v. 4, p. 207-222, 1925; Kelsen, Hans. Les Rapports de Système entre le Droit Interne et le Droit International Public. *Recueil des Cours / Académie de Droit International de la Haye*. v. 14, t. IV, p. 227-331, 1926; Kelsen, Hans. Théorie du Droit International Public. *Recueil des Cours / Académie de Droit International de la Haye*. v. 84, t. III, p. 1-203, 1953. Com uma ordem de argumentos distinta da linha formalista de Kelsen e da Escola de Viena, mas também monista, foram sobretudo Alfred Verdross (inicialmente) e Max Wenzel os maiores responsáveis por trazer Hegel aos embates entre monismo e dualismo. Para eles, a soberania absoluta estatal é onde reside o fundamento de todo o Direito, seja ele Direito interno ou Direito Internacional, daí a razão e a justificativa do monismo e a valorização da descentralização da sociedade estatal. Para os monistas nacionalistas o Direito Internacional não é mais do que um Direito nacional externo, cuja criação e validade dependem do Estado.

[377] *"Art. 21. Compete à União: I – manter relações com Estados estrangeiros e participar de organizações internacionais;"*

[378] Em que pesem essas considerações parecerem óbvias, só são válidas à luz do Direito Constitucional de cada Estado. No Brasil é assim, alhures pode não o ser. Uma posição menos ortodoxa é assumida, p. ex., pela Constituição dos Países Baixos, cujo art.

leira, enquanto estatuto fundamental da República, deixa patente a posição infraconstitucional dos instrumentos convencionais internacionais ao estabelecer, no seu art. 102, inc. III, letra b[379], que compete ao Supremo Tribunal Federal o controle da constitucionalidade dos tratados internacionais. Desse modo, prescindirá de validade jurídica internamente o tratado, convenção ou ato internacional incorporado ao Direito Positivo brasileiro que esteja em desarmonia, formal ou material, com o texto da Constituição Federal brasileira – e, nesse aspecto, o monismo nacionalista moderado brasileiro chega a conclusões muito próximas às de um dualismo moderado.

Por outro lado, ao firmar validamente um tratado, convenção ou ato internacional, a República Federativa do Brasil faz ingressar no seu sistema normativo as normas pelas quais quedou vinculada sem a necessidade de transformar o tratado em uma lei brasileira em sentido formal. Inobstante isso, a engenharia constitucional brasileira repartiu o *"treaty--making power"* entre o Poder Executivo e o Poder Legislativo – assegurando ainda ao Poder Judiciário o controle de constitucionalidade dos atos internacionais subscritos pela República, como já ressaltado. No sistema constitucional hoje vigente, é de competência privativa do Presidente da República, enquanto Chefe de Estado[380], celebrar tratados, convenções e atos internacionais, todos sujeitos a referendo do Congresso Nacional, a quem compete, com exclusividade, resolver sobre tratados, acordos ou atos internacionais que acarretem encargos ou compromissos

---

91, n. 3, prescreve que um tratado que contenha disposições contrárias à Constituição pode ser aprovado pelas Câmaras, mediante o voto de dois terços, ao menos, dos sufrágios emitidos, sem necessidade de mudança no texto constitucional. Também em Portugal, há uma prescrição distinta da sistemática brasileira – trata-se do art. 277.°, n.° 2, da Constituição Portuguesa, *verbis*: *"2. A inconstitucionalidade orgânica ou formal de tratados internacionais regularmente ratificados não impede a aplicação das suas normas na ordem jurídica portuguesa, desde que tais normas sejam aplicadas na ordem jurídica da outra parte, salvo se tal inconstitucionalidade resultar de violação de uma disposição fundamental."*.

[379] *"Art. 102. Compete ao Supremo Tribunal Federal, precipuamente, a guarda da Constituição, cabendo-lhe: (...) III – julgar, mediante recurso extraordinário, as causas decididas em única ou última instância, quando a decisão recorrida: (...) b) declarar a inconstitucionalidade de tratado ou lei federal".*

[380] A competência presidencial é dada pelo art. 84, inc. VIII, da Constituição Federal brasileira (de 1988), *verbis*: *"Art. 84. Compete privativamente ao Presidente da República: (...) VIII – celebrar tratados, convenções e atos internacionais, sujeitos a referendo do Congresso Nacional;"*

gravosos ao patrimônio nacional[381]. A competência para negociar pertence ao Executivo, enquanto que ao Legislativo cumpre a prerrogativa de abonar ou chancelar o que foi acordado pela Presidência da República.

A expressão da concordância do Poder Legislativo (Congresso Nacional) com o tratado subscrito pelo Presidente da República dá-se através da expedição de um Decreto Legislativo – cuja função é de tão somente dar conhecimento público de sua concordância e aprovação relativamente ao acordo apreciado, das reservas eventualmente impostas, das cláusulas facultativas aceitas, entre outros aspectos. Apenas depois da manifestação concordante e referendária do Congresso Nacional é que o Poder Executivo pode finalmente ratificar o tratado, a convenção ou o ato internacional. Por via da sua promulgação, através de Decreto presidencial, e conseqüente publicação, dá-se início à sua vigência no território brasileiro do tratado.

Nem o Decreto Legislativo de referendo parlamentar nem tampouco o Decreto presidencial de promulgação têm por efeito transformar o tratado em uma lei brasileira. Nem o Decreto Legislativo nem o Decreto presidencial, cujos conteúdos e processos legislativos são próprios, distintos e peculiares, são leis em sentido formal, nos termos da Constituição brasileira (STEINER, 2000, p. 70). O monismo temperado, vigente no país, faz com que os tratados, acordos e atos, fruto de compromissos internacionais assumidos pelo Brasil, tenham dignidade normativa própria para ingressar no ordenamento jurídico brasileiro – desde que cumprido o trâmite constitucional de atos político-jurídicos relativo ao *"treaty-making power"*, ou seja, (a) aprovação, pelo Congresso Nacional, mediante decreto legislativo; (b) ratificação pelo Chefe de Estado, mediante depósito do respectivo instrumento; (c) promulgação pelo Presidente da República, mediante decreto, e (d) publicação oficial do texto do tratado, acordo ou ato internacional. Assim, vigora no Brasil um "sistema misto" de vigência do Direito Internacional na ordem interna

---

[381] Mais uma vez, a Constituição declara: *"Art. 49. É da competência exclusiva do Congresso Nacional: I – resolver definitivamente sobre tratados, acordos ou atos internacionais que acarretem encargos ou compromissos gravosos ao patrimônio nacional".* A interpretação gramatical (literal) desse dispositivo constitucional mostra-se equivocada. O Congresso Nacional só resolve "definitivamente" sobre tratados, acordos ou atos internacionais quando não os aprova; do contrário, a palavra final pertence ao Poder Executivo – que poderá ou não ratificar e sancionar o pacto internacional.

(PEREIRA E QUADROS, 2000, p. 94-95), isto é, o Brasil não reconhece a vigência automática de todo o Direito Internacional, porém, as normas que subscreve vigoram, *per si*, na ordem interna independente de transformação em lei formal nacional.

Se o Direito Internacional convencional (primário) assenta-se em um patamar infraconstitucional, então, o Direito Internacional secundário, derivado dos órgãos vinculados às organizações internacionais, também há de, logicamente, guardar obediência aos procedimentos constitucionalmente exigidos (MIRANDA, 1997, p. 27). Por força dos dispositivos constitucionais acima referidos (arts. 84, inc. VIII, e art. 49, inc. I, ambos da Constituição Federal brasileira de 1988), a diretriz mercosulina, para ter validade, eficácia jurídica positiva e justiciabilidade internas, há de ser formalmente incorporada ao ordenamento brasileiro e, para tanto, deve conjugar as vontades do Presidente da República e do Congresso Nacional, sob pena de, no plano interno, não significar mais do que uma recomendação teleológica, internalizada por mera liberalidade pelo Poder Executivo federal. Com efeito, naquelas hipóteses em que os órgãos administrativos brasileiros, atuando dentro da competência reconhecida pelo ordenamento jurídico interno, apenas editam uma norma cujo conteúdo obedece à diretriz do MERCOSUL, não houve "recepção" da obrigação internacional, em sentido técnico-jurídico, mas, apenas, a utilização de sua capacidade normativa para editar texto que conveniente e coincidentemente atende os fins indicados pela diretriz.

Com o fim de legitimar a posição mais liberal, favorável à internalização meramente executiva da normativa secundária do MERCOSUL, o Conselho Mercado Comum expediu a Decisão MERCOSUL/CMC/ /DEC. n.º 22/04, de 07 de julho de 2004, cujo anexo assim dispõe:

"– O procedimento [estabelecido nesta Decisão] será aplicado às Decisões, às Resoluções e às Diretrizes, adotadas pelos órgãos do MERCOSUL com capacidade decisória, previstos no artigo 2.º do Protocolo de Ouro Preto, que não requeiram aprovação legislativa, doravante designadas Normas MERCOSUL.

– Esse procedimento deverá prever a realização das consultas internas e das análises de consistência jurídica estabelecidas na Decisão CMC N.º 20/02, complementares e modificatórias, com anterioridade à adoção das normas MERCOSUL, procurando especificar as normas nacionais que possam resultar revogadas.

– Uma vez aprovadas pelos órgãos do MERCOSUL e recebida, pelo Ministério das Relações Exteriores, a cópia certificada

*pela Secretaria do MERCOSUL, as Normas MERCOSUL deve-
rão ser publicadas nos respectivos diários oficiais, de acordo
com os procedimentos internos de cada Estado Parte, quarenta
(40) dias antes da data nela prevista para sua entrada em vigor.*

– *A publicação das Normas MERCOSUL nos diários oficiais
implicará sua incorporação à ordem jurídica nacional, conforme o Artigo 40.º do Protocolo de Ouro Preto.*

– *Para efeitos da publicidade das Normas MERCOSUL, cada
Estado Parte tomará as medidas necessárias para criar uma
seção ou título especial em seu respectivo diário oficial.*

– *As Normas MERCOSUL compreendidas no presente procedimento tornarão sem efeito, a partir de sua entrada em vigor, as
normas nacionais em contrário, de igual ou menor hierarquia,
de acordo com os procedimentos internos de cada Estado
Parte."*

Considerando que o sistema constitucional vigente não consagra
efeito direto ou aplicabilidade imediata a qualquer ato internacional nem
tampouco dá abrigo aos chamados "acordos executivos"[382], a obrigação

---

[382] *"Acordos executivos"* constituem um procedimento simplificado na celebração
e aprovação de um tratado internacional, no qual não há a participação do Poder Legislativo
na sua aprovação, de maneira que o ato internacional entra em vigor com a simples
manifestação da vontade do Poder Executivo (GOMES, 2004, p. 320-321). Todavia, a
Constituição Brasileira de 1988, como já mencionado, diz ser da competência exclusiva
do Congresso Nacional *"resolver definitivamente sobre tratados, acordos ou atos
internacionais que acarretem encargos ou compromissos gravosos ao patrimônio nacional"*
(art. 49, inc. I). A indispensabilidade do assentimento referendário do Congresso Nacional
deriva não apenas da abrangência do termo "tratados, acordos ou atos internacionais" mas
também da inexistência de compromisso internacional, independente de sua denominação
(tratado, protocolo, convênio, acordo etc.), que não imponha encargos ou compromissos
às suas partes, ainda que não pecuniários (REZEK, 2000, p. 60). O conceito amplo de
tratado internacional, inobstante a sua denominação específica, está plasmado no art. 2.º,
I, a, da Convenção de Viena sobre o Direito dos tratados (1969), a saber: *"'tratado'
significa um acordo internacional concluído por escrito entre Estados e regido pelo
Direito Internacional, quer conste de um instrumento único, quer de dois ou mais instrumentos conexos, qualquer que seja a sua denominação específica."* Enfim, a auto-suficiência
do Presidente da República, no exercício da diplomacia e das relações internacionais, é
praticamente absoluta apenas *"enquanto não se cuide de incorporar ao Direito interno
um texto produzido mediante acordo com potências estrangeiras"* (REZEK, 2000, p. 63).
Em complemento a essas razões, há de se registrar que, tendo em vista a própria natureza
econômico-fiscal dos atos emanados da Comissão de Comércio do MERCOSUL, é nula

de resultados quanto a direitos e deveres, definida em uma diretriz mercosulina, só é exigível e justiciável, no Brasil, depois de a diretriz ser recepcionada pelo ordenamento interno, conforme os trâmites constitucionais de regência. A recepção dos atos, tratados e convenções internacionais está sujeita à disciplina normativa da Constituição da República – é nela, e não nos próprios instrumentos normativos internacionais, que residem a autoridade e o poder capazes de dar exeqüibilidade e eficácia a uma norma de origem nacional ou internacional. Em outras palavras, a praxe até o momento verificada de o governo brasileiro "incorporar" as diretrizes mercosulinas sem a anuência formal do Congresso Nacional (e, em alguns casos, sem sequer a do Presidente da República), mas, apenas, por atos como decretos, resoluções e portarias ministeriais, não encontra respaldo constitucional[383] e apenas enfraquece o processo de integração dada a ausência de validade, vigência, eficácia, segurança jurídica e justiciabilidade internas dos direitos e deveres de uma diretriz não incorporada regularmente ao ordenamento nacional – que, repita-se, poderá dar lugar, no limite, apenas a uma interpretação conforme do Direito interno ou a vinculações de *"standstill"* ou *"blocking effect"*. Quanto a esse último aspecto, registre-se apenas que o entendimento de que a falta de incorporação das normas mercosulinas não as priva de um valor hermenêutico indicativo tem sido sistematicamente reafirmado nos laudos do Tribunal Arbitral *Ad Hoc* do MERCOSUL.

Ora, no Brasil, quaisquer tratados, acordos ou atos internacionais, mesmo aqueles decorrentes de um tratado de integração, hão de submeter-se ao ciclo de incorporação constitucionalmente determinado, o que requer um pronunciamento do Poder Legislativo, materializado em um decreto legislativo de autorização, e uma manifestação do Poder Executivo, concretizado em um decreto presidencial de promulgação. Sem a obediência ao vigente mecanismo constitucional de recepção para integrá-la ao ordenamento brasileiro, os direitos e deveres previstos em uma

---

a chance de que o seu conteúdo não crie ônus ou encargos ao Estado brasileiro. Definições relativas a operações triangulares, certificados de origem, percentual de nacionalização, nomenclatura comum, alíquotas, fato gerador da obrigação tributária, entre outros temas, têm óbvias repercussões (gravosas) sobre a arrecadação tributária e o patrimônio nacionais.

[383] Pugnar pela validade de atos internacionais destituídos de aprovação parlamentar, com base na existência de um costume internacional ou uma praxe diplomática *contra legem*, contraria a melhor lógica do ordenamento jurídico (nesse extado sentido, por todos, REZEK, 2004, *passim*).

norma internacional nunca disporão, por autoridade própria, de validade, de exeqüibilidade e de operatividade imediatas no âmbito interno, sendo, no máximo, um *"soft law"* de recomendável internalização[384]. As únicas normas mercosulinas que, no atual cenário constitucional, podem prescindir de incorporação formal ao ordenamento interno brasileiro são aquelas mencionadas pelo art. 5.º da Decisão CMC n.º 23/00, ou seja, (1.º) aquelas normas que tratam de assuntos relacionados ao funcionamento interno do MERCOSUL, e (2.º) aquelas outras cujo conteúdo é idêntico ao de uma norma nacional pré-existente. Em todos os demais casos, é necessária a incorporação – e, segundo a Constituição brasileira, não há "incorporação" que não seja aquela que une as vontades do Poder Legislativo e do Poder Executivo.

Nessa mesma direção, de que um instrumento jurídico internacional não impõe ao Estado um determinado processo de incorporação, foi o posicionamento do Supremo Tribunal Federal brasileiro, ao decidir a Ação Direta de Inconstitucionalidade n.º 1.480, *verbis*:

> *"(...) É na Constituição da República – e não na controvérsia doutrinária que antagoniza monistas e dualistas – que se deve buscar a solução normativa para a questão da incorporação dos atos internacionais ao sistema de Direito positivo interno brasileiro. O exame da vigente Constituição Federal permite constatar que a execução dos tratados internacionais e a sua incorporação à ordem*

---

[384] O *"soft law"* constitui uma norma flexível, leve, maleável, própria para documentos internacionais de natureza mais política que jurídica, como declarações de intenção, compromissos pontuais ou acordos de cavalheiros, que envolvem o livre e recíproco consentimento das partes, a garantia quanto a condutas, mas não são compatíveis com as formas mais vinculantes de um tratado ou acordo internacional (*"hard law"*). HARTMUT HILLGENBERG (1999, p. 501) elenca várias razões por que podem ser evitados os tratados internacionais em muitas ocasiões, a saber: confidencialidade; necessidade de estimular posteriores desenvolvimentos ainda em progresso; criação de regimes mais flexíveis a serem desenvolvidos em estágios; necessidade de se coordenarem legislações nacionais; preocupação de que as relações internacionais serão sobrecarregadas por um tratado *"hard"*, com o risco de colapso e deterioração nas relações estabelecidas; procedimentos mais simples e negociações mais informais; possibilidade de se evitar o embaraçoso processo de aprovação doméstica no caso de emendas; maior confidencialidade; desnecessidade de serem concluídos por agentes com poderes para celebrar tratados internacionais segundo o Direito Internacional. Nenhuma dessas razões é compatível com a construção de um processo de integração econômica profunda, que reivindica a atuação e o comprometimentos de atores econômicos públicos e privados.

jurídica interna decorrem, no sistema adotado pelo Brasil, de um ato subjetivamente complexo, resultante da conjugação de duas vontades homogêneas: a do Congresso Nacional, que resolve, definitivamente, mediante Decreto Legislativo, sobre tratados, acordos ou atos internacionais (CF, art. 49, I) e a do Presidente da República, que, além de poder celebrar esses atos de Direito Internacional (CF, art. 84, VIII), também dispõe – enquanto Chefe de Estado que é – da competência para promulgá-los mediante Decreto. O iter procedimental de incorporação dos tratados internacionais – superadas as fases prévias da celebração da convenção internacional, de sua aprovação congressional e da ratificação pelo Chefe de Estado – conclui-se com a expedição, pelo Presidente da República, de Decreto, de cuja edição derivam três efeitos básicos que lhe são inerentes: (a) a promulgação do tratado internacional; (b) a publicação oficial de seu texto; e (c) a executoriedade do ato internacional, que passa, então, e somente então, a vincular e a obrigar no plano do Direito positivo interno. (...)"[385]

Pouco tempo antes dessa decisão final na Ação Direta de Inconstitucionalidade n.º 1480 (mas já depois do exame da respectiva medida cautelar, pelo Plenário do Supremo Tribunal Federal), a questão relativa à necessidade de incorporação das normas do MERCOSUL, à luz do ordenamento jurídico brasileiro vigente, mereceu um pronunciamento específico do Supremo Tribunal Federal, ao decidir sobre a validade, no Brasil, do Protocolo sobre Medidas Cautelares do MERCOSUL. Veja-se um trecho expressivo da ementa daquele acórdão:

"(...) O SISTEMA CONSTITUCIONAL BRASILEIRO NÃO CONSAGRA O PRINCÍPIO DO EFEITO DIRETO, NEM O POSTULADO DA APLICABILIDADE IMEDIATA DOS TRATADOS OU CONVENÇÕES INTERNACIONAIS. – A Constituição brasileira não consagrou, em tema de convenções internacionais ou de tratados de integração, nem o princípio do efeito direto, nem o

---

[385] Supremo Tribunal Federal, Ação Direta de Inconstitucionalidade n.º 1480-DF, Rel. Min. CELSO DE MELLO, julgada em 26.06.2001, decisão publicada no Diário da Justiça da União de 08.08.2001 e em www.stf.gov.br. Registre-se que o plenário do Supremo Tribunal Federal já havia referendado tais argumentos, ao apreciar o pedido de medida cautelar nessa ação.

postulado da aplicabilidade imediata. Isso significa, de jure cons-titudo, que, enquanto não se concluir o ciclo de sua transposição, para o Direito interno, os tratados internacionais e os acordos de integração, além de não poderem ser invocados, desde logo, pelos particulares, no que se refere aos direitos e obrigações neles funda-dos (princípio do efeito direto), também não poderão ser aplicados, imediatamente, no âmbito doméstico do Estado brasileiro (postu-lado da aplicabilidade imediata). O princípio do efeito direto (aptidão de a norma internacional repercutir, desde logo, em maté-ria de direitos e obrigações, na esfera jurídica dos particulares) e o postulado da aplicabilidade imediata (que diz respeito à vigência automática da norma internacional na ordem jurídica interna) tra-duzem diretrizes que não se acham consagradas nem positivadas no texto da Constituição da República, motivo pelo qual tais princípios não podem ser invocados para legitimar a incidência, no plano do ordenamento doméstico brasileiro, de qualquer convenção interna-cional, ainda que se cuide de tratado de integração, enquanto não se concluírem os diversos ciclos que compõem o seu processo de incorporação ao sistema de direito interno do Brasil. Magistério da doutrina. Sob a égide do modelo constitucional brasileiro, mesmo cuidando-se de tratados de integração, ainda subsistem os clássicos mecanismos institucionais de recepção das convenções internacio-nais em geral, não bastando, para afastá-los, a existência da norma inscrita no art. 4.º, parágrafo único, da Constituição da República, que possui conteúdo meramente programático e cujo sentido não torna dispensável a atuação dos instrumentos constitucionais de transposição, para a ordem jurídica doméstica, dos acordos, proto-colos e convenções celebrados pelo Brasil no âmbito do MERCOSUL."[386]

---

[386] Supremo Tribunal Federal, Carta Rogatória 8279 AgR/AT, Rel. Min. CELSO DE MELLO, julgada em 17.06.1998, publicada no Diário da Justiça da União de 10.08.2000, p. 06. A controvérsia fática dizia respeito à denegação de *exequatur* a uma carta rogatória expedida pela Justiça Federal da Argentina, com a finalidade de viabilizar, em território brasileiro, a efetivação de atos de caráter executório, o que, segundo tradicional e longeva jurisprudência do Supremo Tribunal Federal, só pode ser alcançado pela via da homologação da sentença estrangeira. Acrescentou o STF que o Protocolo sobre Medidas Cautelares do MERCOSUL, embora ratificado pelo Decreto Legislativo n° 192/95, ainda não havia sido regularmente incorporado ao sistema de Direito positivo interno dada a ausência do necessário Decreto presidencial. Apenas depois desse acórdão, o Protocolo sobre Medidas

Some-se aos argumentos aduzidos até aqui o fato de que o Decreto Legislativo n. 188, de 15 de dezembro de 1995, que aprovou o texto do Protocolo de Ouro Preto, reafirmou expressamente, no parágrafo único do seu art. 1.°, as competências do Congresso Nacional para a incorporação da normativa mercosulina primária ou secundária. Veja-se o dispositivo:

> *"Parágrafo único. São sujeitos à aprovação do Congresso Nacional quaisquer atos que possam resultar em revisão do referido Protocolo, assim como quaisquer ajustes complementares que, nos termos do art. 49, I, da Constituição Federal, acarretem encargos ou compromissos gravosos ao patrimônio nacional."*

Àqueles (mais "pragmáticos"[387]) que argumentam que o mecanismo aqui mencionado e constitucionalmente exigido de "dupla internalização" das diretrizes é excessivamente burocrático, dispendioso, demorado e *"pode obliterar a dinâmica inerente a certas organizações"* internacionais, cabe transcrever a resposta sempre atual e transfronteiriça de JORGE MIRANDA (1997, p. 27): uma *"vida institucional própria não implica transformação em realidade diferente, com apagamento das Constituições dos Estados"*. Outra não é a opinião de HARTMUT HILLGENBERG (1999, p. 503-504) que, embora salientando os pontos positivos do *"soft law"*, adverte que é indispensável que se preste atenção aos aspectos constitucionais. Enfim, conquanto seja oportuna, legítima e desejável a instituição de mecanismos constitucionais mais ágeis, mais flexíveis e menos dispendiosos para que se confira validade,

---

Cautelares, assinado em 16 de dezembro de 1994, finalmente foi recepcionado pela legislação brasileira através do Decreto n.° 2.626, de 15 de junho de 1998, o que tem possibilitado o deferimento de medidas liminares para tornar indisponíveis bens de brasileiros nos outros Estados-membros do MERCOSUL, a fim de garantir dívidas, objeto de execução judicial. Tais decisões são importantes tanto para credores, já que garantem a efetividade de seus direitos creditícios no âmbito dos países do MERCOSUL, como para devedores, por indicar que a transferência de patrimônio para outro país do bloco sul-americano já não é fator inibidor de execução judicial.

[387] Para DEISY VENTURA (2005, p. 115-116), a posição sustentada por muitos diplomatas brasileiros envolvidos com a questão mercosulina pode ser resumida com a seguinte fómula: *"a forma segue a função, e não o contrário"*, característica de um certo *"neofuncionalismo tropical"*. Tal posição encerra, sem dúvida, uma submissão da gramática jurídica à gramática política, o que traduz um risco à democracia e ao Estado de Direito.

vigência e eficácia internas às normas emanadas das instituições mercosulinas, entre as quais as diretrizes da Comissão de Comércio, o objetivo
de dotar as normas mercosulinas de efeito direto e aplicabilidade imediata ou de uma "via rápida" (*"fast track"*) de incorporação dependem
da alteração do texto constitucional hoje vigente no Brasil, através, por
exemplo, da introdução de um dispositivo equivalente ao art. 8.º,
n.º 3, da Constituição Portuguesa ou da aceitação da distinção americana
entre *"agreements"* e *"treaties"*. A abertura e a disponibilidade do
Governo brasileiro ao aprofundamento do processo de integração sul-
americano, embora louváveis, não são suficientes para acrescer à ordem
jurídica brasileira uma cláusula geral de recepção automática das diretrizes ou para transformá-las em verdadeiros "acordos executivos" internacionais. Enquanto não for alterada a Carta Magna brasileira, continuam
a valer todas as exigências relativas ao ciclo de incorporação constitucional (a requerer pronunciamentos executivo e legislativo) para quaisquer tratados, convenções ou atos internacionais subscritos pela República Federativa do Brasil. Ao contrário das diretivas comunitárias, nem
as diretrizes nem qualquer outra das normas mercosulinas de Direito
derivado dispõem do privilégio da imediação, e negar ao parlamento
brasileiro o exercício de suas competências legislativas nas questões
internacionais é apenas prestigiar a insegurança jurídica, transformar
flexibilidade em flacidez e favorecer o déficit democrático do processo
de integração sul-americano (que prescinde de um parlamento regional e,
até o momento, é inteiramente planejado, guiado e executado pelas circunstâncias dos Poderes Executivos dos respectivos Estados-partes).

À guisa de resumo, portanto, para que as diretrizes expedidas pela
Comissão de Comércio do MERCOSUL alcancem validade, possam
concretizar os seus objetivos (determinando direitos e deveres) e ser
justiciáveis no ordenamento interno, demandam duas providências distintas na ordem jurídica brasileira, a saber: em primeiro lugar, precisam
passar pelo procedimento constitucional de incorporação ao ordenamento
interno brasileiro, com manifestação do Congresso Nacional e do Executivo; em segundo lugar, dependendo do seu conteúdo, exigem uma
providência legislativa ou administrativa, federal, estadual ou municipal,
que densifique os fins que a diretriz determinou, no prazo que indicar.
Em outras palavras, a "dupla internalização" a que se fez menção diz
respeito, por um lado, à incorporação da própria diretriz ao Direito
interno brasileiro pelos Poderes Executivo e Legislativo federais e, por
outro lado, à adoção do diploma normativo brasileiro (legislativo ou

executivo, federal, estadual ou municipal) necessário para a completa e atempada concretização dos fins indicados na diretriz em território nacional.[388]

Nesse cenário, como não poderia deixar de ser, poderá pontificar, pois, uma dupla e fundamental participação do legislador brasileiro no que toca às diretrizes mercosulinas: a primeira intervenção é relativa à incorporação do ato internacional ao ordenamento brasileiro, no seio do complexo processo constitucional de "incorporação" de atos internacionais, que depende do Congresso Nacional e do Presidente da República; e a segunda intervenção processa-se na concretização legislativa indispensável para a densificação dos fins determinados pela própria diretriz mercosulina incorporada, nos prazos por ela indicados – isso naqueles casos em que é necessária a edição atempada de uma lei clara, precisa, coerente e completa. Essa última etapa equivale ao procedimento de transposição das diretivas comunitárias.

A realização dessa "dupla internalização" da diretriz mercosulina ao Direito brasileiro, mencionada até o momento, não constitui, ainda, uma firme garantia quanto à sua concreta eficácia no plano nacional, graças ao complexo mecanismo de "vigência simultânea" delineado pelo art. 40 do Protocolo de Ouro Preto para as normas do MERCOSUL. Válida é a norma cuja autoridade, ainda que o conteúdo não venha a ser cumprido, é tecnicamente imune a qualquer descrédito, posto que a autoridade legislativa fora tecnicamente competente, agindo conforme as regras procedimentais e materiais da sua competência legislativa para a produção da norma. Validez é, portanto, uma qualidade contrafática, o que significa dizer que o "valer" de uma norma não depende da existência real e concreta das condutas que ela prescreve: mesmo descumprida, a norma ainda vale (FERRAZ JR., 1989, p. 179, e LARENZ, 1997, p. 271). Por outro lado, vigência é o termo com o qual se demarca o lapso temporal de validez de uma norma. Findo o regular processo legislativo, quando, então, a norma já é válida, no período em que ela já pode atuar ou ainda pode atuar – isto é, pode ser invocada para produzir efeitos –, diz-se, então, que a norma é vigente. (FERRAZ JR., 1989, p. 180).

---

[388] Nesse sentido, pode-se adaptar, adequadamente, ao Direito da Integração do MERCOSUL a distinção proposta por BRENT (2001, p. 97 e p. 131 e ss.): em um primeiro momento há a "incorporação" da diretriz mercosulina para o ordenamento interno, e, num segundo momento, passa-se à "implementação" da diretriz, que consiste nos afazeres legislativos, executivos e judiciais de concretização da norma já internalizada.

Validade e vigência são planos que podem ou não coincidir: pode haver norma jurídica válida que ainda não esteja vigente, justamente como ocorre nas hipóteses de *"vacatio legis"*, no plano interno, e do mecanismo de "vigência simultânea" estabelecido pelo art. 40 do Protocolo de Ouro Preto, segundo o qual, a vigência das diretrizes validamente emanadas do MERCOSUL só se verifica depois de implementados os três seguintes passos:

1) Uma vez aprovada a diretriz pela Comissão de Comércio, os Estados-partes adotarão todas as medidas necessárias para a sua clara, completa e atempada incorporação ao ordenamento jurídico nacional e comunicarão as mesmas à Secretaria do MERCOSUL.

2) Quando todos os Estados-partes tiverem informado a clara, completa e atempada incorporação das diretrizes aos respectivos ordenamentos jurídicos internos, a Secretaria do MERCOSUL comunicará o fato a cada Estado-parte.

3) As diretrizes, então, entrarão em vigor, simultaneamente, nos quatro Estados-partes, trinta dias após a data da comunicação efetuada pela Secretaria do MERCOSUL. Para tal fim, os Estados-partes, dentro do prazo acima, darão publicidade do início da vigência das referidas normas por intermédio de seus respectivos diários oficiais.

Não é difícil concluir que o mecanismo de "vigência simultânea", adotado no MERCOSUL, pode dar lugar a situações em que a atuação mais irrepreensível do legislador brasileiro em internalizar completa e atempadamente uma diretriz mercosulina pode tornar-se radicalmente obsoleta e sem efeito pela inação de qualquer um dos outros três Estados-partes do bloco sul-americano. E qual a responsabilidade do Estado brasileiro, em tal hipótese, frente ao particular que se beneficiaria da norma não vigente? – Nenhuma, pela absoluta falta de nexo causal entre um qualquer suposto dano suportado pelo particular e a conduta do Estado-legislador brasileiro que cumpriu todos os seus deveres. A plena incorporação de diretrizes ao Direito interno brasileiro não depende de nenhum fato externo ao próprio Estado, ao contrário do início da vigência de tais normas mercosulinas no território integrado.[389]

---

[389] Os problemas decorrentes de uma situação, assim delineada, poderão ser objeto do sistema de solução de controvérsias do MERCOSUL, regido pelo Protocolo de Olivos, que será melhor analisado, logo adiante.

Para além dos planos da validade e da vigência, delineados até este instante, a atuação do legislador brasileiro ainda é requerida no plano da eficácia da norma mercosulina. A eficácia é a qualidade do texto jurídico-normativo válido e vigente de produzir efeitos jurídicos concretos no seio da coletividade, pressupondo condições técnicas[390] e fáticas[391] de atuação (FERRAZ JR., 1989, p. 181). Quando uma norma válida determina que entra em vigor, imediatamente, mas há necessidade de uma regulamentação posterior, presente estará a ineficácia sintática até que seja editada a norma regulamentadora. Presente a regulamentação necessária, a norma pode ainda ser semanticamente ineficaz, em razão de circunstâncias fáticas, como a inexistência no mercado nacional de certo aparelho de segurança cuja utilização por operários foi tornada obrigatória pela norma jurídica em questão (FERRAZ JR., 1989, p. 181). Com base nas digressões elaboradas até aqui, é possível idealizar os seguintes conjuntos:

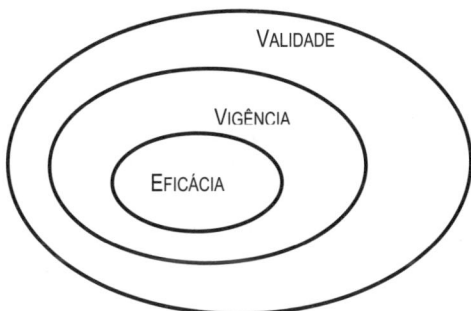

As condutas do legislador brasileiro capazes de comprometer os efeitos de uma diretriz mercosulina podem verificar-se em qualquer um desses três planos mencionados – o da validade, o da vigência ou o da

---

[390] Essa é a chamada "eficácia sintática", relacionada à presença de todos os elementos normativos para a produção de efeitos. No Direito, a dimensão sintática dos enunciados normativos diz respeito às relações das normas jurídicas entre si (sintaxe), independentemente dos seus sujeitos e da sua repercussão extra-normativa.

[391] Refere-se à adequação da norma à realidade. É essa a dita "eficácia semântica" da norma jurídica. No Direito, o plano semântico dos enunciados normativos refere-se à relação das normas com os objetos extra-normativos por elas referidos – um ser, uma noção, um acontecimento.

eficácia. O quadro que se segue procura resumir as fases de intervenção do Poder Legislativo nacional por que pode passar uma diretriz emanada da Comissão de Comércio do MERCOSUL, relativamente ao Direito interno brasileiro. Veja-se:

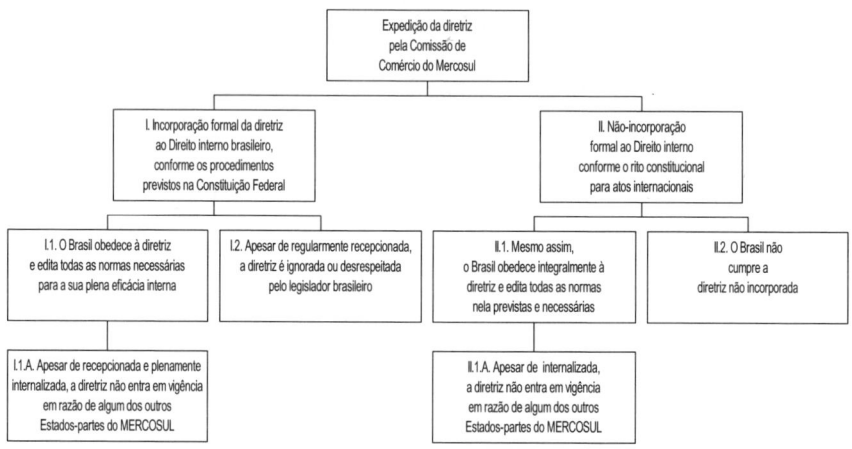

Para o problema central levantado nesta investigação doutoral – a responsabilidade do Estado brasileiro por omissões do seu legislador na incorporação de diretrizes do MERCOSUL –, as hipóteses levantadas nos quadros I.2 e II acima merecem especial destaque e delas tratar-se-á nos tópicos seguintes. Nos casos referidos nos quadros I.1 e II.1 não se materializa qualquer omissão legislativa, logo, escapam do objeto ora pesquisado nesta tese – a questão da responsabilidade estatal poderá decorrer, porém, de um ato legislativo lícito, naqueles casos de afronta à igualdade perante as cargas públicas. Nas situações descritas em I.1.A e II.1.A, diante da ausência de um nexo de causalidade entre um suposto dano ao particular e a ação ou omissão do legislador brasileiro (culpa exclusiva de terceiros), não se pode falar em responsabilidade estatal do Brasil por ato de seu legislador. Nestas duas últimas hipóteses referidas (I.1.A e II.1.A), porém, nada impede que o Brasil demande, nas instâncias jurisdicionais internacionais adequadas, a responsabilidade do Estado-parte que não internalizou integralmente certa diretriz mercosulina. O Tribunal Arbitral *Ad Hoc* do MERCOSUL, conforme o art. 1, n. 1, do Protocolo de Olivos, é competente para apreciar as controvérsias interestatais relativas ao incumprimento dos tratados e protocolos fundamentais do MERCOSUL.

5.3. *A Jurisdição Nacional, as Competências do MERCOSUL e a Omissão do Legislador em não prover as Formas e os Meios para concretizar os Fins de uma Diretriz Regularmente Incorporada ao Ordenamento Jurídico Brasileiro por Manifestação do Congresso Nacional e do Presidente da República*

Assim como na Europa, os tratados fundamentais do MERCOSUL não tratam do tema da responsabilidade dos seus Estados-membros relativamente ao Direito da Integração. A situação se complica quando se observa que, sendo o MERCOSUL bem mais jovem que a Comunidade Européia, tampouco já apresenta um acervo jurisprudencial próprio, capaz de oferecer indicações a quem procura soluções para o problema. Com efeito, até dezembro de 2007, chegavam a apenas doze os laudos emitidos pelos Tribunais Arbitrais *Ad Hoc* do MERCOSUL e, destes, nenhum tratava de uma tutela ressarcitória em favor de Estado ou particular (embora a questão da responsabilidade internacional do Estado já tenha sido tangenciada em algumas decisões). Diante desse quadro, as possíveis indicações têm que ser extraídas ou do Direito interno ou de considerações principiológicas, doutrinárias e comparatísticas.

Ao longo desta tese, já se definiu que a idéia de responsabilidade significa, do ponto de vista do Direito, suportar as implicações desfavoráveis daquela conduta cujas conseqüências contrariaram um dever jurídico pré-existente. A idéia de responsabilidade está, pois, associada às de desvalor e de sanção (CARVALHO, 1999, p. 14). A noção de desvalor também é ínsita à de omissão legislativa: só se pode falar em omissão juridicamente relevante do legislador, portanto, se há uma clara demarcação de um dever de emanação legislativa pré-existente e que foi desrespeitado – do contrário, haverá, quando muito, uma lacuna no ordenamento. Há "omissão do legislador", quando há abstenção, inércia ou silêncio do Poder Legislativo em cumprir certa prescrição normativa de atuação legislativa positiva. Portanto, em matéria de omissão do legislador, só há responsabilidade se for por ato ilícito.

E onde residirá, no caso do MERCOSUL e suas diretrizes, esta clara obrigação de legislar, capaz de dar início a quaisquer especulações a respeito da omissão do legislador e possivelmente da responsabilização estatal? Na Carta Magna brasileira é que não está. A Constituição Federal brasileira não apresenta qualquer prescrição dirigida especificamente ao legislador nacional para que este dê densidade legislativa às normas internacionais gerais que tal providência requererem, muito menos às normas diretivas do MERCOSUL. Desde já, portanto, afaste-se a presença de um dever de legislar de natureza constitucional. A única disposição constitucional que trata de integração regional, hoje, vigente, no sistema constitucional brasileiro, é o parágrafo único do art. 4.° da Carta de 1988, uma norma muito genérica e que sequer menciona diretamente o MERCOSUL. *Verbis*:

> *"Art. 4.° (...)*
>
> *Parágrafo único. A República Federativa do Brasil buscará a integração econômica, política, social e cultural dos povos da América Latina, visando à formação de uma comunidade latino--americana de nações."*

A abertura semântica desse enunciado normativo não permite extrair dele um incontroverso dever constitucional de legislar, suficiente para caracterizar negativamente uma omissão inconstitucional do legislador. Como bem dá a entender CANOTILHO (2002, p. 1022), se a República Federativa do Brasil não buscar a integração econômica, política, social e cultural dos povos da América Latina, certamente, haverá uma inconstitucionalidade, mas a identificação e correção dessa inconstitucionalidade dependerão muito mais de processos político-democráticos do que de processos judiciais. Ademais, por não tratar de direitos, liberdades ou garantias, tampouco se pode falar em um suposto "direito fundamental à integração", criado pelo parágrafo único do art. 4.° da Constituição Federal e a demandar concretizações, densificações ou desenvolvimentos infraconstitucionais estatais obrigatórios.

Por outro lado, conquanto não esteja plasmado na Constituição um límpido dever de incorporar de modo claro, completo e preciso a normativa do MERCOSUL, é preciso recordar que é da natureza das diretrizes mercosulinas, tanto quanto das diretivas comunitárias, conter uma ordem de emanação normativa que se deve concretizar, no plano nacional, tanto através de um ato legislativo em sentido formal como de um ato normativo infralegal. A diretriz da Comissão de Comércio do MERCOSUL, desde que editada com obediência formal e material aos tratados fundamentais do MERCOSUL, já enverga *per si* uma rígida obrigação de legislar (em sentido amplo) dirigida ao Estado-parte, dentro de determinado lapso temporal. O dever (genérico) de legislar, próprio das diretrizes mercosulinas, tem a sua força e a sua dignidade reconhecidas pela jurisprudência do Tribunal Arbitral do MERCOSUL, cujo II Laudo declarou:

*"O fato de que determinadas normas requeiram implementa-
ção posterior não significa que as mesmas careçam de valor, mas,
sim, que os Estados têm a obrigação de não frustrar sua aplicação,
assim como o cumprimento dos fins do Tratado de Assunção e seus
Protocolos complementares."*[392]

O vigor jurídico dessa obrigação de legislar internamente, já encontrada em uma diretriz mercosulina, é reforçada por duas outras normas
anteriores e superiores às próprias diretrizes, insculpidas no Protocolo de
Outro Preto. No caso das diretrizes, há, para os Estados-partes do bloco
de integração sul-americano, uma clara obrigação geral de que o Poder
Legislativo nacional tenha uma atuação positiva, suficiente e completa na
incorporação das normas do MERCOSUL ao ordenamento interno derivada dos arts. 38 e 42 do Protocolo de Ouro Preto, *verbis*:

"Artigo 38

*Os Estados-partes comprometem-se a adotar todas as medidas
necessárias para assegurar, em seus respectivos territórios, o cumprimento das normas emanadas dos órgãos do MERCOSUL previstos no artigo 2 deste Protocolo.*

*Parágrafo único – Os Estados-partes informarão à Secretaria
Administrativa do MERCOSUL as medidas adotadas para esse
fim."*[393]

"Artigo 42.

*As normas emanadas dos órgãos do MERCOSUL previstos no
Artigo 2 deste Protocolo*[394] *terão caráter obrigatório e deverão,*

---

[392] Tribunal Arbitral *Ad Hoc* do MERCOSUL, II Laudo Arbitral, pronunciado em
27.09.1999, República Argentina *vs.* Brasil, subsídios à produção e exportação de carne
de porco, árbitros: JORGE PEIRANO BASSO (Presidente), ATILIO ANÍBAL ALTERINI e LUIZ OLAVO
BAPTISTA, parágrafo n.º 55, divulgado na íntegra em www.mercosur.org.uy.

[393] Compare-se com o art. 10.º CE: *"Os Estados-Membros tomarão todas as medidas
gerais ou especiais capazes de assegurar o cumprimento das obrigações decorrentes do
presente Tratado ou resultantes de atos das instituições da Comunidade. Os Estados-
-Membros facilitarão à Comunidade o cumprimento da sua missão. Os Estados-Membros
abster-se-ão de tomar quaisquer medidas susceptíveis de pôr em perigo a realização dos
objetivos do presente Tratado."*

[394] O art. 2.º do Protocolo de Ouro Preto afirma: *"São órgãos com capacidade
decisória, de natureza intergovernamental, o Conselho do Mercado Comum, o Grupo
Mercado Comum e a Comissão de Comércio do MERCOSUL."*

quando necessário, ser incorporadas aos ordenamentos jurídicos nacionais mediante os procedimentos previstos pela legislação de cada país."

Tem-se, pois, que, se uma diretriz mercosulina manda legislar em certo prazo, os arts. 38 e 42 do Protocolo de Ouro Preto ordenam, demais disso, que se obedeça à obrigação de legislar estabelecida na diretriz em questão – o que consubstancia um verdadeiro metadiscurso normativo, algo como uma ordem para ordenar. Ambos os dispositivos acima citados constituem Direito primário do MERCOSUL e, simultaneamente, Direito positivo válido na ordem interna brasileira, dado que o texto do Protocolo de Ouro Preto foi integralmente aprovado pelo Congresso Nacional do Brasil pelo Decreto Legislativo n.º 188, de 18 de dezembro de 1995, e promulgado pelo Decreto presidencial n.º 1.901, 09 de maio de 1996. A diretriz, por sua vez, constitui direito derivado do MERCOSUL e, desde que tenha passado pelo ciclo de incorporação constitucionalmente modelado, vigora também plenamente no ordenamento interno e é capaz de impor um dever de legislar ao Poder Legislativo. Resta saber qual é a dignidade e a hierarquia normativas de um dever de legislar imposto por uma norma internacional de integração. É o que se passa a examinar.

Embora a Constituição Federal brasileira de 1988 tenha indicado o *topos* infraconstitucional dos tratados, convenções e atos internacionais, não ofereceu, todavia, uma solução de Direito positivo para a definição da posição hierárquica dos tratados, convenções e atos internacionais em relação às leis brasileiras, tendo preferido o silêncio e deixado a resposta como tarefa para a dogmática jurídica e a jurisprudência.

Mesmo afastada a força jurídica de hierarquia constitucional ou supraconstitucional dos atos convencionais pela Carta Magna de 1988, afirmar apenas a infraconstitucionalidade dos tratados, atos e convenções internacionais, como o fez o constituinte brasileiro de 1988, é ainda deixar margem para três hipóteses, todas sadiamente encontradas em ordenamentos jurídicos estrangeiros e referidas pela boa doutrina: (1.º) a que reconhece uma força jurídica infraconstitucional mas supralegal dos tratados; (2.º) a que distribui força jurídica idêntica entre os tratados e as leis; e (3.º) a que dota de força jurídica infralegal os tratados, convenções e atos internacionais (MIRANDA, 1997, p. 23; e CANOTILHO, 2002, p. 814). À míngua de uma definição constitucional, é de se clarificar que as soluções adotadas, até o momento, pela jurisprudência constitucional brasileira têm sido longa e profundamente criticadas pela respectiva doutrina nacional, dado o seu caráter moderadamente monista com privilégio do Direito nacional (REZEK, 2000, p. 98, CASELLA, 2000, p. 426), entendimento que encontra cada vez menos adeptos na dogmática internacionalista contemporânea (VIRALLY, 1997, p. 117).[395]

É importante registrar, porém, dois casos excepcionais no ordenamento positivo brasileiro: primeiro, os tratados internacionais em que a República Federativa do Brasil seja parte e que versem sobre direitos e garantias fundamentais, e, segundo, a legislação tributária, que tem tratamento específico em virtude de uma previsão normativa especial, estabelecida pelo art. 98 do Código Tributário Nacional (CTN) brasileiro. O referido artigo do Código Tributário Nacional dispõe que *"os tratados e as convenções internacionais revogam ou modificam a legislação tributária interna, e serão observados pela que lhe sobrevenha"*. Embora flagrante a impropriedade terminológica na disposição legal, já que um tratado internacional não revoga nem modifica a legislação interna, mesmo porque se for denunciado, a lei interna com ele incompatível estará restabelecida, o que o Código Tributário Nacional brasileiro (que tem força de Lei Complementar) afirma é que os tratados e convenções internacionais prevalecem sobre a legislação interna, seja anterior ou posterior a ela. De outro lado, decorre do estabelecido no § 2.º do art. 5.º

---

[395] Tanto a Argentina como o Paraguai, parceiros do Brasil no MERCOSUL, assumem posições opostas à brasileira quanto à hierarquia dos tratados na ordem jurídica interna. O art. 75, inc. 22, da Constituição da Nação Argentina diz: *"22. (...). Los tratados y concordatos tienen jerarquía superior a las leyes. La Declaración Americana de los Derechos y Deberes del Hombre; la Declaración Universal de Derechos Humanos; la Convención Americana sobre Derechos Humanos; el Pacto Internacional de Derechos Económicos, Sociales y Culturales; el Pacto Internacional de Derechos Civiles y Políticos y su Protocolo Facultativo; la Convención sobre la Prevención y la Sanción del Delito de Genocidio; la Convención Internacional sobre la Eliminación de todas las Formas de Discriminación Racial; la Convención sobre la Eliminación de todas las Formas de Discriminación contra la Mujer; la Convención contra la Tortura y otros Tratos o Penas Crueles, Inhumanos o Degradantes; la Convención sobre los Derechos del Niño; en las condiciones de su vigencia, tienen jerarquía constitucional, no derogan artículo alguno de la primera parte de esta Constitución y deben entenderse complementarios de los derechos y garantías por ella reconocidos (...)"* (cf. publicado em infoleg.mecon.gov.ar). O art. 137, primeiro parágrafo, da Constituição Paraguaia, por sua vez, determina: *"La ley suprema de la República es la Constitución. Esta, los tratados, convenios y acuerdos internacionales aprobados y ratificados, las leyes dictadas por el Congreso y otras disposiciones jurídicas de inferior jerarquía, sancionadas en consecuencia, integran el derecho positivo nacional en el orden de prelación enunciado"* (apud www.senado.gov.py). O quarto e último Estado-membro do MERCOSUL, o Uruguai, a exemplo do Brasil, não possui norma constitucional explícita para a solução de conflitos entre tratados e leis.

da Constituição Federal brasileira[396] que, tratando-se de tratado celebrado pelo Brasil que verse sobre direitos humanos, não pode ser ele revogado por lei posterior, visto que daquele dispositivo constitucional decorre verdadeira equiparação entre a Constituição e os tratados que tenham por objeto outros direitos fundamentais. Dado que a Comissão de Comércio do MERCOSUL tem competências muito restritas (mas não necessariamente tributárias) e que a omissão (e não o ato comissivo) do legislador (em incorporar a diretriz) é o objeto nuclear desta tese, essas duas hipóteses têm repercussão prática de pequena a nenhuma no presente estudo.

No Supremo Tribunal Federal, há quase trinta anos, tem sido reiterado o entendimento de que os tratados gozam de paridade (igual plano hierárquico e idêntico grau de eficácia) em relação às leis ordinárias, de modo que o tratado, uma vez formalizado, passa a ter força de lei ordinária, podendo, por isso, afastar a eficácia das disposições legais anteriores conflitantes mas também perder a própria eficácia diante de lei posterior incompatível (*"lex posterior derogat priori"*) ou mais específica (*"lex especialis derogat legi generali"*). Até mesmo aos tratados sobre direitos fundamentais a jurisprudência do Supremo Tribunal Federal não reconheceu, até o momento, nenhuma especificidade maior, apesar da expressa referência contida no § 2.º do art. 5.º da Constituição Federal de 1988.

O *"leading case"*, nessa matéria, é o lembrado, mas discutido, Recurso Extraordinário n.º 80.004-SE, cuja controvérsia dizia respeito à aplicação de dispositivo das Convenções de Genebra sobre Cheque e sobre Letras de Câmbio e Notas Promissórias, ambas ratificadas pelo Brasil e promulgadas, respectivamente, pelos Decretos 57.595 e 57.663, de 07 e 24.01.1966, que teriam entrado em conflito com norma posterior contida no Decreto-Lei 427/69. O relator do acórdão, Ministro Xavier de Albuquerque, apesar da profundidade da sua manifestação na direção de que a lei ordinária não pode sobrepor-se a tratado internacional, na linha do monismo com primado do Direito Internacional, foi voto vencido no julgamento – todos os outros oito ministros do Supremo Tribunal Federal que participaram da votação entenderam que a lei posterior, porque

---

[396] Art. 5.º, § 2.º, da Constituição Federal de 1988: *"Os direitos e garantias expressos nesta Constituição não excluem outros decorrentes do regime e dos princípios por ela adotados, ou dos tratados internacionais em que a República Federativa do Brasil seja parte."*

expressão última da vontade do legislador republicano, pode retirar a eficácia de um tratado internacional subscrito pelo Brasil anteriormente, inobstante as conseqüências do descumprimento do tratado no plano internacional.[397]

É essa sua indiferença às conseqüências do descumprimento de um tratado no plano internacional, o ponto mais criticado – e com muita propriedade – daquela decisão do Supremo Tribunal Federal (entre outros, SILVA E ACCIOLY, 2002, p. 69; e CASELLA, 2002, p. 434). Para além das argumentações em torno da unidade e solidariedade entre todas as sociedades humanas, segundo as quais haveria razões práticas, morais e jusnaturalistas para a superioridade do tratado internacional sobre a lei (VIRALLY, 1997, p. 119), para que o Direito interno pudesse formalmente primar sobre o Direito Internacional, seria preciso que a legislação de um Estado pudesse ab-rogar, com absoluta independência, autoridade e firmeza, as regras de Direito Internacional e isso, de fato, nunca ocorre. O Estado, mesmo que uma lei posterior sua contrarie o texto de um tratado ou uma convenção por ele firmados, estes continuarão a valer no plano internacional e o Estado continuará responsável, perante as instâncias internacionais, pelo descumprimento do que foi pactuado de boa-fé com a contraparte. A norma internacional tem sua própria forma de desobrigação, a denúncia, manifestação soberana do Estado que a formula no intuito de concretizar causa extintiva do tratado ou convenção internacional. Ademais, a firmeza da responsabilidade internacional do Estado por atos legislativos, como visto acima em várias passagens,

---

[397] Em razão de sucessivos pedidos de vistas, o julgamento estendeu-se entre setembro de 1975 e junho de 1977. A ementa daquele acórdão ditava: *"CONVENÇÃO DE GENEBRA. LEI UNIFORME SOBRE LETRAS DE CÂMBIO E NOTAS PROMISSÓRIAS. AVAL APOSTO À NOTA PROMISSÓRIA NÃO REGISTRADA NO PRAZO LEGAL. IMPOSSIBILIDADE DE SER O AVALISTA ACIONADO, MESMO PELAS VIAS ORDINÁRIAS. VALIDADE DO DECRETO-LEI N.º 427, DE 22.01.1969. Embora a Convenção de Genebra que previu uma lei uniforme sobre letras de câmbio e notas promissórias tenha aplicabilidade no direito interno brasileiro, não se sobrepõe ela às leis do País, disso decorrendo a constitucionalidade e conseqüente validade do Decreto--lei n.º 427/1969, que instituiu o registro obrigatório da Nota Promissória em Repartição Fazendária, sob pena de nulidade do título. Sendo o aval um instituto do direito cambiário, inexistente será ele se reconhecida a nulidade do título cambial a que foi aposto. Recurso extraordinário conhecido e provido"* (Supremo Tribunal Federal, Recurso Extraordinário 80.004/SE, Rel. Min. XAVIER DE ALBUQUERQUE, publicado no *Diário da Justiça da União* de 29.12.77 e em *Revista Trimestral de Jurisprudência*, v. 83, t. III, p. 809-848, março/ /1978).

constitui outra sólida prova do vigor do monismo com supremacia do Direito Internacional sobre o Direito interno na atualidade. Ora, no Brasil, se o Congresso Nacional dá sua aquiescência ao conteúdo do compromisso internacional firmado, assume, por conseguinte, verdadeira obrigação negativa de se abster de legislar em sentido contrário às obrigações assumidas pela União e que vinculam toda a República brasileira[398], sob pena de desmoralizar a palavra empenhada da Presidência da República, ao subscrever e promulgar o tratado internacional. A pensar-se de outra maneira, institucionalizar-se-ia a falta de continuidade entre Direito Internacional e Direito Interno e a insegurança jurídica, o que daria margem a ocorrer que o Brasil continuasse internacionalmente obrigado por um tratado, enquanto que a legislação interna já o modificara (SILVA E ACCIOLY, 2002, p. 68), capaz de implicar em um imenso descompasso entre nacionais e estrangeiros.

Atente-se, porém, que o problema nuclear desta tese centra-se na questão de que uma obrigação de legislar imposta por uma diretriz no plano do Direito da Integração do MERCOSUL contrapõe-se não a uma norma antinômica nacional, mas, apenas e tão-somente, ao silêncio do legislador, que deixa transcorrer *in albis* ou com providências insuficientes o prazo para as providências legislativas adequadas – sejam essas providências decorrentes da omissão do legislador em criar a norma jurídica necessária para concretizar integralmente os fins da diretriz mercosulina (como no exemplo I.2 do gráfico apresentado no final do item 5.2 acima) ou decorrentes da omissão do legislador em sequer incorporar a normativa mercosulina ao ordenamento interno (expedindo o necessário Decreto Legislativo, como no exemplo II do gráfico constante do item 5.2 – e que será objeto do próximo tópico). A questão, portanto, não é de um caso clássico de antinomia do tipo que opõe duas normas jurídicas de conteúdos contraditórios ("norma *versus* norma"), o que equivaleria a uma *"lacuna de colisão"* ou *"lacuna de conflito"* (DINIZ, 1987, p. 23), mas uma hipótese de contradição "norma *versus* omissão do legislador", nascida da interseção entre os planos jurídicos nacional e mercosulino.

Quanto a isso, é necessário registrar que os deveres de lealdade regional contidos nos citados arts. 38 e 42 do Protocolo de Outro Preto

---

[398] De acordo com o art. 21, inc. I, da Constituição brasileira de 1988, compete à União, e não a qualquer um de seus Poderes ou órgãos em particular, *"manter relações com Estados estrangeiros e participar de organizações internacionais"*.

tanto quanto as ordens legiferantes encontradas numa diretriz mercosulina, desde que regularmente incorporada ao ordenamento interno brasileiro, têm, à luz da jurisprudência do Supremo Tribunal Federal,
paridade em relação às leis ordinárias e gozam de igual plano hierárquico
e idêntico grau de eficácia. Desse modo, a omissão ou o silêncio do
legislador brasileiro em internalizar e densificar o legítimo comando
legislativo mercosulino, no prazo definido na diretriz, torna-se um ilícito
legislativo, um comportamento do legislador contrário a uma norma
jurídica válida, vigente e eficaz dentro do ordenamento jurídico nacional.
Em conseqüência, a omissão do legislador em não prover as formas e os
meios suficientes e atempados para concretizar todos os fins de uma
diretriz mercosulina, regularmente incorporada ao ordenamento jurídico
brasileiro, constitui uma violação do Direito da Integração do
MERCOSUL e, simultaneamente, uma violação do Direito interno do
seu Estado-membro.

Em resumo, naquelas circunstâncias referidas no quadro I.2 do
esquema gráfico apresentado no final do tópico 5.2, em que a diretriz
emanada da Comissão de Comércio do MERCOSUL, apesar de formalmente incorporada ao Direito interno brasileiro (por meio de um Decreto
Legislativo e de um Decreto presidencial), não é cumprida pelo legislador brasileiro, seja ele federal, estadual ou municipal, que deixa
transcorrer *in albis* o prazo para adoção das medidas legislativas necessárias à consecução dos fins mercosulinos, há uma clara desobediência
do legislador brasileiro às normas internacionais legitimamente adotadas,
vigentes no Brasil com a mesma hierarquia das leis ordinárias, o que
perfaz uma ilegalidade *sui generis* ou em sentido amplo. Ora, conforme
já advertia FETZER (1994, p. 214), nem todo dever de atuação (*Hand-
lungspflicht*) imposto ao legislador lhe é fixado por meio de uma norma
de natureza constitucional, mas tanto o dever de natureza legal como o
de natureza constitucional podem apresentar diretas e profundas repercussões sobre a vida do particular.

A conduta do legislador brasileiro em desobedecer ao dever de
legislar imposto por uma diretriz mercosulina, válida, vigente e eficaz no
Brasil, leva a um ilícito que não se confunde com uma inconstitucionalidade, mas, que, ainda assim, é um ilícito legislativo, antijurídico, e
por isso deve ser sancionado enquanto tal – sobretudo ao causar danos
a outrem. Nesse ponto, à luz de JORGE MIRANDA (1997, p. 38) e GOMES
CANOTILHO (2002, p. 814), o que está em causa, no *front* mais imediato,
é uma discrepância entre uma conduta omissiva estatal e uma norma
infraconstitucional com um claro dever de legislar e não uma oposição

entre uma conduta omissiva e uma norma de viés constitucional, daí porque o caso é de ilegalidade e não de inconstitucionalidade – e essa distinção entre o ato inconstitucional e o ato ilegal servirá de base no estabelecimento da competência jurisdicional para apreciar a omissão. Aqui, a afronta à Constituição brasileira só é mediata ou indireta, por ofensa ao princípio do Estado de Direito ou ao princípio constitucional da legalidade (genérica).

Em todo caso, a infraconstitucionalidade das normas emanadas do MERCOSUL não autoriza nunca que o legislador do Estado de Direito brasileiro possa escapar de respeitá-las, omitindo-se em cumpri-las. O silêncio do legislador não é inócuo nem tampouco irrelevante, é uma forma de fazer política e, portanto, há de produzir conseqüências jurídicas. A conduta omissiva do legislador brasileiro não é insindicável – apenas não pode ser objeto de controle de constitucionalidade, mas sim de um controle de legalidade. Com efeito, uma falta de desenvolvimento, por parte do Poder Legislativo, durante um tempo excessivamente largo, de uma norma com valor legal, comprometendo a sua eficácia e a vontade do Poder Legislativo de onde emanou, não pode nem deve quedar imune ao reparo e à sanção.

Ora, é enganoso pensar que apenas as normas constitucionais podem enquadrar a conduta do parlamento, numa leitura exagerada do "princípio da reserva da Constituição". Articulando-se com a liberdade de conformação do legislador, o "princípio da reserva da Constituição" (ou *"Verfassungsvorbehalt"*) impõe que certas questões relativas ao estatuto jurídico do político só possam ser reguladas pela Carta Magna (CANOTILHO, 2002, p. 247). Porém, não são todas as questões relativas ao estatuto jurídico do político que devem, necessariamente, ter assento na Constituição, mas apenas algumas delas, sobretudo as referentes às funções e competências dos órgãos do Poder Político e às restrições a direitos, liberdades e garantias (CANOTILHO, 2002, p. 247). Desse modo, é factível e justificável que a norma infraconstitucional também possa impor certos deveres e limitações ao legislador.[399]

---

[399] Em sentido contrário, ou seja, na linha de que só a Constituição vincula o legislador, a Professora MARIA LÚCIA AMARAL CORREIA (2000, p. 69), defende que *"a função legislativa já não é, entre nós, uma função do Estado livre de lei, destituída de vinculações jurídicas e portanto dependente exclusivamente da vontade conformadora do seu autor. Significa isto que este mesmo autor – o legislador, seja ele parlamentar ou governamental – se encontra disciplinado por parâmetros jurídicos superiores que obrigam a forma e o conteúdo das suas escolhas. A fonte destes parâmetros encontra-se, no entanto, na Constituição e só na Constituição."*

O Poder Legislativo é parte dos Poderes Constituídos do Estado e, enquanto tal, também se queda vinculado pela obediência à legalidade (entendida esta como juridicidade – a legalidade em seu sentido material mais amplo). O Professor KONRAD HESSE (1998, p. 166) é enfático nesse aspecto: *"Na medida em que há vinculações legais, todos os Poderes estatais estão a elas vinculados".*[400] O Princípio da Legalidade consubstancia umas das principais garantias do cidadão no Estado de Direito contemporâneo e, enquanto tal, também vincula as atividades do Poder Executivo e do Poder Judiciário. Historicamente, a noção de *Estado de Direito* surgiu como um conceito liberal, já que floresceu como principal arma da insurgente burguesia européia dos séculos XVI e XVII no combate ao *Antigo Regime* e à legitimação divina dos reis. Entre as promessas da burguesia de então para conquistar o apoio do *Terceiro Estado* na luta contra o despotismo estava, entre outras, a construção de um aparato estatal marcado pela submissão ao império da lei (legalidade). Já se foi o tempo em que quem criava o Direito para o seus súditos o fazia numa posição exterior ou superior a qualquer Direito ou limitação. Sendo a lei a principal fonte do Direito, o princípio da legalidade teve o condão de incorporar toda a grandeza do Direito ao arcabouço estatal, daí, não se falar em Estado Legal ou Estado de Lei, mas, sim, em Estado de Direito. Não sendo despótico, o Poder Legislativo queda-se obrigado pelos comandos de natureza legal inseridos de modo pleno e legítimo na ordem jurídica nacional. Hoje, ao princípio do Estado de Direito corresponde um processo de controle jurídico sobre a totalidade do Poder (QUEIROZ, 1990, p. 172), não se admitindo exercício do Poder além ou aquém do Direito.

Na nomogenética contemporânea, ademais, não são poucos os exemplos de normas infraconstitucionais que vinculam a atuação do legislador ordinário, as chamadas determinantes legislativas autônomas, tais como, as leis de bases, as leis quadro, as leis dos planos plurianuais e as leis de diretrizes orçamentárias (em relação às leis orçamentárias anuais do Brasil). Todas essas espécies normativas limitam a conduta do legislador e servem de parâmetro para a aferição da legalidade.[401]

---

[400] Vê-se, portanto, que não se pode extrair do art. 20, n.º 3, da Lei Fundamental alemã (*verbis: "a Legislação está vinculada à ordem constitucional; o Poder Executivo e a Jurisdição obedecem à Lei e ao Direito"*) um sentido de "obediência exclusiva" do legislador à constituição, como se o Poder Legislativo só devesse obediência à ordem constitucional e não também à lei, por ele formulada.

[401] JORGE MIRANDA clarifica outras hipóteses possíveis de vinculações infraconstitucionais do órgão legislativo: normas internacionais, leis de valor reforçado ou mesmo uma decisão referendária (MIRANDA, 2001, p. 934-935).

Também é enganoso pensar que, prescindindo o MERCOSUL de supranacionalidade, os seus Estados-partes não têm de cumprir os seus compromissos nem tampouco de responder frente aos particulares pelos danos que suas ações ou omissões causarem no âmbito do processo de integração. Mesmo para aqueles que não admitem a superioridade dos tratados internacionais, a obrigação do Estado de reparar aqueles prejuízos independe da natureza supranacional ou intergovernamental do MERCOSUL, pois tem fundamento no Direito interno do Estado-membro. O Tratado de Assunção, os seus protocolos subseqüentes e as normas deles derivadas integram-se ao Direito interno brasileiro, segundo o procedimento de incorporação constitucionalmente previsto. Uma vez integradas, tais normas, cuja origem é mercosulina (internacional), estão aptas para também produzir efeitos na ordem jurídica nacional. No plano internacional, as normas do MERCOSUL, quer de Direito originário quer de Direito derivado, são criadoras de obrigações dotadas de dupla natureza para os Estados-partes: uma negativa, que proíbe a estes introduzirem quaisquer normas que impossibilitem ou dificultem os objetivos do MERCOSUL, e outra, positiva, que os constrange a implantar de boa fé em sua legislação tudo o que for necessário para alcançar as metas de integração. Para além desses efeitos no plano externo, na ordem interna as normas do MERCOSUL possuem ao menos a hierarquia e a força normativa da lei – com os comprometimentos que isso implica. Aos defensores mais firmes de uma plena e absoluta liberdade de conformação do legislador (*"Gestaltungsfreiheit des Gesetzgebers"*), deve-se recordar que foi o próprio legislador brasileiro quem se auto-impôs o dever jurídico de dar pleno e atempado cumprimento às normas do MERCOSUL, quando legitimou os seus tratados instituintes por meio do Decreto Legislativo respectivo. Contrariaria a boa-fé e a confiança legítima supor que a manifestação positiva e pública do Poder Legislativo é incapaz de moldar uma conduta sua posterior. Sendo legítimo que os particulares tenham as melhores expectativas quanto à integral e atempada incorporação de uma diretriz mercosulina pelo legislador nacional, o sistema jurídico deve proteger aqueles que confiam no Direito.

Dado que as normas do MERCOSUL apresentam efeitos na ordem interna e na ordem internacional, será nesses dois planos que se poderá aferir as conseqüências das condutas estatais.

Assim como propôs, alhures, FERNANDEZ RODRIGUEZ (1998, p. 229), pode-se pensar em um tríptico de silogismos:

I. No Estado de Direito, a violação de toda norma jurídica deve ter uma sanção
II. A diretriz é uma norma jurídica
III. No Estado de Direito, a violação de uma diretriz deve ser sancionada

I. No Estado de Direito, a violação de toda norma jurídica deve ter uma sanção
II. A violação de uma norma pode ocorrer por ação ou por omissão
III. No Estado de Direito, a violação de uma norma jurídica por omissão deve ser sancionada

I. No Estado de Direito, a violação de uma diretriz deve ser sancionada
II. No Estado de Direito, a violação de uma norma jurídica por omissão deve ser sancionada
III. No Estado de Direito, a violação, por omissão, de uma diretriz deve ser sancionada

Na hipótese de o legislador brasileiro deixar de dar plena, eficaz e atempada executoriedade a uma diretriz mercosulina, apesar de regular e totalmente incorporada ao ordenamento interno, a primeira forma de responsabilidade em que o Estado brasileiro poderá incorrer é a própria responsabilidade internacional frente aos demais Estados-partes do MERCOSUL, decorrente dos arts. 38 e 42 do Protocolo de Outro Preto. Nesse sentido, o Tribunal Arbitral *Ad Hoc* do MERCOSUL já assentou muito claramente que o incumprimento do dever de internalização de uma norma mercosulina *"implica a responsabilidade internacional do Estado que não cumpre com relação aos Estados que tornaram efetiva a incorporação."*[402] Idêntico entendimento foi reafirmado em posterior decisão arbitral: *"A obrigação de incorporar a normativa MERCOSUL aos direitos internos dos Estados-partes constitui uma obrigação de*

---

[402] Tribunal Arbitral *Ad Hoc* do MERCOSUL, IV Laudo Arbitral, pronunciado em 21.05.2001, Brasil *vs.* Argentina, sobre aplicação de medidas antidumping, árbitros: JUAN CARLOS BLANCO (Presidente), ENRIQUE CARLOS BARREIRA e TÉRCIO SAMPAIO FERRAZ JUNIOR, parágrafo n.º 117, divulgado na íntegra em www.mercosur.org.uy.

fazer, que acarreta a responsabilidade internacional dos Estados em caso de não-cumprimento."[403] O raciocínio é válido tanto para a Comunidade Européia como para o MERCOSUL: quando certa norma do processo de integração não é cumprida, é o próprio processo de integração que é colocado em perigo. Embora de capital importância para a preservação da integridade do ordenamento jurídico mercosulino, essa responsabilidade internacional, como demonstrado no capítulo próprio, acima, é "de Estado a Estado" e não diz respeito diretamente aos particulares brasileiros, porventura prejudicados pela conduta do próprio legislador brasileiro, quando muito protege apenas e por via reflexa os interesses dos estrangeiros (não-brasileiro), cidadãos dos outros Estados-
-partes do Mercosul.

Um remédio mais eficaz para o particular brasileiro diante da recusa, da demora ou da insuficiência da implementação de uma diretriz mercosulina pelo legislador brasileiro poderá advir da jurisdição nacional, através da propositura de uma ação ordinária de indenização por perdas e danos contra a Fazenda Pública omissa em seu dever de legislar (federal, estadual ou municipal) – atendidos os requisitos materiais e processuais específicos. Embora ainda inédito no Brasil, um tal mecanismo de proteção do particular já encontra alguma reverberação na doutrina hispanófona sul-americana. O Professor argentino JAVIER ALBERTO TONIOLLO (2002, p. 449-450), por exemplo, é dos que entendem que uma solução para a insegurança jurídica gerada pela falta de mecanismos de aplicabilidade imediata e efeito direto no MERCOSUL pode advir do reconhecimento da responsabilidade do Estado pelo incumprimento do dever de incorporar a normativa mercosulina.

Como visto acima, no Brasil, firmou-se um modelo objetivo (sem culpa) de responsabilidade pública, de sorte que a responsabilidade do Poder Público nasce da conjunção entre o fato estatal comissivo ou omissivo, o dano suportado pelo particular e o nexo causal entre fato e dano. Na hipótese de ato estatal omissivo, mais um outro elemento se agrega àqueles três pressupostos para a responsabilidade do Estado: a ilicitude do ato omissivo estatal. Assim, para além do pressuposto relativo ao

---

[403] Tribunal Arbitral *Ad Hoc* do MERCOSUL, VII Laudo Arbitral, pronunciado em 19.04.2002, Argentina *vs.* Brasil, sobre obstáculos à entrada de produtos fitossanitários argentinos no mercado brasileiro, árbitros: HÉCTOR MASNATTA (Presidente), GUIDO FERNANDO SILVA SOARES e RICARDO OLIVERA GARCÍA, parágrafo n.° 7.8, divulgado na íntegra em www.mercosur.org.uy.

descumprimento do "dever de legislar", há também de ser bem demonstrada a relação de causa e efeito entre o comportamento estatal e o evento danoso, sob pena de não se configurar a responsabilidade do Estado legislador. Com base em CARVALHO (1999, p. 25) e na corrente dominante na literatura portuguesa por ele mencionada (ALMEIDA COSTA, ANTUNES VARELA, GALVÃO TELES, RUI DE ALARCÃO), pode-se arrumar os pressupostos da responsabilidade objetiva do Estado por ato omissivo em quatro elementos:

1.º) O fato voluntário;
2.º) a ilicitude do fato;
3.º) o dano; e
4.º) o nexo de causalidade.

Sendo a responsabilidade pública, no Brasil, de natureza objetiva, não se há de acolher qualquer perquirição relativa à imperícia, à imprudência, à negligência ou ao dolo do responsável pelo fato lesivo, o Estado. Todavia, assim como propôs o Tribunal de Justiça das Comunidades Européias na sua jurisprudência sobre a responsabilidade dos seus Estados-membros, não é impertinente que também se considere, no Brasil, sobretudo naquelas circunstâncias onde há uma larga margem de apreciação pelo Estado-parte do MERCOSUL, que a sua violação do Direito da Integração seja suficientemente caracterizada, isto é, que exista uma inobservância grave e manifesta dos limites impostos pelo Direito da Integração. Assim como a Jurisdição Constitucional brasileira já é capaz de albergar nuanças decisórias entre a clássica dicotomia constitucionalidade/validade *versus* inconstitucionalidade/ nulidade *ex tunc*[404], é legítimo que o juízo de responsabilidade também pondere a atitude do legislador nacional à luz do grau de clareza e de precisão da regra violada, do âmbito da margem de apreciação que a regra mercosulina violada deixara às autoridades nacionais, do caráter intencional ou involuntário do incumprimento estatal verificado ou do prejuízo causado, do caráter desculpável ou não de um eventual erro de direito, o fato de as atitudes adotadas por uma instituição mercosulina terem podido con-

---

[404] No campo do Direito Constitucional, CANOTILHO (2001, p. 206) há tempos também afirma que *"a tradicional dogmática ancorada na bipartição radical entre atos normativos constitucionais e inconstitucionais (entre a licitude e a ilicitude não há meio termo) carece de revisão."*

tribuir para a omissão, a adoção ou a manutenção de medidas ou práticas nacionais contrárias ao Direito da Integração, apesar de ter sido proferido um acórdão em que se reconhecia o incumprimento imputado ou um acórdão num equivalente mercosulino ao reenvio prejudicial, ou apesar de existir uma jurisprudência bem assente do Tribunal Arbitral *Ad Hoc* do MERCOSUL sobre a matéria, dos quais resulte o caráter ilícito do comportamento em causa.

A seguir, são analisados, com maior detalhamento, algumas facetas da responsabilidade do Estado por ato omissivo do legislador, relativamente à transposição das diretrizes mercosulinas.

5.3.1. *O Fato e o Ilícito Estatais*

O elemento factual – um comportamento ou ato – é básico para a indagação a respeito de responsabilização, na medida em que é o ponto de partida de qualquer operação destinada a responsabilizar alguém. Na hipótese, objeto desta tese, o fato nuclear da responsabilidade é a omissão total ou parcial do Poder Legislativo (federal, estadual ou municipal) em dar integral e atempado cumprimento a uma diretriz mercosulina regularmente incorporada ao ordenamento jurídico brasileiro.

Como já mencionado, para que o elemento factual – a omissão do legislador – tenha relevância jurídica em uma demanda processual indenizatória, é preciso que seja adjetivada como uma ilicitude, um ato contrário ao Direito, um desvalor jurídico. Nessa direção, enquanto verdadeira condição deflagradora da responsabilidade pública, é imprescindível demonstrar que o Estado legislador estava inequivocamente obrigado a agir em determinado prazo e não o fez, ou melhor, que o Poder Legislativo descumpriu um claro mandamento, simultaneamente mercosulino e nacional, de atuar positivamente legislando, o que veio a configurar um ilícito legislativo. Em outras palavras, a pretensão de responsabilizar o Estado por uma danosa omissão do legislador só faz sentido se o agente estatal (o legislador) descumpriu um dever jurídico que lhe impunha atuar de maneira diversa – no caso, de maneira ativa, suficiente e atempada. Findo o prazo para a adoção das medidas necessárias, estabelecido na própria diretriz incorporada ao Direito interno pelo Decreto Legislativo e pelo Decreto presidencial, já se configura a violação desse dever de legislar do legislador brasileiro – isso naquelas hipóteses em que é necessária a edição de lei formal para a concretização dos fins de uma diretriz. E nesse aspecto, como as diretrizes mercosulinas tanto quanto as diretivas comunitárias são ordinariamente dotadas de marcos temporais específicos, a configuração de uma omissão do legislador é até mais fácil de ser apontada do que a identificação de uma "omissão inconstitucional" do mesmo legislador – que demanda que seja ultrapassado um "tempo razoável", excessivo, para clarificar o não-fazer estatal.

A existência solitária dessa omissão ilícita do legislador, porém, não implica *ipso facto* em dever de indenizar do Estado; a fim de que se concretize o dever estatal de responder, hão de se corporificar os demais requisitos abaixo mencionados, isto é, o dano e o nexo causal.

5.3.2. *O Dano*

Para haver indenização há de ser materializado um dano. O dano a ser indenizado conexiona-se com a ofensa, a perda ou a desnaturação de um direito ou legítimo interesse da vítima. Há de se verificar um prejuízo a um bem jurídico, cuja integridade os sistemas normativos mercosulino e nacional preservem, para que haja o dever de ressarcimento estatal. Assim, só se pode falar em dano para o particular se aquela diretriz mercosulina total ou parcialmente não internalizada tinha por objeto conferir algum direito ao particular, cujo não exercício lhe trouxe um prejuízo certo e não apenas possível ou eventual.

Para que se configure esse dano certo, é preciso que o próprio conteúdo dos direitos mencionados na diretriz não transposta possa ser identificado com base nas disposições daquela norma mercosulina, ou seja, que também seja possível identificar o que seria devido aos hipotéticos credores em caso de regular internalização da diretriz. Será a presença do dano que fará emergir o interesse do particular na direção da obtenção de uma indenização estatal. Inexistente essa demarcação, não ficará claro o prejuízo suportado, de maneira que o interesse do particular será, quando muito, apenas ver cessada a violação do Direito da Integração do MERCOSUL em homenagem à mais ampla legalidade.

Na aferição do dano ao particular, um instrumento que, no futuro do bloco, poderá vir a ser muito útil é um procedimento recém-criado no MERCOSUL e que lembra o "reenvio prejudicial" europeu, chamado de "opinião consultiva" (previsto no art. 3 do Protocolo de Olivos e no art. 2 do Regulamento do Protocolo). Essa ferramenta processual dirigida pelos "Tribunais Superiores dos Estados-partes com jurisdição nacional" ao Tribunal Permanente de Revisão do MERCOSUL, embora não vinculante nem obrigatório, será, uma vez regulamentado nos âmbitos nacionais, valioso meio para se uniformizar a interpretação do Direito originário e derivado do bloco sul-americano.

Perante a jurisdição nacional brasileira não há óbice a que o dano difuso ou transindividual seja reivindicado mediante o instituto da "substituição processual" pelo Ministério Público ou uma outra entidade para tanto legitimada.

5.3.3. *O Nexo Causal*

Finalmente, a responsabilidade só será possível ante um nexo causal, ou seja, a relação de causalidade ou o liame genético que deve existir entre o fato "omissão do legislador" (causa) e o resultado "dano" (conseqüência) suportado pelo particular. Em outras palavras, a causa é a ação ou omissão que gera diretamente um resultado danoso e sem a qual o prejuízo não poderia ter tido lugar (STOCO, 1999, p. 75). *In casu*, é necessário que o particular prejudicado demonstre haver uma relação de causa e efeito entre a omissão do Estado legislador e o mal que foi obrigado a suportar. A determinação do nexo causal é, sobretudo, uma *"quaestio facti"*, sendo infrutífera a busca por uma regra absoluta (STOCO, 1999, p. 75).

Um fator que apresentará incontornável importância no exame do nexo causal da responsabilidade estatal no âmbito do MERCOSUL é o tal mecanismo de "vigência simultânea" requerido pelo art. 40 do Protocolo de Ouro Preto. Diante daquela excepcional *"vacatio legis"* que suspende os efeitos de uma norma de origem mercosulina até que seja adota por todos os quatro Estados-partes, se um ou mais Estados-membros do MERCOSUL não executarem as suas respectivas obrigações de internalizar certa diretriz, a omissão do legislador brasileiro não constituirá definitivamente o único fator que gerou o resultado danoso ao particular e, sem o qual, o prejuízo não teria tido lugar do modo como teve. A conduta omissiva do legislador brasileiro apenas contribuiu para o prejuízo, afinal, mesmo que o Brasil tivesse incorporado integral e atempadamente a diretriz, a sua vigência e os efeitos dela decorrentes ficariam ainda a depender das providências dos demais Estados-partes. Em outras palavras, nestes casos, o Brasil é, no máximo, co-responsável, junto com o(s) outro(s) Estado(s)-membro(s) do MERCOSUL omisso(s), pelos danos provocados ao particular pelo descumprimento do Direito da Integração.

Sendo o nexo de causalidade um dos requisitos fundamentais da responsabilidade civil do Estado, esta deverá ser atenuada quando a conduta estatal estiver aliada a outras causas que influíram no prejuízo ocasionado, ou seja, quando não for a causa única do dano provocado. A culpa concorrente de um terceiro, que, no caso, será outro Estado-membro do MERCOSUL também omisso em seus deveres de atempada incorporação, não é motivo suficiente para a ausência do nexo causal entre a atuação omissiva do Estado brasileiro e o dano produzido ao particular, todavia, resta legitimada – em tese –, nestas hipóteses, a redução proporcional do valor da indenização a ser paga pelo Estado brasileiro, já que ele deixou de ser o único responsável pelos danos ao particular para ser apenas um co-responsável. Responsabilidade pressupõe uma relação de causa e efeito, de maneira que a concausa – enquanto causa paralela ou concomitante – concorrente para o resultado danoso não deixa de ser causa, mas apenas abranda as responsabilidades singularmente consideradas.

Entretanto, dois problemas se põem, na prática processual nacional, para a concretização dessa redução proporcional da indenização. O primeiro obstáculo diz respeito ao fato de que, em homenagem à imunidade de jurisdição dos Estados estrangeiros por seus atos de império, o outro Estado-parte do MERCOSUL que se omitiu em internalizar certa diretriz não pode ser demandado perante a jurisdição brasileira, daí, a impossibilidade de chamá-lo ao feito, compulsoriamente, em sede nacional[405]. O segundo problema diz respeito ao fato de que os arts. 942 e 934 do novo Código Civil brasileiro, ao tratar das regras gerais sobre a responsabilidade civil no Direito pátrio, determinam a solidariedade do patrimônio entre os responsáveis por danos. E não há óbice para que tal regra geral sobre a responsabilidade também seja aplicada à fazenda pública[406]. Veja-se o dispositivo do novo Código Civil brasileiro:

---

[405] O instituto processual brasileiro da "denunciação da lide", previsto no art. 70 a 76 do Código de Processo Civil brasileiro, similar à *"Streitverkündung"* da Lei Processual Alemã (§ 72 ZPO) e à *"intervenção provocada"* do Código de Processo Civil Português (art. 325), é uma forma de intervenção de terceiros no processo, em que alguém que não é parte originária da ação é trazido à mesma em razão de suas relações com o objeto da controvérsia.

[406] A jurisprudência dos Tribunais Superiores brasileiros já admite, há tempos, a solidariedade passiva entre as fazendas públicas federais, estaduais e municipais. À guisa de ilustração, veja-se o caso em que, em decorrência de acidente automobilístico, veio a falecer um menor que se encontrava em uma ambulância pertencente ao Município de

"Art. 942. Os bens do responsável pela ofensa ou violação do direito de outrem ficam sujeitos à reparação do dano causado; e, se a ofensa tiver mais de um autor, todos responderão solidariamente pela reparação.

Art. 934. Aquele que ressarcir o dano causado por outrem pode reaver o que houver pago daquele por quem pagou, salvo se o causador do dano for descendente seu, absoluta ou relativamente incapaz."

Enfim, naquelas hipóteses em que o Estado brasileiro é co-causador do dano, por sua omissão, ele deve responder solidariamente com o outro Estado-membro também omisso em seu dever de incorporar plenamente a normativa mercosulina. Dada a incompetência do juiz brasileiro para julgar uma ação contra Estado estrangeiro omisso em cumprir seus deveres internacionais, a fazenda pública brasileira responde integralmente pela reparação do dano ao particular, mas pode intentar, nas instâncias internacionais próprias, uma ação regressiva contra o outro Estado-membro co-causador do dano. Em suma, não se admite a denunciação da lide do Estado estrangeiro nesta hipótese e o eventual direito de regresso deve ser demandado ulteriormente, em ação autônoma, perante o juízo internacional competente – *in casu*, perante o sistema de solução de controvérsias do MERCOSUL.[407]

Coronel Vivida, mas guiado por servidor do Corpo de Bombeiros do Estado do Paraná, a quem a ambulância estava cedida por termo de ajuste. Os pais da vítima ajuizaram ação contra o município na busca de reparação por danos morais e materiais. O município denunciou da lide o Estado do Paraná. O acórdão recebeu a seguinte ementa: *"ADMINISTRATIVO. RESPONSABILIDADE CIVIL DO ESTADO. ACIDENTE AUTO-MOBILÍSTICO. AMBULÂNCIA MUNICIPAL. MOTORISTA ESTADUAL. SOLIDARIE-DADE. DANOS MATERIAIS. (...) 5. A jurisprudência do STJ reconhece a responsabilidade solidária do proprietário do veículo por acidente onde o carro é guiado por terceiro (...)"* (Superior Tribunal de Justiça, Recurso Especial 335058/PR, Rel. Min. HUMBERTO GOMES DE BARROS, Diário da Justiça da União de 15.12.2003, p. 185).

[407] No Brasil, o Estado estrangeiro pode ser demandado perante a Justiça Federal mas, apenas, quando se tratar de litígio decorrente de relações rotineiras e de índole privada (atos de gestão, relações de trabalho) entre o Estado estrangeiro, representado por seus agentes, e súdito brasileiro (art. 109, inc. II, CF/88) e desde que a obrigação tenha de ser cumprida no Brasil, o fato ou o ato que deu origem à ação tenha ocorrido no território nacional ou o imóvel esteja situado no país (art. 88 do Código de Processo Civil brasileiro). Haverá, contudo, imunidade à jurisdição brasileira quando a ação versar sobre ato de império ou questões de Direito Internacional Público do Estado estrangeiro, como na hipótese de omissão estatal em incorporar uma normativa mercosulina. Ao lado da

Tais dificuldades processuais, aliadas à duração e ao custo de uma demanda indenizatória ordinária, justificam dizer, ainda em relação ao nexo de causalidade, que o particular prejudicado deve comprovar que adotou as diligências razoáveis para limitar a magnitude do dano suportado. Em outras palavras, se o particular podia ter evitado ou diminuído o prejuízo pleiteando, em tempo hábil, uma tutela primária/material relativamente aos atos e omissões pelos quais agora demanda uma indenização, o juiz brasileiro pode mitigar ou mesmo afastar o pagamento da indenização, dadas as repercussões sobre o nexo causal.[408]

5.3.4. *A Tutela Primária mediante Reclamação do Particular ao MERCOSUL*

Entre as providências que o particular tem à sua disposição para tentar evitar ou mitigar um dano decorrente da conduta comissiva ou omissiva estatal, violadora do Direito da Integração do MERCOSUL, está o oferecimento de uma "reclamação" (art. 39 do Protocolo de Olivos) às instâncias decisórias mercosulinas, com vistas a obter uma tutela primária, de natureza anulatória ou corretiva – semelhante àquela que foi obtida pela Argentina contra o Brasil na controvérsia decidida pelo VII Laudo Arbitral do MERCOSUL. Exatamente a não-implementação das obrigações de internalizar norma mercosulina foi a questão abordada no VII Laudo Arbitral do Tribunal *Ad Hoc* do MERCOSUL, quando a Argentina acusou o Brasil de não proceder à incorporação das Resoluções GMC n.º 48/96, 87/96, 149/96, 156/96 e 71/98, o que impediu a sua entrada em vigência no território do mercado comum e criou obstáculos à entrada de produtos fitossanitários argentinos no mercado brasileiro, com enormes prejuízos aos agentes econômicos argentinos. A tutela recebida pela Argentina, de natureza primária e não compensatória, foi assim concluída pelo Tribunal Arbitral:

---

possibilidade tradicional de um Estado demandar uma "ação regressiva" contra outro perante a justiça internacional, JÓNATAS MACHADO (2003, p. 437-438) acrescenta uma nova via, bastante criativa e certamente mais ágil: o Estado-demandante pode acionar o Estado-demandado na própria jurisdição nacional deste último.

[408] O ordenamento jurídico-processual brasileiro é pródigo em remédios jurídicos para a tutela material primária em favor do particular. O mandado de segurança, o mandado de injunção e a ação de descumprimento de preceito fundamental são apenas alguns exemplos para além da ação ordinária.

"Por todo o exposto e em conformidade com o estabelecido no Protocolo de Brasília para a Solução de Controvérsias e seu Regulamento, no Protocolo de Ouro Preto e nas demais normas e princípios de direito internacional aplicáveis, este Tribunal Arbitral "ad hoc" chamado a deliberar sobre a controvérsia apresentada nestes procedimentos, RESOLVE POR UNANIMIDADE:

I – Declarar que a República Federativa do Brasil está em uma situação de descumprimento com relação à obrigação imposta pelos artigos 38 e 40 do Protocolo de Ouro Preto e à incorporação em seu ordenamento jurídico interno das disposições contidas nas Resoluções GMC N.° 48/96, 87/96, 149/96, 156/96 e 71/98.

II – Dispor que a República Federativa do Brasil deverá, em um prazo máximo de 120 dias contados a partir da data de notificação do presente laudo, incorporar a seu ordenamento jurídico interno as Resoluções GMC N.° 48/96, 87/96, 149/96, 156/96 e 71/9 8, e, se for necessário, adotar as medidas e ditar as normas jurídicas internas que garantam a efetiva aplicação destas normas, sem prejuízo de seu direito a aplicar, nos casos concretos e específicos em que tal medida couber, as restrições autorizadas pelo artigo 50 do Tratado de Montevidéu de 1980." [409]

Para garantir a validade, a vigência e a eficácia das normas do seu próprio ordenamento jurídico e o respeito dos Estados-partes, o MERCOSUL desenhou, desde o Protocolo de Brasília de 1991, um

---

[409] O VII Laudo Arbitral do MERCOSUL, depois de asseverar que os arts. 38 e 40 do Protocolo de Ouro Preto definem claramente a obrigação de os Estados-partes incorporarem de maneira adequada, suficiente e completa a normativa do MERCOSUL a seus respectivos Direitos internos e que tal obrigação de fazer acarreta a responsabilidade internacional dos Estados em caso de não cumprimento (item 7 do laudo), indicou então que a incorporação deve ser cumprida num prazo razoável, definido, não comportando dilação *ad eternum*, sob pena de, aceitando-se uma obrigação sem prazo, se comprometer os fins do processo de integração (item 8). Em sua conclusão, o VII Laudo declarou o descumprimento do Brasil ao Protocolo de Ouro Preto e estabeleceu o prazo de 120 dias, contados da notificação do laudo, para a incorporação de toda a normativa indicada no processo (item 10 do laudo) (Tribunal Arbitral *Ad Hoc* do MERCOSUL, VII Laudo Arbitral, pronunciado em 19.04.2002, República Argentina vs. Brasil, sobre obstáculos à entrada de produtos fitossanitários argentinos no mercado brasileiro, árbitros: RICARDO OLIVEIRA GARCÍA [Presidente], HÉCTOR MASNATTA e GUIDO FERNANDO SILVA SOARES, divulgado na íntegra em www.mercosur.org.uy).

mecanismo de solução de controvérsias que, em linhas gerais, não se afasta muito dos processos clássicos previstos na ordem internacional para a resolução de disputas: parte-se de uma negociação direta interestatal[410] cuja falência poderá dar lugar a um mecanismo opcional de conciliação intermediado pelo Grupo Mercado Comum[411] que, uma vez esgotado sem sucesso, poderá dar origem a um processo arbitral[412]. Desde 1.° de janeiro de 2004, com a entrada em vigor do Protocolo de Olivos em todo o território do MERCOSUL, o sistema de solução de controvérsias instituído pelo Protocolo de Brasília foi aperfeiçoado, tendo sido criado pelo novo Protocolo de Olivos e detalhado em seu regulamento (Decisão n.° 37/03), um Tribunal Permanente de Revisão (arts. 17 a 23 do Protocolo de Olivos), instância recursal já devidamente instalada em Assunção (art. 38 do mesmo Protocolo).

Ao sistema de solução de controvérsias mercosulino, disciplinado atualmente pelo já referido Protocolo de Olivos, podem aceder tanto os Estados-partes, ampla e diretamente, como os particulares, de maneira parcial e indireta, pela via das "reclamações de particulares", um procedimento estabelecido em favor de pessoas físicas ou jurídicas cujo objeto se refere à simples sanção ou à aplicação, por qualquer um dos Estados-partes, de medidas legais ou administrativas de efeito restritivo, discriminatórias ou de concorrência desleal, em violação do Tratado de Assunção, do Protocolo de Ouro Preto, dos protocolos e acordos celebrados no marco do Tratado de Assunção, das Decisões do Conselho do Mercado Comum, das Resoluções do Grupo Mercado Comum e das Diretrizes da Comissão de Comércio do Mercosul.[413]

---

[410] Próprias para acertos diplomáticos conjunturais, as negociações diretas são, hoje, regradas pelos arts. 4 e 5 do Protocolo de Olivos, assinado naquela cidade argentina em 18 de fevereiro de 2002.

[411] A intervenção opcional do Grupo Mercado Comum é atualmente regrada pelos arts. 6 a 8 do Protocolo de Olivos.

[412] Os arts. 9 a 16 do Protocolo de Olivos definem o procedimento arbitral. É RUI MOURA RAMOS (1999, p. 390 e ss.) quem, além de fazer essa objetiva comparação do sistema instituído pelo Protocolo de Brasília com os mecanismos tradicionais internacionais, ainda elabora embasada crítica sobre as desvantagens, a longo prazo, da solução arbitral mercosulina, em comparação com o modelo judicial europeu. Ressalta o eminente Professor nascido na Batalha que às virtuosidades do juízo arbitral numa etapa transitória devem ser opostas as dificuldades, sobretudo na maturidade do Mercado Comum, de impor a aplicação uniforme do Direito da Integração, com uma jurisprudência uniforme e coerente sobre a leitura das normas do MERCOSUL.

[413] O art. 39 do Protocolo de Olivos determina textualmente: *"O procedimento estabelecido no presente Capítulo aplicar-se-á às reclamações efetuadas por particulares*

Vê-se, pois, que a mera omissão estatal, capaz de obstruir a fruição de novos direitos mencionados na normativa mercosulina, não incorporada não constitui, ainda, razão bastante para que seja iniciada uma reclamação de particular, nos termos do Protocolo de Olivos. Há de se demonstrar na reclamação do particular, de maneira cabal, como se vê no VII Laudo do Tribunal Arbitral *Ad Hoc* do MERCOSUL, que o Estado denunciado, em decorrência de sua omissão, tem dado vez a medidas contrárias ao Direito da Integração do MERCOSUL. Já nesse aspecto inicial, vê-se que o campo de aplicação das "reclamações de particulares" é bem mais restrito que os remédios nacionais postos à disposição do particular. A omissão estatal em dar efetividade a um direito criado pela norma mercosulina (como no caso *Francovich*, por exemplo) não está agasalhado pelo procedimento da "reclamação de particulares". Também está fora do espectro de utilidades da "reclamação de particular" combater a ilegitimidade formal ou material de atos praticados pelas próprias instituições mercosulinas.

Para além desse ponto referente ao objeto e ao cabimento, uma questão mais importante aqui, porém, é a de se saber se um particular, residente e domiciliado em seu país natal, pode acionar o seu próprio Estado patrial por meio de uma "reclamação" dirigida às instituições do MERCOSUL e prevista no art. 39 do Protocolo de Olivos. Ou, em outras palavras: é dado a um particular brasileiro (pessoa física ou jurídica), residente e domiciliado no Brasil, apresentar uma "reclamação" contra o próprio Brasil, sob o fundamento de que este país descumpriu uma obrigação estipulada em Direito originário ou derivado do MERCOSUL – isso numa instância jurisdicional alternativa à própria jurisdição nacional?

Uma hermenêutica gramatical simplista certamente extrairia a resposta a essa indagação do disposto do art. 39 do Protocolo de Olivos, que afirma que *"o procedimento estabelecido no presente capítulo aplicar-se-á às reclamações efetuadas por particulares (...) em razão da sanção ou aplicação, por qualquer dos Estados-partes de medidas legais ou*

(pessoas físicas ou jurídicas) em razão da sanção ou aplicação, por qualquer dos Estados-partes, de medidas legais ou administrativas de efeito restritivo, discriminatórias ou de concorrência desleal, em violação do Tratado de Assunção, do Protocolo de Ouro Preto, dos protocolos e acordos celebrados no marco do Tratado de Assunção, das Decisões do Conselho do Mercado Comum, das Resoluções do Grupo Mercado Comum e das Diretrizes da Comissão de Comércio do MERCOSUL."

administrativas de efeito restritivo, discriminatórias ou de concorrência desleal (...)." Cabe perscrutar, todavia, se tal entendimento encontra amparo numa interpretação sistêmica do Protocolo de Olivos e seu regulamento, ou seja, numa hermenêutica que procura os nexos de interdependência de sentido entre a parte e o todo.

Para responder àquela questão, posta acima, é preciso ter em mente que um dos principais corolários da soberania e da igualdade entre os Estados é uma *"jurisdição,* prima facie *exclusiva, sobre um território e sobre a população permanente que nele vive"* (BROWNLIE, 1997, p. 309). A regra, portanto, é a da jurisdição exclusiva nacional; as demais "jurisdições" ou competências paralelas, alternativas ou subsidiárias de outros sujeitos de Direito Internacional constituem a exceção no território de um Estado soberano. Em razão desse caráter excepcional, a norma competencial excepcional, relativa à competência de sujeitos do Direito Internacional, deve ser interpretada com parcimônia, restritivamente. Mesmo porque, numa visão mais pragmática, a estreita vinculação entre soberania e jurisdição responde melhor à fiel execução dos julgamentos. IAN BROWNLIE (1997, p. 654) refere que *"em vários casos, o Tribunal Permanente aderiu ao princípio de que as disposições que implicam a limitação da soberania do Estado devem ser objeto de interpretação restritiva"* e que *"este princípio pode ser aplicado em casos que dão origem a questões respeitantes à regulamentação de direitos e privilégios territoriais"*.[414] Não é de surpreender que a proteção internacional do

---

[414] Mais adiante, concluiu o mesmo professor IAN BROWNLIE (1997, p. 654): *"Os tratados podem conferir capacidade judiciária aos indivíduos perante tribunais internacionais. (...) A presunção do Direito clássico de que apenas os Estados possuem capacidade judiciária é ainda dominante. Esta presunção afeta o conteúdo da maior parte dos tratados que dispõem sobre a resolução de litígios, os quais levantam questões de responsabilidade dos Estados, não obstante o fato de, freqüentemente, as reclamações apresentadas dizerem respeito a prejuízos sofridos por indivíduos e sociedades privadas"*. Com efeito, tradicionalmente, o indivíduo não é legitimado para participar diretamente nos procedimentos afetos à jurisdição internacional – é o caso do Tribunal Internacional de Justiça, vinculado à constelação onusiana, cuja acessibilidade se dá apenas para Estados. O primeiro tribunal internacional a prever a legitimação processual ativa dos indivíduos foi a Corte de Justiça Centro-Americana, nela, porém, um cidadão de uma parte contratante só podia levar a juízo outro Estado que não o seu (BROWNLIE, 1997, p. 606). Efêmera instituição internacional, aquela Corte Centro-Americana foi criada em 1907 na seqüência das "Conferências de Paz de Washington" e que funcionou na cidade de Cartago (Costa Rica) até a sua sede ser destruída por um sismo, tendo-se transferido, a partir de então, para San José, também na Costa Rica, onde permaneceu até a cessação de suas atividades

indivíduo constitui grave ameaça à soberania do Estado, logo, é ao Estado que compete, por princípio, aplicar a jurisdição no que toca aos seus nacionais e aos estrangeiros que vivam sobre o seu território (Dinh, Daillier e Pellet, 1999, p. 593). Nas relações entre Estados e organizações internacionais, as exceções ao princípio da exclusividade da soberania territorial pressupõem interpretação estrita (Dinh, Daillier e Pellet, 1999, p. 425) e, portanto, requerem uma leitura mais cuidadosa. As exceções e restrições não se presumem.

O Protocolo de Olivos para a solução de controvérsias no MERCOSUL não prevê de maneira explícita que um particular possa utilizar-se do instituto da "reclamação" contra o Estado onde reside e tem a sede de suas atividades, como um recurso ou uma alternativa à jurisdição soberana estatal. Antes, pelo contrário: o particular tem de "interessar" o próprio Estado pelas suas pretensões, pois somente a esse é dado acionar os mecanismos mais eficientes de solução de controvérsias do MERCOSUL, como o Tribunal Arbitral *Ad Hoc*. Em mais de uma oportunidade, o protocolo e seu regulamento tratam como duas entidades distintas, que necessitam de diálogo para superar possíveis controvérsias, a saber: o Estado-parte em que o reclamante particular tem a *"sua residência habitual ou a sede dos seus negócios"* e o *"Estado-parte a que se atribui a violação"*. Com efeito, enquanto que art. 40 do Protocolo de Olivos determina que *"os particulares afetados formalizarão as reclamações ante a Seção Nacional do Grupo Mercado Comum do Esta-*

---

em 12 de março de 1918. Além de ter sido o primeiro tribunal permanente de justiça internacional, a Corte de Justiça Centro-Americana é considerada uma instituição de vanguarda na seara do Direito Internacional, porquanto os seus atos constitutivos outorgaram legitimidade processual aos particulares para acionar no Tribunal algum dos seus Estados-membros. Sobre o assunto, confira-se, por todos: Sorto, Fredys Orlando. Considerações sobre a Primeira Corte Internacional de Justiça. In: Mercadante, Araminta; Magalhães, José Carlos (orgs.). *Solução e Prevenção de Litígios internacionais*. Porto Alegre: Livraria do Advogado, 1999. Hoje, já há inúmeros outros tribunais internacionais que admitem a legitimidade do indivíduo para acionar o seu próprio Estado, como é o caso do Tribunal Europeu dos Direitos do Homem – todavia, essa capacidade processual individual é explícita e sempre subsidiária à extinção de todas as vias recursais nacionais, conforme o art. 35 da Convenção Européia para a Proteção dos Direitos Humanos e Liberdades Fundamentais (1950). Um caso excepcionalmente raro no campo internacional constituiu o Tribunal Arbitral da Alta Silésia, criado pela convenção Germano-Polaca, de 15 de maio de 1922, em que os indivíduos possuíam legitimidade postulatória para apresentar reclamações diretas quanto a direitos adquiridos contra o seu próprio governo e também contra governos estrangeiros (Brownlie, 1997, p. 607).

do-parte onde tenham sua residência habitual ou a sede de seus negócios", o art. 41 do mesmo Protocolo menciona que *"a Seção Nacional do Grupo Mercado Comum que tenha admitido a reclamação (...) deverá entabular consultas com a Seção Nacional do Grupo Mercado Comum do Estado-parte a que se atribui a violação, a fim de buscar, mediante as consultas, uma solução imediata à questão levantada."* Diante dessa explícita dicotomia, não é razoável supor que possa haver identidade entre essas duas seções nacionais do Grupo Mercado Comum, claramente distintas pela letra do Protocolo de Olivos e de seu regulamento. Tampouco razoável é supor que uma Seção Nacional do Grupo Mercado Comum, composta por membros do Estado acusado, irá dar guarida à reclamação de um particular contra esse Estado (Rosa, 1997, p. 140).

O art. 47 do Regulamento do Protocolo de Olivos, aprovado pela Decisão CMC/DEC n.º 37/2003, ainda é mais explícito quanto à radical distinção ontológica entre o Estado-reclamado e o Estado do particular reclamante, *verbis*: *"As consultas a que se refere o art. 41.1 [do Protocolo de Olivos] serão conduzidas pelos Coordenadores Nacionais do GMC dos Estados-partes envolvidos, ou por representantes por eles designados. Com vistas a dar início a tais consultas, o Estado-parte da nacionalidade do particular que iniciou a reclamação deverá enviar uma comunicação ao outro Estado-parte, na qual conste indicação dos elementos nos quais baseia sua reclamação, (...)"* (tais elementos são as medidas legais ou administrativas que configurariam a violação alegada, existência ou da ameaça de prejuízo, relação causal entre a medida questionada e a existência ou ameaça de prejuízo, os fundamentos jurídicos em que se baseiam e indicação dos elementos de prova apresentados).

O Regulamento do Protocolo de Olivos, portanto, também não dá margem para que se veja uma identidade entre o Estado-parte em que é residente e domiciliado o particular-reclamante e o Estado-parte que é reclamado nesse procedimento. Resta claro, por todos esses motivos, que aqueles particulares que tenham sua residência habitual ou a sede dos seus negócios no Brasil não poderão oferecer uma "reclamação" contra este mesmo Estado-parte, o Brasil, perante a respectiva seção nacional do Grupo Mercado Comum (GMC). Em outras palavras, não é dado a um particular (pessoa física ou jurídica), residente e domiciliado no Brasil, apresentar uma "reclamação" contra o próprio Brasil, sob o fundamento de que o país descumpriu uma obrigação estipulada em Direito originário ou derivado do MERCOSUL.

Os interessados poderão sempre, isso é verdade, recorrer ao Poder Judiciário nacional para obter uma tutela material corretiva ou anulatória contra o Estado brasileiro e, de outro lado, demandar contra os demais Estados-partes do MERCOSUL segundo os mecanismos adequados de solução de controvérsias para particulares do bloco.

O acesso parcial e indireto dos particulares ao sistema de solução de controvérsias do MERCOSUL constitui o mais grave empecilho para que se retire maior proveito e eficácia do Protocolo de Olivos. As restrições à legitimidade ativa do particular, que se limita ao requerimento de uma intermediação da sua Seção Nacional do Grupo Mercado Comum, deveriam ser superadas em ordem a se ampliar a justiciabilidade das condutas do Estados-membros e a favorecer a construção de um regime jurídico mais homogêneo no espaço de integração mercosulino. A "filtragem" pela Seção Nacional do GMC e o necessário "endosso" por Estado-membro das reclamações dos particulares prejudicam a sua mais ampla proteção.

5.3.5. *A Tutela Ressarcitória mediante Reclamação ao MERCOSUL*

Viu-se logo acima que o particular não tem legitimidade ativa para "reclamar" uma tutela primária (corretiva ou anulatória) contra um ato do Estado-parte em que reside e mantém a sede dos seus negócios. Só isso já seria bastante para se afastar a possibilidade de um brasileiro demandar uma tutela secundária ou indenizatória contra um ato prejudicial e danosa advinda do Brasil, Estado em que reside e mantém a sede dos seus negócios, em razão de sanção ou aplicação de medidas legais ou administrativas de efeito restritivo, discriminatórias ou de concorrência desleal, em violação do Tratado de Assunção, do Protocolo de Ouro Preto, dos protocolos e acordos celebrados no marco do Tratado de Assunção, das Decisões do Conselho do Mercado Comum, das Resoluções do Grupo Mercado Comum e das Diretrizes da Comissão de Comércio do Mercosul. Ora, o acessório segue o principal.

O desenrolar do procedimento de "reclamação de particular", porém, demonstra outras incompatibilidades para que um particular brasileiro, residente e estabelecido em seu país, reclame uma indenização contra o Brasil. Com efeito, superada a fase de consulta junto à Seção Nacional do Grupo Mercado Comum sem que se tenha alcançado uma solução, aquele mesmo órgão elevará a reclamação sem mais trâmite ao

Grupo Mercado Comum (art. 41 do Protocolo de Olivos). Recebida a reclamação, o Grupo Mercado Comum avaliará, à guisa de condições de admissibilidade, a veracidade da violação e a existência ou ameaça de prejuízos ao particular, na primeira reunião subseqüente ao seu recebimento. Se concluir que não estão reunidos os requisitos necessários para dar-lhe curso, rejeitará a reclamação sem mais trâmite, devendo pronunciar-se por consenso. Se o Grupo Mercado Comum não rejeitar a reclamação, esta considerar-se-á admitida. Neste caso, o Grupo Mercado Comum procederá, de imediato, à convocação de um grupo de especialistas que deverá emitir um parecer sobre sua procedência, no prazo improrrogável de trinta (30) dias, contados a partir da sua designação. Nesse prazo, o grupo de três especialistas dará oportunidade ao particular reclamante e ao(s) Estado(s) envolvido(s) na reclamação de serem ouvidos e de apresentarem seus argumentos, em audiência conjunta. Os gastos derivados da atuação do grupo de especialistas serão custeados na proporção que determinar o Grupo Mercado Comum ou, na falta de acordo, em montantes iguais pelas partes diretamente envolvidas na reclamação (arts. 42 e 43 do Protocolo de Olivos).

Naquele prazo de trinta (30) dias, contados a partir da sua designação, o grupo de especialistas elevará um parecer ao Grupo Mercado Comum acerca da procedência ou improcedência da reclamação do particular. A partir daí, qualquer conseqüência prática em benefício do particular prejudicado dependerá de que um dos outros três Estados-partes do MERCOSUL requeira ao Brasil (o Estado-reclamado) a adoção de medidas corretivas diretamente ou, sem êxito, mediante os procedimentos previstos para solução de controvérsias no bloco econômico – negociação direta interestatal, conciliação intermediada pelo Grupo Mercado Comum e processo arbitral (art. 44 do Protocolo de Olivos).

Nesse preciso ponto, já surge um problema para que o particular obtenha uma indenização do seu próprio Estado pela via da "jurisdição" mercosulina: onde residiriam a legitimidade e o interesse para que um outro Estado-parte do MERCOSUL endossasse a reclamação de um brasileiro que demanda uma indenização por interesses privados contra o Brasil, por atos praticados pelo Brasil e com conseqüência também no Brasil? Quais danos ou interesses fariam com que um outro Estado-parte cobrasse do Brasil uma indenização por condutas levadas a cabo pelo e no Brasil contra um seu nacional? Tais perguntas não apresentam uma resposta afirmativa razoável. De um ponto de vista mais político do que jurídico, é legítimo supor que nenhum dos outros Estados parceiros se submeteria a um tal papel, dado o caráter eminentemente interno da controvérsia e a natureza intergovernamental do MERCOSUL. De um ponto de vista mais jurídico que político, um tal "endosso" por um parceiro mercosulino a uma reclamação indenizatória privada de um brasileiro contra o Brasil representaria o oposto à regra internacional do endosso nas ações de responsabilidade internacional, quando o Estado patrial da vítima endossa a sua reclamação por ter interesse em proteger os seus cidadãos e ver cumpridas as obrigações internacionais de que é subscritor em sua inteireza. Nessa linha de argumentos jurídico-políticos, ROSA (1997, p. 141) aponta três problemas no modelo mercosulino de acesso do particular à "jurisdição":

> "A) o estágio atual do MERCOSUL faz com que a manutenção do arranjo de interesses políticos entre os Estados prepondere sobre a busca da efetivação do Direito Comunitário (sic); b) um Estado dificilmente se disporia a acusar outro Estado-membro de descumprimento do contido no Direito Comunitário (sic) quando ele mesmo descumpre outros tantos dispositivos; e c) as violações que atingem os particulares, em maior número, são justamente aquelas praticadas pelo Estado do qual se é nacional, para o que não há qualquer remédio."

Tem-se reafirmado ao longo deste texto que o MERCOSUL ainda é uma organização internacional de base intergovernamental e que, tradicionalmente, a responsabilidade internacional do Estado é *"de Estado a Estado"*, o que significa que, mesmo que a vítima direta, de fato, do ato danoso estatal seja um particular, pessoa física ou jurídica, é necessário que haja o endosso da reclamação, a outorga discricionária de proteção diplomática ao particular, no plano internacional, pelo Estado patrial da vítima. E um Estado, ao defender os direitos de um seu nacional, está, na verdade, a reafirmar o seu próprio interesse de exigir o cumprimento das normas de Direito Internacional – que nunca lhe restará legitimado, se não ficar comprovado que a conduta do Estado brasileiro lhe tenha provocado algum dano ou prejuízo, ainda que reflexo. Pelo fato de a responsabilidade internacional do Estado ser "de Estado a Estado", ela não se confunde com aquela responsabilidade interna do Estado, perante sujeitos privados, em razão do desrespeito de convenções internacionais e demandada pelos particulares ante a jurisdição nacional. Tampouco se confunde com a responsabilidade interna do Estado, também perante sujeitos privados e demandada ante a jurisdição nacional, em razão da assinatura de convenções internacionais que contrariem interesses de cidadãos nacionais.

Tomando-se emprestado de RENÉ DESCARTES a dúvida radical como método, a intensificação dessas especulações processuais levaria a um paradoxo, na hipótese de vir a ser julgada procedente pelo Tribunal Arbitral *Ad Hoc* do MERCOSUL, mas não cumprida espontaneamente pelo Estado-parte reclamado, uma indenização de um brasileiro, residente e estabelecido no Brasil, contra o próprio Estado brasileiro e endossada por um outro Estado-parte do MERCOSUL. Numa hipótese assim delineada, o Estado-parte endossante teria direito, em tese, à aplicação injusta e indevida de "medidas compensatórias" (art. 31 do Protocolo de Olivos) para "compensar" um prejuízo que nunca suportou, nem tampouco qualquer um de seus nacionais sofreu. Tal circunstância apenas reforça a impossibilidade de um particular, segundo os atuais termos do Protocolo de Olivos, apresentar uma "reclamação" de fundo indenizatório contra o Estado em que reside e mantém a sede de suas atividades econômicas. A única via admitida é a via jurisdicional nacional, dos tribunais e juízes brasileiros.[415]

À guisa de súmula, pode-se dizer que não é dado a um particular (pessoa física ou jurídica), residente e domiciliado no Brasil, apresentar uma "reclamação" indenizatória contra o próprio Brasil, sob o fundamento de que o país descumpriu, por omissão, uma obrigação estipulada em Direito derivado do MERCOSUL. Os interessados poderão sempre, todavia, recorrer ao Poder Judiciário nacional para obter uma tutela ressarcitória contra o Estado brasileiro.

5.4. *A Jurisdição Nacional, as Competências do MERCOSUL e a Omissão do Legislador em não Incorporar uma Diretriz ao Ordenamento Jurídico Brasileiro*

Ao longo do precedente item 5.3, foram analisadas as conseqüências da omissão do legislador nacional em não dar integral e atempado cumprimento a uma diretriz do MERCOSUL, apesar de regularmente recepcionada ao ordenamento interno brasileiro, depois de aprovada por um Decreto Legislativo do Congresso Nacional e sancionada por um

---

[415] Embora não ofereça uma teia de argumentos mais detalhados ou profundos, RAPALLINI (1997, p. 256) também conclui que a ação de indenização por descumprimento do Direito do MERCOSUL contra os seus Estados-partes só poderá ser intentada ante os respectivos tribunais nacionais.

Decreto presidencial. A questão agora proposta é outra: conhecer os efeitos da omissão do legislador brasileiro em internalizar uma diretriz mercosulina, deixando de expedir, sequer, o necessário Decreto Legislativo, e identificar as alternativas processuais que cabem ao particular para tentar reverter um possível prejuízo decorrente dessa omissão.

A título preliminar e em obséquio ao melhor rigor conceitual, é preciso registrar que, quando o Congresso Nacional expede um Decreto Legislativo que aprova um ato internacional, embora não esteja legislando no sentido mais técnico e específico de "elaborando uma lei formal", está materializando a sua função legislativa e cumprindo uma atribuição que lhe é exclusiva, nos termos da Constituição Federal. Registre-se, também, que o procedimento de incorporação de um ato internacional é subjetivamente complexo (CASELLA, 2002, p. 429), do tipo que demanda um concurso de vontades de dois órgãos públicos distintos que se unem para conformar uma só vontade. A fusão das vontades do Congresso Nacional e da Presidência da República é que dá origem ao ato internacional incorporado no ordenamento brasileiro, de modo que a inexistência ou o vício de uma delas invalidarão todo o procedimento de incorporação. Tratando-se de um procedimento complexo, a incorporação de uma diretriz mercosulina é de responsabilidade conjunta desses órgãos do Estado – o fato de uma omissão vir de apenas um deles ou de ambos os órgãos estatais não será relevante para a tentativa de o particular obter uma indenização do Estado pelos danos que a não-incorporação lhe trouxer.

Tanto o Decreto Legislativo de aprovação como o Decreto presidencial de promulgação de um ato convencional internacional são "atos políticos", dimanados do exercício constitucional de uma competência política. Os atos políticos, segundo QUEIROZ (1990, p. 177-178), referem-se a "*atos imediatamente subordinados à Constituição, de atos imediatamente essenciais ao funcionamento do (...) regime político, de atos absolutamente imprescindíveis à realização e defesa da ordem constitucional no seu conjunto*". Infere-se dessa definição que a lei também é um ato político (QUEIROZ, 1990, p. 177-178), tanto quanto os já mencionados Decreto Legislativo e Decreto presidencial. No Brasil, esses atos políticos têm hierarquia imediatamente infraconstitucional, e um possível conflito normativo entre qualquer um deles resolve-se pelas regras clássicas para conflitos normativos entre normas de idêntico valor: pelo privilégio de antiguidade (algo como "*lex posterior derogat priori*") ou pelo privilégio de especialidade (algo como "*lex especialis derogat legi generali*").

Também aqui, na seara dos atos políticos da "função legislativa", a omissão do Estado será juridicamente relevante, desde que haja uma clara demarcação de um dever de emanação legislativa pré-existente, que tenha sido desrespeitado. Só há omissão da função legislativa (em sentido mais amplo) do Estado quando há abstenção, inércia ou silêncio do Poder Legislativo ou Executivo, em cumprir certa prescrição normativa de atuação positiva. No caso do MERCOSUL, como já indicado, a obrigação de incorporar, integral e atempadamente, a normativa emanada dos seus órgãos decisórios deriva dos arts. 38 e 42 do Protocolo de Ouro Preto – ambos os dispositivos constituem Direito primário do MERCOSUL e, simultaneamente, Direito positivo válido na ordem interna brasileira, já que o texto do Protocolo de Ouro Preto foi integralmente aprovado pelo Congresso Nacional do Brasil pelo Decreto Legislativo n.º 188, de 18 de dezembro de 1995, e promulgado pelo Decreto presidencial n.º 1.901, 09 de maio de 1996.

Na hipótese ora aventada, embora a diretriz constitua legítimo Direito derivado do MERCOSUL, ela ainda não vigora plenamente no ordenamento interno e não é capaz de impor um dever de legislar ao Poder Legislativo nacional, posto que não passou pelo ciclo de incorporação constitucionalmente modelado. Certo é, porém, que já condiciona a atividade estatal no plano internacional, sujeitando o Estado omisso à responsabilidade pelo seu desrespeito.

Feitas essas ponderações específicas, aplicam-se às diretrizes não incorporadas formalmente ao ordenamento interno todas as demais razões aduzidas ao longo do item 5.2 para a responsabilidade do Estado pela sua omissão em não prover as formas e os meios de concretização integral e atempada de uma diretriz regularmente incorporada ao ordenamento jurídico brasileiro pela manifestação do Congresso Nacional e do Presidente da República.

Em outras palavras, o particular brasileiro, diante da omissão do Estado em incorporar uma diretriz mercosulina pela ausência de Decreto Legislativo ou de Decreto presidencial, poderá propor ante a jurisdição nacional (a Justiça Federal brasileira) uma ação ordinária de indenização por perdas e danos contra a União Federal (Fazenda Pública federal) – cumpridos os requisitos materiais e processuais específicos, quais sejam: o fato omissivo ilícito estatal, a presença de um verdadeiro dano suportado pelo particular e o nexo causal entre aquele fato público e esse dano privado. A via jurisdicional nacional (alcançável tanto pela tutela primária como pela tutela secundária/ressarcitória) é, para os residentes e estabelecidos no Brasil, soberana, não comportando paralelismos como a via da "reclamação do particular" perante a Seção Nacional do Grupo Mercado Comum, em demandas contra o Estado brasileiro.

Partindo do pressuposto de que tanto mais profunda e segura será a integração regional quanto mais eficaz for a sanção de todo e qualquer comportamento de um Estado-membro que viole os direitos constituídos na esfera jurídica do particular, torna-se imprescindível essa ampliação dos controles jurídicos sobre as condutas do Poder Público brasileiro.

6. Conclusões

Aos pássaros que gorjeiam prefiro os que grasnam
como os corvos ou os que piam na escuridão
como as vigilantes corujas brancas que infestam os meus bosques.
O canto melodioso amolece os corpos
e anestesia as almas que renunciam à reflexão e ao tormento
e temem o rumor do dia predatório.
Sempre desejei que o meu reino fosse o da dissonância:
do gavião que, pousado na estaca, rumina a sua impiedade,
dos pássaros grasnantes que incomodam os partidários de
uma regência musical do mundo
como se estivéssemos num teatro, ouvindo uma sinfonia.
Ao gorjeio que conduz ao deleite e embala o sono
oponho o grasnido que semeia
a insônia e o desconforto.
("Uma Referência", Lêdo Ivo)

Ao final da investigação, elencam-se, de modo sucinto, as seguintes teses:

1. A integração econômica constitui um instrumento privilegiado de inserção regional e global. Por outro lado, é pelo Direito que se constroem os laços mais firmes e estáveis de integração na atualidade. O aprofundamento da integração e o asseguramento das liberdades fundamentais de circulação econômica exigem que se passe da simples supressão de barreiras tarifárias e não tarifárias (aproximação negativa) para a construção de uma ordem jurídica nova e adequada (aproximação positiva) na região integrada. Nos processos de integração, o Direito continua a exercer um papel fundamental, de verdadeiro esteio para qualquer tentativa de soerguimento de sólidos blocos

econômicos regionais. Aperfeiçoar os mecanismos jurídicos é, portanto, aperfeiçoar também os mecanismos de integração política e econômica. Nessa seara, as razões do Direito e as razões da Política, embora distintas, dialogam. Se os Estados querem continuar integrados (e essa é uma questão própria da Política) hão de adaptar os seus ordenamentos jurídicos à melhor consecução dos fins comunitários (e esse é um requerimento do Direito).

2. A natureza dos processos de integração regional é, a um só tempo, programática, por envolver uma mudança dos próprios fins do Estado contemporâneo, mas também pragmática, já que se implementa através de mecanismos técnico-jurídicos concretos, visando a sempre maior eficiência. Nesse duplo aspecto, o papel das diretivas comunitárias e das diretrizes mercosulinas, como instrumentos vocacionados para a consolidação da harmonização legislativa multinacional, tem um lugar fundamental na execução da política de integração.

3. Se, por um lado, a referência a um processo legislativo duplamente articulado (em parte, comunitário ou integrado e, em parte, nacional) é a principal característica que fez das diretivas e das diretrizes valiosos e prestigiados instrumentos para se alcançarem importantes conquistas nos respectivos blocos de integração, por outro lado, e paradoxalmente, a delicada distinção entre a obrigação de fins (o resultado a alcançar) e a obrigação de meios (a eleição e implementação das forma e dos meios), que lhes é peculiar, é o ponto de origem das principais controvérsias a respeito da natureza, limites, função e efeitos jurídicos de cada uma, na ordem jurídica interna dos Estados--membros da Comunidade Européia e do MERCOSUL.

4. O fato de que determinadas normas jurídicas dos processos de integração regional requerem posterior regulamentação não significa que elas carecem de algum valor jurídico, mas, que se preocupam, por motivos políticos e pragmáticos, em valorizar algumas peculiaridades nacionais ou circunstanciais. Quanto a tais normas, os Estados têm o dever e a obrigação de não frustrar sua aplicação, comprometendo-se, sim, a concretizar todos os objetivos nelas prescritos. Corroboram a juridicidade das diretivas comunitárias e das diretrizes mercosulinas as inúmeras espécies normativas nacionais – cujo caráter jurídico também é inegável –, criadas pela engenharia constitucional dos Estados-

-membros sob a forma de "legislação em duas etapas", tais como as "leis de enquadramento", as "leis de autorização", "leis de bases", as "leis-quadro", as "leis orgânicas" entre outras. Através desses expedientes normativos impulsionadores e modeladores, a intervenção do destinatário da norma no seu preenchimento conteudístico é de capital importância para o perfeito esgotamento da regulamentação normativa, mas, nem por isso, capaz de afastar ou suprimir a juridicidade de tais fontes do Direito da Integração.

5. No plano da Comunidade Européia, entre todas as manifestações de normatização em duas etapas, o perfil e a força normativa dessas normas jurídicas que fixam diretrizes, intenções ou objetivos (as diretivas) estão bastante próximos das "normas-fim", "normas-tarefa" ou "normas-programa" nacionais, aquelas que, assentadas na Constituição do Estado-membro, para além de impor uma obrigação legislativa teleológica específica aos órgãos infraconstitucionais com competência normatizante, dirigem a atividade discricionária da Administração e o exercício hermenêutico do Judiciário pela realização de fins e tarefas prioritários do Estado, condicionando-os tanto de modo positivo (exigência de concretização legislativa, judicial e administrativa) quanto negativo (imposição de censura). Tanto as diretivas comunitárias como as "normas-fim" nacionais não se resumem a uma instrução endereçada apenas ao legislador, como as "leis de enquadramento", as "leis de autorização" e as "leis de bases", mas, antes, tendem a alcançar todo o Estado e sua atividade, posto que têm um espectro de aplicação que perpassa também as funções do administrador e do julgador. Os destinatários imediatos das diretivas e das normas-tarefa são o ente estatal – em sua inteireza e na globalidade de seu conjun-to – , na exata medida em que ambas concretizam "determinações dos fins do Estado" (*"Staatszielbestimmungen"*). Um ponto fulcral, porém, na distinção entre as diretivas comunitárias e as normas-fim, normas-tarefa ou normas-programa intra-estatais é a presença obrigatória de uma demarcação temporal clara e precisa naquelas normas comunitárias, ao passo que as normas nacionais usualmente não apresentam, *de per si*, um *timing* pré-definido. Além desse ponto relativo ao prazo para implementação, outro aspecto marcante e que não passa despercebido na diferenciação entre as diretivas comunitárias e as normas-fim

nacionais dá-se quanto à respectiva "topografia": enquanto as diretivas são uma norma de Direito Comunitário secundário, cuja localização é exterior e posterior aos tratados "constitucionais" fundantes da Comunidade Européia – o que muito as aproxima, nesse aspecto específico, às leis-quadro –, as normas-fim nacionais têm sede no próprio texto constitucional, sendo, pois, Direito interno "primário", de cariz supralegal. É justamente essa distinção topográfica que permite que uma diretiva comunitária apresente, com freqüência, uma intensidade normativa bem superior ao de uma norma-tarefa constitucional/ /nacional (marcada pela maior abertura, flexibilidade, extensão e indeterminabilidade do seu texto em razão do caráter prospectivo da Constituição). Essa maior densidade normativa das diretivas – aliada à cláusula temporal – faz delas um alvo mais fácil para a constatação dos silêncios do legislador nacional.

6. No plano do Direito do MERCOSUL, embora o texto do Protocolo de Ouro Preto seja bastante lacunoso em relação às características e utilidades das diretrizes, pode-se constatar, pela praxe institucional que vem sendo aplicada reiteradamente no bloco regional sul-americano, que a maior parte das diretrizes expedidas até o momento pela Comissão de Comércio tem substantivas semelhanças formais com as diretivas da Comunidade Européia, a saber: indica os Estados a quem é dirigida e, para estes, tem caráter vinculante, define prazos para incorporação ao ordenamento nacional e menciona fins específicos a serem alcançados mediante a adoção de normas nacionais de concretização. As diretrizes mercosulinas, todavia, têm um campo de atuação material bem mais restrito que os amplos domínios em que podem ser utilizadas as diretivas e isso faz com que apresentem, muitas vezes, uma densidade normativa ainda maior do que a das diretivas da Comunidade Européia. Muitas diretrizes mercosulinas têm cunho quase que meramente administrativo, o que acaba eliminando muito da margem de liberdade nacional quanto à eleição das formas e dos meios, própria da teoria geral das diretivas. Uma razão político-decisória contribui para esse aspecto ainda mais pragmático e operativo das diretrizes: como as normas mercosulinas ainda são atos intergovernamentais – ao contrário das diretivas comunitárias, que são atos supraestatais –, as escolhas nacionais relativas a formas e meios muitas vezes já ocorrem durante as fases de preparação e negociações dos

atos no interior da Comissão de Comércio do MERCOSUL, em que os Estados-partes têm total acesso, idêntico sufrágio e ampla liberdade de negociação.

7. O vácuo de supranacionalidade dos órgãos do MERCOSUL, carentes de competências constitucionais nunca transferidas ou emprestadas, não autoriza que eles tenham poderes para emitir ordens cogentes e automaticamente vinculantes dentro do sistema jurídico brasileiro. Desse modo, as diretrizes mercosulinas, enquanto não incorporadas pelo Estado brasileiro, não têm o condão de produzir quaisquer efeitos jurídicos intra-estatais geradores de direitos e obrigações individuais. Uma diretriz regularmente adotada na Comissão de Comércio do MERCOSUL, mas não transposta ao Direito interno, poderá engendrar, no máximo, o efeito próprio das cláusulas de *"standstill"* ou *"blocking effect"* ou, ainda, uma "interpretação conforme" do vigente ordenamento interno – isso em homenagem ao princípio internacional da boa-fé e da interpretação finalística na execução dos tratados internacionais. Por outro lado, a praxe até o momento verificada de o governo brasileiro internalizar as diretrizes mercosulinas sem a anuência formal do Congresso Nacional (e, em alguns casos, sem sequer a do Presidente da República), mas, tão só, por atos infralegais como decretos, resoluções e portarias ministeriais, não encontra respaldo constitucional e enfraquece o processo de integração, dada a ausência de validade, vigência, eficácia e justiciabilidade internas dos direitos e deveres criados por uma diretriz não incorporada. Nesse aspecto, a extração da máxima efetividade das diretrizes da Comissão de Comércio do MERCOSUL contribuirá para que este órgão consiga fazer frente às hesitações, aos dilemas e às contradições da política comercial desconcertada entre os Estados-partes do bloco, que, nos últimos anos, além de terem produzido episódios que maculam a imagem do (e a esperança no) processo de integração sul--americano, impediram a construção de um marco jurídico uniforme para a proteção dos contratos internacionais, salvaguarda dos consumidores e amparo dos trabalhadores.

8. Com os aprofundamentos do processo de integração regional, o eixo principal da soberania tende a deslocar-se um pouco mais. Já tendo um dia se emancipado da lei para dirigir-se à Constituição, quando esta deixou de ser apenas um pacto político

desprovido de normatividade, o centro da soberania inclina-se agora da Constituição para os tratados instituintes de blocos econômicos e outros entrelaçamentos normativos supranacionais que, por sua vez, assumem para si muito da tarefa – até então da Constituição nacional – de delimitar o lícito do ilícito e de dirigir importantes aspectos da vida local. Com a introdução dos tratados e normas comunitárias derivadas como paradigmas de condução e aferição da juridicidade interna nos Estados-membros da Comunidade Européia, a lei e, agora, a Constituição passam a poder-dever concretizar e refletir a diretividade das instâncias normativas supranacionais e a poder-dever produzir, ao menos em tese, a responsabilidade do Estado pelo descumprimento (comissivo ou omissivo) dessa diretividade.

9. No plano normativo nacional, a inércia ou o silêncio do Poder Legislativo só poderá constituir-se em relevante desvalor jurídico, quando um dever de ação lhe é contraposto por uma norma superior ou anterior. Esse é o requisito mais elementar: o desvalor jurídico da omissão do legislador não é um simples "não fazer", mas, antes, pressupõe uma exigência superior ou anterior de atuação legislativa positiva – é um "não fazer" aquilo a que se estava juridicamente obrigado a fazer, levado a efeito por um órgão ou entidade com competência regulativa. Tradicionalmente, uma tal obrigação de atuação legislativa positiva pode advir de modo explícito da norma constitucional ou quando a Constituição consagra normas jurídicas fundamentais sem a necessária densidade normativa capaz de garantir exeqüibilidade, o que impede a sua eficaz aplicação, durante um período excessivamente largo. Uma clara obrigação legislativa também pode ser imposta por um ato internacional. Com a intensificação dos processos de integração regional, uma exigência de ação legislativa positiva (incompatível com a "falta de desenvolvimento" do órgão legislativo) passou a ser imposta por outros quadrantes normativos, para além dos nacionais/constitucionais – sobretudo pelos tratados internacionais e pelas diretivas comunitárias e diretrizes mercosulinas, cujos conteúdos são, no mais das vezes, comandos de legislação dirigidos de maneira inequívoca e imediata ao legislador nacional. Uma vez constituída e identificada a obrigação de legislar, quer pela norma constitucional, quer por um tratado internacional, quer por diretiva comunitária ou por diretriz mercosulina, o reverso da medalha

será a possibilidade de responsabilização estatal decorrente da omissão do legislador – desde que presentes os requisitos específicos. Sendo o Brasil um Estado de Direito, a violação, comissiva ou omissiva, de qualquer norma jurídica, dentre elas um tratado internacional ou uma diretriz, deve ser sancionada.

10. Conquanto ainda apresente pontos controvertidos nos planos nacionais comparados – mais na Alemanha e na França do que em Portugal e no Brasil –, a responsabilidade do Estado legislador é um princípio estável no Direito Internacional. Muito antes do Direito Comunitário, e, tendo como fundamentos a máxima *"pacta sunt servanda"* e a concepção unitária de Estado, o Direito Internacional clássico de há muito já admite, sem dificuldade, uma responsabilidade do Estado pela violação, por ato legislativo comissivo ou omissivo, de uma norma jurídica internacional ou de uma obrigação internacional. A responsabilidade internacional do Estado é sempre uma responsabilidade por ato ilícito – desconforme a uma norma internacional.

11. A responsabilidade do Estado-membro, perante os particulares pelas violações comissivas ou omissivas do Direito Comunitário, assume particular importância na Europa integrada, onde o Direito substituiu a força bélica na construção de um inédito espaço de integração política. Edificada sobre uma base de lealdade e cooperação entre os seus Estados-membros, a Comunidade Européia desde logo se distancia de tentativas anteriores de unificação do Velho Continente, justamente pela permuta da guerra pela força do Direito na sua instituição e manutenção. A Comunidade Européia é, antes de tudo, uma Comunidade de Direito. Em razão do princípio da subsidiariedade, esse Direito que instaura, constrói e mantém a Comunidade Européia é não apenas o Direito Comunitário (originário ou derivado) mas também o Direito nacional de cada um dos seus Estados-membros que precisa harmonizar-se com o de seus pares e conferir concretização, internamente, àqueles objetivos decididos no plano comunitário. Nesse quadro de elevado prestígio do elemento jurídico na estruturação do espaço integrado, também se revela de suma importância a questão oposta das violações do Direito Comunitário levadas a efeito pelos Estados-membros, com repercussão sobre os particulares.

12. Para tornar ainda mais efetiva a proteção do eurocidadão e ainda mais coercitiva a trama de normas comunitárias, sobretudo

porque ao particular não é conferida legitimidade para propor uma ação de incumprimento, para gozar de um "mandado de injunção comunitário" ou tampouco para beneficiar-se de um efeito direto horizontal das diretivas não transpostas, o Estado-membro causador de dano decorrente de transposição tardia, defeituosa ou mesmo de ausência de transposição de uma diretiva será obrigado pelo juiz nacional, na trilha de sólida jurisprudência do Tribunal de Justiça das Comunidades Européias, a indenizar os particulares que tiverem sofrido prejuízo, em razão dessas violações à ordem jurídica comunitária. Sensível à necessidade de proteção sempre mais efetiva do particular e de eliminação das conseqüências negativas resultantes do incumprimento estatal do Direito Comunitário, o Tribunal de Luxemburgo vem desenvolvendo, há tempos, tranqüila jurisprudência em direção à construção de um princípio da responsabilidade do Estado por violação do Direito Comunitário. Em seu conjunto, o grande valor de todas aquelas decisões do TJCE, muito além de estabelecer as condições necessárias e suficientes para a responsabilidade do Estado-membro, reside no fato delas consolidarem um caráter quadripartite da responsabilidade estatal pela violação do Direito Comunitário – um caráter simultaneamente sancionatório, persuasivo, harmonizante e pragmático.

13. Em comparação com as modalidades francesa e alemã (internas) de responsabilidade do Estado por danos decorrentes da função legislativa, a responsabilidade (comunitária) do Estado-membro perante os particulares pela violação do Direito Comunitário é, sem dúvida, menos rígida e mais fácil de ser obtida. Em Portugal, o sistema nacional de responsabilidade do Estado é plenamente compatível com a jurisprudência comunitária respectiva.

14. Na seara das omissões legislativas, em que são corriqueiros os chamados danos em massa (*"mass tort"*), a jurisprudência do TJCE não faz qualquer exigência quanto à gravidade e especialidade do dano suportado pelo particular para demarcar a sua legitimidade em demandar uma compensação estatal. Assim, quaisquer exigências nacionais relativas a *"Sonderopfer"* ou *"inegalité devant les charges publiques"* em oposição a um dano mais generalizado não encontram respaldo no Direito Comunitário para fins de legitimação ativa do particular na

obtenção de uma indenização. Corrobora esse entendimento, o fato de que a questão relativa à "gravidade e especialidade do dano" é própria da responsabilidade do Estado por atos legislativos lícitos, e a responsabilidade do Estado por violação do Direito Comunitário pré-compreende um ato ilícito estatal.

15. Também nesse campo do objeto da reparação estatal e numa área com muitos reflexos sobre a legitimidade processual ativa, é de se registrar que a jurisprudência do TJCE ainda não deu solução estável à questão de se saber se os direitos conferidos pela norma comunitária violada também podem alcançar, para fins de responsabilização do Estado, os chamados direitos transindividuais – os "direitos coletivos" e os "direitos difusos". Uma compreensão mais abrangente da responsabilidade do Estado, inclusiva dos direitos transindividuais amparados pelas "ações coletivas", legitimadas pelo instituto da "substituição processual" (as *"class actions"* e *"ações civis públicas"*, por exemplo), é necessária para uma proteção mais ampla e efetiva dos interesses particulares atomizados, agasalhados, entre outras, pelas normas comunitárias de proteção ao meio ambiente, à saúde pública, à segurança do trabalho, à igualdade social, ao patrimônio cultural, à ordem econômica ou ao consumidor. Defender a visão restrita, direcionada aos litígios com a marca exclusiva da singularidade, afastando da responsabilidade do Estado, por conseguinte, os direitos que pertencessem a um grupo, ao público em geral ou a um segmento do público, é, do contrário, enfraquecer os remédios à disposição da proteção do particular, sobretudo quando se sabe que as controvérsias que envolvem esses interesses metaindividuais têm por causa remota, muitas vezes, verdadeiras escolhas políticas de repercussão massiva.

16. No caso das diretivas comunitárias não transpostas, o que deve ser protegido é o direito concedido pelo ordenamento comunitário ao particular, cuja força normativa é corroída pela omissão do legislador, e nunca um suposto e genérico *"direito subjetivo à emanação normativa"* ou *"direito à legislação"*. As fraquezas teóricas desse conceito de *"direito subjetivo à legislação"* são apontadas pela generalidade da doutrina e, no mais das vezes, começam na reiterada e difundida ausência de um positivado *"direito objetivo à legislação"*. O próprio conceito tradicional de "direito subjetivo", muito imbuído do espírito do liberalismo

em que o Estado é apenas um garantidor negativo, torna-se inadequado para uma idéia de um "direito à emanação de lei". Tais fraquezas, porém, não chegam a contaminar a existência, aí sim, de um verdadeiro dever jurídico-constitucional ou jurídico-comunitário de legislação, sem dúvida amparado e sancionado, na Comunidade Européia, pelas ações indenizatórias e pela obrigação de indenizar o particular prejudicado pela omissão legislativa estatal.

17. Admitida com relativa facilidade pelo Direito Internacional e em estável jurisprudência do Tribunal de Justiça das Comunidades Européias, a responsabilidade do Estado por atos legislativos comissivos ou omissivos no plano nacional ainda encontra algumas reticências legislativo-constitucionais, jurisprudenciais e doutrinárias que, a perpetuarem-se, darão origem a uma situação paradoxal: uma discriminação relativa à proteção jurídica do particular, criada pelo fato de que, quando o Estado legislador contraria, omissiva ou comissivamente, normas de Direito Comunitário ou de Direito Internacional, poderá haver responsabilidade; quando viola normas superiores de Direito interno, muitas vezes, omitindo-se em densificar direitos fundamentais de assento constitucional, poderá simplesmente não haver responsabilidade estatal. Esse cenário de degradação de certas situações jurídicas subjetivas (o chamado *"déficit de protecção dos particulares"*) implica na necessidade de uma "europeização" ou uma "comunitarização", mínima que seja, dos sistemas locais de responsabilidade pública, em geral, e de responsabilidade do Estado por atos legislativos, em particular, afinal, um cenário de disparidades jurídicas acentuadas dará margem a elevadas desigualdades entre os cidadãos europeus, a distorções concorrenciais e à insegurança jurídica dos operadores econômicos transnacionais.

18. O Direito da responsabilidade civil da própria Comunidade Européia, que, em tese, deveria apoiar-se em "princípios comuns" nacionais (art. 288.º CE), é, diante da ausência (ou de um mosaico) desses princípios comuns internos, quem se presta ao papel de guia para os sistemas nacionais em direção a uma homogeneidade. Nesse ponto, porém, desde 1974, o Tribunal de Justiça das Comunidades Européias já não mais se preocupa em fazer uso apenas de princípios gerais de Direito encontrados em todos os ordenamentos jurídicos dos Estados-membros – o que

é, verdadeiramente, quase impossível em uma União Européia com vinte e sete países –, recorrendo, desde então, muitas vezes, a princípios encontrados em apenas parte dos ordenamentos estatais.

19. Um traço característico do processo de "europeização" da responsabilidade pública (principalmente a decorrente do ato legislativo) é implicar na abolição do dogma da "infalibilidade" da lei e do legislador. Não resta dúvida de que o fim de tal dogma requer uma leitura renovada das noções de soberania e separação dos Poderes, afinal, a liberdade de conformação do legislador para decidir se, quando e como legislar – que já foi um dia ampla, geral e irrestrita – passa a ser condicionada por quadrantes constitucionais, comunitários e internacionais.

20. Muito antes de ser global, informacional, de riscos, pós-industrial ou líquido, o mundo contemporâneo é, sobretudo, um mundo de paradoxos. A paradoxia da sociedade contemporânea constitui um dos mais veementes sinais da complexidade que emerge do quotidiano atual. Nessa conjuntura, o fenômeno da inflação legislativa não se traduziu em um proporcional aumento da segurança jurídica para o cidadão, mas, ao contrário, resultou, no mais das vezes, em sistemas normativos sob a forma de "rede", cujas marcas são a multiplicidade, a conflitualidade, o erro de prognósticos e a provisoriedade de suas estruturas normativas. Some-se a isso o fato de que muitas normas legais apresentam elevada intensidade individualizadora e carga discriminatória. A partir de constatações como estas, já não se pode afastar liminarmente a legitimidade da responsabilidade do Estado por ato de sua função legislativa. O aprimoramento dos aparatos protetores do cidadão não pode prescindir da inclusão da omissão legislativa, simultaneamente, como resultado de muitos prejuízos e fundamento da responsabilidade pública.

21. No contexto atual, a responsabilidade do Estado por atos e omissões do legislador assume, na verdade, uma renovada dimensão de fundamentalidade – quer sob a forma de um "direito fundamental à responsabilidade do Estado", uma dimensão material já expressamente reconhecida em alguns ordenamentos nacionais, quer sob uma forma mais objetiva, institucional ou procedimental-processual, representando uma manifestação do "imperativo de proteção" (*"Schutzgebot"*) para a proteção e a garantia dos "verdadeiros" direitos fundamentais

pelo Poder Público. Já captada pelo Direito Comunitário e pelo Direito Internacional, essa dimensão de fundamentalidade da responsabilidade do Estado legislador não pode ser negligenciada no plano nacional que, porventura, ainda lhe seja refratária.

22. No Brasil, embora a responsabilidade do Estado por atos legislativos apresente maior flexibilidade e aceitação do que na Alemanha ou na França, é mais difícil alcançar, na via judicial, a responsabilidade do Estado pela violação comissiva ou omissiva às normas do MERCOSUL do que, na Europa, obter-se a responsabilidade do Estado pela desobediência às normas da Comunidade Européia (nas instâncias judiciais nacionais). A ausência da supranacionalidade, a hierarquia infraconstitucional e legal dos atos internacionais e a visão monista/interna da jurisprudência constitucional brasileira contribuem para esta dificuldade. A inclusão de uma norma constitucional na Carta Magna brasileira que reconhecesse a primazia supralegal dos tratados internacionais constituiria importante medida para o aperfeiçoamento da integração econômica no Cone Sul das Américas. Desprovido de supranacionalidade, o MERCOSUL ainda está longe de garantir uma "proteção jurídica sem lacunas" (*"lückenlos Rechtschutz"*) e tal fato é inadequado à noção de Estado de Direito como "Estado de crescente sindicabilidade", um Estado em que a justiciabilidade dos atos jurídicos do Poder Público deve ser ampliada seguidamente.

23. Falar em dificuldades não significa dizer, porém, que, hoje, seja impossível obter-se a responsabilização pecuniária do Estado brasileiro pela sua omissão em incorporar integral e atempadamente uma diretriz mercosulina. Conquanto não se encontre na Constituição Federal brasileira um claro dever de incorporação relativo à normativa do MERCOSUL, é preciso recordar que é da natureza das diretrizes mercosulinas, tanto quanto das diretivas comunitárias, conter uma ordem de emanação normativa que se deve concretizar, no plano nacional, tanto através de um ato legislativo em sentido formal como de um ato normativo infralegal. A diretriz da Comissão de Comércio do MERCOSUL, desde que editada com obediência formal e material aos tratados fundamentais do MERCOSUL, já enverga *de per si* uma rígida obrigação de legislar (em sentido amplo) dirigida ao Estado-parte, dentro de determinado lapso temporal. O vigor jurídico dessa obrigação de legislar internamente, já

encontrada em toda diretriz mercosulina, é reforçada pelos arts. 38 e 42 do Protocolo de Ouro Preto – esses dois dispositivos constituem Direito primário do MERCOSUL e, simultaneamente, Direito positivo válido (com hierarquia idêntica à da lei) na ordem interna brasileira, já que foram legitimamente recepcionados. A diretriz, por sua vez, constitui direito derivado do MERCOSUL e, desde que tenha passado pelo ciclo de incorporação constitucionalmente modelado, vigora também por completo no ordenamento jurídico interno e é capaz de impor um dever de legislar ao Poder Legislativo brasileiro.

24. No Supremo Tribunal Federal brasileiro, há quase trinta anos, tem sido reiterado o entendimento (equivocado) de que os tratados gozam de paridade (igual plano hierárquico e idêntico grau de eficácia) em relação às leis ordinárias. Assim, os deveres de lealdade regional contidos nos citados arts. 38 e 42 do Protocolo de Outro Preto, tanto quanto as ordens legiferantes encontradas numa diretriz mercosulina – desde que regularmente incorporada ao ordenamento interno brasileiro –, têm, à luz da jurisprudência do Supremo Tribunal Federal, paridade hierárquica e eficacial em relação às leis ordinárias. Desse modo, a omissão ou o silêncio do legislador brasileiro em internalizar e densificar o legítimo comando legislativo mercosulino, no prazo definido na diretriz, torna-se um ilícito legislativo, um comportamento do legislador contrário a uma norma jurídica válida, vigente e eficaz dentro do ordenamento jurídico nacional. Em conseqüência, a simples omissão do legislador em não prover as formas e os meios suficientes e atempados para concretizar todos os fins de uma diretriz mercosulina regularmente incorporada ao ordenamento jurídico brasileiro constitui uma violação do Direito da Integração do MERCOSUL e, simultaneamente, do Direito interno do Brasil.

25. A conduta do legislador brasileiro em desobedecer ao dever de legislar imposto por uma diretriz mercosulina, válida, vigente e eficaz no Brasil, reconduz a um ilícito que não se confunde com uma inconstitucionalidade, mas, que, ainda assim, é um ilícito legislativo, antijurídico, e por isso deve ser sancionado enquanto tal – sobretudo ao causar danos a outrem. É enganoso pensar que, apenas, as normas constitucionais podem enquadrar a conduta do parlamento. O Poder Legislativo é parte dos Poderes Constituídos do Estado e, enquanto tal, também se queda

vinculado pela obediência à legalidade (entendida esta como juridicidade – a legalidade em seu sentido material mais amplo). Não sendo despótico, o Poder Legislativo fica obrigado aos comandos de natureza legal inseridos de modo pleno e legítimo na ordem jurídica nacional. Hoje, ao princípio do Estado de Direito corresponde um processo de controle jurídico sobre a totalidade do Poder.

26. É falso concluir que, prescindindo o MERCOSUL de supranacionalidade, os seus Estados-partes não têm de cumprir os seus compromissos de integração nem tampouco de responder frente aos particulares pelos danos que suas ações ou omissões causarem no âmbito do bloco econômico. Mesmo para aqueles que não admitem a superioridade dos tratados internacionais frente às leis ordinárias, persiste a obrigação do Estado brasileiro, dotada de força legal, de reparar os prejuízos que sua omissão legislativa causar, independentemente da natureza supranacional ou intergovernamental do MERCOSUL, pois a autoridade legislativa brasileira, ao omitir-se, descumpre o seu próprio Direito positivo interno anterior. Aos defensores mais firmes de uma absoluta *"Gestaltungsfreiheit des Gesetzgebers"* deve-se recordar que foi o próprio legislador brasileiro quem se auto-impôs o dever de dar pleno e atempado cumprimento às normas do MERCOSUL, quando autorizou os seus tratados instituintes por meio do Decreto Legislativo respectivo.

27. No Brasil, firmou-se um modelo objetivo (sem culpa) de responsabilidade pública, de sorte que a responsabilidade do Poder Público nasce da conjunção entre o fato estatal comissivo ou omissivo, o dano suportado pelo particular e o nexo causal entre fato e dano. Na hipótese de ato estatal omissivo, mais um outro elemento se agrega àqueles três pressupostos para a responsabilidade do Estado: a ilicitude do ato omissivo estatal. Assim, para além do pressuposto relativo ao descumprimento do "dever de legislar", há também de ser bem demonstrada a relação de causa e efeito entre o comportamento omissivo estatal e o evento danoso suportado pelo particular, sob pena de não se configurar a responsabilidade do Estado legislador.

28. *A priori*, entre as providências que o particular tem à sua disposição para tentar evitar ou mitigar um dano decorrente de uma conduta omissiva estatal, violadora do Direito da Integração do MERCOSUL, está o oferecimento de uma "reclamação" (art. 39

do Protocolo de Olivos) às instâncias decisórias mercosulinas com vistas a obter uma tutela primária, de natureza supletiva ou corretiva. Todavia, de acordo com o texto do Protocolo de Olivos, não é dado a um particular (pessoa física ou jurídica), residente e domiciliado no Brasil, apresentar uma "reclamação" contra o próprio Brasil, sob o fundamento de que esse país descumpriu uma obrigação estipulada em Direito originário ou derivado do MERCOSUL. Os particulares eventualmente prejudicados poderão, sim, recorrer ao Poder Judiciário nacional para obter uma tutela material, mandamental, corretiva ou supletiva contra o Estado brasileiro – por meio de um mandado de segurança, de um mandado de injunção, de um *habeas corpus* etc.

29. Caso se mostre impossível ou insuficiente a tutela judicial primária (perante o juízo nacional), o particular tem a oportunidade de ser pecuniariamente ressarcido (tutela secundária) do dano decorrente da conduta omissiva estatal, violadora do Direito da Integração do MERCOSUL, mediante a propositura de uma ação de indenização perante as instâncias judiciais brasileiras. Não cabe demanda ressarcitória do particular contra o Estado em que reside e mantém seus negócios, no Tribunal Arbitral *Ad Hoc* do MERCOSUL.

30. O particular, diante da omissão do Estado brasileiro em incorporar uma diretriz mercosulina pela ausência de Decreto Legislativo ou de Decreto presidencial, poderá propor ante a jurisdição nacional uma ação ordinária de indenização por perdas e danos contra a Fazenda Pública federal – cumpridos os requisitos materiais e processuais específicos, quais sejam: o fato omissivo ilícito estatal, a presença de um verdadeiro dano suportado pelo particular e o nexo causal entre aquele fato e esse dano. A via jurisdicional nacional para a tutela secundária/ /ressarcitória é, para os particulares residentes e estabelecidos no Brasil, soberana.

31. Dada a insólita paridade hierárquica e eficacial existente – conforme a jurisprudência ainda dominante no Supremo Tribunal Federal – entre as leis e os atos internacionais, será muito mais fácil um particular obter uma indenização por responsabilidade estatal decorrente de absoluta omissão legislativa do que alcançar um reparo pecuniário pelo dano decorrente de ato comissivo do legislador (uma nova lei contrária a uma disposição anterior

do bloco, por exemplo). Caso a infração ao Direito do MERCOSUL ocorra por ato comissivo do legislador, possivelmente, o particular não obterá sucesso nas vias judiciais brasileiras (a menos que comprove a ocorrência de um dano grave e especial, violador da isonomia), em razão do obtuso entendimento do Supremo Tribunal Federal no sentido de que a lei posterior revogara o ato normativo (internacional) anterior. Nesse aspecto, ao conferir ao particular uma proteção mais vigorosa, o ordenamento comunitário europeu mostra-se melhor aparelhado que o Direito da Integração do Mercosul.

32. A omissão em conferir exeqüibilidade plena às diretrizes mercosulinas constitui um ato ilícito do legislador brasileiro – um ilícito legislativo. Assim, é irrelevante a questão de se saber se os danos provocados por essa omissão legislativa foram graves e especiais. A gravidade e a especialidade do dano, como já se disse, só devem ser exigidas no exame da responsabilidade estatal por atos legislativos lícitos.

33. De um ponto de vista mais amplo, o "dever de legislar" imposto ao Poder Legislativo brasileiro (pelos arts. 38 e 42 do Protocolo de Outro Preto e pela própria diretriz mercosulina) não desaparece com a ação contrária ou a simples omissão do legislador brasileiro. Mesmo que o legislador brasileiro edite uma lei que contrarie a diretriz mercosulina aprovada, ainda assim o Brasil poderá ser responsabilizado no plano internacional. Também, no plano interno, poderá o Estado brasileiro ser responsabilizado se o particular prejudicado demonstrar que a lei nova imputou-lhe sacrifícios graves e especiais. Logo, pode-se falar aqui de verdadeiras "obrigações" (obrigação de legislar e obrigação de responder), que não poderão ser afastadas (no plano interno e no plano internacional) nem sequer por expressa declaração de vontade do legislador brasileiro. Essa obrigação estatal de responder pecuniariamente, portanto, não consiste em simples faculdade do ente "responsável", como no caso da responsabilidade por ato legislativo no Direito francês.

34. Ultrapassando-se a análise descritiva da situação institucional atual do MERCOSUL, uma ponderação prescritiva resta adequada: enquanto o MERCOSUL não alcançar patamares mais altos de supranacionalidade em suas instituições e seu ordenamento jurídico, um mecanismo processual que garantiria maior proteção ao aparato jurídico mercosulino e aos particulares que

dele se valem seria a adaptação do Protocolo de Ouro Preto à possibilidade de que o órgão executivo do bloco, o Grupo Mercado Comum (GMC), pudesse "endossar", por decisão majoritária simples de seus membros, uma reclamação de natureza indenizatória de um particular contra o seu próprio Estado, onde reside e mantém suas atividades, afinal de contas, quando um Estado-parte do MERCOSUL desobedece a uma normativa comunitária e causa prejuízo a um cidadão de seu Estado-parte é o próprio bloco quem se enfraquece como um todo.

7. Bibliografia

Accioly, Hildebrando. Principes Généraux de la Responsabilité Internationale d'aprés la Doctrine et la Jurisprudence. ACADEMIE DE DROIT INTERNATIONAL. *Recueil des Cours.* t. 96, v. I, p. 349-441, 1959.

Afonso, Margarida. Community Directives: Effects, Efficiency, Justiciability. The Portuguese Case. *Temas de Integração.* v. 3, n. 5, p. 111-152, 1.° semestre de 1998.

Ahumada Ruiz, Maria Angeles. El Control de Constitucionalidad de las Omisiones Legislativas. *Revista del Centro de Estudios Constitucionales.* n. 8, p. 169-194, janeiro/abril 1991.

Akehurst, Michael. The Application of General Principles of Law by the Court of Justice of the European Communities. *The British Year Book of International Law.* a. 52, p. 29-51, 1981.

Alberton, Ghislaine. Le Régime de la Responsabilité du Fait des Lois Confronté au Droit Communautaire: de la Contradiction à la Conciliation. *Revue Française de Droit Administratif.* a. 13, n. 5, p. 1017-1038, setembro/ /outubro 1997.

Albuquerque, Ruy. Poesia e Direito. *Suplemento da Revista da Faculdade de Direito da Universidade de Lisboa.* Lisboa: Faculdade de Direito da Universidade de Lisboa, 2007.

Alonso García, Ricardo. *La Responsabilidad de los Estados Miembros por Infracción del Derecho Comunitario.* Madrid: Civitas/Fundación Universidad Empresa, 1997.

Alpa, Guido. Problemi Attuali in Tema di Reponsabilità della Pubblica Amministrazione: Lesione di Interessi Legitimi ed Illecito Comunitário. *Contratto e Impresa / Europa.* a. 4, n. 1, p. 83-100, 1999.

Alves, J. M. Caseiro. Sobre o Possível "Efeito Direto" das Directivas Comunitárias (a propósito do acórdão "Cohn-Bendit" do Conselho de Estado Francês). *Revista de Direito e Economia.* a. IX, n. 1-2, p. 195-220, janeiro/ /dezembro 1983.

Amadeo, Stefano. L'Efficacia "Obiettiva" delle Direttive Comunitarie ed i suoi Riflessi nei Confronti dei Privati – Riflessioni a Margine delle Sentenze sui

Casi Linster e Unilever. *Il Diritto dell'Unione Europea*. n. 1, p. 96-118, 2001.

AMARAL, Diogo Freitas do; MEDEIROS, Rui. Responsabilidade Civil do Estado por Omissão de Medidas Legislativas – o Caso Aquaparque. *Revista de Direito e de Estudos Sociais*. a. XLI (XIV da 2ª série), n. 3 e 4, p. 299-383, agosto/ /dezembro 2000.

ANAGNOSTARAS, Georgios. The Allocation of Responsibility in State Liability Actions for Breach of Community Law: a Modern Gordian Knot? *European Law Review*. v. 26, n. 2, p. 139-158, abril 2001.

ANDRADE, José Carlos Vieira de. Panorama Geral do Direito da Responsabilidade "Civil" da Administração Pública em Portugal. In: MARTÍNEZ LÓPEZ-MUÑIZ, J. Luis; CALONGE VELÁSQUEZ, Antonio (coords.). *La Responsabilidad Patrimonial de los Poderes Públicos*. Madrid: Marcial Pons, p. 39-58, 1999.

ANDRÉ, Achim. Artikel 189 Abs. 3 EWG-Vertrag als Politische Norm. *Europarecht*. a. 4, n. 3, p. 191-201, julho/setetembro 1969.

AYRAL, Michel. La Transposition des Directives dans les Droits Nationaux. *Revue du Marché Commun*. n. 210, p. 411-422, outubro 1977.

BACHOF, Otto. Estado de Direito e Poder Político: Os Tribunais Constitucionais entre o Direito e a Política. *Revista Ciência Jurídica*. v. 3, n. 26, p. 134- -146, março/abril 1989.

BACIGALUPO, Mariano. *La Justicia Comunitaria*. Madrid: Marcial Pons, 1995.

BADURA, Peter. Fondamenti e Sistema della Responsabilità dello Stato e del Risarcimento Pubblico nella Repubblica Federale di Germania. *Rivista Trimestrale di Diritto Pubblico*. a. XXXVIII, n. 2, p. 399-412, 1988.

BALDUS, Christian; BECKER, Rainer. "Quasi-Beihilfe" statt Horizontaler Direktwirkung? – Zur Vereinbarkeit der Francovich-Rechtsprechung ds EuGH mit dem Rechtsgedanken des Binnenmarkets. *Europarecht*. a. 34, n. 3, p. 375-395, maio/junho 1999.

BARAV, Ami. State Liability in Damages for Breach of Community Law in the National Courts. *Yearbook of European Law*. n. 16, p. 87-128, 1996.

BARONE, Anselmo; PARDOLESI, Roberto. Il Fatto Illecito del Legislatore. *Il Foro Italiano*. a. CXVII, v. CXV, IV parte, p. 146-150, 1992.

BARRAL, Welber. O Protocolo de Olivos e as Controvérsias no MERCOSUL. *Temas de Integração*. n. 15-16, p. 131-146, 1.º e 2.º semestres de 2003.

BARROSO, Luís Roberto. *O Direito Constitucional e a Efetividade de suas Normas*. Rio de Janeiro: Renovar, 1996.

BARTHÉLEMY, J. Note, à Propos du Projet de Réglementation de l'Emploi du Blanc de Céruse, sur la Responsabilité Pécuniaire de l'Etat à Raison du Préjudice Causé à une Catégorie de Citoyens par une Réforme Législative.

Revue du Droit Public et de la Science Politique en France et a l´Étranger. a. XIV, p. 92-101, 1907.

BASSO, Maristela. Harmonização do Direito nos Países do MERCOSUL. Revista de Direito do MERCOSUL. a. 4, n.º 6, p. 119-128, dezembro 2000.

BAUR, Fritz. *Tutela Jurídica Mediante Medidas Cautelares.* Porto Alegre, Fabris: 1985.

BAYLIS, John; SMITH, Steve. *The Globalization of World Politics – An Introduction to International Relations.* Oxford: Oxford University Press, 2006.

BELLO MARTIN-CRESPO, Maria Pilar. *Las Directivas como Criterio de Interpretación del Derecho Nacional.* Madrid: Civitas, 1999.

BETLEM, Gerrit. Beyond Francovich: Completing the Unified Member State and EU Liability Regime. In: OBRADOVIC, D.; LAVRANOS, N. *Interface between EU Law and National Law.* Groningen: Europa Law Publishing, p. 297--309, 2007.

BIFULCO, Raffaele. *La Responsabilità dello Stato pe Atti Legislativi.* Padova: Cedam, 1999.

BINIA, Cornelia M. *Das Francovich-Urteil des Europäischen Gerichtshofes im Kontext des deutschen Staatshaftungsrechts.* Frankfurt am Main: Peter Lang, 1998.

BISHOP JR., William. *International Law – Cases and Materials.* New York: Prentice Hall, 1954.

BLANCO VALDES, Roberto L. La Supremacía de la Ley y sus Consecuencias en la Teoría Constitucional de la Revolución Francesa. *Anuario de Derecho Constitucional y Parlamentario.* n. 6, p. 78-112, 1994.

BLECKMANN, Albert. *Europarecht.* Köln: Carl Heymans, 1997.

____. *Europarecht.* Köln: Carl Heymans, 1990.

BLUMANN, Claude. *La Fonction Législative Communautaire.* Paris: L.G.D.J., 1995.

BOBBIO, Norberto. Teoria do Ordenamento Jurídico. Brasília: Editora da Universidade de Brasília, 1999.

____. Norma. In: AA.VV. *Enciclopédia Einaudi.* Lisboa: Imprensa Nacional – Casa da Moeda, v. 14, p. 104-137, 1989.

BON, Pierre; TERNEYRE, Philippe. Comentários ao Acórdão *Societé Stambouli Frères* do Conselho de Estado, de 11 de julho de 1990. *Recueil Dalloz Sirey de Doctrine, de Jurisprudence et de Législation – Sommaires Commentés,* p. 286-287, 1991.

BONO, Ricardo Gosalbo. A Elaboração do Direito Comunitário Derivado antes e depois de Maastricht. *Legislação – Cadernos de Ciência de Legislação.* n. 4 e 5, p. 7-67, abril/dezembro 1992.

BORCHARDT, Klaus-Dieter. *O ABC do Direito Comunitário*. Luxemburgo: Serviço das Publicações Oficiais das Comunidades Européias, 2000.

BORGES, José Souto Maior. *Curso de Direito Comunitário*. São Paulo: Saraiva, 2005.

BOULET-SAUTEL, Marguérite. Une Responsabilité de l'Etat sous l'Ancien Régime? In: BOULET-SAUTEL, Marguérite et al. *La Responsabilité a travers les Ages*. Paris: Economica, p. 89-114, 1989.

BOULOUIS, Jean. *Droit Institutionnel de l'Union Européenne*. Paris: Montchrestien, 2000.

——. Sur une Catégorie Nouvelle d'Actes Juridiques: Les Directives. In: WALINE, Marcel (avant-propos). *Recueil d'Études en Hommage a Charles Eisenmman*. Paris: Cujas, p. 191-203, 1975.

BRANCO, Luizella Giardino B. *Sistema de Solução de Controvérsia no Mercosul: Perspectivas para a Criação de um Modelo Institucional Permanente*. São Paulo: LTr, 1997.

BRENT, Richard. *Directives: Rights and Remedies in English and Community Law*. London: LLP, 2001.

BROWNLIE, Ian. *Princípios de Direito Internacional Público*. Lisboa: Fundação Calouste Gulbenkian, 1997.

CAGE, John. *Silence: Lectures and Writings*. Middletown: Wesleyan University Press, 1961.

CAMBY, Jean-Pierre. Injonction et Constitution. *Revue du Droit Public et de la Science Politique en France et a l'Étranger*. a. 117, n. 3, p. 639-644, maio/junho 2001.

CAMPOS, João Mota de. *Direito Comunitário*. II vol. 5ª ed. Lisboa: Fundação Calouste Gulbenkian, 1997.

CANARIS, Claus-Wilhelm. *Pensamento Sistemático e Conceito de Sistema na Ciência do Direito*. Lisboa: Fundação Calouste Gulbenkian, 1996.

CANOTILHO, José Joaquim Gomes. *Direito Constitucional e Teoria da Constituição*. Coimbra: Almedina, 2002.

——. Civilização do Direito Constitucional ou Constitucionalização do Direito Civil? – A Eficácia dos Direitos Fundamentais na Ordem Jurídico-Civil no Contexto do Direito Pós-Moderno. In: GRAU, Eros Roberto; GUERRA FILHO, Willis Santiago (orgs.). *Direito Constitucional – Estudos em Homenagem a Paulo Bonavides*. São Paulo: Malheiros, p. 108-115. 2001a.

——. *Constituição Dirigente e Vinculação do Legislador*. 2ª ed. Coimbra: Coimbra Editora, 2001.

——. Da Constituição Dirigente ao Direito Comunitário Dirigente. In: CASELLA, Paulo Borba (coord.). *MERCOSUL – Integração Regional e Globalização*. Rio de Janeiro: Renovar, 2000.

_____. *Direito Constitucional e Teoria da Constituição*. Coimbra: Almedina, 1999.

_____. ¿Revisar la / o Romper con la Constitución Dirigente? – Defensa de un Constitucionalismo Moralmente Reflexivo. *Revista Española de Derecho Constitucional*. a. 15, n. 43, p. 9-23, janeiro/abril 1995a.

_____. Direito à Emanação de Normas Legais Individuais? *Revista de Legislação e de Jurisprudência*. a. 127, n. 3847, p. 290-294, fevereiro 1995.

_____. Tomemos a Sério o Silêncio dos Poderes Públicos – O Direito à Emanação de Normas Jurídicas e a Proteção Judicial contra as Omissões Legislativas. In: Teixeira, Sálvio de Figueiredo (coord.). *As Garantias do Cidadão na Justiça*. São Paulo: Saraiva, p. 351-367, 1993.

_____. *O Problema da Responsabilidade do Estado por Actos Lícitos*. Coimbra: Almedina, 1974.

Capelli, Fausto. La Direttiva Comunitaria: da Atto (quasi) Normativo a Strumento di Pressione Política. *Diritto Comunitario e degli Scambi Internazionali*. a. XXVI, n. 1-2, p. 98-104, janeiro-junho 1987.

_____. *Le Direttive Comunitarie*. Milano: Giuffré, 1983.

Cappelletti, Mauro. *Processo e Ideologie*. Bologna: Il Mulino, 1969.

Carter, Barry E.; Trimble, Phillip R.; Bradley, Curtis A. *International Law*. New York: Aspen, 2003.

Cartou, Louis et al. *L'Union Européenne*. Paris: Dalloz, 2000.

Carvalho, Pedro Pitta e Cunha Nunes de. *Omissão e Dever de Agir em Direito Civil*. Coimbra: Almedina, 1999.

Casella, Paulo Borba. Direito do MERCOSUL e Certeza Jurídica. In: Kleinheisterkamp, Jan; Lorenzo Idiarte, Gonzalo A. *Avances del Derecho Internacional Privado en América Latina – Liber Amicorum Jürgen Samtleben*. Montevideo: Fundación de Cultura Universitaria, p. 417-435, 2002.

_____. Ordenamento Comunitário, Direito Internacional Público, Regulamentação do GATT e Direito Internacional Privado. *Cadernos de Direito Constitucional e Ciência Política*. a. 1, n. 3, p. 207-222, abril/junho 1993.

Cassese, Antonio. *International Law*. Oxford: Oxford University Press, 2001.

Cassese, Sabino. *Las Bases del Derecho Administrativo*. Madrid: Instituto Nacional de Administración Publica, 1994.

Caupers, João. Direito e Segurança Jurídica – A Segurança Jurídica: um Problema Real no Mundo Virtual? In: Hespanha, António Manuel. *O Caleidoscópio do Direito – O Direito e a Justiça nos Dias e no Mundo de Hoje*. Coimbra: Almedina, 2007.

_____. Responsabilidade do Estado por Actos Legislativos e Judiciais. In: Martínez López-Muñiz, J. Luis; Calonge Velásquez, Antonio (coords.).

La Responsabilidad Patrimonial de los Poderes Públicos. Madrid: Marcial Pons, 1999.

CAVALCANTI, Amaro. *Responsabilidade Civil do Estado*. 2 Volumes. Rio de Janeiro: Editor Borsoi, 1956.

CELOTTO, Afonso. La "Legge" Europea e il Nuovo Sistema delle Fonti nel Progetto di Costittuzione Europea. *Boletín Mexicano de Derecho Comparado*. a. XXXVII, n. 110, p. 511-522, maio/agosto 2004.

CHAPUS, René. *Droit Administratif Général*. Tome 1. Paris: Montchrestien, 2001.

CHASTEL, André. *Il Gesto nell'Arte*. Roma: Laterza, 2003.

CHAUMONT, Charles. La Responsabilité Extra-Contractuelle de l'État dans l'Exercice de la Fonction Législative. *Revue du Droit Public et de la Science Politique en France et a l'Étranger*. a. XLVII, p. 200-219, 1940.

CINTRA, Antônio Carlos de Araújo; GRINOVER, Ada Pellegrini; DINAMARCO, Cândido Rangel. *Teoria Geral do Processo*. São Paulo: Revista dos Tribunais, 1991.

CLAßEN, Christiane. *Nichtumsetzung von Gemeinschaftsrichtlinien*. Berlin: Duncker & Humblot, 1999.

CLIQUENNOIS, Martine. Que Reste-t-il des Directives? *L'Actualité Juridique Droit Administratif*. n. 01, p. 03-14, janeiro 1992.

COELHO, José Gabril Pinto. *Da Responsabilidade Civil Baseada no Conceito de Culpa*. Coimbra: s/e, 1906.

COMBACAU, Jean; SUR, Serge. *Droit International Public*. Paris: Montchrestien, 2001.

COMISSÃO INSTITUÍDA PELA ADVOCACIA GERAL DA UNIÃO E PELO MINISTÉRIO DA JUSTIÇA (BRASIL). Responsbilidade Civil do Estado: Exposição de Motivos e Ante-Projeto de Lei. *Revista de Direito Administrativo*. v. 229, p. 369-378, julho/setembro 2002.

CONFORTI, Benedetto. Sulle Direttive della Comunità Economica Europea. *Rivista di Diritto Internazionale Privato e Processuale*. a. VIII, p. 225-237, 1972.

CONSTABLE, Marianne. *Just Silences: The Limits and Possibilities of Modern Law*. Princeton: Princeton University Press, 2005.

CONSTANTINESCO, Vlad et al. *Traité instituant la CEE*. Paris: Economica, 1992.

CORNILS, Mathias. *Der Gemeinschaftsrechtiliche Staatshaftungsanspruch*. Baden-Baden: Nomos, 1995.

CORREIA, Maria Lúcia C. A. Amaral Pinto [= AMARAL, Maria Lúcia]. Argüição de Dissertação de Doutoramento: Responsabilidade do Estado por Omissão do Legislador. *Themis*. a. VII, n. 14, p. 195-205, 2007.

____. *A Forma da República – Uma Introdução ao Estudo do Direito Constitucional*. Coimbra: Coimbra Editora, 2005.

_____. Responsabilidade por Danos decorrentes do Exercício da Função Política e Legislativa. *Cadernos de Justiça Administrativa*. n. 40, p. 39-45, julho/ agosto 2003.

_____. A Responsabilidade do Estado legislador: Reflexões sobre uma Reforma. In: MINISTÉRIO DA JUSTIÇA / GABINETE DE POLÍTICA LEGISLATIVA E PLANEAMENTO. *Responsabilidade Civil Extra-Contratual do Estado: Trabalhos Preparatórios da Reforma*. Coimbra: Coimbra Editora, p. 217-231, 2002.

_____. Responsabilidade do Estado legislador: Reflexões em torno de uma Reforma. *Themis*. a. 2, n. 4, p. 5-21, 2001.

_____. Dever de Legislar e Dever de Indenizar – A Propósito do Caso "Aquaparque do Restelo". *Themis*. a. 01, n. 02, p. 67-98, 2000.

_____. *Responsabilidade do Estado e Dever de Indemnizar do Legislador*. Coimbra: Coimbra Editora, 1998.

COUTINHO, Jacinto Nelson de Miranda (org.). *Canotilho e a Constituição Dirigente*. Rio de Janeiro: Renovar, 2003.

CREMONA, Marise. The Union as a Global Actor: Roles, Models and Identity. *Common Market Law Review*. v. 41, n. 2, p. 553-573, 2004.

CRETELLA JÚNIOR, José. O Estado e a Obrigação de Indenizar. São Paulo: Saraiva, 1980.

DAGTOGLOU, Prodromos. *Ersatzpflicht des Staates bei Legislativen Unrecht?* Tübingen: Mohr-Siebeck, 1963.

D'ALBERGO, Salvatore. Direttiva. In: AA.VV. *Enciclopedia del Diritto*. v. XII. Milano: Giuffrè, p. 602-613, 1964.

DAVID, René. *Os Grandes Sistemas do Direito Contemporâneo*. Lisboa: Meridiano, 1972.

DEL' OLMO, Florisbal de Souza. A Responsabilidade Internacional do Estado: Breves Considerações e Perspectivas. *Revista Forense*. v. 361, p. 29-40, maio/junho 2002.

DELVOLVÉ, Pierre. La Notion de Directive. *L'Actualité Juridique Droit Administratif*. p. 459-473, outubro 1974.

_____. *Le Principe d'Égalité devant les Charges Publiques*. Paris: L.G.D.J., 1969.

DETTERBECK, Steffen; WINDTHORST, Kay; SPROLL, Hans-Dieter. *Staatshaftungsrecht*. München: C.H.Beck, 2000.

DIAZ PELUFFO, Zola. El Problema de la Responsabilidad del Estado por Acto Legislativo. *La Revista de Derecho, Jurisprudencia y Administración*. t. 58, n. 11-12, p. 241-268, novembro/dezembro 1962.

DINH, Nguyen Quoc; DAILLIER, Patrick; PELLET, Allain. *Direito Internacional Público*. Lisboa: Fundação Calouste Gulbenkian, 1999.

DINIZ, Maria Helena. *Conflito de Normas*. São Paulo: Saraiva, 1987.

DIXON, Martin; MCCORQUODALE, Robert. *Cases and Materials on International Law*. Oxford: Oxford University Press, 2003.

DOHNOLD, Heike. Die Haftung des Staates für Legislatives und Normatives Unrecht in der Neueren Rechtsprechung des Bundesgerichtshofes. *Die Öffentliche Verwaltung*. a. 44, n. 4, p. 152-158, fevereiro 1991.

DOMÉNECH PASCUAL, Gabriel. Responsabilidad Patrimonial de la Administración por Daños Derivados de una Ley Inconstitucional. *Revista Española de Derecho Administrativo*. n. 110, p. 275-299, abril/junho 2001.

DREYZIN DE KLOR, Adriana; FERNÁNDEZ ARROYO, Diego P. O Brazil frente à Institucionalização e ao Direito do MERCOSUL. *Temas de Integração*. n. 17, p. 05-41, 1.º semestre 2004.

DROMI, Roberto; EKMEKDJIAN, Miguel; RIVERA, Julio. *Derecho Comunitario*. Buenos Aires: Ediciones Ciudad Argentina, 1995.

DUARTE, Maria Luísa. A Aplicação Jurisdicional do Princípio da Subsidiariedade no Direito Comunitário – Pressupostos e Limites. In: FACULDADE DE DIREITO DA UNIVERSIDADE DE LISBOA. *Estudos Jurídicos e Econômicos em Homenagem ao Professor João Lumbrales*. Lisboa: Faculdade de Direito da Universidade de Lisboa, p. 779-813, 2000.

_____. O Artigo 22.º da Constituição Portuguesa e a Necessária Concretização dos Pressupostos da Responsabilidade Extracontratual do Legislador – Ecos da Jursiprudência Comunitária. *Legislação – Cadernos de Ciência de Legislação*. n. 17, p. 05-38, outubro/dezembro 1996.

_____. *A Cidadania da União e a Responsabilidade dos Estados por Violação do Direito Comunitário*. Lisboa: Lex, 1994.

DUEZ, Paul. *La Responsabilité de la Puissance Publique (en dehors du contrat)*. Paris: Dalloz, 1927.

DUGUIT, Léon. De la Responsabilité Pouvant Naître a l'Occasion de la Loi. *Revue du Droit Public et de la Science Politique en France et a l´Étranger*. a. XVII, p. 637-666, 1910.

DUMON, F. La Formation des Règles de Droit dans le Communautés Européenes. In: PERELMAN, Ch. *La Règle de Droit*. Bruxelles: Bruyllant, p. 159-192, 1971.

_____. La Formation de la Règle de Droit dans les Communautés Européenes. *Revue Internationale de Droit Comparé*. a. 12, n. 01, p. 75-107, 1960.

EBERLE, Edward J.; GROSSFELD, Bernhard. Law and Poetry. *Roger Williams University Law Review*. v. 11, n. 2, p. 353-401, 2006.

ENGISH, Karl. *Introdução ao Pensamento Jurídico*. Lisboa: Fundação Calouste Gulbenkian, 1988.

ESTEVES, Júlio César dos Santos. *Responsabilidade Civil do Estado por Ato Legislativo*. Belo Horizonte: Del Rey, 2003.

FALCÃO, Alcino Pinto. Responsabilidade Patrimonial das Pessoas Jurídicas de Direito Público. *Revista de Direito Público*. a. III, v. 11, p. 45-66, janeiro/ /março 1970.

FALCÓN MARTÍNEZ, Constantino et al. *Diccionario de la Mitología Clásica*. v. 1. Madrid: Alianza Editorial, 1996.

FARINELLA, Vicenzo. *Dipingere Farfalle – Giove, Mercurio e la Virtù di Dosso Dossi*. Firenze: Polistampa, 2007.

FAVRET, Jean-Marc. *Les Influences Réciproques du Droit Communautaire et du Droit National de la Responsabilité Publique Extracontractuelle*. Paris: Pedone, 2000.

FERNÁNDEZ GARCÍA, Maria Yolanda. ¿Hacia un Régimen Común de Responsabilidad en la Comunidad Europea? In: MARTÍNEZ LÓPEZ-MUÑIZ, J. Luis; CALONGE VELÁSQUEZ, Antonio (coords.). *La Responsabilidad Patrimonial de los Poderes Públicos*. Madrid: Marcial Pons, p. 217-229, 1999.

FERNANDEZ RODRIGUEZ, José Julio. *La Inconstitucionalidad por Omisión*. Madrid: Civitas, 1998.

_____. La Inconstitucionalidad por Omisión en Brasil. *Revista Vasca de Administración Pública*. n. 42, p. 207-229, maio/agosto 1995.

FERRARI, Regina Maria Macedo Nery. *Normas Constitucionais Programáticas*. São Paulo: Revista dos Tribunais, 2001.

_____. Aspectos Polêmicos da Responsabilidade do Estado Decorrente de Atos Legislativos. *Revista de Direito Constitucional e Internacional*. a. 10, n. 39, p. 97-114, abril/junho 2002. Também publicado, com o mesmo título, em: *Revista do Tribunal de Contas do Estado de Minas Gerais*. v. 31, n. 2, p. 41-75, abril/junho 1999.

FERRATER MORA, José. *Diccionario de Filosofía*. v. 1-4. Madrid: Alianza, 1988.

FERRAZ Jr., Tércio Sampaio. *Introdução ao Estudo do Direito: Técnica, Decisão, Dominação*. São Paulo: Atlas, 1990.

_____. *Conceito de Sistema no Direito*. São Paulo: Revista dos Tribunais, 1976.

FERREIRA FILHO, Manoel Gonçalves. *Do Processo Legislativo*. São Paulo: Saraiva, 1968.

FETZER, Rhona. *Die Haftung des Staates für Legislatives Unrecht*. Berlin: Duncker & Humblot, 1994.

FIGUEIREDO, Lúcia Valle. O Devido Processo Legal e a Responsabilidade do Estado por Dano Decorrente do Planejamento. *Revista de Direito Administrativo*. v. 206, p. 89-108, outubro/dezembro 1996. Também publicado em: *Revista Diálogo Jurídico*, n. 13, abril/maio, 2002 [disponível em www.direitopublico.com.br].

FONSECA, José Roberto Franco da. *A Função Jurisdicional na União Européia na sua Primeira Fase: Estudo de Casos*. São Paulo: Instituto de Direito

Internacional e Relações Internacionais/Departamento de Direito Internacional da Universidade de São Paulo, 1997.

FONTOURA, Jorge. Fontes e Formas para uma Disciplina Jurídica Comunitária. *Revista do Centro de Estudos Judiciários do Conselho da Justiça Federal.* a. 1, n. 2, também disponível na internet [www.cjf.gov.br/revista/numero2/artigo8.htm].

FORSTHOFF, Ernst. *Lehrbuch des Verwaltungsrechts. Erster Band – Allgemeiner Teil.* München: C. H. Beck, 1973.

FORTE, Umberto. *União Européia: Direito das Comunidades Européias e Harmonização Fiscal.* São Paulo: Malheiros, 1994.

FRANCA FILHO, Marcílio Toscano. Historia y Razón del Paradigma Westfaliano. *Revista de Estudios Políticos.* n 131, p. 87-111,janeiro/março 2006.

_____. *Introdução ao Direito Comunitário.* São Paulo: Juarez de Oliveira, 2002.

FREDIANI, Yone. Responsabilidade Civil do Estado Legislador: Mito ou Realidade? *Revista de Direito Constitucional e Internacional.* a. 10, n. 41, p. 181-198, outubro/dezembro 2002.

FREITAS, Marisa Helena D'arbo Alves de. O Estado Legislador Responsável. *Revista de Informação Legislativa.* a. 32, n 128, p. 285-295, outubro/dezembro 1995.

FROMONT, Michel. Republique Fédérale d'Allemagne – La Jurisprudence Constitutionnelle en 1982 et 1983. *Revue du Droit Public et de la Science Politique en France et a l'Étranger.* a. 100, p. 1589-1592, 1984.

FUMAGALLI, Luigi. *La Responsabilità degli Stati Membri per la Violazione del Diritto Comunitario.* Milano: Giuffrè, 2000.

FUß, Ernst-Werner. Die "Richtlinie" des Europäischen Gemeinschaftsrechts. *Deutsches Verwaltungsblatt.* a. 80, n. 10, p. 378-384, maio 1965.

GARCÍA DE ENTERRÍA, Eduardo. *Revolución Francesa y Administración Contemporanea.* Madrid: Civitas, 1998.

_____. *La Lengua de los Derechos: La Formación del Derecho Público Europeo tras la Revolución Francesa.* Madrid: Alianza, 1994.

GARCÍA DE ENTERRÍA, Eduardo; FERNANDEZ, Tomás-Ramón. *Curso de Direito Administrativo.* São Paulo: Revista dos Tribunais, 1991.

GARRIDO FALLA, Fernando. Sobre la Responsabilidad del Estado Legislador. *Revista de Administración Pública.* n. 118, p. 35-56, janeiro/abril 1989.

GAUDEMET, Yves. Une Nouvelle Dimension du Principe d'Égalité devant la Contribution Publique? – À Propos de la Décision du Conseil Constitutionnel sur la Loi relative au Cumul Emploi-Retraite. *Droit Social.* n. 5, p. 372-376, maio de 1986.

GEIGER, Jutta. *Der Gemeinschaftsrechtliche Grundsatz der Staatshaftung.* Baden-Baden: Nomos, 1997.

____. La Responsabilidad de los Estados por la Violación del Convenio Europeo de Derechos Humanos y del Derecho Comunitario. In: BARNÉS, Javier (coord.). *Propriedad, Expropriación y Responsabilidad – La Garantía Indemnizatoria en el Derecho Europeo y Comparado*. Madrid: Tecnos, p. 855-894, 1995.

GIDDENS, Anthony. Risk and Responsability. *The Modern Law Review*. v. 62, n. 1, p. 1-10, 1999.

GILISSEN, John. *Introdução Histórica ao Direito*. Lisboa: Fundação Calouste Gulbenkian, 2001.

GOHIN, Olivier. La Responsabilité de L'État en tant que Législateur. *Revue Internationale de Droit Comparé*. a. 50, n. 02, p. 599-610, abril/junho 1998.

GOMES, Eduardo Biacchi. Tratados Internacionais: Um Ensaio sobre Alguns Aspectos Relevantes nos Ordenamentos Jurídicos Brasileiro e Norte--Americano. *Revista de Direito Constitucional e Internacional*. a. 12, n. 46, p. 317-338, janeiro/março 2004.

GOMES, José Luís Caramelo. *O Juiz Nacional e o Direito Comunitário*. Coimbra: Almedina, 2003.

GONÇALVES, Luiz da Cunha. *A Responsabilidade da Administração Pública pelos Actos dos seus Agentes*. Coimbra: Typographia Universal, 1905.

GORJÃO-HENRIQUES, Miguel. *Direito Comunitário*. Coimbra: Almedina, 2001.

GOUVÊA, Marcos Maselli. *O Controle Judicial das Omissões Administrativas*. Rio de Janeiro: Forense, 2003.

GRABITZ, Eberhard. Liability for Legislative Acts. In: SCHERMERS, Henry G.; HEUKELS, Ton; MEAD, Philip. *Non-Contractual Liability of the European Communities*. Dordrecht: Martinus Nijhoff, p. 01-11, 1988.

____. As Fontes do Direito Comunitário: Os atos das Instituições Comunitárias. In: COMISSÃO DAS COMUNIDADES EUROPÉIAS. *Trinta Anos de Direito Comuntário*. Luxemburgo: Serviço das Publicações Oficiais das Comunidades Européias, p. 87-114, 1984.

GREEN, Nicholas; BARAV, Ami. Damages in the National Courts for Breach of Community Law. *Yearbook of European Law*. n. 06, p. 55-119, 1986.

GRIMAL, Pierre. *The Concise Dictionary of Classical Mythology*. Oxford: Blackwell, 1990.

GROTIUS, Hugo. *De jure belli ac pacis*. Tomo 1. Paris: Nicolaum Buon, 1625 [edição fac-similar; Cambridge/Mass.: s/e, ca 1990].

____. *Le Droit de la Guerre et de la Paix*. Tomo 1. Trad. de Jean Barbeyrac. Amsterdam: P. de Cour, 1724 [edição fac-similar; Caen: Centre de Philosophie Politique et Juridique de l'Univesité de Caen, 1984].

GUEDES, Marco Aurélio Peri. *Estado e Ordem Econômica e Social.* Rio de Janeiro: Renovar, 1998.

GUICHOT, Emilio. *La Responsabilidad Extracontractual de los Poderes Públicos según el Derecho Comunitario.* Valencia: Tirant lo Blanch, 2001.

GUSY, Christoph. *Die Weimarer Reichesverfassung.* Tübingen: Mohr Siebeck, 1997.

HÄBERLE, Peter; BLANKENAGEL, A. Fussnoten als Instrument der Rechts-Wissenschaft. *Rechtstheorie.* v. 19, p. 116-136, 1988.

HAGE, Jorge. *Omissão Inconstitucional e Direito Subjetivo.* Brasília: Brasília Jurídica, 1999.

HAILBRONNER, Kay et al. *Handkommentar zum Vertrag über die Europäische Union (EUV/EGV).* Köln: Carl Heymanns, 1998.

HANLON, James. *European Community Law.* London: Sweet & Maxwell, 2003.

HARD, Robin. *The Routledge Handbook of Greek Mythology.* London: Routledge, 2004.

HARLOW, Carol. *State Liability – Tort Law and Beyond.* Oxford: Oxford University Press, 2004.

_____. *"Francovich" and the Problem of the Disobedient State.* EUI Working Paper RSC n. 96/62. Badia Fiesolana: European University Institute, 1996.

HARTLEY, T. C. *The Foundations of European Community Law.* Oxford: Oxford University Press, 2003.

HATTENHAUER, Hans (ed. e notas); BERNERT. Günther (biliog.). *Allgemeines Landrecht für die Preußischen Staaten von 1794.* Frankfurt a. M.: Metzner, 1970.

HAURIOU, Maurice. Comentários ao Acórdão *"Société Premier et Henry"* do Conselho de Estado. *Recueil Général des Lois et des Arrêts (Rec. Sirey).* III parte, p. 41-42, 1923.

_____. Comentários ao Acórdão *"Association amicale du personnel de la Banque de France"* do Conselho de Estado. *Recueil Général des Lois et des Arrêts (Rec. Sirey).* III parte, p. 33-37, 1925.

_____. Police Juridique et Fond du Droit. *Revue Trimestrielle de Droit Civil.* a. 25, n. 2, p. 264-312, abril/junho 1926.

HAVERKATE, Görg. Amtshaftung bei Legislativem Unrecht und die Grundrechtsbindung des Gezetsgebers. *Neue Juristische Wochenschrift.* a. 26, n. 11, p. 441-445, março de 1973.

HERDEGEN, Matthias. *Europarecht.* München: C. H. Beck, 2001.

HESPANHA, António Manuel. *O Caleidoscópio do Direito – O Direito e a Justiça nos Dias e no Mundo de Hoje.* Coimbra: Almedina, 2007.

HESSE, Konrad. *Elementos de Direito Constitucional da República Federal da Alemanha.* Porto Alegre: Fabris, 1998.

HIDIEN, Jürgen W. *Die Gemeinschaftsrechtliche Staatshaftung der EU-Mitgliedstaaten.* Baden-Baden: Nomos, 1999.

HILF, Meinhard. Die Richtlinie der EG – ohne Richtung, ohne Linie? *Europarecht.* v. 28, n. 1, p. 1-22, janeiro-março 1993.

HILLGENBERG, Hartmut. A Fresh Look at Soft Law. *European Journal of International Law.* v. 10, n. 3, p. 499-515, 1999.

HUNGER, Herbert. *Lexikon der Griechischen und Römischen Mythologie.* Wien: Hollinek, 1988.

IPSEN, Hans Peter. Richtlinien-Ergebnisse. In: HALLSTEIN, Walter; SCHLOCHAUER, Hans-Jürgen (Hrsg.). *Zur Integration Europas – Festschrift für Carl Friedrich Ophüls aus Anlass seines Siebzigsten Geburtstages.* Karlsruhe: C.F.Müller, p. 67-84, 1965.

ISAAC, Guy. *Manual de Derecho Comunitario General.* Barcelona: Ariel, 2000.

JACQUÉ, Jean Paul. *Droit Institutionnel de l'Union Européenne.* Paris: Dalloz, 2001.

JÈZE, Gaston. Réparation du Préjudice Spécial Causé par une Loi Génélare Impersonnelle. *Revue du Droit Public et de la Science Politique en France et a l'Étranger.* a. LI, p. 366-380, 1945.

_____. Responsabilité Pécuniaire de l'État pour Préjudice Causé par une Loi Génerale. *Revue du Droit Public et de la Science Politique en France et a l'Étranger.* a. XLV, p. 87-93, 1938.

_____. De l'Irresponsabilité Pécuniaire de l'État à Raison de l'Établissement du Monopole Public des Assurance en Uruguay. *Revue du Droit Public et de la Science Politique en France et a l'Étranger.* a. XX, p. 58-60, 1913.

_____. De la Responsabilité Pécuniaire de l'État Italien envers les Nationaux et les Étrangers, à Raison de l'Établissement d'un Monopole Public des Assurance sur la Vie. *Revue du Droit Public et de la Science Politique en France et a l'Étranger.* a. XIX, p. 433-452, 1912.

_____. Notes de Jurisprudence (Comentários ao Acórdão *Humblot* do Conselho de Estado, de 05 de julho de 1907). *Revue du Droit Public et de la Science Politique en France et a l'Étranger.* a. XIV, p. 440-453, 1907.

KELSEN, Hans. *Teoria Geral do Direito e do Estado.* São Paulo/Brasília: Martins Fontes/Editora da Universidade de Brasília, 1990.

KOCH, Harald. Non-Class Group Litigation under EU and German Law. *Duke Journal of Comparative and International Law.* v. 11, p. 355-368, 2001.

KOECHLIN, H. François. *La Responsabilité de l'État en Dehors des Contrats de l'An VIII à 1873.* Paris: L.G.D.J., 1957.

KOVADLOFF, Santiago. *O Silêncio Primordial.* Rio de Janeiro: José Olympio, 2003.

Kovar, Robert. Le Droit National d'Exécution du Droit Communautaire: Essai d'une Théorie de l'Écran Communautaire. In: AA. VV. *L'Europe et le Droit – Mélanges en Hommage à Jean Boulouis*. Paris: Dalloz, p. 341-347, 1991.

_____. Observation sur l'Intensité Normative des Directives. In: Capotorti, F. et al. (Hrsg.). *Liber Amicorum Pierre Pescatore*. Baden-Baden: Nomos, p. 359-372, 1987.

Kröger, Klaus. *Einführung in die Jüngere Deutsche Verfassungsgeschichte (1806-1933)*. München: C. H. Beck, 1988.

Kurzon, Dennis. Peters Edition v. Batt: The Intertextuality of Silence. *International Journal for the Semiotics of Law*. v. 20, n. 4, p. 285-303, 2007.

_____. Towards a Typology of Silence. *Journal of Pragmatics*. v. 39, n. 10, p. 1673-1688, 2007.

_____. *Discourse of Silence*. Amsterdam: John Benjamins, 1997.

La Pradelle, A. de; Politis, N. *Recueil des Arbitrages Internationaux*. v. II. Paris: Les Éditions Internationales, 1957.

Laferrière, E. *Traité de la Juridiction Administrative et des Recours Contentieux*. Tomo II. 2ª ed. Paris: Berger-Levrault, 1896.

Larenz, Karl. *Metodologia da Ciência do Direito*. Lisboa: Fundação Calouste Gulbenkian, 1997.

Lecheler, Helmut. *Einführung in das Europarecht*. München: C.H.Beck, 2000.

Lee, Ian B. *In Search of a Theory of State Liability in the European Union*. Harvard Jean Monnet Working Paper 09/99. Cambridge: Harvard Law School, 1999.

Leitão, Augusto Rogério. *O Efeito Jurídico das Directivas Comunitárias na Ordem Interna dos Estados Membros*. Lisboa: Procuradoria Geral da República / Gabinete de Documentação e Direito Comparado, 1982.

Lenaerts, Koen. Interlocking Legal Orders in the European Union and Comparative Law. *International and Comparative Law Quarterly*. v. 52, p. 873-906, outubro 2003.

Leonard, Axel. *Die Rechtsfolgen der Nichtumsetzung von EG-Richtlinien*. Frankfurt: Peter Lang, 1997.

Lersner, Heinrich-Ludwig Freiherr von. *Die Staatshaftung bei Legislativem Unrecht*. Tübingen, 1959. Tese para a obtenção do título de Doutor na Faculdade de Direito da Eberhard-Karls-Universität zu Tübingen.

Lessa, Pedro. *Do Poder Judiciário*. Rio de Janeiro: Franscisco Alves, 1915 [edição fac-similar; Brasília: Senado Fderal, 2003].

Linares Quintana, Segundo V. Responsabilidade do Estado Legislador. *Revista Forense*. a. XLIV, v. CIX, n. 523, p. 351-356, fevereiro 1947.

Linde Paniagua, Enrique et al. *Derecho de la Union Europea I:* Antecedentes, instituciones, fuentes y jurisdicción. Madrid: Marcial Pons, 1995.

Lopes, José Alberto Azeredo. *Textos Históricos do Direito e das Relações Internacionais.* Porto: Universidade Católica do Porto, 1999.

Losano, Mario G. *Sistema e Struttura nel Diritto.* 3 vols. Milano: Giuffrè, 2002.

Luchaire, François. Nota à Decisão de 13 de dezembro de 1985 do Conselho Constitucional. *Recueil Dalloz Sirey de Doctrine, de Jurisprudence et de Législation.* p. 346-351, 1986.

Luz, Nelson Ferreira da. *Introdução ao Direito Internacional Público.* São Paulo: Saraiva, 1963.

Macera, Bernard-Frank. Luces y Sombras de la Jurisprudencia Reciente del TJCE en Materia de Responsabilidad de los Estados por Incumplimiento del Derecho Comunitario. In: Martínez López-Muñiz, J. Luis; Calonge Velásquez, Antonio (coords.). *La Responsabilidad Patrimonial de los Poderes Públicos.* Madrid: Marcial Pons, p. 201-215, 1999.

Machado, Jônatas E. M. *Direito Internacional – Do Paradigma Clássico ao Pós-11 de Setembro.* Coimbra: Coimbra Editora, 2003.

Mahieu, Michel; Drooghenbroeck, Sébastien van. La Responsabilité de l'État Législateur. *Journal des Tribunaux.* a. 117, n. 5906, p. 825-846, dezembro 1998.

Malaquias, Pedro Ferreira. As Directivas no Ordenamento Jurídico Comunitário. *Assuntos Europeus.* v. 3, n. 3, p. 319-371, outubro 1984.

Malberg, R. Carré de. *Teoria General del Estado.* México: Fondo de Cultura Económica, 2001.

____. *Contribution à la Théorie Générale de l'État.* Paris: Sirey, 1920.

Mangione, Gabriella. La Responsabilità da "Illecito Legislativo Comunitario" e il "Legislatives Unrecht" nella Repubblica Federale di Germania. *Rivista Italiana di Diritto Pubblico Comunitario.* a. IV, n. 5, p. 935-955, 1994.

Marienhoff, Miguel S. Responsabilidad del Estado por su Actividad Legislativa. *Revista de Direito Público.* a. XVI, n. 68, p. 05-15, outubro/dezembro 1983.

Martins, Sara Feronha. La Contribution de l'Arrêt Francovich au Régime Portugais de la Responsabilité du Législateur. *Revista de Direito Público.* a. IX, p. 79-125, janeiro-junho 1995.

Mata Sierra, María Teresa. *El Efecto Directo de las Directivas en la Jurisprudencia Comunitaria y Española.* Madrid: Tecnos, 1994.

Maurer, Hartmut. *Allgemeines Verwaltungsrecht.* München: C.H.Beck, 2000.

Mayer, Franz C. The European Constitution and the Courts. In: Bogdandy, Armin von; Bast, Jürgen (eds.). *Principles of European Constitutional Law.* Oxford: Hart, p. 281-334, 2006.

MCKENDRICK, Ewan. *Contract Law – Text, Cases and Materials*. London: Oxford University Press, 2003.

MEDEIROS, Rui. Apreciação Geral dos Projectos. *Cadernos de Justiça Administrativa*. n. 40, p. 08-17, julho/agosto 2003.

_____. A Responsabilidade Civil pelo Ilícito Legislativo no Quadro da Reforma do Decreto-Lei n.º 48.051. In: MINISTÉRIO DA JUSTIÇA / GABINETE DE POLÍTICA LEGISLATIVA E PLANEAMENTO. *Responsabilidade Civil Extra-Contratual do Estado: Trabalhos Preparatórios da Reforma*. Coimbra: Coimbra Editora, p. 193-215, 2002.

_____. *Ensaio sobre a Responsabilidade Civil do Estado por Actos Legislativos*. Coimbra: Almedina, 1992.

MEGRET, Jack et al. *Le Droit de la Communauté Économique Européenne*. vol. 6. Bruxelles: Université de Bruxelles, 1976.

MEIRELLES, Hely Lopes. *Direito Administrativo Brasileiro*. São Paulo: Revista dos Tribunais, 1991.

MELLO, Celso Antônio Bandeira de. *Curso de Direito Administrativo*. São Paulo: Malheiros, 1997.

MELLO, Celso Duvivier de Albuquerque. *Curso de Direito Internacional Público*. Rio de Janeiro: Renovar, 1997.

MELO, Martinho Nobre de. *Teoria Geral da Responsabilidade do Estado*. Lisboa: Livraria Ferin, 1914.

MENDES, Gilmar Ferreira. Os Direitos Fundamentais e seus Múltiplos Significados na Ordem Constitucional. *Revista Brasileira de Direito Público*. n.º 1, p. 91-103, abril/junho 2003.

_____. *Jurisdição Constitucional*. São Paulo: Saraiva, 1996.

MENGOZZI, Paolo. *Derecho Comunitario y de la Unión Europea*. Madrid: Tecnos, 2000.

MERCOSUL. *Primer Informe Semestral de la Secretaría del Mercosur – Un Foco para el Proceso de Integración Regional*. Montevidéo: Secretaría del Mercosur, 2004.

MESQUITA, Maria José Rangel de. *Efeitos dos Acórdãos do Tribunal de Justiça das Comunidades Européias Proferidos no Âmbito de uma Acção por Incumprimento*. Coimbra: Almedina, 1997.

MICHOUD, L. De la Responsabilité de l'Etat a Raison des Fautes de ses Agents. *Revue du Droit Public et de la Science Politique en France et a l'Étranger*. a. II, p. 251-285, julho/dezembro 1895.

MILLAN MORO, Lucía. La Directiva como Acto de una Comunidad de Estados con Integración Parcial. *Revista de Instituciones Europeas*. v. 7, n. 1, p. 81--97, 1980.

MINISTÉRIO DA JUSTIÇA / GABINETE DE POLÍTICA LEGISLATIVA E PLANEAMENTO. *Responsabilidade Civil Extra-Contratual do Estado: Trabalhos Preparatórios da Reforma.* Coimbra: Coimbra Editora, 2002.

MIRANDA, Jorge. Responsabilidade do Estado pelo Exercício da Função Legislativa: Breve Síntese. In: MINISTÉRIO DA JUSTIÇA / GABINETE DE POLÍTICA LEGISLATIVA E PLANEAMENTO. *Responsabilidade Civil Extra-Contratual do Estado: Trabalhos Preparatórios da Reforma.* Coimbra: Coimbra Editora, p. 169-181, 2002a.

———. *Teoria do Estado e da Constituição.* Coimbra: Coimbra Editora, 2002b.

———. A Constituição e a Responsabilidade Civil do Estado. In: FACULDADE DE DIREITO DA UNIVERSIDADE DE COIMBRA. Estudos em Homengagem ao Professor Doutor Rogério Soares. *Boletim da Faculdade de Direito* – Col. *Stvdia Ivridica*, n. 61. Coimbra: Coimbra Editora, p. 927-939, 2001.

———. *Manual de Direito Constitucional. Tomo IV – Direitos Fundamentais.* Coimbra: Coimbra Editora, 2000.

———. Relações entre Ordem Internacional e Ordem Interna na Atual Constituição Portuguesa. *Notícia do Direito Brasileiro – Nova Série.* n. 3, p. 15-41, 1.º semestre de 1997.

———. *Direito Internacional Público – I.* Lisboa: s/e, 1995.

MODERNE, Franck. La Responsabilidad por Actos del Legislador y por los Tratados Internacionales en Francia. In: BARNÉS, Javier (coord.). *Propriedad, Expropriación y Responsabilidad – La Garantía Indemnizatoria en el Derecho Europeo y Comparado.* Madrid: Tecnos, p. 955-968, 1995.

MODERNE, Franck; BON, Pierre. Comentários ao Acórdão *Société Transports et Affrètements Fluviaux* do *Conseil d'État*, de 15 de maio de 1987. *Recueil Dalloz Sirey de Doctrine, de Jurisprudence et de Législation – Sommaires Commentés*, p. 167-168, 1988.

———. Comentários aos Acórdãos *Société Claude Publicité* e *Rouillon* do *Conseil d'État*, de 24 de outubro e 14 de dezembro de 1984, respectivamente. *Recueil Dalloz Sirey de Doctrine, de Jurisprudence et de Législation – Sommaires Commentés*, p. 249-250, 1986.

MONCADA, Luís S. Cabral de. *Lei e Regulamento.* Coimbra: Coimbra Editora, 2002.

———. *Ensaio sobre a Lei.* Coimbra: Coimbra Editora, 2002a.

MORANGE, G. L'Irresponsabilité de l'État Législateur – Évolution et Avenir. *Recueil Dalloz de Doctrine, de Jurisprudence et de Legislation.* v. XXVII, p. 163-168, 1962.

MOSLER, Hermann. General Principles of Law. In: BERNHARDT, Rudolf (ed.). *Encyclopedia of Public International Law.* v. 7. Amsterdam: Elsevier, p. 89-105, 1984.

MOTA, Maurício Jorge. *Responsabilidade Civil do Estado Legislador.* Rio de Janeiro: Lumen Júris, 1999.

MOULIN, Richard. Nota ao Acórdão *Michel Martin et Société Michel Martin* do *Conseil d'État,* de 23 de dezembro de 1988. *Recueil Dalloz Sirey de Doctrine, de Jurisprudence et de Législation – Jurisprudence,* p. 267-268, 1989.

MÜLLER, Jörg Paul; COTTIER, Thomas. Estoppel. In: BERNHARDT, Rudolf (ed.). *Encyclopedia of Public International Law.* v. 7. Amsterdam: Elsevier, p. 78-81, 1984.

MUÑOZ MACHADO, Santiago. La Responsabilidad Extracontractual de los Poderes Públicos en el Derecho Comunitario Europeo. In: MARTÍNEZ LÓPEZ-MUÑIZ, J. Luis; CALONGE VELÁSQUEZ, Antonio (coords.). *La Responsabilidad Patrimonial de los Poderes Públicos.* Madrid: Marcial Pons, p. 155-199, 1999.

NEVES, Marcelo. A Constitucionalização Simbólica – uma Síntese. In: UNIVERSIDADE DE COIMBRA – FACULDADE DE DIREITO. *20 Anos da Constituição de 1976.* Col. Stvdia Ivridica n. 46 (Colloquia – 5). Coimbra: Coimbra Editora, p. 99-131, 2000.

_____. *A Constitucionalização Simbólica.* São Paulo: Acadêmica, 1994.

NIEVA FENOLL, Jorge. *El Recurso de Casación ante el Tribunal de Justicia de las Comunidades Europeas.* Barcelona: Bosch, 1998.

NOBRE JÚNIOR, Edílson Pereira. Responsabilidade Civil do Estado por Atos Legislativos – Revivescimento de uma Antiga Questão. *Revista de Direito Administrativo.* v. 231, p. 331-350, janeiro-março 2003.

NOVAIS, Jorge Reis. Contributo para uma Teoria do Estado de Direito: do Estado de Direito Liberal ao Estado Social e Democrático de Direito. *Separata do Vol. XXIX do Suplemento ao Boletim da Faculdade de Direito da Universidade de Coimbra.* Coimbra: Faculdade de Direito da Universidade de Coimbra, 1987.

OLDEKOP, Dieter. Die Richtlinien der Europäischen Wirtschaftsgemeinschaft. *Jahrbuch des Öffentlichen Rechts der Gegenwart.* v. 21, p. 55-106, 1972.

OLDIGES, Martin. Die Staatshaftung bei Legislativem Unrecht. *Der Staat.* v. 15, p. 381-403, 1976.

OLIVEIRA, A. Gonçalves de. Cláusula Ouro. Responsabilidade Civil do Estado por Ato Legislativo. Juízo Arbitral. Parecer. *Revista Forense.* v. XCV, a XL, f. 481, p. 56-58, julho 1943.

OLIVEIRA, Flávio Luís de. A Distinção entre Ilícito e Dano na Perspectiva da Atividade Jurisdicional. *Revista do Instituto de Pesquisas e Estudos da Faculdade de Direito de Bauru*. n. 38, p. 63-74, setembro/dezembro 2003.

OPERTTI BADÁN, Didier. Sistema de Solución de Controvérsias en el MERCOSUR. In: KLEINHEISTERKAMP, Jan; LORENZO IDIARTE, Gonzalo A. *Avances del Derecho Internacional Privado en América Latina – Liber Amicorum Jürgen Samtleben*. Montevideo: Fundación de Cultura Universitaria, p. 457-468, 2002.

OPHÜLS, C. F. Les Règlements et les Directives dans les Traités de Rome. *Cahiers de Droit Européen*. n. 01, p. 03-20, 1966.

OPPERMANN, Thomas. *Europarecht*. München: C. H. Beck, 1999.

ORDEM DOS ADVOGADOS (PORTUGAL). *Versão Preliminar do Anteprojeto de Nova Lei de Responsabilidade Civil Extracontratual do Estado e das demais Entidades Públicas Elaborado no Âmbito da Ordem dos Advogados*. Documento Policopiado e dado a público em 03 de julho de 2001.

OREJA, Marcelino (dir.). *La Constitución Europea*. Madrid: Actas, 1994.

ORLANDI, Eni Puccinelli. *As Formas do Silêncio*. Campinas: Editora da Unicamp, 1997.

OSSENBÜHL, Fritz. Die Haftung des Staates für hoheitliche Akte der Legislative, Administrative und Judikative. In: MINISTÉRIO DA JUSTIÇA / GABINETE DE POLÍTICA LEGISLATIVA E PLANEAMENTO. *Responsabilidade Civil Extra-Contratual do Estado: Trabalhos Preparatórios da Reforma*. Coimbra: Coimbra Editora, p. 169-181, 2002.

_____. *Staatshaftungsrecht*. München: C. H. Beck, 1998.

_____. La Responsabilidad Patrimonial de los Poderes Públicos en la República Federal de Alemania. In: BARNÉS, Javier (coord.). *Propiedad, Expropiación y Responsabilidad – La Garantía Indemnizatoria en el Derecho Europeo y Comparado*. Madrid: Tecnos, p. 931-954, 1995.

_____. Comentários ao Acórdão do *Bundesgerichthof* de 26 de janeiro de 1989. *Juristen Zeitung*, n. 23, p. 1122-1125, 1989.

PAIS, Sofia Oliveira. Incumprimento das Directivas Comunitárias – Do Efeito Directo à Responsabilidade do Estado. In: PAIS, Sofia Oliveira; RIBEIRO, Maria de Fátima. *Dois Temas de Direito Comunitário do Trabalho*. Porto: Publicações Universidade Católica, p. 13-74, 2000.

PALMA, Maria João. *Breves Notas sobre a Invocação das Normas das Directivas Comunitárias perante os Tribunais Nacionais*. Lisboa: Associação Académica da Faculdade de Direito de Lisboa, 1999.

PEREIRA, André Gonçalves; QUADROS, Fausto de. *Manual de Direito Internacional Público*. Coimbra: Almedina, 2000.

Pereira, Luis Cézar Ramos. *Ensaio sobre a Responsabilidade Internacional do Estado e suas Conseqüências no Direito Internacional.* São Paulo: LTr, 2000.

Pérez González, Maria Carmen. *Responsabilidad del Estado frente a Particulares por Incumplimiento del Derecho Comunitario.* Valencia: Tirant lo Blanch, 2001.

Perez Royo, Javier. *Las Fuentes del Derecho.* Madrid: Tecnos, 1993.

Perotti, Alejandro Daniel. *Habilitación Constitucional para la Integración Comunitaria: Estudio sobre los Estados del Mercosur.* 2 vols. Montevidéo: Fundación Konrad Adenauer Uruguay / Universidad Austral – Facultad de Derecho, 2004.

Pescatore, Pierre. *L'Ordre Juridique des Communautés Européennes – Etude des Sources du Droit Communautaire.* Liège: Université de Liège, 1975.

_____. Responsabilité des Etats Membres en cas de Manquement aux Règles Communautaires. *Estratto da "Il Foro Pandano".* n. 10, outubro 1972.

_____. L'Apport du Droit Communautaire au Droit International Public. *Cahiers de Droit Européenne.* a. 06, n. 01, p. 501-525, 1970.

Pessoa, Epitácio. *Na Comissão Internacional de Jurisconsultos Americanos* (Obras Completas de Epitácio Pessoa, v. XIII). Rio de Janeiro: Ministério da Educação e Cultura / Instituto Nacional do Livro, 1962.

_____. *Pareceres e Consultas na Procuradoria Geral da República* (Obras Completas de Epitácio Pessoa, v. IV). Rio de Janeiro: Ministério da Educação e Cultura / Instituto Nacional do Livro, 1955.

Pires, Francisco Lucas. *Introdução ao Direito Constitucional Europeu.* Coimbra: Almedina, 1997.

Pocar, Fausto. *Diritto dell'Unione e delle Comunità Europee.* Milano: Giuffrè, 2000.

Pollock, Sir Frederick; Maitland, Frederick William. *The History of English Law Before the Time of Edward I.* Volume I. Cambridge: University Pres, 1899 [reedição fac-similar de 1956].

Ponzanelli, Giulio. L'Europa e la Responsabilità Civile. *Il Foro Italiano.* a. CXVII, v. CXV, IV parte, p. 150-154, 1992.

Prechal, Sacha. *Directives in EC Law.* Oxford: Oxford Universtity Press, 2004.

Prétot, Xavier. Comentários ao Acórdão *Dangeville* da *Cour Administrative d'Appel de Paris,* de 01 de julho de 1992. *L'Actualité Juridique Droit Administratif.* p. 768-771, novembro 1992.

Quadros, Fausto de. Responsabilidade dos Poderes Públicos no Direito Comunitário: Responsabilidade Extracontratual da Comunidade Européia e Responsabilidade dos Estados por Incumprimento do Direito Comunitário. In: Martínez López-Muñiz, J. Luis; Calonge Velásquez, Antonio (coords.). *La Responsabilidad Patrimonial de los Poderes Públicos.* Madrid: Marcial Pons, 1999.

QUEIROGA, Antônio Elias de. *Responsabilidade Civil e o Novo Código Civil.* Rio de Janeiro: Renovar, 2003.

QUEIROZ, Cristina M. M. *Os Actos Políticos no Estado de Direito – O Problema do Controle Jurídico do Poder.* Coimbra: Almedina, 1990.

QUINTAS, Paula. *Da Problemática do Efeito Directo nas Directivas Comunitárias.* Porto: Dixit, 2000.

RAEPENBUSCH, Sean Van. *Droit Institutionnel de l'Union et des Communautés Européennes.* Bruxelles: DeBoeck, 2001.

RAMOS, Rui Manuel Gens de Moura. *Direito Comunitário – Programa, Conteúdo e Métodos de Ensino.* Coimbra: Coimbra Editora, 2003.

_____. A Carta dos Direitos Fundamentais da União Européia e a Protecção dos Direitos Fundamentais. In: PIOVESAN, Flávia (coord.). *Direitos Humanos, Globalização Econômica e Integração Regional.* São Paulo: Max Limonad, p. 192-214, 2002.

_____. Contrôle Juridictionnel des Actes des Institutions Communautaires. In: CARDONA LLORENS, Jorge (Director). *Cursos Euromediterráneos Bancaja de Derecho Internacional.* v. IV. Valencia: Centro Internacional Bancaja para la Paz y el Desarrollo / Tirant lo Blanch, p. 423-461, 2001.

_____. *Das Comunidades à União Européia.* Coimbra: Coimbra Editora, 1999.

_____. O Parlamento Português no Processo de Criação da União Européia. *Legislação – Cadernos de Ciência da Legislação.* n. 13/14, p. 179-189, abril//dezembro 1995.

_____. A solução jurisdicional. *Revista do Centro de Estudos Judiciários do Conselho da Justiça Federal.* a. 1, n. 2, também disponível na internet [www.cjf.gov.br/revista/ numero2/artigo14.htm].

RAPALLINI, Liliana Etel. La Responsabilidad del Estado por Incumplimiento del Derecho Comunitario: Tratamiento en la Unión Europea y en el Mercosur. *Revista del Colegio de Abogados de la Plata.* n. 58, p. 247-256, 1997.

RENCK, Ludwig. Zur Reform des Staatshaftungrechts. *Zeitschrift für Rechtspolitik.* a. 10, n. 09, p. 221-223, setembro 1977.

REZEK, José Francisco. O Tratado Internacional na Ordem Jurídica Brasileira. In: MARTINS, Ives Gandra da Silva; CAMPOS, Diogo Leite de (coords.). *O Direito Contemporâneo em Portugal e no Brasil.* Coimbra: Almedina, p. 85-131, 2004.

_____. *Direito Internacional Público.* São Paulo: Saraiva, 2000.

RIBEIRO, Marta Chantal da Cunha Machado. O Regime da Responsabilidade Civil Extracontratual dos Estados-Membros pela Violação do Direito Comunitário. Delineamento e Aperfeiçoamento Progressivo. *Temas de Integração.* v. 05, n. 09, p. 66-89, 1.º semestre 2000.

_____. *Da Responsabilidade do Estado pela Violação do Direito Comunitário.* Coimbra: Almedina, 1996.

RIDEAU, Joël. *Droit Institutionnel de l'Union et des Communautés Européennes.* Paris: LGDJ, 2002.

ROGEIRO, Nuno (tradução, ensaio e anotações). *Lei Fundamental da República Federal da Alemanha.* Coimbra: Coimbra Editora, 1996.

ROLLAND, Louis. Comentários ao Acórdão *"La Fleurette"* do Conselho de Estado, de 14 de janeiro de 1938. *Recueil Dalloz.* III parte, p. 41-46, 1938.

ROMI, Raphaël. Comentários ao Acórdão *Plan* da *Cour Administrative d'Appel de Lyon,* de 21 de abril de 1992. *Recueil Dalloz Sirey de Doctrine, de Jurisprudence et de Législation – Jurisprudence,* p. 443-444, 1994.

ROPPO, Vicenzo. La Responsabilità Civile dello Stato per Violazione del Diritto Comunitario (com una Trasgressione nel Campo dell'Illecito "Costituzionale" del Legislatore). *Contratto e Impresa / Europa.* a. 4, n. 1, p. 101-123, 1999.

ROSA, Luís Fernando Franceschini da. *Mercosul e Função Judicial: Realidade e Superação.* São Paulo: LTr, 1997.

RUIZ-JARABO COLOMER, Dámaso. *El Juez Nacional como Juez Comunitário.* Madrid: Civitas, 1993.

SAGGIO, Antonio. L'Activisme Judiciaire dans l'Espace Communautaire: son Rôle dans l'Intégration Européenne et ses Limites. In: UNIVERSIDADE DE COIMBRA – FACULDADE DE DIREITO. *O Direito Comunitário e a Construção Européia.* Col. Stvdia Ivridica n. 38. Coimbra: Coimbra Editora, p. 84-92, 1999.

SALMON, J. A. La Règle de Droit International Public. In: PERELMAN, Ch. *La Règle de Droit.* Bruxelles: Bruyllant, p. 193-213, 1971.

SANCHEZ AGESTA, Luis. *Curso de Derecho Constitucional Comparado.* Madrid: Universidad de Madrid / Facultad de Derecho / Sección de Publicaciones, 1974.

SANTAMARÍA PASTOR, Juan Alfonso. La Teoria de la Responsabilidad del Estado Legislador. *Revista de Administración Pública.* n. 68, p. 57-136, maio/ /agosto 1972.

SCELLE, Georges. A Propos de l'Établissement du Monopole des Assurances en Uruguay – Etude sur la Responsabilité de l'État Législateur. *Revue du Droit Public et de la Science Politique en France et a l´Étranger.* a. XX, p. 637-677, 1913.

SCHENKE, Wolf-Rüdiger. Entschädigungsansprüche bei Legislativem Unrecht unter dem Aspekt des Enteignungsgleichen Eingriffs. *Neue Juristische Wochenschrift.* a. 41, n. 14, p. 857-865, 1988.

SCHERMAIER, Stefan Josef. *Der Gemeinschaftsrechtliche Staatshaftungsanspruch.* Frankfurt: Peter Lang, 1999.

SCHEUING, Dieter H. Haftung für Gesetze. In: PÜTTNER, Günter (org.). *Festschrift für Otto Bachof*. München: C. H. Beck, p. 342-380, 1984.

SCIULLO, Girolamo. *La Direttiva nell'Ordinamento Amministrativo*. Millano: Giuffrè, 1993.

SENKOVIC, Petra. *L'Évolution de la Responsabilité de L'État Législateur sous l'Influence du Droit Communautaire*. Bruxelles: Bruylant, 2000.

SHAW, Jo. *Law of the European Union*. Hampshire: Palgrave, 2000.

SILVA, G. E. do Nascimento e; ACCIOLY, Hildebrando. *Manual de Direito Internacional Público*. São Paulo: Saraiva, 2002.

SILVEIRA, Victor. Comentários ao Acórdão *Talagrand* do *Conseil d'État, affaire*, de 29 de novembro de 1968. *Recueil Dalloz Sirey de Doctrine, de Jurisprudence et de Législation – Jurisprudence*, p. 386-387, 1969.

SIMON, Denys. *Le Système Juridique Communautaire*. Paris: Presses Universitaire de France, 2001.

_____. *La Directive Européenne*. Paris: Dalloz, 1997.

_____. Directive. In: GRAVALDA, Christian; KOVAR, Robert (direction). *Répertoire Dalloz de Droit Communautaire*. Tome II. Paris: Dalloz, s/d.

SMITH, Rachael Craufurd. Remedies for Breaches of EU Law in National Courts: Legal Variation and Selection. In: CRAIG, Paul P.; BÚRCA, Gráinne de (eds.). *The Evolution of EU Law*. Oxford: Oxford Universtity Press, 1999.

SOARES, Rogério Guilherme Ehrhardt. *Direito Público e Sociedade Técnica*. Coimbra: Atlântida, 1969.

_____. *Interesse Público, Legalidade e Mérito*. Coimbra: Atlântida, 1955.

_____. Sentido e Limites da Função Legislativa no Estado Contemporâneo. In: s/ /a. *A Feitura das Leis*. s/l: s/e, s/d.

SOULIER, Gérard. Réflexion sur l'Évolution et l'Avenir du Droit de la Responsabilité de la Puissance Publique. *Revue du Droit Public et de la Science Politique en France et a l'Étranger*. a. 85, n. 6, p. 1039-1103, 1969.

SOUSA, Marcelo Rebelo de. A Transposição das Directivas Comunitárias na Ordem Jurídica Portuguesa. In: UNIVERSIDADE DE COIMBRA – FACULDADE DE DIREITO. *O Direito Comunitário e a Construção Européia*. Col. Stvdia Ivridica n. 38. Coimbra: Coimbra Editora, p. 65-81, 1999.

_____. A Transposição das Directivas Comunitárias para a Ordem Jurídica Nacional. *Legislação – Cadernos de Ciência de Legislação*. n. 4 e 5, p. 69-94, abril/dezembro 1992.

STEINER, Josephine; WOODS, Lorna.*Texbook on EC Law*. London: Blackstone, 2001.

_____. The Limits of State Liability for Breach of European Community Law. *European Public Law*. v. 4, n. 1, p. 69-109, março 1998.

_____. From Direct Effects to Francovich: Shifting Means of Enforcement of Community Law. *European Law Review*. v. 18, n. 1, p. 03-22, fevereiro 1993.

STEINER, Sylvia Helena de Figueiredo. *A Convenção Americana sobre Direitos Humanos e sua Integração ao Processo Penal Brasileiro*. São Paulo: Revista dos Tribunais, 2000.

STOCO, Rui. *Responsabilidade Civil e sua Interpretação Jurisprudencial*. São Paulo: Revista dos Tribunais, 1999.

STRENGER, Irineu. *Responsabilidade Civil no Direito Interno e Internacional*. São Paulo: LTr, 2000.

TEMIÑO ARROYO, José Ignacio. La Responsabilidad del Estado legislador a la Luz de la Doctrina del Consejo de Estado. *Cuadernos de la Cátedra Fadrique Furió Ceriol*. II época, n. 24, p. 111-117, verão de 1998.

TESSIER, Georges. *La Responsabilité de la Puissance Public*. Paris: Paul Dupont, 1906.

TEZCAN, Ercüment. La Responsabilité des Etats Membres vis-à-vis des Particulier pour Violation du Droit Communautaire et sa Mise en Œuvre par les Juridictions Nationales. *Revue Belge de Droit International*. v. 29, n. 2, p. 517-558, 1996.

TILLOTSON, John. The Conditions for Liability under the Francovich Principle. Partes I e II. *European Current Law*. p. ix-xii, março 1998, e p. ix-xii, abril 1998.

TIMMERMANS, Christiaan. Community Directives Revisited. *Yearbook of European Law*. n. 17, p. 1-28, 1997.

TIRARD, Paul. *De la Responsabilité de la Puissance Publique*. Paris: Arthur Rousseau, 1906.

TONIOLLO, Javier Alberto. Reflexiones Acerca del Derecho Internacional Privado Latino Americano: Especial Referencia al Ámbito del Mercosur. In: KLEINHEISTERKAMP, Jan; LORENZO IDIARTE, Gonzalo A. *Avances del Derecho Internacional Privado en América Latina – Liber Amicorum Jürgen Samtleben*. Montevideo: Fundación de Cultura Universitaria, p. 437-455, 2002.

TRÉMEAU, Jérôme. L'Indemnisation de la Suppression d'un Monopole Catégoriel [Comentários à Decisão n. 2000-440 DC do *Conseil Constitutionnel*, de 10 de janeiro de 2001]. *Revue Française de Droit Constitutionnel*. n. 46, p. 354-360, abril/junho 2001.

TRIANTAFYLLOW, Dimitris. Haftung der Mitgliedstaaten für Nichtumsetzung von EG-Recht. *Die Öffentliche Verwaltung*. a 45, n. 13, p. 564-571, julho 1992.

TRIDIMAS, Takis. Liability for Breach of Community Law: Growing Up and Mellowing Down? *Common Market Law Review*. v. 38, n. 2, p. 301-332, 2001.

_____. *The General Principles of EC Law*. Oxford: Oxford University Press, 2000.

TRINDADE, Otávio A. D. Cançado. *O Mercosul no Direito Brasileiro – Incorporação de Normas e Segurança Jurídica*. Belo Horizonte: Del Rey, 2007.

TRUJILLO, Élcio. *Responsabilidade do Estado por Ato Lícito*. São Paulo: Editora de Direito, 1996.

UNGER, Roberto Mangabeira. *O Direito na Sociedade Moderna*. Rio de Janeiro: Civilização Brasileira, 1979.

VANDERSANDEN, Georges; DONY, Marianne. *La Responsabilité des Etats Membres en Cas de Violation du Droit Communautaire*. Bruxelles: Bruylant, 1997.

VASARI, Giorgio. *Le Vite de' più Eccellenti Architetti, Pittori, et Scultori Italiani, da Cimabue insino a' Tempi Nostri*. Torino: Einaudi, 1986.

VENOSA, Sílvio de Salvo. *Direito Civil – Parte Geral*. São Paulo: Atlas, 2003.

VENTURA, Deisy. *Las Asimetrías entre el MERCOSUR y la Unión Europea – Los Desafíos de una Asociación Interregional*. Montevideo: Fundación Konrad Adenauer, 2005.

VENTURA, Deisy; PEROTTI, Alejandro D. *El Proceso Legislativo del Mercosur*. Montevideo: Fundación Konrad-Adenauer Uruguay, 2004.

VIEIRA, Ana. As Lacunas em Direito Comunitário. *Assuntos Europeus*. v. 4, n. 2, p. 165-189, junho 1985.

VILLAVERDE, Ignácio. La Inconstitucionalidad por Omisión de los Silencios Legislativos. *Anuario de Derecho Constitucional y Parlamentario*. n. 8, p. 117-152, 1996.

VIRALLY, Michel. *El Devenir del Derecho Internacional*. México: Fondo de Cultura Económica, 1997.

VITAL, Fésas. Da Responsabilidade do Estado no Exercício da Função Legislativa. *Boletim da Faculdade de Direito da Universidade de Coimbra*. a. II, n. 16, p. 267-280, fevereiro 1916, e continuação em a. II, n. 20, p. 513-527, junho 1916.

VITTA, Edoardo. *La Responsabilità Internazionale dello Stato per Atti Legislativi*. Milão: Giuffè, 1953.

WADE, H. W. R. *Derecho Administrativo*. Madrid: Instituto de Estudios Politicos, 1971.

WALLACE, Rebecca M. M. *International Law*. London: Sweet & Maxwell, 2002.

WALTER, Gerhard. Mass Tort Litigation in Germany and Switzerland. *Duke Journal of Comparative and International Law*. v. 11, p. 369-379, 2001.

WEATHERILL, Stephen. *Cases and Materials on EU Law*. Oxford: Oxford University Press, 2003.

WIEACKER, Franz. *História do Direito Privado Moderno*. Lisboa: Fundação Calouste Gulbenkian, 1980.

WILLIAMS, Sir John Fischer; LAUTERPACHT, H. (ed.). *Annual Digest of Public International Law Cases – Years 1923 to 1924*. London: Longmans, 1933.

WINTER, J. A. Direct Applicability and Direct Effect: Two Distinct and Different Concepts in Community Law. *Common Market Law Review*. v. IX, p. 425-438, 1972.

WOLF, Christoph. *Die Staatshaftung der Bundesrepublik Deutschland und der Französischen Republik für Verstöße gegen das Europäische Gemeinschaftsrecht (EGV)*. Berlin: Duncker & Humblot, 1999.

WUNDERLICH, Christian. *Die Rechtsprechung des Bundesverfassungsgericht zur Eigentumsgarantie und ihre Auswirkungen auf die Staatshaftung für legislatives Unrecht*. Frankfurt a. M.: Peter Lang, 1994.

ZIPPELIUS, Reinhold. *Teoria Geral do Estado*. Lisboa: Fundação Calouste Gulbenkian, 1997.

ZWEIGERT, Konrad; Kötz, Hein. *Introduction to Comparative Law*. Oxford: Oxford University Press, 1998.